国会議事堂・霞ヶ関周辺　地下鉄出入口ご案内

最寄地下鉄出入口

- **合同庁舎１号館**　霞ヶ関駅 A5 A6 A7 A9 A10
  農林水産省・林野庁・水産庁
- **合同庁舎２号館**　霞ヶ関駅 A2 A3
  警察庁・国家公安委員会・総務省・消防庁・国土交通省(分館)
- **合同庁舎３号館**　霞ヶ関駅 A3　桜田門駅２
  国土交通省・海上保安庁
- **合同庁舎４号館**　霞ヶ関駅 A13
  内閣法制局・内閣府(分館)・消費者庁・復興庁・公害等調整委員会
- **合同庁舎５号館**　霞ヶ関駅 B3b B3a
  内閣府(分館)・厚生労働省・環境省
- **合同庁舎６号館**　霞ヶ関駅 B1　桜田門駅５
  法務省・検察庁・出入国在留管理庁・公安調査庁・公正取引委員会
- **合同庁舎７号館**　虎ノ門駅 11
  文部科学省・スポーツ庁・文化庁・金融庁・会計検査院
- **合同庁舎８号館**　国会議事堂前駅 3
  内閣府・内閣人事局
- **経済産業省別館**　霞ヶ関駅 C2
  中小企業庁・資源エネルギー庁

三宅坂
念館
施設
内堀通り
憲政記念館
(工事中)
国会前庭園北地区
(洋式庭園)
桜田濠
1
3
5
国会前庭園南地区
(和式庭園)
日比谷通り
A2
A3
A1
裁判所合同庁舎
合同庁舎
6号館
外務省
千代田線
A4
日比谷線霞ヶ関駅
A6
A5
丸ノ内線霞ヶ関駅
(B棟)
公正取引委員会
A8
A7
合同庁舎
1号館
弁護士
合同庁舎
A9
財務省
農林水産省
A10
B1
B3b
B3a
A13
千代田線霞ヶ関駅
農林水産省
別館
合同庁舎
5号館
日比谷公園
A12
B2
A11b
A11a
C1
人事院
経済産業省
桜田通り
N
経済産業省
別館
C2
C3
C4
8
銀座線
虎ノ門駅
10
0
100
200m

国会の勢力分野

（令和6年6月24日現在）

（政　党　別）

（　）内は女性議員で、内数です。

（衆議院）	政党名	（参議院）令元	令4	計
257(22)	自由民主党	52(11)	63(13)	115(24)
97(15)	立憲民主党	22(9)	15(7)	37(16)
41(5)	日本維新の会	8(1)	12(3)	20(4)
32(4)	公明党	14(2)	13(2)	27(4)
10(2)	日本共産党	7(3)	4(2)	11(5)
7(1)	国民民主党	4(1)	5(2)	9(3)
4(0)	教育無償化を実現する会	1(1)	0	1(1)
3(2)	れいわ新選組	2(1)	3(0)	5(1)
1(0)	社会民主党	1(1)	1(1)	2(2)
0	参政党	0	1(0)	1(0)
13(0)	無所属（諸派を含む）	12(2)	6(3)	18(5)
0	欠員	1	1	2
465(51)	計	124(32)	124(33)	248(65)

※衆参の正副議長は無所属に含む

（会　派　別）

（衆議院）	会派名	（参議院）令元	令4	計
258(22)	自由民主党	52(11)	63(13)	115(24)
99(15)	立憲民主党	23(10)	17(9)	40(19)
45(5)	日本維新の会・教育無償化を実現する会	9(2)	12(3)	21(5)
32(4)	公明党	14(2)	13(2)	27(4)
10(2)	日本共産党	7(3)	4(2)	11(5)
7(1)	国民民主党	6(1)	5(2)	11(3)
4(0)	有志の会	—	—	—
3(2)	れいわ新選組	2(1)	3(0)	5(1)
—	沖縄の風	1(0)	1(0)	2(0)
—	NHKから国民を守る党	1(0)	1(0)	2(0)
7(0)	無所属	8(2)	4(2)	12(4)
0	欠員	1	1	2
465(51)	計	124(32)	124(33)	248(65)

（注）自由民主党は衆院で「自由民主党・無所属の会」、参院で「自由民主党」。立憲民主党は衆院で「立憲民主党・無所属」、参院で「立憲民主・社民」。国民民主党は衆院で「国民民主党・無所属クラブ」、参院で「国民民主党・新緑風会」。

国会関係所在地電話番号一覧

■ 総理大臣官邸　〒100-0014 千, 永田町2-3-1　☎3581-0101

■ 衆議院　〒100-8960 千, 永田町1-7-1　☎3581-5111

議長公邸	〒100-0014	千, 永田町2-18-1	☎3581-1461
副議長公邸	〒107-0052	港, 赤坂8-11-40	☎3423-0311
赤坂議員宿舎	〒107-0052	港, 赤坂2-17-10	☎5549-4671
青山議員宿舎	〒106-0032	港, 六本木7-1-3	☎3408-4911

■ 参議院　〒100-8961 千, 永田町1-7-1　☎3581-3111

議長公邸	〒100-0014	千, 永田町2-18-2	☎3581-1481
副議長公邸	〒106-0043	港, 麻布永坂町25	☎3586-6741
麹町議員宿舎	〒102-0083	千, 麹町4-7	☎3237-0341
清水谷議員宿舎	〒102-0094	千, 紀尾井町1-15	☎3264-1351

■ 衆議院議員会館

第一議員会館	〒100-8981	千, 永田町2-2-1	☎3581-5111（大代） ☎3581-4700（夜間）
第二議員会館	〒100-8982	千, 永田町2-1-2	☎3581-5111（大代） ☎3581-1954（夜間）

■ 参議院議員会館

参議院議員会館	〒100-8962	千, 永田町2-1-1	☎3581-3111（大代） ☎3581-3146（夜間）

国立国会図書館	〒100-8924	千, 永田町1-10-1	☎3581-2331
憲政記念館	〒100-0014	千, 永田町1-1-1	☎3581-1651

目　次

目　次

第2次岸田第2次改造内閣・大臣・秘書官（令和5年9月13日発足）

	大　臣		秘書官	秘書官室
内閣総理大臣	岸田文雄	衆(自)	嶋田　隆	3581-0101
総務大臣	松本剛明	衆(自)	中村達矢	5253-5006
法務大臣	小泉龍司	衆(自)	原田祐一郎	3581-0530
外務大臣	上川陽子	衆(自)	西谷康祐	3580-3311(代)
財務大臣 内閣府特命担当大臣 (金融) デフレ脱却担当	鈴木俊一	衆(自)	鈴木俊太郎	3581-0101 3581-2716
文部科学大臣	盛山正仁	衆(自)	西口卓司	5253-4111(代)
厚生労働大臣	武見敬三	参(自)	田中真一	3595-8226
農林水産大臣	坂本哲志	衆(自)	山室　絢	3502-8111(代)
経済産業大臣 原子力経済被害担当 GX実行推進担当 産業競争力担当 ロシア経済分野協力担当 内閣府特命担当大臣 (原子力損害賠償、 廃炉等支援機構)	齋藤　健	衆(自)	清水道郎	3501-1601 1602
国土交通大臣 水循環政策担当 国際園芸博覧会担当	斉藤鉄夫	衆(公)	城戸一興	5253-8019
環境大臣 内閣府特命担当大臣 (原子力防災)	伊藤信太郎	衆(自)	熊谷守広	3580-0241
防衛大臣	木原　稔	衆(自)	篠田　了	5269-3240
内閣官房長官 沖縄基地負担軽減担当 拉致問題担当	林　芳正	衆(自)	宮本賢一	3581-0101
デジタル大臣 デジタル行財政改革担当 デジタル田園都市国家構想担当 行政改革担当 国家公務員制度担当 内閣府特命担当大臣 (規制改革)	河野太郎	衆(自)	盛　純二	4477-6775(代)
復興大臣 福島原発事故再生総括担当	土屋品子	衆(自)	佐々木太郎	6328-1111(代)
国家公安委員会委員長 国土強靭化担当 領土問題担当 内閣府特命担当大臣 (防災、海洋政策)	松村祥史	参(自)	下四日市郁夫	3581-1739
内閣府特命担当大臣 (こども政策、少子化対策 若者活躍、男女共同参画 孤独・孤立対策) 女性活躍担当 共生社会担当	加藤鮎子	衆(自)	両角真之介	5253-2111(代)
経済再生担当 新しい資本主義担当 スタートアップ担当 感染症危機管理担当 全世代型社会保障改革担当 内閣府特命担当大臣 (経済財政政策)	新藤義孝	衆(自)	小仁熊　旬	5253-2111(代)
経済安全保障担当 内閣府特命担当大臣 (クールジャパン戦略、知的財産戦略、科学技術政策、宇宙政策、経済安全保障)	高市早苗	衆(自)	髙市知嗣	5253-2111(代)
内閣府特命担当大臣 (沖縄及び北方対策、消費者及び食品安全、地方創生、アイヌ施策) 国際博覧会担当	自見はなこ	参(自)	江頭清輝	5253-2111(代)

（令和6年7月5日現在）

副大臣・大臣政務官・事務次官一覧

省庁	副大臣	副大臣室	大臣政務官	大臣政務官室	事務次官
デジタル庁	石川昭政 衆(自)	4477-6775	土田 慎 衆(自)	4477-6775	
復興庁	高木宏壽 衆(自)	6328-1111	平沼正二郎 衆(自)	6328-1111	宇野善昌
	平木大作 参(公)		本田顕子 参(自)		
	堂故 茂 参(自)		吉田宣弘 衆(公)		
			尾﨑正直 衆(自)		
内閣府	井林辰憲 衆(自)	5253-2111	神田潤一 衆(自)	5253-2111	井上裕之
	工藤彰三 衆(自)		古賀友一郎 参(自)		
	古賀 篤 衆(自)		平沼正二郎 衆(自)		
	石川昭政 衆(自)		土田 慎 衆(自)		
	岩田和親 衆(自)		石井 拓 衆(自)		
	上月良祐 参(自)		吉田宣弘 衆(公)		
	堂故 茂 参(自)		尾﨑正直 衆(自)		
	滝沢 求 参(自)		国定勇人 衆(自)		
	鬼木 誠 衆(自)		三宅伸吾 参(自)		
総務省	渡辺孝一 衆(自)	5253-5111	西田昭二 衆(自)	5253-5111	竹内芳明
	馬場成志 参(自)		長谷川淳二 衆(自)		
			船橋利実 参(自)		
法務省	門山宏哲 衆(自)	3581-1940	中野英幸 衆(自)	3592-7833	川原隆司
外務省	辻 清人 衆(自)	5501-8007	高村正大 衆(自)	3580-3311(代)	岡野正敬
	柘植芳文 参(自)	5501-8010	深澤陽一 衆(自)		
			穂坂 泰 衆(自)		
財務省	赤澤亮正 衆(自)	3581-2714	瀬戸隆一 衆(自)	3581-7600	新川浩嗣
	矢倉克夫 参(公)	3581-2713	進藤金日子 参(自)	3581-7622	
文部科学省	あべ俊子 衆(自)	5253-4111	安江伸夫 参(公)	5253-4111	藤原章夫
	今枝宗一郎 衆(自)		本田顕子 参(自)		
厚生労働省	濵地雅一 衆(公)	5253-1111	塩崎彰久 衆(自)	5253-1111	伊原和人
	宮﨑政久 衆(自)		三浦 靖 参(自)		
農林水産省	鈴木憲和 衆(自)	3591-2722	高橋光男 参(公)	3591-5730	渡邊 毅
	武村展英 衆(自)	3591-2051	舞立昇治 参(自)	3591-5561	
経済産業省	岩田和親 衆(自)	3501-1603	石井 拓 衆(自)	3501-1222	飯田祐二
	上月良祐 参(自)	3501-1604	吉田宣弘 衆(公)	3501-1221	
国土交通省	國場幸之助 衆(自)	5253-8020	石橋林太郎 衆(自)	5253-8976	吉岡幹夫
	堂故 茂 参(自)	5253-8021	こやり隆史 参(自)	5253-8023	
			尾﨑正直 衆(自)	5253-8024	
環境省	八木哲也 衆(自)	3580-0247	朝日健太郎 参(自)	3581-4912	鑓水 洋
	滝沢 求 参(自)		国定勇人 衆(自)	3581-3362	
防衛省	鬼木 誠 衆(自)	5229-2121	松本 尚 衆(自)	5229-2122	増田和夫
			三宅伸吾 参(自)	3267-0336	
内閣官房副長官	村井英樹 衆(自)	3581-0101			
	森屋 宏 参(自)	5532-8615			
	栗生俊一	3581-1061			

衆・参各議院役員等一覧

第213回国会（令和6年1月26日～6月23日）（6月24日現在）

委員長一覧

【衆議院】

議長	額賀福志郎（無）
副議長	海江田万里（無）

常任委員長

内閣	星野剛士（自）
総務	古屋範子（公）
法務	武部新（自）
外務	勝俣孝明（自）
財務金融	津島淳（自）
文部科学	田野瀬太道（自）
厚生労働	新谷正義（自）
農林水産	野中厚（自）
経済産業	岡本三成（公）
国土交通	長坂康正（自）
環境	務台俊介（自）
安全保障	小泉進次郎（自）
国家基本政策	根本匠（自）
予算	小野寺五典（自）
決算行政監視	小川淳也（立）
議院運営	山口俊一（自）
懲罰	中川正春（立）

特別委員長

災害対策	後藤茂之（自）
政治改革	石田真敏（自）
沖縄北方	佐藤公治（立）
拉致問題	小熊慎司（立）
消費者問題	秋葉賢也（自）
東日本大震災復興	髙階恵美子（自）
原子力問題調査	平将明（自）
地域活性化・こども政策・デジタル社会形成	谷公一（自）

憲法審査会会長	森英介（自）
情報監視審査会会長	岩屋毅（自）
政治倫理審査会会長	田中和徳（自）
事務総長	築山信彦

【参議院】

議長	尾辻秀久（無）
副議長	長浜博行（無）

常任委員長

内閣	阿達雅志（自）
総務	新妻秀規（公）
法務	佐々木さやか（公）
外交防衛	小野田紀美（自）
財政金融	足立敏之（自）
文教科学	高橋克法（自）
厚生労働	比嘉奈津美（自）
農林水産	滝波宏文（自）
経済産業	森本真治（立）
国土交通	青木愛（立）
環境	三原じゅん子（自）
国家基本政策	浅田均（維教）
予算	櫻井充（自）
決算	佐藤信秋（自）
行政監視	川田龍平（立）
議院運営	浅尾慶一郎（自）
懲罰	松沢成文（維教）

特別委員長

災害対策	竹内真二（公）
ODA・沖縄北方	藤川政人（自）
政治改革	豊田俊郎（自）
拉致問題	松下新平（自）
地方創生・デジタル社会	古川俊治（自）
消費者問題	石井章（維教）
東日本大震災復興	野田国義（立）

調査会長

外交・安全保障	猪口邦子（自）
国民生活・経済及び地方	福山哲郎（立）
資源エネルギー・持続可能社会	宮沢洋一（自）

憲法審査会会長	中曽根弘文（自）
情報監視審査会会長	有村治子（自）
政治倫理審査会会長	野村哲郎（自）
事務総長	小林史武

（カッコ内は会派名。自＝自由民主党・無所属の会（衆院）、自由民主党（参院）、立＝立憲民主党・無所属（衆院）、立憲民主・社民（参院）、維教＝日本維新の会・教育無償化を実現する会、公＝公明党、無＝無所属）

衆議院

●凡例　記載内容は原則として令和6年7月1日現在。

選挙区　選挙当日有権者数 投票率	選挙得票数・得票率 (比は比例代表との重複立候補者、比当は比例代表での当選者)
選挙区割	

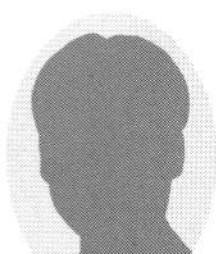

		党派*(会派)	当選回数
氏(ふり)	名(がな)	出身地	生年月日
		勤続年数(うち㊀年数)	(初当選年)

略　歴〔現職はゴシック。但し大臣・副大臣・政務官、委員会及び党役職のみ。〕

〒　地元　住所　☎
〒　東京　住所　☎

●編集要領

○住所に宿舎とあるのは議員宿舎、会館とあるのは議員会館。
○**党派名、自民党派閥名([　]で表示)を略称で表記した。**

自…自由民主党
立…立憲民主党
維…日本維新の会
公…公明党
共…日本共産党
国…国民民主党
教…教育無償化を実現する会
れ…れいわ新選組
社…社会民主党
無…無所属
[麻]…麻生派
[無]…無派閥
(　)内は会派名
• 自民…自由民主党・無所属の会
• 立憲…立憲民主党・無所属
• 有志…有志の会

○ 常任委員会

内閣委員会……**内閣委**
総務委員会……**総務委**
法務委員会……**法務委**
外務委員会……**外務委**
財務金融委員会……**財金委**
文部科学委員会……**文科委**
厚生労働委員会……**厚労委**
農林水産委員会……**農水委**
経済産業委員会……**経産委**
国土交通委員会……**国交委**
環境委員会……**環境委**
安全保障委員会……**安保委**
国家基本政策委員会……**国家基本委**
予算委員会……**予算委**
決算行政監視委員会……**決算行監委**
議院運営委員会……**議運委**
懲罰委員会……**懲罰委**

○ 特別委員会

災害対策特別委員会……**災害特委**
政治改革に関する特別委員会……**政治改革特委**
沖縄及び北方問題に関する特別委員会……**沖北特委**
北朝鮮による拉致問題等に関する特別委員会……**拉致特委**
消費者問題に関する特別委員会……**消費者特委**
東日本大震災復興特別委員会……**復興特委**
原子力問題調査特別委員会……**原子力特委**
地域活性化・こども政策・デジタル社会形成に関する特別委員会……**地・こ・デジ特委**

○ 審査会

憲法審査会……**憲法審委**
情報監視審査会……**情報監視審委**
政治倫理審査会……**政倫審委**

※所属の委員会名は、6月24日現在の委員部資料及び議員への取材に基づいて掲載しています。
※勤続年数・年齢は令和6年8月末現在
＊新…当選1回の議員、前…直近の衆議院解散により衆議院議員を失職した人、元…衆議院議員の経験があり、直近の衆議院議員総選挙に落選した人、あるいは、出馬しなかった人
(注)比例代表で復活当選した議員の小選挙区名を〈　〉内に示した。

衆議院議員・秘書名一覧

議員名	党派(会派)	選挙区	政策秘書名 第１秘書名 第２秘書名	館別号室	直通 FAX	略歴頁
じろう あかま二郎	自 ［麻］	神奈川14	鈴木久恵 飯田則恭 神﨑慶子	1 421	3508-7317 3508-3317	86
としこ あべ俊子	自 ［無］	比例 中国	―――― 野瀬健悟 小賀智子	1 514	3508-7136 3508-3436	148
あずみ じゅん 安住淳	立	宮城5	泉貴仁 遠藤裕美 髙木万莉子	1 1003	3508-7293 3508-3503	61
あだち やすし 足立康史	維	大阪9	斉藤巧 櫻井謙太 植田まゆみ	1 1016	3508-7100 3508-6410	129
あべ つかさ 阿部司	維	比例 東京	前川敏子 木藤直樹 高澤海斗	2 321	3508-7504 3508-3934	101
あべ ともこ 阿部知子	立	神奈川12	横山弓彦 石川麻美 西村秀一	1 424	3508-7303 3508-3303	86
あべ ひろき 阿部弘樹	維	比例 九州	―――― ―――― ――――	2 1102	3508-7480 3508-3360	166
あいさわ いちろう 逢沢一郎	自 ［無］	岡山1	―――― 藤井章文 足立輝	1 505	3508-7105 3508-0319	143
あおやぎ ひとし 青柳仁士	維	大阪14	小島英治 綾田剛樹 田邉慶一郎	1 723	3508-7609 3508-3989	130
あおやぎよういちろう 青柳陽一郎	立	比例 南関東	仲長武男 高久正信 宮下佳織	2 1013	3508-7245 3508-3515	90
あおやま しゅうへい 青山周平	自 ［無］	比例 東海	佐藤彰 中田大亮 大須賀竜也	2 616	3508-7083 3508-3089	119
あおやま やまと 青山大人	立	比例 北関東	―――― 竹神裕輔 ――――	2 201	3508-7039 3508-3839	77
あかぎ まさゆき 赤木正幸	維	比例 近畿	―――― 佐藤秋則 戸谷太郎	2 506	3508-7505 3508-3935	137
あかざわ りょうせい 赤澤亮正	自 ［無］	鳥取2	来間誠司 石丸徳幸 宮本明彦	2 1022	3508-7490 3508-3370	142
あかば かずよし 赤羽一嘉	公	兵庫2	治井邦弘 川元揚二郎 御影まき	2 414	3508-7079 3508-3769	132
あかみね せいけん 赤嶺政賢	共	沖縄1	竹内真 佐々木森夢 新庄沙穂	1 1107	3508-7196 3508-3626	162
あきば けんや 秋葉賢也	自 ［無］	比例 東北	高嶋佳恵 西憲太郎 五十嵐隆	1 823	3508-7392 3508-3632	64
あきもと まさとし 秋本真利	無	比例 南関東	―――― ―――― ――――	1 1209	3508-7611 3508-3991	88
あさかわ よしはる 浅川義治	維	比例 南関東	持丸優 碓井慎一 森幸恵	2 803	3508-7197 3508-3627	91

※内線電話番号は、第１議員会館は５＋室番号、６＋室番号（3～9階は５、６のあとに０を入れる）、
第２議員会館は７＋室番号、８＋室番号（2～9階は７、８のあとに０を入れる）

議員名	党派 (会派)	選挙区	政策秘書名 第1秘書名 第2秘書名	館別 号室	直通 FAX	略歴 頁
あさの さとし 浅野 哲	国	茨城5	森田亜希人 大川一弘 志村喜一郎	1 406	3508-7231 3508-3231	68
あずま くによし 東 国幹	自 [無]	北海道6	武末和仁 森川沙織 吉原正浩	2 1020	3508-7634 3508-3264	54
あぜもと しょうご 畦元将吾	自 [無]	比例 中国	― 若林仁美 若林俊輔	1 501	3508-7710 3508-3343	148
あそう たろう 麻生太郎	自 [麻]	福岡8	佐々木隆 藤島誠治 原口勇人	1 301	3508-7703 3501-7528	156
あまり あきら 甘利 明	自 [麻]	比例 南関東	河野一郎 伊田雅彦 ―	2 514	3508-7528 3502-5087	88
あらい ゆたか 荒井 優	立	比例 北海道	― 秋元恭兵 運上一平	2 602	3508-7602 3508-3982	57
あらかき くにお 新垣邦男	社	沖縄2	塚田大海志 久保睦美 比嘉礼子	2 711	3508-7157 3508-3707	163
い いがらし きよし 五十嵐 清	自 [無]	比例 北関東	上野忠彦 田子貴章 濱﨑絵美子	2 915	3508-7085 3508-3865	76
いさか のぶひこ 井坂信彦	立	兵庫1	佐藤利信 万谷智昭 髙山晃一	2 1216	3508-7082 3508-3862	131
いで ようせい 井出庸生	自 [麻]	長野3	高橋澄江 井出泰生 竹内充	2 721	3508-7469 3508-3299	107
いの としろう 井野俊郎	自 [無]	群馬2	川﨑陽子 城下正 齊田直樹	2 921	3508-7219 3508-3219	70
いのうえ しんじ 井上信治	自 [麻]	東京25	臼井悠人 岩﨑百合子 竹本美紀	1 317	3508-7328 3508-3328	99
いのうえ たかひろ 井上貴博	自 [麻]	福岡1	伊藤茂雄 大谷明治 野口賢三	1 323	3508-7239 3508-3239	155
いのうえ ひでたか 井上英孝	維	大阪1	石橋映子 広瀬能久 小田優子	1 404	3508-7333 3508-3333	127
いばやし たつのり 井林辰憲	自 [麻]	静岡2	福井正直 島克之 前島密	1 919	3508-7127 3508-3427	113
いはら たくみ 井原 巧	自 [無]	愛媛3	松田貢一 藤岡尊典 相原顕久	2 207	3508-7201 3508-3201	152
いさ しんいち 伊佐進一	公	大阪6	湯浅憲一 小西泰夫 小菅瑞人	1 1004	3508-7391 3508-3631	128
いとう のぶひさ 伊東信久	維	大阪19	永田千寿 武田昌也 舩冨則夫	1 916	3508-7243 3508-3513	131
いとう よしたか 伊東良孝	自 [無]	北海道7	魚住純也 児玉雅裕 大志保夕里奈	1 623	3508-7170 3508-7177	54
いとう しゅんすけ 伊藤俊輔	立	比例 東京	東恭弘 ― 月原大輔	2 1122	3508-7150 3508-3640	100

議員名	党派(会派)	選挙区	政策秘書名 第1秘書名 第2秘書名	館別 号室	直通 FAX	略歴頁
いとうしんたろう 伊藤信太郎	自 ［麻］	宮城4	大谷津　篤 永沼　隼 田中貴美子	2 205	3508-7091 3508-3871	60
いとうただひこ 伊藤忠彦	自 ［無］	愛知8	上田恵利 宮島隆志 渡部祐太	2 222	3508-7003 3508-3803	116
いとうたつや 伊藤達也	自 ［無］	東京22	山中真喜子 内川直樹 福井裕康	2 524	3508-7623 3508-3253	98
いとうわたる 伊藤　渉	公	比例 東海	中島　勉 村本　豊 北澤匡貴	1 921	3508-7187 3508-3617	122
いけしたたく 池下　卓	維	大阪10	上野寿朗 森田弘之 栄田孝弘	1 907	3508-7454 3508-3284	129
いけだよしたか 池田佳隆	無	比例 東海	柿沼和宏 中村美千代 ―	2 511	3508-7616 3508-3996	120
いけはたこうたろう 池畑浩太朗	維	比例 近畿	野﨑敏雄 及川智義 ―	2 509	3508-7520 3508-3950	137
いしいけいいち 石井啓一	公	比例 北関東	杉戸研介 藤田勝利 高橋成典	1 411	3508-7110 3508-3229	77
いしいたく 石井　拓	自 ［無］	比例 東海	藤原陽子 小林哲三 嶋田光紗	2 209	3508-7031 3508-3813	119
いしかわあきまさ 石川昭政	自 ［無］	比例 北関東	大塚敬史 石川浩久 益子侑也	2 1014	3508-7159 3508-3709	76
いしかわかおり 石川香織	立	北海道11	亀井政貴 高桑　浩 岡本　鎌	2 512	3508-7512 3508-3942	55
いしだまさとし 石田真敏	自 ［無］	和歌山2	山崎勝紀 今西康仁 上　泰治	2 313	3508-7072 3581-6992	135
いしばしげる 石破　茂	自 ［無］	鳥取1	吉村麻央 瀬淵資水 谷長正彦	2 515	3508-7525 3502-5174	142
いしばしりんたろう 石橋林太郎	自 ［無］	比例 中国	田丸志野 植村恭明 吉岡広小路	1 1221	3508-7901 3508-3409	147
いしはらひろたか 石原宏高	自 ［無］	比例 東京	佐藤紀人 夏目勧嗣 星野顕仁	1 813	3508-7319 3508-3319	100
いしはらまさたか 石原正敬	自 ［無］	比例 東海	市川淀内幸 髙島篤史 加藤　駿	1 910	3508-7706 3508-3321	120
いずみけんた 泉　健太	立	京都3	田中栄一 野本菜生 西村文希	1 817	3508-7005 3508-3805	126
いずみだひろひこ 泉田裕彦	自 ［無］	比例 北陸信越	横山絵理 松本政行 高坂朋孝	2 914	3508-7640 3508-3270	109
いちたにゆういちろう 一谷勇一郎	維	比例 近畿	甲斐隆志 黒島友梨 ―	2 507	3508-7300 3508-3373	137
いちむらこういちろう 市村浩一郎	維	兵庫6	康本昭赫 渡　智恵子 ―	2 1203	3508-7165 3508-3715	133

※内線電話番号は、第1議員会館は5＋室番号、6＋室番号（3～9階は5、6のあとに0を入れる）、
第2議員会館は7＋室番号、8＋室番号（2～9階は7、8のあとに0を入れる）

議員名	党派(会派)	選挙区	政策秘書名 第1秘書名 第2秘書名	館別 号室	直通 FAX	略歴頁
いなだ ともみ 稲田朋美	自 [無]	福井1	小野隼人 坪田三和 池端美紗	2 1115	3508-7035 3508-3835	106
いなつ ひさし 稲津久	公	北海道10	布川和義 一戸康男 ――	2 413	3508-7089 3508-3869	55
いなとみ しゅうじ 稲富修二	立	比例 九州	―― 神山洋介 古屋伴朗	2 1004	3508-7515 3508-3945	165
いまえだ そういちろう 今枝宗一郎	自 [麻]	愛知14	田淵雄三 金井敦司 ――	1 422	3508-7080 3508-3860	118
いまむら まさひろ 今村雅弘	自 [無]	比例 九州	無津呂智臣 木下明仁 ――	2 1210	3508-7610 3597-2723	163
いわた かずちか 岩田和親	自 [無]	比例 九州	峯崎恭輔 吉泉寛 ――	2 206	3508-7707 3508-3203	164
いわたに りょうへい 岩谷良平	維	大阪13	三好新治 森本愛 森田一也	1 906	3508-7314 3508-3314	130
いわや たけし 岩屋毅	自 [無]	大分3	山口明浩 岩屋恒久 青木隆幸	2 1209	3508-7510 3509-7610	160
う うえすぎ けんたろう 上杉謙太郎	自 [無]	比例 東北	高橋洋樹 大見祐子 ――	2 1111	3508-7074 3508-3764	65
うえだ えいしゅん 上田英俊	自 [無]	富山2	大瀧幸雄 濱瀬浩晃 藤井開	2 811	3508-7061 3508-3381	105
うえの けんいちろう 上野賢一郎	自 [無]	滋賀2	原島潤 浅山禎信 野中みゆき	1 621	3508-7004 3508-3804	124
うきしま ともこ 浮島智子	公	比例 近畿	―― 柏木淳 竹本佳恵	2 820	3508-7290 3508-3740	139
うめたに まもる 梅谷守	立	新潟6	瀧澤直樹 岡村祐子 杉山直人	2 403	3508-7403 3508-3883	105
うらの やすと 浦野靖人	維	大阪15	藤鷹英雄 大河内国光 池側純司	1 405	3508-7641 3508-3271	130
うるま じょうじ 漆間譲司	維	大阪8	長嶋雅代 川面篤志 高田祐也	1 912	3508-7298 3508-3508	128
え えさき てつま 江﨑鐵磨	自 [無]	愛知10	若山慎司 栗本実樹男 江﨑琢磨	2 1002	3508-7418 3508-3898	117
えだ けんじ 江田憲司	立	神奈川8	大塚亜紀子 町田融哉 望月高徳	2 610	3508-7462 3508-3292	85
えと あきのり 江渡聡徳	自 [麻]	青森1	鈴木貴司 高渕正賢 齊藤晃一	2 1021	3508-7096 3508-3961	58
えとう たく 江藤拓	自 [無]	宮崎2	三野晃 川合賢二 山地将生	2 1207	3508-7468 3591-3063	161
えり 英利アルフィヤ	自 [麻]	千葉5 補	―― ―― ――	1 1122	3508-7436 3508-3916	81

㊩議員・秘書

い・う・え

議員名	党派 (会派)	選挙区	政策秘書名 第1秘書名 第2秘書名	館別 号室	直通 FAX	略歴 頁
えとうせいしろう 衛藤征士郎	自 [無]	大分2	衛藤孝 増村幸成 金高桃子	1 1101	3508-7618 3595-0003	160
えだのゆきお 枝野幸男	立	埼玉5	枝野佐智子 三吉弘人 沼田陽司	1 804	3508-7448 3591-2249	72
えんどうたかし 遠藤敬	維	大阪18	山中栄一 下条潤彌 淵上翔香	1 415	3508-7325 3508-3325	131
えんどうとしあき 遠藤利明	自 [無]	山形1	須藤孝治 帯刀亮 矢野圭一	1 703	3508-7158 3592-7660	62
えんどうりょうた 遠藤良太	維	比例 近畿	松尾和弥 石橋彩夏 大髙明範	1 516	3508-7114 3508-3225	137
お くれは おおつき紅葉	立	比例 北海道	竹岡正博 下山大輔 瀬尾幸太郎	1 820	3508-7493 3508-3320	57
おがわじゅんや 小川淳也	立	香川1	坂本広明 青木武史 原田佳枝	2 1005	3508-7621 3508-3251	151
おぐましんじ 小熊慎司	立	福島4	荻野妙子 廣岡久 代田秀一	1 808	3508-7138 3508-3438	63
おぐらまさのぶ 小倉將信	自 [無]	東京23	齋藤佳伸 横田哲弥 遠藤敦人	1 814	3508-7140 3508-3440	98
おざとやすひろ 小里泰弘	自 [無]	比例 九州	金子達也 合春文憲 上赤修道	1 811	3508-7247 3502-5017	165
おざわいちろう 小沢一郎	立	比例 東北	宇田川勲 川邊嗣治 小湊敬太	1 605	3508-7175	65
おだわらきよし 小田原潔	自 [無]	東京21	潮麻衣子 吉田直哉 伊集院聡	2 1007	3508-7909 3508-3273	98
おのたいすけ 小野泰輔	維	比例 東京	岩本優美子 大竹等 門馬一樹	1 513	3508-7340 3508-3340	101
おのでらいつのり 小野寺五典	自 [無]	宮城6	鈴木敦 加美山不可史 佐藤丈寛	2 715	3508-7432 3508-3912	61
おぶちゆうこ 小渕優子	自 [無]	群馬5	石川幸子 輕部順子 渡部慎也	2 823	3508-7424 3592-1754	71
おざきまさなお 尾﨑正直	自 [無]	高知2	栗原雄一郎 北村強 池田誠二	2 901	3508-7619 3508-3999	153
おみあさこ 尾身朝子	自 [無]	比例 北関東	滝誠一郎 ―――― 塩澤正男	2 1201	3508-7484 3508-3364	75
おちたかお 越智隆雄	自 [無]	比例 東京	渡辺晴彦 米山淳子 大野圭介	1 1105	3508-7479 3508-3359	100
おがたりんたろう 緒方林太郎	無 (有志)	福岡9	大歳はるか 髙橋伊織 森晶俊	2 617	3508-7119 3508-3426	157
おおいし 大石あきこ	れ	比例 近畿	―――― ―――― ――――	2 417	3508-7404 3508-3884	140

※内線電話番号は、第1議員会館は5＋室番号、6＋室番号（3～9階は5、6のあとに0を入れる）、
第2議員会館は7＋室番号、8＋室番号（2～9階は7、8のあとに0を入れる）

議員名	党派 (会派)	選挙区	政策秘書名 第1秘書名 第2秘書名	館別 号室	直通 FAX	略歴 頁
おお おか とし たか 大岡敏孝	自 [無]	滋賀1	岸田郁子 石橋広行 冨迫佳代	1 619	3508-7208 3508-3208	124
おおかわら 大河原まさこ	立	比例 東京	鈴木　智 権藤良嗣 久野　茂	1 517	3508-7261 3508-3531	101
おお ぐし ひろ し 大串博志	立	佐賀2	及川昭広 北島一夫 北島智孝	1 308	3508-7335 3508-3335	158
おお ぐし まさ き 大串正樹	自 [無]	比例 近畿	―― 森本猛史 大澤一功	1 616	3508-7191 3508-3621	138
おお ぐち よし のり 大口善徳	公	比例 東海	山中基司 山内克則 久保田由美	2 308	3508-7017 3508-8552	122
おお しま あつし 大島　敦	立	埼玉6	稲垣雅由 永井紀明 加藤幸一	1 420	3508-7093 3508-3380	73
おお つか たく 大塚　拓	自 [無]	埼玉9	松井晴子 佐藤由美 大場隆三郎	1 710	3508-7608 3508-3988	73
おお にし けん すけ 大西健介	立	愛知13	乾　ひとみ 倉嶋弘夫 伊関延元	1 923	3508-7108 3508-3408	117
おお にし ひで お 大西英男	自 [無]	東京16	亀本正城 山下誠治 吉田晃樹	2 510	3508-7033 3508-3833	97
おお の けい た ろう 大野敬太郎	自 [無]	香川3	奴賀裕行 横田飛真 大谷まゆみ	1 1211	3508-7132 3502-5870	151
おお さか せい じ 逢坂誠二	立	北海道8	谷口真弓 野村宗平 浜谷優香	2 517	3508-7517 3508-3947	55
おか だ かつ や 岡田克也	立	三重3	金指良樹 安野啓子 村上幸司	1 506	3508-7109 3502-5047	119
おかもと こ 岡本あき子	立	比例 東北	村田　実 家藤義人 鈴木清美	1 711	3508-7064 3508-3844	65
おか もと みつ なり 岡本三成	公	東京12	中山政弘 佐藤希美子 宮木正雄	1 1005	3508-7147 3508-3637	96
おく した たけ みつ 奥下剛光	維	大阪7	平松大輔 馬場慶次郎 池内沙織	1 721	3508-7225 3508-3414	128
おく の しん すけ 奥野信亮	自 [無]	比例 近畿	水野元晴 木口善行 平岡史行	2 1001	3508-7421 3508-3901	138
おく の そういちろう 奥野総一郎	立	千葉9	小野隆朗 中野あかね 泉　武人	1 1119	3508-7256 3508-3526	82
おち あい たか ゆき 落合貴之	立	東京6	星野菜穂子 加藤功一 下野克治	2 606	3508-7134 3508-3434	94
おに き まこと 鬼木　誠	自 [無]	福岡2	大森一毅 平山康樹 濱崎耕太郎	1 715	3508-7182 3508-3612	155
か か とう あゆ こ 加藤鮎子	自 [無]	山形3	宮川　岳 ―― ――	1 705	3508-7216 3508-3216	62

議員名	党派(会派)	選挙区	政策秘書名 第1秘書名 第2秘書名	館別 号室	直通 FAX	略歴頁
かとうかつのぶ 加藤勝信	自 [無]	岡山5	杉原洋平 加藤則和 桒原雄尚	2 1104	3508-7459 3508-3289	144
かとうりゅうしょう 加藤竜祥	自 [無]	長崎2	山岸直嗣 敷島三保子 羽根里奈	2 1106	3508-7230 3508-3230	158
かさいこういち 河西宏一	公	比例 東京	田邊清二 石井敏之 海野奈保子	2 503	3508-7630 3508-3260	101
かいえだばんり 海江田万里	無	比例 東京	落合友子 三雲崇正 上村大	1 609	3508-7316 3508-3316	101
かさいあきら 笠井亮	共	比例 東京	向直也 中平智之 河田洋之	2 621	3508-7439 3508-3919	102
かじやまひろし 梶山弘志	自 [無]	茨城4	木村義人 宇留野洋治 石黒理恵子	2 903	3508-7529 3508-7714	68
かつまたたかあき 勝俣孝明	自 [無]	静岡6	新井裕志 土倉隆太 栗林康彦	1 920	3508-7202 3508-3202	114
かつめやすし 勝目康	自 [無]	京都1	柴田真次 柳幸博史 綾部繁	2 615	3508-7615 3508-3995	125
かどやまひろあき 門山宏哲	自 [無]	比例 南関東	中村寿城 石原裕久 竹脇亮太	2 1121	3508-7382 3508-3512	89
かねこえみ 金子恵美	立	福島1	中川誠一郎 来山佳子 —	2 710	3508-7476 3508-3356	63
かねこしゅんぺい 金子俊平	自 [無]	岐阜4	塚本信二 藤掛友裕 滝村尚人	2 913	3508-7060 3502-5853	112
かねこやすし 金子恭之	自 [無]	熊本4	白石剛嗣 中村浩実 大串穂尭	2 410	3508-7410 3504-8776	160
かねこようぞう 金子容三	自 [無]	長崎4 補	井上貴義 — 小寺紀彰	2 714	3508-7627 3508-3257	159
かねだかつとし 金田勝年	自 [無]	比例 東北	工藤衛 小田嶋希実 大高洋志	2 1009	3508-7053 3508-8815	65
かねむらりゅうな 金村龍那	維	比例 南関東	岩松健 上垣敬祐 廣畑昌邦	2 421	3508-7411 3508-3891	90
かまた 鎌田さゆり	立	宮城2	横田ひろ子 渡邊敬信 友常えり	1 313	3508-7204 3508-3204	60
かみかわようこ 上川陽子	自 [無]	静岡1	西谷康祐 村松潮見 藤田知士	2 305	3508-7460 3508-3290	112
かみやひろし 神谷裕	立	比例 北海道	長内勇人 倉本さやか 松家哲宏	2 801	3508-7050 3508-3960	57
かめいあきこ 亀井亜紀子	立	島根1 補	田畑静吾 — 桑本耕平	2 911	3508-7701 3508-3451	143
かめおかよしたみ 亀岡偉民	自 [無]	比例 東北	亀岡まなみ — 岡崎雄旭	1 1006	3508-7148 3508-3638	64

※内線電話番号は、第1議員会館は5＋室番号、6＋室番号（3～9階は5、6のあとに0を入れる）、
第2議員会館は7＋室番号、8＋室番号（2～9階は7、8のあとに0を入れる）

議員名	党派（会派）	選挙区	政策秘書名 第1秘書名 第2秘書名	館別号室	直通 FAX	略歴頁
かわうちひろし 川内博史	立	比例九州 繰	――― 小森芳郎 永井丈子	1 606	3508-7176 3508-3606	165
かわさき 川崎ひでと	自 ［無］	三重2	長嶺友之 笹井貴与彦 永田真巳	1 702	3508-7152 3502-5173	118
かんだけんじ 神田憲次	自 ［無］	愛知5	菅野照友旭 ――― ―――	1 1124	3508-7253 3508-3523	115
かんだじゅんいち 神田潤一	自 ［無］	青森2	黒保浩介 貝吹敦志 藍澤奈緒子	2 812	3508-7502 3508-3932	58
かんなおと 菅直人	立	東京18	――― 岡戸正典 金子裕弥	1 512	3508-7323 3595-0090	97
かんけいちろう 菅家一郎	自 ［無］	比例東北	佐原正純 大高孝一 大西勇太	1 503	3508-7107 3508-3407	64
き きはらせいじ 木原誠二	自 ［無］	東京20	川上昌克 西倉賢二 島崎正也	1 915	3508-7169 3508-3719	98
きはらみのる 木原稔	自 ［無］	熊本1	北岡浩二 佐藤尚之 勝久卓治	2 1116	3508-7450 3508-3970	159
きむらじろう 木村次郎	自 ［無］	青森3	村田尚也 山本幸之助 今岡陽子	2 809	3508-7407 3508-3887	59
きらしゅうじ 吉良州司	無 （有志）	大分1	尾﨑美加 ――― ―――	2 707	3508-7412 3508-3892	160
きいたかし 城井崇	立	福岡10	襲田憲右 早見はるみ 緒方文則	1 807	3508-7389 3508-3509	157
きうちみのる 城内実	自 ［無］	静岡7	安田年一 古田潤 鈴木翔士	2 623	3508-7441 3508-3921	114
きかわだひとし 黄川田仁志	自 ［無］	埼玉3	石井あゆ子 川内昂哉 久永智徳	1 816	3508-7123 3508-3423	72
きくたまきこ 菊田真紀子	立	新潟4	鈴木明久 中村紀之 金子直起	2 802	3508-7524 3508-3954	104
きしのぶちよ 岸信千世	自 ［無］	山口2補	小林憲史 吉永隆史 中村友彦	1 1203	3508-1203 3508-3237	146
きしだふみお 岸田文雄	自 ［無］	広島1	浮田義晴 下岸征史 杉浦岳志	1 1222	3508-7279 3591-3118	144
きたがみけいろう 北神圭朗	無 （有志）	京都4	――― 三ツ谷菜採 千葉一真	2 519	3508-7069 3508-3849	126
きたがわかずお 北側一雄	公	大阪16	橋本勝之 岡本章 矢野博之	1 508	3508-7263 3508-3533	130
きんじょうやすくに 金城泰邦	公	比例九州	大西章英 上地貴大 饒平名広武	1 801	3508-7153 3508-3703	166
く くどうしょうぞう 工藤彰三	自 ［麻］	愛知4	原澤直樹 酒井雄司 後藤英樹	2 218	3508-7018 3508-3818	115

	議員名	党派(会派)	選挙区	政策秘書名 第1秘書名 第2秘書名	館別 号室	直通 FAX	略歴頁
	くさか まさき 日下正喜	公	比例 中国	山田一成 木口勇二 濱岡貴史	2 920	3508-7021 3508-3821	149
	くしぶち まり 櫛渕万里	れ	比例 東京繰	森島貴浩 赤木善美 林一鵬	2 416	3508-7063 3508-3383	102
	くにさだ いさと 国定勇人	自 [無]	比例 北陸信越	久国ちぐさ 赤堀大 松川徹也	1 1220	3508-7131 3508-3431	109
	くにしげ とおる 國重徹	公	大阪5	山西博之 松元晋輔 福本彰律	2 716	3508-7405 3508-3885	128
	くにみつ 国光あやの	自 [無]	茨城6	越智章 川又智佐子 森周平	2 304	3508-7036 3508-3836	68
	くまだ ひろみち 熊田裕通	自 [無]	愛知1	山口伸夫 伊藤歩 田辺理絵	2 508	3508-7513	114
け	げんば こういちろう 玄葉光一郎	立	福島3	浜秀夫 佐藤周幸 佐藤彰洋	1 819	3508-7252 3591-2635	63
	げんま けんたろう 源馬謙太郎	立	静岡8	福田玄 森口俊尚 高田容子	1 624	3508-7160 3508-3710	114
こ	こいずみ しんじろう 小泉進次郎	自 [無]	神奈川11	千場香名女 沼口祐季 渡邊周平	1 314	3508-7327	85
	こいずみ りゅうじ 小泉龍司	自 [無]	埼玉11	原田祐一郎 松村重章 菊地綾子	2 1107	3508-7121 3508-3351	74
	こじま としふみ 小島敏文	自 [無]	比例 中国	山本秀一 鎌倉正樹 久松一枝	1 1206	3508-7192 3508-3622	147
	こてら ひろお 小寺裕雄	自 [無]	滋賀4	新井勝美 吉田幸司 望月隼也	1 601	3508-7126 3508-3419	125
	こばやし しげき 小林茂樹	自 [無]	比例 近畿	吉川英里 大田誠 堀川力	2 501	3508-7090 3508-3870	138
	こばやし たかゆき 小林鷹之	自 [無]	千葉2	竹内仁美 藤原隆太 田中正憲	1 417	3508-7617 3508-3997	80
	こばやし ふみあき 小林史明	自 [無]	広島7	小川麻理亜 平盛豊 宮越真帆	1 1205	3508-7455 3508-3630	146
	こみやま やすこ 小宮山泰子	立	比例 北関東	有本和雄 八木昭次 川上偉策	1 607	3508-7184 3508-3614	77
	こもり たくお 小森卓郎	自 [無]	石川1	―― 高谷均 寺西秀樹	1 812	3508-7179 3508-3609	106
	こやま のぶひろ 小山展弘	立	静岡3	安田幸祐 伊藤健 羽田えみ	1 1113	3508-7270 3508-3540	113
	こが あつし 古賀篤	自 [無]	福岡3	井上貴文 宮崎勇士 村井章子	2 216	3508-7081 3508-3861	155
	ごとう しげゆき 後藤茂之	自 [無]	長野4	小林勇郎 波多野泰史 三沢泰敏	1 704	3508-7702 3508-3452	108

※内線電話番号は、第1議員会館は5＋室番号、6＋室番号（3～9階は5、6のあとに0を入れる）、第2議員会館は7＋室番号、8＋室番号（2～9階は7、8のあとに0を入れる）

議員名	党派 (会派)	選挙区	政策秘書名 第1秘書名 第2秘書名	館別 号室	直通 FAX	略歴 頁
ごとうゆういち 後藤祐一	立	神奈川16	藤巻浩 細野康輔 日沼勇	2 814	3508-7092 3508-3962	87
こうのたろう 河野太郎	自 [麻]	神奈川15	矢野裕一 嶋津眞悟 加藤睦美	2 1103	3508-7006 3500-5360	86
こうづ 神津たけし	立	比例 北陸信越	堀内由理 上條研一 新海泳大	2 204	3508-7015 3508-3815	110
こうむらまさひろ 高村正大	自 [麻]	山口1	上田将祐 江村和剛 荒木亨尊	1 701	3508-7113 3502-5044	146
こくばこうのすけ 國場幸之助	自 [無]	比例 九州	渡邊純一 市川宏明 篠宮智明	2 1016	3508-7741 3508-3061	164
こくたけいじ 穀田恵二	共	比例 近畿	山内聡 窪田則子 元山小百合	2 620	3508-7438 3508-3918	140
こしみずけいいち 輿水恵一	公	比例 北関東	藤村達彦 ― 葛西正矩	2 307	3508-7076 3508-3766	77
こんどうかずや 近藤和也	立	比例 北陸信越	宮崎直広 川田樹希 辻森敏純	2 819	3508-7605 3508-3985	109
こんどうしょういち 近藤昭一	立	愛知3	笘米地真理 成川正之 坂野達也	2 402	3508-7402 3508-3882	115
さ ささきはじめ 佐々木紀	自 [無]	石川2	田辺暢 道券正明 横山大助	2 301	3508-7059 6273-3012	106
さとうこうじ 佐藤公治	立	広島6	神戸淳司 松前良司 門永健次	1 1022	3508-7145 3508-3635	146
さとうしげき 佐藤茂樹	公	大阪3	浮田広宣 清水信明 斎藤良憲	1 908	3508-7200 3508-3510	127
さとうつとむ 佐藤勉	自 [無]	栃木4	佐藤圭 武正和 須崎司	2 902	3508-7408 3597-2740	70
さとうひでみち 佐藤英道	公	比例 北海道	服部正利 川島公謙 向田貴	2 717	3508-7457 3508-3287	57
さいとうてつお 斉藤鉄夫	公	広島3	稲田隆則 小堀信明 小片明博	1 412	3508-7308 3501-5524	145
さいとう 斎藤アレックス	教	比例 近畿	伊藤直子 安持英太郎 大﨑俊英	2 405	3508-7637 3508-3267	140
さいとうけん 齋藤健	自 [無]	千葉7	― 安藤辰生 安藤晴彦	1 822	3508-7221 3508-3221	81
さいとうひろあき 斎藤洋明	自 [麻]	新潟3	田中悟 長谷川智希 若狭健太	1 407	3508-7155 3508-3705	104
さかいまなぶ 坂井学	自 [無]	神奈川5	李燁明 勝間田将 山藤卓人	2 1119	3508-7489 3508-3369	84
さかもとてつし 坂本哲志	自 [無]	熊本3	― 山本心太 北里久則	2 702	3508-7034 3508-3834	159

議員名	党派(会派)	選挙区	政策秘書名 第1秘書名 第2秘書名	館別 号室	直通 FAX	略歴頁
さかもとゆうのすけ 坂本祐之輔	立	比例 北関東	今井省吾 黒澤幸司 長野拓馬	2 1221	3508-7449 3508-3969	77
さかい 酒井なつみ	立	東京15 補	――― ――― ―――	1 1121	3508-7066 3508-3846	96
さくらい しゅう 櫻井　周	立	比例 近畿	藤井千幸 桐山直也 齋藤尚光	2 409	3508-7465 3508-3295	139
さくらだ よしたか 櫻田義孝	自 [無]	比例 南関東	上野剛 小田原暁史 井田翔	2 1117	3508-7381 3508-3501	89
ささがわ ひろよし 笹川博義	自 [無]	群馬3	茂木和幸 小礒守正 二宮正導	2 316	3508-7338 3508-3338	71
さわだ りょう 沢田　良	維	比例 北関東	――― 宮川文吾 千葉理恵子	2 323	3508-7526 3508-3956	78
し しい かずお 志位和夫	共	比例 南関東	浜田文 松井朋子 井岡弘	1 1017	3508-7285 3508-3735	91
しおかわ てつや 塩川鉄也	共	比例 北関東	山本陽子 岡田里志 吉井穂高	2 905	3508-7507 3508-3937	78
しおざき あきひさ 塩崎彰久	自 [無]	愛媛1	清水洋之 川崎晶子 溝江義一	1 1102	3508-7189 3508-3619	151
しおのや りゅう 塩谷　立	無	比例 東海	渡辺桃子 山田泰志 岡本直哉	2 1211	3508-7632 3508-3262	120
しげとく かずひこ 重徳和彦	立	愛知12	畔柳智章 柴川裕太 磯谷陽子	2 909	3508-7910 3508-3285	117
しな たけし 階　猛	立	岩手1	河村匡庸 前田哲朗 平子圭	2 203	3508-7024 3508-3824	59
しのはら ごう 篠原　豪	立	神奈川1	中山真吾 毛呂武史 大城知恵	2 608	3508-7130 3508-3430	83
しのはら たかし 篠原　孝	立	比例 北陸信越	岡本匡広 原田峻佑 沓掛洋介	1 719	3508-7268 3508-3538	109
しばやま まさひこ 柴山昌彦	自 [無]	埼玉8	増井一朗 大塚隆浩 渡邊洋平	2 822	3508-7624 3508-7715	73
しまじりあいこ 島尻安伊子	自 [無]	沖縄3	宮城一郎 下地太一 伊波広貴	1 1111	3508-7265 3508-3535	163
しもじょう 下条みつ	立	長野2	小川昌昭 百瀬秀則 白澤孝之	1 806	3508-7271 3508-3541	107
しもむら はくぶん 下村博文	自 [無]	東京11	榮友里子 中村恭平 大塚洋平	2 622	3508-7084 3597-2772	95
しょうじ けんいち 庄子賢一	公	比例 東北	早坂光 松野博志 九鬼秀俊	2 1224	3508-7474 3508-3354	66
しらいし よういち 白石洋一	立	比例 四国	沼田忠典 ――― ―――	2 720	3508-7244 3508-3514	153

※内線電話番号は、第1議員会館は5＋室番号、6＋室番号（3～9階は5、6のあとに0を入れる）、
第2議員会館は7＋室番号、8＋室番号（2～9階は7、8のあとに0を入れる）

	議員名	党派(会派)	選挙区	政策秘書名 第1秘書名 第2秘書名	館別号室	直通 FAX	略歴頁
	しんたに まさよし 新谷正義	自 [無]	広島4	麻生満理子 ―――― 香川　淳	2 805	3508-7604 3508-3984	145
	しんどう よしたか 新藤義孝	自 [無]	埼玉2	―――― ―――― ――――	1 810	3508-7313 3508-3313	72
す	すえまつ よしのり 末松義規	立	東京19	奥村真弓 ―――― 小西美海	2 1008	3508-7488 3508-3368	97
	すが よしひで 菅　義偉	自 [無]	神奈川2	黄瀬周作 新田章文 長田拓也	2 1113	3508-7446 3597-2707	83
	すぎた みお 杉田水脈	自 [無]	比例 中国	―――― 松本博明 長本好政	2 907	3508-7029 3508-3829	148
	すぎもと かずみ 杉本和巳	維	比例 東海	杉田亜貴子 早川　茂 津下鉄平	1 414	3508-7266 3508-3536	122
	すずき あつし 鈴木　敦	教	比例 南関東	―――― ―――― ――――	2 1123	3508-7286 3508-3736	91
	すずき えいけい 鈴木英敬	自 [無]	三重4	寺西弘行 岡田充晴 中川尚昭	1 614	3508-7269 3508-3539	119
	すずき けいすけ 鈴木馨祐	自 [麻]	神奈川7	―――― 黒田幸輝 藤田芳紀	1 423	3508-7304 3508-3304	84
	すずき しゅんいち 鈴木俊一	自 [麻]	岩手2	清川健二 島田秀治 堀間　悟	1 1001	3508-7267 3508-3543	59
	すずき じゅんじ 鈴木淳司	自 [無]	愛知7	安芸　仁 三治敦司 神﨑里美	1 1110	3508-7264 3508-3534	116
	すずき たかこ 鈴木貴子	自 [無]	比例 北海道	―――― ―――― ――――	1 1202	3508-7233 3508-3233	56
	すずき のりかず 鈴木憲和	自 [無]	山形2	田中辰明 佐藤愛美 後藤理徳	1 416	3508-7318 3508-3318	62
	すずき はやと 鈴木隼人	自 [無]	東京10	丸山　響 唐橋新哉 菊池秀明	2 1215	3508-7463 3508-3293	95
	すずき ようすけ 鈴木庸介	立	比例 東京	加藤義直 岡崎隆浩 吉田法央	1 1216	3508-7028 3508-3828	100
	すずき よしひろ 鈴木義弘	国	比例 北関東	山川英郎 木内慎一 栢野洋子	1 713	3508-7282 3508-3732	78
	すみよし ひろき 住吉寛紀	維	比例 近畿	岡田　誠 橋本　淳 稗田佳久	2 303	3508-7415 3508-3895	136
せ	せと たかかず 瀬戸隆一	自 [麻]	比例 四国繰	中村みゆき 久米昭弘 秋山和輝	1 1112	3508-7712 3508-3241	153
	せき よしひろ 関　芳弘	自 [無]	兵庫3	髙谷理恵 守内一誠 山形浩昭	1 603	3508-7173 3508-3603	132
そ	そらもと せいき 空本誠喜	維	比例 中国	 髙山智秀 伊藤真二	2 1202	3508-7451 3508-3281	149

た

衆議員・秘書

た

議員名	党派（会派）	選挙区	政策秘書名 第１秘書名 第２秘書名	館別号室	直通 FAX	略歴頁
たがや　亮（りょう）	れ	比例南関東	前田正志 後藤一輝 太田統之	2 415	3508-7008 3508-3808	91
田嶋　要（たじま かなめ）	立	千葉１	田中伸一 宮崎活二 菊池亮孔	1 1215	3508-7229 3508-3411	80
田所嘉徳（たどころ よしのり）	自［無］	比例北関東	中山嘉隆 永井昌儀 中川太一	1 716	3508-7068 3508-3848	76
田中和徳（たなか かずのり）	自［麻］	神奈川10	細田将史 矢作真樹子 菅谷英彦	1 1010	3508-7294 3508-3504	85
田中　健（たなか けん）	国	比例東海	矢島光弘 小原洋樹 鈴木輝明	1 712	3508-7190 3508-3620	123
田中英之（たなか ひでゆき）	自［無］	比例近畿	葛城直樹 湯浅　剛 秋本貴法	2 604	3508-7007 3508-3807	138
田中良生（たなか りょうせい）	自［無］	埼玉15	森　幹郎 福山真樹 森本一吉	2 521	3508-7058 3508-3858	75
田野瀬太道（たのせ たいどう）	自［無］	奈良３	沖浦功一 杉岡宏基 小畑善孝	2 314	3508-7071 3591-6569	135
田畑裕明（たばた ひろあき）	自［無］	富山１	西村寛一郎 高原　理 岩佐秀典	2 214	3508-7704 3508-3454	105
田村貴昭（たむら たかあき）	共	比例九州	村高芳樹 山口佳織 川邉隆史	2 712	3508-7475 3508-3355	166
田村憲久（たむら のりひさ）	自［無］	三重１	中村敏幸 世古丈人 ――	1 902	3508-7163 3502-5066	118
平　将明（たいら まさあき）	自［無］	東京４	若林継啓 山森寛之 津野仁美	1 914	3508-7297 3508-3507	94
高市早苗（たかいち さなえ）	自［無］	奈良２	蓮実　守 木下剛志 木下　守	1 903	3508-7198 3508-7199	135
髙階恵美子（たかがい えみこ）	自［無］	比例中国	佐々木由美 池田和正 ――	2 1208	3508-7518 3508-3948	148
髙木　啓（たかぎ けい）	自［無］	比例東京	杉浦貴和子 ―― 石渡勇吾	2 310	3508-7601 3508-3981	99
髙木　毅（たかぎ つよし）	自［無］	福井２	小泉あずさ ―― 望月ますみ	1 1008	3508-7296 3508-3506	107
高木宏壽（たかぎ ひろひさ）	自［無］	北海道３	川村康博 近藤千晴 田井中知也	2 217	3508-7636 3508-3024	53
高木陽介（たかぎ ようすけ）	公	比例東京	亀岡茂一 高野正史 天野明美	2 1023	3508-7481 5251-3685	101
髙鳥修一（たかとり しゅういち）	自［無］	比例北陸信越	勝野淳一 丸山秀一 山下和明	1 1214	3508-7607 3508-3987	108
高橋千鶴子（たかはし ちづこ）	共	比例東北	栫　浩一 水野希美子 小谷祥司	2 904	3508-7506 3508-3936	66

※内線電話番号は、第１議員会館は５＋室番号、６＋室番号（３～９階は５、６のあとに０を入れる）、第２議員会館は７＋室番号、８＋室番号（２～９階は７、８のあとに０を入れる）

議員名	党派 (会派)	選挙区	政策秘書名 第1秘書名 第2秘書名	館別 号室	直通 FAX	略歴 頁
たかはしひであき 高橋英明	維	比例 北関東	安達正悟 板倉勝教 津田賢伯	2 808	3508-7260 3508-3530	78
たかみやすひろ 高見康裕	自 [無]	島根2	小牧雅一 曽田昇 吉本賢一郎	2 520	3508-7166 3508-3716	143
たけうちゆずる 竹内譲	公	比例 近畿	包國嘉介 山本大樹 田原功一	2 1223	3508-7473 3508-3353	139
たけいしゅんすけ 武井俊輔	自 [無]	比例 九州	小松隆仁 小浦拓也 清水寛幸	2 1017	3508-7388 3508-3718	164
たけだりょうた 武田良太	自 [無]	福岡11	平嶺孔貴 矢野崇志 天野統郎	1 610	3508-7180 3508-3610	157
たけべあらた 武部新	自 [無]	北海道12	後藤秀一 小澤陽平 寒澤晶一	2 1010	3508-7425 3502-5190	56
たけむらのぶひで 武村展英	自 [無]	滋賀3	留川浩一 饗場貴子 ――	1 602	3508-7118 3508-3418	125
たちばなけいいちろう 橘慶一郎	自 [無]	富山3	吉田貢 檜物豊成 中里枝	1 622	3508-7227 3508-3227	105
たなはしやすふみ 棚橋泰文	自 [麻]	岐阜2	古田恭弘 和波佐江子 長島卓己	2 713	3508-7429 3508-3909	111
たにこういち 谷公一	自 [無]	兵庫5	磯篤志 津野田雄輔 渡辺浩司	2 810	3508-7010 3502-5048	132
たにがわ 谷川とむ	自 [無]	比例 近畿	早川加寿裕 家門保 岩元貴治	1 1104	3508-7514 3508-3944	139
たまきゆういちろう 玉木雄一郎	国	香川2	井山哲 門脇永子 廣瀬雅洋	1 706	3508-7213 3508-3213	151
つ つしまじゅん 津島淳	自 [無]	比例 東北	浅田裕之 清水眞 石田純	2 1204	3508-7073 3508-3033	64
つかだいちろう 塚田一郎	自 [麻]	比例 北陸信越	石山肇 石川祐也 斉藤恭子	1 302	3508-7705 3508-3455	109
つじきよと 辻清人	自 [無]	東京2	―― ―― ――	1 522	3508-7288 3508-3738	93
つちだしん 土田慎	自 [麻]	東京13	―― 平野友紀子 島村純子	1 1020	3508-7341 3508-3341	96
つちやしなこ 土屋品子	自 [無]	埼玉13	―― 豊田典子 高橋昌志	1 402	3508-7188 3508-3618	74
つつみ 堤かなめ	立	福岡5	黛典子 石田泰志 宮原晴美	2 312	3508-7062 3508-3039	156
つのだひでお 角田秀穂	公	比例 南関東	江端功一 鈴木隆 大倉沙織	2 309	3508-7052 3508-3852	91
て てづかよしお 手塚仁雄	立	東京5	土橋雄宇 柿澤雄太 上田秀麿	1 802	3508-7234 3508-3234	94

	議員名	党派(会派)	選挙区	政策秘書名 第1秘書名 第2秘書名	館別 号室	直通 FAX	略歴頁
	てら た まなぶ 寺田 学	立	比例 東北	井川知雄 島田真 堀江淳	1 1014	3508-7464 3508-3294	65
	てら だ みのる 寺田 稔	自 [無]	広島5	迫田誠 山本譲 中坂智明	1 1213	3508-7606 3508-3986	145
と	ど い とおる 土井 亨	自 [無]	宮城1	山田朋広 佐藤聖 佐藤友香	1 1120	3508-7470 3508-3350	60
	と がし ひろ ゆき 冨樫博之	自 [無]	秋田1	山田修市 田中基樹 大澤薫	2 1019	3508-7275 3508-3725	61
	と かい き さぶろう 渡海紀三朗	自 [無]	兵庫10	中嶋規人 加茂朋章 石橋友子	1 1109	3508-7643 3508-3613	134
	とく なが ひさ し 徳永久志	教	比例 近畿	中原靖子 塚本茂樹 岡屋京佑	2 609	3508-7250 3508-3520	140
な	なか がわ たか もと 中川貴元	自 [麻]	比例 東海	四反田淳子 中川穂南 真置林現	2 701	3508-7461 3508-3291	120
	なか がわ ひろ まさ 中川宏昌	公	比例 北陸信越	大久保智広 藤田正純 増田美香	1 922	3508-3639 3508-7149	110
	なか がわ まさ はる 中川正春	立	比例 東海	―― ―― 福原勝	1 519	3508-7128 3508-3428	121
	なか がわ やす ひろ 中川康洋	公	比例 東海	加賀友啓 石井隆 畑和憲	2 919	3508-7038 3508-3838	122
	なか がわ ゆう こ 中川郁子	自 [麻]	比例 北海道	宮永龍典 岩田尚久 ――	1 309	3508-7103 3508-3403	56
	なか じま かつ ひと 中島克仁	立	比例 南関東	山本健 ―― 依田卓也	2 723	3508-7423 3508-3903	90
	なか じま ひで き 中嶋秀樹	維	比例 近畿繰	内ケ崎雅俊 竹内絵理 福永俊介	1 321	3508-7305 3508-3305	137
	なか そ ね やすたか 中曽根康隆	自 [無]	群馬1	加藤佑介 大山充 井上里穂	2 923	3508-7272 3508-3722	70
	なか たに かず ま 中谷一馬	立	比例 南関東	風間良 藤居芳明 梶尾明	1 509	3508-7310 3508-3310	89
	なか たに げん 中谷 元	自 [無]	高知1	豊田圭三 北原仁 山田亮	2 1222	3508-7486 3592-9032	152
	なか たに しん いち 中谷真一	自 [無]	山梨1	神園健 古郡拓也 矢島優妃	2 215	3508-7336 3508-3336	87
	なか つか ひろし 中司 宏	維	大阪11	鈴木裕子 守田順一 木本研二朗	1 905	3508-7146 3508-3636	129
	なか にし けん じ 中西健治	自 [麻]	神奈川3	平林悟 阿部裕子 矢口真希子	1 303	3508-7311 3508-3377	83
	なか ね かず ゆき 中根一幸	自 [無]	比例 北関東	―― 勝沼幸 井上春菜	2 1206	3508-7458 3508-3288	76

※内線電話番号は、第1議員会館は5＋室番号、6＋室番号（3～9階は5、6のあとに0を入れる）、第2議員会館は7＋室番号、8＋室番号（2～9階は7、8のあとに0を入れる）

議員名	党派(会派)	選挙区	政策秘書名 第１秘書名 第２秘書名	館別 号室	直通 FAX	略歴頁
なかの ひでゆき 中野英幸	自 [無]	埼玉7	菅野文盛 菊池豪 ――	2 220	3508-7220 3508-3220	73
なかの ひろまさ 中野洋昌	公	兵庫8	小谷伸彦 能村清人 山田友崇	1 722	3508-7224 3508-3415	133
なかむら きしろう 中村喜四郎	立	比例 北関東	谷中勝一 岡野功 神谷良輝	2 411	3508-7501 3508-3931	77
なかむら ひろゆき 中村裕之	自 [麻]	北海道4	髙橋知久 栗原巧 川仁伸一	2 406	3508-7406 3508-3886	54
なかやま のりひろ 中山展宏	自 [麻]	比例 南関東	松本達也 白谷武士 上田千鶴	2 311	3508-7435 3508-3915	89
ながおか けいこ 永岡桂子	自 [麻]	茨城7	大越貴陽 矢部憲司 小池寿伴太郎	1 714	3508-7274 3508-3724	69
ながさか やすまさ 長坂康正	自 [麻]	愛知9	茶谷滋 長坂隆廣 今川徳治	1 1007	3508-7043 3508-3863	116
ながしま あきひさ 長島昭久	自 [無]	比例 東京	及川哲央 花咲宏基 野木大史	1 510	3508-7309 3508-3309	100
ながつま あきら 長妻昭	立	東京7	梶護 花見和美 中原翔太	2 706	3508-7456 3508-3286	94
ながとも しんじ 長友慎治	国	比例 九州	川添由香子 渕上将弘 本部仁俊	2 912	3508-7212 3508-3212	167
にかい としひろ 二階俊博	自 [無]	和歌山3	二階俊樹 矢本和久 小川珠美	2 223	3508-7023 3502-5037	136
にき ひろぶみ 仁木博文	自 [麻]	徳島1	小笠原博信 岩田元宏 前川千恵子	2 213	3508-7011 3508-3811	150
にわ ひでき 丹羽秀樹	自 [無]	愛知6	杉山健太郎 池真一 舟橋千尋	2 916	3508-7025 3508-3825	116
にしおか ひでこ 西岡秀子	国	長崎1	―― 高瀬千義 ――	2 1124	3508-7343 3508-3733	158
にしだ しょうじ 西田昭二	自 [無]	石川3	奥村淳 竹重吉晃 土倉豊	1 523	3508-7139 3508-3439	106
にしの だいすけ 西野太亮	自 [無]	熊本2	鹿島圭子 中村直哉 生山敬之	1 913	3508-7144 3508-3634	159
にしむら あきひろ 西村明宏	自 [無]	宮城3	谷弘三 高木哲哉 小平美芙衣	2 324	3508-7906 3508-3873	60
にしむら ちなみ 西村智奈美	立	新潟1	髙田一喜 佐藤真一 山田朋洋	2 404	3508-7614 3508-3994	103
にしむら やすとし 西村康稔	自 [無]	兵庫9	佐藤汀 田中実 橋山慎太郎	1 611	3508-7101 3508-3401	133
にしめ こうさぶろう 西銘恒三郎	自 [無]	沖縄4	大城和人 西銘浩平 末吉達俊	2 317	3508-7218 3508-3218	163

	議員名	党派(会派)	選挙区	政策秘書名 第1秘書名 第2秘書名	館別号室	直通 FAX	略歴頁
ぬ	ぬかが ふくしろう 額賀福志郎	無	茨城2	藤井剛 ― 秋山太三	2 824	3508-7447 3592-0468	67
ね	ねもと たくみ 根本匠	自 [無]	福島2	六角陽佳 林美奈子 小松慎太郎	2 1213	3508-7312 3508-3312	63
	ねもと ゆきのり 根本幸典	自 [無]	愛知15	若林由利 川越憂貴 近藤淳彦	2 906	3508-7711 3508-3300	118
の	のだ せいこ 野田聖子	自 [無]	岐阜1	半田亘 東海林和子 中森美恵子	1 504	3508-7161 3591-2143	111
	のだ よしひこ 野田佳彦	立	千葉4	河井淳一 田窪照美 山本勇介	1 821	3508-7141 3508-3441	80
	のなか あつし 野中厚	自 [無]	比例 北関東	柴田昭彦 山崎洋平 中林真里	1 419	3508-7041 3508-3841	75
	のま たけし 野間健	立	鹿児島3	久本芳孝 潟野修一 上薗雅登	2 601	3508-7027 3508-3827	162
は	はせがわ じゅんじ 長谷川淳二	自 [無]	愛媛4	安藤明 山下芳公 松岡隆太朗	2 703	3508-7453 3508-3283	152
	はなし やすひろ 葉梨康弘	自 [無]	茨城3	池田芳宏 鎌田総太郎 葉梨徹	1 1117	3508-7248 3508-3518	68
	ばば のぶゆき 馬場伸幸	維	大阪17	― 小寺一輝 山口剛士	1 511	3508-7322 3508-3322	131
	ばば ゆうき 馬場雄基	立	比例 東北	髙井章博 成田寅記 ―	2 821	3508-7631 3508-3261	65
	はぎうだ こういち 萩生田光一	自 [無]	東京24	牛久保敏文 秋山里佳 鈴木脩介	2 1205	3508-7154 3508-3704	99
	はしもと がく 橋本岳	自 [無]	岡山4	矢吹彰康 藤村健 高坂隆行	2 306	3508-7016 3508-3816	144
	はとやま じろう 鳩山二郎	自 [無]	福岡6	立井尚友 江刺家孝臣 上田峻也	2 221	3508-7905 3580-8001	156
	はまだ やすかず 浜田靖一	自 [無]	千葉12	大堀将和 小暮眞也 永田実和子	2 315	3508-7020 3508-7644	82
	はまち まさかず 濵地雅一	公	比例 九州	吉田直樹 水町康博 濱田幸光	1 803	3508-7235 3508-3235	165
	はやさか あつし 早坂敦	維	比例 東北	橋本浩二 沼田義重 石井隆太郎	2 704	3508-7414 3508-3894	66
	はやし もとお 林幹雄	自 [無]	千葉10	渡辺淳一 津田康平 山野巧磨	1 612	3508-7151 3502-5016	82
	はやし ゆみ 林佑美	維	和歌山1 補	鍵山仁 柳本裕昭 豊岡嶺侃	1 315	3508-7315 3508-3315	135
	はやし よしまさ 林芳正	自 [無]	山口3	河野恭子 小平均 田辺憲治	1 1201	3508-7115 3508-3050	147

※内線電話番号は、第1議員会館は5＋室番号、6＋室番号（3～9階は5、6のあとに0を入れる）、
第2議員会館は7＋室番号、8＋室番号（2～9階は7、8のあとに0を入れる）

	議員名	党派(会派)	選挙区	政策秘書名 第1秘書名 第2秘書名	館別号室	直通 FAX	略歴頁
	はらぐちかずひろ 原口一博	立	佐賀1	池田勝 坂本裕二朗 山﨑康弘	1 307	3508-7238 3508-3238	157
	ばんのゆたか 伴野豊	立	比例 東海	大坪俊一 三島且成 古俣泰浩	2 910	3508-7019 3508-3819	121
ひ	ひらいたくや 平井卓也	自 [無]	比例 四国	寺井慶 荒井淳子 須永映里子	1 1024	3508-7307 3508-3307	153
	ひらぐちひろし 平口洋	自 [無]	広島2	庄司輝光 湯浅路子 廣瀬典子	2 804	3508-7622 3508-3252	145
	ひらさわかつえい 平沢勝栄	自 [無]	東京17	植原和紀 釜台薫 藤澤翔一	1 1115	3508-7257 3508-3527	97
	ひらぬましょうじろう 平沼正二郎	自 [無]	岡山3	福井慎二 高原秀明 平沼広子	2 614	3508-7251 3508-3521	144
	ひらばやしあきら 平林晃	公	比例 中国	西岡稔 堀池克己 児玉秀幸	1 507	3508-7339 3508-3339	149
ふ	ふかざわよういち 深澤陽一	自 [無]	静岡4	村上泰史 遠藤敏郎 重坂雅之	1 1223	3508-7709 3508-3243	113
	ふくしげたかひろ 福重隆浩	公	比例 北関東	掛川信一 上原政雄 西口香	1 909	3508-7249 3508-3519	78
	ふくしまのぶゆき 福島伸享	無 (有志)	茨城1	山田克登 沼田誠 稲葉勇二	2 419	3508-7262 3508-3532	67
	ふくだあきお 福田昭夫	立	栃木2	齋藤孝明 羽瀬広大 高橋歩夢	1 708	3508-7289 3508-3739	69
	ふくだたつお 福田達夫	自 [無]	群馬4	―――― 堤岳志 石井琢郎	1 1103	3508-7181 3508-3611	71
	ふじいひさゆき 藤井比早之	自 [無]	兵庫4	―――― 堀支津子 原田祐成	1 615	3508-7185 3508-3615	132
	ふじおかたかお 藤岡隆雄	立	比例 北関東	財満慎太郎 土澤康敏 浅津敦史	1 608	3508-7178 3508-3608	76
	ふじたふみたけ 藤田文武	維	大阪12	吉田直樹 中川慎也 松田泰志	1 312	3508-7040 3508-3840	129
	ふじまきけんた 藤巻健太	維	比例 南関東	吉田新 岡田卓也 嶌根香織	2 320	3508-7503 3508-3933	90
	ふじまるさとし 藤丸敏	自 [無]	福岡7	原野隆博 松尾昭宏 廣松金悟	2 211	3508-7431 3597-0483	156
	ふじわらたかし 藤原崇	自 [無]	岩手3	―――― ―――― ――――	2 1015	3508-7207 3508-3721	59
	ふとりひでし 太栄志	立	神奈川13	梶原博之 末吉弘孝 伊藤達磨	1 409	3508-7330 3508-3330	86
	ふなだはじめ 船田元	自 [無]	栃木1	盛未来 山本光雄 露木正高	2 605	3508-7156 3508-3706	69

	議員名	党派（会派）	選挙区	政策秘書名 第1秘書名 第2秘書名	館別 号室	直通 FAX	略歴頁
	ふるかわ なおき 古川直季	自 ［無］	神奈川6	荒井大樹 ――― 小林大蔵	2 1114	3508-7523 3508-3953	84
	ふるかわ もとひさ 古川元久	国	愛知2	阪口祥代 加藤麻紀子 横田大	2 1006	3508-7078 3597-2758	115
	ふるかわ やすし 古川康	自 ［無］	比例 九州	澁田聡士 小松康剛 岩本英雄	2 813	6205-7711 3508-3897	164
	ふるかわ よしひさ 古川禎久	自 ［無］	宮崎3	西田育生 田中千代 杉尾亮太郎	2 612	3508-7612 3506-2503	161
	ふるや けいじ 古屋圭司	自 ［無］	岐阜5	渡辺一博 友江惇 梶田誉穣	2 423	3508-7440 3592-9040	112
	ふるや のりこ 古屋範子	公	比例 南関東	深澤貴美子 中島順一 高野清志	2 502	3508-7629 3508-3259	91
ほ	ほさか やすし 穂坂泰	自 ［無］	埼玉4	酒井慶太 小池夕妃 神谷健太	2 908	3508-7030 3508-3830	72
	ほしの つよし 星野剛士	自 ［無］	比例 南関東	宇野沢典子 齋藤猛昭 佐藤輝一	2 708	3508-7413 3508-3893	88
	ほそだ けんいち 細田健一	自 ［無］	新潟2	楠原浩祐 山田孝枝 和田慎太郎	2 1220	3508-7278 3508-3728	104
	ほその ごうし 細野豪志	自 ［無］	静岡5	佐藤公彦 髙木いづみ 眞野卓	1 620	3508-7116 3508-3416	113
	ほりい まなぶ 堀井学	自 ［無］	比例 北海道	岩坂香 石川裕丈 堀井彩那	2 408	3508-7125 3508-3425	56
	ほりうち のりこ 堀内詔子	自 ［無］	山梨2	渡辺明秀 鈴木紀子 志村さおり	2 407	3508-7487 3508-3367	88
	ほりば さちこ 堀場幸子	維	比例 近畿	師岡孝明 野田静香 ―――	2 422	3508-7422 3508-3902	137
	ほりい けんじ 掘井健智	維	比例 近畿	三品耕作 原沙矢香 笹本航生	2 806	3508-7088 3508-3868	136
	ほんじょう さとし 本庄知史	立	千葉8	細見一雄 芳野泰崇 矢口すみれ	2 1219	3508-7519 3508-3949	81
	ほんだ たろう 本田太郎	自 ［無］	京都5	髙森眞由美 小谷典仁 西地康宏	2 210	3508-7012 3508-3812	126
ま	まぶち すみお 馬淵澄夫	立	奈良1	片岡新 馬淵錦之介 岩井禅	1 1217	3508-7122 3508-3051	134
	まえはら せいじ 前原誠司	教	京都2	村田昭一郎 木元俊大 齋藤博史	1 809	3508-7171 3592-6696	125
	まき よしお 牧義夫	立	比例 東海	北村礼文子 成瀬厚子 宮本正隆	1 305	3508-7628 3508-3258	121
	まきしま 牧島かれん	自 ［麻］	神奈川17	――― ――― ―――	1 322	3508-7026 3508-3826	87

※内線電話番号は、第1議員会館は5＋室番号、6＋室番号（3～9階は5、6のあとに0を入れる）、
第2議員会館は7＋室番号、8＋室番号（2～9階は7、8のあとに0を入れる）

議員名	党派（会派）	選挙区	政策秘書名 第１秘書名 第２秘書名	館別 号室	直通 FAX	略歴頁
まきはらひでき 牧原秀樹	自 ［無］	比例 北関東	末廣慎二 細田孝子 ―	1 1116	3508-7254 3508-3524	76
まつき 松木けんこう	立	北海道2	岡本征弘 梶浦宜明 櫻井知英	1 324	3508-7324 3508-3324	53
まつしま 松島みどり	自 ［無］	東京14	福田健 髙山就造 染谷優佳	1 709	3508-7065 3508-3845	96
まつのひろかず 松野博一	自 ［無］	千葉3	山﨑岳久 小澤貴仁 伊藤孝行	1 502	3508-7329 3508-3329	80
まつばらじん 松原仁	無 （立憲）	東京3	関根勉 高池慶太 伊藤賢	2 709	3508-7452 3580-7336	93
まつもとたけあき 松本剛明	自 ［麻］	兵庫11	梅津徳之 清瀬博文 大路渡	1 707	3508-7214 3508-3214	134
まつもとひさし 松本尚	自 ［無］	千葉13	高野雅樹 椎名麗 廣田美代	1 1009	3508-7295 3508-3505	83
まつもとようへい 松本洋平	自 ［無］	比例 東京	柏原隆宏 小林利明 太田晃禎	1 1011	3508-7133 3508-3433	99
み みきけえ 三木圭恵	維	比例 近畿	森山秀樹 渡壁勇樹 ―	2 1105	3508-7638 3508-3268	136
みたぞのさとし 三反園訓	無 （自民）	鹿児島2	― 松本克彦 杉田伸治	2 924	3508-7511 3508-3941	162
みたにひでひろ 三谷英弘	自 ［無］	比例 南関東	伊地知理美 楠本喜満 嘉藤敦	2 1120	3508-7522 3508-3952	88
みつばやしひろみ 三ッ林裕巳	自 ［無］	埼玉14	志村賢一 清水貴博 佐藤亮平	2 522	3508-7416 3508-3896	75
みのべてるお 美延映夫	維	大阪4	― ― ―	1 1019	3508-7194 3508-3624	127
みのりかわのぶひで 御法川信英	自 ［無］	秋田3	石毛真理子 佐藤春男 鈴木由希	1 901	3508-7167 3508-3717	62
みさきまき 岬麻紀	維	比例 東海	菅野浩考 飯塚将史 宇佐見紀子	2 705	3508-7409 3508-3889	122
みちしただいき 道下大樹	立	北海道1	佐藤陽子 市橋修太 村上大星	2 516	3508-7516 3508-3946	53
みどりかわたかし 緑川貴士	立	秋田2	小池恵里子 長崎朋典 阿部義人	2 202	3508-7002 3508-3802	61
みやうちひでき 宮内秀樹	自 ［無］	福岡4	上原雅人 赤司圭介 櫻井康晴	1 604	3508-7174 3508-3604	155
みやざきまさひさ 宮﨑政久	自 ［無］	比例 九州	今井時右衛門 大澤真弓 ―	2 722	3508-7360 3508-3071	164
みやじたくま 宮路拓馬	自 ［無］	鹿児島1	田中彰吾 木村颯 粕谷訓史	1 311	3508-7206 3508-3206	161

	議員名	党派 (会派)	選挙区	政策秘書名 第1秘書名 第2秘書名	館別 号室	直通 FAX	略歴頁
	みやしたいちろう 宮下一郎	自 [無]	長野5	天野健太郎 髙橋達之 尾関正行	1 1207	3508-7903 3508-3643	108
	みやもとたけし 宮本岳志	共	比例 近畿	田村幸恵 隅田清美 古山潔	1 1108	3508-7255 3508-3525	140
	みやもととおる 宮本徹	共	比例 東京	坂間和史 松尾勝哉 川野純平	1 1219	3508-7508 3508-3938	102
む	むとうようじ 武藤容治	自 [麻]	岐阜3	野村真一 小檜山千代久 伊藤康男	2 1212	3508-7482 3508-3362	112
	むたいしゅんすけ 務台俊介	自 [麻]	比例 北陸信越	赤羽俊太郎 村瀬元良 五十嵐佐江子	1 403	3508-7334 3508-3334	109
	むねきよこういち 宗清皇一	自 [無]	比例 近畿	佐藤博之 川中健司 蓮岡牧生	1 310	3508-7205 3508-3205	138
	むらいひでき 村井英樹	自 [無]	埼玉1	二宮尚徳 尾﨑裕太 相馬大作	1 911	3508-7467 3508-3297	71
	むらかみせいいちろう 村上誠一郎	自 [無]	愛媛2	佐藤洋一 田丸勇野人 小野礼二	1 1224	3508-7291 3502-5172	152
も	もてぎとしみつ 茂木敏充	自 [無]	栃木5	駒林裕康 近藤真幸 田代美和	2 1011	3508-1011 3508-3269	70
	もとむらのぶこ 本村伸子	共	比例 東海	綿貫隆 奥村千尋 田畑知代	1 1106	3508-7280 3508-3730	122
	もりしまただし 守島正	維	大阪2	小林倫明 安本五郎 奥田豊一	1 720	3508-7112 3508-3412	127
	もりやままさひと 盛山正仁	自 [無]	比例 近畿	伊藤雅子 中谷昌子 戸井田真太郎	1 904	3581-5111 3508-3629	139
	もりえいすけ 森英介	自 [麻]	千葉11	坂本克実 西谷昭彦 伊橋裕樹	1 1210	3508-7162 3592-9036	82
	もりゆきこ 森由起子	自	比例 東海 繰	中溝篤司 文田仁志 ―	2 513	3508-7443 3508-3963	121
	もりたとしかず 森田俊和	立	埼玉12	木沢良一 渡辺裕樹 槗本光弘	2 1003	3508-7419 3508-3899	74
	もりやまひろゆき 森山浩行	立	比例 近畿	牧井有子 頼由起 石﨑博枝	2 613	3508-7426 3508-3906	140
	もりやまひろし 森山裕	自 [無]	鹿児島4	森山友久美 池田和弘 船迫作章	1 515	3508-7164 3508-3714	162
や	やぎてつや 八木哲也	自 [無]	愛知11	蜷川徹 大﨑さきえ 伊藤由紀	2 319	3508-7236 3508-3236	117
	やたがわはじめ 谷田川元	立	比例 南関東	濱松真 上垣亜希 髙栖久美	1 1208	3508-7292 3508-3502	90
	やらともひろ 屋良朝博	立	比例 九州繰	増田仁 山内信之助 屋嘉比真奈美	1 824	3508-7904 3508-3743	165

※内線電話番号は、第1議員会館は5+室番号、6+室番号（3～9階は5、6のあとに0を入れる）、第2議員会館は7+室番号、8+室番号（2～9階は7、8のあとに0を入れる）

議員名	党派(会派)	選挙区	政策秘書名 第1秘書名 第2秘書名	館別 号室	直通 FAX	略歴 頁
やすおかひろたけ 保岡宏武	自 [無]	比例 九州	水村元彦 篠原昌幸 齋藤顕	1 815	3508-7633 3508-3263	164
やなかずお 簗和生	自 [無]	栃木3	—— 根本陽子 矢作裕美	1 717	3508-7186 3508-3616	69
やなぎもとあきら 柳本顕	自 [麻]	比例 近畿	熊谷志保 阪本聖二 細川佑紀	1 320	3508-7902 3508-3537	138
やまおかたつまる 山岡達丸	立	北海道9	根岸庸夫 森本秀規 菊地悟	1 306	3508-7306 3508-3306	55
やまぎしいっせい 山岸一生	立	東京9	平野隆志 土屋奈々 草深比呂至	1 1013	3508-7124 3508-3424	95
やまぎわだいしろう 山際大志郎	自 [麻]	神奈川18	倉持佳代 吉野哲平 小原孝行	1 613	3508-7477 3508-3357	87
やまぐちしゅんいち 山口俊一	自 [麻]	徳島2	横田泰隆 小杉誠 塩田保正	2 412	3508-7054 3503-2138	150
やまぐちすすむ 山口晋	自 [無]	埼玉10	鈴木邦彦 鈴木勝 山口弘三	2 1108	3508-7430 3508-3910	74
やまぐちつよし 山口壯	自 [無]	兵庫12	山口文生 三木祥平 杉山麻美子	2 603	3508-7521 3508-3951	134
やまざきまこと 山崎誠	立	比例 南関東	黒須裕章 松島尚彦 鈴木友美	1 401	3508-7137 3508-3437	90
やまさきまさやす 山崎正恭	公	比例 四国	室岡利雄 山内大志 吉良修一	2 1024	3508-7472 3508-3352	154
やましたたかし 山下貴司	自 [無]	岡山2	福島拓 荻野大介 横山和生	2 719	3508-7057 3508-3857	143
やまだかつひこ 山田勝彦	立	長崎3 補	—— 高柳政也 大窪浩章	2 401	3508-7420 3508-3550	165
やまだけんじ 山田賢司	自 [麻]	兵庫7	荻野浩次郎 佐々木達二 ——	1 617	3508-7908 3508-3957	133
やまだみき 山田美樹	自 [無]	東京1	中島貴彦 鈴木あきらこ 野川達弥	2 917	3508-7037 3508-3837	93
やまのいかずのり 山井和則	立	京都6	吉澤直樹 宮地俊之 山下恵理子	1 805	3508-7240 3508-8882	126
やまもとごうせい 山本剛正	維	比例 九州	大塚伸一 尊田京子 三上康太	2 302	3508-7009 3508-3809	166
やまもとさこん 山本左近	自 [麻]	比例 東海	—— —— ——	1 304	3508-7302 3508-3302	120
やまもと 山本ともひろ	自 [無]	比例 南関東	瀬戸芳明 本間義一 ——	2 1110	3508-7193 3508-3623	89
やまもとゆうじ 山本有二	自 [無]	比例 四国	前田真二郎 松村雄太 石本和憲	1 316	3508-7232 3592-9069	153

	議員名	党派(会派)	選挙区	政策秘書名 第1秘書名 第2秘書名	館別 号室	直通 FAX	略歴頁
ゆ	ゆはらしゅんじ 湯原俊二	立	比例 中国	― ― ―	1 1023	3508-7129 3508-3429	148
	ゆのきみちよし 柚木道義	立	比例 中国	― ― ―	2 1217	3508-7301 3508-3301	148
よ	よしかわたける 吉川赳	無	比例 東海	古賀真理 大塚謙一 木下航	2 816	3508-7228 3508-3551	120
	よしかわはじめ 吉川元	立	比例 九州	伊藤剛 高野眞也 市丸敬子	2 505	3508-7056 3508-3856	165
	よしだくみこ 吉田久美子	公	比例 九州	岩野武彦 大澤ミチル 立津伸城	2 504	3508-7055 3508-3855	166
	よしだしんじ 吉田真次	自 [無]	山口4 補	中平大開 徳本美佐 島村朋子	1 1212	3508-7172 3508-3602	147
	よしだつねひこ 吉田統彦	立	比例 東海	兒玉篤志 深井稔公 村中隆之	2 322	3508-7104 3508-3404	121
	よしだともよ 吉田とも代	維	比例 四国	― 森本博通 ―	2 424	3508-7001 3508-3801	154
	よしだとよふみ 吉田豊史	無	比例 北陸信越	木村隆志 吉田幹広 ―	2 1112	3508-7434 3508-3914	110
	よしだのぶひろ 吉田宣弘	公	比例 九州	新沼裕司 柴田康一 森正雄	1 1114	3508-7276 3508-3726	166
	よしだ 吉田はるみ	立	東京8	― ― ―	2 607	3508-7620 3508-3250	95
	よしのまさよし 吉野正芳	自 [無]	福島5	野地誠 石川貴文 熊井利江	2 624	3508-7143 3595-4546	64
	よしいえひろゆき 義家弘介	自 [無]	比例 南関東	佐々木由 高橋慎一 田中翔	1 1204	3508-7241 3508-3511	89
	よねやまりゅういち 米山隆一	立	新潟5	川西宏知 山﨑悦朗 小浦友資	2 724	3508-7485 3508-3365	104
り	りゅうひろふみ 笠浩史	立	神奈川9	今林正 花輪智史 津田武彦	1 408	3508-3420 3508-7120	85
わ	わせだ 早稲田ゆき	立	神奈川4	稲見圭 永瀬康俊 江川晋一郎	2 1012	3508-7106 3508-3406	84
	わだゆういちろう 和田有一朗	維	比例 近畿	― 藤島雄平 ―	2 807	3508-7527 3508-3973	136
	わだよしあき 和田義明	自 [無]	北海道5	菅谷康子 西嶋哲也 田口知佳	1 410	3508-7117 3508-3417	54
	わかばやしけんた 若林健太	自 [無]	長野1	浜謙一 渡邉一聖 齊藤拓磨	1 1002	3508-7277 3508-3727	107
	わかみやけんじ 若宮健嗣	自 [無]	比例 東京	荒木田聡 山口拓也 田崎陽介	2 523	3508-7509 3508-3939	100

※内線電話番号は、第1議員会館は5＋室番号、6＋室番号（3～9階は5、6のあとに0を入れる）、第2議員会館は7＋室番号、8＋室番号（2～9階は7、8のあとに0を入れる）

議員名	党派(会派)	選挙区	政策秘書名 第1秘書名 第2秘書名	館別 号室	直通 FAX	略歴頁
わしおえいいちろう 鷲尾英一郎	自 [無]	比例 北陸信越	横山卓司 竹内和美 植木毅	2 208	3508-7650 3508-3062	108
わたなべこういち 渡辺孝一	自 [無]	比例 北海道	朝比奈正倫 原田竜爾 澁谷皇将	1 520	3508-7401 3508-3881	56
わたなべしゅう 渡辺周	立	比例 東海	大塚敏弘 山田幸宣 増山敬一	2 1109	3508-7077 3508-3767	121
わたなべそう 渡辺創	立	宮崎1	荻山明美 谷口浩太郎 竹内絢	1 1015	3508-7086 3508-3866	161
わたなべひろみち 渡辺博道	自 [無]	千葉6	井本昇 大森亜希 ——	1 1012	3508-7387 3508-3701	81
わにぶちようこ 鰐淵洋子	公	比例 近畿	髙坂友和 上松満義 中村久美子	1 924	3508-7070 3508-3850	139

衆議院議員会館案内図

衆議院第１議員会館３階

議員	室	中央	室	議員
藤田文武 維　大阪12区 3508-7040　当2	312		313	鎌田さゆり 立　宮城2区 3508-7204　当3
宮路拓馬 自[無]　鹿児島1区 3508-7206　当3	311	喫煙室	314	小泉進次郎 自[無]　神奈川11区 3508-7327　当5
宗清皇一 自[無]　比 近畿 3508-7205　当3	310	WC(男) WC(女)	315	林　佑美 維　和歌山1区 3508-7315　補当1
中川郁子 自[麻]　比 北海道 3508-7103　当3	309		316	山本有二 自[無]　比 四国 3508-7232　当11
大串博志 立　佐賀2区 3508-7335　当6	308	EV ホール	317	井上信治 自[麻]　東京25区 3508-7328　当7
原口一博 立　佐賀1区 3508-7238　当9	307		318	議員会議室 (国民)
山岡達丸 立　北海道9区 3508-7306　当3	306		319	防災備蓄室
牧　義夫 立　比 東海 3508-7628　当7	305	EV ホール	320	柳本　顕 自[麻]　比 近畿 3508-7902　当1
山本左近 自[麻]　比 東海 3508-7302　当1	304		321	中嶋秀樹 維　比 近畿 3508-7305　繰当1
中西健治 自[麻]　神奈川3区 3508-7311　当1	303	EV	322	牧島かれん 自[麻]　神奈川17区 3508-7026　当4
塚田一郎 自[麻]　比 北陸信越 3508-7705　当1	302	WC(男) WC(女)	323	井上貴博 自[麻]　福岡1区 3508-7239　当4
麻生太郎 自[麻]　福岡8区 3508-7703　当14	301		324	松木けんこう 立　北海道2区 3508-7324　当6

国会議事堂側

衆議院第１議員会館４階

議員	室		室	議員
斉藤鉄夫 公 広島3区 3508-7308 当10	412		413	防災備蓄室
石井啓一 公 比 北関東 3508-7110 当10	411	喫煙室	414	杉本和巳 維 比 東海 3508-7266 当4
和田義明 自[無] 北海道5区 3508-7117 当3	410	WC(男) WC(女)	415	遠藤敬 維 大阪18区 3508-7325 当4
太栄志 立 神奈川13区 3508-7330 当1	409		416	鈴木憲和 自[無] 山形2区 3508-7318 当4
笠浩史 立 神奈川9区 3508-3420 当7	408	EVホール	417	小林鷹之 自[無] 千葉2区 3508-7617 当4
斎藤洋明 自[麻] 新潟3区 3508-7155 当4	407		418	議員会議室 (自民)
浅野哲 国 茨城5区 3508-7231 当2	406		419	野中厚 自[無] 比 北関東 3508-7041 当4
浦野靖人 維 大阪15区 3508-7641 当4	405	EVホール	420	大島敦 立 埼玉6区 3508-7093 当8
井上英孝 維 大阪1区 3508-7333 当3	404		421	あかま二郎 自[麻] 神奈川14区 3508-7317 当5
務台俊介 自[麻] 比 北陸信越 3508-7334 当4	403	EV	422	今枝宗一郎 自[麻] 愛知14区 3508-7080 当4
土屋品子 自[無] 埼玉13区 3508-7188 当8	402	WC(男) WC(女)	423	鈴木馨祐 自[麻] 神奈川7区 3508-7304 当5
山崎誠 立 比 南関東 3508-7137 当3	401		424	阿部知子 立 神奈川12区 3508-7303 当8

国会議事堂側

衆議院第１議員会館５階

議員	室		室	議員
菅　直人 立　東京18区 3508-7323 当14	512		513	小野泰輔 維　比 東京 3508-7340 当1
馬場伸幸 維　大阪17区 3508-7322 当4	511	喫煙室	514	あべ俊子 自[無] 比 中国 3508-7136 当6
長島昭久 自[無] 比 東京 3508-7309 当7	510	WC(男) WC(女)	515	森山　裕 自[無] 鹿児島4区 3508-7164 当7
中谷一馬 立　比 南関東 3508-7310 当2	509		516	遠藤良太 維　比 近畿 3508-7114 当1
北側一雄 公　大阪16区 3508-7263 当10	508	EVホール	517	大河原まさこ 立　比 東京 3508-7261 当2
平林　晃 公　比 中国 3508-7339 当1	507		518	議員会議室 （維新）
岡田克也 立　三重3区 3508-7109 当11	506		519	中川正春 立　比 東海 3508-7128 当9
逢沢一郎 自[無] 岡山1区 3508-7105 当12	505	EVホール	520	渡辺孝一 自[無] 比 北海道 3508-7401 当4
野田聖子 自[無] 岐阜1区 3508-7161 当10	504		521	防災備蓄室
菅家一郎 自[無] 比 東北 3508-7107 当4	503	EV	522	辻　清人 自[無] 東京2区 3508-7288 当4
松野博一 自[無] 千葉3区 3508-7329 当8	502	WC(男) WC(女)	523	西田昭二 自[無] 石川3区 3508-7139 当2
畦元将吾 自[無] 比 中国 3508-7710 当2	501		524	議員予備室

国会議事堂側

衆議院第１議員会館６階

議員	室	室	議員
林　幹雄 自[無] 千葉10区 3508-7151 当10	612	613	山際大志郎 自[麻] 神奈川18区 3508-7477 当6
西村康稔 自[無] 兵庫9区 3508-7101 当7	611	614	鈴木英敬 自[無] 三重4区 3508-7269 当1
武田良太 自[無] 福岡11区 3508-7180 当7	610	615	藤井比早之 自[無] 兵庫4区 3508-7185 当4
海江田万里 無 比 東京 3508-7316 当8	609	616	大串正樹 自[無] 比 近畿 3508-7191 当4
藤岡隆雄 立 比 北関東 3508-7178 当1	608	617	山田賢司 自[麻] 兵庫7区 3508-7908 当4
小宮山泰子 立 比 北関東 3508-7184 当7	607	618	議員会議室 （立憲）
川内博史 立 比 九州 3508-7176 繰当7	606	619	大岡敏孝 自[無] 滋賀1区 3508-7208 当4
小沢一郎 立 比 東北 3508-7175 当18	605	620	細野豪志 自[無] 静岡5区 3508-7116 当8
宮内秀樹 自[無] 福岡4区 3508-7174 当4	604	621	上野賢一郎 自[無] 滋賀2区 3508-7004 当5
関　芳弘 自[無] 兵庫3区 3508-7173 当5	603	622	橘　慶一郎 自[無] 富山3区 3508-7227 当5
武村展英 自[無] 滋賀3区 3508-7118 当4	602	623	伊東良孝 自[無] 北海道7区 3508-7170 当5
小寺裕雄 自[無] 滋賀4区 3508-7126 当2	601	624	源馬謙太郎 立 静岡8区 3508-7160 当2

喫煙室　WC(男) WC(女)　EVホール　EVホール　EV　WC(男) WC(女)

国会議事堂側

㊡会館

衆議院第１議員会館７階

議員	室		室	議員
田 中　健 国　比 東海 3508-7190　当1	712		713	鈴木義弘 国　比 北関東 3508-7282　当3
岡本あき子 立　比 東北 3508-7064　当2	711	喫煙室	714	永岡桂子 自[麻] 茨城7区 3508-7274　当6
大塚　拓 自[無] 埼玉9区 3508-7608　当5	710	WC(男) WC(女)	715	鬼木　誠 自[無] 福岡2区 3508-7182　当4
松島みどり 自[無] 東京14区 3508-7065　当7	709		716	田所嘉徳 自[無] 比 北関東 3508-7068　当4
福田昭夫 立　栃木2区 3508-7289　当6	708	EVホール	717	簗　和生 自[無] 栃木3区 3508-7186　当4
松本剛明 自[麻] 兵庫11区 3508-7214　当8	707		718	議員会議室 (公明)
玉木雄一郎 国　香川2区 3508-7213　当5	706		719	篠原　孝 立 比 北陸信越 3508-7268　当7
加藤鮎子 自[無] 山形3区 3508-7216　当3	705	EVホール	720	守島　正 維　大阪2区 3508-7112　当1
後藤茂之 自[無] 長野4区 3508-7702　当7	704		721	奥下剛光 維　大阪7区 3508-7225　当1
遠藤利明 自[無] 山形1区 3508-7158　当9	703	EV	722	中野洋昌 公　兵庫8区 3508-7224　当4
川崎ひでと 自[無] 三重2区 3508-7152　当1	702	WC(男) WC(女)	723	青柳仁士 維　大阪14区 3508-7609　当1
高村正大 自[麻] 山口1区 3508-7113　当2	701		724	防災備蓄室

国会議事堂側

衆議院第１議員会館８階

議員	室		室	議員
小森卓郎 自[無] 石川1区 3508-7179 当1	812		813	石原宏高 自[無] 比 東京 3508-7319 当5
小里泰弘 自[無] 比 九州 3508-7247 当6	811	喫煙室	814	小倉將信 自[無] 東京23区 3508-7140 当4
新藤義孝 自[無] 埼玉2区 3508-7313 当8	810	WC(男) WC(女)	815	保岡宏武 自[無] 比 九州 3508-7633 当1
前原誠司 教 京都2区 3508-7171 当10	809		816	黄川田仁志 自[無] 埼玉3区 3508-7123 当4
小熊慎司 立 福島4区 3508-7138 当4	808	EVホール	817	泉 健太 立 京都3区 3508-7005 当8
城井 崇 立 福岡10区 3508-7389 当4	807		818	議員会議室 （立憲）
下条みつ 立 長野2区 3508-7271 当5	806		819	玄葉光一郎 立 福島3区 3508-7252 当10
山井和則 立 京都6区 3508-7240 当8	805	EVホール	820	おおつき紅葉 立 比 北海道 3508-7493 当1
枝野幸男 立 埼玉5区 3508-7448 当10	804		821	野田佳彦 立 千葉4区 3508-7141 当9
濵地雅一 公 比 九州 3508-7235 当4	803	EV	822	齋藤 健 自[無] 千葉7区 3508-7221 当5
手塚仁雄 立 東京5区 3508-7234 当5	802	WC(男) WC(女)	823	秋葉賢也 自[無] 比 東北 3508-7392 当7
金城泰邦 公 比 九州 3508-7153 当1	801		824	屋良朝博 立 比 九州 3508-7904 繰当2

国会議事堂側

㊟会館

衆議院第１議員会館９階

議員	室	中央	室	議員
漆間譲司 維 大阪8区 3508-7298 当1	912		913	西野太亮 自[無] 熊本2区 3508-7144 当1
村井英樹 自[無] 埼玉1区 3508-7467 当4	911	喫煙室	914	平 将明 自[無] 東京4区 3508-7297 当6
石原正敬 自[無] 比 東海 3508-7706 当1	910	WC(男) WC(女)	915	木原誠二 自[無] 東京20区 3508-7169 当5
福重隆浩 公 比 北関東 3508-7249 当1	909		916	伊東信久 維 大阪19区 3508-7243 当3
佐藤茂樹 公 大阪3区 3508-7200 当10	908	EVホール	917	防災備蓄室
池下 卓 維 大阪10区 3508-7454 当1	907		918	議員会議室 (自民)
岩谷良平 維 大阪13区 3508-7314 当1	906		919	井林辰憲 自[麻] 静岡2区 3508-7127 当4
中司 宏 維 大阪11区 3508-7146 当1	905	EVホール	920	勝俣孝明 自[無] 静岡6区 3508-7202 当4
盛山正仁 自[無] 比 近畿 3508-7380 当5	904		921	伊藤 渉 公 比 東海 3508-7187 当5
高市早苗 自[無] 奈良2区 3508-7198 当9	903	EV	922	中川宏昌 公 比 北陸信越 3508-3639 当1
田村憲久 自[無] 三重1区 3508-7163 当9	902	WC(男) WC(女)	923	大西健介 立 愛知13区 3508-7108 当5
御法川信英 自[無] 秋田3区 3508-7167 当6	901		924	鰐淵洋子 公 比 近畿 3508-7070 当2

国会議事堂側

衆議院第１議員会館10階

議員	室		室	議員
渡辺博道 自[無] 千葉6区 3508-7387 当8	1012		1013	山岸一生 立 東京9区 3508-7124 当1
松本洋平 自[無] 比 東京 3508-7133 当5	1011	喫煙室	1014	寺田学 立 比 東北 3508-7464 当6
田中和徳 自[麻] 神奈川10区 3508-7294 当9	1010	WC(男) WC(女)	1015	渡辺創 立 宮崎1区 3508-7086 当1
松本尚 自[無] 千葉13区 3508-7295 当1	1009		1016	足立康史 維 大阪9区 3508-7100 当4
髙木毅 自[無] 福井2区 3508-7296 当8	1008	EVホール	1017	志位和夫 共 比 南関東 3508-7285 当10
長坂康正 自[麻] 愛知9区 3508-7043 当4	1007		1018	議員会議室 (維新)
亀岡偉民 自[無] 比 東北 3508-7148 当5	1006		1019	美延映夫 維 大阪4区 3508-7194 当2
岡本三成 公 東京12区 3508-7147 当4	1005	EVホール	1020	土田慎 自[麻] 東京13区 3508-7341 当1
伊佐進一 公 大阪6区 3508-7391 当4	1004		1021	
安住淳 立 宮城5区 3508-7293 当9	1003	EV	1022	佐藤公治 立 広島6区 3508-7145 当4
若林健太 自[無] 長野1区 3508-7277 当1	1002	WC(男) WC(女)	1023	湯原俊二 立 比 中国 3508-7129 当2
鈴木俊一 自[麻] 岩手2区 3508-7267 当10	1001		1024	平井卓也 自[無] 比 四国 3508-7307 当8

国会議事堂側

衆議院第1議員会館11階

議員	部屋		部屋	議員
瀬戸隆一 自[麻] 比 四国 3508-7712 繰当3	1112		1113	小山展弘 立 静岡3区 3508-7270 当3
島尻安伊子 自[無] 沖縄3区 3508-7265 当1	1111	喫煙室	1114	吉田宣弘 公 比 九州 3508-7276 当3
鈴木淳司 自[無] 愛知7区 3508-7264 当6	1110	WC(男) WC(女)	1115	平沢勝栄 自[無] 東京17区 3508-7257 当9
渡海紀三朗 自[無] 兵庫10区 3508-7643 当10	1109		1116	牧原秀樹 自[無] 比 北関東 3508-7254 当5
宮本岳志 共 比 近畿 3508-7255 当5	1108	EVホール	1117	葉梨康弘 自[無] 茨城3区 3508-7248 当6
赤嶺政賢 共 沖縄1区 3508-7196 当8	1107		1118	議員会議室 (共用)
本村伸子 共 比 東海 3508-7280 当3	1106		1119	奥野総一郎 立 千葉9区 3508-7256 当5
越智隆雄 自[無] 比 東京 3508-7479 当5	1105	EVホール	1120	土井亨 自[無] 宮城1区 3508-7470 当5
谷川とむ 自[無] 比 近畿 3508-7514 当3	1104		1121	酒井なつみ 立 東京15区 3508-7066 補当1
福田達夫 自[無] 群馬4区 3508-7181 当4	1103	EV	1122	英利アルフィヤ 自[麻] 千葉5区 3508-7436 補当1
塩崎彰久 自[無] 愛媛1区 3508-7189 当1	1102	WC(男) WC(女)	1123	防災備蓄室
衛藤征士郎 自[無] 大分2区 3508-7618 当13	1101		1124	神田憲次 自[無] 愛知5区 3508-7253 当4

国会議事堂側

衆議院第１議員会館 12 階

議員	室		室	議員
吉田真次 自[無] 山口4区 3508-7172 補当1	1212		1213	寺田 稔 自[無] 広島5区 3508-7606 当6
大野敬太郎 自[無] 香川3区 3508-7132 当4	1211	喫煙室	1214	髙鳥修一 自[無] 比 北陸信越 3508-7607 当5
森 英介 自[麻] 千葉11区 3508-7162 当11	1210	WC(男) WC(女)	1215	田嶋 要 立 千葉1区 3508-7229 当7
秋本真利 無 比 南関東 3508-7611 当4	1209		1216	鈴木庸介 立 比 東京 3508-7028 当1
谷田川 元 立 比 南関東 3508-7292 当3	1208	EVホール	1217	馬淵澄夫 立 奈良1区 3508-7122 当7
宮下一郎 自[無] 長野5区 3508-7903 当6	1207		1218	議員会議室 (自民)
小島敏文 自[無] 比 中国 3508-7192 当4	1206		1219	宮本 徹 共 比 東京 3508-7508 当3
小林史明 自[無] 広島7区 3508-7455 当4	1205	EVホール	1220	国定勇人 自[無] 比 北陸信越 3508-7131 当1
義家弘介 自[無] 比 南関東 3508-7241 当4	1204		1221	石橋林太郎 自[無] 比 中国 3508-7901 当1
岸 信千世 自[無] 山口2区 3508-1203 補当1	1203	EV	1222	岸田文雄 自[無] 広島1区 3508-7279 当10
鈴木貴子 自[無] 比 北海道 3508-7233 当4	1202	WC(男) WC(女)	1223	深澤陽一 自[無] 静岡4区 3508-7709 当2
林 芳正 自[無] 山口3区 3508-7115 当1	1201		1224	村上誠一郎 自[無] 愛媛2区 3508-7291 当12

国会議事堂側

衆議院第２議員会館２階

室	議員	会派	選挙区	電話	当選
212	特別室				
211	藤丸　敏	自[無]	福岡7区	3508-7431	当4
210	本田太郎	自[無]	京都5区	3508-7012	当2
209	石井　拓	自[無]	比 東海	3508-7031	当1
208	鷲尾英一郎	自[無]	比 北陸信越	3508-7650	当6
207	井原　巧	自[無]	愛媛3区	3508-7201	当1
206	岩田和親	自[無]	比 九州	3508-7707	当4
205	伊藤信太郎	自[麻]	宮城4区	3508-7091	当7
204	神津たけし	立	比 北陸信越	3508-7015	当1
203	階　猛	立	岩手1区	3508-7024	当6
202	緑川貴士	立	秋田2区	3508-7002	当2
201	青山大人	立	比 北関東	3508-7039	当2
213	仁木博文	自[麻]	徳島1区	3508-7011	当2
214	田畑裕明	自[無]	富山1区	3508-7704	当4
215	中谷真一	自[無]	山梨1区	3508-7336	当4
216	古賀　篤	自[無]	福岡3区	3508-7081	当4
217	高木宏壽	自[無]	北海道3区	3508-7636	当3
218	工藤彰三	自[麻]	愛知4区	3508-7018	当4
219	防災備蓄室				
220	中野英幸	自[無]	埼玉7区	3508-7220	当1
221	鳩山二郎	自[無]	福岡6区	3508-7905	当3
222	伊藤忠彦	自[無]	愛知8区	3508-7003	当5
223	二階俊博	自[無]	和歌山3区	3508-7023	当13

訴追委員会事務室
訴追委員会委員長次室兼資料室
訴追委員会委員長室
訴追委員会会議室
訴追委員会事務局長室
EV
喫煙室
WC(男)　WC(女)
EVホール
EVホール
EV
WC(男)　WC(女)

国会議事堂側

衆議院第２議員会館３階

議員	部屋	中央	部屋	議員
堤　かなめ 立　福岡5区 3508-7062　当1	312		313	石田真敏 自[無]　和歌山2区 3508-7072　当7
中山展宏 自[麻]　比 南関東 3508-7435　当4	311	喫煙室	314	田野瀬太道 自[無]　奈良3区 3508-7071　当4
髙木　啓 自[無]　比 東京 3508-7601　当2	310	WC(男) WC(女)	315	浜田靖一 自[無]　千葉12区 3508-7020　当10
角田秀穂 公　比 南関東 3508-7052　当2	309		316	笹川博義 自[無]　群馬3区 3508-7338　当4
大口善徳 公　比 東海 3508-7017　当9	308	EVホール	317	西銘恒三郎 自[無]　沖縄4区 3508-7218　当6
輿水恵一 公　比 北関東 3508-7076　当3	307		318	議員会議室 （れいわ）
橋本　岳 自[無]　岡山4区 3508-7016　当5	306		319	八木哲也 自[無]　愛知11区 3508-7236　当4
上川陽子 自[無]　静岡1区 3508-7460　当7	305	EVホール	320	藤巻健太 維　比 南関東 3508-7503　当1
国光あやの 自[無]　茨城6区 3508-7036　当2	304		321	阿部　司 維　比 東京 3508-7504　当1
住吉寛紀 維　比 近畿 3508-7415　当1	303	EV	322	吉田統彦 立　比 東海 3508-7104　当3
山本剛正 維　比 九州 3508-7009　当2	302	WC(男) WC(女)	323	沢田　良 維　比 北関東 3508-7526　当1
佐々木　紀 自[無]　石川2区 3508-7059　当4	301		324	西村明宏 自[無]　宮城3区 3508-7906　当6

国会議事堂側

衆議院第２議員会館４階

議員	室	室	議員
山口俊一 自[麻] 徳島2区 3508-7054 当11	412	413	稲津　久 公 北海道10区 3508-7089 当5
中村喜四郎 立 比 北関東 3508-7501 当15	411	414	赤羽一嘉 公 兵庫2区 3508-7079 当9
金子恭之 自[無] 熊本4区 3508-7410 当8	410	415	たがや　亮 れ 比 南関東 3508-7008 当1
櫻井　周 立 比 近畿 3508-7465 当2	409	416	櫛渕万里 れ 比 東京繰 3508-7063 当2
堀井　学 自[無] 比 北海道 3508-7125 当4	408	417	大石あきこ れ 比 近畿 3508-7404 当1
堀内詔子 自[無] 山梨2区 3508-7487 当4	407	418	議員会議室 （立憲）
中村裕之 自[麻] 北海道4区 3508-7406 当4	406	419	福島伸享 無（有志） 茨城1区 3508-7262 当3
斎藤アレックス 教 比 近畿 3508-7637 当1	405	420	防災備蓄室
西村智奈美 立 新潟1区 3508-7614 当6	404	421	金村龍那 維 比 南関東 3508-7411 当1
梅谷　守 立 新潟6区 3508-7403 当1	403	422	堀場幸子 維 比 近畿 3508-7422 当1
近藤昭一 立 愛知3区 3508-7402 当9	402	423	古屋圭司 自[無] 岐阜5区 3508-7440 当11
山田勝彦 立 長崎3区 3508-7420 補当2	401	424	吉田とも代 維 比 四国 3508-7001 当1

喫煙室　WC（男）　WC（女）　EVホール　EV

国会議事堂側

衆議院第２議員会館５階

議員	室	室	議員
石川香織 立　北海道11区 3508-7512　当2	512	513	森　由起子 自[無]　比 東海 3508-7443 繰当1
池田佳隆 無　比 東海 3508-7616　当4	511	514	甘利　明 自[麻]　比 南関東 3508-7528 当13
大西英男 自[無] 東京16区 3508-7033　当4	510	515	石破　茂 自[無]　鳥取1区 3508-7525 当12
池畑浩太朗 維　比 近畿 3508-7520　当1	509	516	道下大樹 立　北海道1区 3508-7516　当2
熊田裕通 自[無]　愛知1区 3508-7513　当4	508	517	逢坂誠二 立　北海道8区 3508-7517　当5
一谷勇一郎 維　比 近畿 3508-7300　当1	507	518	議員会議室 (自民)
赤木正幸 維　比 近畿 3508-7505　当1	506	519	北神圭朗 無(有志) 京都4区 3508-7069　当4
吉川　元 立　比 九州 3508-7056　当4	505	520	高見康裕 自[無]　島根2区 3508-7166　当1
吉田久美子 公　比 九州 3508-7055　当1	504	521	田中良生 自[無]　埼玉15区 3508-7058　当5
河西宏一 公　比 東京 3508-7630　当1	503	522	三ッ林裕巳 自[無]　埼玉14区 3508-7416　当4
古屋範子 公　比 南関東 3508-7629　当7	502	523	若宮健嗣 自[無]　比 東京 3508-7509　当5
小林茂樹 自[無]　比 近畿 3508-7090　当3	501	524	伊藤達也 自[無] 東京22区 3508-7623　当9

国会議事堂側

衆議院第２議員会館６階

議員	室	中央	室	議員
古川禎久 自[無] 宮崎3区 3508-7612 当7	612		613	森山浩行 立 比 近畿 3508-7426 当3
	611	喫煙室	614	平沼正二郎 自[無] 岡山3区 3508-7251 当1
江田憲司 立 神奈川8区 3508-7462 当7	610	WC(男) WC(女)	615	勝目康 自[無] 京都1区 3508-7615 当1
徳永久志 教 比 近畿 3508-7250 当1	609		616	青山周平 自[無] 比 東海 3508-7083 当4
篠原豪 立 神奈川1区 3508-7130 当3	608	EV ホール	617	緒方林太郎 無(有志) 福岡9区 3508-7119 当3
吉田はるみ 立 東京8区 3508-7620 当1	607		618	議員会議室 (共用)
落合貴之 立 東京6区 3508-7134 当3	606		619	防災備蓄室
船田元 自[無] 栃木1区 3508-7156 当13	605	EV ホール	620	穀田恵二 共 比 近畿 3508-7438 当10
田中英之 自[無] 比 近畿 3508-7007 当4	604		621	笠井亮 共 比 東京 3508-7439 当6
山口壯 自[無] 比 近畿 3508-7521 当7	603	EV	622	下村博文 自[無] 東京11区 3508-7084 当9
荒井優 立 比 北海道 3508-7602 当1	602	WC(男) WC(女)	623	城内実 自[無] 静岡7区 3508-7441 当6
野間健 立 鹿児島3区 3508-7027 当3	601		624	吉野正芳 自[無] 福島5区 3508-7143 当8

国会議事堂側

衆議院第2議員会館7階

議員	室	中央	室	議員
田村貴昭 共　比 九州 3508-7475　当3	712		713	棚橋泰文 自[麻] 岐阜2区 3508-7429　当9
新垣邦男 社(立憲) 沖縄2区 3508-7157　当1	711	喫煙室	714	金子容三 自[無] 長崎4区 3508-7627　補当1
金子恵美 立　福島1区 3508-7476　当3	710	WC(男) WC(女)	715	小野寺五典 自[無] 宮城6区 3508-7432　当8
松原　仁 無(立憲) 東京3区 3508-7452　当8	709		716	國重　徹 公　大阪5区 3508-7405　当4
星野剛士 自[無] 比 南関東 3508-7413　当4	708	EVホール	717	佐藤英道 公　比 北海道 3508-7457　当4
吉良州司 無(有志) 大分1区 3508-7412　当6	707		718	議員会議室 (自民)
長妻　昭 立　東京7区 3508-7456　当8	706		719	山下貴司 自[無] 岡山2区 3508-7057　当4
岬　麻紀 維　比 東海 3508-7409　当1	705	EVホール	720	白石洋一 立　比 四国 3508-7244　当3
早坂　敦 維　比 東北 3508-7414　当1	704		721	井出庸生 自[麻] 長野3区 3508-7469　当4
長谷川淳二 自[無] 愛媛4区 3508-7453　当1	703	EV	722	宮崎政久 自[無] 比 九州 3508-7360　当4
坂本哲志 自[無] 熊本3区 3508-7034　当7	702	WC(男) WC(女)	723	中島克仁 立　比 南関東 3508-7423　当4
中川貴元 自[麻] 比 東海 3508-7461　当1	701		724	米山隆一 立　新潟5区 3508-7485　当1

国会議事堂側

衆議院第２議員会館８階

議員	室		室	議員
神田潤一 自[無] 青森2区 3508-7502 当1	812		813	古川 康 自[無] 比 九州 6205-7711 当3
上田英俊 自[無] 富山2区 3508-7061 当1	811	喫煙室	814	後藤祐一 立 神奈川16区 3508-7092 当5
谷 公一 自[無] 兵庫5区 3508-7010 当7	810	WC(男) WC(女)	815	
木村次郎 自[無] 青森3区 3508-7407 当2	809		816	吉川 赳 無 比 東海 3508-7228 当3
高橋英明 維 比 北関東 3508-7260 当1	808	EVホール	817	防災備蓄室
和田有一朗 維 比 近畿 3508-7527 当1	807		818	議員会議室 (立憲)
掘井健智 維 比 近畿 3508-7088 当1	806		819	近藤和也 立 比 北陸信越 3508-7605 当3
新谷正義 自[無] 広島4区 3508-7604 当4	805	EVホール	820	浮島智子 公 比 近畿 3508-7290 当4
平口 洋 自[無] 広島2区 3508-7622 当5	804		821	馬場雄基 立 比 東北 3508-7631 当1
浅川義治 維 比 南関東 3508-7197 当1	803	EV	822	柴山昌彦 自[無] 埼玉8区 3508-7624 当7
菊田真紀子 立 新潟4区 3508-7524 当7	802	WC(男) WC(女)	823	小渕優子 自[無] 群馬5区 3508-7424 当8
神谷 裕 立 比 北海道 3508-7050 当2	801		824	額賀福志郎 無 茨城2区 3508-7447 当13

国会議事堂側

衆議院第２議員会館９階

議員	室		室	議員
長友慎治 国 比 九州 3508-7212 当1	912		913	金子俊平 自[無] 岐阜4区 3508-7060 当2
亀井亜紀子 立 島根1区 3508-7701 補当2	911	喫煙室	914	泉田裕彦 自[無] 比 北陸信越 3508-7640 当2
伴野 豊 立 比 東海 3508-7019 当6	910	WC(男) WC(女)	915	五十嵐 清 自[無] 比 北関東 3508-7085 当1
重徳和彦 立 愛知12区 3508-7910 当4	909		916	丹羽秀樹 自[無] 愛知6区 3508-7025 当6
穂坂 泰 自[無] 埼玉4区 3508-7030 当2	908	EVホール	917	山田美樹 自[無] 東京1区 3508-7037 当4
杉田水脈 自[無] 比 中国 3508-7029 当3	907		918	議員会議室 (自民)
根本幸典 自[無] 愛知15区 3508-7711 当4	906		919	中川康洋 公 比 東海 3508-7038 当2
塩川鉄也 共 比 北関東 3508-7507 当8	905	EVホール	920	日下正喜 公 比 中国 3508-7021 当1
高橋千鶴子 共 比 東北 3508-7506 当7	904		921	井野俊郎 自[無] 群馬2区 3508-7219 当4
梶山弘志 自[無] 茨城4区 3508-7529 当8	903	EV	922	防災備蓄室
佐藤 勉 自[無] 栃木4区 3508-7408 当9	902	WC(男) WC(女)	923	中曽根康隆 自[無] 群馬1区 3508-7272 当2
尾﨑正直 自[無] 高知2区 3508-7619 当1	901		924	三反園 訓 無(自民) 鹿児島2区 3508-7511 当1

国会議事堂側

衆議院第２議員会館10階

議員	室	室	議員
早稲田ゆき 立 神奈川4区 3508-7106 当2	1012	1013	青柳陽一郎 立 比 南関東 3508-7245 当4
茂木敏充 自[無] 栃木5区 3508-1011 当10	1011	1014	石川昭政 自[無] 比 北関東 3508-7159 当4
武部新 自[無] 北海道12区 3508-7425 当4	1010	1015	藤原崇 自[無] 岩手3区 3508-7207 当4
金田勝年 自[無] 比 東北 3508-7053 当5	1009	1016	國場幸之助 自[無] 比 九州 3508-7741 当4
末松義規 立 東京19区 3508-7488 当7	1008	1017	武井俊輔 自[無] 比 九州 3508-7388 当4
小田原潔 自[無] 東京21区 3508-7909 当4	1007	1018	議員会議室 (公明)
古川元久 国 愛知2区 3508-7078 当9	1006	1019	冨樫博之 自[無] 秋田1区 3508-7275 当4
小川淳也 立 香川1区 3508-7621 当6	1005	1020	東国幹 自[無] 北海道6区 3508-7634 当1
稲富修二 立 比 九州 3508-7515 当3	1004	1021	江渡聡徳 自[麻] 青森1区 3508-7096 当8
森田俊和 立 埼玉12区 3508-7419 当2	1003	1022	赤澤亮正 自[無] 鳥取2区 3508-7490 当6
江﨑鐵磨 自[無] 愛知10区 3508-7418 当8	1002	1023	高木陽介 公 比 東京 3508-7481 当9
奥野信亮 自[無] 比 近畿 3508-7421 当6	1001	1024	山崎正恭 公 比 四国 3508-7472 当1

国会議事堂側

衆議院第２議員会館11階

議員	室	室	議員
吉田豊史 無 比 北陸信越 3508-7434 当2	1112	1113	菅 義偉 自[無] 神奈川2区 3508-7446 当9
上杉謙太郎 自[無] 比 東北 3508-7074 当2	1111	1114	古川直季 自[無] 神奈川6区 3508-7523 当1
山本ともひろ 自[無] 比 南関東 3508-7193 当5	1110	1115	稲田朋美 自[無] 福井1区 3508-7035 当6
渡辺 周 立 比 東海 3508-7077 当9	1109	1116	木原 稔 自[無] 熊本1区 3508-7450 当5
山口 晋 自[無] 埼玉10区 3508-7430 当1	1108	1117	櫻田義孝 自[無] 比 南関東 3508-7381 当8
小泉龍司 自[無] 埼玉11区 3508-7121 当7	1107	1118	議員会議室 （自民）
加藤竜祥 自[無] 長崎2区 3508-7230 当1	1106	1119	坂井 学 自[無] 神奈川5区 3508-7489 当5
三木圭恵 維 比 近畿 3508-7638 当2	1105	1120	三谷英弘 自[無] 比 南関東 3508-7522 当3
加藤勝信 自[無] 岡山5区 3508-7459 当7	1104	1121	門山宏哲 自[無] 比 南関東 3508-7382 当4
河野太郎 自[麻] 神奈川15区 3508-7006 当9	1103	1122	伊藤俊輔 立 比 東京 3508-7150 当2
阿部弘樹 維 比 九州 3508-7480 当1	1102	1123	鈴木 敦 教 比 南関東 3508-7286 当1
	1101	1124	西岡秀子 国 長崎1区 3508-7343 当2

喫煙室 WC（男） WC（女） EV ホール EV ホール EV WC（男） WC（女）

国会議事堂側

衆議院第２議員会館１２階

議員	所属・選挙区	電話・当選回数	室	室	議員	所属・選挙区	電話・当選回数
武藤容治	自[麻] 岐阜3区	3508-7482 当5	1212	1213	根本　匠	自[無] 福島2区	3508-7312 当9
塩谷　立	無 比 東海	3508-7632 当10	1211	1214	防災備蓄室		
今村雅弘	自[無] 比 九州	3508-7610 当9	1210	1215	鈴木隼人	自[無] 東京10区	3508-7463 当3
岩屋　毅	自[無] 大分3区	3508-7510 当9	1209	1216	井坂信彦	立 兵庫1区	3508-7082 当3
髙階恵美子	自[無] 比 中国	3508-7518 当1	1208	1217	柚木道義	立 比 中国	3508-7301 当6
江藤　拓	自[無] 宮崎2区	3508-7468 当7	1207	1218	議員会議室（自民）		
中根一幸	自[無] 比 北関東	3508-7458 当5	1206	1219	本庄知史	立 千葉8区	3508-7519 当1
萩生田光一	自[無] 東京24区	3508-7154 当6	1205	1220	細田健一	自[無] 新潟2区	3508-7278 当4
津島　淳	自[無] 比 東北	3508-7073 当4	1204	1221	坂本祐之輔	立 比 北関東	3508-7449 当3
市村浩一郎	維 兵庫6区	3508-7165 当4	1203	1222	中谷　元	自[無] 高知1区	3508-7486 当11
空本誠喜	維 比 中国	3508-7451 当2	1202	1223	竹内　譲	公 比 近畿	3508-7473 当6
尾身朝子	自[無] 比 北関東	3508-7484 当3	1201	1224	庄子賢一	公 比 東北	3508-7474 当1

喫煙室
WC(男) WC(女)
EV ホール
EV ホール
EV
WC(男) WC(女)

国会議事堂側

衆議院議員写真・略歴・宿所一覧

第49回総選挙（小選挙区比例代表並立制）
（令和3年10月31日施行／令和7年10月30日満了）

議　長	額賀福志郎（ぬかがふくしろう）	秘書	平川　大輔 田中　翔太	☎3581-1461
副議長	海江田万里（かいえだばんり）	秘書	清家　弘司 落合　友子	☎3423-0311

勤続年数は**令和6年8月末現在**です。

北海道1区 450,946 投 59.13

札幌市（中央区、北区の一部（P169参照）、南区、西区の一部（P169参照））

当118,286 道下大樹 立前（45.3）
比106,985 船橋利実 自前（41.0）
比35,652 小林　悟 維新（13.7）

道下大樹（みちしただいき）　立前　当2
北海道新得町 S50・12・24
勤7年 （初／平29）

法務委、総務委、党国対副委員長、党税調事務局長、北海道議、道議会民進党政審会長、衆議院議員秘書、中央大／48歳

〒060-0042 札幌市中央区大通西5丁目 昭和ビル5F ☎011（233）2331

北海道2区 460,828 投 52.60

札幌市（北区（1区に属しない区域）（P169参照）、東区）

当105,807 松木謙公 立前（44.7）
比89,745 高橋祐介 自新（37.9）
比41,076 山崎　泉 維新（17.4）

松木けんこう（まつき）　立前　当6
北海道札幌市 S34・2・22
勤15年5ヵ月 （初／平15）

環境委、沖北特委、沖北特委員長、党選対委員長代理、決算行監委長、農水大臣政務官、官房長官・労働大臣秘書、青山学院大学／65歳

〒001-0908 札幌市北区新琴似8条9丁目2-1 ☎011（769）7770
〒168-0063 杉並区和泉3-31-12

北海道3区 474,944 投 56.24

札幌市（白石区、豊平区、清田区）

当116,917 高木宏寿 自元（44.7）
比当112,535 荒井　優 立新（43.0）
比32,340 小和田康文 維新（12.4）

高木宏壽（たかぎひろひさ）　自元［無］　当3
北海道札幌市 S35・4・9
勤7年9ヵ月 （初／平24）

復興副大臣、党生活安全関係団体委員長、党内閣第一部会長代理、内閣府大臣政務官兼復興大臣政務官、道議、慶大法／64歳

〒062-0020 札幌市豊平区月寒中央通5-1-12 ☎011（852）4764
〒100-8982 千代田区永田町2-1-2、会館 ☎03（3508）7636

北海道４区 363,778 投61.14

当109,326 中村裕之 自前(50.2)
比当108,630 大築紅葉 立新(49.8)

札幌市(西区(1区に属しない区域)(P169参照)、手稲区)、小樽市、後志総合振興局管内

なかむらひろゆき
中村裕之
自前[麻] 当4
北海道 S36・2・23
勤11年10ヵ月 (初/平24)

文科委理、国交委、原子力特委理、党水産部会長代理、党文科部会長、農水副大臣、文科大臣政務官、道議、道PTA連会長、JC、道庁、北海学園大/63歳

〒047-0024 小樽市花園1-4-19 ☎0134(21)5770
〒107-0052 港区赤坂2-17-10、宿舎 ☎03(5549)4671

北海道５区 467,864 投60.22

当139,950 和田義明 自前(50.6)
比111,366 池田真紀 立前(40.3)
16,758 橋本美香 共新(6.1)
8,520 大津伸太郎 無新(3.1)

札幌市(厚別区)、江別市、千歳市、恵庭市、北広島市、石狩市、石狩振興局管内

わだよしあき
和田義明
自前[無] 当3
大阪府池田市 S46・10・10
勤8年6ヵ月 (初/平28補)

党女性局次長、防衛大臣補佐官、内閣府副大臣、内閣府大臣政務官、党遊説局長、党国防副部会長、三菱商事、早大商/52歳

〒004-0053 札幌市厚別区厚別中央3条5丁目8-20 ☎011(896)5505
〒100-8981 千代田区永田町2-2-1、会館 ☎03(3508)7117

北海道６区 415,008 投56.86

当128,670 東　国幹 自新(55.5)
比93,403 西川将人 立新(40.3)
比9,776 斉藤忠行 N新(4.2)

旭川市、士別市、名寄市、富良野市、上川総合振興局管内

あずまくによし
東　国幹
自新[無] 当1
北海道名寄市 S43・2・17
勤2年11ヵ月 (初/令3)

農水委、法務委、災害特委、沖北特委、党地方組織・議員総局次長、道議会議員、旭川市議、衆院議員秘書、東海大学/56歳

〒079-8412 旭川市永山2条4丁目2-19 ☎0166(40)2223
〒107-0052 港区赤坂2-17-10、宿舎

北海道７区 253,134 投56.19

当80,797 伊東良孝 自前(58.0)
比45,563 篠田奈保子 立新(32.7)
12,913 石川明美 共新(9.3)

釧路市、根室市、釧路総合振興局管内、根室振興局管内

いとうよしたか
伊東良孝
自前[無] 当5
北海道 S23・11・24
勤15年2ヵ月 (初/平21)

衆沖北特委理、農水委理、党総務会総務、党北海道総合開発特委員長、地方創生特委長、農水副大臣(2回目)、水産部会長、農水委員長、副幹事長、財務政務官、釧路市長、道議、市議、道教育大/75歳

〒085-0021 釧路市浪花町13-2-1 ☎0154(25)5500
〒100-8981 千代田区永田町2-2-1、会館 ☎03(3508)7170

北海道8区 361,180 投60.08

当112,857 逢坂誠二 立前(52.7)
比101,379 前田一男 自元(47.3)

函館市、北斗市、渡島総合振興局管内、檜山振興局管内

おおさか せいじ
逢坂誠二

立前 当5
北海道ニセコ町 S34・4・24
勤17年1ヵ月 (初/平17)

憲法審野党筆頭幹事、内閣委、原子力特委、党代表代行、道連代表、総理補佐官、総務大臣政務官、ニセコ町長、薬剤師、行政書士、北大/65歳

〒040-0073 函館市宮前町8-4 ☎0138(41)7773
〒100-8982 千代田区永田町2-1-2、会館 ☎03(3508)7517

北海道9区 381,776 投58.92

当113,512 山岡達丸 立前(51.5)
比当106,842 堀井 学 自前(48.5)

室蘭市、苫小牧市、登別市、伊達市、胆振総合振興局管内、日高振興局管内

やま おか たつ まる
山岡達丸

立前 当3
東京都 S54・7・22
勤10年4ヵ月 (初/平21)

経産委理、党副幹事長(総務局長兼務)、ハラスメント対策委員会事務局長、NHK記者、慶大経/45歳

〒053-0021 北海道苫小牧市若草町1丁目1-24 ☎0144(37)5800
〒100-8981 千代田区永田町2-2-1、会館 ☎03(3508)7306

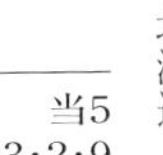

北海道10区 284,648 投64.80

当96,843 稲津 久 公前(53.9)
比当82,718 神谷 裕 立前(46.1)

夕張市、岩見沢市、留萌市、美唄市、芦別市、赤平市、三笠市、滝川市、砂川市、歌志内市、深川市、空知総合振興局管内、留萌振興局管内

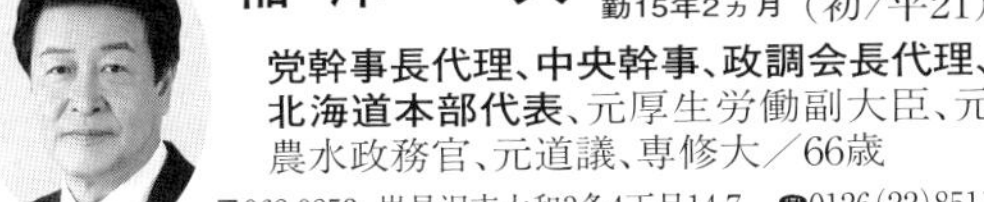

いなつ ひさし
稲津 久

公前 当5
北海道芦別市 S33・2・9
勤15年2ヵ月 (初/平21)

党幹事長代理、中央幹事、政調会長代理、北海道本部代表、元厚生労働副大臣、元農水政務官、元道議、専修大/66歳

〒068-0853 岩見沢市大和3条4丁目14-7 ☎0126(22)8511
〒107-0052 港区赤坂2-17-10、宿舎

北海道11区 283,874 投63.51

当91,538 石川香織 立前(51.8)
比当85,336 中川郁子 自元(48.2)

帯広市、十勝総合振興局管内

いしかわ かおり
石川香織

立前 当2
神奈川県 S59・5・10
勤7年 (初/平29)

予算委、国交委、消費者特委、党副幹事長、前党青年局長、元日本BS11アナウンサー、聖心女子大/40歳

〒080-0028 帯広市西18条南5丁目47-5 ☎0155(67)7730
〒107-0052 港区赤坂2-17-10、宿舎

北海道12区 286,186 投 59.82

北見市、網走市、稚内市、紋別市、宗谷総合振興局管内、オホーツク総合振興局管内

当97,634 武部　新 自前(58.4)
比55,321 川原田英世 立新(33.1)
14,140 菅原　誠 共新(8.5)

たけべ　あらた
武部　新 自前[無] 当4
北海道 S45・7・20
勤11年10ヵ月 (初/平24)

衆院法務委員長、農林水産副大臣、環境兼内閣府大臣政務官、衆院議事進行係、党農林部会長、早大法、シカゴ大院／54歳

〒090-0833 北見市とん田東町603-1 ☎0157(61)7711

比例代表 北海道 8人 北海道

すずきたかこ
鈴木貴子 自前[無] 当4
北海道帯広市 S61・1・5
勤11年4ヵ月 (初/平25補)

自民党青年局長、自民党副幹事長、前外務副大臣、元防衛大臣政務官、元NHK長野放送局番組制作ディレクター、カナダオンタリオ州トレント大学／38歳

〒085-0018 釧路市黒金町7-1-1 クロガネビル3F ☎0154(24)2522

わたなべこういち
渡辺孝一 自前[無] 当4
北海道 S32・11・25
勤11年10ヵ月 (初/平24)

総務副大臣、総務大臣政務官、防衛大臣政務官、農水委理事、党副幹事長、岩見沢市長、歯科医、東日本学園大／66歳

〒068-0004 岩見沢市4条東1-7-1 北商4-1ビル1F ☎0126(25)1188
〒107-0052 港区赤坂2-17-10、宿舎

ほりい　まなぶ
堀井　学 自前[無] 当4(初/平24)
北海道室蘭市 S47・2・19
勤11年10ヵ月 〈北海道9区〉

農水委、経産委、地・こ・デジ特委、内閣府副大臣、予算委理、党文科部会長代理、外務大臣政務官、道議、王子製紙、専修大商／52歳

〒059-0012 登別市中央町5-14-1 ☎0143(88)2811
〒107-0052 港区赤坂2-17-10、宿舎 ☎03(5549)4671

なかがわゆうこ
中川郁子 自元[麻] 当3(初/平24)
新潟県 S33・12・22
勤7年9ヵ月 〈北海道11区〉

外務委理、党内閣第一部会長代理、党生活安全関係団体委員長、水産総合調査会副会長、農林水産大臣政務官、三菱商事、聖心女子大学／65歳

〒080-0802 帯広市東2条南13丁目18 ☎0155(27)2611

おおつき紅葉（くれは）　**立**新　当1（初/令3）
北海道小樽市　S58・10・16
勤2年11ヵ月　**〈北海道4区〉**

総務委、法務委、消費者特委、党国対委員長補佐、党政調会長補佐、フジテレビ政治部記者、英国バーミンガムシティ大／40歳

〒047-0024　小樽市花園2-6-7
プラムビル5F　☎0134(61)7366

荒井　優（あらい　ゆたか）　**立**新　当1（初/令3）
北海道　S50・2・28
勤2年11ヵ月　**〈北海道3区〉**

経産委理、復興特委、党政調会長補佐、人材局長、ソフトバンク(株)社長室、高校校長、早大／49歳

〒062-0933　札幌市豊平区平岸3条10-1-29 酒井ビル　☎011(826)3021
〒107-0052　港区赤坂2-17-10、宿舎　☎03(5549)6471

神谷　裕（かみや　ひろし）　**立**前　当2（初/平29）
東京都豊島区　S43・8・10
勤7年　**〈北海道10区〉**

農水委、沖北特委筆頭理事、党政調副会長、参院議員秘書、衆院議員秘書、国務大臣秘書官、日鰹連職員、帝京大／56歳

〒068-0024　北海道岩見沢市4条西4丁目12　☎0126(22)1100

佐藤英道（さとう　ひでみち）　**公**前　当4
宮城県名取市　S35・9・26
勤11年10ヵ月　（初/平24）

予算委理、党厚労部会長、厚生労働・内閣府副大臣、議運委理事、農水政務官、党団体渉外委員長、中央幹事、国交部会長、創大院／63歳

〒060-0001　札幌市中央区北1条西19丁目
緒方ビル4F　☎011(688)5450
〒100-8982　千代田区永田町2-1-2、会館　☎03(3508)7457

比例代表　北海道　8人

有効投票数　2,569,130票

政党名	当選者数 惜敗率 小選挙区	得票数	得票率 惜敗率 小選挙区
自民党	4人	863,300票	33.60%

当①鈴木　貴子 前
当②渡辺　孝一 前
当③堀井　　学 前(94.12) 北9
当③中川　郁子 元(93.22) 北11
　③船橋　利実 前(90.45) 北1
　③前田　一男 元(89.8)　北8
　③高橋　祐介 新(84.8)　北2
　⑭鶴羽　佳子 新
　⑮長友　隆典 新

【小選挙区での当選者】
③高木　宏寿 元　北3
③中村　裕之 前　北4
③和田　義明 前　北5
③東　　国幹 新　北6
③伊東　良孝 前　北7
③武部　　新 前　北12

㊥略歴　比例北海道

立憲民主党　3人　682,912票　26.58%

当①大築　紅葉 新(99.36) 北4
当①荒井　　優 新(96.25) 北3
当①神谷　　裕 前(85.41) 北10
①池田　真紀 前(79.58) 北5
①西川　将人 新(72.59) 北6
①川原田英世 新(56.66) 北12
①篠田奈保子 新(56.39) 北7
⑬原谷　那美 新
⑭秋元　恭兵 新
⑮田中　勝一 新

【小選挙区での当選者】
①道下　大樹 前　北1
①松木　謙公 前　北2
①逢坂　誠二 前　北8
①山岡　達丸 前　北9
①石川　香織 前　北11

公 明 党　1人　294,371票　11.46%

当①佐藤　英道 前
②荒瀬　正昭 前

その他の政党の得票数・得票率は下記のとおりです。
(当選者はいません)

政党名	得票数	得票率
日本維新の会	215,344票	8.38%
共産党	207,189票	8.06%
れいわ新選組	102,086票	3.97%
国民民主党	73,621票	2.87%
支持政党なし	46,142票	1.80%
NHKと裁判してる党弁護士法72条違反で	42,916票	1.67%
社民党	41,248票	1.61%

青森県1区　342,174 投 51.84

青森市、むつ市、東津軽郡、上北郡(野辺地町、横浜町、六ヶ所村)、下北郡

当91,011　江 渡 聡 徳　自前(52.4)
比64,870　升田世喜男　立元(37.4)
17,783　斎 藤 美 緒　共新(10.2)

江渡聡徳（えと あきのり）

自前[麻]　当8
青森県十和田市 S30・10・12
勤24年8ヵ月　(初/平8)

安保委、原子力特委、党総務、防衛大臣、安保委員長、防衛副大臣、短大講師、日大院/68歳

〒030-0812　青森市堤町1-3-12　☎017(718)8820
〒107-0052　港区赤坂2-17-10、宿舎

青森県2区　389,510 投 53.56

八戸市、十和田市、三沢市、上北郡(七戸町、六戸町、東北町、おいらせ町)、三戸郡

当126,137　神 田 潤 一　自新(61.5)
比65,909　高 畑 紀 子　立新(32.1)
12,966　田 端 深 雪　共新(6.3)

神田潤一（かんだ じゅんいち）

自新[無]　当1
青森県八戸市　S45・9・27
勤2年11ヵ月　(初/令3)

内閣府大臣政務官(経済再生、金融庁担当)、日本銀行職員、金融庁出向、日本生命出向、マネーフォワード執行役員、東大経、イェール大学院/53歳

〒031-0081　八戸市柏崎1-1-1　☎0178(51)8866

青森県3区 347,625 投 53.29

当118,230 木村次郎 自前(65.0)
比63,796 山内　崇 立新(35.0)

弘前市、黒石市、五所川原市、つがる市、平川市、西津軽郡、中津軽郡、南津軽郡、北津軽郡

木村次郎（きむら じろう）

自前[無] 当2
青森県藤崎町 S42・12・16
勤7年 (初/平29)

議運委、文科委、原子力特委、党鳥獣被害対策特委事務局次長、防衛大臣政務官、国土交通大臣政務官、青森県職員、中央大／56歳

〒036-8191 青森県弘前市親方町43-3F ☎0172(36)8332
〒107-0052 港区赤坂2-17-10、宿舎 ☎03(5549)4671

岩手県1区 293,290 投 58.81

当87,017 階　猛 立前(51.2)
比62,666 高橋比奈子 自前(36.9)
20,300 吉田恭子 共新(11.9)

盛岡市、紫波郡

階　猛（しな たけし）

立前 当6
岩手県盛岡市 S41・10・7
勤17年3ヵ月 (初/平19補)

予算委、財金委、憲法審委、党「次の内閣」財務金融大臣、総務大臣政務官、民進党政調会長、弁護士、銀行員、東大法／57歳

〒020-0021 盛岡市中央通3-3-2 菱和ビル6F ☎019(654)7111
〒107-0052 港区赤坂2-17-10、宿舎

岩手県2区 369,175 投 60.28

当149,168 鈴木俊一 自前(68.0)
比66,689 大林正英 立新(30.4)
3,548 荒川順子 N新(1.6)

宮古市、大船渡市、久慈市、遠野市、陸前高田市、釜石市、二戸市、八幡平市、滝沢市、岩手郡、気仙郡、上閉伊郡、下閉伊郡、九戸郡、二戸郡

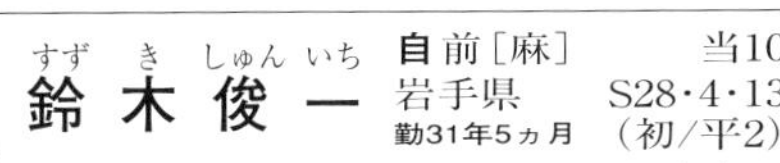

鈴木俊一（すずき しゅんいち）

自前[麻] 当10
岩手県 S28・4・13
勤31年5ヵ月 (初/平2)

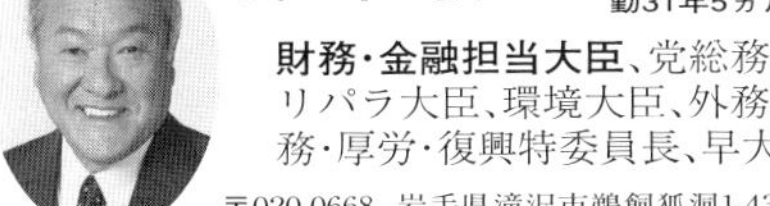

財務・金融担当大臣、党総務会長、東京オリパラ大臣、環境大臣、外務副大臣、衆外務・厚労・復興特委員長、早大／71歳

〒020-0668 岩手県滝沢市鵜飼狐洞1-432 ☎019(687)5525
〒100-8981 千代田区永田町2-2-1、会館 ☎03(3508)7267

岩手県3区 377,117 投 61.71

当118,734 藤原　崇 自前(52.1)
比当109,362 小沢一郎 立前(47.9)

花巻市、北上市、一関市、奥州市、和賀郡、胆沢郡、西磐井郡

藤原　崇（ふじわら たかし）

自前[無] 当4
岩手県西和賀町 S58・8・2
勤11年10ヵ月 (初/平24)

法務委、財金委、復興特委、党青年局長、財務大臣政務官、内閣府兼復興大臣政務官、明治学院大学法科大学院修了／41歳

〒024-0091 岩手県北上市大曲町2-24 ☎0197(72)6056
〒100-8982 千代田区永田町2-1-2、会館 ☎03(3508)7207

宮城県1区 439,697 投54.60

仙台市(青葉区、太白区(本庁管内))

当101,964	土井　亨	自前	(43.4)
比当96,649	岡本章子	立前	(41.2)
23,033	春藤沙弥香	維新	(9.8)
13,174	大草芳江	無新	(5.6)

土井　亨（どい　とおる）

自前[無]　当5
宮城県　S33・8・12
勤15年9ヵ月　(初/平17)

国交委、党所有者不明土地等に関する特別委員長、党情報調査局長、国交副大臣、復興副大臣、国交政務官、党国対副委長、党財金部会長、副幹事長、県議3期、東北学院大/66歳

〒980-0011　仙台市青葉区上杉1-1-30-102　☎022(262)7223

宮城県2区 455,409 投53.62

仙台市(宮城野区、若林区、泉区)

当116,320	鎌田さゆり	立元	(49.0)
比当115,749	秋葉賢也	自前	(48.7)
比5,521	林マリアゆき	N新	(2.3)

鎌田さゆり（かまた）

立元　当3
宮城県　S40・1・8
勤7年6ヵ月　(初/平12)

法務委、震災復興特委理、党災害・緊急事態局東北ブロック副局長、党政調副会長、東北学院大学/59歳

〒981-3133　仙台市泉区泉中央1-34-6-2F　☎022(771)5022
〒100-8981　千代田区永田町2-2-1、会館　☎03(3508)7204

宮城県3区 286,936 投57.71

仙台市(太白区(秋保総合支所管内(秋保町湯向、秋保町境野、秋保町長袋、秋保町馬場、秋保町湯元))、白石市、名取市、角田市、岩沼市、刈田郡、柴田郡、伊具郡、亘理郡

当96,210	西村明宏	自前	(59.3)
比60,237	大野園子	立新	(37.1)
5,890	浅田晃司	無新	(3.6)

西村明宏（にし　むら　あき　ひろ）

自前[無]　当6
福岡県北九州市　S35・7・16
勤17年7ヵ月　(初/平15)

党国対委員長代行、環境大臣、内閣府特命担当大臣、内閣官房副長官、国交・内閣府・復興副大臣、国交委長、党筆頭副幹事長、党政調副会長事務局長、経産・国交部会長、早大院/64歳

〒981-1231　宮城県名取市手倉田字諏訪609-1　☎022(384)4757
〒100-8982　千代田区永田町2-1-2、会館　☎03(3508)7906

宮城県4区 237,478 投57.15

塩竈市、多賀城市、富谷市、宮城郡(七ヶ浜町、利府町)、黒川郡(大和町、大衡村)、加美郡

当74,721	伊藤信太郎	自前	(56.5)
比30,047	船山由美	共新	(22.7)
比当27,451	早坂　敦	維新	(20.8)

伊藤信太郎（いとうしんたろう）

自前[麻]　当7
東京都港区　S28・5・6
勤19年8ヵ月　(初/平13補)

環境大臣、党国際局長、復興特委員長、環境委員長、外務副大臣、外務政務官、慶大院、ハーバード大院/71歳

〒985-0021　宮城県塩釜市尾島町24-20　☎022(367)8687
〒100-8982　千代田区永田町2-1-2、会館　☎03(3508)7091

宮城県5区 252,373 投57.34

当81,033 安住 淳 立前(56.9)
比64,410 森下千里 自新(43.1)

石巻市、東松島市、大崎市(松山·三本木·鹿島台·田尻総合支所管内)、宮城郡(松島町)、黒川郡(大郷町)、遠田郡、牡鹿郡、本吉郡

安住 淳(あずみ じゅん)

立前 当9
宮城県 S37·1·17
勤28年1ヵ月 (初/平8)

党国対委員長、懲罰委長、民進党国対委員長、財務大臣、政府税調会長、防衛副大臣、衆安保委員長、党幹事長代行、NHK記者、早大/62歳

〒986-0814 石巻市南中里4-1-18 ☎0225(23)2881
〒100-8981 千代田区永田町2-2-1、会館 ☎03(3508)7293

宮城県6区 253,730 投57.38

当119,555 小野寺五典 自前(83.2)
24,072 内藤隆司 共新(16.8)

気仙沼市、登米市、栗原市、大崎市(第5区に属しない区域)

小野寺五典(おのでら いつのり)

自前[無] 当8
宮城県気仙沼市 S35·5·5
勤22年11ヵ月 (初/平9補)

予算委員長、党安全保障調査会長、防衛大臣、党政調会長代理、外務副大臣、外務大臣政務官、東北福祉大客員教授、県職員、松下政経塾、東大院/64歳

〒987-0511 登米市迫町佐沼字中江1-10-4 中江第一ビル2F. 1号 ☎0220(22)6354
〒107-0052 港区赤坂2-17-10、宿舎

秋田県1区 261,956 投58.18

当77,960 冨樫博之 自前(51.9)
比当72,366 寺田 学 立前(48.1)

秋田市

冨樫博之(とがし ひろゆき)

自前[無] 当4
秋田県秋田市 S30·4·27
勤11年10ヵ月 (初/平24)

党内閣第二部会長、内閣委理、経産委、復興特委、政治改革特委、復興副大臣、総務大臣政務官、秋田県議会議長、衆院秘書、秋田経済大/69歳

〒010-1427 秋田市仁井田新田3-13-20 ☎018(839)5601
〒107-0052 港区赤坂2-17-10、宿舎

秋田県2区 258,568 投61.23

当81,845 緑川貴士 立前(52.5)
比当73,945 金田勝年 自前(47.5)

能代市、大館市、男鹿市、鹿角市、潟上市、北秋田市、鹿角郡、北秋田郡、山本郡、南秋田郡

緑川貴士(みどりかわ たかし)

立前 当2
埼玉県 S60·1·10
勤7年 (初/平29)

農水委、党秋田県連代表、秋田朝日放送アナウンサー、早大/39歳

〒017-0897 秋田県大館市三ノ丸92 ☎0186(57)8614
〒100-8982 千代田区永田町2-1-2、会館 ☎03(3508)7002

秋田県3区 320,409 投55.89

横手市、湯沢市、由利本荘市、大仙市、にかほ市、仙北市、仙北郡、雄勝郡

当134,734 御法川信英 自前(77.9)
38,118 杉山　彰 共新(22.1)

御法川信英（みのりかわのぶひで）

自前［無］ 当6
秋田県 S39・5・25
勤17年7ヵ月 (初/平15)

党国対委員長代理、災害対策特別委員長、国土交通・内閣府・復興副大臣、財務副大臣、外務政務官、慶大、コロンビア大院／60歳

〒014-0046 秋田県大仙市大曲田町20-32 ☎0187(63)5835
〒107-0052 港区赤坂2-17-10、宿舎

山形県1区 303,982 投61.59

山形市、上山市、天童市、東村山郡

当110,688 遠藤利明 自前(60.0)
比73,872 原田和広 立新(40.0)

遠藤利明（えんどうとしあき）

自前［無］ 当9
山形県上山市 S25・1・17
勤27年11ヵ月 (初/平5)

党中央政治大学院学院長、党総務会長、党選対委員長、東京五輪担当相、党幹事長代理、文科副大臣、建設政務次官、中大法／74歳

〒990-2481 山形市あかねヶ丘2-1-6 ☎023(646)6888
〒107-0052 港区赤坂2-17-10、宿舎 ☎03(5549)4671

山形県2区 313,967 投65.71

米沢市、寒河江市、村山市、長井市、東根市、尾花沢市、南陽市、西村山郡、北村山郡、東置賜郡、西置賜郡

当125,992 鈴木憲和 自前(61.8)
比77,742 加藤健一 国新(38.2)

鈴木憲和（すずきのりかず）

自前［無］ 当4
山形県南陽市 S57・1・30
勤11年10ヵ月 (初/平24)

農林水産副大臣、党青年局長、外務大臣政務官、党外交部会長代理、党農林部会長代理、農水省、東大法／42歳

〒992-0012 米沢市金池2-1-11 ☎0238(26)4260
〒100-8981 千代田区永田町2-2-1、会館 ☎03(3508)7318

山形県3区 287,642 投65.74

鶴岡市、酒田市、新庄市、最上郡、東田川郡、飽海郡

当108,558 加藤鮎子 自前(58.1)
66,320 阿部ひとみ 無新(35.5)
12,100 梅木　威 共新(6.5)

加藤鮎子（かとうあゆこ）

自前［無］ 当3
山形県鶴岡市 S54・4・19
勤9年10ヵ月 (初/平26)

内閣府特命担当大臣、党厚労部会長代理、国土交通大臣政務官、環境兼内閣府大臣政務官、コロンビア大院、慶大／45歳

〒997-0026 鶴岡市大東町17-23(自宅) ☎0235(22)0376
〒107-0052 港区赤坂2-17-10、宿舎

福島県1区 404,405 投60.61

当123,620 金子恵美 立前(51.1)
比当118,074 亀岡偉民 自前(48.9)

福島市、相馬市、南相馬市、伊達市、伊達郡、相馬郡

かねこえみ
金子恵美 立前 当3(初/平26)※1
福島県保原町(現伊達市) S40・7・7
勤15年11ヵ月(参6年1ヵ月)

党会計監査、党「次の内閣」ネクスト農水大臣、党震災復興本部事務局長、復興特委、農水委、内閣府政務官兼復興政務官、参議員、福島大院/59歳

〒960-8253 福島市泉字泉川34-1 ☎024(573)0520
〒100-8982 千代田区永田町2-1-2、会館 ☎03(3508)7476

福島県2区 347,250 投55.06

当102,638 根本 匠 自前(54.6)
比当85,501 馬場雄基 立新(45.4)

郡山市、二本松市、本宮市、安達郡

ねもと たくみ
根本 匠 自前[無] 当9
福島県 S26・3・7
勤28年 (初/平5)

国家基本政策委員長、党復興本部長、予算委員長、党中小企業調査会長、厚労大臣、党金融調査会長、復興大臣、総理補佐官、経産委長、内閣府副大臣、厚生政務次官、建設省、東大/73歳

〒963-8012 郡山市咲田1-2-1-103 ☎024(932)6662
〒100-8982 千代田区永田町2-1-2、会館 ☎03(3508)7312

福島県3区 264,121 投64.05

当90,457 玄葉光一郎 立前(54.2)
比当76,302 上杉謙太郎 自前(45.8)

白河市、須賀川市、田村市、岩瀬郡、西白河郡(泉崎村、中島村、矢吹町)、東白川郡、石川郡、田村郡

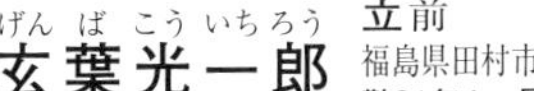

げんばこういちろう
玄葉光一郎 立前 当10
福島県田村市 S39・5・20
勤31年4ヵ月 (初/平5)

安保委、復興特委、決算行監委長、外相、国家戦略担当・内閣府特命担当大臣、民主党政調会長、選対委長、県議、上智大/60歳

〒962-0832 須賀川市本町3-2 ☎0248(72)7990
〒100-8981 千代田区永田町2-2-1、会館 ☎03(3508)7252

福島県4区 237,353 投64.68

当76,683 小熊慎司 立前(51.0)
比当73,784 菅家一郎 自前(49.0)

会津若松市、喜多方市、南会津郡、耶麻郡、河沼郡、大沼郡、西白河郡(西郷村)

おぐましんじ
小熊慎司 立前 当4(初/平24)※2
福島県 S43・6・16
勤14年4ヵ月(参2年6ヵ月)

拉致特委員長、外務委、参院議員、福島県議、会津若松市議、専大法学部/56歳

〒965-0835 会津若松市館馬町2-14 ニューパークハイツ1F ☎0242(38)3565
〒100-8981 千代田区永田町2-2-1、会館 ☎03(3508)7138

※1 平19参院初当選 ※2 平22参院初当選

衆 略歴

福島

福島県５区	320,273 投48.00	当93,325 吉野正芳 自前(62.7)
		55,619 熊谷　智 共新(37.3)

いわき市、双葉郡

よしの まさよし
吉野正芳 自前[無] 当8
福島県いわき市 S23・8・8
勤24年4ヵ月 (初/平12)

党復興本部長代理、復興大臣、政倫審会長、農林水産委・震災復興特委・原子力特委・環境委各委員長、環境副大臣、文科政務官、早大／76歳

〒970-8026 いわき市平尼子町2-26NKビル ☎0246(21)4747
〒107-0052 港区赤坂2-17-10、宿舎

比例代表 東北 13人

青森、岩手、宮城、秋田、山形、福島

つしま じゅん
津島　淳 自前[無] 当4
東京都 S41・10・18
勤11年10ヵ月 (初/平24)

衆財務金融委員長、法務副大臣、国交兼内閣府政務官、党国土交通部会長、財務金融・内閣第一部会長代理、学習院大／57歳

〒038-0031 青森市三内字丸山381 ☎017(718)3726
〒100-8982 千代田区永田町2-1-2、会館 ☎03(3508)7073

あきば けんや
秋葉賢也 自前[無] 当7(初/平17)
宮城県 S37・7・3
勤19年6ヵ月 〈宮城2区〉

消費者問題特委員長、厚労委、元復興大臣、党政調副会長、内閣総理大臣補佐官、環境委長、厚労・復興副大臣、総務大臣政務官、松下政経塾、中大法、東北大院法／62歳

〒981-3121 仙台市泉区上谷刈4-17-16 ☎022(375)4477
〒100-8981 千代田区永田町2-2-1、会館 ☎03(3508)7392

かんけ いちろう
菅家一郎 自前[無] 当4(初/平24)
福島県 S30・5・20
勤11年10ヵ月 〈福島4区〉

環境委、復興副大臣、環境大臣政務官兼内閣府大臣政務官、会津若松市長、県議、市議、会社役員、早大／69歳

〒965-0872 会津若松市東栄町5-19 ☎0242(27)9439

かめおか よしたみ
亀岡偉民 自前[無] 当5(初/平17)
福島県 S30・9・10
勤15年9ヵ月 〈福島1区〉

予算委、倫選特委員長、拉致特委長、党総裁補佐、復興副大臣、文科兼内閣府副大臣、文科委員長、農相秘書、早大教育(野球部)／68歳

〒960-8055 福島市野田町5-6-25 ☎024(533)3131
〒100-8981 千代田区永田町2-2-1、会館 ☎03(3508)7148

かねだかつとし
金田勝年 自前［無］ 当5(初/平21)※
秋田県 S24・10・4
勤27年4ヵ月(参12年2ヵ月)〈秋田2区〉

予算委、災害特委、党総務会長代行、予算委員長、法務大臣、財務金融委員長、外務副大臣、農林水産政務次官、大蔵主計官、一橋大／74歳

〒016-0843 能代市中和1-16-2 ☎0185(54)3000
〒107-0052 港区赤坂2-17-10、宿舎 ☎03(5549)4671

うえすぎけんたろう
上杉謙太郎 自前［無］ 当2(初/平29)
神奈川県 S50・4・20
勤7年 〈福島3区〉

外務委、文科委、地・こ・デジ特委理事、震災復興特委、外務大臣政務官、議員秘書、県3区支部長、早大／49歳

〒961-0075 白河市会津町93 県南会津ビル ☎0248(21)9477

おかもとあきこ
岡本あき子 立前 当2(初/平29)
宮城県 S39・8・16
勤7年 〈宮城1区〉

総務委、地・こ・デジ特委理、党政調副会長、子ども若者応援本部事務局長、党ジェンダー平等推進本部事務局長、仙台市議、NTT、東北大／60歳

〒980-0811 仙台市青葉区一番町2-5-12-3F ☎022(395)4781
〒100-8981 千代田区永田町2-2-1、会館 ☎03(3508)7064

てらたまなぶ
寺田学 立前 当6(初/平15)
秋田県横手市 S51・9・20
勤18年11ヵ月 〈秋田1区〉

政倫審筆頭幹事、法務委、内閣総理大臣補佐官、三菱商事社員、中央大／47歳

〒010-1424 秋田市御野場1-1-9 ☎018(827)7515
〒100-8981 千代田区永田町2-2-1、会館 ☎03(3508)7464

おざわいちろう
小沢一郎 立前 当18(初/昭44)
岩手県旧水沢市 S17・5・24
勤55年 〈岩手3区〉

自由党代表、生活の党代表、国民の生活が第一代表、民主党代表、自由党党首、新進党党首、自民党幹事長、官房副長官、自治相、慶大／82歳

〒023-0814 奥州市水沢袋町2-38 ☎0197(24)3851
〒100-8981 千代田区永田町2-2-1、会館 ☎03(3508)7175

ばばゆうき
馬場雄基 立新 当1(初/令3)
福島県 H4・10・15
勤2年11ヵ月 〈福島2区〉

環境委理、震災復興特委理、三井住友信託銀行、松下政経塾、コミュニティ施設事業統括、慶大法／31歳

〒963-8014 郡山市虎丸町6-18 虎丸ビル201 ☎024(953)8109
〒100-8982 千代田区永田町2-1-2、会館 ☎03(3508)7631

※平7参院初当選

しょうじ けんいち
庄子賢一
公新 当1
宮城県仙台市 S38・2・8
勤2年11ヵ月 (初/令3)

党中央幹事、党東北方面本部長、内閣委理、決算行監委、復興特委理、宮城県議会議員5期、広告代理店、東北学院大／61歳

〒983-0852 仙台市宮城野区榴岡4-5-24-502 ☎022(290)3770
〒100-8982 千代田区永田町2-1-2、会館 ☎03(3508)7474

たかはしちづこ
高橋千鶴子
共前 当7
秋田県 S34・9・16
勤20年11ヵ月 (初/平15)

党衆議院議員団長、障害者の権利委員会責任者、党国交部会長、党幹部会委員、国交委、復興特委、地・こ・デジ特委、弘前大／64歳

〒980-0021 仙台市青葉区中央4-3-28 朝市ビル4F ☎022(223)7572
〒107-0052 港区赤坂2-17-10、宿舎 ☎03(5549)4671

はやさか あつし
早坂　敦
維新 当1(初/令3)
宮城県 S46・3・11
勤2年11ヵ月 〈宮城4区〉

文科委、復興特委理、会社役員、児童指導員、仙台市議、東北高校／53歳

〒984-0063 仙台市若林区石名坂7 加藤ビル206 ☎022(344)6115
〒107-0052 港区赤坂2-17-10、宿舎

比例代表　東北　13人
有効投票数 4,120,670票

政党名	当選者数	得票数	得票率
	惜敗率 小選挙区		惜敗率 小選挙区

自民党　6人　1,628,233票　39.51%

当①津島　淳 前
当②秋葉　賢也 前(99.51) 宮2
当②菅家　一郎 前(96.22) 福4
当②亀岡　偉民 前(95.51) 福1
当②金田　勝年 前(90.38) 秋2
当②上杉謙太郎 前(84.35) 福3
②森下　千里 新(75.78) 宮5
②高橋比奈子 前(72.02) 岩1
㉔前川　恵 元
㉕入野田　博 新
【小選挙区での当選者】
②江渡　聡徳 前 青1
②神田　潤一 新 青2
②木村　次郎 前 青3
②鈴木　俊一 前 岩2
②藤原　崇 前 岩3
②土井　亨 前 宮1
②西村　明宏 前 宮3
②伊藤信太郎 前 宮4
②小野寺五典 前 宮6
②冨樫　博之 前 秋1
②御法川信秀 前 秋3
②遠藤　利明 前 山1
②鈴木　憲和 前 山2
②加藤　鮎子 前 山3
②根本　匠 前 福2

立憲民主党　4人　991,504票　24.06%

当①岡本　章子 前(94.79) 宮1
当①寺田　学 前(92.82) 秋1
当①小沢　一郎 前(92.11) 岩3
当①馬場　雄基 新(83.30) 福2
①升田世喜男 元(71.28) 青1
①原田　和広 新(66.74) 山1
①大野　園子 新(62.61) 宮3
①山内　崇 新(53.96) 青3
①高畑　紀子 新(52.25) 青2
①大林　正英 新(44.71) 岩2

⑱佐野　利恵 新
⑲鳥居　作弥 新
⑳内海　　太 新
【小選挙区での当選者】
①階　　　猛 前　　岩1
①鎌田さゆり 元　　宮2
①安住　　淳 前　　宮5
①緑川　貴士 前　　秋2
①金子　恵美 前　　福1
①玄葉光一郎 前　　福3
①小熊　慎司 前　　福4

公明党　1人　456,287票　11.07%

当①庄子　賢一 新
②佐々木雅文 新
③曽根　周作 新

共産党　1人　292,830票　7.11%

当①高橋千鶴子 前
②船山　由美 新　　宮4
③藤本　友里 新

日本維新の会　1人　258,690票　6.28%

当①早坂　　敦 新(36.74)宮4
▼①春藤沙弥香 新(22.59)宮1

その他の政党の得票数・得票率は下記のとおりです。
(当選者はいません)

政党名	得票数	得票率
国民民主党	195,754票	4.75%
れいわ新選組	143,265票	3.48%
社民党	101,442票	2.46%
NHKと裁判してる党弁護士法72条違反で	52,664票	1.28%

茨城県1区　402,090　㊕51.29

当105,072　福島伸享　無元(52.1)
比当96,791　田所嘉徳　自前(47.9)

水戸市(本庁管内、赤塚・常澄出張所管内)、下妻市の一部(P169参照)、笠間市(笠間支所管内)、常陸大宮市(御前山支所管内)、筑西市、桜川市、東茨城郡(城里町)

福島伸享（ふくしま のぶゆき）

無元(有志)　当3
茨城県　S45・8・8
勤9年1ヵ月　(初/平21)

国交委、厚労委、政治改革特委、震災復興特委、筑波大学客員教授、東京財団、内閣官房参事官補佐、経産省、東大／54歳

〒310-0804　水戸市白梅1-7-21　☎029(302)8895
〒107-0052　港区赤坂2-17-10、宿舎

茨城県2区　355,390　㊕49.80

当110,831　額賀福志郎　自前(64.5)
比61,103　藤田幸久　立元(35.5)

水戸市(第1区に属しない区域)、笠間市(第1区に属しない区域)、鹿嶋市、潮来市、神栖市、行方市、鉾田市、小美玉市(本庁管内、小川総合支所管内)、東茨城郡(茨城町、大洗町)

額賀福志郎（ぬかが ふくしろう）

無前　当13
茨城県行方市　S19・1・11
勤40年11ヵ月　(初/昭58)

衆議院議長、財務大臣、防衛庁長官、経済財政担当大臣、自民党政調会長、党税調顧問、党震災復興本部長、早大／80歳

〒311-3832　行方市麻生3287-32　☎0299(72)1218
〒100-8982　千代田区永田町2-1-2、会館　☎03(3508)7447

▼は小選挙区の得票が有効投票総数の10分の1未満で、復活当選の資格がない者

茨城県3区 389,521 投53.52

龍ヶ崎市、取手市、牛久市、守谷市、稲敷市、稲敷郡、北相馬郡

当109,448 葉梨康弘 自前(53.6)
比63,674 梶岡博樹 立新(31.2)
比31,100 岸野智康 維新(15.2)

葉梨康弘(はなし やすひろ)

自前[無] 当6
東京都 S34・10・12
勤17年7ヵ月 (初/平15)

総務委、国家基本委、懲罰委、情報監視審査会、党選対委長代理、国対副委長、法務大臣、党政調会長代理、農林水産副大臣、東大法／64歳

〒302-0017 取手市桑原1108 ☎0297(74)1859

茨城県4区 268,147 投52.81

常陸太田市、ひたちなか市、常陸大宮市(第1区に属しない区域)、那珂市、久慈郡

当98,254 梶山弘志 自前(70.5)
比25,162 武藤優子 維新(18.0)
比16,018 大内久美子 共新(11.5)

梶山弘志(かじやま ひろし)

自前[無] 当8
茨城県常陸太田市 S30・10・18
勤24年4ヵ月 (初/平12)

党幹事長代行、経済産業大臣、地方創生大臣、国交副大臣・政務官、国交・災対特委員長、党選対委員長代理、政調会長代理、元JAEA職員、日大／68歳

〒313-0013 常陸太田市山下町1189 ☎0294(72)2772
〒100-8982 千代田区永田町2-1-2、会館

茨城県5区 241,755 投53.30

日立市、高萩市、北茨城市、那珂郡

当61,373 浅野哲 国前(48.5)
比当53,878 石川昭政 自前(42.6)
8,061 飯田美弥子 共新(6.4)
3,248 田村弘 無新(2.6)

浅野哲(あさの さとし)

国前 当2
東京都 S57・9・25
勤7年 (初/平29)

党国対委員長代理、エネルギー調査会長、議運委、内閣委、原子力特委、衆議員秘書、(株)日立製作所、日立労組、青学院修了／41歳

〒317-0071 茨城県日立市鹿島町1-11-13 友愛ビル ☎0294(21)5522
〒100-8981 千代田区永田町2-2-1、会館 ☎03(3508)7231

茨城県6区 454,712 投53.62

土浦市、石岡市、つくば市、かすみがうら市、つくばみらい市、小美玉市(第2区に属しない区域)

当125,703 国光文乃 自前(52.5)
比当113,570 青山大人 立前(47.5)

国光あやの(くにみつ)

自前[無] 当2
山口県 S54・3・20
勤7年 (初/平29)

党外交副部会長、総務大臣政務官、医師、厚労省職員、長崎大医学部、東京医科歯科大院、UCLA大学院／45歳

〒305-0045 つくば市梅園2-7-1 コンフォートつくば101 ☎029(886)3686
〒100-8982 千代田区永田町2-1-2、会館 ☎03(3508)7036

茨城県7区 303,353 ㊥53.71

当74,362 永岡桂子 自前(46.5)
比当70,843 中村喜四郎 立前(44.3)
比14,683 水梨伸晃 維新(9.2)

古河市、結城市、下妻市(第1区に属しない区域)、常総市、坂東市、結城郡、猿島郡

永岡桂子（ながおか けいこ）

自前[麻] 当6
東京都 S28・12・8
勤19年1ヵ月 (初/平17)

党選対委員長代理、文科委筆頭理事、文部科学大臣、党副幹事長、文科・厚労各副大臣、文科・消費者特各委員長、農水政務官、学習院大法／70歳

〒306-0023 古河市本町2-7-13 ☎0280(31)5033
〒100-8981 千代田区永田町2-2-1、会館 ☎03(3508)7274

栃木県1区 434,814 ㊥52.42

当102,870 船田元 自前(46.2)
比66,700 渡辺典喜 立新(29.9)
比43,935 柏倉祐司 維元(19.7)
9,393 青木弘 共新(4.2)

宇都宮市(本庁管内、平石・清原・横川・瑞穂野・城山・国本・富屋・豊郷・篠井・姿川・雀宮地区市民センター管内、宝木・陽南出張所管内)、下野市の一部(P169参照)、河内郡

船田元（ふなだ はじめ）

自前[無] 当13
栃木県宇都宮市 S28・11・22
勤38年4ヵ月 (初/昭54)

憲法審幹事、文科委、消費者特委、党代議士会長、党消費者問題調査会長、経企庁長官、文部政務次官、慶大院／70歳

〒320-0047 宇都宮市一の沢1-2-6 ☎028(666)8735
〒100-8982 千代田区永田町2-1-2、会館 ☎03(3508)7156

栃木県2区 262,690 ㊥53.75

当73,593 福田昭夫 立前(53.4)
比当64,253 五十嵐清 自新(46.6)

宇都宮市(第1区に属しない区域)、栃木市(西方総合支所管内)、鹿沼市、日光市、さくら市、塩谷郡

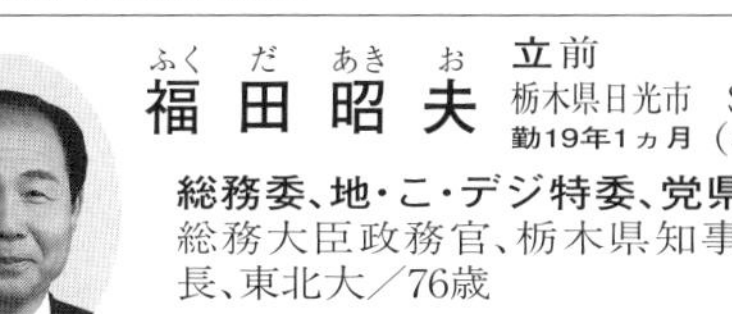

福田昭夫（ふくだ あきお）

立前 当6
栃木県日光市 S23・4・17
勤19年1ヵ月 (初/平17)

総務委、地・こ・デジ特委、党県連代表、総務大臣政務官、栃木県知事、今市市長、東北大／76歳

〒321-2335 日光市森友781-3 ☎0288(21)4182
〒107-0052 港区赤坂2-17-10、宿舎

栃木県3区 241,014 ㊥52.07

当82,398 簗和生 自前(67.4)
比39,826 伊賀央 立新(32.6)

大田原市、矢板市、那須塩原市、那須烏山市、那須郡

簗和生（やな かずお）

自前[無] 当4
東京都 S54・4・22
勤11年10ヵ月 (初/平24)

内閣委、農水委、災害特委、安全保障委員長、文部科学副大臣、国交政務官兼内閣府政務官、党農林部会長、農水・国交・経産委理、慶大、東大院修／45歳

〒324-0042 栃木県大田原市末広2-3-17 ☎0287(22)8706

栃木県４区　402,456 投55.37

当111,863　佐藤　勉　自前(51.1)
比当107,043　藤岡隆雄　立新(48.9)

栃木市(大平・藤岡・都賀・岩舟総合支所管内)、小山市、真岡市、下野市(第1区に属しない区域)、芳賀郡、下都賀郡

佐藤　勉（さとう　つとむ）

自前［無］　当9
栃木県壬生町　S27・6・20
勤28年1ヵ月　(初/平8)

国家基本委理、党総務会長、国家基本政策委員長、議院運営委員長、党国会対策委員長、総務大臣、日大／72歳

〒321-0225　下都賀郡壬生町本丸2-15-20　☎0282(83)0001

栃木県５区　284,314 投50.99

当108,380　茂木敏充　自前(77.4)
31,713　岡村恵子　共新(22.6)

足利市、栃木市(第2区及び第4区に属しない区域)、佐野市

茂木敏充（もてぎ　としみつ）

自前［無］　当10
栃木県足利市　S30・10・7
勤31年4ヵ月　(初/平5)

党幹事長、元外務大臣、経済財政政策担当大臣、党政調会長、経産大臣、金融・行革大臣、科技・IT大臣、東大、ハーバード大院／68歳

〒326-0053　足利市伊勢4-14-6　☎0284(43)3050
〒100-8982　千代田区永田町2-1-2、会館　☎03(3508)1011

群馬県１区　378,869 投52.97

当110,244　中曽根康隆　自前(56.3)
比42,529　宮崎岳志　維元(21.7)
24,072　斎藤敦子　無新(12.3)
18,917　店橋世津子　共新(9.7)

前橋市、桐生市(新里・黒保根支所管内)、沼田市、渋川市(赤城・北橘行政センター管内)、みどり市(東支所管内)、利根郡

中曽根康隆（なかそね　やすたか）

自前［無］　当2
東京都　S57・1・19
勤7年　(初/平29)

安全保障委員会理事、防衛大臣政務官兼内閣府大臣政務官、参議院議員秘書、JPモルガン証券(株)、慶大／42歳

〒371-0841　前橋市石倉町3-10-5　☎027(289)6650
〒100-8982　千代田区永田町2-1-2、会館　☎03(3508)7272

群馬県２区　322,971 投50.66

当88,799　井野俊郎　自前(54.0)
比50,325　堀越啓仁　立前(30.6)
25,216　石関貴史　無元(15.3)

桐生市(第1区に属しない区域)、伊勢崎市、太田市(藪塚町、山之神町、寄合町、大原町、六千石町、大久保町)、みどり市(第1区に属しない区域)、佐波郡

井野俊郎（いの　としろう）

自前［無］　当4
群馬県　S55・1・8
勤11年10ヵ月　(初/平24)

党国対副委員長、防衛副大臣兼内閣府副大臣、法務大臣政務官、弁護士、市議、明大法／44歳

〒372-0042　伊勢崎市中央町26-2　☎0270(75)1050
〒106-0032　港区六本木7-1-3、宿舎

群馬県3区 303,475 投53.62	当86,021	笹川博義	自前(54.6)
	比67,689	長谷川嘉一	立前(43.0)
	3,737	説田健二	N新(2.4)

太田市(第2区に属しない区域)、館林市、邑楽郡

ささがわ ひろよし
笹川博義　自前[無]　当4
東京都　S41・8・29
勤11年10ヵ月　(初/平24)

党法務部会長、衆議院農水委員長・議事進行係、環境副大臣・政務官、党総務・副幹事長、県議、明大中退/58歳

〒373-0818　群馬県太田市小舞木町270-1　☎0276(46)7424
〒100-8982　千代田区永田町2-1-2、会館　☎03(3508)7338

群馬県4区 295,511 投56.39	当105,359	福田達夫	自前(65.0)
	比56,682	角倉邦良	立新(35.0)

高崎市(本庁管内、新町・吉井支所管内)、藤岡市、多野郡

ふくだ たつお
福田達夫　自前[無]　当4
東京都　S42・3・5
勤11年10ヵ月　(初/平24)

経産委、党筆頭副幹事長、党中小企業調査会事務局長、党税調幹事、党総務会長、防衛政務官、総理秘書官、商社員、慶大法/57歳

〒370-0073　高崎市緑町3-6-3　☎027(365)1192
〒100-8981　千代田区永田町2-2-1、会館　☎03(3508)7181

群馬県5区 303,298 投56.42	当125,702	小渕優子	自前(76.6)
	38,428	伊藤達也	共新(23.4)

高崎市(第4区に属しない区域)、渋川市(第1区に属しない区域)、富岡市、安中市、北群馬郡、甘楽郡、吾妻郡

おぶち ゆうこ
小渕優子　自前[無]　当8
群馬県　S48・12・11
勤24年4ヵ月　(初/平12)

党選挙対策委員長、国家基本委、経産大臣、文科委長、財務副大臣、内閣府特命担当大臣、成城大、早大院修了/50歳

〒377-0423　吾妻郡中之条町大字伊勢町1003-7　☎0279(75)2234
〒100-8982　千代田区永田町2-1-2、会館　☎03(3508)7424

埼玉県1区 465,306 投55.48	当120,856	村井英樹	自前(47.6)
	比96,690	武正公一	立元(38.1)
	比23,670	吉村豪介	維新(9.3)
	11,540	佐藤真実	無新(4.5)
	1,234	中島徳二	無新(0.5)

さいたま市(見沼区の一部(P169参照)、浦和区、緑区、岩槻区)

むらい ひでき
村井英樹　自前[無]　当4
埼玉県さいたま市　S55・5・14
勤11年10ヵ月　(初/平24)

内閣官房副長官、内閣総理大臣補佐官、党国対副委員長、内閣府大臣政務官、党副幹事長、財務省、ハーバード大院、東大/44歳

〒330-0061　さいたま市浦和区常盤9-27-9　☎048(711)3241
〒100-8981　千代田区永田町2-2-1、会館　☎03(3508)7467

埼玉県2区 470,538 ㊎50.35

川口市の一部(P169参照)

当121,543 新藤義孝 自前(52.8)
比当57,327 高橋英明 維新(24.9)
51,420 奥田智子 共新(22.3)

しんどう よしたか
新藤義孝 自前[無] 当8
埼玉県川口市 S33・1・20
勤26年3ヵ月 (初/平8)

経済再生大臣、裁判官訴追委員長、衆憲法審査会与党筆頭幹事、党政調会長代行、総務大臣、経産副大臣、明大/66歳

〒332-0034 川口市並木1-10-22 ☎048(254)6000
〒100-8981 千代田区永田町2-2-1、会館 ☎03(3508)7313

埼玉県3区 462,607 ㊎51.88

草加市、越谷市の一部(P170参照)

当125,500 黄川田仁志 自前(53.6)
比100,963 山川百合子 立前(43.1)
7,534 河合悠祐 N新(3.2)

きかわだ ひとし
黄川田仁志 自前[無] 当4
神奈川県横浜市 S45・10・13
勤11年10ヵ月 (初/平24)

党国防部会長、党海洋小委事務局長、外務委員長、内閣府副大臣、外務大臣政務官、松下政経塾、米メリーランド大学院修了/53歳

〒343-0813 越谷市越ケ谷1-4-3 イハシ第一ビル1階 ☎048(962)8005
〒100-8981 千代田区永田町2-2-1、会館 ☎03(3508)7123

埼玉県4区 386,796 ㊎54.49

朝霞市、志木市、和光市、新座市

当107,135 穂坂泰 自前(52.3)
比47,863 浅野克彦 国新(23.3)
34,897 工藤薫 共新(17.0)
11,733 遠藤宣彦 無元(5.7)
3,358 小笠原洋輝 無新(1.6)

ほさか やすし
穂坂泰 自前[無] 当2
埼玉県志木市 S49・2・17
勤7年 (初/平29)

外務大臣政務官、外務委、環境大臣政務官兼内閣府大臣政務官、志木市議、青山学院大/50歳

〒351-0011 埼玉県朝霞市本町1-10-40-101 ☎048(458)3344
〒100-8982 千代田区永田町2-1-2、会館 ☎03(3508)7030

埼玉県5区 397,522 ㊎56.58

さいたま市(西区、北区、大宮区、見沼区(大字砂、砂町2丁目、東大宮2～4丁目)、中央区)

当113,615 枝野幸男 立前(51.4)
比当107,532 牧原秀樹 自前(48.6)

えだの ゆきお
枝野幸男 立前 当10
栃木県 S39・5・31
勤31年4ヵ月 (初/平5)

前党代表、民進党憲法調査会長、経済産業大臣、内閣官房長官、行政刷新大臣、沖縄・北方担当大臣、党幹事長、政調会長、弁護士、東北大/60歳

〒330-0846 さいたま市大宮区大門町2-108-5 永峰ビル2F ☎048(648)9124

衆 略歴 埼玉

埼玉県６区 443,180 投55.32

当134,281 大 島 敦 立前(56.0)
比当105,433 中 根 一 幸 自前(44.0)

鴻巣市(本庁管内、吹上支所管内)、上尾市、桶川市、北本市、北足立郡

おおしま あつし
大島 敦
立前 当8
埼玉県北本市 S31・12・21
勤24年4ヵ月 (初/平12)

憲法審査会委、経産委、党企業・団体交流委員長、懲罰委長、内閣府副大臣、総務副大臣、日本鋼管・ソニー生命社員、早大／67歳

〒363-0021 桶川市泉2-11-32 天沼ビル ☎048(789)2110
〒100-8981 千代田区永田町2-2-1、会館 ☎03(3508)7093

埼玉県７区 436,985 投52.63

当98,958 中 野 英 幸 自新(44.2)
比当93,419 小宮山泰子 立前(41.7)
比31,475 伊勢田享子 維新(14.1)

川越市、富士見市、ふじみ野市(本庁管内)

なかの ひでゆき
中野 英幸
自新[無] 当1
埼玉県 S36・9・6
勤2年11ヵ月 (初/令3)

法務大臣政務官、法務委、前内閣府大臣政務官兼復興大臣政務官、埼玉県議会議員(3期)、日大中退／62歳

〒350-0055 川越市久保町5-2 ☎049(226)8888
〒107-0052 港区赤坂2-17-10、宿舎 ☎03(5549)4671

埼玉県８区 365,768 投56.69

当104,650 柴 山 昌 彦 自前(51.6)
98,102 小野塚勝俊 無元(48.4)

所沢市、ふじみ野市(第7区に属しない区域)、入間郡(三芳町)

しばやま まさひこ
柴山 昌彦
自前[無] 当7
愛知県名古屋市 S40・12・5
勤20年6ヵ月 (初/平16補)

党政調会長代理、県連会長、教育・人材力強化調査会長、幹事長代理、文部科学大臣、首相補佐官、総務副大臣、外務政務官、弁護士、東大法／58歳

〒359-1141 所沢市小手指町2-12-4 ユーケー小手指101 ☎04(2924)5100
〒100-8982 千代田区永田町2-1-2、会館 ☎03(3508)7624

埼玉県９区 404,689 投55.44

当117,002 大 塚 拓 自前(53.4)
比80,756 杉 村 慎 治 立新(36.8)
21,464 神 田 三 春 共新(9.8)

飯能市、狭山市、入間市、日高市、入間郡(毛呂山町、越生町)

おおつか たく
大塚 拓
自前[無] 当5
東京都 S48・6・14
勤15年9ヵ月 (初/平17)

党選対副委員長、党政調副会長、安保委員長、国防部会長、内閣府副大臣、法務政務官、三菱銀、慶大法、ハーバード大院／51歳

〒358-0003 入間市豊岡1-2-23 清水ビル2F ☎04(2901)1112

埼玉県10区 328,163 投58.19	当96,153 山口晋 自新(51.6)
	比当90,214 坂本祐之輔 立元(48.4)

東松山市、坂戸市、鶴ヶ島市、比企郡

やまぐち すすむ
山口 晋
自新[無] 当1
埼玉県川島町 S58・7・28
勤2年11ヵ月 (初/令3)

農水・文科・災特・沖北特委、党青年局研修部長、国対委、GX・eメタン議連事務局長、官房長官秘書官、衆院議員秘書、一橋大院、国立シンガポール大院/41歳

〒350-0227 坂戸市仲町12-10 ☎049(282)3773

埼玉県11区 351,863 投52.87	当111,810 小泉龍司 自前(61.9)
	比49,094 島田誠 立新(27.2)
	19,619 小山森也 共新(10.9)

熊谷市(江南行政センター管内)、秩父市、本庄市、深谷市、秩父郡、児玉郡、大里郡

こいずみりゅうじ
小泉龍司
自前[無] 当7
東京都 S27・9・17
勤20年5ヵ月 (初/平12)

法務大臣、元大蔵省銀行局調査室長、東大法/71歳

〒366-0051 深谷市上柴町東3-17-19 ☎048(575)3030

埼玉県12区 369,482 投55.52	当102,627 森田俊和 立前(51.0)
	比当98,493 野中厚 自前(49.0)

熊谷市(第11区に属しない区域)、行田市、加須市、羽生市、鴻巣市(第6区に属しない区域)

もりた としかず
森田俊和
立前 当2
埼玉県熊谷市 S49・9・19
勤7年 (初/平29)

環境委筆頭理事、会社役員、埼玉県議、早大大学院/49歳

〒360-0831 埼玉県熊谷市久保島1003-2 ☎048(530)6001

埼玉県13区 400,359 投52.43	当101,149 土屋品子 自前(49.4)
	比86,923 三角創太 立新(42.5)
	16,622 赤岸雅治 共新(8.1)

春日部市の一部(P170参照)、越谷市(第3区に属しない区域)(P170参照)、久喜市(本庁管内、菖蒲総合支所管内)、蓮田市、白岡市、南埼玉郡

つちや しなこ
土屋品子
自前[無] 当8
埼玉県春日部市 S27・2・9
勤24年9ヵ月 (初/平8)

復興大臣、党総務会副会長、党食育調査会長、厚生労働副大臣、環境副大臣、外務委員長、消費者特委員長、聖心女子大/72歳

〒344-0062 春日部市粕壁東2-3-40-101 ☎048(761)0475
〒100-8981 千代田区永田町2-2-1、会館 ☎03(3508)7188

衆 略歴 埼玉

埼玉県14区 442,310 投50.08

当111,262 三ツ林裕巳 自前(51.6)
比当71,460 鈴木義弘 国元(33.1)
33,062 田村 勉 共新(15.3)

春日部市(第13区に属しない区域)、久喜市(第13区に属しない区域)、八潮市、三郷市、幸手市、吉川市、北葛飾郡

三ッ林裕巳（みつばやしひろみ）

自前[無] 当4
埼玉県 S30・9・7
勤11年10ヵ月 (初/平24)

法務委、厚労委、議運委、内閣府副大臣、厚労委員長、党副幹事長、日本歯科大特任教授、日大客員教授、医師、日大医学部／68歳

〒340-0161 埼玉県幸手市千塚490-1 ☎0480(42)3535

埼玉県15区 422,917 投53.65

当102,023 田中良生 自前(45.9)
比71,958 高木錬太郎 立前(32.4)
比当48,434 沢田 良 維新(21.8)

さいたま市(桜区、南区)、川口市の一部(P170参照)、蕨市、戸田市

田中良生（たなかりょうせい）

自前[無] 当5
埼玉県 S38・11・11
勤15年9ヵ月 (初/平17)

総務委理事、党総務、内閣府・国土交通副大臣、党経済産業部会長、経済産業大臣政務官、党副幹事長、立教大／60歳

〒336-0018 さいたま市南区南本町1-14-5-104 ☎048(844)3131
〒100-8982 千代田区永田町2-1-2、会館 ☎03(3508)7058

比例代表 北関東 19人

茨城、栃木、群馬、埼玉

尾身朝子（おみあさこ）

自前[無] 当3
東京都 S36・4・26
勤9年10ヵ月 (初/平26)

文科委、総務委、沖北特委、党総務会副会長、総務副大臣、外務大臣政務官、党情報・通信関係団体委員長、NTT、東大法／63歳

〒371-0852 前橋市総社町総社3137-1 ☎027(280)5250
〒100-8982 千代田区永田町2-1-2、会館 ☎03(3508)7484

野中 厚（のなかあつし）

自前[無] 当4(初/平24)
埼玉県 S51・11・17
勤11年10ヵ月 〈埼玉12区〉

農林水産委員長、農林水産副大臣、党総務、党国土・建設関係団体委員長、農水大臣政務官、党国対副委員長、埼玉県議、慶大／47歳

〒347-0001 埼玉県加須市大越2194 ☎0480(53)5563
〒100-8981 千代田区永田町2-2-1、会館 ☎03(3508)7041

まき はら ひで き
牧原秀樹
自前［無］ 当5(初/平17)
東京都 S46・6・4
勤15年9ヵ月 〈埼玉5区〉

法務委筆頭理、予算委理、党厚労部会長、経産副大臣、内閣委員長、厚労副大臣、環境政務官、青年局長、弁護士、東大法／53歳

〒338-0001 さいたま市中央区上落合2-1-24 三殖ビル5F ☎048(854)0808
〒100-8981 千代田区永田町2-2-1、会館 ☎03(3508)7254

た どころ よし のり
田所嘉徳
自前［無］ 当4(初/平24)
茨城県 S29・1・19
勤11年10ヵ月 〈茨城1区〉

党副幹事長、法務副大臣、法務政務官、党総務部会長、労働関係団体委員長、法務・自治関係団体委員長、白鷗大法科大学院／70歳

〒310-0804 水戸市白梅2-4-12 ☎029(353)6822
〒100-8981 千代田区永田町2-2-1、会館 ☎03(3508)7068

いし かわ あき まさ
石川昭政
自前［無］ 当4(初/平24)
茨城県日立市 S47・9・18
勤11年10ヵ月 〈茨城5区〉

デジタル副大臣兼内閣府副大臣、党経済産業部会長、経済産業兼内閣府兼復興大臣政務官、國學院大学院修了／51歳

〒317-0076 茨城県日立市会瀬町4-5-17 ☎0294(51)5887

㊮略歴

比例北関東

い が らし きよし
五十嵐 清
自新［無］ 当1(初/令3)
栃木県小山市 S44・12・14
勤2年11ヵ月 〈栃木2区〉

衆農水委、法務委、震災復興特委、党農水・環境団体委副委長、国際協力調査会事務局次長、元栃木県議会議長、豪州ボンド大／54歳

〒322-0024 栃木県鹿沼市晃望台25 ☎0289(60)8811
〒100-8982 千代田区永田町2-1-2、会館 ☎03(3508)7085

なか ね かず ゆき
中根一幸
自前［無］ 当5(初/平17)
埼玉県鴻巣市 S44・7・11
勤15年9ヵ月 〈埼玉6区〉

国交委、原子力特委、党ITS推進・道路調査会幹事長、原子力特委長、国交委員長、内閣府副大臣、外務副大臣、党総務部会長、党国交部会長、専大院法／55歳

〒365-0038 埼玉県鴻巣市本町3-9-28 ☎048(543)8880
〒100-8982 千代田区永田町2-1-2、会館 ☎03(3508)7458

ふじ おか たか お
藤岡隆雄
立新 当1(初/令3)
愛知県 S52・3・28
勤2年11ヵ月 〈栃木4区〉

予算委、総務委、地・こ・デジ特委理、党政調会長補佐、党栃木県連代表代行、金融庁課長補佐、大阪大／47歳

〒323-0022 小山市駅東通り2-14-22 ☎0285(37)8214

なかむら きしろう
中村喜四郎　**立**前　当15(初/昭51)
茨城県　S24・4・10
勤45年4ヵ月　**〈茨城7区〉**

国家基本委、建設大臣、自民党国対副委長、政調副会長、科技庁長官、建設委長、日大／75歳

〒306-0400　猿島郡境町1728　☎0280(87)0154
〒107-0052　港区赤坂2-17-10、宿舎　☎03(5549)4671

こみやまやすこ
小宮山泰子　**立**前　当7(初/平15)
埼玉県川越市　S40・4・25
勤20年11ヵ月　**〈埼玉7区〉**

国交委、復興特委、党国土交通・復興部門長、ネクスト国交・復興大臣、元農水委員長、埼玉県議、衆議員秘書、NTT社員、慶大商、日大院修了／59歳

〒350-0043　川越市新富町1-18-6-2F　☎049(222)2900

さかもとゆうのすけ
坂本祐之輔　**立**元　当3(初/平24)
埼玉県東松山市　S30・1・30
勤7年9ヵ月　**〈埼玉10区〉**

文科委理、地・こ・デジ特委、武蔵丘短大客員教授、元科技特委長、民進党副代表、埼玉県体育協会長、東松山市長、日大／69歳

〒355-0016　東松山市材木町20-9　☎0493(22)3682
〒100-8982　千代田区永田町2-1-2、会館　☎03(3508)7449

あおやまやまと
青山大人　**立**前　当2(初/平29)
茨城県土浦市　S54・1・24
勤7年　**〈茨城6区〉**

文科委、消費者特委理、茨城県議、世界史講師、土浦YEG顧問、消防団員、土浦一高、慶大経／45歳

〒300-0815　土浦市中高津1-21-3
村山ビル2F　☎029(828)7011

いしいけいいち
石井啓一　**公**　当10
東京都　S33・3・20
勤31年4ヵ月　(初/平5)

党幹事長、党茨城県本部顧問、埼玉県本部顧問、国土交通大臣、党政調会長、財務副大臣、東大工／66歳

〒340-0005　草加市中根3-34-33　☎048(951)7110
〒107-0052　港区赤坂2-17-10、宿舎

こしみずけいいち
輿水恵一　**公**元　当3
山梨県　S37・2・4
勤7年9ヵ月　(初/平24)

党国対委員長代理、党地方議会局長、議運委理、政治改革特委、政倫審幹、総務大臣政務官、さいたま市議、キヤノン、青学大／62歳

〒336-0967　さいたま市緑区美園4-13-5
ドルフィーノ浦和美園202

ふく しげ たか ひろ
福重隆浩 公新 当1
東京都 S37・5・3
勤2年11ヵ月 (初/令3)

党群馬県本部代表、党地方議会局次長、国際局次長、労働局次長、厚労委、決算行監委理、震災復興特委、群馬県議、創価大／62歳

〒370-0069 高崎市飯塚町457-2 3F ☎027(370)5650
〒100-8981 千代田区永田町2-2-1、会館 ☎03(3508)7249

さわ だ りょう
沢田 良 維新 当1(初/令3)
東京都江東区 S54・9・27
勤2年11ヵ月 〈埼玉15区〉

財金委、復興特委、参議員秘書、日大校友会埼玉県支部常任幹事、日大芸術学部／44歳

〒336-0024 さいたま市南区根岸2-22-16 1F
☎048(767)8045

たか はし ひで あき
高橋英明 維新 当1(初/令3)
埼玉県川口市 S38・5・10
勤2年11ヵ月 〈埼玉2区〉

国交委、沖北特委理、川口市議、武蔵大経済学部、中央工学校／61歳

〒337-0847 川口市芝中田2-9-6 ☎048(262)5808

しお かわ てつ や
塩川鉄也 共前 当8
埼玉県日高市 S36・12・18
勤24年4ヵ月 (初/平12)

党幹部会委員、党国会議員団国対委員長代理、衆院国対副委員長、内閣委、議運委、政治改革特委、日高市職員、都立大／62歳

〒330-0835 さいたま市大宮区北袋町1-171-1 ☎048(649)0409
〒100-8982 千代田区永田町2-1-2、会館 ☎03(3508)7507

すず き よし ひろ
鈴木義弘 国元 当3(初/平24)
埼玉県三郷市 S37・11・10
勤7年9ヵ月 〈埼玉14区〉

経産委、消費者特委、復興特委、(故)土屋義彦参院議員秘書、元埼玉県議、日本大学理工学部／61歳

〒341-0044 三郷市戸ヶ崎3-347 ☎048(948)2070

比例代表 北関東 19人 有効投票数 6,172,103票

政党名	当選者数	得票数	得票率
	惜敗率 小選挙区		惜敗率 小選挙区
自民党	7人	2,172,065票	35.19%

当①尾身 朝子 前
当②野中 厚 前(95.97)埼12
当②牧原 秀樹 前(94.65)埼5
当②田所 嘉徳 前(92.12)茨1

当②石川　昭政 前(87.79) 茨５
当②五十嵐　清 新(87.31) 栃２
当②中根　一幸 前(78.52) 埼６
㉜河村　建一 新
㉝神山　佐市 前
㉞西川　鎭央 新
㉟上野　宏史 前
㊲佐藤　明男 前
㊳鈴木　聖二 新
㊴小川　雅幸 新
【小選挙区での当選者】
②葉梨　康弘 前　茨３
②梶山　弘志 前　茨４
②国光　文乃 前　茨６
②永岡　桂子 前　茨７
②船田　元 前　栃１
②簗　和生 前　栃３
②佐藤　勉 前　栃４
②茂木　敏充 前　栃５
②中曽根康隆 前　群１
②井野　俊郎 前　群２
②笹川　博義 前　群３
②福田　達夫 前　群４
②小渕　優子 前　群５
②村井　英樹 前　埼１
②新藤　義孝 前　埼２
②黄川田仁志 前　埼３
②穂坂　泰 前　埼４
②柴山　昌彦 前　埼８
②大塚　拓 前　埼９
②山口　晋 新　埼10
②小泉　龍司 前　埼11
②土屋　品子 前　埼13
②三ッ林裕巳 前　埼14
②田中　良生 前　埼15
㊱中野　英幸 新　埼７

立憲民主党　５人　1,391,148票　22.54%

当①藤岡　隆雄 新(95.69) 栃４
当①中村喜四郎 前(95.27) 茨７
当①小宮山泰子 前(94.40) 埼７
当①坂本祐之輔 元(93.82) 埼10
当①青山　大人 前(90.35) 茨６
①三角　創太 新(85.94) 埼13
①山川百合子 前(80.45) 埼３
①武正　公一 元(80.00) 埼１
①長谷川嘉一 前(78.69) 群３
①高木錬太郎 前(70.53) 埼15
①杉村　慎治 新(69.02) 埼９
①渡辺　典喜 新(64.84) 栃１
①梶岡　博樹 新(58.18) 茨３
①堀越　啓仁 前(56.67) 群２
①藤田　幸久 元(55.13) 茨２
①角倉　邦良 新(53.80) 群４
①伊賀　央 新(48.33) 栃３
①島田　誠 新(43.91) 埼11
㉓石塚　貞通 新
㉔船山　幸雄 新
㉕高杉　徹 新
【小選挙区での当選者】
①福田　昭夫 前　栃２
①枝野　幸男 前　埼５
①大島　敦 前　埼６
①森田　俊和 前　埼12

公明党　３人　823,930票　13.35%

当①石井　啓一 前
当②輿水　恵一 元
当③福重　隆浩 新
④村上　知己 新

日本維新の会　２人　617,531票　10.01%

当①沢田　良 新(47.47) 埼15
当①高橋　英明 新(47.17) 埼２
①柏倉　祐司 元(42.71) 栃１
①宮崎　岳志 元(38.58) 群１
①伊勢田享子 新(31.81) 埼７
①岸野　智康 新(28.42) 茨３
①武藤　優子 新(25.61) 茨４
▼①水梨　伸晃 新(19.75) 茨７
▼①吉村　豪介 新(19.59) 埼１

共産党　１人　444,115票　7.20%

当①塩川　鉄也 前
②梅村早江子 元
③大内久美子 新　茨４

国民民主党　１人　298,056票　4.83%

当①鈴木　義弘 元(64.23) 埼14
①浅野　克彦 新(44.68) 埼４
【小選挙区での当選者】
①浅野　哲 前　茨５

その他の政党の得票数・得票率は下記のとおりです。
(当選者はいません)

政党名	得票数	得票率
れいわ新選組	239,592票	3.88%
社民党	97,963票	1.59%
NHKと裁判してる党弁護士法72条違反で	87,702票	1.42%

▼は小選挙区の得票が有効投票総数の10分の1未満で、復活当選の資格がない者

千葉県1区 430,513 投54.51

当128,556 田嶋　要 立前(56.3)
比当99,895 門山宏哲 自前(43.7)

千葉市(中央区、稲毛区、美浜区)

田嶋　要（たじま　かなめ）

立前　当7
愛知県　S36・9・22
勤20年11ヵ月　(初/平15)

党NC経産大臣、経産委、原子力特委、経産政務官、原子力災害現地対策本部長、NTT、世銀IFC投資官、米ウォートンMBA、東大法／62歳

〒260-0015　千葉市中央区富士見2-9-28
第1山崎ビル6F　☎043(202)1511

千葉県2区 460,509 投54.65

当153,017 小林鷹之 自前(62.0)
比69,583 黒田　雄 立元(28.2)
比24,052 寺尾　賢 共新(9.8)

千葉市(花見川区)、習志野市、八千代市

小林鷹之（こばやし　たかゆき）

自前[無]　当4
千葉県　S49・11・29
勤11年10ヵ月　(初/平24)

憲法審幹事、復興特委理事、経産委、国交委、党組織運動副本部長、経済安全保障大臣、防衛大臣政務官、財務省、ハーバード大院、東大法／49歳

〒276-0033　千葉県八千代市八千代台南1-3-3
山萬八千代台ビル1F　☎047(409)5842
〒100-8981　千代田区永田町2-2-1、会館　☎03(3508)7617

千葉県3区 336,241 投52.36

当106,500 松野博一 自前(61.9)
比65,627 岡島一正 立前(38.1)

千葉市(緑区)、市原市

松野博一（まつの　ひろかず）

自前[無]　当8
千葉県　S37・9・13
勤24年4ヵ月　(初/平12)

前内閣官房長官、情報監視審査会長、党総務会長代行、党雇用問題調査会長、文科大臣、厚労政務官、松下政経塾、ライオン(株)、早大法／61歳

〒290-0072　市原市西国分寺台1-16-16　☎0436(23)9060
〒107-0052　港区赤坂2-17-10、宿舎　☎03(5549)4671

千葉県4区 463,083 投52.69

当154,412 野田佳彦 立前(64.5)
比84,813 木村哲也 自前(35.5)

船橋市(本庁管内、二宮・芝山・高根台・習志野台・西船橋出張所管内、船橋駅前総合窓口センター管内(丸山1~5丁目に属する区域を除く。))

野田佳彦（のだ　よしひこ）

立前　当9
千葉県船橋市　S32・5・20
勤27年7ヵ月　(初/平5)

党最高顧問、元民進党幹事長、内閣総理大臣、財務大臣、財務副大臣、懲罰委長、党幹事長代理、党国対委長、県議、松下政経塾、早大／67歳

〒274-0077　船橋市薬円台6-6-8-202　☎047(496)1110
〒107-0052　港区赤坂2-17-10、宿舎

千葉県5区 450,365 投54.07

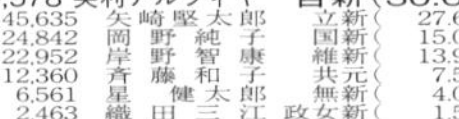
(総選挙の結果はP168参照)
補選(令和5.4.23)

	得票	氏名	党派	得票率
当	50,578	英利アルフィヤ	自新	(30.6)
	45,635	矢崎堅太郎	立新	(27.6)
	24,842	岡野純子	国新	(15.0)
	22,952	岸野智康	維新	(13.9)
	12,360	斉藤和子	共元	(7.5)
	6,561	星 健太郎	無新	(4.0)
	2,463	織田三江	政女新	(1.5)

市川市(本庁管内の一部(P170参照)、行徳支所管内)、浦安市
令和4年12月21日　薗浦健太郎議員辞職

英利(えり)アルフィヤ

自新[麻]　補当1
福岡県北九州市　S63・10・16
勤1年5ヵ月(初/令5補)

法務委、財金委、消費者特委、党国対委、党女性局・青年局次長、党広報戦略局次長、国連事務局本部、日本銀行、ジョージタウン大学外交政策学部・院卒/35歳

〒272-0021　市川市八幡3-14-3 シロワビル202　☎047(702)8520
〒100-8981　千代田区永田町2-2-1 会館　☎03(3508)7436

千葉県6区 369,609 投52.99

	得票	氏名	党派	得票率
当	80,764	渡辺博道	自前	(42.5)
比当	48,829	藤巻健太	維新	(25.7)
	32,444	浅野史子	共新	(17.1)
	28,083	生方幸夫	無前	(14.8)

市川市(第5区に属しない区域)、松戸市(本庁管内、常盤平・六実・矢切・東部支所管内)

渡辺博道(わたなべひろみち)

自前[無]　当8
千葉県　S25・8・3
勤24年9ヵ月(初/平8)

党財務委員長、党再犯防止推進特別委員長、復興大臣、党経理局長、原子力特委長、地方創生特委長、厚労委長、総務委長、経産副大臣、早大、明大院/74歳

〒270-2241　松戸市松戸新田592　☎047(369)2929
〒100-8981　千代田区永田町2-2-1 会館　☎03(3508)7387

千葉県7区 434,040 投54.54

	得票	氏名	党派	得票率
当	127,548	斎藤 健	自前	(55.0)
比	71,048	竹内千春	立新	(30.6)
比	28,594	内山 晃	維元	(12.3)
	4,749	渡辺晋宏	N新	(2.0)

松戸市(第6区に属しない区域)、野田市、流山市

齋藤　健(さいとうけん)

自前[無]　当5
東京都港区　S34・6・14
勤15年2ヵ月(初/平21)

経済産業大臣、法務大臣、農水大臣、党団体総局長、環境政務官、経産省課長、埼玉県副知事、ハーバード大院/65歳

〒270-0119　千葉県流山市おおたかの森北1-5-2 セレーナおおたかの森2F　☎04(7190)5271

千葉県8区 423,866 投56.16

	得票	氏名	党派	得票率
当	135,125	本庄知史	立新	(59.7)
比当	81,556	桜田義孝	自前	(36.0)
	9,845	宮岡進一郎	無新	(4.3)

柏市(本庁管内、田中・増尾・富勢・光ケ丘・豊四季台・南部・西原・松葉・藤心出張所管内、柏駅前行政サービスセンター管内)、我孫子市

本庄知史(ほんじょうさとし)

立新　当1
京都府　S49・10・22
勤2年11ヵ月(初/令3)

内閣委、政治改革特委、憲法審幹、党副幹事長、千葉県連副代表、副総理・外務大臣秘書官、衆議院議員政策秘書、東大法学部/49歳

〒277-0863　柏市豊四季949-9-101　☎04(7170)2680

千葉県9区 407,331 投53.01

千葉市(若葉区)、佐倉市、四街道市、八街市

当107,322 奥野総一郎 立前(51.1)
比当102,741 秋本真利 自前(48.9)

おくの そういちろう
奥野総一郎
立前 当5
兵庫県神戸市 S39・7・15
勤15年2ヵ月 (初/平21)

予算委理、総務委、憲法審委、党役員室長、党千葉県連代表、沖北特委長、総務省調査官、東大法/60歳

〒285-0845 佐倉市西志津1-20-4 ☎043(461)8609

千葉県10区 341,141 投53.28

銚子市、成田市、旭市、匝瑳市、香取市、香取郡、山武郡(横芝光町の一部(P170参照))

当83,822 林 幹雄 自前(47.3)
比当80,971 谷田川元 立前(45.7)
10,272 梓 まり 諸新(5.8)
2,173 今留尚人 無新(1.2)

はやし もとお
林 幹雄
自前[無] 当10
千葉県銚子市 S22・1・3
勤31年4ヵ月 (初/平5)

党幹事長代理、経産大臣、議運委長、党航空特委長、党総務会長代理、国務大臣国家公安委長、沖・北・防災担当大臣、国交委長、国交副大臣、運輸政務次官、日大芸/77歳

〒288-0046 銚子市大橋町2-2 ☎0479(23)1093
〒100-8981 千代田区永田町2-2-1、会館

千葉県11区 351,570 投51.38

茂原市、東金市、勝浦市、山武市、いすみ市、大網白里市、山武郡(九十九里町、芝山町、横芝光町(第10区に属しない区域))、長生郡、夷隅郡

当110,538 森 英介 自前(64.4)
30,557 椎名史明 共新(17.8)
比当30,432 多ケ谷亮 れ新(17.7)

もり えいすけ
森 英介
自前[麻] 当11
東京都 S23・8・31
勤34年9ヵ月 (初/平2)

憲法審査会長、党労政局長、政倫審会長、憲法審査会長、法務大臣、厚労副大臣、川崎重工社員、工学博士、東北大/76歳

〒297-0016 茂原市木崎284-10 ☎0475(26)0200

千葉県12区 380,864 投52.20

館山市、木更津市、鴨川市、君津市、富津市、袖ケ浦市、南房総市、安房郡

当123,210 浜田靖一 自前(64.0)
比56,747 樋高 剛 立元(29.5)
12,530 葛原 茂 共新(6.5)

はまだ やすかず
浜田靖一
自前[無] 当10
千葉県富津市 S30・10・21
勤31年4ヵ月 (初/平5)

党国対委員長、国家基本委、情報監視審査会長、防衛大臣、予算委員長、党幹事長代理、国対委員長、専修大/68歳

〒292-0066 木更津市新宿1-3柴野ビル2F ☎0438(23)5432
〒100-8982 千代田区永田町2-1-2、会館 ☎03(3508)7020

千葉県13区 416,857 投54.49

当100,227 松本 尚 自新(45.1)
比79,687 宮川 伸 立前(35.8)
比42,473 清水聖士 維新(19.1)

船橋市(豊富・二和出張所管内、船橋駅前総合窓口センター管内(丸山1～5丁目に属する区域に限る。))、柏市(第8区に属しない区域)、鎌ヶ谷市、印西市、白井市、富里市、印旛郡

まつもと ひさし 松本 尚

自新[無] 当1
石川県金沢市 S37・6・3
勤2年11ヵ月 (初/令3)

防衛大臣政務官、救急・外傷外科医、日本医科大学千葉北総病院副院長、同大学特任教授、千葉県医師会顧問、MBA、金沢大医学部／62歳

〒270-1345 印西市船尾1380-2 ☎0476(29)5099
〒107-0052 港区赤坂2-17-10、宿舎

神奈川県1区 427,922 投53.99

当100,118 篠原 豪 立前(45.0)
76,064 松本 純 無前(34.2)
比当46,271 浅川義治 維新(20.8)

横浜市(中区、磯子区、金沢区)

しのはら ごう 篠原 豪

立前 当3
神奈川県横浜市 S50・2・12
勤9年10ヵ月 (初/平26)

安保委、党政調副会長、党外交・安全保障戦略PT事務局長、党県政策委員長、横浜市議、早大院／49歳

〒235-0016 横浜市磯子区磯子3-6-23 アイランドビル1F ☎045(349)9180
〒100-8982 千代田区永田町2-1-2、会館 ☎03(3508)7130

神奈川県2区 436,066 投56.00

当146,166 菅 義偉 自前(61.1)
比92,880 岡本英子 立元(38.9)

横浜市(西区、南区、港南区)

すが よしひで 菅 義偉

自前[無] 当9
秋田県 S23・12・6
勤28年1ヵ月 (初/平8)

前内閣総理大臣、前党総裁、内閣官房長官、党幹事長代行、総務大臣、総務副大臣、経産・国交各政務官、横浜市議、法政大／75歳

〒232-0017 横浜市南区宿町2-49 ☎045(743)5550
〒100-8982 千代田区永田町2-1-2、会館 ☎03(3508)7446

神奈川県3区 442,398 投52.64

当119,199 中西健治 自新(52.5)
比68,457 小林丈人 立新(30.2)
23,310 木佐木忠晶 共新(10.3)
15,908 藤村晃子 無新(7.0)

横浜市(鶴見区、神奈川区)

なかにし けんじ 中西健治

自新[麻] 当1(初/令3)※
東京都 S39・1・4
勤14年4ヵ月(参11年5ヵ月)

決算行監委筆頭理事、憲法審委、財務副大臣、参財政金融委員長、党財金部会長、元JPモルガン証券副社長、東大法／60歳

〒221-0822 横浜市神奈川区西神奈川2-2-1 日光堂ビル2F ☎045(565)5520

※平22参院初当選

神奈川県4区 332,708 投61.70

横浜市(栄区)、鎌倉市、逗子市、三浦郡

当66,841	早稲田夕季	立前	(33.0)
63,687	浅尾慶一郎	無元	(31.5)
比当47,511	山本朋広	自前	(23.5)
比16,559	高谷清彦	維新	(8.2)
7,790	大西恒樹	無新	(3.8)

早稲田ゆき（わせだ）

立前　当2
東京都渋谷区　S33・12・6
勤7年　(初/平29)

予算委、厚労委、地・こ・デジ特委、党政調副会長、神奈川県議、鎌倉市議、日本輸出入銀行、早大／65歳

〒248-0012 神奈川県鎌倉市御成町5-41-2F ☎0467(24)0573

神奈川県5区 467,198 投56.05

横浜市(戸塚区、泉区、瀬谷区)

当136,288	坂井 学	自前	(53.5)
比当118,619	山崎 誠	立前	(46.5)

坂井 学（さかい まなぶ）

自前[無]　当5
東京都府中市　S40・9・4
勤15年9ヵ月　(初/平17)

党政調副、党花博特委員長、総務委、党総務、前内閣官房副長官、財金委員長、総務兼内閣府副大臣、財務副大臣、党国交部会長、国交兼復興政務官、松下政経塾十期生、東大法／58歳

〒244-0003 横浜市戸塚区戸塚町142
鈴木ビル3F ☎045(863)0900

神奈川県6区 381,141 投55.88

横浜市(保土ヶ谷区、旭区)

当92,405	古川直季	自新	(44.3)
比当87,880	青柳陽一郎	立前	(42.1)
比28,214	串田誠一	維前	(13.5)

古川直季（ふるかわ なおき）

自新[無]　当1
神奈川県横浜市　S43・8・31
勤2年11ヵ月　(初/令3)

総務委、文科委、政治改革特委、党国対委、横浜市会議員、衆議院議員秘書、横浜銀行員、明治大政経、明治大院／56歳

〒241-0825 横浜市旭区中希望が丘199-1 ☎045(391)4000

神奈川県7区 449,449 投57.58

横浜市(港北区、都筑区の一部(P170参照))

当128,870	鈴木馨祐	自前	(50.9)
比当124,524	中谷一馬	立前	(49.1)

鈴木馨祐（すずき けいすけ）

自前[麻]　当5
東京都　S52・2・9
勤15年9ヵ月　(初/平17)

財金委理事、党政調副会長、外務副大臣、財務副大臣、党青年局長、国土交通政務官、予算・議運理、法務委員長、大蔵省、(ジョージタウン大学院)、在ニューヨーク副領事、東大法／47歳

〒222-0033 横浜市港北区新横浜3-18-9
新横浜ICビル102号室 ☎045(620)0223
〒100-8981 千代田区永田町2-2-1、会館 ☎03(3508)7304

神奈川県8区　427,843　投59.37

当130,925	江田憲司	立前	(52.6)
比当117,963	三谷英弘	自前	(47.4)

横浜市(緑区、青葉区、都筑区(茌田東町、茌田東1～4丁目、茌田南町、茌田南1～5丁目、大丸)

江田憲司（えだ けんじ）
立前　当7
岡山県　S31・4・28
勤20年2ヵ月（初/平14補）

財金委、決算行政監視委員長、党代表代行、民進党代表代行、維新の党代表、桐蔭横浜大客員教授、首相・通産相秘書官、ハーバード大客員研究員、東大／68歳

〒227-0062 横浜市青葉区青葉台2-9-30　☎045(989)3911

神奈川県9区　338,241　投59.47

当83,847	笠浩史	立前	(42.4)
比当68,918	中山展宏	自前	(34.9)
比24,547	吉田大成	維新	(12.4)
20,432	斎藤温	共新	(10.3)

川崎市(多摩区、宮前区(神木本町1～5丁目)、麻生区)

笠　浩史（りゅう ひろふみ）
立前　当7
福岡県　S40・1・3
勤20年11ヵ月（初/平15）

文科委、国家基本委理、政倫審委、党国対委員長代理、科技特委長、文科副大臣、文科政務官、民主党幹事長代理、衆議運委筆頭理事、テレビ朝日政治部記者、慶大文／59歳

〒214-0014 川崎市多摩区登戸1644-1
新川ガーデンビル1F　☎044(900)1800

神奈川県10区　470,746　投55.04

当104,832	田中和徳	自前	(41.4)
比当69,594	金村龍那	維新	(27.5)
比48,839	畑野君枝	共前	(19.3)
比当30,013	鈴木敦	国新	(11.8)

川崎市(川崎区、幸区、中原区の一部(P170参照))

田中和徳（たなか かずのり）
自前［麻］　当9
山口県下関市　S24・1・21
勤28年1ヵ月（初/平8）

政倫審会長、党交通安全対策特委長、党税調副会長、党幹事長代理、復興大臣、党組織運動本部長、財務副大臣、財金委長、法大／75歳

〒210-0846 川崎市川崎区小田6-11-24　☎044(366)1400

神奈川県11区　374,938　投52.21

当147,634	小泉進次郎	自前	(79.2)
38,843	林伸明	共新	(20.8)

横須賀市、三浦市

小泉進次郎（こいずみ しんじろう）
自前［無］　当5
神奈川県横須賀市　S56・4・14
勤15年2ヵ月（初/平21）

安全保障委員長、党国対副委員長、党総務会長代理、元環境大臣、党厚労部会長、筆頭副幹事長、農林部会長、コロンビア大院修了／43歳

〒238-0004 横須賀市小川町13 宇野ビル3F　☎046(822)6600
〒100-8981 千代田区永田町2-2-1、会館　☎03(3508)7327

神奈川県12区 406,623 投56.14	当95,013 阿部知子 立前(42.4)
	比当91,159 星野剛士 自前(40.7)
	比37,753 水戸将史 維元(16.9)

藤沢市、高座郡

あべともこ
阿部知子
立前 当8
東京都目黒区 S23・4・24
勤24年4ヵ月 (初/平12)

衆厚労委、原子力特委、超党派議連「原発ゼロ再エネ100の会」事務局長、小児科医、東大医学部／76歳

〒251-0025 藤沢市鵠沼石上1-13-13 藤沢共同ビル1F ☎0466(52)2680

神奈川県13区 471,671 投55.77	当130,124 太 栄志 立新(51.1)
	比当124,595 甘利 明 自前(48.9)

大和市、海老名市、座間市の一部(P170参照)、綾瀬市

ふとりひでし
太 栄志
立新 当1
鹿児島県大島郡知名町 S52・4・27
勤2年11ヵ月 (初/令3)

内閣委理、政治改革特委、衆議院議員秘書、米ハーバード大国際問題研究所員、ウィルソン・センター研究員、中大法、中大院／47歳

〒242-0017 大和市大和東3-7-11 大和東共同ビル101 ☎046(244)3203

神奈川県14区 460,744 投56.02	当135,197 赤間二郎 自前(53.8)
	比116,273 長友克洋 立新(46.2)

相模原市(緑区の一部(P171参照)、中央区、南区の一部(P171参照))

じろう
あかま二郎
自前[麻] 当5
神奈川県相模原市 S43・3・27
勤15年9ヵ月 (初/平17)

国交委筆頭理事、国交委長、党総務部会長、内閣府副大臣、総務副大臣、総務政務官、副幹事長、県議、立教大、マンチェスター大学院／56歳

〒252-0239 相模原市中央区中央2-11-10 ☎042(756)1500
〒100-8981 千代田区永田町2-2-1、会館 ☎03(3508)7317

神奈川県15区 473,497 投57.32	当210,515 河野太郎 自前(79.3)
	比46,312 佐々木克己 社新(17.5)
	8,565 渡辺マリコ N新(3.2)

平塚市、茅ヶ崎市、中郡

こうのたろう
河野太郎
自前[麻] 当9
神奈川県小田原市 S38・1・10
勤28年1ヵ月 (初/平8)

デジタル大臣、党広報本部長、ワクチン担当大臣、規制改革・行政改革・沖北対策担当大臣、防衛大臣、外務大臣、国家公安委員長、富士ゼロックス、ジョージタウン大／61歳

〒254-0811 平塚市八重咲町26-8 ☎0463(20)2001
〒100-8982 千代田区永田町2-1-2、会館 ☎03(3508)7006

神奈川県16区 466,042 投55.35

相模原市(緑区(第14区に属しない区域)、南区(第14区に属しない区域)(P171参照))、厚木市、伊勢原市、座間市(相模が丘1～6丁目)、愛甲郡

当137,558 後藤祐一 立前(54.6)
比当114,396 義家弘介 自前(45.4)

後藤祐一(ごとうゆういち)

立前 当5
神奈川県相模原市 S44・3・25
勤15年2ヵ月 (初/平21)

議運委理事、国家基本委理事、党国対副委員長、県連選対委員長、党役員室長、経産省課長補佐、東大法／55歳

〒243-0017 厚木市栄町2-4-28-212 ☎046(296)2411
〒106-0032 港区六本木7-1-3、宿舎

神奈川県17区 424,659 投56.98

小田原市、秦野市、南足柄市、足柄上郡、足柄下郡

当131,284 牧島かれん 自前(55.3)
比89,837 神山洋介 立元(37.9)
16,202 山田 正 共新(6.8)

牧島かれん(まきしま)

自前[麻] 当4
神奈川県 S51・11・1
勤11年10ヵ月 (初/平24)

党副幹事長、党ネットメディア局長、前デジタル大臣、第51代党青年局長、元内閣府政務官、ICU大(Ph. D)、GW大修士／47歳

〒250-0862 小田原市成田178-1 ☎0465(38)3388
〒100-8981 千代田区永田町2-2-1、会館 ☎03(3508)7026

神奈川県18区 451,301 投57.25

川崎市(中原区(第10区に属しない区域)(P171参照)、高津区、宮前区(第9区に属しない区域)(P171参照))

当120,365 山際大志郎 自前(47.7)
比90,390 三村和也 立元(35.8)
比41,562 横田光弘 維新(16.5)

山際大志郎(やまぎわだいしろう)

自前[麻] 当6
東京都 S43・9・12
勤17年7ヵ月 (初/平15)

党競争政策調査会長、経済再生・コロナ担当大臣、経産副大臣、内閣府大臣政務官、内閣委員長、獣医学博士、東大院／55歳

〒213-0001 川崎市高津区溝口2-14-12 ☎044(850)8884
〒100-8981 千代田区永田町2-2-1、会館 ☎03(3508)7477

山梨県1区 424,441 投59.49

甲府市、韮崎市、南アルプス市、北杜市、甲斐市、中央市、西八代郡、南巨摩郡、中巨摩郡

当125,325 中谷真一 自前(50.5)
比当118,223 中島克仁 立前(47.6)
4,826 辺見信介 N新(1.9)

中谷真一(なかたにしんいち)

自前[無] 当4
山梨県甲府市 S51・9・30
勤11年10ヵ月 (初/平24)

議運委理、党国対副委員長、党総務、経産副大臣兼内閣府副大臣、外務大臣政務官、元自衛官、元参議院議員秘書、防大／47歳

〒400-0064 山梨県甲府市下飯田3-8-29 ☎055(288)8220
〒106-0032 港区六本木7-1-3、宿舎

山梨県２区 262,259 投62.31

当109,036 堀内詔子 自前(67.9)
比44,441 市来伴子 立新(27.7)
7,027 大久保令子 共新(4.4)

富士吉田市、都留市、山梨市、大月市、笛吹市、上野原市、甲州市、南都留郡、北都留郡

ほりうちのりこ
堀内詔子
自前[無] 当4
山梨県笛吹市 S40・10・28
勤11年10ヵ月（初/平24）

環境委理、厚労委、消費者特委理、党女性活躍推進特別委員長、党副幹事長、元ワクチン接種推進担当大臣、東京オリパラ担当大臣、環境副大臣兼内閣府副大臣、厚労大臣政務官、学習院大院／58歳

〒403-0007 富士吉田市中曽根1-5-25 ☎0555(23)7688
〒100-8982 千代田区永田町2-1-2、会館 ☎03(3508)7487

比例代表 南関東 22人
千葉、神奈川、山梨

ほしのつよし
星野剛士
自前[無] 当4(初/平24)
神奈川県藤沢市 S38・8・8
勤11年10ヵ月〈神奈川12区〉

衆議院内閣委員長、内閣府副大臣、経産兼内閣府兼復興政務官、産経新聞記者、神奈川県議、NYエルマイラ大、日大法／61歳

〒251-0052 藤沢市藤沢973
相模プラザ第三ビル1F ☎0466(23)6338
〒100-8982 千代田区永田町2-1-2、会館 ☎03(3508)7413

あまりあきら
甘利　明
自前[麻] 当13(初/昭58)
神奈川県厚木市 S24・8・27
勤40年11ヵ月〈神奈川13区〉

党税調顧問、党幹事長、選対委員長、政調会長、予算委員長、労働大臣、経済産業大臣、行革大臣、経済再生大臣、慶大／75歳

〒252-0303 相模原市南区相模大野6-7-9-1F
☎042(765)0011
〒100-8982 千代田区永田町2-1-2、会館 ☎03(3508)7528

あきもとまさとし
秋本真利
無前 当4(初/平24)
千葉県 S50・8・10
勤11年10ヵ月〈千葉9区〉

決算行監委、外務大臣政務官、自民党副幹事長、党再エネ議連事務局長、党国対副委員長、国土交通大臣政務官、法政大法／49歳

〒264-0021 千葉市若葉区若松町360-21 ☎043(214)3600

みたにひでひろ
三谷英弘
自前[無] 当3(初/平24)
神奈川県藤沢市 S51・6・28
勤9年〈神奈川8区〉

厚労委理事、文科委、憲法審委、党遊説局長、党消費者問題調査会事務局長、弁護士、東大法学部／48歳

〒227-0055 横浜市青葉区つつじが丘10-20
ラポール若野 2F ☎045(532)4600

衆 略歴　山梨・比例南関東

よし いえ ひろ ゆき
義家弘介 **自**前［無］ 当4(初/平24)※
長野県 S46・3・31
勤17年3ヵ月(参5年5ヵ月)〈神奈川16区〉

党政調副会長、文科委、拉致特委、法務副大臣、文科副大臣、文科政務官、党副幹事長、党財金部会長、参院議員、教育再生会議担当室長、横浜市教育委員、高校教諭、明治学院大学／53歳

〒243-0014 厚木市旭町1-15-17 ☎046(226)8585

なか やま のり ひろ
中山展宏 **自**前［麻］ 当4(初/平24)
兵庫県 S43・9・16
勤11年10ヵ月〈神奈川9区〉

内閣委理、財金委、消費者特委理、国土交通副大臣、外務大臣政務官、内閣委理、ルール形成戦略議連事務局長、東大先端研上級研究員、早大院中退／55歳

〒214-0014 川崎市多摩区登戸2663
東洋ビル5F ☎044(322)8600

かど やま ひろ あき
門山宏哲 **自**前［無］ 当4(初/平24)
千葉県千葉市 S39・9・3
勤11年10ヵ月 〈千葉1区〉

法務副大臣、元党副幹事長、元法務大臣政務官、弁護士、元千葉家裁家事調停委員、中央大学法学部／59歳

〒260-0013 千葉市中央区中央4-13-31
高嶋ビル101 ☎043(223)0050
〒106-0032 港区六本木7-1-3、宿舎

やまもと
山本ともひろ **自**前［無］ 当5(初/平17)
京都府京都市 S50・6・20
勤15年9ヵ月 〈神奈川4区〉

内閣委、党文科部会長、防衛副大臣・内閣府副大臣、松下政経塾員、米ジョージタウン大客員研究員、関西大、京大院修／49歳

〒247-0056 鎌倉市大船1-22-2 つるやビル301
☎0467(39)6933

さくら だ よし たか
櫻田義孝 **自**前［無］ 当8(初/平8)
千葉県柏市 S24・12・20
勤24年9ヵ月 〈千葉8区〉

自民党千葉県連会長、国交委、拉致特委、国務大臣、文科副大臣、内閣府副大臣、外務政務官、千葉県議、柏市議、明大商／74歳

〒277-0814 柏市正連寺373-3 ☎04(7132)0881
〒100-8982 千代田区永田町2-1-2、会館 ☎03(3508)7381

なか たに かず ま
中谷一馬 **立**前 当2(初/平29)
神奈川県川崎市 S58・8・30
勤7年 〈神奈川7区〉

内閣委、決算行監委、地・こ・デジ特委、党政調副会長、党デジタル政策PT座長、県議、デジタルハリウッド大大学院／41歳

〒223-0061 横浜市港北区日吉2-6-3-201 ☎045(534)9624
〒107-0052 港区赤坂2-17-10、宿舎

※平19参院初当選

やたがわ　はじめ
谷田川　元
立前　当3(初/平21)
千葉県香取市　S38・1・17
勤8年11ヵ月　**〈千葉10区〉**

国交委、決算行監委、憲法審委、党政調副会長、千葉県議4期、山村新治郎衆院議員秘書、松下政経塾、早大政経／61歳

〒287-0001　香取市佐原ロ2164-2　☎0478(54)5678

あおやぎよういちろう
青柳陽一郎
立前　当4(初/平24)
神奈川県横浜市保土ケ谷区　S44・8・29
勤11年10ヵ月　**〈神奈川6区〉**

議運委理事、決算行監委、党神奈川県代表、NPO法人ICAジャパン会長、元国務大臣政策秘書、早大院、日大法／55歳

〒240-0003　横浜市保土ケ谷区天王町1-9-5　第7瀬戸ビル1F　☎045(334)4110
〒100-8982　千代田区永田町2-1-2、会館　☎03(3508)7245

なかじまかつひと
中島克仁
立前　当4(初/平24)
山梨県　S42・9・27
勤11年10ヵ月　**〈山梨1区〉**

厚労委筆頭理事、ほくと診療所院長、韮崎市立病院、山梨大学病院第一外科、帝京大医学部、医師／56歳

〒400-0858　山梨県甲府市相生1-1-21　☎055(242)9208
〒107-0052　港区赤坂2-17-10、宿舎

㊥ 略歴

比例南関東

やまざき　まこと
山崎　誠
立前　当3(初/平21)
東京都練馬区　S37・11・22
勤10年4ヵ月　**〈神奈川5区〉**

内閣委、経産委、原子力特委理、党政調副会長、党環境エネルギーPT事務局長、横浜市議2期、横浜国大院博士課程単位取得／61歳

〒244-0003　横浜市戸塚区戸塚町121-2F　☎045(438)9696
〒100-8981　千代田区永田町2-2-1、会館　☎03(3508)7137

かねむらりゅうな
金村龍那
維新　当1(初/令3)
愛知県名古屋市　S54・4・6
勤2年11ヵ月　**〈神奈川10区〉**

文科委理、内閣委、政治改革特委、党国対副委員長、神奈川維新の会代表、会社役員、児童福祉施設代表、衆議員秘書、専修大法中退／45歳

〒210-0836　川崎市川崎区大島上町18-1　サニークレイン201　☎044(366)8680

ふじまきけんた
藤巻健太
維新　当1(初/令3)
英国ロンドン　S58・10・7
勤2年11ヵ月　**〈千葉6区〉**

財金委、沖北特委、参院議員秘書、みずほ銀行、慶大経済／40歳

〒271-0092　千葉県松戸市松戸1836　メグロビル1F　☎047(710)0523
〒100-8982　千代田区永田町2-1-2、会館　☎03(3508)7503

あさ　かわ　よし　はる
浅川義治　**維**新　当1(初/令3)
神奈川県横浜市　S43・2・23
勤2年11ヵ月　〈神奈川1区〉

党県幹事長、安保委、消費者特委、党国対副委員長、横浜市議会議員、日本大学法学部／56歳

〒236-0021　横浜市金沢区泥亀1-15-4
雨宮ビル1F　☎045(349)4231

ふる　や　のり　こ
古屋範子　**公**前　当7
埼玉県さいたま市　S31・5・14
勤20年11ヵ月　(初/平15)

党副代表、総務委員長、党神奈川県本部顧問、厚労副大臣、総務大臣政務官、早大／68歳

〒238-0011　横須賀市米が浜通1-7-2
サクマ横須賀ビル503号　☎046(828)4230

つの　だ　ひで　お
角田秀穂　**公**元　当2
東京都　S36・3・25
勤5年9ヵ月　(初/平26)

農水委理事、予算委、党国対副委員長、党千葉県本部副代表、農水政務官、船橋市議4期、社会保険労務士、創価大／63歳

〒273-0011　船橋市湊町1-7-4　☎047(404)8013

し　い　かず　お
志位和夫　**共**前　当10
千葉県四街道市　S29・7・29
勤31年4ヵ月　(初/平5)

党中央委員会議長、国家基本委、党委員長、党書記局長、党青年・学生対策委員会責任者、党選挙対策局政策論戦副部長、東大／70歳

〒221-0822　横浜市神奈川区西神奈川1-10-16
斉藤ビル2F　☎045(324)6516

すず　き　あつし
鈴木　敦　**教**新　当1(初/令3)
神奈川県川崎市　S63・12・15
勤2年11ヵ月〈神奈川10区〉

外務委、拉致特委、党国対委員長、政党職員、元衆院議員秘書、航空関連会社社員、駿河台大中退／35歳

〒211-0025　川崎市中原区木月2-4-3
TFTビル2階　☎044(872)7182
〒100-8982　千代田区永田町2-1-2、会館☎03(3508)7286

りょう
たがや　亮　**れ**新　当1(初/令3)
東京都　S43・11・25
勤2年11ヵ月　〈千葉11区〉

党国会対策委員長、国土交通委、決算行監委、会社経営、国学院大／55歳

〒297-0037　茂原市早野1342-1　☎0475(44)6750
〒107-0052　港区赤坂2-17-10、宿舎

比例代表 南関東 22人

有効投票数 7,414,308票

政党名	当選者数	得票数	得票率
	惜敗率 小選挙区		惜敗率 小選挙区

自民党 9人 2,590,787票 34.94%

当①星野 剛士 前 (95.94) 神12
当①甘利 明 前 (95.75) 神13
当①秋本 真利 前 (95.73) 千9
当①三谷 英弘 前 (90.10) 神8
当①義家 弘介 前 (83.16) 神16
当①中山 展宏 前 (82.19) 神9
当①門山 宏哲 前 (77.71) 千1
当①山本 朋広 前 (71.08) 神4
当①桜田 義孝 前 (60.36) 千8
①木村 哲也 前 (54.93) 千4
㉚出畑 実 前
㉛高橋 恭介 新
㉜文月 涼 新
㉝望月 忠彦 新
㉞高木 昭彦 新
㉟及川 博 新

【小選挙区での当選者】
①小林 鷹之 前 千2
①松野 博一 前 千3
①薗浦健太郎 前 千5
①渡辺 博道 前 千6
①斎藤 健 前 千7
①浜田 靖一 前 千12
①松本 尚 新 千13
①菅 義偉 前 神2
①中西 健治 新 神3
①坂井 学 前 神5
①古川 直季 新 神6
①鈴木 馨祐 前 神7
①田中 和徳 前 神10
①赤間 二郎 前 神14
①河野 太郎 前 神15
①牧島かれん 前 神17
①山際大志郎 前 神18
①中谷 真一 前 山1
①堀内 詔子 前 山2

立憲民主党 5人 1,651,562票 22.28%

当①中谷 一馬 前 (96.63) 神7
当①谷田川 元 前 (96.60) 千10
当①青柳陽一郎 前 (95.10) 神6
当①中島 克仁 前 (94.34) 山1
当①山崎 誠 前 (87.04) 神5
①長友 克洋 新 (86.00) 神14
①宮川 伸 前 (79.51) 千13
①三村 和也 元 (75.10) 神18
①神山 洋介 元 (68.43) 神17
①岡本 英子 元 (63.54) 神2
①矢崎堅太郎 新 (62.41) 千5
①岡島 一正 前 (61.62) 千3
①小林 丈人 新 (57.43) 神3
①竹内 千春 新 (55.70) 千7
①樋高 剛 元 (46.06) 千12
①黒田 雄 元 (45.47) 千2
①市来 伴子 新 (40.76) 山2
㉙小野 次郎 元
㉚金子 建一 元

【小選挙区での当選者】
①田嶋 要 前 千1
①野田 佳彦 前 千4
①本庄 知史 新 千8
①奥野総一郎 前 千9
①篠原 豪 前 神1
①早稲田夕季 前 神4
①江田 憲司 前 神8
①笠 浩史 前 神9
①阿部 知子 前 神12
①太 栄志 新 神13
①後藤 祐一 前 神16

日本維新の会 3人 863,897票 11.65%

当①金村 龍那 新 (66.39) 神10
当①藤巻 健太 新 (60.46) 千6
当①浅川 義治 新 (46.22) 神1
①清水 聖士 新 (42.38) 千13
①水戸 将史 元 (39.73) 神12
①横田 光弘 新 (34.53) 神18
①串田 誠一 前 (30.53) 神6
①吉田 大成 新 (29.28) 神9
①椎木 保 元 (28.79) 千5
①内山 晃 元 (22.42) 千7
▼①高谷 清彦 新 (24.77) 神4

公明党 2人 850,667票 11.47%

当①古屋 範子 前
当②角田 秀穂 元
③上田 勇 元
④江端 功一 新
⑤井川 泰雄 新

共産党 1人 534,493票 7.21%

当①志位 和夫 前
②畑野 君枝 前 神10
③斉藤 和子 元
④沼上 徳光 新
▼⑤寺尾 賢 新 千2

▼は小選挙区の得票が有効投票総数の10分の1未満で、復活当選の資格がない者

国民民主党　1人　384,481票　5.19%

当①鈴木　敦 新(28.63)神10　　③長谷　康人 新
①鴇田　敦 新(21.71)千5

れいわ新選組　1人　302,675票　4.08%

当①多ケ谷　亮 新　千11　　②木下　隼 新

その他の政党の得票数・得票率は下記のとおりです。
(当選者はいません)

政党名	得票数	得票率
社民党	124,447票	1.68%
NHKと裁判してる党弁護士法72条違反で	111,298票	1.50%

東京都1区　462,609　投56.27

千代田区、港区の一部(P171参照)、新宿区の一部(P171参照)

当99,133	山田美樹	自前	(39.0)
比当90,043	海江田万里	立前	(35.4)
比当60,230	小野泰輔	維新	(23.7)
4,715	内藤久遠	無新	(1.9)

山田美樹（やまだ みき）　自前[無]　当4
東京都　S49・3・15
勤11年10ヵ月（初/平24）

党副幹事長、財金委理事、環境副大臣、党法務部会長、外務政務官、エルメス、BCG、通産省、東大法、コロンビア大／50歳

〒100-8982　千代田区永田町2-1-2、会館　☎03(3508)7037

東京都2区　463,165　投60.82

中央区、港区(第1区に属しない区域)(P171参照)、文京区、台東区の一部(P171参照)

当119,281	辻　清人	自前	(43.4)
比90,422	松尾明弘	立前	(32.9)
比45,754	木内孝胤	維元	(16.7)
比14,487	北村造	れ新	(5.3)
4,659	出口紳一郎	無新	(1.7)

辻　清人（つじ きよと）　自前[無]　当4
東京都　S54・9・7
勤11年10ヵ月（初/平24）

外務副大臣、党国会対策副委員長、党副幹事長、外務大臣政務官、京大、米コロンビア大院修了／44歳

〒111-0021　台東区日本堤2-23-13
深谷ビル　☎03(6802)4701

東京都3区　470,083　投59.87

品川区の一部(P171参照)、大田区の一部(P171参照)、大島・三宅・八丈・小笠原支庁管内

当124,961	松原　仁	立前	(45.9)
比当116,753	石原宏高	自前	(42.9)
30,648	香西克介	共新	(11.3)

松原　仁（まつばら じん）　無前(立憲)　当8
東京都板橋区　S31・7・31
勤24年4ヵ月（初/平12）

外務委、民進党国対委員長、党都連会長、国家公安委長、拉致担当大臣、消費者担当大臣、国交副大臣、拉致特委長、都議、松下政経塾、早大／68歳

〒152-0004　目黒区鷹番3-19-2
第8エスペランス3階　☎03(6412)7655

東京都４区 474,029 投54.43	当128,708	平　将明	自前(51.5)
大田区(第3区に属しない区域)(P171参照)	比62,286	谷川智行	共新(24.9)
	比58,891	林　智興	維新(23.6)

たいら　まさ あき
平　将明
自前[無]　当6
東京都　S42・2・21
勤19年1ヵ月　(初/平17)

原子力特別委員長、内閣府副大臣、選対副委員長、消費者特委筆頭理事、経産政務官兼内閣府政務官、副幹事長、早大／57歳

〒144-0052　大田区蒲田5-30-15
第20下川ビル7F　☎03(5714)7071

東京都５区 464,694 投60.03	当111,246	手塚仁雄	立前(41.0)
目黒区の一部(P171参照)、世田谷区の一部(P171参照)	比当105,842	若宮健嗣	自前(39.0)
	比54,363	田淵正文	維新(20.0)

て づか よし お
手塚仁雄
立前　当5
東京都目黒区　S41・9・14
勤15年7ヵ月　(初/平12)

党幹事長代理、党東京都連幹事長、科技特委長、議運野党筆頭理事、内閣総理大臣補佐官、都議、早大／57歳

〒154-0002　世田谷区下馬2-20-2-2F　☎03(3412)0440

東京都６区 467,339 投60.36	当110,169	落合貴之	立前(40.1)
世田谷区(第5区に属しない区域)(P171参照)	比当105,186	越智隆雄	自前(38.3)
	比59,490	碓井梨恵	維新(21.6)

おち あい たか ゆき
落合貴之
立前　当3
東京都世田谷区　S54・8・17
勤9年10ヵ月　(初/平26)

政治改革特委理、経産委、党副幹事長、党政治改革実行本部事務局長、党都連政調会長、元銀行員、慶大経済／45歳

〒156-0055　世田谷区船橋2-1-1
千歳第一マンション103号 ☎03(5938)1800
〒100-8982　千代田区永田町2-1-2、会館 ☎03(3508)7134

東京都７区 459,575 投56.47	当124,541	長妻　昭	立前(49.2)
品川区(第3区に属しない区域)(P171参照)、目黒区(第5区に属しない区域)(P171参照)、渋谷区、中野区の一部(P171参照)、杉並区(方南1〜2丁目)	比81,087	松本文明	自前(32.1)
	比37,781	辻　健太郎	維新(14.9)
	5,665	込山　洋	無新(2.2)
	3,822	猪野恵司	N新(1.5)

なが つま　あきら
長妻　昭
立前　当8
東京都　S35・6・14
勤24年4ヵ月　(初/平12)

党政調会長、党都連会長、党代表代行、党選対委員長、厚労委長、厚生労働大臣、日経ビジネス記者、NEC、慶大／64歳

〒164-0011　中野区中央4-11-13-101　☎03(5342)6551

東京都8区 476,188 投61.03

杉並区(第7区に属しない区域)(P172参照)

当137,341 吉田晴美 立新(48.4)
比105,381 石原伸晃 自前(37.2)
比40,763 笠谷圭司 維新(14.4)

よしだ 吉田はるみ

立新 当1
山形県 S47・1・1
勤2年11ヵ月 (初/令3)

文科委、議運委、懲罰委理、憲法審委、党国際局副局長、外資系経営コンサルタント、法務大臣政務秘書官、大学特任教授、立教大卒、バーミンガム大学経営大学院修了/52歳

〒166-0001 杉並区阿佐谷北1-3-4 小堺ビル301 ☎03(5364)9620

東京都9区 478,743 投57.71

練馬区の一部(P172参照)

当109,489 山岸一生 立新(40.9)
比95,284 安藤高夫 自前(35.6)
比47,842 南 純 維新(17.9)
15,091 小林興起 諸元(5.6)

やまぎしいっせい 山岸一生

立新 当1
東京都練馬区 S56・8・28
勤2年11ヵ月 (初/令3)

予算委、内閣委、情報監視審委、党政調会長筆頭補佐、党政治改革実行本部役員、元朝日新聞記者、東大法/43歳

〒177-0041 練馬区石神井町8-17-8-105 ☎03(6676)7318
〒100-8981 千代田区永田町2-2-1、会館 ☎03(3508)7124

東京都10区 479,088 投56.50

新宿区(第1区に属しない区域)(P172参照)、中野区(第7区に属しない区域)(P172参照)、豊島区の一部(P172参照)、練馬区(第9区に属しない区域)

当115,122 鈴木隼人 自前(43.8)
比当107,920 鈴木庸介 立新(41.1)
比30,574 藤川隆史 維新(11.6)
4,684 小山 徹 無新(1.8)
4,552 沢口祐司 諸新(1.7)

すずきはやと 鈴木隼人

自前[無] 当3
東京都 S52・8・8
勤9年10ヵ月 (初/平26)

経済産業委理、財務委、沖北特委、前外務大臣政務官、経済産業省課長補佐、東大、東大院修/47歳

〒171-0022 豊島区南池袋2-35-7-602 ☎03(6908)1071
〒100-8982 千代田区永田町2-1-2、会館 ☎03(3508)7463

東京都11区 462,626 投54.97

板橋区の一部(P172参照)

当122,465 下村博文 自前(50.0)
比87,635 阿久津幸彦 立前(35.8)
29,304 西之原修斗 共新(12.0)
5,639 桑島康文 無新(2.3)

しもむらはくぶん 下村博文

自前[無] 当9
群馬県 S29・5・23
勤28年1ヵ月 (初/平8)

党中央政治大学院長、党政調会長、党選対委員長、党憲法改正本部長、党幹事長代行、文科大臣、オリパラ大臣、内閣官房副長官、都議、早大/70歳

〒173-0024 板橋区大山金井町38-12 新大山ビル205 ☎03(5995)4491
〒100-8982 千代田区永田町2-1-2、会館 ☎03(3508)7084

東京都12区 462,732 投57.45

当101,020 岡本三成 公前(39.9)
比当80,323 阿部　司 維新(31.7)
比71,948 池内沙織 共元(28.4)

豊島区(第10区に属しない区域)(P172参照)、北区、板橋区(第11区に属しない区域)(P172参照)、足立区の一部(P172参照)

おか もと みつ なり
岡本三成

公前　当4
佐賀県　S40・5・5
勤11年10ヵ月　(初/平24)

経産委員長、党国際委員長、財務副大臣、外務政務官、ゴールドマン・サックス証券、米国ケロッグ経営大学院(MBA)、創価大／59歳

〒116-0013　荒川区西日暮里5-32-5 ウシオビル2階　☎03(5604)5923
〒100-8981　千代田区永田町2-2-1、会館　☎03(3508)7147

東京都13区 480,247 投50.88

当115,669 土田　慎 自新(49.3)
比78,665 北條智彦 立新(33.5)
30,204 沢田真吾 共新(12.9)
5,985 渡辺秀高 無新(2.6)
4,039 橋本孫美 無新(1.7)

足立区(第12区に属しない区域)(P172参照)

つち だ しん
土田　慎

自新[麻]　当1
神奈川県茅ヶ崎市　H2・10・30
勤2年11ヵ月　(初/令3)

デジタル大臣政務官兼内閣府大臣政務官、衆・参議員秘書、参議院議長参事、京大／33歳

〒121-0816　足立区梅島2-2-10 楠ビル201

東京都14区 465,702 投55.96

当108,681 松島みどり 自前(43.3)
比80,932 木村剛司 立元(32.2)
比49,517 西村恵美 維新(19.7)
5,845 梁本和則 無新(2.3)
3,364 竹本秀之 無新(1.3)
2,772 大塚紀久雄 無新(1.1)

台東区(第2区に属しない区域)(P172参照)、墨田区、荒川区

まつ しま
松島みどり

自前[無]　当7
大阪府　S31・7・15
勤21年　(初/平12)

党住宅土地・都市政策調査会長、党中小企業・小規模事業者政策調査会長代理、党文化立国調査会長代理、法務大臣、経産副大臣、国交副大臣、外務政務官、朝日新聞記者、東大経／68歳

〒131-0045　墨田区押上1-24-2川新ビル2F　☎03(5610)5566
〒100-8981　千代田区永田町2-2-1、会館　☎03(3508)7065

東京都15区 424,125 投58.73

補選(令和6.4.28)
当49,476 酒井菜摘 立新(29.0)
29,669 須藤元気 無新(17.4)
28,461 金沢結衣 維新(16.7)
24,264 飯山　陽 諸新(14.2)
19,655 乙武洋匡 無新(11.5)
8,639 吉川里奈 参新(5.1)
8,061 秋元　司 無元(4.7)
1,410 福永活也 諸新(0.8)
1,110 根本良輔 諸新(0.7)

江東区
令和6年2月1日柿沢未途議員辞職
(総選挙の結果はP168参照)

さか い
酒井なつみ

立新　補当1
福岡県北九州市　S61・7・24
勤5ヵ月　(初/令6補)

安保委、党政調会長補佐、江東区議会議員(2期)、昭和大学江東豊洲病院、看護師、助産師、私立自由ケ丘高校看護専攻科、中林病院助産師学院／38歳

〒100-8981　千代田区永田町2-2-1、会館　☎03(3508)7066

東京都16区 465,115 投51.58

江戸川区の一部(P173参照)

当88,758	大西英男	自前	(38.7)
比68,397	水野素子	立新	(29.8)
比39,290	中津川博郷	維元	(17.1)
26,819	太田彩花	共新	(11.7)
比6,264	田中　健	N新	(2.7)

おおにしひでお
大西英男

自前[無]　当4
東京都江戸川区　S21・8・28
勤11年10ヵ月　(初/平24)

党総務、衆議院内閣委員長、国土交通副大臣、総務大臣政務官、江戸川区議会議長、都議会自民党幹事長、國學院大／78歳

〒132-0011　江戸川区瑞江2-6-19　6階　☎03(5666)7770

東京都17区 475,912 投53.06

葛飾区、江戸川区(本庁管内(上一色1～3丁目、本一色1～3丁目、興宮町)、小岩事務所管内)

当119,384	平沢勝栄	自前	(50.1)
比52,260	猪口幸子	維新	(22.0)
36,309	新井杉生	共新	(15.3)
比30,103	円より子	国新	(12.6)

ひらさわかつえい
平沢勝栄

自前[無]　当9
岐阜県　S20・9・4
勤28年1ヵ月　(初/平8)

外務委、予算委、復興大臣、党国際局長、党広報本部長、予算委理、党政調会長代理、外務委長、内閣府副大臣、拉致特委長、警察庁審議官、官房長官秘書官、東大／78歳

〒124-0012　葛飾区立石8-6-1-102　☎03(5670)1111

東京都18区 444,924 投59.86

武蔵野市、府中市、小金井市

当122,091	菅　直人	立前	(47.1)
比当115,881	長島昭久	自前	(44.7)
21,151	子安正美	無新	(8.2)

かんなおと
菅　直人

立前　当14
山口県　S21・10・10
勤44年5ヵ月　(初/昭55)

党最高顧問、懲罰委、原子力特委、首相、副総理、財務相、厚相、民主党代表、さきがけ政調会長、社民連政審会長、弁理士、東工大／77歳

〒180-0006　武蔵野市中町1-2-9-302　☎0422(55)7010

東京都19区 439,147 投60.00

小平市、国分寺市、西東京市

当111,267	末松義規	立前	(43.0)
比当109,131	松本洋平	自前	(42.2)
比38,182	山崎英昭	維新	(14.8)

すえまつよしのり
末松義規

立前　当7
福岡県北九州市　S31・12・5
勤23年3ヵ月　(初/平8)

財金委筆頭理事、沖北特委長、元復興副大臣兼内閣府副大臣、内閣総理大臣補佐官、一橋大、米国プリンストン大学大学院／67歳

〒187-0002　小平市花小金井2-1-39　☎042(460)9050

東京都20区 418,245 投56.77

当121,621 木 原 誠 二 自前(52.6)
比当66,516 宮 本 徹 共前(28.8)
比43,089 前田順一郎 維新(18.6)

東村山市、東大和市、清瀬市、東久留米市、武蔵村山市

木原誠二（きはら せいじ）

自前[無] 当5
東京都 S45・6・8
勤15年9ヵ月 (初/平17)

党幹事長代理兼政調会長特別補佐、官房副長官、外務副大臣、外務政務官、議運委理事、党情報調査局長、財務省、東大法／54歳

〒189-0013 東村山市栄町2-22-3 ☎042(392)4105

東京都21区 438,466 投57.72

当112,433 小田原 潔 自前(45.5)
比当99,090 大河原雅子 立前(40.1)
比35,527 竹田光明 維元(14.4)

八王子市(東中野、大塚)、立川市、日野市、国立市、多摩市の一部(P173参照)、稲城市の一部(P173参照)

小田原 潔（おだわら きよし）

自前[無] 当4
大分県宇佐市 S39・5・23
勤11年10ヵ月 (初/平24)

外務委、財金委、震災復興特委、外務副大臣、モルガンスタンレー証券マネジングディレクター、富士銀行、東大／60歳

〒190-0011 立川市高松町3-14-11
マスターズオフィス立川 ☎042(548)0065

東京都22区 478,721 投60.01

当131,351 伊藤達也 自前(46.9)
比112,393 山花郁夫 立前(40.1)
比31,981 櫛渕万里 れ元(11.4)
4,535 長谷川洋平 N新(1.6)

三鷹市、調布市、狛江市、稲城市(第21区に属しない区域)(P173参照)

伊藤達也（いとう たつや）

自前[無] 当9
東京都 S36・7・6
勤28年 (初/平5)

党国際局長、中小企業調査会長、税調副会長、予算委、憲法審委、情報監視審委、元金融相、総理大臣補佐官、衆財金委員長、慶大／63歳

〒182-0024 調布市布田1-3-1ダイヤビル2F ☎042(499)0501
〒107-0052 港区赤坂2-17-10、宿舎

東京都23区 458,998 投58.37

当133,206 小倉 将信 自前(51.2)
比当126,732 伊藤俊輔 立前(48.8)

町田市、多摩市(第21区に属しない区域)(P173参照)

小倉將信（おぐら まさのぶ）

自前[無] 当4
東京都 S56・5・30
勤11年10ヵ月 (初/平24)

党副幹事長、少子化担当大臣、党青年局長、総務政務官、日本銀行職員、東大、オックスフォード大学院／43歳

〒194-0013 町田市原町田5-4-7 からかあさ101号 ☎042(710)1192

衆 略歴 東京

東京都24区 463,096 投56.77

八王子市(第21区に属しない区域) (P173参照)

当149,152 萩生田光一 自前(58.5)
比44,546 佐藤由美 国新(17.5)
44,474 吉川穂香 共新(17.5)
比16,590 朝倉玲子 社新(6.5)

はぎうだこういち
萩生田光一
自前[無] 当6
東京都八王子市 S38・8・31
勤17年7ヵ月 (初/平15)

党都連会長、党政調会長、経済産業大臣、文科大臣、党幹事長代行、内閣官房副長官、党総裁特別補佐、党青年局長、都議、市議、明大/61歳

〒192-0046 八王子市明神町4-1-2 ストーク八王子205 ☎042(646)3008

東京都25区 413,266 投54.90

青梅市、昭島市、福生市、羽村市、あきる野市、西多摩郡

当131,430 井上信治 自前(59.4)
比89,991 島田幸成 立新(40.6)

いのうえしんじ
井上信治
自前[麻] 当7
東京都 S44・10・7
勤20年11ヵ月 (初/平15)

党幹事長代理、環境・温暖化対策調査会長、国際博覧会担当大臣、内閣府特命担当大臣、環境副大臣、内閣委員長、国交省、東大/54歳

〒198-0024 青梅市新町3-39-1 ☎0428(32)8182
〒100-8981 千代田区永田町2-2-1、会館 ☎03(3508)7328

比例代表 東京都 17人 東京

たかぎけい
髙木啓
自前[無] 当2
東京都北区 S40・3・16
勤7年 (初/平29)

党経済産業副部会長、運輸・交通関係団体副委員長、外務大臣政務官、党国土交通副部会長、都議、北区議、立教大/59歳

〒114-0022 北区王子本町1-14-9-202 ☎03(5948)6790

まつもとようへい
松本洋平
自前[無] 当5(初/平17)
東京都 S48・8・31
勤15年9ヵ月 〈東京19区〉

党政調副会長兼事務局長、経産委、災害特委、経産副大臣、内閣府副大臣、党副幹事長、党青年局長、慶大経済学部/51歳

〒187-0003 小平市花小金井南町2-17-4 ☎042(461)6644
〒100-8981 千代田区永田町2-2-1、会館 ☎03(3508)7133

おち たかお
越智隆雄　**自**前［無］当5(初/平17)
東京都　S39・2・27
勤15年9ヵ月　**〈東京6区〉**

予算委、財金委、憲法審委、党金融調査会幹事長、元内閣府副大臣(経済財政)、住友銀行、東大法院、慶大経／60歳

〒156-0052 世田谷区経堂2-2-11-2F　☎03(5799)4260

わかみや けんじ
若宮健嗣　**自**前［無］当5(初/平17)
東京都　S36・9・2
勤15年9ヵ月　**〈東京5区〉**

党政調会長代理、幹事長代理、内閣府特命担当大臣、外務副大臣、防衛副大臣、外務委長、安保委長、慶大／62歳

〒154-0004 世田谷区太子堂4-6-1 パークヒル6　☎03(3795)8255
〒100-8982 千代田区永田町2-1-2、会館 ☎03(3508)7509

ながしま あきひさ
長島昭久　**自**前［無］当7(初/平15)
神奈川県横浜市　S37・2・17
勤20年11ヵ月　**〈東京18区〉**

党政務調査会副会長・国際局長代理、震災復興特委筆頭理事、安保委、震災復興特委員長、防衛副大臣、総理補佐官、慶大院、米ジョンズホプキンス大院／62歳

〒183-0022 府中市宮西町4-12-11
モア府中2F　☎042(319)2118

いしはら ひろたか
石原宏高　**自**前［無］当5(初/平17)
神奈川県　S39・6・19
勤15年11ヵ月　**〈東京3区〉**

総理補佐官、党離島半島特委委員長、党環境調査会事務局長、環境委員長、環境・内閣府副大臣、外務大臣政務官、銀行員、慶大／60歳

〒140-0014 品川区大井1-22-5
八木ビル7F　☎03(3777)2275
〒100-8981 千代田区永田町2-2-1、会館 ☎03(3508)7319

いとう しゅんすけ
伊藤俊輔　**立**前　当2(初/平29)
東京都町田市　S54・8・5
勤7年　**〈東京23区〉**

党副幹事長、青年局長、UR議連事務局次長、全建総連懇話会幹事、小田急多摩線延伸促進議連顧問、議運委、情報監視審委、桐蔭高、北京大留学、中央大／45歳

〒194-0021 町田市中町2-6-11
サワダビル3F　☎042(723)0117

すずき ようすけ
鈴木庸介　**立**新　当1(初/令3)
東京都　S50・11・21
勤2年11ヵ月　**〈東京10区〉**

法務委、外務委理、復興特委、元NHK記者、立教大学経済学部兼任講師、コロンビア大院／48歳

〒100-8981 千代田区永田町2-2-1、会館　☎03(3508)7028

かいえだばんり
海江田万里
無前　当8(初/平5)
東京都　S24・2・26
勤22年7ヵ月　〈東京1区〉

衆議院副議長、立憲民主党都連顧問、税制調査会顧問、前決算行監委長、元民主党代表、元経済産業大臣、元内閣府特命担当大臣、慶大／75歳

〒160-0004　新宿区四谷3-11山一ビル6F　☎03(5363)6015
〒160-0023　新宿区西新宿4-8-4-301(自宅)☎03(3375)1445

おおかわら
大河原まさこ
立前　当2(初/平29)※
神奈川県横浜市　S28・4・8
勤13年1ヵ月(参6年1ヵ月)〈東京21区〉

環境委、決算行監委理、消費者特委、党ジェンダー平等推進本部副事務局長、元参議院議員、東京都議、国際基督教大／71歳

〒190-0022　立川市錦町1-10-25
YS錦町ビル1F　☎042(529)5155
〒100-8981　千代田区永田町2-2-1、会館☎03(3508)7261

あべ　つかさ
阿部　司
維新　当1(初/令3)
東京都大田区　S57・6・18
勤2年11ヵ月　〈東京12区〉

内閣委、総務委、党代表付、青山社中株式会社(政策シンクタンク)、日本ヒューレット・パッカード、早大／42歳

〒114-0022　北区王子本町1-22-7
パークハイムＫＴ1階　☎03(3908)3121

おのたいすけ
小野泰輔
維新　当1(初/令3)
東京都　S49・4・20
勤2年11ヵ月　〈東京1区〉

経産委、原子力特委理、憲法審委、熊本県副知事、東大法／50歳

〒150-0012　渋谷区広尾5-16-1 北村60館 302号室
☎03(6824)6087
〒100-8981　千代田区永田町2-2-1、会館☎03(3508)7340

たかぎようすけ
高木陽介
公前　当9
東京都　S34・12・16
勤27年7ヵ月　(初/平5)

党政調会長、党都本部代表、経産副大臣、衆総務委員長、国交政務官、党国対委員長、党選対委員長、毎日記者、創価大／64歳

〒190-0022　立川市錦町1-4-4
立川サニーハイツ301　☎042(540)1155

かさいこういち
河西宏一
公新　当1
神奈川県鎌倉市　S54・6・25
勤2年11ヵ月　(初/令3)

党青年副委員長・学生局長、党都本部副代表、内閣委、憲法審査会、地こデジ特委理事、政党職員、電機メーカー社員、東大／45歳

〒100-8982　千代田区永田町2-1-2、会館　☎03(3508)7630

※平19参院初当選

衆 略歴　比例東京

かさ い あきら
笠井 亮　共前　当6(初/平17)※
大阪府　S27・10・15
勤25年2ヵ月(参6年1ヵ月)

党原発・気候変動・エネルギー対策委員会責任者、経産委、原子力特委、拉致特委、参院議員1期、東大／71歳

〒151-0053　渋谷区代々木1-44-11-1F　☎03(5304)5639
〒107-0052　港区赤坂2-17-10、宿舎

みや もと とおる
宮本 徹　共前　当3(初/平26)
兵庫県三木市　S47・1・22
勤9年10ヵ月　〈東京20区〉

党中央委員、厚労委、予算委、東大教育／52歳

〒151-0053　渋谷区代々木1-44-11　☎03(5304)5639
〒100-8981　千代田区永田町2-2-1、会館　☎03(3508)7508

くし ぶち ま り
櫛渕万里　れ元　繰当2(初/平21)
群馬県沼田市　S42・10・15
勤5年9ヵ月　〈東京22区〉

決算行監委、党共同代表、国際交流NGO共同代表兼事務局長、立教大／56歳

〒132-0035　江戸川区平井4-14-8　☎03(5875)5128
〒100-8982　千代田区永田町2-1-2、会館　☎03(3508)7063

比例代表　東京都　17人　有効投票数 6,446,898票

政党名	当選者数	得票数	得票率
	惜敗率 小選挙区		惜敗率 小選挙区

自民党　6人　2,000,084票　31.02%

当①高木　啓 前
当②松本　洋平 前(98.08)東19
当②越智　隆雄 前(95.48)東6
当②若宮　健嗣 前(95.14)東5
当②長島　昭久 前(94.91)東18
当②石原　宏高 前(93.43)東3
②安藤　高夫 前(87.03)東9
②石原　伸晃 前(76.73)東8
②松本　文明 前(65.11)東7
㉓伊藤　智加 新
㉔松野　未佳 新
㉕小松　裕 前
㉖西田　譲 元
㉗和泉　武彦 新
㉘崎山　知尚 新

【小選挙区での当選者】
②山田　美樹 前　東1
②辻　清人 前　東2
②平　将明 前　東4
②鈴木　隼人 前　東10
②下村　博文 前　東11
②土田　慎 新　東13
②松島みどり 前　東14
②木原　誠二 前　東20
②小田原　潔 前　東21
②伊藤　達也 前　東22
②小倉　将信 前　東23
②萩生田光一 前　東24
②井上　信治 前　東25

立憲民主党　4人　1,293,281票　20.06%

当①伊藤　俊輔 前(95.14)東23
当①鈴木　庸介 新(93.74)東10
当①海江田万里 前(90.83)東1
当①大河原雅子 前(88.13)東21
①山花　郁夫 前(85.57)東22
①井戸　正枝 元(77.38)東15
①水野　素子 新(77.06)東16
①松尾　明弘 前(75.81)東2

※ 平7参院初当選

①木村　剛司 元(74.47)東14	①松原　　仁 前　　東3
①阿久津幸彦 前(71.56)東11	①手塚　仁雄 前　　東5
①島田　幸成 新(68.47)東25	①落合　貴之 前　　東6
①北條　智彦 新(68.01)東13	①長妻　　昭 前　　東7
㉑高松　智之 新	①吉田　晴美 新　　東8
㉒川島智太郎 元	①山岸　一生 新　　東9
㉓北出　美翔 新	①菅　　直人 前　　東18
【小選挙区での当選者】	①末松　義規 前　　東19

日本維新の会　2人　858,577票　13.32%

当①阿部　　司 新(79.51)東12	①南　　　純 新(43.70)東9
当①小野　泰輔 新(60.76)東1	①木内　孝胤 元(38.36)東2
①金沢　結衣 新(58.85)東15	①前田順一郎 新(35.43)東20
①碓井　梨恵 新(54.00)東6	①山崎　英昭 新(34.32)東19
①田淵　正文 新(48.87)東5	①竹田　光明 元(31.60)東21
①林　　智興 新(45.76)東4	①辻　健太郎 新(30.37)東7
①西村　恵美 新(45.56)東14	①笠谷　圭司 新(29.68)東8
①中津川博郷 元(44.27)東16	①藤川　隆史 新(26.56)東10
①猪口　幸子 新(43.77)東17	

公明党　2人　715,450票　11.10%

当①高木　陽介 前	③藤井　伸城 新
当②河西　宏一 新	④大沼　伸貴 新 (令4.6.15離党)

共産党　2人　670,340票　10.40%

当①笠井　　亮 前	③池内　沙織 元　　東12
当②宮本　　徹 前　　東20	④谷川　智行 新　　東4

れいわ新選組　1人　360,387票　5.59%

当①山本　太郎 新 (令4.4.19辞職)	▼②北村　　造 新(12.15)東2
繰②櫛渕　万里 元(24.35)東22 (令4.4.27繰上)	④渡辺　照子 新

その他の政党の得票数・得票率は下記のとおりです。
(当選者はいません)

政党名	得票数	得票率
国民民主党	306,179票	4.75%
社民党	92,995票	1.44%
NHKと裁判してる党弁護士法72条違反で	92,353票	1.43%
日本第一党	33,661票	0.52%
新党やまと	16,970票	0.26%
政権交代によるコロナ対策強化新党	6,620票	0.10%

新潟県1区　434,016　㊗57.25

新潟市(北区・東区・中央区・江南区・南区・西区の一部)(P173参照)

当127,365　西村智奈美　立前(52.6)
比当96,591　塚田一郎　自新(39.9)
比18,333　石崎　徹　維元(7.6)

にしむら ちなみ
西村智奈美
立前　当6
新潟県　S42・1・13
勤18年11ヵ月　(初/平15)

党代表代行、厚労委、拉致特委理、党県連代表、厚労副大臣、外務大臣政務官、新潟県議、新潟大院／57歳

〒950-0916　新潟市中央区米山2-5-8 米山プラザビル202　☎025(244)1173
〒107-0052　港区赤坂2-17-10、宿舎

▼は小選挙区の得票が有効投票総数の10分の1未満で、復活当選の資格がない者

㊗略歴

比例東京・新潟

新潟県2区 288,107 投62.66

新潟市(南区(味方・月潟出張所管内)、西区(第1区に属しない区域)、西蒲区)、長岡市の一部(P173参照)、柏崎市、燕市、佐渡市、西蒲原郡、三島郡、刈羽郡

当105,426 細田健一 自前(59.9)
比37,157 高倉栄 国新(21.1)
比33,399 平あや子 共新(19.0)

ほそだけんいち
細田健一 自前[無] 当4
東京都 S39・7・11
勤11年10ヵ月 (初/平24)

党農林部会長、農林水産委、経産副大臣、予算委理事、農水政務官、経産省、京大法、米ハーバード大学院/60歳

〒959-1232 燕市井土巻4-21 ☎0256(47)1809
〒100-8982 千代田区永田町2-1-2、会館 ☎03(3508)7278

新潟県3区 298,289 投65.04

新潟市(北区の一部(P173参照))、新発田市、村上市、五泉市、阿賀野市、胎内市、北蒲原郡、東蒲原郡、岩船郡

当102,564 斎藤洋明 自前(53.6)
比88,744 黒岩宇洋 立前(46.4)

さいとうひろあき
斎藤洋明 自前[麻] 当4
新潟県村上市 S51・12・8
勤11年10ヵ月 (初/平24)

総務委理、党情報・通信関係団体委員長、総務大臣政務官、党総務部会長代理、内閣府、公正取引委員会、神戸大大学院、学習院大/47歳

〒957-0056 新発田市大栄町3-6-3 ☎0254(21)0003
〒100-8981 千代田区永田町2-2-1、会館 ☎03(3508)7155

新潟県4区 307,471 投64.17

新潟市(北区・東区・中央区・江南区の一部、秋葉区、南区の一部(P173参照))、長岡市の一部(P173参照))、三条市、加茂市、見附市、南蒲原郡

当97,494 菊田真紀子 立前(50.1)
比当97,256 国定勇人 自新(49.9)

きくたまきこ
菊田真紀子 立前 当7
新潟県加茂市 S44・10・24
勤20年11ヵ月 (初/平15)

党「次の内閣」文科大臣・子ども政策担当大臣、拉致問題対策副本部長、外務政務官、市議(2期)、中国黒龍江大学留学、加茂高/54歳

〒955-0071 三条市本町6-13-3 ☎0256(35)6066
〒107-0052 港区赤坂2-17-10、宿舎

新潟県5区 275,224 投65.20

長岡市(第2区及び第4区に属しない区域)、小千谷市、魚沼市、南魚沼市、南魚沼郡

当79,447 米山隆一 無新(45.0)
比当60,837 泉田裕彦 自前(34.4)
36,422 森民夫 無新(20.6)

よねやまりゅういち
米山隆一 立新 当1
新潟県魚沼市 S42・9・8
勤2年11ヵ月 (初/令3)

法務委理、予算委、災害特委、前新潟県知事、医師、医学博士、弁護士、灘高校、東大大学院医学系研究科/56歳

〒940-2108 長岡市千秋1-253-5 ☎0258(89)8800
〒100-8982 千代田区永田町2-1-2、会館 ☎03(3508)7485

新潟県6区 272,966 投67.79

十日町市、糸魚川市、妙高市、上越市、中魚沼郡

当90,679 梅谷　守 立新(49.6)
比当90,549 高鳥修一 自前(49.5)
1,711 神鳥古賛 無新(0.9)

うめ たに まもる
梅谷　守

立新 当1
東京都 S48・12・9
勤2年11ヵ月 (初/令3)

党政調会長補佐、農水委、拉致特委、新潟県議会議員、国会議員政策担当秘書、早大／50歳

〒943-0805 上越市木田1-8-14 ☎025(526)4211
〒100-8982 千代田区永田町2-1-2、会館 ☎03(3508)7403

富山県1区 267,782 投52.43

富山市の一部(P173参照)

当71,696 田畑裕明 自前(51.8)
比当45,411 吉田豊史 維元(32.8)
比14,563 西尾政英 立新(10.5)
6,800 青山了介 共新(4.9)

た ばた ひろ あき
田畑裕明

自前[無] 当4
富山県 S48・1・2
勤11年10ヵ月 (初/平24)

総務委、厚労委、厚労委員長、党厚労部会長、総務副大臣、厚労・文科委理事、国対副委員長、厚労大臣政務官、県議、富山市議、獨協大学経済学部／51歳

〒930-0017 富山市東田地方町2-2-5 ☎076(471)6036
〒107-0052 港区赤坂2-17-10、宿舎

富山県2区 247,492 投54.22

富山市(第1区に属しない区域)、魚津市、滑川市、黒部市、中新川郡、下新川郡

当89,341 上田英俊 自新(68.4)
比41,252 越川康晴 立新(31.6)

うえ だ えい しゅん
上田英俊

自新[無] 当1
富山県下新川郡入善町 S40・1・22
勤2年11ヵ月 (初/令3)

厚労委、農水委、沖北特委、原子力特委、党地方組織・議員総局長、党総務、富山県議会議員、早大政経学部／59歳

〒937-0051 魚津市駅前新町5-30 魚津サンプラザ3F ☎0765(22)6648
〒107-0052 港区赤坂2-17-10、宿舎 ☎03(5549)4671

富山県3区 364,742 投59.06

高岡市、氷見市、砺波市、小矢部市、南砺市、射水市

当161,818 橘　慶一郎 自前(78.5)
44,214 坂本洋史 共新(21.5)

たちばな けい いち ろう
橘　慶一郎

自前[無] 当5
富山県高岡市 S36・1・23
勤15年2ヵ月 (初/平21)

議運理事、農水・地こデジ特各委、政倫審幹事、党国対副委長、復興副大臣、総務大臣政務官、高岡市長、北開庁、東大／63歳

〒933-0912 高岡市丸の内1-40 高岡商工ビル ☎0766(25)5780
〒107-0052 港区赤坂2-17-10、宿舎

石川県1区 376,122 投52.20

金沢市

当88,321	小森　卓郎	自新	(46.1)
比48,491	荒井淳志	立新	(25.3)
比45,663	小林　誠	維新	(23.9)
8,930	亀田良典	共新	(4.7)

小森卓郎（こもり たくお）

自新［無］　当1
神奈川県　S45・5・21
勤2年11ヵ月　(初/令3)

国交委、内閣委、拉致特委、原子力特委、総務大臣政務官、金融庁総合政策課長、防衛省会計課長、財務省主計局主査、石川県総務部長、プリンストン大院修了、東大法／54歳

〒920-8203　金沢市鞍月5-181　☎076(239)0102
〒100-8981　千代田区永田町2-2-1、会館　☎03(3508)7179

石川県2区 325,273 投56.13

小松市、加賀市、白山市、能美市、野々市市、能美郡

当137,032	佐々木　紀	自前	(78.4)
27,049	坂本　浩	共新	(15.5)
10,632	山本保彦	無新	(6.1)

佐々木紀（ささき はじめ）

自前［無］　当4
石川県能美市　S49・10・18
勤11年10ヵ月　(初/平24)

国交委、拉致特委、原子力特委、党国土交通部会長、国交大臣政務官、党青年局長、会社役員、東北大法／49歳

〒923-0941　小松市城南町35番地　☎0761(21)1181
〒107-0052　港区赤坂2-17-10、宿舎　☎03(5549)4671

石川県3区 243,618 投66.09

七尾市、輪島市、珠洲市、羽咋市、かほく市、河北郡、羽咋郡、鹿島郡、鳳珠郡

当80,692	西田昭二	自前	(50.7)
比当76,747	近藤和也	立前	(48.3)
1,588	倉知昭一	無新	(1.0)

西田昭二（にしだ しょうじ）

自前［無］　当2
石川県七尾市　S44・5・1
勤7年　(初/平29)

総務大臣政務官、国土交通・内閣府・復興大臣政務官、党総務、党国交副部会長、元県議会副議長、県議(3期)、市議(3期)、秘書、愛知学院大／55歳

〒926-0041　石川県七尾市府中町員外26　☎0767(58)6140
〒100-8981　千代田区永田町2-2-1、会館　☎03(3508)7139

福井県1区 375,210 投56.82

福井市、大野市、勝山市、あわら市、坂井市、吉田郡

当136,171	稲田朋美	自前	(65.5)
比71,845	野田富久	立新	(34.5)

稲田朋美（いなだ ともみ）

自前［無］　当6
福井県　S34・2・20
勤19年1ヵ月　(初/平17)

党幹事長代理、党整備新幹線等鉄道調査会長、党幹事長代行、防衛大臣、党政調会長、内閣府特命担当相、弁護士、早大／65歳

〒910-0858　福井市手寄1-9-20　☎0776(22)0510
〒100-8982　千代田区永田町2-1-2、会館　☎03(3508)7035

衆 略歴　石川・福井

福井県2区 262,612 投59.12

当81,705 高木　毅 自前(53.9)
比69,984 斉木武志 立前(46.1)

敦賀市、小浜市、鯖江市、越前市、今立郡、南条郡、丹生郡、三方郡、大飯郡、三方上中郡

高木　毅（たかぎ　つよし）

自前[無] 当8
福井県敦賀市 S31・1・16
勤24年4ヵ月 (初/平12)

前党国対委員長、議運委員長、復興大臣、国交副大臣、防衛政務官、党遊説局長、原子力特委員長、青山学院大学／68歳

〒914-0805 敦賀市鋳物師町4-8 森口ビル2F ☎0770(21)2244
〒100-8981 千代田区永田町2-2-1、会館 ☎03(3508)7296

長野県1区 425,440 投59.74

当128,423 若林健太 自新(51.3)
比当121,962 篠原　孝 立前(48.7)

長野市の一部(P174参照)、須坂市、中野市、飯山市、上高井郡、下高井郡、下水内郡

若林健太（わかばやしけんた）

自新[無] 当1(初/令3)※
長野県長野市 S39・1・11
勤9年(参6年1ヵ月)

党国対副委員長、予算委、経産委、災害特委、税理士・公認会計士、参農水委長、外務政務官、監査法人代表社員、長野JC理事長、慶大、早大院／60歳

〒380-0921 長野市栗田8-1 ☎026(269)0330
〒107-0052 港区赤坂2-17-10、宿舎

長野県2区 382,123 投57.03

当101,391 下条みつ 立前(47.5)
比当68,958 務台俊介 自前(32.3)
比43,026 手塚大輔 維新(20.2)

長野市(第1区に属しない区域)、松本市、大町市、安曇野市、東筑摩郡、北安曇郡、上水内郡

下条みつ（しもじょう）

立前 当5
長野県松本市 S30・12・29
勤16年1ヵ月 (初/平15)

文科委、拉致特委、防衛大臣政務官、拉致特委長、予算委理、党総務、厚生大臣秘書官、富士銀行参事役、信州大／68歳

〒390-0877 松本市沢村2-13-9 ☎0263(87)3280
〒100-8981 千代田区永田町2-2-1、会館 ☎03(3508)7271

長野県3区 399,168 投59.32

当120,023 井出庸生 自前(51.5)
比当109,179 神津　健 立新(46.9)
比3,722 池　高生 N新(1.6)

上田市、小諸市、佐久市、千曲市、東御市、南佐久郡、北佐久郡、小県郡、埴科郡

井出庸生（いでようせい）

自前[麻] 当4
東京都 S52・11・21
勤11年10ヵ月 (初/平24)

党国対副委員長、文部科学副大臣、党厚生労働部会長代理、党司法制度調査会事務局長、NHK記者、東大／46歳

〒385-0022 佐久市岩村田638 ☎0267(78)5515
〒100-8982 千代田区永田町2-1-2、会館 ☎03(3508)7469

※平22参院初当選

長野県４区　240,401 ㊚59.37

当86,962　後藤茂之　自前(62.6)
51,922　長瀬由希子　共新(37.4)

岡谷市、諏訪市、茅野市、塩尻市、諏訪郡、木曽郡

ごとう しげゆき
後藤茂之　自前[無]　当7
東京都　S30・12・9
勤21年　(初/平12)

災害特別委員長、党こども若者未来本部長、税調小委長代理、経済再生大臣、厚生労働大臣、党政調会長代理、社会保障制度調査会長、大蔵省、東大法／68歳

〒392-0021　諏訪市上川3丁目2212-1　☎0266(57)3370
〒100-8981　千代田区永田町2-2-1、会館　☎03(3508)7702

長野県５区　280,123 ㊚64.54

当97,730　宮下一郎　自前(54.9)
比80,408　曽我逸郎　立新(45.1)

飯田市、伊那市、駒ヶ根市、上伊那郡、下伊那郡

みやした いちろう
宮下一郎　自前[無]　当6
長野県伊那市　S33・8・1
勤17年7ヵ月　(初/平15)

財金委、党長野県連会長、前農林水産大臣、党農林・経産部会長、内閣府・財務副大臣、財務金融委員長、東大／66歳

〒396-0010　伊那市境1550-3　☎0265(78)2828

比例代表　北陸信越　11人

新潟、富山、石川、福井、長野

わしお えいいちろう
鷲尾英一郎　自前[無]　当6
新潟県　S52・1・3
勤19年1ヵ月　(初/平17)

議運委理事、党国対副委員長、党労政局次長、党副幹事長、外務副大臣、環境委長、農水政務官、公認会計士、税理士、行政書士、新日本監査法人、東大経／47歳

〒940-2023　長岡市蓮潟5-1-72　☎0258(86)4900

たかとり しゅういち
髙鳥修一　自前[無]　当5(初/平17)
新潟県上越市　S35・9・29
勤15年9ヵ月　〈新潟6区〉

農水委、災害特委、拉致特委、党政調会長代理、元党筆頭副幹事長・総裁特別補佐、元農水・内閣府副大臣、早大／63歳

〒943-0804　上越市新光町2-1-1　☎025(521)0760

くに さだ いさ と
国定勇人
自新［無］ 当1(初/令3)
東京都 S47・8・30
勤2年11ヵ月 〈新潟4区〉

環境大臣政務官兼内閣府大臣政務官、三条市長、総務省、一橋大商学部／52歳

〒955-0071 三条市本町4-9-27 ☎0256(47)1555
〒100-8981 千代田区永田町2-2-1、会館 ☎03(3508)7131

いずみ だ ひろ ひこ
泉田裕彦
自前［無］ 当2(初/平29)
新潟県 S37・9・15
勤7年 〈新潟5区〉

原子力特委理、内閣委、国交委理、国土交通・内閣府・復興大臣政務官、元新潟県知事、経産省、通産省、京大法／61歳

〒940-0082 長岡市千歳3-2-33 ☎0258(89)8506
〒100-8982 千代田区永田町2-1-2、会館 ☎03(3508)7640

つか だ いち ろう
塚田一郎
自新［麻］ 当1(初/令3)※
新潟県新潟市 S38・12・27
勤15年1ヵ月(参12年2ヵ月) 〈新潟1区〉

財金委理、予算委、拉致特委理、財務金融委員長、国土交通副大臣、復興副大臣、内閣府副大臣、党新潟県連会長、中央大、ボストン大院／60歳

〒950-0945 新潟市中央区女池上山2-22-7 ☎025(280)1016
〒100-8981 千代田区永田町2-2-1、会館 ☎03(3508)7705

む たい しゅん すけ
務台俊介
自前［麻］ 当4(初/平24)
長野県安曇野市 S31・7・3
勤11年10ヵ月 〈長野2区〉

環境委員長、環境兼内閣府副大臣、内閣府兼復興大臣政務官、消防庁防災課長、神奈川大教授、東大法／68歳

〒390-0863 松本市白板2-3-30 大永第三ビル101 ☎0263(33)0518
〒100-8981 千代田区永田町2-2-1、会館 ☎03(3508)7334

こん どう かず や
近藤和也
立前 当3(初/平21)
石川県 S48・12・12
勤10年4ヵ月 〈石川3区〉

農水委理、災害特委、党選対委員長代理、党拉致問題対策本部幹事、元野村證券(株)、京大経済学部／50歳

〒926-0054 七尾市川原町60-2 ☎0767(57)5717

しの はら たかし
篠原孝
立前 当7(初/平15)
長野県中野市 S23・7・17
勤20年11ヵ月 〈長野1区〉

環境委、憲法審委、農水副大臣、農水政策研究所長、OECD代表部、京大法、UW大修士／76歳

〒380-0928 長野市若里4-12-26 宮沢ビル2F ☎026(229)5777
〒100-8981 千代田区永田町2-2-1、会館 ☎03(3508)7268

※平19参院初当選

こうづ
神津たけし

立新　当1(初/令3)
神奈川県鎌倉市　S52・1・21
勤2年11ヵ月　**〈長野3区〉**

国交委、災害特委、元JICA企画調査員(南アフリカ、ケニア、チュニジア、コートジボワール、ルワンダ駐在)、政策研究大学院大／47歳

〒386-0023　上田市中央西1-7-7 北大手ビル201号室 ☎0268(71)5250
〒385-0011　佐久市猿久保668-1 ミニタウンA&A-2号室 ☎0267(88)7866

よしだ とよふみ
吉田豊史

無元　当2(初/平26)
富山県　S45・4・10
勤5年9ヵ月　**〈富山1区〉**

財金委、会社員、起業、会社役員、富山県議会議員(2期)、早大法／54歳

〒930-0975　富山市西長江3-1-14　☎076(495)8823

なかがわ ひろまさ
中川宏昌

公新　当1
長野県塩尻市　S45・7・15
勤2年11ヵ月　(初/令3)

党中央幹事、北信越方面本部長、長野県代表、安保部会長代理、衆安保委理事、財金委、拉致特委、長野県議、長野銀行、創価大／54歳

〒399-0006　松本市野溝西1-3-4 2F　☎0263(88)5550
〒106-0032　港区六本木7-1-3、宿舎

比例代表 北陸信越 11人　有効投票数 3,510,613票

政党名	当選者数 惜敗率 小選挙区	得票数	得票率 惜敗率 小選挙区

自民党　6人　1,468,380票　41.83%

当①鷲尾英一郎 前
当②高鳥　修一 前(99.86)新6
当②国定　勇人 新(99.76)新4
当②泉田　裕彦 前(76.58)新5
当②塚田　一郎 新(75.84)新1
当②務台　俊介 前(68.01)長2
　㉑山本　拓 前
　㉒佐藤　俊 新
　㉓工藤　昌克 新
　㉔滝沢　圭隆 新
　㉕近藤　真衣 新
【小選挙区での当選者】
　②細田　健一 前　新2
　②斎藤　洋明 前　新3
　②田畑　裕明 前　富1
　②上田　英俊 新　富2
　②橘　慶一郎 前　富3
　②小森　卓郎 新　石1
　②佐々木　紀 前　石2
　②西田　昭二 前　石3
　②稲田　朋美 前　福1
　②高木　毅 前　福2
　②若林　健太 新　長1
　②井出　庸生 前　長3
　②後藤　茂之 前　長4
　②宮下　一郎 前　長5

立憲民主党　3人　773,076票　22.02%

当①近藤　和也 前(95.11)石3
当①篠原　孝 前(94.97)長1
当①神津　健 新(90.97)長3
　①黒岩　宇洋 前(86.53)新3
　①斉木　武志 前(85.65)福2
　①曽我　逸郎 新(82.28)長5
　①荒井　淳志 新(54.90)石1
　①野田　富久 新(52.76)福1
　①越川　康晴 新(46.17)富2
　①西尾　政英 新(20.31)富1
　⑮石本　伸二 新
【小選挙区での当選者】
　①西村智奈美 前　新1
　①菊田真紀子 前　新4
　①梅谷　守 新　新6
　①下条　みつ 前　長2

日本維新の会　1人　361,476票　10.30%

当①吉田　豊史 元(63.34)富1
①小林　誠 新(51.70)石1
①手塚　大輔 新(42.44)長2
▼①石崎　徹 元(14.39)新1

公明党　1人　322,535票　9.19%

当①中川　宏昌 新
②小松　実 新

その他の政党の得票数・得票率は下記のとおりです。
(当選者はいません)

政党名	得票数	得票率
共産党	225,551票	6.42%
国民民主党	133,599票	3.81%
れいわ新選組	111,281票	3.17%
社民党	71,185票	2.03%
NHKと裁判してる党弁護士法72条違反で	43,529票	1.24%

岐阜県1区　326,022　投52.31

岐阜市(本庁管内、西部・東部・北部・南部東・南部西・日光事務所管内)

当103,805 野田聖子 自前(62.5)
比48,629 川本慧佑 立新(29.3)
9,846 山越　徹 共新(5.9)
3,698 土田正光 諸新(2.2)

野田聖子（のだせいこ）

自前[無]　当10
福岡県北九州市　S35・9・3
勤31年4ヵ月　(初/平5)

党情報通信戦略調査会長、内閣府特命担当大臣、党幹事長代行、予算委員長、総務大臣、党総務会長、郵政大臣、県議、帝国ホテル、上智大/63歳

〒500-8367　岐阜市宇佐南4-14-20 2F　☎058(276)2601
〒100-8981　千代田区永田町2-2-1、会館　☎03(3508)7161

岐阜県2区　300,608　投56.09

大垣市、海津市、養老郡、不破郡、安八郡、揖斐郡

当108,755 棚橋泰文 自前(65.8)
比40,179 大谷由里子 国新(24.3)
16,374 三尾圭司 共新(9.9)

棚橋泰文（たなはしやすふみ）

自前[麻]　当9
岐阜県大垣市　S38・2・11
勤28年1ヵ月　(初/平8)

党行政改革推進本部長、党総務副会長、国家公安委員長、予算委員長、党幹事長代理、内閣府特命担当大臣、党青年局長、通産省課長補佐、弁護士、東大/61歳

〒503-0904　大垣市桐ヶ崎町93　☎0584(73)3000
〒100-8982　千代田区永田町2-1-2、会館　☎03(3508)7429

▼は小選挙区の得票が有効投票総数の10分の1未満で、復活当選の資格がない者

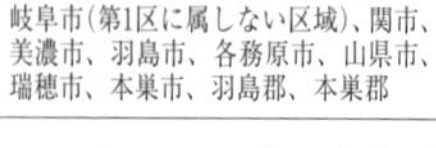

岐阜県3区 422,993 ㊙54.55

当132,357 武藤容治 自前(58.6)
比93,616 阪口直人 立元(41.4)

岐阜市(第1区に属しない区域)、関市、美濃市、羽島市、各務原市、山県市、瑞穂市、本巣市、羽島郡、本巣郡

武藤容治（むとうようじ）

自前[麻] 当5
岐阜県 S30・10・18
勤15年9ヵ月 (初/平17)

議運理事、党国対副委員長、農水委長、経産副大臣、外務副大臣、総務政務官、党政調副会長、会社会長、慶大商／68歳

〒504-0909 各務原市那加信長町1-91 ☎058(389)2711
〒100-8982 千代田区永田町2-1-2、会館 ☎03(3508)7482

岐阜県4区 330,497 ㊙66.37

当110,844 金子俊平 自前(51.2)
比91,354 今井雅人 立前(42.2)
比14,171 佐伯哲也 維新(6.5)

高山市、美濃加茂市、可児市、飛騨市、郡上市、下呂市、加茂郡、可児郡、大野郡

金子俊平（かねこしゅんぺい）

自前[無] 当2
岐阜県高山市 S53・5・28
勤7年 (初/平29)

党青年局国際部長、党国交副部会長、財務大臣政務官、党副幹事長、党農林副部会長、三井不動産、国交相秘書官、高山青年会議所理事長、日本青年会議所岐阜ブロック協議会長、慶大／46歳

〒506-0008 高山市初田町1-58-15 ☎0577(32)0395

㊩略歴　岐阜・静岡

岐阜県5区 273,847 ㊙62.72

当82,140 古屋圭司 自前(48.5)
比68,615 今井瑠々 立新(40.5)
比9,921 山田良司 維元(5.9)
8,736 小関祥子 共新(5.2)

多治見市、中津川市、瑞浪市、恵那市、土岐市

古屋圭司（ふるやけいじ）

自前[無] 当11
岐阜県恵那市 S27・11・1
勤34年9ヵ月 (初/平2)

党憲法改正実現本部長、予算委、憲法審委、党政調会長代行、議運委長、党選対委長、国家公安委長、拉致問題・国土強靱化・防災担当大臣、経産副大臣、成蹊大／71歳

〒509-7203 恵那市長島町正家1-1-25 ナカヤマプラザ2F ☎0573(25)7550
〒100-8982 千代田区永田町2-1-2、会館 ☎03(3508)7440

静岡県1区 387,132 ㊙50.99

当101,868 上川陽子 自前(52.4)
比53,974 遠藤行洋 立新(27.7)
比21,074 高橋美穂 国元(10.8)
比17,667 青山雅幸 維前(9.1)

静岡市(葵区・駿河区・清水区の一部(P175参照))

上川陽子（かみかわようこ）

自前[無] 当7
静岡県静岡市 S28・3・1
勤21年 (初/平12)

外務大臣、党幹事長代理、法務大臣、党一億総活躍推進本部長、党司法制度調査会長、厚労委長、総務副大臣、内閣府特命大臣、公文書管理相、東大、ハーバード大院／71歳

〒420-0035 静岡市葵区七間町18-10 ☎054(251)8424
〒100-8982 千代田区永田町2-1-2、会館 ☎03(3508)7460

静岡県２区 388,436 ㊫56.11

島田市、焼津市、藤枝市、御前崎市(御前崎支所管内)、牧之原市、榛原郡

当131,082 井林辰憲 自前(61.1)
比71,032 福村　隆 立新(33.1)
12,396 山口祐樹 共新(5.8)

いばやし たつのり 井林辰憲

自前［麻］ 当4
東京都 S51・7・18
勤11年10ヵ月 (初／平24)

内閣府副大臣、党副幹事長、党財務金融部会長、環境兼内閣府大臣政務官、国土交通省、京都大学工学部環境工学科、大学院／48歳

〒426-0037 藤枝市青木3-13-8 ☎054(639)5801
〒100-8981 千代田区永田町2-2-1、会館 ☎03(3508)7127

静岡県３区 371,830 ㊫58.14

浜松市(天竜区の一部(P175参照))、磐田市、掛川市、袋井市、御前崎市(第2区に属しない区域)、菊川市、周智郡

当112,464 小山展弘 立元(52.7)
比当100,775 宮沢博行 自前(47.3)

こやま のぶひろ 小山展弘

立元 当3
静岡県掛川市 S50・12・26
勤9年1ヵ月 (初／平21)

予算委、経産委、財金委、災害特委、党企業団体委副委員長、党静岡県連副代表、農林中央金庫職員、早大院／48歳

〒438-0078 磐田市中泉656-1 ☎0538(39)1234

静岡県４区 320,374 ㊫50.07

静岡市(葵区(第1区に属しない区域)、駿河区(第1区に属しない区域)、清水区(第1区に属しない区域))、富士宮市、富士市(木島、岩淵、中之郷、南松野、北松野、中野台1～2丁目)

当84,154 深沢陽一 自前(53.3)
比当49,305 田中　健 国新(31.2)
比24,441 中村憲一 維新(15.5)

ふかざわ よういち 深澤陽一

自前［無］ 当2
静岡県静岡市 S51・6・21
勤4年6ヵ月 (初／令2)

外務大臣政務官、外務委、党財務金融副部会長、厚労政務官、党青年局・女性局次長、静岡県議、静岡市議、衆院議員秘書、信州大学／48歳

〒424-0817 静岡市清水区銀座14-17 ☎054(361)0615
〒107-0052 港区赤坂2-17-10、宿舎

静岡県５区 458,636 ㊫54.39

三島市、富士市(第4区に属しない区域)、御殿場市、裾野市、伊豆の国市(本庁管内)、田方郡、駿東郡(小山町)

当127,580 細野豪志 無前(51.8)
比当61,337 吉川　赳 自前(24.9)
比51,965 小野範和 立新(21.1)
5,350 千田　光 諸新(2.2)

ほその ごうし 細野豪志

自前［無］ 当8
滋賀県 S46・8・21
勤24年4ヵ月 (初／平12)

安保委、復興特委、憲法審委、民主党政調会長、党幹事長、環境大臣、原発事故収束・再発防止担当大臣、内閣府特命担当大臣(原子力行政)、京大法／53歳

〒411-0847 三島市西本町4-6
コーア三島ビル2F ☎055(991)1269

静岡県6区 425,131 投53.77

当104,178 勝俣孝明 自前(46.1)
比当99,758 渡辺　周 立前(44.1)
比22,086 山下洸棋 維新(9.8)

沼津市、熱海市、伊東市、下田市、伊豆市、伊豆の国市(第5区に属しない区域)、賀茂郡、駿東郡(清水町、長泉町)

勝俣孝明（かつまた たかあき）

自前［無］ 当4
静岡県沼津市 S51・4・7
勤11年10ヵ月 (初/平24)

外務委員長、農林水産副大臣、党政調副会長、環境大臣政務官、スルガ銀行、財団法人企業経営研究所、学習院大、慶大院修了／48歳

〒410-0062 静岡県沼津市宮前町13-3 ☎055(922)5526

静岡県7区 328,735 投58.72

当130,024 城内　実 自前(68.2)
比60,726 日吉雄太 立前(31.8)

浜松市(中区の一部(P175参照)、西区、南区の一部(P175参照)、北区、浜北区、天竜区(第3区に属しない区域))、湖西市

城内　実（きうち みのる）

自前［無］ 当6
静岡県浜松市 S40・4・19
勤17年 (初/平15)

党副幹事長、党政務調査会副会長、外務委長、環境副大臣、外務副大臣、外務省、東大教養国際関係論／59歳

〒433-8112 浜松市中央区初生町1288-1 ☎053(430)5789

静岡県8区 367,189 投56.47

当114,210 源馬謙太郎 立前(55.8)
比当90,408 塩谷　立 自前(44.2)

浜松市(中区(第7区に属しない区域)、東区、南区(第7区に属しない区域))

源馬謙太郎（げんま けんたろう）

立前 当2
静岡県浜松市 S47・12・21
勤7年 (初/平29)

外務委筆頭理事、議運委、倫選特委、党副幹事長、国際局長、県連代表、静岡県議、松下政経塾、成蹊大、American University大学院／51歳

〒430-0852 浜松市中央区領家1-1-16 ☎053(464)0755

愛知県1区 400,338 投49.49

当94,107 熊田裕通 自前(48.8)
比当91,707 吉田統彦 立前(47.6)
6,988 門田節代 N新(3.6)

名古屋市(東区、北区、西区、中区)

熊田裕通（くまだ ひろみち）

自前［無］ 当4
愛知県名古屋市 S39・8・28
勤11年10ヵ月 (初/平24)

法務委理、環境委、拉致特理事、党法務部会長代理、安保調査会事務局長、総務副大臣、防衛大臣政務官、県議、総理秘書、神奈川大法／60歳

〒451-0061 名古屋市西区浄心1-1-41浄心ステーションビル北館102 ☎052(521)1144
〒107-0052 港区赤坂2-17-10、宿舎

愛知県２区 404,436 投53.44

当131,397 古川元久 国前(62.3)
比当79,418 中川貴元 自新(37.7)

名古屋市(千種区、守山区、名東区)

ふるかわもとひさ
古川元久 国前 当9
愛知県名古屋市 S40・12・6
勤28年1ヵ月 (初/平8)

党国対委員長、企業団体委員長、国際局長、国交委、災害特委、内閣委長、国家戦略担当大臣、官房副長官、大蔵省、米国コロンビア大学院留学、東大／58歳

〒464-0075 名古屋市千種区内山3-8-16 トキワビル2F ☎052(733)8401
〒107-0052 港区赤坂2-17-10、宿舎

愛知県３区 417,728 投54.22

当121,400 近藤昭一 立前(55.0)
比当99,489 池田佳隆 自前(45.0)

名古屋市(昭和区、緑区、天白区)

こんどうしょういち
近藤昭一 立前 当9
愛知県名古屋市 S33・5・26
勤28年1ヵ月 (初/平8)

環境委、憲法審委、党企業・団体交流委員会顧問、党副代表・選対委員長、環境副大臣、総務委員長、中日新聞社員、上智大／66歳

〒468-0058 名古屋市天白区植田西3-1207 ☎052(808)1181
〒100-8982 千代田区永田町2-1-2、会館 ☎03(3508)7402

愛知県４区 372,310 投48.95

当78,004 工藤彰三 自前(43.7)
比当72,786 牧 義夫 立前(40.8)
比27,640 中田千代 維新(15.5)

名古屋市(瑞穂区、熱田区、港区、南区)

くどうしょうぞう
工藤彰三 自前[麻] 当4
愛知県 S39・12・8
勤11年10ヵ月 (初/平24)

内閣府副大臣、国土交通大臣政務官、国交委理事、文科委理事、災害特委理事、名古屋市議、議員秘書、中央大商／59歳

〒456-0052 名古屋市熱田区二番2-2-24 ☎052(651)9591
〒107-0052 港区赤坂2-17-10、宿舎

愛知県５区 432,024 投48.63

当84,320 神田憲次 自前(41.2)
比74,995 西川厚志 立新(36.6)
比当45,540 岬 麻紀 維新(22.2)

名古屋市(中村区、中川区)、清須市、北名古屋市、西春日井郡

かんだけんじ
神田憲次 自前[無] 当4
大分県 S38・2・19
勤11年10ヵ月 (初/平24)

農水委、経産委、財務副大臣、内閣府大臣政務官、内閣委理、財金委、党内閣第二部会長、税理士、中京大院、愛知学院大院／61歳

〒453-0021 名古屋市中村区松原町5-64 ☎052(462)9872
〒107-0052 港区赤坂2-17-10、宿舎

衆 略歴 愛知

愛知県6区 435,949 投54.83

瀬戸市の一部(P175参照)、春日井市、犬山市、小牧市

当136,168 丹羽秀樹 自前(58.3)
比76,912 松田　功 立前(33.0)
20,299 内田　謙 共新(8.7)

にわひでき
丹羽秀樹

自前[無] 当6
愛知県 S47・12・20
勤17年5ヵ月 (初/平17)

議運委筆頭理事、党国対筆頭副委員長、文部科学副大臣兼内閣府副大臣、党広報戦略局長、厚労委員長、党副幹事長、玉川大／51歳

〒486-0844 春日井市鳥居松町4-68 シティ春日井ビル1階 ☎0568(87)6226
〒107-0052 港区赤坂2-17-10、宿舎

愛知県7区 455,656 投59.54

瀬戸市(第6区に属しない区域)、大府市、尾張旭市、豊明市、日進市、長久手市、愛知郡

当144,725 鈴木淳司 自前(54.7)
比88,914 森本和義 立元(33.6)
30,956 須山初美 共新(11.7)

すずきじゅんじ
鈴木淳司

自前[無] 当6
愛知県瀬戸市 S33・4・7
勤17年7ヵ月 (初/平15)

経産委、前総務大臣、元法務・原子力特委員長、党原子力規制特委員長、党経産部会長、瀬戸市議、松下政経塾、早大／66歳

〒489-0929 瀬戸市西長根町83 Kインタービル2F ☎0561(89)3611
〒100-8981 千代田区永田町2-2-1、会館 ☎03(3508)7264

愛知県8区 437,645 投56.53

半田市、常滑市、東海市、知多市、知多郡

当121,714 伊藤忠彦 自前(50.2)
比当120,649 伴野　豊 立元(49.8)

いとうただひこ
伊藤忠彦

自前[無] 当5
愛知県 S39・7・11
勤15年9ヵ月 (初/平17)

衆環境委理事、前衆法務委長、前震災復興特委長、前国交部会長、前環境副大臣、県議、電通、早大法／60歳

〒478-0021 知多市岡田字向田61 ☎0562(55)5508
〒100-8982 千代田区永田町2-1-2、会館 ☎03(3508)7003

愛知県9区 432,760 投53.98

一宮市(本庁管内(P175参照))、津島市、稲沢市、愛西市、弥富市、あま市、海部郡

当120,213 長坂康正 自前(52.7)
比107,722 岡本充功 立前(47.3)

ながさかやすまさ
長坂康正

自前[麻] 当4
愛知県 S32・4・10
勤11年10ヵ月 (初/平24)

国土交通委員長、経産兼内閣府副大臣、内閣府兼復興政務官、県連幹事長、県議6期、総理大臣秘書、内閣官房調査員、青山学院大学経済学部／67歳

〒496-0044 津島市立込町3-26-2 ☎0567(26)3339
〒100-8981 千代田区永田町2-2-1、会館 ☎03(3508)7043

愛知県10区 436,560 投54.49			
当81,107	江崎鉄磨	自前	(35.0)
比当62,601	杉本和巳	維前	(27.0)
比53,375	藤原規真	立新	(23.0)
比20,989	安井美沙子	れ新	(9.1)
13,605	板倉正文	共新	(5.9)

一宮市(第9区に属しない区域)、江南市、岩倉市、丹羽郡

江﨑鐵磨（えさき てつま）

自前[無] 当8
愛知県 S18・9・17
勤24年7ヵ月 (初/平5)

決算行監委、党総務会長代理、元内閣府特命大臣(沖縄・北方・消費者等担当)、法務・消費者各委員長、国土交通副大臣、外務総括次官、立教大／80歳

〒491-0002 一宮市時之島字下奈良西2 ☎0586(77)8555
〒107-0052 港区赤坂2-17-10、宿舎 ☎03(5563)9732

愛知県11区 383,834 投62.80			
当158,018	八木哲也	自前	(69.1)
36,788	本多信弘	共新	(16.1)
33,990	梅村忠司	無新	(14.9)

豊田市(旭・足助・小原・上郷・挙母・猿投・下山・高岡・高橋・藤岡・松平地域自治区)、みよし市

八木哲也（やぎ てつや）

自前[無] 当4
愛知県豊田市 S22・8・10
勤11年10ヵ月 (初/平24)

環境副大臣、予算委、環境委、復興特委、党国対副委員長、党経産副部会長、党副幹事長、環境大臣政務官、豊田市議長、中大理工／77歳

〒471-0868 豊田市神田町1-5-9 ☎0565(32)0048
〒107-0052 港区赤坂2-17-10、宿舎

愛知県12区 444,780 投61.97			
当142,536	重徳和彦	立前	(52.7)
比当128,083	青山周平	自前	(47.3)

岡崎市、西尾市

重徳和彦（しげとく かずひこ）

立前 当4
愛知県 S45・12・21
勤11年10ヵ月 (初/平24)

安保委理、経産委、党県連代表、総務省課長補佐、コロンビア大公共経営学修士、東大法／53歳

〒444-0858 岡崎市上六名3-13-13 浅井ビル3F西 ☎0564(51)1192
〒107-0052 港区赤坂2-17-10、宿舎

愛知県13区 422,731 投61.56			
当134,033	大西健介	立前	(52.7)
比当120,203	石井　拓	自新	(47.3)

碧南市、刈谷市、安城市、知立市、高浜市

大西健介（おおにし けんすけ）

立前 当5
奈良県 S46・4・13
勤15年2ヵ月 (初/平21)

予算委、厚労委、消費者特委、党政調会長代理、元議員秘書、元外交官、元参院職員、京大法／53歳

〒446-0074 安城市井杭山町高見8-7-2F ☎0566(70)7122
〒100-8981 千代田区永田町2-2-1、会館 ☎03(3508)7108

愛知県14区 296,452 投62.26	
当114,160	今枝宗一郎　自前(63.0)
比59,462	田中克典　立新(32.8)
7,689	野沢康幸　共新(4.2)

豊川市、豊田市(第11区に属しない区域)、蒲郡市、新城市、額田郡、北設楽郡

いまえだそういちろう
今枝宗一郎　**自**前[麻]　当4
愛知県　S59・2・18
勤11年10ヵ月　(初/平24)

文部科学副大臣、党経産部会長代理、党青年局青年部長、衆・予算委員会理事、財務大臣政務官、医師、名大医学部／40歳

〒442-0031　豊川市豊川西町64　☎0533(89)9010
〒100-8981　千代田区永田町2-2-1、会館　☎03(3508)7080

愛知県15区 348,761 投58.10	
当104,204	根本幸典　自前(52.4)
比80,776	関　健一郎　立前(40.6)
比13,832	菅谷　竜　れ新(7.0)

豊橋市、田原市

ねもとゆきのり
根本幸典　**自**前[無]　当4
愛知県豊橋市　S40・2・21
勤11年10ヵ月　(初/平24)

党総務部会長、総務委、文科委、災害特委、国土交通政務官兼内閣府政務官、豊橋市議(2期)、一橋大経済／59歳

〒441-8032　豊橋市花中町63　☎0532(35)0261
〒107-0052　港区赤坂2-17-10、宿舎

三重県1区 359,419 投54.88	
当122,772	田村憲久　自前(63.1)
比64,507	松田直久　立元(33.1)
比7,329	山田いずみ　N新(3.8)

津市、松阪市

たむらのりひさ
田村憲久　**自**前[無]　当9
三重県松阪市　S39・12・15
勤28年1ヵ月　(初/平8)

党政調会長代行、裁判官訴追委員長、元厚労大臣(2回)、元総務副大臣、元厚労委長、保育関係議連会長、千葉大／59歳

〒514-0053　津市博多町5-63　☎059(253)2883
〒107-0052　港区赤坂2-17-10、宿舎　☎03(3508)7163

三重県2区 408,281 投54.86	
当110,155	川崎秀人　自新(50.2)
比当109,165	中川正春　立前(49.8)

四日市市(日永・四郷・内部・塩浜・小山田・河原田・水沢・楠地区市民センター管内)、鈴鹿市、名張市、亀山市、伊賀市

かわさき
川崎ひでと　**自**新[無]　当1
三重県伊賀市　S56・11・4
勤2年11ヵ月　(初/令3)

総務委、厚労委、政治改革特委、党デジタル社会推進本部web3PT事務局長、党青年局団体部長、党ネットメディア局次長、衆院議員秘書、(株)NTTドコモ、法政大／42歳

〒518-0832　伊賀市上野車坂町821　☎0595(21)3249
〒107-0052　港区赤坂2-17-10、宿舎　☎03(5549)4671

三重県3区 414,312 投55.31

当144,688 岡田克也 立前(64.1)
比当81,209 石原正敬 自新(35.9)

四日市市(富洲原・富田・羽津・常磐・川島・神前・桜・三重・県・八郷・下野・大矢知・保々・海蔵・橋北・中部地区市民センター管内)、桑名市、いなべ市、桑名郡、員弁郡、三重郡

おかだかつや
岡田克也 立前 当11
三重県四日市市 S28・7・14
勤34年9ヵ月 (初/平2)

立憲民主党幹事長、民進党・民主党代表、副総理、外相、東大法/71歳

〒510-8121 三重郡川越町高松30-1 ☎059(361)6633
〒100-8981 千代田区永田町2-2-1、会館 ☎03(3508)7109

三重県4区 297,008 投60.76

当128,753 鈴木英敬 自新(72.4)
比41,311 坊農秀治 立新(23.2)
7,882 中川民英 共新(4.4)

伊勢市、尾鷲市、鳥羽市、熊野市、志摩市、多気郡、度会郡、北牟婁郡、南牟婁郡

すずきえいけい
鈴木英敬 自新[無] 当1
兵庫県 S49・8・15
勤2年11ヵ月 (初/令3)

党文部科学部会副部会長、サイバーセキュリティーPT事務局長、内閣委、厚労委、前内閣府大臣政務官、三重県知事、東大/50歳

〒516-0007 伊勢市小木町677-1 ☎0596(31)0001
〒100-8981 千代田区永田町2-2-1、会館 ☎03(3508)7269

比例代表 東海 21人

岐阜、静岡、愛知、三重

あおやましゅうへい
青山周平 自前[無] 当4(初/平24)
愛知県岡崎市 S52・4・28
勤10年6ヵ月 〈愛知12区〉

文科委、内閣委、文部科学副大臣、党国対副委員長、幼教委次長、ラグビー少年団指導員、幼稚園園長、法政大/47歳

〒444-0038 岡崎市伝馬通5-63-1 ☎0564(25)2345
〒106-0032 港区六本木7-1-3、宿舎

いしいたく
石井拓 自新[無] 当1(初/令3)
愛知県碧南市 S40・4・11
勤2年11ヵ月 〈愛知13区〉

経済産業大臣政務官兼内閣府大臣政務官(国際博覧会担当)、党国対委、愛知県議、碧南市議、立命館大学法学部/59歳

〒446-0039 愛知県安城市花ノ木町49-96 Actic HANANOKI D号 ☎0566(87)7407
〒107-0052 港区赤坂2-17-10、宿舎

いけ　だ　よし　たか
池田佳隆　**無**前　当4(初/平24)
愛知県　S41・6・20
勤11年10ヵ月　**〈愛知3区〉**

決算行監委、文科副大臣、内閣府副大臣、日本JC会頭、MBA、慶大院／58歳

〒468-0037 名古屋市天白区天白町野並上大塚124-1 ☎052(838)6381
〒100-8982 千代田区永田町2-1-2、会館 ☎03(3508)7616

しお　のや　りゅう
塩谷　立　**無**前　当10(初/平2)
静岡県浜松市　S25・2・18
勤28年10ヵ月　**〈静岡8区〉**

外務委、政治倫理審査会長、文科大臣、内閣官房副長官、国交委長、文科副大臣、総務政務次官、慶大／74歳

〒430-0928 浜松市中央区板屋町605 ☎053(455)3711
〒107-0052 港区赤坂2-17-10、宿舎

なか　がわ　たか　もと
中川貴元　**自**新[麻]　当1(初/令3)
愛知県あま市　S42・2・25
勤2年11ヵ月　**〈愛知2区〉**

総務委、経産委、党国対委、前総務大臣政務官、名古屋市議、名古屋市会議長、指定都市議長会会長、早大／57歳

〒464-0848 名古屋市千種区春岡1-4-8 805号 ☎052(752)6255
〒107-0052 港区赤坂2-17-10、宿舎

いし　はら　まさ　たか
石原正敬　**自**新[無]　当1
三重県菰野町　S46・11・29
勤2年11ヵ月　**〈三重3区〉**

党総務会総務、衆議運委、財金委、環境委、災害特委、党中小企業小規模事業者政策調査会幹事、菰野町長、名古屋大院／52歳

〒510-1226 三重郡菰野町吉澤441-1 ☎059(394)6533
〒510-8028 四日市市下之宮町345-1 ☎059(324)0661

よし　かわ　たける
吉川　赳　**無**前　当3(初/平24)
静岡県　S57・4・7
勤7年7ヵ月　**〈静岡5区〉**

総務委、内閣府大臣政務官兼復興大臣政務官、医療法人役員、国会議員秘書、日大院博士前期課程修了／42歳

〒416-0923 静岡県富士市横割本町16-1 ☎0545(62)3020
〒107-0052 港区赤坂2-17-10、宿舎

やま　もと　さ　こん
山本左近　**自**新[麻]　当1
愛知県豊橋市　S57・7・9
勤2年11ヵ月　(初/令3)

文科委、厚労委、元文部科学大臣政務官兼復興大臣政務官、元F1ドライバー、医療法人・社会福祉法人理事、南山大学中退／42歳

〒440-0806 豊橋市八町通1-14-1 ☎0532(21)7008
〒100-8981 千代田区永田町2-2-1、会館 ☎03(3508)7302

もり　ゆきこ
森　由起子
自新［無］　繰当1
三重県四日市市　S46・9・29
勤4ヵ月　（初／令6繰）

環境委、内閣委、党女性局次長、会社役員、三菱UFJニコス社員、名古屋大原学園情報処理科／52歳

〒510-0072　四日市市九の城町5-12 うの森ビル1F西室　☎059(327)6875
〒100-8982　千代田区永田町2-1-2、会館　☎03(3508)7443

ばんの　ゆたか
伴野　豊
立元　当6(初/平12)
愛知県東海市　S36・1・1
勤18年3ヵ月　〈愛知8区〉

国交委、外務副大臣、国土交通副大臣、国土交通委員長、立憲民主党愛知県第8区総支部長、名古屋工業大学大学院修了／63歳

〒475-0836　半田市青山2-19-8 アンビシャス青山1F　☎0569(25)1888
〒107-0052　港区赤坂2-17-10、宿舎　☎03(5549)4671

なかがわ　まさはる
中川正春
立前　当9(初/平8)
三重県　S25・6・10
勤28年1ヵ月　〈三重2区〉

懲罰委員長、防災担当大臣、文部科学大臣、党憲法調査会長、党外交・安保調査会長、NC財務大臣、三重県議、米ジョージタウン大／74歳

〒513-0801　鈴鹿市神戸7-1-5　☎059(381)3513
〒100-8981　千代田区永田町2-2-1、会館　☎03(3508)7128

よしだ　つねひこ
吉田統彦
立前　当3(初/平21)
愛知県名古屋市 S49・11・14
勤10年4ヵ月　〈愛知1区〉

厚労委、党愛知県連副代表、医師・医博、愛知学院大歯学部眼科客員教授、名大、名大院修了／49歳

〒462-0810　名古屋市北区山田1-10-8　☎052(508)8412

わたなべ　しゅう
渡辺　周
立前　当9(初/平8)
静岡県沼津市 S36・12・11
勤28年1ヵ月　〈静岡6区〉

安保委理、党常幹議長、NC安保大臣、党政治改革推進本部長、元総務・防衛副大臣、領土議連事務局長、拉致議連会長代行、早大／62歳

〒410-0888　沼津市末広町54　☎055(951)1949

まき　よしお
牧　義夫
立前　当7(初/平12)
愛知県名古屋市 S33・1・14
勤22年4ヵ月　〈愛知4区〉

文科委理事、政倫審、憲法審査会委、議運委理、環境委員長、厚生労働委員長、厚生労働副大臣、議員秘書、上智大中退／66歳

〒456-0031　名古屋市熱田区神宮2-9-12　☎052(681)0440
〒100-8981　千代田区永田町2-2-1、会館　☎03(3508)7628

おおぐち よしのり
大口善徳 **公**前 当9
大阪府大阪市 S30・9・5
勤27年11ヵ月 (初/平5)

党政務調査会長代理、党中央幹事、党静岡県本部代表、党中部方面副本部長、党東海道方面本部長、法務委理、憲法審委、情監審委、裁判官訴追委、厚労副大臣、弁護士、創価大/68歳

〒420-0067 静岡市葵区幸町11-1 1F ☎054(273)8739
〒107-0052 港区赤坂2-17-10、宿舎

いとう わたる
伊藤　渉 **公**前 当5
愛知県名古屋市 S44・11・13
勤15年9ヵ月 (初/平17)

党中央幹事、党政調会長代理、党中部方面本部長、財務副大臣、厚生労働大臣政務官、JR東海(新幹線運転免許所持)、防災士、阪大院/54歳

〒485-0031 小牧市若草町173 カーサフェリーチェ若草101 ☎0568(54)2231
〒100-8981 千代田区永田町2-2-1、会館 ☎03(3508)7187

なかがわ やすひろ
中川康洋 **公**元 当2
三重県四日市市 S43・2・12
勤5年9ヵ月 (初/平26)

党中央幹事、党国対筆頭副委員長、党総務部会長、党三重県本部代表、環境大臣政務官、三重県議、四日市市議、衆・参議員秘書、創価大/56歳

〒510-0822 四日市市芝田1-10-29 新栄ビル ☎059(340)5341

すぎもと かずみ
杉本和巳 **維**前 当4(初/平21)
東京都 S35・9・17
勤12年4ヵ月 〈愛知10区〉

環境委、決算行監委理、弾劾裁判所裁判員、元銀行員、英オックスフォード大院・米ハーバード大院修了、早大政経/63歳

〒491-0873 一宮市せんい4-5-1 ☎0586(75)5507
〒100-8981 千代田区永田町2-2-1、会館 ☎03(3508)7266

みさき まき
岬　麻紀 **維**新 当1(初/令3)
愛知県名古屋市 S43・12・26
勤2年11ヵ月 〈愛知5区〉

厚労委、消費者特委、フリーアナウンサー、愛知大学(中退)、早大eスクール在学中/55歳

〒453-0043 名古屋市中村区上ノ宮町1-2-2 ☎052(264)0833

もとむら のぶこ
本村伸子 **共**前 当3
愛知県豊田市 S47・10・20
勤9年10ヵ月 (初/平26)

党幹部会委員、党中央委員、法務委、消費者特委、八田ひろ子参院議員秘書、県立刈谷高、龍谷大院修士課程修了/51歳

〒460-0007 名古屋市中区新栄3-12-25 ☎052(264)0833
〒107-0052 港区赤坂2-17-10、宿舎

たなか　けん
田中　健　国新　当1(初/令3)
静岡県　S52・7・18
勤2年11ヵ月　〈静岡4区〉

党政務調査副会長、党静岡県連代表、予算委、厚労委、地・こ・デジ特委、東京都議、大田区議、銀行員、青学大／47歳

〒424-0872　静岡市清水区平川地6-50　☎054(340)5256

比例代表 東海 21人　有効投票数 6,728,400票

政党名	当選者数	得票数	得票率
	惜敗率 小選挙区		惜敗率 小選挙区

自民党 9人 2,515,841票 37.39%

当①青山　周平 前(89.86)愛12
当①石井　拓 新(89.68)愛13
当①宮沢　博行 前(89.61)静3
(令6.4.25辞職)
当①池田　佳隆 前(81.95)愛3
当①塩谷　立 前(79.16)静8
当①中川　貴元 新(60.44)愛2
当①石原　正敬 新(56.13)三3
当①吉川　赳 前(48.08)静5
当㉛山本　左近 新
㉜木造　燿子 新
(名簿から削除)
繰㉝森　由起子 新
(令6.5.10繰上)
㉞松本　忠真 新
㉟岡本　康宏 新
【小選挙区での当選者】
①野田　聖子 前　岐1
①棚橋　泰文 前　岐2
①武藤　容治 前　岐3
①金子　俊平 前　岐4
①古屋　圭司 前　岐5
①上川　陽子 前　静1
①井林　辰憲 前　静2
①深沢　陽一 前　静4
①勝俣　孝明 前　静6
①城内　実 前　静7
①熊田　裕通 前　愛1
①工藤　彰三 前　愛4
①神田　憲次 前　愛5
①丹羽　秀樹 前　愛6
①鈴木　淳司 前　愛7
①伊藤　忠彦 前　愛8
①長坂　康正 前　愛9
①今枝宗一郎 前　愛14
①根本　幸典 前　愛15
①田村　憲久 前　三1
①川崎　秀人 新　三2
①鈴木　英敬 新　三4

立憲民主党 5人 1,485,947票 22.08%

当①伴野　豊 元(99.12)愛8
当①中川　正春 前(99.10)三2
当①吉田　統彦 前(97.45)愛1
当①渡辺　周 前(95.76)静6
当①牧　義夫 前(93.31)愛4
①岡本　充功 前(89.61)愛9
①西川　厚志 新(88.94)愛5
①今井　瑠々 新(83.53)岐5
①今井　雅人 前(82.42)岐4
①関　健一郎 前(77.52)愛15
①阪口　直人 元(70.73)岐3
①藤原　規真 新(65.81)愛10
①森本　和義 元(61.44)愛7
①松田　功 前(56.48)愛6
①福村　隆 新(54.19)静2
①遠藤　行洋 新(52.98)静1
①松田　直久 元(52.54)三1
①田中　克典 新(52.09)愛14
①川本　慧佑 新(46.85)岐1
①日吉　雄太 前(46.70)静7
①小野　範和 新(40.73)静5
①坊農　秀治 新(32.09)三4
㉘芳野　正英 新
㉙大島　もえ 新
【小選挙区での当選者】
①小山　展弘 元　静3
①源馬謙太郎 前　静8
①近藤　昭一 前　愛3
①重徳　和彦 前　愛12
①大西　健介 前　愛13

公明党 3人 784,976票 11.67%

当①大口　善徳 前
当②伊藤　渉 前
当③中川　康洋 元
④国森　光信 新
⑤越野　優一 新

日本維新の会　2人　694,630票　10.32%

当①杉本　和巳 前(77.18)愛10
当①岬　麻紀 新(54.01)愛5
①中田　千代 新(35.43)愛4
①中村　憲一 新(29.04)静4
▼①山下　洸棋 新(21.20)静6
▼①青山　雅幸 前(17.34)静1
▼①佐伯　哲也 新(12.78)岐4
▼①山田　良司 元(12.08)岐5

共 産 党　1人　408,606票　6.07%

当①本村　伸子 前
②島津　幸広 元
③長内　史子 新

国民民主党 1人　382,733票　5.69%

当①田中　健 新(58.59)静4
①大谷由里子 新(36.94)岐2
①高橋　美穂 元(20.69)静1

【小選挙区での当選者】
①古川　元久 前　愛2

その他の政党の得票数・得票率は下記のとおりです。
(当選者はいません)

政党名	得票数	得票率
れいわ新選組	273,208票	4.06%
NHKと裁判してる党弁護士法72条違反で	98,238票	1.46%
社民党	84,220票	1.25%

滋賀県1区　324,354　投58.90

大津市、高島市

当97,482　大 岡 敏 孝　自前(52.2)
比当84,106　斎藤アレックス　国新(45.1)
比5,092　日 高 千 穂　N新(2.7)

大岡敏孝（おおおかとしたか）

自前[無]　当4
滋賀県　S47・4・16
勤11年10ヵ月　(初/平24)

厚労委理、経産委、原子力特委、党副幹事長、環境副大臣、財務大臣政務官、静岡県議、浜松市議、中小企業診断士、スズキ(株)、早大政治経済学部／52歳

〒520-0026　大津市桜野町1-1-6 西大津ISⅡ203　☎077(572)7770
〒106-0032　港区六本木7-1-3、宿舎

滋賀県2区　263,110　投56.93

彦根市、長浜市、東近江市(愛東・湖東支所管内)、米原市、愛知郡、犬上郡

当83,502　上野賢一郎　自前(56.6)
比64,119　田 島 一 成　立元(43.4)

上野賢一郎（うえのけんいちろう）

自前[無]　当5
滋賀県長浜市　S40・8・3
勤15年9ヵ月　(初/平17)

予算委理事、内閣委筆頭理事、税調幹事、内閣委員長、財務副大臣、党経産部会長、党財金部会長、国交政務官、総務省、京大法／59歳

〒526-0021　長浜市八幡中山町88-11　☎0749(63)9977
〒100-8981　千代田区永田町2-2-1、会館　☎03(3508)7004

▼は小選挙区の得票が有効投票総数の10分の1未満で、復活当選の資格がない者

滋賀県３区 274,521 投57.43

草津市、守山市、栗東市、野洲市

当81,888	武村展英	自前(52.8)
比41,593	直山　仁	維新(26.8)
20,423	佐藤耕平	共新(13.2)
比11,227	高井崇志	れ前(7.2)

たけ むら のぶ ひで
武村展英
自前［無］　当4
滋賀県草津市　S47・1・21
勤11年10ヵ月　(初/平24)

農林水産副大臣、党副幹事長、党総務部会長、内閣府政務官、公認会計士、新日本監査法人、慶大／52歳

〒525-0025　草津市西渋川1-4-6 MAEDA第二ビル1F　☎077(566)5345
〒107-0052　港区赤坂2-17-10、宿舎　☎03(5549)4671

滋賀県４区 291,102 投55.83

近江八幡市、甲賀市、湖南市、東近江市(第2区に属しない区域)、蒲生郡

当86,762	小寺裕雄	自前(54.6)
比当72,116	徳永久志	立新(45.4)

こ てら ひろ お
小寺裕雄
自前［無］　当2
滋賀県東近江市　S35・9・18
勤7年　(初/平29)

文科委理、農水委、復興特委理、地こデジ特委、党農林副部会長、内閣府大臣政務官、会社役員、滋賀県議会副議長、八日市青年会議所理事長、同志社大／63歳

〒527-0032　東近江市春日町3-1　☎0748(22)5001
〒106-0032　港区六本木7-1-3、宿舎

京都府１区 390,373 投55.90

京都市(北区、上京区、中京区、下京区、南区)

当86,238	勝目　康	自新(40.4)
比当65,201	穀田恵二	共前(30.5)
比当62,007	堀場幸子	維新(29.1)

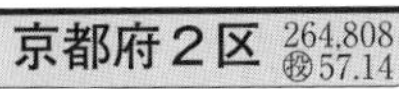

かつ め やすし
勝目　康
自新［無］　当1
京都府　S49・5・17
勤2年11ヵ月　(初/令3)

党京都府第一選挙区支部長、文科委、厚労委、総務省室長、京都府総務部長、内閣官房副長官秘書官、在仏大使館書記官、東大法／50歳

〒600-8008　京都市下京区四条通東洞院角 フコク生命ビル3F　☎075(211)1889

京都府２区 264,808 投57.14

京都市(左京区、東山区、山科区)

当72,516	前原誠司	国前(48.9)
比43,291	繁本　護	自前(29.2)
25,260	地坂拓晃	共新(17.0)
比7,263	中　辰哉	れ新(4.9)

まえ はら せい じ
前原誠司
教前　当10
京都府京都市　S37・4・30
勤31年4ヵ月　(初/平5)

党代表、文科委、民進党代表、外相、国交相、国家戦略担当相、民主党代表、府議、松下政経塾、京大法／62歳

〒606-8007　京都市左京区山端壱町田町8-46　☎075(723)2751
〒100-8981　千代田区永田町2-2-1、会館

京都府３区 353,915 投53.52	当89,259 泉　健太 立前(48.2)
京都市(伏見区)、向日市、長岡京市、乙訓郡	比61,674 木村弥生 自前(33.3)
	比34,288 井上博明 維新(18.5)

いずみ　けんた
泉　健太　立前　当8
北海道　S49・7・29
勤21年　(初/平15)

党代表、国家基本委、党政務調査会長、国民民主党国対委員長、議運筆頭理事、内閣府政務官、立命館大／50歳

〒612-8434　京都市伏見区深草加賀屋敷町3-6 ネクスト21Ⅱ1F　☎075(646)5566
〒100-8981　千代田区永田町2-2-1、会館　☎03(3508)7005

京都府４区 396,960 投56.21	当96,172 北神圭朗 無元(44.2)
京都市(右京区、西京区)、亀岡市、南丹市、船井郡	比当80,775 田中英之 自前(37.1)
	40,603 吉田幸一 共新(18.7)

きたがみけいろう
北神圭朗　無元(有志)　当4
東京都　S42・2・1
勤11年8ヵ月　(初/平17)

農水委、憲法審委、首相補佐官、経済産業大臣政務官、内閣府大臣政務官、経産委筆頭理事、大蔵省、金融庁、京大法／57歳

〒615-0055　京都市右京区西院西田町23 日新ビル2F　☎075(315)3487
〒100-8982　千代田区永田町2-1-2、会館　☎03(3508)7069

京都府５区 238,618 投59.49	当68,693 本田太郎 自前(49.4)
福知山市、舞鶴市、綾部市、宮津市、京丹後市、与謝郡	比32,108 山本和嘉子 立前(23.1)
	21,904 井上一徳 無前(15.7)
	16,375 山内　健 共新(11.8)

ほんだたろう
本田太郎　自前[無]　当2
京都府　S48・12・1
勤7年　(初/平29)

議運委、厚労委、総務委理、政倫審委、党税調幹事、党厚労副部会長、外務大臣政務官、弁護士、府議、東大法／50歳

〒629-2251　京都府宮津市須津413-41　☎0772(46)5033
〒100-8982　千代田区永田町2-1-2、会館　☎03(3508)7012

京都府６区 460,284 投56.81	当116,111 山井和則 立前(45.2)
宇治市、城陽市、八幡市、京田辺市、木津川市、久世郡、綴喜郡、相楽郡	82,004 清水鴻一郎 自元(32.0)
	比58,487 中嶋秀樹 維新(22.8)

やまのいかずのり
山井和則　立前　当8
京都府京都市　S37・1・6
勤24年4ヵ月　(初/平12)

厚労委、予算委、党国対筆頭副委員長、民進党国対委員長、厚生労働大臣政務官、高齢社会研究所長、大学講師、松下政経塾、京大工院／62歳

〒610-0101　城陽市平川茶屋裏58-1　☎0774(54)0703
〒100-8981　千代田区永田町2-2-1、会館　☎03(3508)7240

大阪府１区 427,637 投53.27

大阪市(中央区、西区、港区、天王寺区、浪速区、東成区)

当110,120 井上英孝 維前(49.4)
比67,145 大西宏幸 自前(30.1)
比28,477 村上賀厚 立新(12.8)
17,194 竹内祥倫 共新(7.7)

いのうえひでたか
井上英孝 維前 当4
大阪府大阪市 S46・10・25
勤11年10ヵ月 (初/平24)

党会計監査人代表、選対本部長代行、懲罰委理事、科技特委員長、国交理事、大阪市議、近畿大／52歳

〒552-0011 大阪市港区南市岡1-7-24 1F ☎06(6581)0001
〒107-0052 港区赤坂2-17-10、宿舎 ☎03(5549)4671

大阪府２区 446,933 投56.98

大阪市(生野区、阿倍野区、東住吉区、平野区)

当120,913 守島　正 維新(48.5)
比80,937 左藤　章 自前(32.5)
比47,487 尾辻かな子 立前(19.0)

もりしまただし
守島　正 維新 当1
大阪府 S56・7・15
勤2年11ヵ月 (初/令3)

経産委理事、予算委、党国会議員団政調副会長、経産部会長、大阪市議3期、中小企業診断士、同志社大商、大阪市大院／43歳

〒545-0011 大阪市阿倍野区昭和町2-1-26-6B ☎06(6195)4774

大阪府３区 367,518 投53.87

大阪市(大正区、住之江区、住吉区、西成区)

当79,507 佐藤茂樹 公前(44.7)
比41,737 萩原　仁 立元(23.4)
38,170 渡部　結 共新(21.4)
18,637 中条栄太郎 無新(10.5)

さとうしげき
佐藤茂樹 公前 当10
滋賀県 S34・6・8
勤28年4ヵ月 (初/平5)

党国会対策委員長、党関西方面副本部長、厚生労働副大臣、文部科学委員長、国土交通大臣政務官、京大／65歳

〒557-0041 大阪市西成区岸里3-1-29 ☎06(6653)3630
〒100-8981 千代田区永田町2-2-1、会館 ☎03(3508)7200

大阪府４区 408,256 投58.33

大阪市(北区、都島区、福島区、城東区)

当107,585 美延映夫 維前(46.1)
比72,835 中山泰秀 自前(31.2)
比28,254 吉田　治 立元(12.1)
比24,469 清水忠史 共前(10.5)

みのべてるお
美延映夫 維前 当2
大阪府大阪市北区 S36・5・23
勤4年6ヵ月 (初/令2)

法務委、復興特委、大阪市会議長、大阪維新の会市会議員団幹事長2期、大阪市監査委員、大阪市議、会社役員、神戸学院大／63歳

〒530-0043 大阪市北区天満1-6-6 井上ビル3F ☎06(6351)1258
〒100-8981 千代田区永田町2-2-1、会館 ☎03(3508)7194

衆略歴 大阪

大阪府5区	431,558 投52.98	当106,508 国重徹 公前(53.1)
		比当48,248 宮本岳志 共元(24.1)
		比当34,202 大石晃子 れ新(17.1)
		11,458 籠池諄子 無新(5.7)

大阪市(此花区、西淀川区、淀川区、東淀川区)

くに しげ とおる
國重 徹 公前 当4
大阪府大阪市 S49・11・23
勤11年10ヵ月 (初/平24)

党青年委員長、党広報局長、党国交部会長、国交委理、憲法審委、総務大臣政務官、弁護士、税理士、創価大/49歳

〒532-0023 大阪市淀川区十三東1-17-19 ファルコンビル5F ☎06(6885)6000
〒100-8982 千代田区永田町2-1-2、会館 ☎03(3508)7405

大阪府6区	391,045 投54.27	当106,878 伊佐進一 公前(54.8)
		比59,191 村上史好 立前(30.4)
		28,895 星 健太郎 無新(14.8)

大阪市(旭区、鶴見区)、守口市、門真市

い さ しん いち
伊佐進一 公前 当4
大阪府 S49・12・10
勤11年10ヵ月 (初/平24)

党厚生労働部会長、党政調副会長、前厚生労働副大臣兼内閣府副大臣、ジョンズホプキンス大院/49歳

〒570-0027 守口市桜町5-9-201 ☎06(6992)8881

大阪府7区	382,714 投60.02	当102,486 奥下剛光 維新(45.3)
		比71,592 渡嘉敷奈緒美 自前(31.7)
		比24,952 乃木涼介 立新(11.0)
		20,083 川添健真 共新(8.9)
		比6,927 西川弘城 れ新(3.1)

吹田市、摂津市

おく した たけ みつ
奥下剛光 維新 当1
大阪府 S50・10・4
勤2年11ヵ月 (初/令3)

環境委理、予算委、沖北特委、党国対副委員長、元大阪市長・元大阪府知事秘書、元外務副大臣秘書、元内閣総理大臣宮澤喜一秘書、専修大学/48歳

〒564-0032 吹田市内本町2-6-13 アイワステーションビルⅡ号館 ☎06(6381)7711

大阪府8区	337,105 投59.75	当105,073 漆間譲司 維新(53.2)
		比53,877 高麗啓一郎 自新(27.3)
		比38,458 松井博史 立新(19.5)

豊中市

うる ま じょう じ
漆間譲司 維新 当1
大阪府 S49・9・14
勤2年11ヵ月 (初/令3)

予算委理事、国交委、党政調副会長、党代表付、大阪府議3期、会社役員、銀行勤務、慶大商学部/49歳

〒561-0884 豊中市岡町北1-1-4 3F ☎06(6857)7770
〒107-0052 港区赤坂2-17-10、宿舎

衆 略歴 大阪

大阪府9区 456,232 投59.08	当133,146	足立康史	維前(50.3)
	83,776	原田憲治	自前(31.7)
	比42,165	大椿裕子	社新(15.9)
	5,369	磯部和哉	無新(2.0)

池田市、茨木市、箕面市、豊能郡

足立康史（あだち やすし）

維前　当4
大阪府　S40・10・14
勤11年10ヵ月（初/平24）

厚生労働委、元経済産業省大臣官房参事官、米コロンビア大院、京大院、京大工学部／58歳

〒567-0883 茨木市大手町9-26 吉川ビル3F ☎072(623)5834
〒107-0052 港区赤坂2-17-10、宿舎 ☎03(5549)4671

大阪府10区 320,990 投63.32	当80,932	池下　卓	維新(40.3)
	比66,943	辻元清美	立前(33.4)
	比52,843	大隈和英	自前(26.3)

高槻市、三島郡

池下　卓（いけした たく）

維新　当1
大阪府高槻市　S50・4・10
勤2年11ヵ月（初/令3）

法務委理、拉致特委、党国会議員団政調会副会長、法務部会長、党会計監査人、大阪府議、税理士、龍谷大院／49歳

〒569-0804 高槻市紺屋町3-1-219 グリーンプラザたかつき3号館2階 ☎072(668)2013

大阪府11区 398,749 投60.57	当105,746	中司　宏	維新(44.7)
	比70,568	佐藤ゆかり	自前(29.8)
	比60,281	平野博文	立前(25.5)

枚方市、交野市

中司　宏（なかつか ひろし）

維新　当1
大阪府枚方市　S31・3・11
勤2年11ヵ月（初/令3）

総務委理、議運委、情報監視審査会委、党議員団代表補佐、国対委員長代理、党紀委員長、枚方市長、府議、産経記者、早大／68歳

〒573-0022 枚方市宮之阪1-22-10-101 ☎072(898)4567
〒107-0052 港区赤坂2-17-10、宿舎

大阪府12区 339,395 投55.00	当94,003	藤田文武	維前(51.2)
	比59,304	北川晋平	自新(32.3)
	比17,730	宇都宮優子	立新(9.7)
	12,614	松尾正利	共新(6.9)

寝屋川市、大東市、四條畷市

藤田文武（ふじた ふみたけ）

維前　当2
大阪府寝屋川市　S55・12・27
勤5年6ヵ月（初/平31）

党幹事長、国家基本委理、会社役員、筑波大／43歳

〒572-0838 寝屋川市八坂町24-6 ロイヤルライフ八坂101 ☎072(830)2620
〒107-0052 港区赤坂2-17-10、宿舎

大阪府13区 400,235 投53.43	当101,857 岩谷良平 維新(48.5)
	比当85,321 宗清皇一 自前(40.6)
	22,982 神野淳一 共新(10.9)

東大阪市

いわたに りょうへい
岩谷良平
維新 当1
大阪府守口市 S55・6・7
勤2年11ヵ月 (初/令3)

安保委、憲法審委、党副幹事長、党政調副会長、行政書士、元会社経営者、早大法卒、京産大院修了「法務博士(専門職)」/44歳

〒577-0809 大阪府東大阪市永和1-25-14-2F
☎06(6732)4204

大阪府14区 421,826 投55.28	当126,307 青柳仁士 維新(55.7)
	比70,029 長尾　敬 自前(30.9)
	30,547 小松　久 共新(13.5)

八尾市、柏原市、羽曳野市、藤井寺市

あおやぎ ひとし
青柳仁士
維新 当1
埼玉県所沢市 S53・11・7
勤2年11ヵ月 (初/令3)

外務委理、憲法審、党国会議員団政調会長代行、党国際局長、国連職員、JICA職員、早大政経、米デューク大修士/45歳

〒581-0081 八尾市南本町4-6-37 ☎072(992)2459
〒100-8981 千代田区永田町2-2-1、会館 ☎03(3508)7609

大阪府15区 390,415 投55.78	当114,861 浦野靖人 維前(54.1)
	比67,887 加納陽之助 自新(32.0)
	29,570 為　仁史 共新(13.9)

堺市(美原区)、富田林市、河内長野市、松原市、大阪狭山市、南河内郡

うらの やすと
浦野靖人
維前 当4
大阪府松原市 S48・4・4
勤11年10ヵ月 (初/平24)

党選挙対策本部長代理、決算行政監視委、政治改革特別委理事、政倫審幹事、保育士、聖和大学(現関西学院大学)/51歳

〒580-0016 松原市上田3-4-6 ☎072(330)6700
〒107-0052 港区赤坂2-17-10、宿舎

大阪府16区 326,278 投55.50	当84,563 北側一雄 公前(50.8)
	比当72,571 森山浩行 立前(43.6)
	9,288 西脇京子 N新(5.6)

堺市(堺区、東区、北区)

きたがわ かずお
北側一雄
公前 当10
大阪府 S28・3・2
勤31年5ヵ月 (初/平2)

党副代表・中央幹事会会長、党関西方面本部長、党憲法調査会長、憲法審幹事、安保委、元国土交通大臣、弁護士、税理士、創価大学法学部/71歳

〒590-0957 堺市堺区中之町西1-1-10 堀ビル2F ☎072(221)2706
〒107-0052 港区赤坂2-17-10、宿舎 ☎03(5549)4671

大阪府17区 330,263 投54.50

堺市(中区、西区、南区)

当94,398 馬場伸幸 維前(53.6)
比56,061 岡下昌平 自前(31.8)
25,660 森 流星 共新(14.6)

馬場伸幸（ばば のぶゆき）

維前 当4
大阪府 S40・1・27
勤11年10ヵ月 (初/平24)

党代表、国家基本委理事、憲法審幹事、元堺市議会議長、衆院議員中山太郎秘書、「大阪維新の会」副代表、鳳高校／59歳

〒593-8325 堺市西区鳳南町5-711-5 ☎072(274)0771
〒107-0052 港区赤坂2-17-10、宿舎

大阪府18区 434,309 投52.91

岸和田市、泉大津市、和泉市、高石市、泉北郡

当118,421 遠藤 敬 維前(53.0)
比61,597 神谷 昇 自前(27.5)
比24,490 川戸康嗣 立新(11.0)
19,075 望月亮佑 共新(8.5)

遠藤 敬（えんどう たかし）

維前 当4
大阪府 S43・6・6
勤11年10ヵ月 (初/平24)

党国対委員長、議運委理、(社)秋田犬保存会会長、日本青年会議所大阪ブロック協議会長、大産大附属高／56歳

〒592-0014 高石市綾園2-7-18 千代田ビル201号 ☎072(266)8228
〒107-0052 港区赤坂2-17-10、宿舎

大阪府19区 304,908 投53.96

貝塚市、泉佐野市、泉南市、阪南市、泉南郡

当68,209 伊東信久 維元(42.2)
比当52,052 谷川とむ 自前(32.2)
比32,193 長安 豊 立元(19.9)
9,258 北村みき 共新(5.7)

伊東信久（いとう のぶひさ）

維元 当3
大阪府大阪市 S39・1・4
勤7年9ヵ月 (初/平24)

財金委理、地・こ・デジ特委、党政務調査会副会長、医療法人理事長、大阪大学大学院招聘教授、神戸大学／60歳

〒598-0055 泉佐野市若宮町7-13 田端ビル4F ☎072(463)8777
〒107-0052 港区赤坂2-17-10、宿舎 ☎03(5549)4671

兵庫県1区 393,494 投55.48

神戸市(東灘区、灘区、中央区)

当78,657 井坂信彦 立元(36.9)
比当64,202 盛山正仁 自前(30.1)
比当53,211 一谷勇一郎 維新(25.0)
9,922 高橋進吾 無新(4.7)
7,174 木原功仁哉 無新(3.4)

井坂信彦（いさか のぶひこ）

立元 当3
東京都 S49・3・27
勤7年9ヵ月 (初/平24)

予算委、決算行監委理、厚労委理、消費者特委、党デジタルPT・フリーランスWT事務局長、行政書士、神戸市議、京大／50歳

〒651-0085 神戸市中央区八幡通4-2-14 トロア神戸ビル4F ☎078(271)3705

兵庫県２区 385,611 投50.97

神戸市(兵庫区、北区、長田区)、西宮市(塩瀬・山口支所管内)

当99,455	赤羽一嘉	公前(54.2)
比61,884	船川治郎	立新(33.7)
22,124	宮野鶴生	共新(12.1)

赤羽一嘉（あかば かずよし）　公前　当9
東京都　S33・5・7
勤28年　(初/平5)

党幹事長代行、前国土交通大臣、経済産業委員長、経済産業副大臣(兼)内閣府副大臣、三井物産、慶大法学部／66歳

〒652-0803 神戸市兵庫区大開通2-3-6 メゾンユニベール203 ☎078(575)5139
〒107-0052 港区赤坂2-17-10、宿舎

兵庫県３区 315,484 投54.43

神戸市(須磨区、垂水区)

当68,957	関芳弘	自前(40.9)
比当59,537	和田有一朗	維新(35.4)
比22,765	佐藤泰樹	国新(13.5)
17,155	赤田勝紀	共新(10.2)

関芳弘（せき よしひろ）　自前[無]　当5
徳島県小松島市　S40・6・7
勤15年9ヵ月　(初/平17)

党副幹事長、経産副大臣、環境副大臣、三井住友銀行、関学大、英国ウェールズ大学院(MBA取得)／59歳

〒654-0026 神戸市須磨区大池町2-3-7 オルタンシア大池1F5号 ☎078(739)0904

兵庫県４区 421,086 投54.69

神戸市(西区)、西脇市、三木市、小野市、加西市、加東市、多可郡

当112,810	藤井比早之	自前(50.0)
比当59,143	赤木正幸	維新(26.2)
比53,476	今泉真緒	立新(23.7)

藤井比早之（ふじい ひさゆき）　自前[無]　当4
兵庫県西脇市　S46・9・11
勤11年10ヵ月　(初/平24)

党外交部会長、外務委理、党副幹事長、選対副委員長、内閣府副大臣、デジタル副大臣、国交大臣政務官、彦根市副市長、総務省、東大法／52歳

〒673-0404 兵庫県三木市大村530-1 ☎0794(81)1118
〒100-8981 千代田区永田町2-2-1、会館 ☎03(3508)7185

兵庫県５区 368,205 投61.59

豊岡市、川西市の一部(P175参照)、三田市、丹波篠山市、養父市、丹波市、朝来市、川辺郡、美方郡

当94,656	谷公一	自前(42.5)
比当65,714	遠藤良太	維新(29.5)
比62,414	梶原康弘	立元(28.0)

谷公一（たに こういち）　自前[無]　当7
兵庫県　S27・1・28
勤20年11ヵ月　(初/平15)

地域活性化・こども政策・デジタル社会形成に関する特別委員長、国家公安委員長・国務大臣、党政調会長代理、総務会副会長、衆国交委長、復興特委長、復興大臣補佐官、復興副大臣、国交政務官、明大／72歳

〒667-0024 養父市八鹿町朝倉49-1 ☎079(665)7070
〒107-0052 港区赤坂2-17-10、宿舎 ☎03(5549)4671

衆 略歴　兵庫

兵庫県６区 465,210 投55.58

伊丹市、宝塚市、川西市(第5区に属しない区域)(P175参照)

当89,571　市村浩一郎　維元(35.2)
比当87,502　大串正樹　自前(34.4)
比当77,347　桜井　周　立前(30.4)

いちむら こういちろう
市村浩一郎
維元 当4
福岡県福岡市 S39・7・16
勤12年 (初/平15)

党代議士会長、経産委、復興特委、国土交通大臣政務官、松下政経塾9期生、一橋大／60歳

〒665-0035 宝塚市逆瀬川2-6-2 ☎0797(71)1111
〒106-0032 港区六本木7-1-3、宿舎 ☎03(3408)4911

兵庫県７区 441,775 投58.38

西宮市(本庁管内、甲東・瓦木・鳴尾支所管内)、芦屋市

当95,140　山田賢司　自前(37.5)
比当93,610　三木圭恵　維元(36.9)
比64,817　安田真理　立新(25.6)

やまだ けんじ
山田賢司
自前[麻] 当4
大阪府 S41・4・20
勤11年10ヵ月 (初/平24)

文科委理事、党文科部会長、外務副大臣、議運委(議事進行係)、外務政務官、三井住友銀行、神戸大法／58歳

〒662-0998 西宮市産所町4-8 村井ビル205号室 ☎0798(22)0340
〒107-0052 港区赤坂2-17-10、宿舎 ☎03(5549)4671

兵庫県８区 386,254 投48.83

尼崎市

当100,313　中野洋昌　公前(58.8)
比45,403　小村　潤　共新(26.6)
比24,880　辻　　恵　れ元(14.6)

なかの ひろまさ
中野洋昌
公前 当4
京都府京都市 S53・1・4
勤11年10ヵ月 (初/平24)

党経済産業部会長、経済産業委理事、元経済産業大臣政務官、元国交省課長補佐、東大、米コロンビア大院修了／46歳

〒660-0052 尼崎市七松町3-17-20-201 ☎06(6415)0220

兵庫県９区 363,347 投53.23

明石市、洲本市、南あわじ市、淡路市

当141,973　西村　康稔　自前(76.3)
44,172　福原由加利　共新(23.7)

にしむら やすとし
西村康稔
自前[無] 当7
兵庫県明石市 S37・10・15
勤20年11ヵ月 (初/平15)

決算行監委、前経済産業大臣、元経済再生・コロナ対策担当大臣、内閣官房副長官、外務大臣政務官、東大法／61歳

〒673-0882 明石市相生町2-8-21 ドール明石201号 ☎078(919)2320
〒107-0052 港区赤坂2-17-10、宿舎 ☎03(5549)4671(代)

兵庫県10区 347,835 投51.55

加古川市、高砂市、加古郡

当79,061 渡海紀三朗 自前(45.0)
比当57,874 掘井健智 維新(32.9)
比38,786 隠樹圭子 立新(22.1)

渡海紀三朗（とかい きさぶろう） 自前［無］ 当10
兵庫県高砂市 S23・2・11
勤31年3ヵ月 (初/昭61)

党政調会長、国家基本委、文部科学大臣、決算行監委長、総理補佐官、政倫審会長、国家基本政策委長、一級建築士、早大建築／76歳

〒676-0082 高砂市曽根町2248 ☎079(447)4353
〒107-0052 港区赤坂2-17-10、宿舎

兵庫県11区 399,029 投48.39

姫路市の一部(P175参照)

当92,761 松本剛明 自前(49.0)
比当78,082 住吉寛紀 維新(41.3)
18,363 太田清幸 共新(9.7)

松本剛明（まつもと たけあき） 自前［麻］ 当8
東京都 S34・4・25
勤24年4ヵ月 (初/平12)

総務大臣、外相、議運委長、外務委長、党税調副会長、政調会長代理、競争調会長、国協調会長、金融調、情報調、新しい資本主義本部、デジタル本部、旧民主党政調会長、興銀、東大法／65歳

〒670-0972 姫路市手柄1-124 ☎079(282)5516
〒100-8981 千代田区永田町2-2-1、会館 ☎03(3508)7214

兵庫県12区 284,813 投58.90

姫路市(第11区に属しない区域)、相生市、赤穂市、宍粟市、たつの市、神崎郡、揖保郡、赤穂郡、佐用郡

当91,099 山口壮 自前(55.6)
比当49,736 池畑浩太朗 維新(30.3)
比23,137 酒井孝典 立新(14.1)

山口壮（やまぐち つよし） 自前［無］ 当7
兵庫県相生市 S29・10・3
勤22年6ヵ月 (初/平12)

農水委理、環境大臣、党筆頭副幹事長、拉致特委長、安保委長、内閣府・外務各副大臣、外務省国際科学協力室長、国際政治学博士、東大法、米ジョンズ・ホプキンス大院／69歳

〒678-0005 相生市大石町19-10 西本ビル2F ☎0791(23)6122
〒107-0052 港区赤坂2-17-10、宿舎

奈良県1区 359,066 投61.30

奈良市(本庁管内、西部・北部・東部出張所管内、月ヶ瀬行政センター管内)、生駒市

当93,050 馬淵澄夫 立前(39.0)
比当83,718 小林茂樹 自前(35.1)
比当62,000 前川清成 維新(26.0)

馬淵澄夫（まぶち すみお） 立前 当7
奈良県奈良市 S35・8・23
勤19年7ヵ月 (初/平15)

国交委、党国対委員長、党常任幹事、国土交通大臣、国土交通副大臣、内閣総理大臣補佐官、災害特委長、決算行政監視委員長、会社役員、横浜国大／64歳

〒631-0036 奈良市学園北1-11-10 森田ビル6F ☎0742(40)5531
〒100-8981 千代田区永田町2-2-1、会館 ☎03(3508)7122

奈良県2区 383,875 投58.69

奈良市(都祁行政センター管内)、大和郡山市、天理市、香芝市、山辺郡、生駒郡、磯城郡、北葛城郡

当141,858	高市早苗	自前	(64.6)
比54,326	猪奥美里	立新	(24.8)
23,285	宮本次郎	共新	(10.6)

高市早苗（たかいち さなえ）

自前[無] 当9
奈良県奈良市 S36・3・7
勤29年6ヵ月 (初/平5)

経済安全保障担当大臣、党政調会長、総務大臣、科学技術担当大臣、経産副大臣、議運委員長、近畿大学教授、松下政経塾、神戸大/63歳

〒639-1123 大和郡山市筒井町940-1
〒107-0052 港区赤坂2-17-10、宿舎

奈良県3区 355,246 投57.19

大和高田市、橿原市、桜井市、五條市、御所市、葛城市、宇陀市、宇陀郡、高市郡、吉野郡

当114,553	田野瀬太道	自前	(60.8)
34,334	西川正克	共新	(18.2)
32,669	高見省次	無新	(17.3)
6,824	加藤　孝	N新	(3.6)

田野瀬太道（たのせ たいどう）

自前[無] 当4
奈良県五條市 S49・7・4
勤11年10ヵ月 (初/平24)

衆文部科学委員長、元文部科学兼内閣府副大臣、文部科学兼内閣府兼復興大臣政務官、衆議運理事、早大/50歳

〒634-0813 橿原市四条町627-5-2F ☎0744(29)6000
〒107-0052 港区赤坂2-17-10、宿舎

和歌山県1区 307,817 投55.16

和歌山市
令和4年9月1日 岸本周平議員辞職
(総選挙の結果はP168参照)

補選(令和5.4.23)

当61,720	林　佑美	維新	(47.5)
55,657	門　博文	自元	(42.8)
11,178	国重秀明	共新	(8.6)
1,476	山本貴平	政新	(1.1)

林　佑美（はやし ゆみ）

維新 補当1
京都府京都市中京区 S56・5・12
勤1年5ヵ月 (初/令5補)

予算委、環境委、消費者特委理、和歌山維新の会副代表、会社役員、和歌山市議、立命館大学大学院政策科学研究科修了/43歳

〒640-8158 和歌山市十二番丁31番地 雑賀ビル1階
☎073(488)9331

和歌山県2区 242,858 投57.94

海南市、橋本市、有田市、紀の川市、岩出市、海草郡、伊都郡

当79,365	石田真敏	自前	(57.7)
比35,654	藤井幹雄	立新	(25.9)
比19,735	所　順子	維新	(14.4)
2,700	遠西愛美	N新	(2.0)

石田真敏（いしだ まさとし）

自前[無] 当8
和歌山県海南市 S27・4・11
勤22年6ヵ月 (初/平14補)

政治改革特委長、党税調副会長、総務大臣、財務副大臣、国交政務官、和歌山県議、海南市長、早大政経/72歳

〒649-6226 岩出市宮83 ホテルいとう1F ☎0736(69)0123
〒107-0052 港区赤坂2-17-10、宿舎

和歌山県3区 250,261 投62.32

御坊市、田辺市、新宮市、有田郡、日高郡、西牟婁郡、東牟婁郡

当102,834 二階俊博 自前(69.3)
20,692 畑野良弘 共新(14.0)
19,034 本間奈々 諸新(12.8)
5,745 根来英樹 無新(3.9)

二階俊博（にかいとしひろ） 自前[無] 当13
和歌山県 S14・2・17
勤40年11ヵ月 (初/昭58)

党国土強靭化推進本部長、元党幹事長、総務会長、予算委員長、元経産相・運輸相、(社)全国旅行業協会長、県議、中大／85歳

〒644-0003 御坊市島440-1 ☎0738(23)0123

比例代表 近畿 28人

滋賀、京都、大阪、兵庫、奈良、和歌山

三木圭恵（みきけえ） 維元 当2(初/平24)
兵庫県西宮市 S41・7・7
勤4年11ヵ月 〈兵庫7区〉

国交委理、憲法審査会委、日本維新の会国会議員団幹事長代理、兵庫維新の会幹事長、三田市議2期、関西大学社会学部／58歳

〒662-0837 西宮市広田町1-27 ☎0798(73)1825
〒100-8982 千代田区永田町2-1-2、会館 ☎03(3508)7638

和田有一朗（わだゆういちろう） 維新 当1(初/令3)
兵庫県神戸市 S39・10・23
勤2年11ヵ月 〈兵庫3区〉

外務委、拉致特委理、国会議員秘書、団体役員、神戸市議、兵庫県議、早大、神戸市外国語大学大学院／59歳

〒655-0894 神戸市垂水区川原4-1-1 ☎078(753)3533

住吉寛紀（すみよしひろき） 維新 当1(初/令3)
兵庫県神戸市 S60・1・24
勤2年11ヵ月 〈兵庫11区〉

内閣委、安保委、三菱UFJモルガン・スタンレー証券、兵庫県議、白陵高、名古屋大、東大院／39歳

〒670-0043 姫路市小姓町35-1 船場西ビル1F4号室 ☎079(293)7105
〒106-0032 港区六本木7-1-3、宿舎 ☎03(3508)7415

掘井健智（ほりいけんじ） 維新 当1(初/令3)
兵庫県 S42・1・10
勤2年11ヵ月 〈兵庫10区〉

財金委、災害特委理、農水委、兵庫維新政治活動強化対策本部長、石橋湛山研究会事務局次長、党選対副本部長、党能登半島地震対策副本部長、UFO議連事務局次長、加古川市議、兵庫県議、大阪産業大学／57歳

〒675-0063 加古川市加古川町平野386 船原ビル1階 ☎079(423)7458
〒107-0052 港区赤坂2-17-10、宿舎 ☎03(5549)4671

ほり　ば　さち　こ
堀場幸子　**維新**　当1(初/令3)
北海道札幌市　S54・3・24
勤2年11ヵ月　**〈京都1区〉**

文科委、内閣委理、災害特委、党国対副委員長、アンガーマネジメントファシリテーター、フェリス女学院大学大学院修士号／45歳

〒601-8025　京都市南区東九条柳下町6-4　☎075(888)6045

えん　どう　りょう　た
遠藤良太　**維新**　当1(初/令3)
大阪府　S59・12・19
勤2年11ヵ月　**〈兵庫5区〉**

厚労委理、決算行監委、元介護関連会社役員、追手門学院大／39歳

〒669-1529　兵庫県三田市中央町3-12
マスダビル3階　☎079(564)6156
〒107-0052　港区赤坂2-17-10、宿舎

いち　たに　ゆう　いち　ろう
一谷勇一郎　**維新**　当1(初/令3)
大阪府大阪市　S50・1・22
勤2年11ヵ月　**〈兵庫1区〉**

厚労委、農水委、地・こ・デジ特委、党国対副委員長、柔道整復師、介護事業所経営、関西医療学園専門学校／49歳

〒650-0001　神戸市中央区加納町4-4-15
KGビル201　☎078(332)3536

いけ　はた　こう　た　ろう
池畑浩太朗　**維新**　当1(初/令3)
東京都港区　S49・9・26
勤2年11ヵ月　**〈兵庫12区〉**

農林水産委理、党国対副委員長、兵庫県議、衆院議員秘書、農業高校教員、岡山県立農業大学校／49歳

〒679-4167　兵庫県たつの市龍野町富永730-20
玉田ビル1F　☎0791(63)2814
〒107-0052　港区赤坂2-17-10、宿舎

あか　ぎ　まさ　ゆき
赤木正幸　**維新**　当1(初/令3)
岡山県倉敷市　S50・2・22
勤2年11ヵ月　**〈兵庫4区〉**

党代表付、国土交通委、IT会社代表、不動産会社代表、早大法学部、早大大学院政治学研究科博士課程修了／49歳

〒651-2276　神戸市西区春日台9-12-4　☎050(3154)0117
〒100-8982　千代田区永田町2-1-2、会館　☎03(3508)7505

なか　じま　ひで　き
中嶋秀樹　**維新**　繰当1(初/令5繰)
京都府八幡市　S46・5・20
勤11ヵ月　**〈京都6区〉**

総務委、会社役員、大阪国際大学／53歳

〒611-0021　京都府宇治市宇治宇文字15-6
☎0774(34)4188
〒107-0052　港区赤坂2-17-10、宿舎

おく の しん すけ
奥野信亮
自前［無］ 当6
奈良県 S19・3・5
勤17年7ヵ月 （初／平15）

懲罰委理、予算委、法務委、政治改革特委、党紀委、総務・法務副大臣、日産取締役、慶大／80歳

〒639-2212 御所市中央通り2-113-1 ☎0745(62)4379
〒100-8982 千代田区永田町2-1-2、会館☎03(3581)5111 (内71001)

やなぎ もと あきら
柳本 顕
自新［麻］ 当1
大阪府大阪市 S49・1・29
勤2年11ヵ月 （初／令3）

厚労委、環境委、地・こ・デジ特委、環境兼内閣府政務官、大阪市議(5期)、大阪市議幹事長、関西電力㈱、京大法卒／50歳

〒557-0034 大阪市西成区松1-1-6 ☎06(4398)6090
〒107-0052 港区赤坂2-17-10、宿舎

おお ぐし まさ き
大串正樹
自前［無］ 当4(初／平24)
兵庫県 S41・1・20
勤11年10ヵ月 〈兵庫6区〉

党厚労部会長、厚生関係団体委員長、厚労委理、デジタル副大臣兼内閣府副大臣、経産政務官、IHI、松下政経塾、JAIST(Ph.D.)助教、西武文理大准教授、東北大院／58歳

〒664-0851 伊丹市中央1-2-6 グランドハイツコーワ2-12 ☎072(773)7601
〒100-8981 千代田区永田町2-2-1、会館☎03(3508)7191

こ ばやし しげ き
小林茂樹
自前［無］ 当3(初／平24)
奈良県奈良市 S39・10・9
勤9年 〈奈良1区〉

党国交部会長代理、党国土・建設関係団体委員長、国交委理事、文科委、環境副大臣、国交政務官、元奈良県議、慶大法／59歳

〒631-0827 奈良市西大寺小坊町1-6 西大寺ビル1F東 ☎0742(52)6700

た なか ひで ゆき
田中英之
自前［無］ 当4(初／平24)
京都府 S45・7・11
勤11年10ヵ月 〈京都4区〉

国交委、地・こ・デジ特委理、決算行監委理、党副幹事長、文科副大臣、国交政務官、党農林部会長代理、京都市議、京都外大／54歳

〒615-0852 京都市右京区西京極西川町1-5 ☎075(315)7500
〒107-0052 港区赤坂2-17-10、宿舎

むね きよ こう いち
宗清皇一
自前［無］ 当3(初／平26)
大阪府東大阪市 S45・8・9
勤9年10ヵ月 〈大阪13区〉

財金委、経産委、原子力特委、内閣府兼復興大臣政務官、経産兼内閣府大臣政務官(万博担当)、大阪府議、衆院議員秘書、龍谷大／54歳

〒577-0843 東大阪市荒川1-13-23 ☎06(6726)0090
〒107-0052 港区赤坂2-17-10、宿舎

もり　やま　まさ　ひと
盛山正仁

自前［無］　当5(初/平17)
大阪府大阪市　S28・12・14
勤15年9ヵ月　**〈兵庫1区〉**

文科大臣、議運委筆頭理、党国対筆頭副委員長、厚労委長、法務副大臣、国交省部長、東大、神戸大院、法学・商学博士／70歳

〒650-0001　神戸市中央区加納町2-4-10
水木ビル601　☎078(231)5888

たに　がわ
谷川とむ

自前［無］　当3(初/平26)
兵庫県尼崎市　S51・4・27
勤9年10ヵ月　**〈大阪19区〉**

法務委、国交委、地・こ・デジ特委、党大阪府連会長、党副幹事長、総務政務官、参院議員秘書、僧侶、俳優、阪大院修士／48歳

〒598-0007　大阪府泉佐野市上町1-1-35
1.3ビルディング2階　☎072(464)1416
〒107-0052　港区赤坂2-17-10、宿舎

たけ　うち　ゆずる
竹内　譲

公前　当6
京都府京都市　S33・6・25
勤18年5ヵ月　(初/平5)

党中央幹事会会長代理、経済産業委長、総務委長、厚労副大臣、党政調会長、京都市議、三和銀行、京大法／66歳

〒602-8442　京都市上京区今出川通大宮南西角
☎075(417)4440
〒100-8982　千代田区永田町2-1-2、会館　☎03(3508)7473

うき　しま　とも　こ
浮島智子

公前　当4(初/平24)※1
東京都　S38・2・1
勤17年11ヵ月(参6年1ヵ月)

党文科部会長、政調副会長、中央規律委員長、女性委副委員長、文化芸術振興会議議長、文化芸術局長、教育改革推進本部長、衆総務委員長、文部科学兼内閣府副大臣、衆経産委長、環境兼内閣府政務官、参院議員、東京立正高／61歳

〒540-0025　大阪市中央区徳井町2-4-15
タニイビル6F　☎06(6942)1150
〒107-0052　港区赤坂2-17-10、宿舎

わに　ぶち　よう　こ
鰐淵洋子

公前　当2(初/平29)※2
福岡県福岡市　S47・4・10
勤13年1ヵ月(参6年1ヵ月)

党女性委副委員長、党国対副委員長、環境委理、文科委、消費者特委、文科大臣政務官、参議院議員、公明党本部、創価女子短大／52歳

〒550-0013　大阪市西区新町3-5-8
エーペック西長堀ビル401
〒107-0052　港区赤坂2-17-10、宿舎

さくら　い　しゅう
櫻井　周

立前　当2(初/平29)
兵庫県　S45・8・16
勤7年　**〈兵庫6区〉**

財金委理、党国際局副局長、政調副会長、兵庫県連代表代行、伊丹市議、弁理士、JBIC、京大、京大院、ブラウン大院／54歳

〒664-0858　伊丹市西台5-1-11　☎072(768)9260
〒107-0052　港区赤坂2-17-10、宿舎

※1 平16参院初当選　※2 平16参院初当選

もりやまひろゆき
森山浩行　**立**前　当3(初/平21)
大阪府堺市　S46・4・8
勤10年4ヵ月　**〈大阪16区〉**

内閣委理、党災害・緊急事態局長、副幹事長、大阪府連代表、関西TV記者、堺市議、大阪府議、明大法／53歳

〒590-0078 堺市堺区南瓦町1-21 宏昌センタービル2F　☎072(233)8188

とくながひさし
徳永久志　**教**新　当1(初/令3)※1
滋賀県　S38・6・27
勤9年(参6年1ヵ月)　**〈滋賀4区〉**

教育無償化を実現する会幹事長、外務委、国家基本委、参議院議員、外務大臣政務官、滋賀県議、松下政経塾、早大政経／61歳

〒523-0892 近江八幡市出町414-6 サツキビル　☎0748(31)3047
〒107-0052 港区赤坂2-17-10、宿舎

こくたけいじ
穀田恵二　**共**前　当10(初/平5)
岩手県水沢市　S22・1・11
勤31年4ヵ月　**〈京都1区〉**

党国対委員長、党選挙対策委員長、党常任幹部会委員、外務委、政倫審、京都市議、立命館職員、立命館大／77歳

〒604-0092 京都市中京区丸太町新町角大炊町186　☎075(231)5198
〒107-0052 港区赤坂2-17-10、宿舎　☎03(5549)3114

みやもとたけし
宮本岳志　**共**元　当5(初/平21)※2
和歌山県和歌山市　S34・12・25
勤18年9ヵ月(参6年1ヵ月)　**〈大阪5区〉**

党中央委員、総務委、文科委、和歌山大学教育学部除籍／64歳

〒537-0025 大阪市東成区中道1-10-10　☎06(6975)9111
〒100-8981 千代田区永田町2-2-1、会館　☎03(3508)7255

さいとう
斎藤アレックス　**教**新　当1(初/令3)
スペイン国マドリッド市　S60・6・30
勤2年11ヵ月　**〈滋賀1区〉**

党政調会長、安保委理、法務委、政治改革特別委、証券会社社員、松下政経塾、米国議会フェロー、衆議院議員秘書、同志社大／39歳

〒520-0044 大津市京町3-2-11　☎077(526)0800
〒107-0052 港区赤坂2-17-10、宿舎

おおいし
大石あきこ　**れ**新　当1(初/令3)
大阪府大阪市　S52・5・27
勤2年11ヵ月　**〈大阪5区〉**

内閣委、元大阪府職員、大阪大／47歳

〒532-0011 大阪市淀川区西中島7-1-1 興北ビル2階
〒100-8982 千代田区永田町2-1-2、会館

※1 平19参院初当選　※2 平10参院初当選

比例代表　近畿　28人　有効投票数 9,378,905票

政党名	当選者数	得票数	得票率
	惜敗率 小選挙区		惜敗率 小選挙区

日本維新の会　10人　3,180,219票　33.91%

当①三木　圭恵 元(98.39)兵7
当①和田有一朗 新(86.34)兵3
当①住吉　寛紀 新(84.18)兵11
当①掘井　健智 新(73.20)兵10
当①堀場　幸子 新(71.90)京1
当①遠藤　良太 新(69.42)兵5
当①一谷勇一郎 新(67.65)兵1
当①前川　清成 新(66.63)奈1
（令5.10.4辞職）
当①池畑浩太朗 新(54.60)兵12
当①赤木　正幸 新(52.43)兵4
①直山　仁 新(50.79)滋3
（公民権停止中）
繰①中嶋　秀樹 新(50.37)京6
（令5.10.18繰上）
①井上　博明 新(38.41)京3
①所　順子 新(24.87)和2

【小選挙区での当選者】
①井上　英孝 前　大1
①守島　正 新　大2
①美延　映夫 前　大4
①奥下　剛光 新　大7
①漆間　譲司 新　大8
①足立　康史 前　大9
①池下　卓 新　大10
①中司　宏 新　大11
①藤田　文武 前　大12
①岩谷　良平 新　大13
①青柳　仁士 新　大14
①浦野　靖人 前　大15
①馬場　伸幸 前　大17
①遠藤　敬 前　大18
①伊東　信久 元　大19
①市村浩一郎 元　兵6

自民党　8人　2,407,699票　25.67%

当①奥野　信亮 前
当②柳本　顕 新
当③大串　正樹 前(97.69)兵6
当③小林　茂樹 前(89.97)奈1
当③田中　英之 前(83.99)京4
当③宗清　皇一 前(83.77)大13
当③盛山　正仁 前(81.62)兵1
当③谷川　とむ 前(76.31)大19
③渡嘉敷奈緒美 前(69.86)大7
③木村　弥生 前(69.10)京3
③中山　泰秀 前(67.70)大4
③左藤　章 前(66.94)大2
③佐藤ゆかり 前(66.73)大11
③大隈　和英 前(65.29)大10
③北川　晋平 新(63.09)大12
③大西　宏幸 前(60.97)大1
③繁本　護 前(59.70)京2
③門　博文 前(59.42)和1
③岡下　昌平 前(59.39)大17
③加納陽之助 新(59.10)大15
③長尾　敬 前(55.44)大14
③神谷　昇 前(52.02)大18
③高麗啓一郎 新(51.28)大8
㊴湯峯　理之 新
㊵野村　広志 新

【小選挙区での当選者】
③大岡　敏孝 前　滋1
③上野賢一郎 前　滋2
③武村　展英 前　滋3
③小寺　裕雄 前　滋4
③勝目　康 新　京1
③本田　太郎 前　京5
③関　芳弘 前　兵3
③藤井比早之 前　兵4
③谷　公一 前　兵5
③山田　賢司 前　兵7
③西村　康稔 前　兵9
③松本　剛明 前　兵11
③山口　壮 前　兵12
③高市　早苗 前　奈2
③石田　真敏 前　和2

公明党　3人　1,155,683票　12.32%

当①竹内　譲 前
当②浮島　智子 前
当③鰐淵　洋子 前
④浜村　進 前
⑤田丸　義高 新
⑥鷲岡　秀明 新
⑦田中　博之 新
⑧井上　幸作 新

立憲民主党　3人　1,090,665票　11.63%

当①桜井　周 前(86.35)兵6
当①森山　浩行 前(85.82)大16
当①徳永　久志 新(83.12)滋4
①辻元　清美 前(82.72)大10
①田島　一成 元(76.79)滋2
①安田　真理 新(68.13)兵7
①梶原　康弘 元(65.94)兵5
①船川　治郎 新(62.22)兵2
①平野　博文 前(57.01)大11
①村上　史好 前(55.38)大6
①萩原　仁 元(52.49)大3
①隠樹　圭子 新(49.06)兵10
①今泉　真緒 新(47.40)兵4
①長安　豊 元(47.20)大19
①山本和嘉子 前(46.74)京5
①藤井　幹雄 新(44.92)和2

①尾辻かな子 前(39.27)大2
①猪奥　美里 新(38.30)奈2
①松井　博史 新(36.60)大8
①吉田　　治 元(26.26)大4
①村上　賀厚 新(25.86)大1
①酒井　孝典 新(25.40)兵12
①乃木　涼介 新(24.35)大7
①川戸　康嗣 新(20.68)大18
▼①宇都宮優子 新(18.86)大12
㉚笹田　能美 新
㉛豊田潤多郎 元
【小選挙区での当選者】
①泉　　健太 前　京3
①山井　和則 前　京6
①井坂　信彦 元　兵1
①馬淵　澄夫 前　奈1

共産党　2人　736,156票　7.85%

当①穀田　恵二 前　京1
当②宮本　岳志 元　大5
③清水　忠史 前　大4
④小村　　潤 新　兵8
⑤武山　彩子 新
⑥西田佐枝子 新

国民民主党　1人　303,480票　3.24%

当①斎藤アレックス 新(86.28)滋1
①佐藤　泰樹 新(33.01)兵3
【小選挙区での当選者】
①岸本　周平 前　和1
①前原　誠司 前　京2

れいわ新選組　1人　292,483票　3.12%

当①大石　晃子 新(32.11)大5
①辻　　恵 元(24.80)兵8
▼①高井　崇志 前(13.71)滋3
▼①中　　辰哉 新(10.02)京2
▼①西川　弘城 新(6.76)大7
⑥八幡　　愛 新

その他の政党の得票数・得票率は下記のとおりです。
(当選者はいません)

政党名	得票数	得票率
NHKと裁判してる党弁護士法72条違反で	111,539票	1.19%
社民党	100,980票	1.08%

鳥取県1区　230,959 投56.10

当105,441 石 破 　茂 自前(84.1)
19,985 岡 田 正 和 共新(15.9)

鳥取市、倉吉市、岩美郡、八頭郡、東伯郡(三朝町)

石破　茂(いしば しげる)

自前[無]　当12
鳥取県八頭郡　S32・2・4
勤38年4ヵ月　(初/昭61)

予算委、憲法審委、党総務、元地方創生担当相、党幹事長、政調会長、農林水産相、防衛相、防衛庁長官、運輸委長、三井銀行、慶大/67歳

〒680-0055 鳥取市戎町515-3　☎0857(27)4898
〒100-8982 千代田区永田町2-1-2、会館

鳥取県2区　234,420 投60.20

当75,005 赤 沢 亮 正 自前(54.0)
比当63,947 湯 原 俊 二 立元(46.0)

米子市、境港市、東伯郡(湯梨浜町、琴浦町、北栄町)、西伯郡、日野郡

赤澤亮正(あかざわ りょうせい)

自前[無]　当6
東京都　S35・12・18
勤19年1ヵ月　(初/平17)

財務副大臣、内閣府副大臣、国交大臣政務官、東大法/63歳

〒683-0823 米子市加茂町1-24　☎0859(38)7333
〒100-8982 千代田区永田町2-1-2、会館　☎03(3508)7490

▼は小選挙区の得票が有効投票総数の10分の1未満で、復活当選の資格がない者

島根県１区 268,337 投61.23

(総選挙の結果はP168参照) **補選**(令和6.4.28)
当82,691 亀井亜紀子 立元(58.8)
57,897 錦織功政 自新(41.2)

松江市、出雲市(平田支所管内)、安来市、雲南市(大東・加茂・木次総合センター管内)、仁多郡、隠岐郡
令和5年11月10日細田博之議員死去

かめい あきこ
亀井亜紀子
立元 補当2
東京都目黒区 S40・5・14
勤10年7ヵ月(参6年1ヵ月) (初/平29)※

懲罰委、政倫審委、党島根県連代表、参議院議員、衆院議員秘書、英語通訳、カールトン大／59歳

〒690-0055 松江市津田町301 リバーサイドビルディング1階 ☎0852(67)6600
〒100-8982 千代田区永田町2-1-2、会館 ☎03(3508)7701

島根県２区 291,649 投61.85

当110,327 高見康裕 自新(62.4)
比52,016 山本 誉 立新(29.4)
14,361 向瀬慎一 共新(8.1)

浜田市、出雲市(第1区に属しない区域)、益田市、大田市、江津市、雲南市(第1区に属しない区域)、飯石郡、邑智郡、鹿足郡

たか み やす ひろ
高見康裕
自新[無] 当1
島根県出雲市 S55・10・16
勤2年11ヵ月 (初/令3)

防衛大臣補佐官、党青年局学生部長、法務委、安保委、消費者特委、法務大臣政務官、島根県議、海上自衛隊、読売新聞、東大大学院／43歳

〒693-0058 出雲市矢野町941-4 ☎0853(23)8118
〒107-0052 港区赤坂2-17-10、宿舎

岡山県１区 364,162 投46.73

当90,939 逢沢一郎 自前(55.0)
比65,499 原田謙介 立新(39.6)
8,990 余江雪央 共新(5.4)

岡山市(北区の一部(P176参照)、南区の一部(P176参照))、加賀郡(吉備中央町(本庁管内(P176参照)、井原出張所管内)

あい さわ いち ろう
逢沢一郎
自前[無] 当12
岡山県岡山市 S29・6・10
勤38年4ヵ月 (初/昭61)

党選挙制度調査会長、政倫審会長、国家基本委長、議運委長、党国対委長、予算委長、幹事長代理、外務副大臣、通産政務次官、松下政経塾理事、慶大工／70歳

〒700-0933 岡山市北区奥田1-2-3 ☎086(233)0016
〒100-8981 千代田区永田町2-2-1、会館 ☎03(3508)7105

岡山県２区 289,071 投50.42

当80,903 山下貴司 自前(56.4)
比62,555 津村啓介 立前(43.6)

岡山市(北区(第1区に属しない区域)、中区、東区(本庁管内)、南区(第1区に属しない区域))、玉野市、瀬戸内市

やま した たか し
山下貴司
自前[無] 当4
岡山県岡山市 S40・9・8
勤11年10ヵ月 (初/平24)

党政調副会長、党改革実行本部事務局長、党憲法改正実現本部事務局長、経産委理事、法務大臣、検事、外交官、弁護士、東大法／58歳

〒703-8282 岡山市中区平井6-3-13 ☎086(230)1570
〒100-8982 千代田区永田町2-1-2、会館 ☎03(3508)7057

※平19参院初当選

岡山県3区 270,568 投57.97

岡山市(東区(第2区に属しない区域))、津山市、備前市、赤磐市、真庭市の一部(P176参照)、美作市、和気郡、真庭郡、苫田郡、勝田郡、英田郡、久米郡

当68,631	平沼正二郎	無新	(44.4)
比当54,930	阿部俊子	自前	(35.5)
比23,316	森本　栄	立新	(15.1)
7,760	尾崎宏子	共新	(5.0)

ひらぬましょうじろう
平沼正二郎
自新[無]　当1
岡山県岡山市　S54・11・11
勤2年11ヵ月　(初/令3)

内閣府兼復興大臣政務官、学習院大学経済学部/44歳

〒708-0806　津山市大田81-11　☎0868(24)0107
〒100-8982　千代田区永田町2-1-2、会館　☎03(3508)7251

岡山県4区 381,828 投48.04

倉敷市(本庁管内、児島・玉島・水島・庄・茶屋町支所管内)、都窪郡

当89,052	橋本　岳	自前	(49.7)
比当83,859	柚木道義	立前	(46.8)
6,146	中川智晴	無新	(3.4)

はしもとがく
橋本　岳
自前[無]　当5
岡山県総社市　S49・2・5
勤15年9ヵ月　(初/平17)

厚労委理、予算委理、地・こ・デジ特委長、厚労委員長、党総務、厚労副大臣、党厚労部会長、党外交部会長、厚労政務官、三菱総研研究員、慶大院/50歳

〒710-0842　倉敷市吉岡552　☎086(422)8410
〒107-0052　港区赤坂2-17-10、宿舎

岡山県5区 262,936 投54.33

倉敷市(第4区に属しない区域)、笠岡市、井原市、総社市、高梁市、新見市、真庭市(第3区に属しない区域)、浅口市、浅口郡、小田郡、加賀郡(吉備中央町(第1区に属しない区域))

当102,139	加藤勝信	自前	(72.6)
比31,467	はたともこ	立新	(22.4)
7,067	美見芳明	共新	(5.0)

かとうかつのぶ
加藤勝信
自前[無]　当7
東京都　S30・11・22
勤20年11ヵ月　(初/平15)

党税制調査会小委員長、党社会保障制度調査会長、党北朝鮮による拉致問題対策本部長、厚労相、官房長官、党総務会長、一億総活躍相、元大蔵省、東大/68歳

〒714-0088　笠岡市中央町31-1　☎0865(63)6800
〒100-8982　千代田区永田町2-1-2、会館　☎03(3508)7459

広島県1区 332,001 投50.81

広島市(中区、東区、南区)

当133,704	岸田文雄	自前	(80.7)
比15,904	有田優子	社新	(9.6)
14,508	大西　理	共新	(8.8)
1,630	上出圭一	諸新	(1.0)

きしだふみお
岸田文雄
自前[無]　当10
東京都渋谷区　S32・7・29
勤31年4ヵ月　(初/平5)

内閣総理大臣、自民党総裁、党政調会長、外務大臣、防衛大臣、党国対委員長、内閣府特命担当大臣、厚労委員長、早大法/67歳

〒730-0013　広島市中区八丁堀6-3 和光八丁堀ビル　☎082(228)2411
〒100-8981　千代田区永田町2-2-1、会館　☎03(3508)7279

衆 略歴　岡山・広島

広島県２区 404,009 投51.48

当133,126 平口　洋 自前(65.2)
比70,939 大井赤亥 立新(34.8)

広島市(西区、佐伯区)、大竹市、廿日市市、江田島市(本庁管内、能美・沖美支所管内、深江・柿浦連絡所管内)

平口　洋（ひらぐち　ひろし）

自前［無］ 当5
広島県江田島市 S23・8・1
勤15年9ヵ月 (初/平17)

党報道局長、倫選特委長、農水委長、党国交部会長、法務副大臣、法務委長、党副幹事長、環境副大臣、国交省河川局次長、秋田県警本部長、東大法／76歳

〒733-0812 広島市西区己斐本町2-6-20 ☎082(527)2100
〒100-8982 千代田区永田町2-1-2、会館 ☎03(3508)7622

広島県３区 360,198 投51.07

当97,844 斉藤鉄夫 公前(55.1)
比53,143 ライアン真由美 立新(29.9)
比18,088 瀬木寛親 維新(10.2)
3,559 大山宏 無新(2.0)
比2,789 矢島秀平 N新(1.6)
2,251 玉田憲勲 無新(1.3)

広島市(安佐南区、安佐北区)、安芸高田市、山県郡

斉藤鉄夫（さいとう　てつお）

公前 当10
島根県 S27・2・5
勤31年4ヵ月 (初/平5)

国交大臣、党副代表、党幹事長、党選対委長、党税制調査会長、党政調会長、環境大臣、文科委長、科技総括政務次官、プリンストン大研究員、清水建設、工博、技術士、東工大院／72歳

〒731-0103 広島市安佐南区緑井2-18-15 ☎082(870)0088
〒107-0052 港区赤坂2-17-10、宿舎 ☎03(5549)3145

広島県４区 309,781 投53.18

当78,253 新谷正義 自前(48.3)
比33,681 上野寛治 立新(20.8)
比当28,966 空本誠喜 維元(17.9)
21,112 中川俊直 無元(13.0)

広島市(安芸区)、三原市(大和支所管内)、東広島市(本庁管内、八本松・志和・高屋出張所管内、黒瀬・福富・豊栄・河内支所管内)、安芸郡

新谷正義（しんたに　まさよし）

自前［無］ 当4
広島 S50・3・8
勤11年10ヵ月 (初/平24)

厚生労働委員長、党副幹事長、総務副大臣、厚労大臣政務官、医師、帝京大医、東大経／49歳

〒739-0015 東広島市西条栄町9-21 ☎082(431)5177
〒100-8982 千代田区永田町2-1-2、会館 ☎03(3508)7604

広島県５区 242,034 投54.52

当87,434 寺田稔 自前(67.7)
比41,788 野村功次郎 立新(32.3)

呉市、竹原市、三原市(本郷支所管内)、尾道市(瀬戸田支所管内)、東広島市(第4区に属しない区域)、江田島市(第2区に属しない区域)、豊田郡

寺田　稔（てらだ　みのる）

自前［無］ 当6
広島県 S33・1・24
勤17年2ヵ月 (初/平16補)

党総務会長代理、総務委、憲法審幹事、総務大臣、総理大臣補佐官、党経理局長、総務副大臣兼内閣府副大臣、安保委長、内閣府副大臣、防衛政務官、内閣参事官、財務省主計官、ハーバード大院、東大法／66歳

〒737-0045 呉市本通4-3-18 佐藤ビル1F ☎0823(24)2358
〒100-8981 千代田区永田町2-2-1、会館 ☎03(3508)7606

広島県6区 294,154 投56.35

当83,796 佐藤公治 立前(51.4)
比当79,158 小島敏文 自前(48.6)

三原市(第4区及び第5区に属しない区域)、尾道市(第5区に属しない区域)、府中市、三次市、庄原市、世羅郡、神石郡

佐藤公治（さとうこうじ）

立前 当4(初/平12)※
広島県尾道市 S34・7・28
勤18年4ヵ月(参6年1ヵ月)

沖北特別委員長、県連代表、元参外交防衛委員長、国務大臣秘書官(旧国土庁、旧北海道・沖縄開発庁)、電通、慶大法／65歳

〒722-0045 広島県尾道市久保2-26-2 ☎0848(37)2100
〒100-8981 千代田区永田町2-2-1、会館 ☎03(3508)7145

広島県7区 382,135 投49.35

当123,396 小林史明 自前(66.4)
比45,520 佐藤広典 立新(24.5)
11,580 村井明美 共新(6.2)
5,207 橋本加代 無新(2.8)

福山市

小林史明（こばやしふみあき）

自前[無] 当4
広島県福山市 S58・4・8
勤11年10ヵ月 (初/平24)

決算行監委理、国交委、党情報調査局長、党新しい資本主義実行本部事務局長、デジタル副大臣兼内閣府副大臣、上智大学／41歳

〒721-0958 福山市西新涯町2-23-34 ☎084(959)5884
〒107-0052 港区赤坂2-17-10、宿舎

山口県1区 356,209 投48.50

当118,882 高村正大 自前(70.1)
比50,684 大内一也 立新(29.9)

山口市(山口・小郡・秋穂・阿知須・徳地総合支所管内)、防府市、周南市の一部(P176参照))

高村正大（こうむらまさひろ）

自前[麻] 当2
山口県周南市 S45・11・14
勤7年 (初/平29)

外務大臣政務官、財務大臣政務官、党財務・国防・外務副部会長、外務大臣秘書官、経企庁長官秘書官、会社員、慶大／53歳

〒745-0004 山口県周南市毛利町1-3 ☎0834(31)4715
〒100-8981 千代田区永田町2-2-1、会館 ☎03(3508)7113

山口県2区 283,552 投51.61

(総選挙の結果はP168参照)

補選(令和5.4.23)
当61,369 岸 信千世 自新(52.5)
55,601 平岡秀夫 無元(47.5)

下松市、岩国市、光市、柳井市、周南市(第1区に属しない区域)、大島郡、玖珂郡、熊毛郡
令和5年2月7日 岸信夫議員辞職

岸 信千世（きしのぶちよ）

自新[無] 補当1
東京都 H3・5・16
勤1年5ヵ月 (初/令5補)

文科委、財金委、消費者特委、党国対委員、党青年局次長、防衛大臣秘書官、衆議院議員秘書、フジテレビ、慶大商／33歳

〒740-0017 山口県岩国市今津町1-10-17 三福ビル2階 ☎0827(30)7000
〒100-8981 千代田区永田町2-2-1、会館 ☎03(3508)1203

※ 平19参院初当選

山口県３区 256,039 投50.14

当96,983	林　芳正	自新	(76.9)
比29,073	坂本史子	立新	(23.1)

宇部市、山口市(第1区に属しない区域)、萩市、美祢市、山陽小野田市、阿武郡

はやし　よしまさ
林　芳正
自新［無］　当1※
山口県　S36・1・19
勤29年5ヵ月(参26年6ヵ月)(初/令3)

内閣官房長官、外務大臣、文部科学大臣、農林水産大臣、党政調会長代理、経済財政担当大臣、防衛大臣、三井物産、東大法、ハーバード大院／63歳

〒751-0823　山口県下関市貴船町4-8-18-101　☎083(224)1111
〒100-8981　千代田区永田町2-2-1、会館　☎03(3508)7115

山口県４区 244,858 投48.64

補選(令和5.4.23)

当51,961	吉田真次	自新	(63.5)
25,595	有田芳生	立新	(31.3)
2,381	大野頼子	無新	(2.9)
1,186	渡部亜衣	政新	(1.4)
734	竹本秀之	無新	(0.9)

下関市、長門市
令和4年7月8日　安倍晋三議員死去
(総選挙の結果はP168参照)

よしだしんじ
吉田真次
自新［無］　補当1
山口県　S59・7・6
勤1年5ヵ月(初/令5補)

厚労委、経産委、復興特委、下関市議会議員3期、大阪府議会議員秘書、関西大学法学部政治学科／40歳

〒750-0066　下関市東大和町1-8-16　☎083(250)7311
〒100-8981　千代田区永田町2-2-1、会館　☎03(3508)7172

比例代表　中国　11人

鳥取、島根、岡山、広島、山口

いしばしりんたろう
石橋林太郎
自新［無］　当1
広島県広島市　S53・5・2
勤2年11ヵ月　(初/令3)

国交大臣政務官、国交委、党青年局・女性局各次長、広島県議会議員(二期)、大阪外国語大学／46歳

〒731-0124　広島市安佐南区大町東2-15-7　☎082(836)3444
〒107-0052　港区赤坂2-17-10、宿舎

こじまとしふみ
小島敏文
自前［無］　当4(初/平24)
広島県世羅町　S25・9・7
勤11年10ヵ月　〈広島6区〉

農林水産委理事、復興副大臣、党国土交通部会長、党厚労部会長代理、厚生労働大臣政務官、経産部会長代理、農林部会長代理、副幹事長、広島県議会副議長、大東文化大／73歳

〒722-1114　世羅郡世羅町東神崎368-21　☎0847(22)4055
〒107-0052　港区赤坂2-17-10、宿舎

※平7参院初当選

あべ俊子（とし こ）　自前［無］当6(初/平17)
宮城県　S34・5・19
勤19年1ヵ月　〈岡山3区〉

文部科学副大臣、農水委・消費者特委筆頭理事、外務・農水副大臣、外務委員長、東京医科歯科大助教授、米イリノイ州立大院／65歳

〒708-0841 津山市川崎162-5 ☎0868(26)6711
〒100-8981 千代田区永田町2-2-1、会館 ☎03(3508)7136

髙階恵美子（たかがい えみこ）　自新［無］当1(初/令3)※
宮城県　S38・12・21
勤14年4ヵ月(参11年5ヵ月)

復興特委員長、厚労委、元厚労副大臣、元厚労大臣政務官、元参院文教委員長、元党女性局長、東京医科歯科大大学院／60歳

〒690-0873 松江市内中原町140-2 島根県政会館3F ☎0852(28)2158
〒100-8982 千代田区永田町2-1-2、会館 ☎03(3508)7518

杉田水脈（すぎた みお）　自前［無］当3
兵庫県神戸市　S42・4・22
勤9年　(初/平24)

安保委、内閣委、災害特委、総務大臣政務官、党国土交通副部会長、党女性局次長、鳥取大学農学部／57歳

〒753-0067 山口市赤妻町3-1-102 ☎083(924)0588
〒107-0052 港区赤坂2-17-10、宿舎

畦元将吾（あぜもと しょうご）　自前［無］当2
広島県広島市　S33・4・30
勤5年3ヵ月　(初/令元)

党副幹事長、環境委理、厚労委、原子力特委、前厚生労働大臣政務官、党総務、岐阜医療科学大学大学院保健医療学研究科(修士)／66歳

〒739-0269 広島県東広島市志和町志和堀3470-3 ☎082(433)5080
〒100-8981 千代田区永田町2-2-1、会館 ☎03(3508)7710

柚木道義（ゆのき みちよし）　立前　当6(初/平17)
岡山県倉敷市　S47・5・28
勤19年1ヵ月　〈岡山4区〉

政治改革特委、厚労委、財務大臣政務官、会社員、岡山大文学部／52歳

〒710-0052 倉敷市美和2-16-20 ☎086(430)2355
〒100-8982 千代田区永田町2-1-2、会館 ☎03(3508)7301

湯原俊二（ゆはら しゅんじ）　立元　当2(初/平21)
鳥取県米子市　S37・11・20
勤6年3ヵ月　〈鳥取2区〉

総務委理、党国対副委員長、党鳥取県連代表、鳥取県議、米子市議、衆議員秘書、早大／61歳

〒683-0804 米子市米原5-3-20 ☎0859(21)2888

※平22参院初当選

ひら ばやし　あきら
平林　晃　**公**新　当1
愛知県名古屋市　S46・2・2
勤2年11ヵ月　（初/令3）

総務委、文科委、原子力特委理、党組織局次長、デジタル社会推進本部事務局次長、立命館大学教授、山口大学准教授、博士（東工大）／53歳

〒732-0057　広島市東区二葉の里1-1-72-901

くさ　か　まさ　き
日下正喜　**公**新　当1
和歌山県　S40・11・25
勤2年11ヵ月　（初/令3）

党組織局次長、広島県本部副代表、災害特委理、国交委、法務委、党広島県本部事務長、広大院中退、創大法（通信）卒／58歳

〒730-0854　広島市中区土橋町2-43-406
〒107-0052　港区赤坂2-17-10、宿舎

そら もと せい　き
空本誠喜　**維**元　当2（初/平21）
広島県呉市　S39・3・11
勤6年3ヵ月　〈広島4区〉

党広島県総支部代表、環境委、原子力特委、技術指導会社代表、元東芝（原子力）、工学博士（原子力）、東大院／60歳

〒739-0044　東広島市西条町下見4623番地15　☎082（421）8146
〒107-0052　港区赤坂2-17-10、宿舎

比例代表　中国　11人

有効投票数　3,119,427票

政党名	当選者数	得票数	得票率
	惜敗率 小選挙区		惜敗率 小選挙区

自民党　6人　1,352,723票　43.36%

当①石橋林太郎 新
当②小島　敏文 前（94.47）広6
当②阿部　俊子 前（80.04）岡3
当⑱高階恵美子 新
当⑲杉田　水脈 前
当⑳畦元　将吾 前
㉑小林孝一郎 新
㉒徳村純一郎 新

【小選挙区での当選者】
②石破　茂 前　鳥1
②赤沢　亮正 前　鳥2
②高見　康裕 新　島2
②逢沢　一郎 前　岡1
②山下　貴司 前　岡2
②橋本　岳 前　岡4
②加藤　勝信 前　岡5
②新谷　正義 前　広4
②寺田　稔 前　広5
②小林　史明 前　広7
②高村　正大 前　山1
②岸　信夫 前　山2
②林　芳正 新　山3
②安倍　晋三 前　山4

立憲民主党　2人　573,324票　18.38%

当①柚木　道義 前（94.17）岡4
当①湯原　俊二 元（85.26）鳥2
①津村　啓介 前（77.32）岡2
①亀井亜紀子 前（73.75）島1
①原田　謙介 新（72.03）岡1
①ライアン真由美 新（54.31）広3
①大井　赤亥 新（53.29）広2
①野村功次郎 新（47.79）広5
①山本　誉 新（47.15）島2
①上野　寛治 新（43.04）広4

衆　略歴

比例中国

①大内　一也 新(42.63)山1
①佐藤　広典 新(36.89)広7
①森本　　栄 新(33.97)岡3
①はたともこ 新(30.81)岡5
①坂本　史子 新(29.98)山3
⑰加藤　寿彦 新
⑱姫井由美子 新
【小選挙区での当選者】
①佐藤　公治 前　広6

公明党　2人　436,220票　13.98%

当①平林　晃 新
当②日下　正喜 新
③長谷川裕輝 新

日本維新の会　1人　286,302票　9.18%

当①空本　誠喜 元(37.02)広4
①瀬木　寛親 新(18.49)広3
③喜多　義典 新

その他の政党の得票数・得票率は下記のとおりです。
(当選者はいません)

政党名	得票数	得票率
共産党	173,117票	5.55%
国民民主党	113,898票	3.65%
れいわ新選組	94,446票	3.03%
社民党	52,638票	1.69%
NHKと裁判してる党弁護士法72条違反で	36,758票	1.18%

徳島県1区　362,130　投55.93

徳島市、小松島市、阿南市、勝浦郡、名東郡、名西郡、那賀郡、海部郡

当99,474　仁木博文　無元(50.1)
比当77,398　後藤田正純　自前(38.9)
比当20,065　吉田知代　維新(10.1)
1,808　佐藤行俊　無新(0.9)

仁木博文（にき ひろぶみ）

自 元［麻］　当2
徳島県阿南市　S41・5・23
勤6年3ヵ月　(初/平21)

法務委理、厚労委、消費者特委、党厚生労働副部会長、党農水関係団体副委員長、党情報通信関係団体副委員長、徳大院医学博士／58歳

〒770-0865　徳島市南末広町4-88-1　☎088(624)9350
〒107-0052　港区赤坂2-17-10、宿舎　☎03(5549)4671

徳島県2区　260,655　投50.99

鳴門市、吉野川市、阿波市、美馬市、三好市、板野郡、美馬郡、三好郡

当76,879　山口俊一　自前(59.5)
比43,473　中野真由美　立新(33.6)
8,851　久保孝之　共新(6.9)

山口俊一（やまぐち しゅんいち）

自 前［麻］　当11
徳島県　S25・2・28
勤34年9ヵ月　(初/平2)

議院運営委員長、元内閣府特命担当大臣、首相補佐官、総務・財務副大臣、郵政政務次官、青山学院大／74歳

〒771-0219　板野郡松茂町笹木野字八北開拓247-1　☎088(624)4851
〒107-0052　港区赤坂2-17-10、宿舎　☎03(5571)9512

香川県１区 313,296 投57.52

当90,267 小川淳也 立前(51.0)
比当70,827 平井卓也 自前(40.0)
比15,888 町川順子 維新(9.0)

高松市の一部(P176参照)、小豆郡、香川郡

小川淳也（おがわじゅんや）

立前 当6
香川県 S46・4・18
勤19年1ヵ月（初/平17）

決算行政監視委員長、香川県連代表、国土審議会離島振興対策分科会長、総務政務官、総務省課長補佐、春日井市部長、自治省、東大／53歳

〒761-8083 高松市三名町569-3 ☎087(814)5600
〒107-0052 港区赤坂2-17-10、宿舎 ☎03(5549)4671

香川県２区 258,730 投58.53

当94,530 玉木雄一郎 国前(63.5)
比54,334 瀬戸隆一 自元(36.5)

高松市(第1区に属しない区域)、丸亀市(綾歌・飯山市民総合センター管内)、坂出市、さぬき市、東かがわ市、木田郡、綾歌郡

玉木雄一郎（たまきゆういちろう）

国前 当5
香川県さぬき市寒川町 S44・5・1
勤15年2ヵ月（初/平21）

党代表、国家基本委、憲法審査会委、元民進党幹事長代理、財務省主計局課長補佐、東大法、ハーバード大院修了／55歳

〒769-2321 さぬき市寒川町石田東甲814-1 ☎0879(43)0280
〒107-0052 港区赤坂2-17-10、宿舎

香川県３区 240,033 投51.60

当94,437 大野敬太郎 自前(79.8)
23,937 尾崎淳一郎 共新(20.2)

丸亀市(第2区に属しない区域)、善通寺市、観音寺市、三豊市、仲多度郡

大野敬太郎（おおのけいたろう）

自前[無] 当4
香川県丸亀市 S43・11・1
勤11年10ヵ月（初/平24）

党総務会副会長、国会対策副委員長、党科技イノベ調査会長、党副幹事長、内閣府副大臣、防衛政務官、UCB、東大博士、東工大、同大学院修士／55歳

〒763-0082 丸亀市土器町東1-129-2 ☎0877(21)7711
〒100-8981 千代田区永田町2-2-1、会館 ☎03(3508)7132

愛媛県１区 385,321 投52.10

当119,633 塩崎彰久 自新(60.8)
比77,091 友近聡朗 立新(39.2)

松山市の一部(P176参照)

塩崎彰久（しおざきあきひさ）

自新[無] 当1
愛媛県松山市 S51・9・9
勤2年11ヵ月（初/令3）

厚生労働大臣政務官、厚労委、長島・大野・常松法律事務所パートナー弁護士、内閣官房長官秘書官、東大／47歳

〒790-0003 松山市三番町4-7-2 ☎089(941)4843

愛媛県２区 249,121 投52.73

当72,861 村上誠一郎 自前(57.5)
比42,520 石井智恵 国新(33.5)
11,358 片岡　朗 共新(9.0)

松山市(浮穴支所管内(北井門2丁目に属する区域を除く。)、久谷・北条・中島支所管内)、今治市、東温市、越智郡、伊予郡

むらかみせいいちろう
村上誠一郎 自前［無］ 当12
愛媛県今治市 S27・5・11
勤38年4ヵ月 (初/昭61)

決算行監委、国務大臣・内閣府特命担当大臣、財務副大臣、大蔵・石炭委員長、大蔵政務次官、東大法／72歳

〒794-0028 今治市北宝来町1-5-11 ☎0898(31)2600
〒107-0052 港区赤坂2-17-10、宿舎 ☎03(5549)4671

愛媛県３区 260,288 投57.42

当76,263 井原　巧 自新(51.6)
比当71,600 白石洋一 立前(48.4)

新居浜市、西条市、四国中央市

い はら たくみ
井原　巧 自新［無］ 当1(初/令3)※
愛媛県四国中央市 S38・11・13
勤9年(参6年1ヵ月)

総務委、消費者特委理、経産委、党文科部会長代理、経産・内閣府・復興大臣政務官、参議院議員、四国中央市長、県議、専修大／60歳

〒799-0413 四国中央市中曽根町411-5 ☎0896(23)8650
〒100-8982 千代田区永田町2-1-2、会館 ☎03(3508)7201

愛媛県４区 246,664 投59.16

当81,015 長谷川淳二 自新(56.6)
47,717 桜内文城 無元(33.3)
11,555 西井直人 共新(8.1)
1,547 藤島利久 無新(1.1)
1,319 前田龍夫 無新(0.9)

宇和島市、八幡浜市、大洲市、伊予市、西予市、上浮穴郡、喜多郡、西宇和郡、北宇和郡、南宇和郡

はせがわじゅんじ
長谷川淳二 自新［無］ 当1
岐阜県 S43・8・5
勤2年11ヵ月 (初/令3)

総務大臣政務官、総務委、党県連会長、党農林水産関係団体副委員長、総務省地域政策課長、愛媛県副知事、東大／56歳

〒798-0040 宇和島市中央町2-3-30 ☎0895(65)9410
〒100-8982 千代田区永田町2-1-2、会館 ☎03(3508)7453

高知県１区 310,468 投53.50

当104,837 中谷　元 自前(64.3)
比50,033 武内則男 立前(30.7)
比4,081 中島康治 N新(2.5)
4,036 川田永二 無新(2.5)

高知市の一部(P176参照)、室戸市、安芸市、南国市、香南市、香美市、安芸郡、長岡郡、土佐郡

なか たに げん
中谷　元 自前［無］ 当11
高知県高知市 S32・10・14
勤34年9ヵ月 (初/平2)

内閣総理大臣補佐官、防衛大臣、防衛庁長官、自治総括政務次官、郵政政務次官、衆総務委員長、中央政治大学院長、防衛大／66歳

〒781-5106 高知市介良乙278-1 タイシンビル2F ☎088(855)6678
〒107-0052 港区赤坂2-17-10、宿舎

※平25参院初当選

高知県２区 287,552 ㊣61.50

高知市(第1区に属しない区域)、土佐市、須崎市、宿毛市、土佐清水市、四万十市、吾川郡、高岡郡、幡多郡

当117,810 尾崎正直 自新(67.2)
比55,214 広田 一 立前(31.5)
2,171 広田晋一郎 N新(1.2)

おざき まさなお
尾﨑正直
自新[無] 当1
高知県高知市 S42・9・14
勤2年11ヵ月 (初/令3)

国土交通大臣政務官兼内閣府大臣政務官兼復興大臣政務官、デジタル大臣政務官、前高知県知事、東大／56歳

〒781-8010 高知市桟橋通3-25-31 ☎088(855)9140
〒100-8982 千代田区永田町2-1-2、会館 ☎03(3508)7619

比例代表 四国 6人

徳島、香川、愛媛、高知

やまもと ゆうじ
山本有二
自前[無] 当11
高知県 S27・5・11
勤34年9ヵ月 (初/平2)

予算委、憲法審委、党財務委員長、農林水産大臣、党道路調査会長、予算委員長、金融担当大臣、法務総括、弁護士、早大／72歳

〒781-8010 高知市桟橋通3-31-1 ☎088(803)7788
〒100-8981 千代田区永田町2-2-1、会館 ☎03(3508)7232

ひらい たくや
平井卓也
自前[無] 当8(初/平12)
香川県高松市 S33・1・25
勤24年4ヵ月 〈香川1区〉

国家基本委理、内閣委、党デジタル社会推進本部長、党広報本部長、初代デジタル大臣、デジタル改革担当相、内閣委長、電通、上智大／66歳

〒760-0025 高松市古新町4-3 ☎087(826)2811
〒100-8981 千代田区永田町2-2-1、会館 ☎03(3508)7307

せと たかかず
瀬戸隆一
自元[麻] 繰当3
香川県坂出市 S40・8・2
勤6年6ヵ月 (初/平24)

財務大臣政務官、財金委、総務省、岩手県警、郵政省、東京工業大学大学院／59歳

〒762-0007 坂出市室町2-5-20 ☎0877(44)1755
〒100-8981 千代田区永田町2-2-1、会館 ☎03(3508)7712

しらいし よういち
白石洋一
立前 当3(初/平21)
愛媛県 S38・6・25
勤10年4ヵ月 〈愛媛3区〉

国交委理事、党四国ブロック常任幹事、党国際局長代理、党政調副会長、米国監査法人、長銀、カリフォルニア大バークレー校MBA、東大法／61歳

〒793-0028 愛媛県西条市新田197-4 ☎0897(47)1000

山崎正恭（やまさき まさやす）

公新　当1
高知県高知市　S46・3・5
勤2年11ヵ月　（初/令3）

党教育改革推進本部事務局次長、農林水産委、高知県議、中京大、鳴門教育大学院／53歳

〒781-8010　高知市桟橋通4-12-36　ウィンビル1F　☎088(805)0607
〒100-8982　千代田区永田町2-1-2、会館　☎03(3508)7472

吉田とも代（よしだ ともよ）

維新　当1(初/令3)
兵庫県神戸市　S50・2・23
勤2年11ヵ月　〈徳島1区〉

党徳島県第1選挙区支部長、総務委、災害特委、徳島維新の会代表、丹波篠山市議、神戸松陰短大／49歳

〒770-0861　徳島市住吉2-1-10　☎088(635)1718
〒100-8982　千代田区永田町2-1-2、会館　☎03(3508)7001

比例代表　四国　6人

有効投票数　1,698,487票

政党名	当選者数	得票数	得票率
	惜敗率 小選挙区		惜敗率 小選挙区

自民党　3人　664,805票　39.14%

当①山本　有二 前
当②平井　卓也 前(78.46)香1
当②後藤田正純 前(77.81)徳1
　(令5.1.5辞職)
繰②瀬戸　隆一 元(57.48)香2
　(令5.1.17繰上)
⑬福山　守 前
⑭福井　照 前
⑮二川　弘康 新
⑯井桜　康司 新

【小選挙区での当選者】
②山口　俊一 前　徳2
②大野敬太郎 前　香3
②塩崎　彰久 新　愛1
②村上誠一郎 前　愛2
②井原　巧 新　愛3
②長谷川淳二 新　愛4
②中谷　元 前　高1
②尾崎　正直 新　高2

立憲民主党　1人　291,870票　17.18%

当①白石　洋一 前(93.89)愛3
①友近　聡朗 新(64.44)愛1
①中野真由美 新(56.55)徳2
①武内　則男 前(47.72)高1
①広田　一 前(46.87)高2
⑦長山　雅一 新
⑧小山田経子 新

【小選挙区での当選者】
①小川　淳也 前　香1

公明党　1人　233,407票　13.74%

当①山崎　正恭 新
②坂本　道応 新

日本維新の会　1人　173,826票　10.23%

当①吉田　知代 新(20.17)徳1
▼①町川　順子 新(17.60)香1
③佐藤　暁 新

その他の政党の得票数・得票率は下記のとおりです。
(当選者はいません)

政党名	得票数	得票率
国民民主党	122,082票	7.19%
共産党	108,021票	6.36%
れいわ新選組	52,941票	3.12%
社民党	30,249票	1.78%
NHKと裁判してる党弁護士法72条違反で	21,285票	1.25%

▼は小選挙区の得票が有効投票総数の10分の1未満で、復活当選の資格がない者

福岡県1区 453,215 投47.56

福岡市(東区、博多区)

当99,430	井上貴博	自前(47.5)
比53,755	坪田　晋	立新(25.7)
比当37,604	山本剛正	維元(18.0)
18,487	木村拓史	共新(8.8)

井上貴博（いのうえ たかひろ）

自前[麻]　当4
福岡県福岡市　S37・4・2
勤11年10ヵ月（初/平24）

党総括副幹事長、財務副大臣、財務大臣政務官、財務大臣補佐官、党国対副委員長、福岡県議、福岡JC理事長、獨協大法／62歳

〒812-0014 福岡市博多区比恵町2-1
博多エステートビル102号　☎092(418)9898

福岡県2区 449,552 投53.81

福岡市(中央区、南区の一部(P177参照)、城南区の一部(P177参照))

当109,382	鬼木　誠	自前(46.0)
比当101,258	稲富修二	立前(42.6)
比27,302	新開崇司	維新(11.5)

鬼木誠（おにき まこと）

自前[無]　当4
福岡県福岡市　S47・10・16
勤11年10ヵ月（初/平24）

防衛副大臣、前党国防部会長、元衆院安保委員長、衆院経産・国交・法務各委理事、環境政務官、県議、銀行員、九大法／51歳

〒810-0014 福岡市中央区平尾2-3-15　☎092(707)1972
〒107-0052 港区赤坂2-17-10、宿舎

福岡県3区 433,603 投54.42

福岡市(城南区(第2区に属しない区域)(P177参照)、早良区、西区)、糸島市

当135,031	古賀　篤	自前(57.9)
比98,304	山内康一	立前(42.1)

古賀篤（こが あつし）

自前[無]　当4
福岡県福岡市　S47・7・14
勤11年10ヵ月（初/平24）

内閣府副大臣、党厚労部会長、厚生労働副大臣、総務(兼)内閣府大臣政務官、国交委理事、金融庁課長補佐、財務省主計局主査、東大法／52歳

〒814-0015 福岡市早良区室見2-1-22 2F　☎092(822)5051
〒100-8982 千代田区永田町2-1-2、会館　☎03(3508)7081

福岡県4区 369,215 投53.97

宗像市、古賀市、福津市、糟屋郡

当96,023	宮内秀樹	自前(49.4)
比49,935	森本慎太郎	立新(25.7)
比当36,998	阿部弘樹	維新(19.0)
比11,338	竹内信昭	社新(5.8)

宮内秀樹（みやうち ひでき）

自前[無]　当4
愛媛県　S37・10・19
勤11年10ヵ月（初/平24）

党経済産業部会長、前文部科学委員長、元農林水産副大臣、党副幹事長、国土交通大臣政務官、青山学院大／61歳

〒811-3101 古賀市天神4-8-1　☎092(942)5510
〒100-8981 千代田区永田町2-2-1、会館　☎03(3508)7174

福岡県5区 454,493 投54.52

当125,315 堤　かなめ 立新(53.1)
110,706 原田義昭 自前(46.9)

福岡市(南区(第2区に属しない区域)(P177参照))、筑紫野市、春日市、大野城市、太宰府市、朝倉市、那珂川市、朝倉郡

堤　かなめ（つつみ）

立新　当1
福岡県　S35・10・27
勤2年11ヵ月　(初/令3)

厚労委、復興特委、党政調会長補佐、党福岡県連副代表、福岡県議(3期)、大学教員、NPO法人、九州大学／63歳

〒818-0072 筑紫野市二日市中央2-7-17-2F ☎092(409)0077
〒100-8982 千代田区永田町2-1-2、会館 ☎03(3508)7062

福岡県6区 374,631 投51.19

当125,366 鳩山二郎 自前(67.4)
比38,578 田辺　徹 立新(20.8)
12,565 河野一弘 共新(6.8)
5,612 組坂善昭 無新(3.0)
3,753 熊丸英治 N新(2.0)

久留米市、大川市、小郡市、うきは市、三井郡、三潴郡

鳩山二郎（はとやま じろう）

自前[無]　当3
東京都　S54・1・1
勤8年　(初/平28補)

内閣委、総務委、政治改革特委理、総務大臣政務官、国土交通大臣政務官兼内閣府大臣政務官、大川市長、法務大臣秘書官、杏林大／45歳

〒830-0018 久留米市通町1-1 2F ☎0942(39)2111
〒107-0052 港区赤坂2-17-10、宿舎

福岡県7区 288,733 投52.53

当92,233 藤丸　敏 自前(62.3)
比55,820 青木剛志 立新(37.7)

大牟田市、柳川市、八女市、筑後市、みやま市、八女郡

藤丸　敏（ふじまる さとし）

自前[無]　当4
福岡県　S35・1・19
勤11年10ヵ月　(初/平24)

財金委、安保委理、内閣府副大臣、党外交部会長代理、防衛政務官兼内閣府政務官、衆議院議員秘書、高校教師、東京学芸大学大学院中退／64歳

〒836-0842 大牟田市有明町2-1-16
ウドノビル4F ☎0944(57)6106

福岡県8区 349,058 投53.04

当104,924 麻生太郎 自前(59.6)
38,083 河野祥子 共新(21.6)
比32,964 大島九州男 れ新(18.7)

直方市、飯塚市、中間市、宮若市、嘉麻市、遠賀郡、鞍手郡、嘉穂郡

麻生太郎（あそう たろう）

自前[麻]　当14
福岡県飯塚市　S15・9・20
勤42年6ヵ月　(初/昭54)

党副総裁、前副総理・財務相・金融相、元首相、党幹事長、外相、総務相、党政調会長、経財相、経企庁長官、学習院大／83歳

〒820-0040 飯塚市吉原町10-7 ☎0948(25)1121
〒100-8981 千代田区永田町2-2-1、会館 ☎03(3508)7703

福岡県9区 380,277 投50.95	当91,591	緒方林太郎	無元(48.1)
	76,481	三原朝彦	自前(40.2)
	比22,273	真島省三	共元(11.7)

北九州市(若松区、八幡東区、八幡西区、戸畑区)

おがたりんたろう
緒方林太郎 無元(有志) 当3
福岡県 S48・1・8
勤9年1ヵ月 (初/平21)

内閣委、**予算委**、元外務省課長補佐、東大法中退/51歳

〒806-0045 北九州市八幡西区竹末2-2-21 ☎093(644)7077

福岡県10区 408,059 投48.00	当85,361	城井 崇	立前(44.5)
	81,882	山本幸三	自前(42.7)
	比21,829	西田主税	維新(11.4)
	2,840	大西啓雅	無新(1.5)

北九州市(門司区、小倉北区、小倉南区)

き い たかし
城井 崇 立前 当4
福岡県北九州市 S48・6・23
勤12年2ヵ月 (初/平15)

国交委筆頭理、**憲法審委**、**地・こ・デジ特委**、**党政調会長代理**、**広報本部副本部長**、**子ども若者応援本部副本部長**、**憲法調査会副会長**、**県連代表**、文科大臣政務官、社会福祉法人評議員、衆院議員秘書、京大/51歳

〒802-0072 北九州市小倉北区東篠崎1-4-1 TAKAビル片野2F ☎093(941)7767
〒100-8981 千代田区永田町2-2-1、会館 ☎03(3508)7389

福岡県11区 256,676 投54.28	当75,997	武田良太	自前(55.8)
	40,996	村上智信	無新(30.1)
	比19,310	志岐玲子	社新(14.2)

田川市、行橋市、豊前市、田川郡、京都郡、築上郡

たけ だ りょう た
武田良太 自前[無] 当7
福岡県福智町(旧赤池町) S43・4・1
勤20年11ヵ月 (初/平15)

総務大臣、国家公安委員長、内閣府特命担当大臣(防災)、幹事長特別補佐、防衛副大臣・政務官、安保委員長、早大院修了/56歳

〒826-0041 福岡県田川市大字弓削田3513-1 ☎0947(46)0224
〒107-0052 港区赤坂2-17-10、宿舎

佐賀県1区 333,792 投56.19	当92,452	原口一博	立前(50.0)
	比当92,319	岩田和親	自前(50.0)

佐賀市、鳥栖市、神埼市、神埼郡、三養基郡

はら ぐち かず ひろ
原口一博 立前 当9
佐賀県 S34・7・2
勤28年1ヵ月 (初/平8)

財金委、党副代表、国会対策委員長代行、県連代表、国家基本委理、政倫審幹事、総務大臣、県議、松下政経塾、東大/65歳

〒849-0922 佐賀市高木瀬東2-5-41 ☎0952(32)2321
〒107-0052 港区赤坂2-17-10、宿舎

佐賀県２区 340,930 投60.75

当106,608 大串博志 立前(52.0)
比当98,224 古川 康 自前(48.0)

唐津市、多久市、伊万里市、武雄市、鹿島市、小城市、嬉野市、東松浦郡、西松浦郡、杵島郡、藤津郡

おおぐしひろし
大串博志 立前 当6
佐賀県白石町 S40・8・31
勤19年1ヵ月 (初/平17)

党選対委員長、懲罰委、党税調会長、首相補佐官、財務大臣政務官、財務省主計局主査、東大/59歳

〒849-0302 小城市牛津町柿樋瀬1062-1 セリオ2F ☎0952(66)5776
〒107-0052 港区赤坂2-17-10、宿舎 ☎03(5549)4671

長崎県１区 334,139 投55.25

当101,877 西岡秀子 国前(56.1)
比69,053 初村滝一郎 自新(38.0)
10,754 安江綾子 共新(5.9)

長崎市(本庁管内、小ケ倉・土井首・小榊・西浦上・滑石・福田・深堀・日見・茂木・式見・東長崎・三重支所管内、香焼・伊王島・高島・野母崎・三和行政センター管内)

にしおかひでこ
西岡秀子 国前 当2
長崎県長崎市 S39・3・15
勤7年 (初/平29)

総務委、文科委、党政調会長代理、党副幹事長、党男女共同参画推進本部長代理、党長崎県連代表、国会議員秘書、学習院大法/60歳

〒850-0842 長崎市新地町5-6 ☎095(821)2077
〒100-8982 千代田区永田町2-1-2、会館 ☎03(3508)7343

長崎県２区 293,298 投57.03

当95,271 加藤竜祥 自新(58.2)
比68,405 松平浩一 立前(41.8)

長崎市(第1区に属しない区域)、島原市、諫早市、雲仙市、南島原市、西彼杵郡

かとうりゅうしょう
加藤竜祥 自新[無] 当1
長崎県島原市 S55・2・10
勤2年11ヵ月 (初/令3)

農水委、経産委、消費者特委、国土交通大臣政務官兼内閣府大臣政務官兼復興大臣政務官、衆議院議員秘書、日大経/44歳

〒854-0026 諫早市東本町2-4三央ビル2F ☎0957(35)1000
〒107-0052 港区赤坂2-17-10、宿舎 ☎03(5549)4671

長崎県３区 236,525 投60.93

(総選挙の結果はP168参照)**補選**(令和6.4.28)

当53,381 山田勝彦 立前(68.4)
24,709 井上翔一朗 維新(31.6)

佐世保市(早岐・三川内・宮支所管内)、大村市、対馬市、壱岐市、五島市、東彼杵郡、北松浦郡(小値賀町)、南松浦郡
令和6年1月24日谷川弥一議員辞職

やまだかつひこ
山田勝彦 立前 補当2(初/令3)
長崎県長崎市 S54・7・19
勤3年

法務委、農水委、消費者特委、障がい福祉施設代表、衆議員秘書、法政大/45歳

〒856-0805 大村市竹松本町859-1 ☎0957(46)3788
〒107-0052 港区赤坂2-17-10、宿舎

長崎県4区 250,004 ㊓55.08

佐世保市(第3区に属しない区域)、平戸市、松浦市、西海市、北松浦郡(佐々町)
令和5年5月20日、北村誠吾議員死去

(総選挙の結果はP168参照)
補選(令和5.10.22)

当53,915 金子容三 自新(53.5)
46,899 末次精一 立前(46.5)

かねこようぞう
金子容三

自新[無] 補当1
長崎県 S58・2・1
勤11ヵ月 (初/令5補)

厚労委、環境委、災害特委、消費者特委、党青年局次長、会社員、慶大法、ウィリアム&メアリー大院修了/41歳

〒857-0028 佐世保市八幡町4-3-107 ☎0956(23)5151
〒100-8982 千代田区永田町2-1-2、会館 ☎03(3508)7627

熊本県1区 421,038 ㊓52.91

熊本市(中央区、東区、北区)

当131,371 木原稔 自前(61.0)
比83,842 濱田大造 立新(39.0)

きはらみのる
木原稔

自前[無] 当5
熊本県熊本市 S44・8・12
勤15年9ヵ月 (初/平17)

防衛大臣、国土交通委員長、党政調副会長兼事務局長、選対副委員長、文科部会長、青年局長、総理補佐官、財務副大臣、防衛政務官、日本航空、早大/55歳

〒862-0976 熊本市中央区九品寺2-8-17 九品寺サンシャイン1F ☎096(273)6833
〒100-8982 千代田区永田町2-1-2、会館 ☎03(3508)7450

熊本県2区 314,184 ㊓58.67

熊本市(西区、南区)、荒尾市、玉名市、玉名郡

当110,310 西野太亮 無新(60.6)
60,091 野田毅 自前(33.0)
11,521 橋田芳昭 共新(6.3)

にしのだいすけ
西野太亮

自新[無] 当1
熊本県熊本市 S53・9・22
勤2年11ヵ月 (初/令3)

総務委、農水委、震災復興特委、党青年局次長、財務省主計局主査、復興庁参事官補佐、コロンビア大学院、東大/45歳

〒861-4101 熊本市南区近見7-5-40 ☎096(355)5008
〒100-8981 千代田区永田町2-2-1、会館 ☎03(3508)7144

熊本県3区 315,296 ㊓57.37

山鹿市、菊池市、阿蘇市、合志市、菊池郡、阿蘇郡、上益城郡

当125,158 坂本哲志 自前(71.2)
比37,832 馬場功世 社新(21.5)
12,909 本間明子 N新(7.3)

さかもとてつし
坂本哲志

自前[無] 当7
熊本県菊池郡 S25・11・6
勤19年1ヵ月 (初/平15)

農林水産大臣、党組織運動本部長代理、内閣府特命担当大臣、農林水産委員長、県議、新聞記者、中大法/73歳

〒869-1235 菊池郡大津町室122-4 ☎096(293)7990
〒100-8982 千代田区永田町2-1-2、会館 ☎03(3508)7034

熊本県４区 404,286 投 57.50

当155,572 金子恭之 自前(68.1)
比72,966 矢上雅義 立前(31.9)

八代市、人吉市、水俣市、天草市、宇土市、上天草市、宇城市、下益城郡、八代郡、葦北郡、球磨郡、天草郡

金子恭之（かねこやすし）

自前[無] 当8
熊本県あさぎり町 S36・2・27
勤24年4ヵ月 (初/平12)

党組織運動本部長、総務大臣、党総務会長代理、党政調会長代理、党副幹事長、国土交通副大臣、農水政務官、早大／63歳

〒866-0814 八代市東片町463-1 ☎0965(39)8366

大分県１区 385,469 投 53.17

当97,117 吉良州司 無前(48.8)
比75,932 高橋舞子 自新(38.1)
15,889 山下魁 共新(8.0)
6,216 西宮重貴 無新(3.1)
4,001 野中美咲 N新(2.0)

大分市の一部(P177参照)

吉良州司（きらしゅうじ）

無前(有志) 当6
大分県 S33・3・16
勤18年11ヵ月 (初/平15)

外務委、有志の会(会派)代表、元外務副大臣、外務大臣政務官、沖北特委長、日商岩井ニューヨーク部長、東大法／66歳

〒870-0820 大分市西大道2-4-2 ☎097(545)7777
〒100-8982 千代田区永田町2-1-2、会館 ☎03(3508)7412

大分県２区 267,779 投 60.45

当79,433 衛藤征士郎 自前(50.2)
比当78,779 吉川元 立前(49.8)

大分市(第1区に属しない区域)、日田市、佐伯市、臼杵市、津久見市、竹田市、豊後大野市、由布市、玖珠郡

衛藤征士郎（えとうせいしろう）

自前[無] 当13(初/昭58)※
大分県 S16・4・29
勤47年(参6年1ヵ月)

予算委、衆議院副議長、予算委員長、外務副大臣、決算・大蔵委長、防衛庁長官、参院議員、玖珠町長、早大院／83歳

〒876-0833 佐伯市池船町21-1 ☎0972(24)0003
〒107-0052 港区赤坂2-17-10、宿舎

大分県３区 301,700 投 59.67

当102,807 岩屋毅 自前(58.4)
比73,159 横光克彦 立前(41.6)

別府市、中津市、豊後高田市、杵築市、宇佐市、国東市、東国東郡、速見郡

岩屋毅（いわやたけし）

自前[無] 当9
大分県別府市 S32・8・24
勤27年9ヵ月 (初/平2)

情報監視審査会長、予算委、憲法審、党治安テロ調査会長、防衛大臣、外務副大臣、防衛政務官、文科委員長、県議、早大政経／67歳

〒874-0933 別府市野口元町1-3 富士吉ビル2F ☎0977(21)1781
〒107-0052 港区赤坂2-17-10、宿舎 ☎03(5549)4671

※昭52参院初当選

宮崎県1区 354,691 投 53.29

宮崎市、東諸県郡

当60,719 渡 辺 創 立新(32.6)
比当59,649 武井俊輔 自前(32.0)
43,555 脇谷のりこ 無新(23.4)
比22,350 外山 斎 維新(12.0)

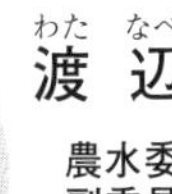

わた なべ そう
渡 辺 創 立新 当1
宮崎県宮崎市 S52・10・3
勤2年11ヵ月 (初/令3)

農水委、災害特委理、党県連代表、党組織委副委員長、党災害・緊急事態局事務局長、宮崎県議、毎日新聞記者、新潟大/46歳

〒880-0001 宮崎市橘通西5-5-19 ☎0985(77)8777
〒107-0052 港区赤坂2-17-10、宿舎

宮崎県2区 273,071 投 56.28

延岡市、日向市、西都市、児湯郡、東臼杵郡、西臼杵郡

当94,156 江 藤 拓 自前(62.2)
比当57,210 長友慎治 国新(37.8)

え とう たく
江 藤 拓 自前[無] 当7
宮崎県門川町 S35・7・1
勤20年11ヵ月 (初/平15)

農水委、党総合農林政策調査会長、農水大臣、内閣総理大臣補佐官、災害特委員長、拉致特委員長、成城大/64歳

〒883-0021 日向市大字財光寺233-1 ☎0982(53)1367
〒100-8982 千代田区永田町2-1-2、会館 ☎03(3508)7468

宮崎県3区 274,053 投 51.53

都城市、日南市、小林市、串間市、えびの市、北諸県郡、西諸県郡

当111,845 古川禎久 自前(80.7)
20,342 松本 隆 共新(14.7)
6,347 重黒木優平 N新(4.6)

ふる かわ よし ひさ
古 川 禎 久 自前[無] 当7
宮崎県串間市 S40・8・3
勤20年11ヵ月 (初/平15)

党団体総局長、財政健全化推進本部長、司法制度調査会長、税制調査会副会長、道路調査会事務総長、法務大臣、財務副大臣、東大法/59歳

〒885-0006 都城市吉尾町811-7 ☎0986(47)1881
〒107-0052 港区赤坂2-17-10、宿舎

鹿児島県1区 358,070 投 54.10

鹿児島市(本庁管内、伊敷・東桜島・吉野・吉田・桜島・松元・郡山支所管内)、鹿児島郡

当101,251 宮路拓馬 自前(53.2)
比89,232 川内博史 立前(46.8)

みや じ たく ま
宮 路 拓 馬 自前[無] 当3
鹿児島県南さつま市 S54・12・6
勤9年10ヵ月 (初/平26)

議運委、予算委、外務委、災害特委理、政倫審委、党総務、国対副委員長、内閣府政務官、総務政務官、総務省課長補佐、内閣官房参事官補佐、広島市財政課長、東大法/44歳

〒892-0838 鹿児島市新屋敷町16-422 公社ビル ☎099(295)4860
〒100-8981 千代田区永田町2-2-1、会館 ☎03(3508)7206

鹿児島県2区 337,186 ㊙ 58.58

鹿児島市(谷山・喜入支所管内)、枕崎市、指宿市、南さつま市、奄美市、南九州市、大島郡

当92,614	三反園　訓	無新(47.7)
80,469	金子万寿夫	自前(41.4)
比21,084	松崎真琴	共新(10.9)

み た ぞの　さとし
三反園　訓

無新(自民)　当1
鹿児島県指宿市　S33・2・13
勤2年11ヵ月　(初/令3)

決算行監委、鹿児島県知事、ニュースキャスター、政治記者、総理官邸各省庁キャップ、早大大学院非常勤講師、早大／66歳

〒891-0141　鹿児島市谷山中央3-4701-4　☎099(266)3333
〒100-8982　千代田区永田町2-1-2、会館　☎03(3508)7511

鹿児島県3区 318,530 ㊙ 61.39

阿久根市、出水市、薩摩川内市、日置市、いちき串木野市、伊佐市、姶良市、薩摩郡、出水郡、姶良郡

当104,053	野間　健	立元(53.9)
比当89,110	小里泰弘	自前(46.1)

の ま　たけし
野間　健

立元　当3
鹿児島県日置市　S33・10・8
勤7年9ヵ月　(初/平24)

農林水産委筆頭理事、原子力特委、国民新党政調会長、国務大臣秘書官、商社員、松下政経塾、慶大／65歳

〒895-0061　薩摩川内市御陵下町27-23　☎0996(22)1505
〒100-8982　千代田区永田町2-1-2、会館　☎03(3508)7027

鹿児島県4区 325,670 ㊙ 57.16

鹿屋市、西之表市、垂水市、曽於市、霧島市、志布志市、曽於郡、肝属郡、熊毛郡

当127,131	森山　裕	自前(69.5)
比49,077	米永淳子	社新(26.8)
6,618	宮川直輝	N新(3.6)

もり やま　ひろし
森山　裕

自前[無]　当7(初/平16補)※
鹿児島県鹿屋市　S20・4・8
勤26年4ヵ月(参5年10ヵ月)

党総務会長、党選対委員長、党国対委員長、党政調会長代理、農林水産大臣、財務副大臣、参議院議員、鹿児島市議会議長5期、日新高校(旧鶴丸高夜間課程)／79歳

〒893-0015　鹿屋市新川町671-2　☎0994(31)1035
〒100-8981　千代田区永田町2-2-1、会館　☎03(3508)7164

沖縄県1区 267,939 ㊙ 55.89

那覇市、島尻郡(渡嘉敷村、座間味村、粟国村、渡名喜村、南大東村、北大東村、久米島町)

当61,519	赤嶺政賢	共前(42.2)
比当54,532	国場幸之助	自前(37.4)
29,827	下地幹郎	無前(20.4)

あか みね せい けん
赤嶺政賢

共前　当8
沖縄県那覇市　S22・12・18
勤24年4ヵ月　(初/平12)

党沖縄県委員長、党幹部会委員、安保委、沖北特委、憲法審委、那覇市議、東京教育大／76歳

〒900-0016　那覇市前島3-1-17　☎098(862)7521
〒100-8981　千代田区永田町2-2-1、会館　☎03(3508)7196

※平10参院初当選

沖縄県2区 294,848 投 54.82

宜野湾市、浦添市、中頭郡

当74,665 新垣邦男 社新(47.4)
比当64,542 宮崎政久 自前(41.0)
比15,296 山川泰博 維新(9.7)
3,053 中村幸也 N新(1.9)

新垣邦男（あらかきくにお）

社新 当1(初/令3)
沖縄県 S31・6・19
勤2年11ヵ月 〈沖縄2区〉

党副党首、政審会長、国対委員長、安保委、沖北特委、元北中城村長、日大／68歳

〒901-2212 宜野湾市長田4-16-11 ☎098(892)2131
〒107-0052 港区赤坂2-17-10、宿舎

沖縄県3区 316,908 投 54.00

名護市、沖縄市、うるま市、国頭郡、島尻郡(伊平屋村、伊是名村)

当87,710 島尻安伊子 自新(52.1)
比80,496 屋良朝博 立前(47.9)

島尻安伊子（しまじりあいこ）

自新[無] 当1(初/令3)※
宮城県仙台市 S40・3・4
勤12年4ヵ月(参9年5ヵ月)

予算委理、沖北特委理、外務委、党副幹事長、内閣府特命担当大臣、参院環境委員長、党沖縄県連会長、参院議員、那覇市議、上智大／59歳

〒904-2172 沖縄市泡瀬4-24-16 ☎098(921)3144
〒100-8981 千代田区永田町2-2-1、会館 ☎03(3508)7265

沖縄県4区 295,455 投 55.05

石垣市、糸満市、豊見城市、宮古島市、南城市、島尻郡(与那原町、南風原町、八重瀬町)、宮古郡、八重山郡

当87,671 西銘恒三郎 自前(54.9)
比72,031 金城徹 立新(45.1)

西銘恒三郎（にしめこうさぶろう）

自前[無] 当6
沖縄県 S29・8・7
勤17年7ヵ月 (初/平15)

党幹事長代理、衆沖北特委筆理、外務委、復興・沖北担当大臣、沖北特筆理、安保・国交委員長、経産・総務副大臣、国交政務官、予算委理、県議4期、上智大／70歳

〒901-1115 沖縄県島尻郡南風原町字山川286-1(2F) ☎098(888)5360
〒100-8982 千代田区永田町2-1-2、会館 ☎03(3508)7218

比例代表 九州 20人

福岡、佐賀、長崎、熊本、大分、宮崎、鹿児島、沖縄

今村雅弘（いまむらまさひろ）

自前[無] 当9
佐賀県鹿島市 S22・1・5
勤28年1ヵ月 (初/平8)

党物流調査会長、予算委、元復興大臣、農林水産副大臣、国交・外務政務官、衆国交委長、JR九州、東大法／77歳

〒840-0032 佐賀市末広2-13-36 ☎0952(27)8015
〒100-8982 千代田区永田町2-1-2、会館 ☎03(3508)7610

※平19補参院初当選

やす おか ひろ たけ
保岡宏武
自新［無］ 当1
鹿児島県 S48・5・6
勤2年11ヵ月 （初/令3）

総務委、農水委、消費者特委、地・こ・デジ特委、衆議員保岡興治公設第一秘書、鹿児島事務所長、青山学院大法学部、鹿児島大学大学院農学研究科／51歳

〒891-0114 鹿児島市小松原2-14-15 新西ビル2F ☎099(296)8948
〒106-0032 港区六本木7-1-3、宿舎

いわ た かず ちか
岩田和親
自前［無］ 当4(初/平24)
佐賀県 S48・9・20
勤11年10ヵ月 **〈佐賀1区〉**

経産・内閣府副大臣、党経産部会長、経産・内閣府・復興・GX大臣政務官、防衛大臣政務官、佐賀県議、九州大法／50歳

〒840-0045 佐賀市西田代2-3-14-1 ☎0952(23)7880
〒107-0052 港区赤坂2-17-10、宿舎

たけ い しゅん すけ
武井俊輔
自前［無］ 当4(初/平24)
宮崎県宮崎市 S50・3・29
勤11年10ヵ月 **〈宮崎1区〉**

国交委理、外務委、沖北特委、消費者特委理、外務副大臣、党国対副委員長、県水泳連盟会長、県議、早大院、中大／49歳

〒880-0805 宮崎市橘通東2-1-4 テヅカビル1F ☎0985(28)7608
〒100-8982 千代田区永田町2-1-2、会館 ☎03(3508)7388

ふる かわ やすし
古川　康
自前［無］ 当3(初/平26)
佐賀県唐津市 S33・7・15
勤9年10ヵ月 **〈佐賀2区〉**

党農林部会長代理、畜産・酪農対策委員長、農林水産関係団体委員長、高専小委幹事長、報道局次長、国土交通大臣政務官、総務大臣政務官、党税調幹事、財政金融証券関係団体委員長、佐賀県知事、東大／66歳

〒847-0052 唐津市呉服町1790 ☎0955(74)7888
〒107-0052 港区赤坂2-17-10、宿舎

こく ば こう の すけ
國場幸之助
自前［無］ 当4(初/平24)
沖縄県 S48・1・10
勤11年10ヵ月 **〈沖縄1区〉**

国土交通副大臣、党国防部会長、中小企業・小規模事業者政策調査会事務局長、外務大臣政務官、党副幹事長、党沖縄県連会長、県議、会社員、早大卒、日大中退／51歳

〒900-0033 那覇市久米2-31-1 マリーナヴィスタ久米2F ☎098(861)6813
〒100-8982 千代田区永田町2-1-2、会館 ☎03(3508)7741

みや ざき まさ ひさ
宮崎政久
自前［無］ 当4(初/平24)
長野県 S40・8・8
勤10年9ヵ月 **〈沖縄2区〉**

厚生労働副大臣、党法務部会長、法務大臣政務官、党経産部会長代理、国交部会長代理、弁護士、明大法／59歳

〒901-2211 宜野湾市宜野湾1-1-1 2F ☎098(893)2955
〒107-0052 港区赤坂2-17-10、宿舎 ☎03(5549)4671

おざと やすひろ
小里泰弘
自 前［無］ 当6（初/平17）
鹿児島県 S33・9・29
勤19年1ヵ月 **〈鹿児島3区〉**

内閣総理大臣補佐官、党総務会長代理、災害特委員長、農水副大臣、農水委員長、環境（兼）内閣府副大臣、慶大／65歳

〒895-0012 鹿児島県薩摩川内市平佐1-10 ☎0996（23）5888
〒100-8981 千代田区永田町2-2-1、会館 ☎03（3508）7247

よしかわ はじめ
吉川 元
立 前 当4（初/平24）
香川県 S41・9・28
勤11年10ヵ月 **〈大分2区〉**

文科委、総務委理、党国対副委員長、社民党副党首、政策秘書、神戸大中退／57歳

〒875-0041 大分県臼杵市大字臼杵195 ☎0972（64）0370
〒107-0052 港区赤坂2-17-10、宿舎

いなとみしゅうじ
稲富修二
立 前 当3（初/平21）
福岡県 S45・8・26
勤10年4ヵ月 **〈福岡2区〉**

財金委、政倫審幹事、党副幹事長、財務局長、党政調副会長、丸紅、松下政経塾、東大法、米コロンビア大院修了／54歳

〒815-0041 福岡市南区野間4-1-35-107 ☎092（557）8501
〒100-8982 千代田区永田町2-1-2、会館 ☎03（3508）7515

やらともひろ
屋良朝博
立 元 繰当2（初/平31）
沖縄県 S37・8・22
勤3年6ヵ月 **〈沖縄3区〉**

沖北特委理事、安保委、環境委、沖縄タイムス論説委員、ハワイ東西センター客員研究員、沖縄国際大学非常勤講師、フィリピン大／62歳

〒904-2155 沖縄市美原4-22-12 B203号 ☎098（929）2416
〒100-8981 千代田区永田町2-2-1、会館 ☎03（3508）7904

かわうちひろし
川内博史
立 元 繰当7（初/平8）
鹿児島県鹿児島市 S36・11・2
勤20年9ヵ月 **〈鹿児島1区〉**

農林水産委、党鹿児島県連選対委員長、会社役員、早大／62歳

〒890-0056 鹿児島市下荒田1-6-23-2F ☎099（206）2422
〒100-8981 千代田区永田町2-2-1、会館 ☎03（3508）7176

はまちまさかず
濵地雅一
公 前 当4
福岡県福岡市 S45・5・8
勤11年10ヵ月 （初/平24）

厚生労働副大臣、党福岡県本部代表、外務大臣政務官、弁護士、早大法学部／54歳

〒812-0023 福岡市博多区奈良屋町11-6 奈良屋ビル2F ☎092（262）6616
〒100-8981 千代田区永田町2-2-1、会館 ☎03（3508）7235

よしだのぶひろ
吉田宣弘
公前 当3
熊本県荒尾市 S42・12・8
勤6年6ヵ月 (初/平26)

経済産業・内閣府・復興政務官、党熊本県本部顧問、元福岡県議、元参院議員秘書、九州大学/56歳

〒862-0910 熊本市東区健軍本町26-10-2FA ☎096(285)3685
〒100-8981 千代田区永田町2-2-1、会館 ☎03(3508)7276

きんじょうやすくに
金城泰邦
公新 当1
沖縄県浦添市 S44・7・16
勤2年11ヵ月 (初/令3)

外務委、予算委、沖北特委理、党外交部会部会長代理、党内閣部会副部会長、党沖縄県本部代表代行、沖縄県議、浦添市議、沖縄国際大/55歳

〒901-2114 浦添市安波茶1-6-5 3F ☎098(870)7120
〒107-0052 港区赤坂2-17-10、宿舎

よしだくみこ
吉田久美子
公新 当1
佐賀県 S38・7・19
勤2年11ヵ月 (初/令3)

党女性委員会副委員長、内閣委、厚労委、消費者特委理、佐賀大教育学部/61歳

〒818-0072 筑紫野市二日市中央6-3-1-202 ☎092(929)2801
〒100-8982 千代田区永田町2-1-2、会館 ☎03(3508)7055

あべひろき
阿部弘樹
維新 当1(初/令3)
福岡県 S36・12・15
勤2年11ヵ月 〈福岡4区〉

法務委、原子力特委、福岡県議、津屋崎町長、厚生省課長補佐、保健所、医師、医博、熊本大学大学院/62歳

〒811-2207 福岡県糟屋郡志免町南里3-4-1 ☎092(957)8760
〒100-8982 千代田区永田町2-1-2、会館 ☎03(3508)7480

やまもとごうせい
山本剛正
維元 当2(初/平21)
東京都 S47・1・1
勤6年3ヵ月 〈福岡1区〉

経産委、商社員、会社役員、衆議院議員秘書、駒澤大学/52歳

〒812-0001 福岡市博多区大井2-13-23 ☎092(621)0120

たむらたかあき
田村貴昭
共前 当3(初/平26)
大阪府枚方市 S36・4・30
勤9年10ヵ月

党中央委員、農水委、財金委、災害特委、北九州市議、北九州大学法学部政治学科/63歳

〒810-0022 福岡市中央区薬院3-13-12 大場ビル3F ☎092(526)1933
〒107-0052 港区赤坂2-17-10、宿舎

ながともしんじ
長友慎治

国新　当1(初/令3)
宮崎県宮崎市　S52・6・22
勤2年11ヵ月　〈宮崎2区〉

農水委、政治改革特委、党政調副会長、NPO法人フードバンク日向理事長、日向市産業支援センター長、㈱博報堂ケトル、早大法／47歳

〒882-0823　延岡市中町2-2-20　☎0982(20)2011
〒100-8982　千代田区永田町2-1-2、会館　☎03(3508)7212

比例代表　九州　20人

有効投票数　6,307,040票

政党名	当選者数	得票数	得票率
	惜敗率 小選挙区		惜敗率 小選挙区

自民党　8人　2,250,966票　35.69%

当①今村　雅弘 前
当②保岡　宏武 新
当③岩田　和親 前(99.86)佐1
当③武井　俊輔 前(98.24)宮1
当③古川　　康 前(92.14)佐2
当③国場幸之助 前(88.41)沖1
当③宮崎　政久 前(86.44)沖2
当③小里　泰弘 前(85.64)鹿3
③高橋　舞子 新(78.19)大1
③初村滝一郎 新(67.78)長1
㉘河野　正美 元
㉙新　　義明 新
㉚田畑　隆治 新

【小選挙区での当選者】
③井上　貴博 前　福1
③鬼木　　誠 前　福2
③古賀　　篤 前　福3
③宮内　秀樹 前　福4
③鳩山　二郎 前　福6
③藤丸　　敏 前　福7
③武田　良太 前　福11
③加藤　竜祥 新　長2
③木原　　稔 前　熊1
③坂本　哲志 前　熊3
③金子　恭之 前　熊4
③岩屋　　毅 前　大3
③江藤　　拓 前　宮2
③古川　禎久 前　宮3
③宮路　拓馬 前　鹿1
③島尻安伊子 新　沖3
③西銘恒三郎 前　沖4

立憲民主党　4人　1,266,801票　20.09%

当①末次　精一 新(99.30)長4
(令5.10.10失職)
当①吉川　　元 前(99.18)大2
当①山田　勝彦 新(96.45)長3
(令6.4.16失職、4.28補選当選)
当①稲富　修二 前(92.57)福2
繰①屋良　朝博 前(91.78)沖3
(令5.10.18繰上)
繰①川内　博史 前(88.13)鹿1
(令6.4.24繰上)
①金城　　徹 新(82.16)沖4
①山内　康一 前(72.80)福3
①松平　浩一 前(71.80)長2
①横光　克彦 前(71.16)大3
①濱田　大造 新(63.82)熊1
①青木　剛志 新(60.52)福7
①坪田　　晋 新(54.06)福1
①森本慎太郎 新(52.00)福4
①矢上　雅義 前(46.90)熊4
①田辺　　徹 新(30.77)福6
㉓出口慎太郎 新
㉔大川　富洋 新
㉕川西　義人 新

【小選挙区での当選者】
①堤　かなめ 新　福5
①城井　　崇 前　福10
①原口　一博 前　佐1
①大串　博志 前　佐2
①渡辺　　創 新　宮1
①野間　　健 元　鹿3

公明党　4人　1,040,756票　16.50%

当①浜地　雅一 前
当②吉田　宣弘 前
当③金城　泰邦 新
当④吉田久美子 新
⑤窪田　哲也 新
⑥中山　英一 新

日本維新の会　2人　540,338票　8.57%

当①阿部　弘樹 新(38.53)福4
当①山本　剛正 元(37.82)福1
①外山　　斎 新(36.81)宮1
①西田　主税 新(25.57)福10
①新開　崇司 新(24.96)福2
▼①山川　泰博 新(20.49)沖2

共産党　1人　365,658票　5.80%

当②田村　貴昭 前
③真島　省三 元　福9
④松崎　真琴 新　鹿2

【小選挙区での当選者】
①赤嶺　政賢 前　沖1

国民民主党　1人　279,509票　4.43%

当①長友　慎治 新(60.76)宮2
③前野真実子 新

【小選挙区での当選者】
①西岡　秀子 前　長1

その他の政党の得票数・得票率は下記のとおりです。
(当選者はいません)

政党名	得票数	得票率
れいわ新選組	243,284票	3.86%
社民党	221,221票	3.51%
NHKと裁判してる党弁護士法72条違反で	98,506票	1.56%

衆議院選挙結果(未掲載分)

【千葉県5区】(P81参照)
当111,985 薗浦健太郎 自前(47.0)
比69,887 矢崎堅太郎 立新(29.3)
比32,241 椎木　保 維元(13.5)
比24,307 鴇田　敦 国新(10.2)

【東京都15区】(P96参照)
当76,261 柿沢未途 自前(32.0)
比58,978 井戸正枝 立元(24.7)
比44,882 金沢結衣 維新(18.8)
26,628 今村洋史 無元(11.2)
17,514 猪野　隆 無新(7.3)
9,449 桜井　誠 諸新(4.0)
4,608 吉田浩司 無新(1.9)

【和歌山県1区】(P135参照)
当103,676 岸本周平 国前(62.7)
比61,608 門　博文 自前(37.3)

【島根県1区】(P143参照)
当90,638 細田博之 自前(56.0)
比66,847 亀井亜紀子 立前(41.3)
4,318 亀井彰子 無新(2.7)

【山口県2区】(P146参照)
当109,914 岸　信夫 自前(76.9)
32,936 松田一志 共新(23.1)

【山口県4区】(P147参照)
当80,448 安倍晋三 自前(69.7)
比19,096 竹村克司 れ新(16.6)
15,836 大野頼子 無新(13.7)

【長崎県3区】(P158参照)
当57,223 谷川弥一 自前(40.7)
比当55,189 山田勝彦 立新(39.2)
25,566 山田博司 無新(18.2)
2,750 石本啓之 諸新(2.0)

【長崎県4区】(P159参照)
当55,968 北村誠吾 自前(42.1)
比当55,577 末次精一 立新(41.8)
16,860 萩原　活 無新(12.7)
4,675 田中隆治 無新(3.5)

▼は小選挙区の得票が有効投票総数の10分の1未満で、復活当選の資格がない者

衆議院小選挙区区割り詳細（未掲載分）

【北海道1区の札幌市北区・西区の一部】（P53参照）
北区（本庁管内（北六条西1～9丁目、北七条西1～10丁目、北八条西1～11丁目、北九条西1～11丁目、北十条西1～11丁目、北十一条西1～11丁目、北十二条西5～12丁目、北十三条西5～12丁目、北十四条西5～13丁目、北十五条西6～13丁目、北十六条西6～13丁目、北十七条西7～13丁目））、**西区**（山の手一条1～13丁目、山の手二条1～12丁目、山の手三条1～12丁目、山の手四条1～11丁目、山の手五条1～10丁目、山の手六条1～9丁目、山の手七条5～8丁目、山の手、二十四軒一条1～7丁目、二十四軒二条1～7丁目、二十四軒三条1～7丁目、二十四軒四条1～7丁目、琴似一条1～7丁目、琴似二条1～7丁目、琴似三条1～7丁目、琴似四条1～7丁目、発寒六条14丁目、発寒七条14丁目、発寒八条13丁目（14番）、発寒八条14丁目、発寒九条13丁目（5番から7番まで）、発寒九条14丁目、小別沢、宮の沢一条1～5丁目、宮の沢二条1～5丁目、宮の沢三条2～5丁目、宮の沢四条3～5丁目、宮の沢、西町南1～21丁目、西町北1～20丁目、西野一条1～9丁目、西野二条1～10丁目、西野三条1～10丁目、西野四条1～10丁目、西野五条1～10丁目、西野六条1～10丁目、西野七条1～10丁目、西野八条1～10丁目、西野九条3～9丁目、西野十条6～9丁目、西野十一条7～9丁目、西野十二条8丁目、西野十三条8丁目、西野十四条8丁目、西野、福井1～10丁目、福井、平和一条2～11丁目、平和二条1～11丁目、平和三条4～10丁目、平和）

【北海道2区の札幌市北区（1区に属しない区域）】（P53参照）
本庁管内（北十二条西1～4丁目、北十三条西1～4丁目、北十四条西1～4丁目、北十五条西1～5丁目、北十六条西1～5丁目、北十七条西1～6丁目、北十八条西2～13丁目、北十九条西2～13丁目、北二十条西2～13丁目、北二十一条西2～13丁目、北二十二条西2～13丁目、北二十三条西2～14丁目、北二十四条西2～19丁目、北二十五条西2～9丁目、北二十五条西11～18丁目、北二十六条西2～9丁目、北二十六条西12～17丁目、北二十七条西2～16丁目、北二十八条西2～15丁目、北二十九条西2～15丁目、北三十条西2～14丁目、北三十一条西2～14丁目、北三十二条西2～13丁目、北三十三条西2～12丁目、北三十四条西2～11丁目、北三十五条西2～10丁目、北三十六条西2～10丁目、北三十七条西2～9丁目、北三十八条西2～8丁目、北三十九条西3～7丁目、北四十条西4～6丁目、新川一条1～6丁目、新川二条1～13丁目、新川三条1～20丁目、新川四条1～20丁目、新川五条1～6丁目、新川五条14～16丁目、新川五条20丁目、新川六条14～16丁目、新川六条20丁目、新川七条16丁目、新川八条17丁目、新川西一条1～4丁目、新川西一条6～7丁目、新川西二条1～7丁目、新川西三条1～7丁目、新川西四条3～4丁目、新川西五条4丁目、新川、新琴似一条1～13丁目、新琴似二条1～13丁目、新琴似三条1～13丁目、新琴似四条1～17丁目、新琴似五条1～17丁目、新琴似六条1～17丁目、新琴似七条1～17丁目、新琴似八条1～17丁目、新琴似九条1～16丁目、新琴似十条1～17丁目、新琴似十一条1～17丁目、新琴似十二条1～17丁目、新琴似町、屯田一条1～2丁目、屯田二条1～5丁目、屯田三条1～8丁目、屯田四条1～10丁目、屯田五条1～12丁目、屯田六条1～12丁目、屯田七条1～12丁目、屯田八条1～12丁目、屯田九条1～12丁目、屯田十条1～3丁目、屯田十一条1～3丁目、屯田町、麻生町1～9丁目）、篠路出張所管内

【北海道4区の札幌市西区（1区に属しない区域）】（P54参照）
八軒一条東1～5丁目、八軒二条東1～5丁目、八軒三条東1～5丁目、八軒四条東1～5丁目、八軒五条東1～5丁目、八軒六条東1～5丁目、八軒七条東1～5丁目、八軒八条東1～5丁目、八軒九条東1～5丁目、八軒十条東1～5丁目、八軒一条西1～4丁目、八軒二条西1～4丁目、八軒三条西1～5丁目、八軒四条西1～6丁目、八軒五条西1～6丁目、八軒五条西8～11丁目、八軒六条西1～11丁目、八軒七条西1～11丁目、八軒八条西1～10丁目、八軒九条西1～7丁目、八軒九条西9～11丁目、八軒十条西1～6丁目、八軒十条西9～13丁目、発寒一条2～4丁目、発寒二条1～5丁目、発寒三条1～6丁目、発寒四条1～7丁目、発寒五条2～8丁目、発寒六条3～5丁目、発寒六条7～13丁目、発寒七条4～5丁目、発寒七条7～13丁目、発寒八条5丁目、発寒八条7丁目、発寒八条9～12丁目、発寒八条13丁目（14番を除く。）、発寒九条9～12丁目、発寒九条13丁目（5番から7番までを除く。）、発寒十条1～6丁目、発寒十条11～14丁目、発寒十一条1～6丁目、発寒十一条11～12丁目、発寒十一条14丁目、発寒十二条1～5丁目、発寒十二条11～14丁目、発寒十三条2～5丁目、発寒十三条11～14丁目、発寒十四条1～5丁目、発寒十四条11～14丁目、発寒十五条1～4丁目、発寒十五条12～14丁目、発寒十六条1～4丁目、発寒十六条12～14丁目、発寒十七条3～4丁目、発寒十七条13～14丁目

【茨城県1区の下妻市の一部】（P67参照）
下妻、長塚、砂沼新田、坂本新田、大木新田、石の宮、堀篭、坂井、比毛、横根、平川戸、北大宝、大宝、大串、平沼、福田、下木戸、神明、若柳、下宮、数須、筑波島、下田、中郷、黒駒、江、平方、尻手、渋井、桐ヶ瀬、前河原、赤須、柴、半谷、大木、南原、上野、関本下、袋畑、古沢、小島、二本紀、今泉、中居指、新堀、加養、亀崎、樋橋、肘谷、山尻、谷田部、柳原、安食、高道祖、本城町1～3丁目、小野子町1～2丁目、本宿町1～2丁目、田町1～2丁目

【栃木県1区の下野市の一部】（P69参照）
薬師寺、成田、町田、谷地賀、下文狹、田中、仁良川、本吉田、別当河原、下吉田、磯部、中川島、上川島、上吉田、三王山、絹板、花田、下坪山、上坪山、東根、祇園1～5丁目、緑1～6丁目

【埼玉県1区のさいたま市見沼区の一部】（P71参照）
大字大谷、大和田町1～2丁目、卸町1～2丁目、大字加田屋新田、加田屋1～2丁目、大字片柳、片柳1～2丁目、片柳東、大字上山口新田、大字小深作、大字笹丸、大字島、島町、島町1～2丁目、大字新右ェ門新田、大字染谷、染谷1～3丁目、大字中川、大字新堤、大字西山新田、大字西山村新田、大字蓮沼、春岡1～3丁目、春野1～4丁目、大字東新井、東大宮1丁目、東大宮5～7丁目、大字東宮下、東宮下1～3丁目、大字東門前、大字膝子、大字深作、深作1～5丁目、大字風渡野、堀崎町、大字丸ヶ崎、丸ヶ崎町、大字御蔵、大字南中野、大字南中丸、大字宮ヶ谷塔、宮ヶ谷塔1～4丁目、大字見山、大字山

【埼玉県2区の川口市の一部】（P72参照）
本庁管内、新郷・神根支所管内、芝支所管内（芝中田1～2丁目、芝宮根町、芝

高木1～2丁目、芝東町、芝1～4丁目、芝下1～3丁目、大字芝（3102番地から3198番地までを除く。）、芝西1丁目（1番から11番までを除く。）、芝西2丁目、芝塚原1丁目（1番及び4番を除く。）、芝塚原2丁目、大字伊刈、大字小谷場、柳崎1～5丁目、北園町、柳根町）、安行・戸塚・鳩ヶ谷支所管内

【埼玉県3区の越谷市の一部】（P72参照）

赤山町1～5丁目、赤山本町、東町1～6丁目、伊原1～2丁目、大字大里、大沢、大沢1～4丁目、大字大杉、大字大泊、大字大林、大字大房、大字大松、大間野町1～5丁目、大字大吉、大字小曽川、大字上間久里（976番地から1075番地までを除く。）、大字蒲生、蒲生1～4丁目、蒲生茜町、蒲生旭町、蒲生愛宕町、蒲生寿町、蒲生西町1～2丁目、蒲生東町、蒲生本町、蒲生南町、川柳町1～6丁目、瓦曽根1～3丁目、大字北後谷、大字北川崎、北越谷1～5丁目、越ヶ谷、越ヶ谷1～5丁目、越ヶ谷本町、御殿町、相模町1～7丁目、七左町1丁目、七左町4～8丁目、大字下間久里、新川町1～2丁目、新越谷1～2丁目、神明町1～3丁目、大字砂原、千間台東1～4丁目、大成町1～8丁目、大字中島、中島1～3丁目、大字長島、中町、大字西新井、大字西方、西方1～2丁目、大字野島、登戸町、大字花田、花田1～7丁目、東大沢1～5丁目、東越谷1～10丁目、東柳田町、大字平方、平方南町、大字袋山（671番地から679番地まで、681番地から687番地まで、696番地から699番地まで、704番地、728番地から753番地まで、761番地から805番地まで、811番地から837番地まで、843番地、856番地から888番地まで、899番地から952番地まで、978番地から1021番地まで、1081番地から1162番地まで、1164番地から1187番地まで、1191番地から1218番地まで、1677番地、1717番地、1718番地、1756番地、1757番地、1851番地から2001番地まで及び2004番地から2060番地まで）、大字船渡、大字増林、増林1～3丁目、大字増森、増森1～2丁目、大字南荻島（1番地から4013番地まで、4095番地、4096番地及び4131番地から4135番地まで）、南越谷1～5丁目、南町1～3丁目、宮前1丁目、宮本町1～5丁目、大字向畑、元柳田町、弥栄町1～4丁目、大字弥十郎、谷中町1～4丁目、柳町、弥生町、流通団地1～4丁目、レイクタウン1～9丁目

【埼玉県13区の春日部市の一部、越谷市（3区に属しない区域）】（P74参照）

春日部市（赤沼、一ノ割、一ノ割1～4丁目、牛島、内牧、梅田、梅田1～3丁目、梅田本町1～2丁目、大枝、大沼1～7丁目、大場、大畑、粕壁、粕壁1～4丁目、粕壁東1～6丁目、上大増新田、上蛭田、小渕、栄町1～3丁目、下大増新田、下蛭田、新川、薄谷、千間1丁目、中央1～8丁目、銚子口、道口蛭田、道順川戸、豊野町1～3丁目、武里中野、新方袋、西八木崎1～3丁目、八丁目、花積、浜川戸1～2丁目、樋掘、樋籠、備後西1～5丁目、備後東1～8丁目、藤塚、不動院野、本田町1～2丁目、増富、増戸、増田新田、緑町1～6丁目、南1～5丁目、南栄町、南中曽根、八木崎町、谷原1～3丁目、谷原新田、豊町1～6丁目、六軒町）、**越谷市**（大字大竹、大字大道、大字恩間、大字恩間新田、大字上間久里（976番地から1075番地まで）、大字三野宮、千間台西1～6丁目、大字袋山（671番地から679番地まで、681番地から687番地まで、696番地から699番地まで、704番地、728番地から753番地まで、761番地から805番地まで、811番地から837番地まで、843番地、856番地から888番地まで、899番地から952番地まで、978番地から1021番地まで、1081番地から1162番地まで、1164番地から1187番地まで、1191番地から1218番地まで、1677番地、1717番地、1718番地、1756番地、1757番地、1851番地から2001番地まで及び2004番地から2060番地までを除く。）、大字南荻島（1番地から4013番地まで、4095番地、4096番地及び4131番地から4135番地までを除く。））

【埼玉県15区の川口市の一部】（P75参照）

芝支所管内（芝新町、芝5丁目、芝樋ノ爪1～2丁目、芝富士1～2丁目、芝園町、大字芝（3102番地から3198番地まで）、芝西1丁目（1番から11番まで）、芝塚原1丁目（1番及び4番））

【千葉県5区の市川市本庁管内】（P81参照）

市川1～3丁目、市川南1～5丁目、真間1～3丁目、新田1～5丁目、平田1～4丁目、大洲1～4丁目、大和田1～5丁目、東大和田1～2丁目、稲荷木1～3丁目、八幡1～6丁目、南八幡1～5丁目、菅野1～6丁目、東菅野1～3丁目、鬼越1～2丁目、鬼高1～4丁目、高石神、中山1～4丁目、若宮1～3丁目、北方1～3丁目、本北方1～3丁目、北方町4丁目、東浜1丁目、田尻、田尻1～5丁目、高谷、高谷1～3丁目、高谷新町、原木、原木1～4丁目、二俣、二俣1～2丁目、二俣新町、上妙典

【千葉県10区の横芝光町の一部】（P82参照）

篠本、新井、宝米、市野原、二又、小川台、台、傍示戸、富下、虫生、小田部、母子、芝崎、芝崎南、宮川、谷中、目篠、上原、原方、木戸、尾垂イ、尾垂ロ、篠本根切

【神奈川県7区の横浜市都筑区の一部】（P84参照）

あゆみが丘、池辺町、牛久保町、牛久保1～3丁目、牛久保西1～4丁目、牛久保東1～3丁目、大熊町、大棚町、大棚西、折本町、加賀原1～2丁目、勝田町、勝田南1～2丁目、川向町、川和台、川和町、北山田1～7丁目、葛が谷、佐江戸町、桜並木、新栄町、すみれが丘、高山、茅ケ崎町、茅ケ崎中央、茅ケ崎東1～5丁目、茅ケ崎南1～5丁目、中川1～8丁目、中川中央1～2丁目、長坂、仲町台1～5丁目、二の丸、早渕1～3丁目、東方町、東山田町、東山田1～4丁目、平台、富士見が丘、南山田町、南山田1～3丁目、見花山

【神奈川県10区の川崎市中原区の一部】（P85参照）

新丸子町、新丸子東1～3丁目、丸子通1～2丁目、上丸子山王町1～2丁目、上丸子八幡町、上丸子天神町、小杉町1～3丁目、小杉御殿町1～2丁目、小杉陣屋町1～2丁目、等々力、木月1～4丁目、西加瀬、木月祇園町、木月伊勢町、木月大町、木月住吉町、苅宿、大倉町、市ノ坪、今井上町、今井仲町、今井南町、今井西町、井田1～3丁目、井田中ノ町、上平間、田尻町、北谷町、中丸子、下沼部、上丸子、小杉

【神奈川県13区の座間市の一部】（P86参照）

入谷1～5丁目、栗原、栗原中央1～6丁目、小松原1～2丁目、さがみ野1～3丁目、座間、座間1～2丁目、座間入谷、新田宿、相武台1～4丁目、立野台1～3丁目、

西栗原1〜2丁目、東原1〜5丁目、ひばりが丘1〜5丁目、広野台1〜2丁目、緑ケ丘1〜6丁目、南栗原1〜6丁目、明王、四ツ谷

【神奈川県14区の相模原市緑区・南区の一部】（P86参照）

緑区（相原、相原1〜6丁目、大島、大山町、上九沢、下九沢、田名、西橋本1〜5丁目、二本松1〜4丁目、橋本1〜8丁目、橋本台1〜4丁目、東橋本1〜4丁目、元橋本町）、**南区**（旭町、鵜野森1〜3丁目、大野台1〜8丁目、上鶴間1〜8丁目、上鶴間本町1〜9丁目、古淵1〜6丁目、栄町、相模大野1〜9丁目、相南1丁目（1番から18番まで）、相南2丁目（1番から12番まで、17番及び25番から28番まで）、相南3丁目（1番から26番まで及び34番から47番まで）、西大沼1〜5丁目、東大沼1〜4丁目、東林間1〜8丁目、文京1〜2丁目、御園1〜3丁目、豊町、若松1〜6丁目）

【神奈川県16区の相模原市南区（14区に属しない区域）】（P87参照）

麻溝台、麻溝台1〜8丁目、新磯野、新磯野1〜5丁目、磯部、上鶴間、北里1〜2丁目、相模台1〜7丁目、相模台団地、桜台、下溝、新戸、相南1丁目（19番から24番まで）、相南2丁目（13番から16番まで及び18番から24番まで）、相南3丁目（27番から33番まで）、相南4丁目、相武台1〜3丁目、相武台団地1〜2丁目、当麻、双葉1〜2丁目、松が枝町、御園4〜5丁目、南台1〜6丁目

【神奈川県18区の川崎市中原区（10区に属しない区域）・宮前区（9区に属しない区域）】（P87参照）

中原区（宮内1〜4丁目、新城、上新城1〜2丁目、新城1〜5丁目、新城中町、下新城1〜3丁目、上小田中1〜7丁目、下小田中1〜6丁目、井田三舞町、井田杉山町）、**宮前区**（向ケ丘、けやき平、神木1〜2丁目、馬絹、馬絹1〜3丁目、小台1〜2丁目、土橋1〜7丁目、有馬1〜9丁目、東有馬1〜5丁目、野川、宮崎、宮崎1〜6丁目、宮前平1〜3丁目、鷺沼1〜4丁目、梶ケ谷、菅生ケ丘、水沢1〜3丁目、潮見台、初山1〜2丁目、菅生1〜6丁目、犬蔵1〜3丁目、平1〜6丁目、五所塚1〜2丁目、南平台、白幡台1〜2丁目）

【東京都1区の港区・新宿区の一部】（P93参照）

港区（芝地区総合支所管内（芝5丁目、三田1〜3丁目）、麻布地区・赤坂地区・高輪地区総合支所管内、芝浦港南地区総合支所管内（芝浦4丁目、海岸3丁目（4番から13番まで、20番、21番及び31番から33番まで）、港南1〜5丁目、台場1〜2丁目））、**新宿区**（本庁管内、四谷・箪笥町・榎町・若松町・大久保・戸塚特別出張所管内、落合第一特別出張所管内（下落合1〜4丁目、中落合2丁目、高田馬場3丁目）、柏木・角筈特別出張所管内）

【東京都2区の港区（1区に属しない区域）、台東区の一部】（P93参照）

港区（芝地区総合支所管内（芝1〜4丁目、海岸1丁目、東新橋1〜2丁目、新橋1〜6丁目、西新橋1〜3丁目、浜松町1〜2丁目、芝大門1〜2丁目、芝公園1〜4丁目、虎ノ門1〜5丁目、愛宕1〜2丁目）、芝浦港南地区総合支所管内（芝浦1〜3丁目、海岸2丁目、海岸3丁目（1番から3番まで、14番から19番まで及び22番から30番まで）））、**台東区**（台東1〜4丁目、柳橋1〜2丁目、浅草橋1〜5丁目、鳥越1〜2丁目、蔵前1〜4丁目、小島1〜2丁目、三筋1〜2丁目、秋葉原、上野1〜7丁目、東上野1〜5丁目、元浅草1〜4丁目、寿1〜4丁目、駒形1〜2丁目、北上野1〜2丁目、下谷1丁目、下谷2丁目（1番から12番まで、13番6号から13番13号まで及び16番から23番まで）、下谷3丁目、根岸1〜5丁目、入谷1丁目（4番から8番まで、15番から20番まで及び29番から31番まで）、入谷2丁目（34番から39番まで）、竜泉1〜3丁目、西浅草1丁目、雷門1〜2丁目、浅草1丁目、浅草2丁目（1番から12番まで及び28番から35番まで）、花川戸1〜2丁目、千束2丁目（33番から36番まで）、日本堤2丁目（36番から39番まで）、三ノ輪1〜2丁目、池之端1〜4丁目、上野公園、上野桜木1〜2丁目、谷中1〜7丁目）

【東京都3区の品川区・大田区の一部】（P93参照）

品川区（品川第一・品川第二地域センター管内、大崎第一地域センター管内（東五反田1〜3丁目、西五反田1丁目、西五反田2丁目（1番から21番まで）、西五反田8丁目（4番1号から4番13号まで、5番、6番10号から6番23号まで、7番及び8番）、小山台1丁目、小山1丁目、荏原1丁目）、大崎第二地域センター管内（西五反田6丁目及び西五反田7丁目に属する区域を除く。）、大井第一・大井第二・大井第三・荏原第一・荏原第二・荏原第三・荏原第四・荏原第五・八潮地域センター管内）、**大田区**（嶺町・田園調布特別出張所管内、鵜の木特別出張所管内（鵜の木2丁目及び鵜の木3丁目に属する区域に限る。）、久が原特別出張所管内（千鳥1丁目及び池上3丁目に属する区域を除く）、雪谷・千東特別出張所管内）

【東京都4区の大田区（3区に属しない区域）】（P94参照）

大森東・大森西・入新井・馬込・池上・新井宿特別出張所管内、鵜の木特別出張所管内（鵜の木2丁目及び鵜の木3丁目に属する区域を除く。）、久が原特別出張所管内（千鳥1丁目及び池上3丁目に属する区域に限る。）、糀谷・羽田・六郷・矢口・蒲田西・蒲田東特別出張所管内

【東京都5区の目黒区・世田谷区の一部】（P94参照）

目黒区（上目黒2丁目（47番から49番まで）、上目黒4丁目、中目黒5丁目、目黒4丁目（1番から5番まで、12番から26番まで）、下目黒4丁目（21番から23番まで）、下目黒5丁目（8番から37番まで）、下目黒6丁目、中町1〜2丁目、五本木1〜3丁目、祐天寺1〜2丁目、中央町1〜2丁目、目黒本町1〜6丁目、原町1〜2丁目、洗足1〜2丁目、南1〜3丁目、碑文谷1〜6丁目、鷹番1〜3丁目、平町1〜2丁目、大岡山1〜2丁目、緑が丘1〜3丁目、自由が丘1〜3丁目、中根1〜2丁目、柿の木坂1〜3丁目、八雲1〜5丁目、東が丘1〜2丁目）、**世田谷区**（池尻・太子堂・下馬・上馬・代沢・奥沢・九品仏・等々力・上野毛・用賀・深沢まちづくりセンター管内）

【東京都6区の世田谷区（5区に属しない区域）】（P94参照）

若林・上町・経堂・梅丘・新代田・北沢・松原・松沢・祖師谷・成城・船橋・喜多見・砧・上北沢・上祖師谷・烏山まちづくりセンター管内

【東京都7区の品川区（3区に属しない区域）、目黒区（5区に属しない区域）、中野区の一部】（P94参照）

品川区（大崎第一地域センター管内（上大崎1～4丁目、東五反田4～5丁目、西五反田2丁目（1番から21番までを除く。）、西五反田3～7丁目、西五反田8丁目（1番から3番まで））、大崎第二地域センター管内（西五反田6丁目及び西五反田7丁目に属する区域に限る。））、**目黒区**（駒場1～4丁目、青葉台1～4丁目、東山1～3丁目、大橋1～2丁目、上目黒1丁目、上目黒2丁目（1番から46番まで）、上目黒3丁目、上目黒5丁目、中目黒1～4丁目、三田1～2丁目、目黒1～3丁目、目黒4丁目（6番から11番まで）、下目黒1～3丁目、下目黒4丁目（1番から20番まで）、下目黒5丁目（1番から7番まで））、**中野区**（南台1～5丁目、弥生町1～6丁目、本町1～6丁目、中央1～5丁目、東中野1～5丁目、中野1～4丁目、中野5丁目（10番から68番まで）、新井1丁目（1番から35番まで）、新井2～3丁目、野方1丁目、野方2丁目（1番から31番まで及び41番から62番まで））

【東京都8区の杉並区（7区に属しない区域）】（P95参照）

井草1～5丁目、上井草1～4丁目、下井草1～5丁目、善福寺1～4丁目、今川1～4丁目、桃井1～4丁目、西荻北1～5丁目、上荻1～4丁目、清水1～3丁目、本天沼1～3丁目、天沼1～3丁目、阿佐谷北1～6丁目、阿佐谷南1～3丁目、高円寺北1～4丁目、高円寺南1～5丁目、和田1～3丁目、和泉1～4丁目、堀ノ内1～3丁目、松ノ木1～3丁目、大宮1～2丁目、梅里1～2丁目、久我山1～5丁目、高井戸西1～3丁目、上高井戸1～3丁目、永福1～4丁目、浜田山1～4丁目、下高井戸1～5丁目、高井戸東1～4丁目、成田東1～5丁目、成田西1～4丁目、荻窪1～5丁目、南荻窪1～4丁目、西荻南1～4丁目、松庵1～3丁目、宮前1～5丁目

【東京都9区の練馬区の一部】（P95参照）

豊玉上2丁目、豊玉中1～4丁目、豊玉南1～3丁目、豊玉北3～6丁目、中村1～3丁目、中村南1～3丁目、中村北1～4丁目、練馬1～4丁目、向山1～4丁目、貫井1～5丁目、春日町1～6丁目、高松1～6丁目、田柄3丁目（14番から30番までを除く。）、田柄5丁目（21番から28番までを除く。）、光が丘2～7丁目、旭町1～3丁目、土支田1～4丁目、富士見台1～4丁目、南田中1～5丁目、高野台1～5丁目、谷原1～6丁目、三原台1～3丁目、石神井町1～8丁目、石神井台1～8丁目、下石神井1～6丁目、東大泉1～7丁目、西大泉町、西大泉1～6丁目、南大泉1～6丁目、大泉町1～6丁目、大泉学園町1～9丁目、関町北1～5丁目、関町南1～4丁目、上石神井南町、立野町、上石神井1～4丁目、関町東1～2丁目

【東京都10区の新宿区（1区に属しない区域）、中野区（7区に属しない区域）、豊島区の一部】（P95参照）

新宿区（落合第一特別出張所管内（上落合1～2丁目、中落合1丁目、中落合3～4丁目、中井2丁目）、落合第二特別出張所管内）、**中野区**（東中野3丁目、中野5丁目（1番から9番まで）、中野6丁目、上高田1～5丁目、新井1丁目（36番から43番まで）、新井4～5丁目、沼袋1～4丁目、松が丘1～2丁目、江原町1～3丁目、江古田1～4丁目、丸山1～2丁目、野方2丁目（32番から40番まで及び63番から69番まで）、野方3～6丁目、大和町1～4丁目、若宮1～3丁目、白鷺1～3丁目、鷺宮1～6丁目、上鷺宮1～5丁目）、**豊島区**（本庁管内（東池袋1～5丁目、南池袋1～4丁目、西池袋1～5丁目、池袋1～4丁目、池袋本町1～4丁目、雑司が谷1～3丁目、高田1～3丁目、目白1～4丁目）、東部区民事務所管内（南大塚3丁目及び東池袋5丁目に属する区域に限る。）、西部区民事務所管内）

【東京都11区の板橋区の一部】（P95参照）

本庁管内（板橋1～4丁目、加賀1～2丁目、大山東町、大山金井町、熊野町、中丸町、南町、稲荷台、仲宿、氷川町、栄町、大山町、大山西町、幸町、中板橋、仲町、弥生町、本町、大和町、双葉町、富士見町、大谷口上町、大谷口北町、大谷口1～2丁目、向原1～3丁目、小茂根1～5丁目、常盤台1～4丁目、南常盤台1～2丁目、東新町1～2丁目、上板橋1～3丁目、清水町、蓮沼町、大原町、泉町、宮本町、志村1～3丁目、坂下1～3丁目、東坂下1～2丁目、小豆沢1～4丁目、西台1～4丁目、中台1～3丁目、若木1～3丁目、蓮根1～3丁目、相生町、前野町1～6丁目、三園2丁目、東山町、桜川1～3丁目、高島平1～9丁目、新河岸3丁目）、赤塚支所管内

【東京都12区の豊島区（10区に属しない区域）、板橋区（11区に属しない区域）、足立区の一部】（P96参照）

豊島区（本庁管内（西巣鴨1丁目、北大塚3丁目、上池袋1～4丁目）、東部区民事務所管内（南大塚3丁目及び東池袋5丁目に属する区域を除く。））、**板橋区**（本庁管内（新河岸1～2丁目、舟渡1～4丁目））、**足立区**（入谷1～9丁目、入谷町、扇2丁目、小台1～2丁目、加賀1～2丁目、江北1～7丁目、皿沼1～3丁目、鹿浜1～8丁目、新田1～3丁目、椿1～2丁目、舎人1～6丁目、舎人公園、舎人町、堀之内1～2丁目、宮城1～2丁目、谷在家2～3丁目）

【東京都13区の足立区（12区に属しない区域）】（P96参照）

青井1～6丁目、足立1～4丁目、綾瀬1～7丁目、伊興1～5丁目、伊興本町1～2丁目、梅島1～3丁目、梅田1～8丁目、大谷田1～5丁目、加平1～3丁目、北加平町、栗原1～4丁目、弘道1～2丁目、古千谷1～2丁目、古千谷本町1～4丁目、佐野1～2丁目、島根1～4丁目、神明1～3丁目、神明南1～2丁目、関原1～3丁目、千住1～5丁目、千住曙町、千住旭町、千住東1～2丁目、千住大川町、千住河原町、千住寿町、千住桜木1～2丁目、千住関屋町、千住龍田町、千住中居町、千住仲町、千住橋戸町、千住緑町1～3丁目、千住宮元町、千住元町、千住柳町、竹の塚1～7丁目、辰沼1～2丁目、中央本町1～5丁目、東和1～5丁目、中川1～5丁目、西綾瀬1～4丁目、西新井1～7丁目、西新井栄町1～2丁目、西伊興1～4丁目、西伊興町、西加平1～2丁目、西竹の塚1～2丁目、西保木間1～4丁目、花畑1～8丁目、東綾瀬1～3丁目、東伊興1～4丁目、東保木間1～2丁目、東六月町、一ツ家1～4丁目、日ノ出町、平野1～3丁目、保木間1～5丁目、保塚町、南花畑1～5丁目、六木1～4丁目、谷在家1丁目、谷中1～5丁目、柳原1～2丁目、六月1～3丁目、六町1～4丁目、扇1丁目、扇3丁目、興野1～2丁目、西新井栄町3丁目、西新井本町1～5丁目、本木1～2丁目、本木北町、本木西町、本木東町、本木南町

【東京都14区の台東区（2区に属しない区域）】（P96参照）

東上野6丁目、下谷2丁目（13番1号から13番5号まで、13番14号から13番24号まで、14番、15番及び24番）、入谷1丁目（1番から3番まで、9番から14番まで、

21番から28番まで、32番及び33番)、入谷2丁目(1番から33番まで)、松が谷1～4丁目、西浅草2～3丁目、浅草2丁目(13番から27番まで)、浅草3～7丁目、千束1丁目、千束2丁目(1番から32番まで)、千束3～4丁目、今戸1～2丁目、東浅草1～2丁目、橋場1～2丁目、清川1～2丁目、日本堤1丁目、日本堤2丁目(1番から35番まで)

【東京都16区の江戸川区の一部】(P97参照)

本庁管内(中央1～4丁目、松島1～4丁目、松江1～7丁目、東小松川1～4丁目、西小松川町、大杉1～5丁目、西一之江1～4丁目、春江町4丁目、一之江1～8丁目、西瑞江4丁目、江戸川4丁目、松本1～2丁目)、小松川・葛西・東部・鹿骨事務所管内

【東京都21区の多摩市・稲城市の一部】(P98参照)

多摩市(関戸、関戸1～4丁目、関戸5丁目(1番から8番まで及び13番から31番まで)、連光寺、連光寺1～6丁目、東寺方1丁目、一ノ宮、一ノ宮1～4丁目、聖ヶ丘1丁目(1番から24番まで、35番及び44番)、聖ヶ丘2～5丁目)、**稲城市**(坂浜、平尾、平尾1～3丁目、長峰1～3丁目、若葉台1～4丁目)

【東京都22区の稲城市(21区に属しない区域)】(P98参照)

矢野口、東長沼、大丸、百村、押立、向陽台1～6丁目

【東京都23区の多摩市(21区に属しない区域)】(P98参照)

関戸5丁目(1番から8番まで及び13番から31番までを除く。)、関戸6丁目、貝取、乞田、和田、百草、落川、東寺方、桜ヶ丘1～4丁目、聖ヶ丘1丁目(1番から24番まで、35番及び44番を除く。)、馬引沢1～2丁目、山王下、中沢、唐木田、諏訪1～6丁目、永山1～7丁目、貝取1～5丁目、豊ヶ丘1～6丁目、落合1～6丁目、鶴牧1～6丁目、南野1～3丁目、東寺方3丁目、和田3丁目、愛宕1～4丁目

【東京都24区の八王子市(21区に属しない区域)】(P99参照)

横山町、八日町、八幡町、八木町、追分町、千人町1～4丁目、日吉町、元本郷町1～4丁目、平岡町、本郷町、大横町、本町、元横山町1～3丁目、田町、新町、明神町1～4丁目、子安町1～4丁目、東町、旭町、三崎町、中町、南町、寺町、万町、上野町、天神町、南新町、小門町、台町1～4丁目、中野町、暁町1～3丁目、中野山王1～3丁目、中野上町1～5丁目、大和田町1～7丁目、富士見町、緑町、清川町、東浅川町、初沢町、高尾町、南浅川町、西浅川町、裏高尾町、廿里町、下柚木、下柚木2～3丁目、上柚木、上柚木2～3丁目、中山、越野、南陽台1～3丁目、堀之内、堀之内2～3丁目、鹿島、松が谷、鑓水、鑓水2丁目、南大沢1～5丁目、松木、別所1～2丁目、並木町、散田町1～5丁目、山田町、めじろ台1～4丁目、長房町、城山手1～2丁目、狭間町、椚田町、館町、寺田町、大船町、大楽寺町、上壱分方町、諏訪町、四谷町、叶谷町、泉町、横川町、弐分方町、川町、元八王子町1～3丁目、下恩方町、上恩方町、西寺方町、小津町、川口町、上川町、犬目町、楢原町、美山町、尾崎町、左入町、滝山町1～2丁目、梅坪町、谷野町、みつい台1～2丁目、丹木町1～3丁目、加住町1～2丁目、宮下町、戸吹町、高月町、小比企町、片倉町、西片倉1～3丁目、宇津貫町、みなみ野1～6丁目、兵衛1～2丁目、七国1～6丁目、北野町、打越町、北野台1～5丁目、長沼町、絹ケ丘1～3丁目、高倉町、石川町、宇津木町、平町、小宮町、久保山町1～2丁目、大谷町、丸山町

【新潟県1区の新潟市北区・東区・中央区・江南区・南区・西区の一部】(P103参照)

北区(本庁管内(細山に属する区域に限る。)、北出張所管内(すみれ野4丁目に属する区域を除く。))、**東区**(本庁管内、石山出張所管内(亀田中島4丁目に属する区域を除く。))、**中央区**(本庁管内、東出張所管内、南出張所管内(鵜ノ子及び亀田早通に属する区域を除く。))、**江南区**(本庁管内(天野、天野1～3丁目、粟山、姥ケ山、江口、大淵、祖父興野、嘉木、嘉瀬、上和田、北山、久蔵興野、蔵岡、酒屋町、笹山、三百地、鐘木、清五郎、曽川、楚川、曽野木1～2丁目、太右エ門新田、俵柳、直り山、長潟、中野山、鍋潟新田、西野、西山、花ノ牧、平賀、細山、舞潟、松山、丸潟新田、丸山、丸山ノ内善之丞組、茗荷谷、山二ツ、両川1～2丁目、和田、割野))、**南区**(本庁管内(天野に属する区域に限る。))、**西区**(本庁管内、西出張所管内(四ツ郷屋及び與兵衛野新田に属する区域を除く。)、黒埼出張所管内)

【新潟県2区の長岡市の一部】(P104参照)

本庁管内(西津町に属する区域のうち、平成17年3月31日において三島郡越路町の区域であった区域に限る。)、越路・三島・小国・和島・寺泊・与板支所管内

【新潟県3区の新潟市北区の一部】(P104参照)

本庁管内(細山、小杉、十二前及び横越に属する区域を除く。)、北出張所管内(すみれ野4丁目に属する区域に限る。)

【新潟県4区の新潟市北区・東区・中央区・江南区・南区の一部、長岡市の一部】(P104参照)

新潟市(**北区**(第1区及び第3区に属しない区域)、**東区**(第1区に属しない区域)、**中央区**(第1区に属しない区域)、**江南区**(第1区に属しない区域)、**南区**(第1区及び第2区に属しない区域))、**長岡市**(中之島支所管内(押切川原町に属する区域のうち、平成17年3月31日において長岡市の区域であった区域を除く。)、栃尾支所管内)

【富山県1区の富山市の一部】(P105参照)

相生町、綾田町1～3丁目、青柳、青柳新、赤江町、赤田、秋ヶ島、秋吉、秋吉新町、悪王寺、曙町、朝日、旭町、安住町、愛宕町1～2丁目、荒川、荒川1～5丁目、荒川新町、荒町、新屋、有沢、有沢新町、粟島町1～3丁目、安養寺、安養坊、飯野、池多、石金1～3丁目、石倉町、石坂、石坂新、石坂東町、石田、石屋、泉町1～2丁目、磯部町1～4丁目、一番町、一本木、稲荷園町、稲荷町1～4丁目、稲荷元町1～3丁目、犬島1～7丁目、犬島新町1～2丁目、今泉、今泉西部町、今泉北部町、今市、今木町、岩瀬赤田町、岩瀬天池町、岩瀬池田町、岩瀬入船町、岩瀬梅本町、岩瀬御蔵町、岩瀬表町、岩瀬古志町、岩瀬諏訪町、岩瀬高畠町、岩瀬天神町、岩瀬萩浦町、岩瀬白山町、岩瀬文化町、岩瀬前田町、

岩瀬松原町、岩瀬港町、牛島新町、牛島町、牛島本町1～2丁目、打出、打出新、内幸町、梅沢町1～3丁目、上野、上野寿町、上野新、上野新町、永楽町、越前町、江本、荏原新町、蛯町、追分茶屋、大井、大泉、大泉北町、大泉中町、大泉東町1～2丁目、大泉本町1～2丁目、大泉町1～3丁目、大江干、大江干新町、大島1～4丁目、太田、太田口通り1～3丁目、於保多町、太田南町、大塚、大塚北、大塚西、大塚東、大塚南、大手町、大場、大町、大宮町、奥井町、奥田寿町、奥田新町、奥田双葉町、奥田本町、奥田町、押上、音羽町1～2丁目、雄山町、海岸通、開発、掛尾栄町、掛尾町、鹿島町1～2丁目、金代、金屋、金山新、金山新北、金山新桜ヶ丘、金山新中、金山新西、金山新東、金山新南、上赤江、上赤江町1～2丁目、上飯野、上飯野新町1～5丁目、上今町、上熊野、上栄、上庄町、上新保、上千俵町、上布目、上袋、上冨居、上冨居1～3丁目、上冨居新町、上堀南町、上本町、上八日町、願海寺、北押川、北新町1～2丁目、北代、北代新、北代中部、北代東部、北代北部、北二ツ屋、木場町、経田、経堂、経堂1～4丁目、経堂新町、経力、金泉寺、銀嶺町、久郷、草島、楠木、窪新町、窪本町、公文名、栗山、呉羽野田、呉羽町、呉羽町北、呉羽町西、黒崎、黒瀬、黒瀬北町1～2丁目、小泉町、興人町、高来、古志町1～6丁目、小島町、小杉、五艘、小中、小西、五番町、五福、五本榎、駒見、才覚寺、境野新、栄新町、栄町1～3丁目、坂下新、桜木町、桜谷みどり町1～2丁目、桜橋通り、桜町1～2丁目、山王町、三熊、三番町、七軒町、芝園町1～3丁目、島田、清水中町、清水町1～9丁目、清水元町、下赤江、下赤江町1～2丁目、下飯野、下奥井1～2丁目、下熊野、下新北町、下新西町、下新日曹町、下新本町、下新町、下野、下野新、下冨居、下冨居1～2丁目、下堀、城川原1～3丁目、庄高田、城北町、城村、城村新町、白銀町、新金代1～2丁目、新川原町、新桜町、新庄北町、新庄銀座1～3丁目、新庄本町1～3丁目、新庄町、新庄町1～4丁目、新総曲輪、新千原崎、神通本町1～2丁目、神通町1～3丁目、新富町1～2丁目、新根塚町1～3丁目、新冨居、新保、新名、杉瀬、杉谷、砂町、住友町、住吉、住吉町1～2丁目、諏訪川原1～3丁目、清風町、関、千石町1～6丁目、千成町、千俵町、総曲輪1～4丁目、惣在寺、双代町、高木、高木西、高木東、高木南、高島、高園町、高田、高畠町1～2丁目、高屋敷、宝町1～2丁目、田刈屋、館出町1～2丁目、辰尾、辰巳町1～2丁目、田中町1～5丁目、田尻、田尻西、田尻東、田尻南、田畑、珠泉西町、珠泉東町、手屋、手屋1～3丁目、太郎丸、太郎丸西町1～2丁目、太郎丸本町1～4丁目、千歳町1～3丁目、千原崎、千原崎1～2丁目、茶屋町、中央通り1～3丁目、中間島、中間島1～2丁目、千代田町、塚原、月岡新、月岡西緑町、月岡東緑町1～4丁目、月岡町1～7丁目、月見町1～7丁目、堤町通り1～2丁目、つばめ野1～3丁目、鶴ヶ丘町、寺島、寺町、寺町けや木台、天正寺、土居原町、問屋町1～3丁目、道正、任海、常盤台、常盤町、栃谷、利波、富岡町、友杉、豊丘町、豊川町、豊島町、豊城新町、豊城町、豊田、豊田本町1～4丁目、豊田町1～2丁目、豊若町1～3丁目、永久町、中市、中市1～2丁目、長江、長江1～5丁目、長江新町1～4丁目、長江東町1～3丁目、長江本町、長柄町1～3丁目、中老田、長岡、長岡新、中沖、中川原、中川原新町、中川原台1～2丁目、中島1～5丁目、中田、中田1～3丁目、中布目、中野新、中野新町1～2丁目、中冨居、中冨居新町、中屋、流杉、鍋田、南央町、西四十物町、西荒屋、西大泉、西押川、西金屋、西公文名、西公文名町、西山王町、西新庄、西町、西田地方町1～3丁目、西長江1～4丁目、西長江本町、西中野本町、西中野町1～2丁目、西野新、西番、西宮町、西二俣、西宮、蜷川、布市、布市新町、布瀬本町、布瀬町、布瀬町1～2丁目、布瀬町南1～3丁目、布目、布目北、布目西、根塚町1～4丁目、野口、野口南部、野口北部、野田、野中、野中新、野々上、野町、萩原、蓮町1～6丁目、旅籠町、畑中、八川、八人町、八ヶ山、八町、八町北、八町中、八町西、八町東、八町南、花園町1～4丁目、花木、羽根、浜黒崎、林崎、針日、針原中、針原中町、晴海台、東石金町、東岩瀬町、東岩瀬村、東老田、東田地方町1～2丁目、東富山寿町1～3丁目、東中野町1～3丁目、東流杉、東町1～3丁目、日方江、久方町、日之出町、日俣、百塚、鵯島、ひよどり南台、平榎、平岡、開、開ヶ丘、平吹町、福居、冨居栄町、不二越本町1～2丁目、不二越町、藤木、藤木新、藤木新町、藤の木園町、藤の木台1～3丁目、二口町1～5丁目、二俣、二俣新町、舟橋今町、舟橋北町、舟橋南町、古鍛冶町、古川、古沢、古寺、文京町1～3丁目、別名、星井町1～3丁目、堀、堀川小泉町、堀川小泉町1～2丁目、堀川本郷、堀川町、堀端町、本郷、本郷島、本郷新、本郷西部、本郷中部、本郷東部、本郷北部、本郷町、本町、本丸、牧田、町新、町袋、町村、町村1～2丁目、松浦町、松木、松木新、松若町、丸の内1～3丁目、三上、水落、水橋池田舘、水橋池田町、水橋石政、水橋石割、水橋伊勢屋、水橋伊勢領、水橋市江、水橋市田袋、水橋入江、水橋魚躬、水橋大町、水橋沖、水橋肘崎、水橋開発、水橋開発町、水橋鏡田、水橋堅田、水橋金尾、水橋金尾新、水橋金広、水橋上桜木、水橋上砂子坂、水橋川原町、水橋北馬場、水橋狐塚、水橋小池、水橋恋塚、水橋小出、水橋五郎丸、水橋桜木、水橋佐野竹、水橋山王町、水橋下段、水橋柴草、水橋清水堂、水橋下砂子坂、水橋下砂子坂新、水橋常願寺、水橋小路、水橋上条新町、水橋新保、水橋新堀、水橋専光寺、水橋大正、水橋高月、水橋高寺、水橋高堂、水橋舘町、水橋田伏、水橋辻ヶ堂、水橋中馬場、水橋中町、水橋中村、水橋中村町、水橋入部町、水橋畠等、水橋番頭名、水橋平榎、水橋平塚、水橋二杉、水橋二ッ屋、水橋曲淵、水橋町、水橋町袋、水橋的場、水橋柳寺、緑町1～2丁目、湊入船町、南金屋、南栗山、南新町、南田町1～2丁目、南中田、宮尾、宮条、宮園町、宮成、宮成新、宮保、宮町、向新庄、向新庄町1～8丁目、向川原町、室町通り1～2丁目、明輪町、元町1～2丁目、桃井町1～2丁目、森、森1～5丁目、森住町、森田、森若町、安田町、安野屋町1～3丁目、柳町1～4丁目、八幡、山岸、山室、山室荒屋、山室荒屋新町、山本、山本新、弥生町1～2丁目、八日町、四方、四方荒屋、四方一番町、四方恵比須町、四方北窪、四方新、四方新出町、四方神明町、四方田町、四方西岩瀬、四方二番町、四方野割町、四方港町、横内、横越、吉岡、吉倉、吉作、四ツ葉町、米田、米田すずかけ台1～3丁目、米田町1～3丁目、若竹町1～6丁目

【長野県1区の長野市の一部】（P107参照）

本庁管内、篠ノ井・松代・若穂・川中島・更北・七二会・信更・古里・柳原・浅川・大豆島・朝陽・若槻・長沼・安茂里・小田切・芋井・芹田・古牧・三輪・吉田支所管内

【静岡県1区の静岡市葵区・駿河区・清水区の一部】（P112参照）

葵区（本庁管内（瀬名川3丁目（5番25号及び5番50号から5番59号まで）に属する区域を除く。）、井川支所管内）、**駿河区**（本庁管内（谷田に属する区域のうち、平成15年3月31日において清水市の区域であつた区域を除く。）、長田支所管内）、**清水区**（本庁管内（楠（694番地1及び694番地3）に属する区域に限る。））

【静岡県3区の浜松市天竜区の一部】（P113参照）

春野町領家、春野町堀之内、春野町胡桃平、春野町和泉平、春野町砂川、春野町大時、春野町長蔵寺、春野町石打松下、春野町田黒、春野町筏戸大上、春野町五和、春野町越木平、春野町田河内、春野町牧野、春野町花島、春野町杉、春野町川上、春野町宮川、春野町気田、春野町豊岡、春野町石切、春野町小俣京丸

【静岡県7区の浜松市中区・南区の一部】（P114参照）

中区（西丘町及び花川町に属する区域に限る）、**南区**（高塚町、増楽町、若林町及び東若林町に属する区域に限る）

【愛知県6区の瀬戸市の一部】（P116参照）

川平町、本郷町（10番から1048番まで）、十軒町、鹿乗町、内田町1～2丁目、北みずの坂1～3丁目

【愛知県9区の一宮市本庁管内】（P116参照）

起、開明、上祖父江、北今、小信中島、三条、玉野、冨田、西五城、西中野、西中野番外、西萩原、蓮池、東五城、東加賀野井、明地、祐久、篭屋1～5丁目

【兵庫県5区の川西市の一部】（P132参照）

平野（字カキヲジ原）、西畦野（字丸山及び字東通りを除く。）、一庫、国崎、黒川、横路、大和東1～5丁目、大和西1～5丁目、美山台1～3丁目、丸山台1～3丁目、見野1～3丁目、東畦野、東畦野1～6丁目、東畦野山手1～2丁目、長尾町、西畦野1～2丁目、山原、山原1～2丁目、緑が丘1～2丁目、山下町、山下、笹部1～3丁目、笹部、下財町、一庫1～3丁目

【兵庫県6区の川西市（5区に属しない区域）】（P133参照）

中央町、小花1～2丁目、小戸1～3丁目、美園町、絹延町、出在家町、丸の内町、滝山町、鴬の森町、萩原1～3丁目、火打1～2丁目、松が丘町、霞ケ丘1～2丁目、日高町、栄町、花屋敷山手町、花屋敷1～2丁目、寺畑1～2丁目、栄根1～2丁目、南花屋敷1～4丁目、加茂1～6丁目、下加茂1～2丁目、久代1～6丁目、東久代1～2丁目、萩原台東1～2丁目、萩原台西1～3丁目、鴬が丘、新田1～3丁目、新田、平野1～3丁目、多田桜木1～2丁目、東多田1～3丁目、鼓が滝1～3丁目、矢問1～3丁目、矢問東町、西多田1～2丁目、錦松台、多田院1～2丁目、多田院多田所町、多田院西1～2丁目、満願寺町、満願寺、平野（字カキヲジ原を除く。）、東多田、西多田、多田院、石道、虫生、赤松、柳谷、芋生、若宮、緑台1～7丁目、向陽台1～3丁目、水明台1～4丁目、清和台東1～5丁目、清和台西1～5丁目、湯山台1～2丁目、鴬台1～2丁目、けやき坂1～5丁目、南野坂1～2丁目、西畦野（字丸山及び字東通り）、清流台

【兵庫県11区の姫路市の一部】（P134参照）

相野、青山、青山1～6丁目、青山北1～3丁目、青山西1～5丁目、青山南1～4丁目、朝日町、阿保、網干区（網干浜、大江島、大江島寺前町、大江島古川町、興浜、垣内北町、垣内中町、垣内西町、垣内東町、垣内本町、垣内南町、北新在家、坂出、坂上、新在家、田井、高田、津市場、浜田、福井、宮内、余子浜、和久）、嵐山町、飯田、飯田1～3丁目、生野町、石倉、市川台1～3丁目、市川橋通1～2丁目、市之郷、市之郷町1～4丁目、伊伝居、威徳寺町、井ノ口、今宿、岩端町、魚町、打越、梅ケ枝町、梅ケ谷町、駅前町、太市中、大塩町、大塩町汐咲1～3丁目、大塩町宮前、大津区（恵美酒町1～2丁目、大津町1～4丁目、勘兵衛町1～5丁目、北天満町、吉美、新町1～2丁目、天神町1～2丁目、天満、長松、西土井、平松、真砂町）、大野町、岡田、岡町、奥山、鍵町、柿山伏、鍛冶町、片田町、刀出、刀出栄立町、勝原区（朝日谷、大谷、勝原町、勝山町、熊見、下太田、宮田、山戸、丁）、金屋町、兼田、上大野1～7丁目、上片町、上手野、神屋町、神屋町1～6丁目、亀井町、亀山、亀山1～2丁目、川西、川西台、神田町1～4丁目、北今宿1～3丁目、北新在家1～3丁目、北原、北平野1～6丁目、北平野奥垣内、北平野台町、北平野南の町、北八代1～2丁目、北夢前台1～2丁目、木場、木場十八反町、木場前中町、木場前七反町、京口町、京町1～3丁目、楠町、久保町、栗山町、車崎1～3丁目、景福寺前、国府寺町、五軒邸1～4丁目、小姓町、琴岡町、古二階町、河間町、呉服町、米屋町、小利木町、五郎右衛門邸、紺屋町、西庄、材木町、幸町、堺町、坂田町、坂元町、定元町、三左衛門堀西の町、三左衛門堀東の町、三条町1～2丁目、塩町、飾磨区（英賀、英賀春日町1～2丁目、英賀清水町1～3丁目、英賀西町1～3丁目、英賀東町1～2丁目、英賀保駅前町、英賀宮台、英賀宮町1～2丁目、阿成、阿成植木、阿成鹿古、阿成下垣内、阿成中垣内、阿成渡場、今在家、今在家2～7丁目、今在家北1～3丁目、入船町、恵美酒、大浜、粕谷新町、構、構1～5丁目、鎌倉町、上野田1～6丁目、亀山、加茂、加茂北、加茂東、加茂南、御幸、栄町、三和町、思案橋、清水、清水1～3丁目、下野田1～4丁目、城南町1～3丁目、須加、高町、高町1～2丁目、蓼野町、玉地、玉地1丁目、付城、付城1～2丁目、天神、都倉1～3丁目、中島、中島1～3丁目、中野田1～4丁目、中浜町1～3丁目、西浜町1～3丁目、野田町、東堀、富士見ケ丘町、細江、堀川町、宮、三宅1～3丁目、妻鹿、妻鹿東海町、妻鹿常盤町、妻鹿日田町、矢倉町1～2丁目、山崎、山崎台、若宮町）、飾西、飾西台、飾東町大釜、飾東町大釜新、飾東町小原、飾東町小原新、飾東町唐端新、飾東町北野、飾東町北山、飾東町清住、飾東町佐良和、飾東町塩崎、飾東町志吹、飾東町庄、飾東町豊国、飾東町八重畑、飾東町山崎、飾東町夕陽ケ丘、四郷町明田、四郷町上鈴、四郷町坂元、四郷町中鈴、四郷町東阿保、四郷町本郷、四郷町見野、四郷町山脇、東雲町1～6丁目、忍町、実法寺、下手野1～6丁目、下寺町、十二所前町、庄田、城東町、城東町京口台、城東町五軒屋、城東町清水、城東町竹之門、城東町中河原、城東町野田、城東町毘沙門、城北新町1～3丁目、城北本町、書写、書写台1～3丁目、白国、白国1～5丁目、白浜町、白浜町宇佐崎北1～3丁目、白浜町宇佐崎中1～3丁目、白浜町宇佐崎南1～2丁目、白浜町神田1～2丁目、白浜町寺家1～2丁目、

白浜町灘浜、白銀町、城見台1～4丁目、城見町、新在家、新在家1～4丁目、新在家中の町、新在家本町1～6丁目、神和町、菅生台、総社本町、大黒壱丁町、大寿台1～2丁目、大善町、田井台、高岡新町、高尾町、鷹匠町、竹田町、龍野町1～6丁目、立町、田寺1～8丁目、田寺東1～4丁目、田寺山手町、玉手、玉手1～4丁目、地内町、中地、中地南町、町田、町坪、町坪南町、千代田町、継、佃町、辻井1～9丁目、土山1～7丁目、土山東の町、手柄、手柄1～2丁目、天神町、東郷町、同心町、豆腐町、砥堀、苫編、苫編南1～2丁目、豊沢町、豊富町甲丘1～4丁目、豊富町神谷、豊富町豊富、豊富町御蔭、名古山町、南条、南条1～3丁目、二階町、西今宿1～8丁目、西駅前町、西新在家1～3丁目、西新町、西大寿台、西中島、西二階町、西延末、西八代町、西夢前台1～3丁目、西脇、仁豊野、農人町、南畝町、南畝町1～2丁目、野里、野里上野町1～2丁目、野里慶雲寺前町、野里新町、野里月丘町、野里寺町、野里中町、野里東同心町、野里東町、野里堀留町、野里大和町、延末、延末1丁目、白鳥台1～3丁目、博労町、橋之町、花影町1～4丁目、花田町一本松、花田町小川、花田町加納原田、花田町上原田、花田町高木、花田町勅旨、林田町大堤、林田町奥佐見、林田町上伊勢、林田町上構、林田町口佐見、林田町久保、林田町下伊勢、林田町下構、林田町新町、林田町中構、林田町中山下、林田町林田、林田町林谷、林田町松山、林田町六九谷、林田町八幡、林田町山田、東今宿1～6丁目、東駅前町、東辻井1～4丁目、東延末、東延末1～5丁目、東山、東夢前台1～3丁目、日出町1～3丁目、平野町、広畑区（吾妻町1～3丁目、大町1～3丁目、蒲田、蒲田1～5丁目、北河原町、北野町1～2丁目、京見町、小坂、小松町1～4丁目、才、清水町1～3丁目、城山町、末広町1～3丁目、正門通1～4丁目、高浜町1～4丁目、鶴町1～2丁目、長町1～2丁目、西蒲田、西夢前台4～8丁目、則直、早瀬町1～3丁目、東新町1～3丁目、東夢前台4丁目、富士町、本町1～6丁目、夢前町1～4丁目、広峰1～2丁目、広嶺山、福居町、福沢町、福中町、福本町、藤ケ台、双葉町、船丘町、船津町、船橋町2～6丁目、別所町家具町、別所町北宿、別所町小林、別所町佐土、別所町佐土1～3丁目、別所町佐土新、別所町別所、別所町別所1～5丁目、北条、北条1丁目、北条梅原町、北条口1～5丁目、北条永良町、北条宮の町、保城、坊主町、峰南町、本町、増位新町1～2丁目、増位本町1～2丁目、的形町福泊、的形町的形、丸尾町、御国野町国分寺、御国野町御着、御国野町西御着、御国野町深志野、神子岡前1～4丁目、御立北1～4丁目、御立中1～8丁目、御立西1～6丁目、御立東1～6丁目、緑台1～2丁目、南今宿、南駅前町、南車崎1～2丁目、南新在家、南町、南八代町、宮上町1～2丁目、宮西町1～4丁目、睦町、元塩町、元町、八家、八木町、八代、八代東光寺町、八代本町1～2丁目、八代緑ケ丘町、八代宮前町、安田1～4丁目、柳町、山田町北山田、山田町多田、山田町西山田、山田町牧野、山田町南山田、山野井町、山畑新田、山吹1～2丁目、吉田町、米田町、余部区（上川原、上余部、下余部）、六角、若菜町1～2丁目、綿町

【岡山県1区の岡山市北区・南区の一部、吉備中央町本庁管内】
（P143参照）

岡山市（**北区**（本庁管内（祇園、後楽園、中原及び牟佐に属する区域を除く。）、御津・建部支所管内）、**南区**（青江6丁目、あけぼの町、泉田、泉田1～5丁目、内尾、浦安西町、浦安本町、浦安南町、大福、海岸通1～2丁目、古新田、市場1～2丁目、下中野、新福1～2丁目、新保、洲崎1～3丁目、妹尾、妹尾崎、曽根、立川町、築港栄町、築港新町1～2丁目、築港ひかり町、築港緑町1～3丁目、築港元町、千鳥町、当新田、富浜町、豊成1～3丁目、豊浜町、中畦、並木町1～2丁目、南輝1～3丁目、西市、西畦、浜野1～4丁目、東畦、平福1～2丁目、福島1～4丁目、福田、福富中1～2丁目、福富西1～3丁目、福富東1～2丁目、福成1～3丁目、福浜町、福浜西町、福吉町、藤田、芳泉1～4丁目、松浜町、万倍、箕島、三浜町1～2丁目、山田、米倉、若葉町）、**吉備中央町**（広面、上加茂、下加茂、美原、加茂市場、高谷、平岡、上野、竹部、上田東、細田、三納谷、上田西、円城、案田、高富、神瀬、船津、小森）

【岡山県3区の真庭市の一部】（P144参照）

本庁管内、蒜山・落合・勝山・美甘・湯原振興局管内

【山口県1区の周南市の一部】（P146参照）

本庁管内、新南陽・鹿野総合支所管内、櫛浜・鼓南・久米・菊川・夜市・戸田・湯野・大津島・向道・長穂・須々万・中須・須金支所管内

【香川県1区の高松市の一部】（P151参照）

本庁管内、勝賀総合センター管内、山田支所管内、鶴尾・太田・木太・古高松・屋島・前田・川添・林・三谷・仏生山・一宮・多肥・川岡・円座・檀紙・女木・男木出張所管内

【愛媛県1区の松山市の一部】（P151参照）

本庁管内、桑原・道後・味生・生石・垣生・三津浜・久枝・潮見・和気・堀江・余土・興居島・久米・湯山・伊台・五明・小野支所管内、浮穴支所管内（北井門2丁目に属する区域に限る。）、石井支所管内

【高知県1区の高知市の一部】（P152参照）

上町1～5丁目、本丁筋、水通町、通町、唐人町、与力町、鷹匠町1～2丁目、本町1～5丁目、升形、帯屋町1～2丁目、追手筋1～2丁目、廿代町、永国寺町、丸ノ内1～2丁目、中の島、九反田、菜園場町、農人町、城見町、堺町、南はりまや町1～2丁目、弘化台、桜井町1～2丁目、はりまや町1～3丁目、宝永町、弥生町、丸池町、小倉町、東雲町、日の出町、知寄町1～3丁目、青柳町、稲荷町、若松町、高埇、杉井流、北金田、南金田、札場、南御座、北御座、南川添、北川添、北久保、南久保、海老ノ丸、中宝永町、南宝永町、二葉町、入明町、洞ケ島町、寿町、中水道、幸町、伊勢崎町、相模町、吉田町、愛宕町1～4丁目、大川筋1～2丁目、駅前町、相生町、江陽町、北本町1～4丁目、新本町1～2丁目、昭和町、和泉町、塩田町、比島町1～4丁目、栄田町1～3丁目、井口町、平和町、三ノ丸、宮前町、西町、大膳町、山ノ端町、桜馬場、城北町、北八反町、宝町、小津町、越前町1～2丁目、新屋敷1～2丁目、八反町1～2丁目、東城山町、城山町、東石立町、石立町、玉水町、縄手町、鏡川町、下島町、旭町1～3丁目、赤石町、中須賀町、旭駅前町、元町、南元町、旭上町、水源町、本宮町、上本

宮町、大谷、岩ヶ淵、鳥越、塚ノ原、西塚ノ原、長尾山町、旭天神町、佐々木町、北端町、山手町、横内、口細山、尾立、蓮台、福井町、福井扇町、福井東町、池、仁井田、種崎、十津1～6丁目、吸江、五台山、屋頭、高須、葛島1～4丁目、高須新町1～4丁目、高須砂地、高須本町、高須新木、高須1～3丁目、高須東町、高須西町、高須絶海、高須大谷、高須大島、布師田、一宮、薊野、重倉、久礼野、薊野西町1～3丁目、薊野北町1～4丁目、薊野東町、薊野中町、薊野南町、一宮西町1～4丁目、一宮しなね1～2丁目、一宮南町1～2丁目、一宮中町1～3丁目、一宮東町1～5丁目、一宮徳谷、愛宕山、前里、東秦泉寺、中秦泉寺、三園町、西秦泉寺、北秦泉寺、宇津野、三谷、七ツ淵、加賀野井1～2丁目、愛宕山南町、秦南町1～2丁目、東久万、中久万、西久万、南久万、万々、中万々、南万々、柴巻、円行寺、一ッ橋町1～2丁目、みづき1～3丁目、みづき山、大津甲、大津乙、介良甲、介良乙、介良丙、介良、潮見台1～3丁目、鏡大河内、鏡小浜、鏡大利、鏡今井、鏡草峰、鏡白岩、鏡狩山、鏡吉原、鏡的渕、鏡去坂、鏡竹奈路、鏡敷ノ山、鏡柿ノ又、鏡横矢、鏡増原、鏡葛山、鏡梅ノ木、鏡小山、土佐山菖蒲、土佐山西川、土佐山梶谷、土佐山、土佐山高川、土佐山桑尾、土佐山都網、土佐山弘瀬、土佐山東川、土佐山中切

【福岡県2区の福岡市南区・城南区の一部】（P155参照）

南区（那の川1丁目、那の川2丁目（1番から4番まで）、大楠1～3丁目、清水1～4丁目、玉川町、塩原1～4丁目、大橋団地、大橋1～4丁目、高木1～3丁目、五十川1～2丁目、井尻1～5丁目、折立町、横手1～4丁目、横手南町、的場1～2丁目、曰佐1～2丁目、曰佐4～5丁目、向新町1～2丁目、高宮1～5丁目、多賀1～2丁目、向野1～2丁目、筑紫丘1～2丁目、野間1～4丁目、若久団地、若久1～6丁目、三宅1～3丁目、南大橋1～2丁目、和田1～4丁目、野多目1～3丁目、野多目4丁目（1番から13番まで、18番1号から18番14号まで、18番61号から18番82号まで及び19番から30番まで）、野多目5丁目、老司1丁目（1番1号から1番17号まで、1番26号から1番48号まで、2番から4番まで、5番18号から5番36号まで、6番及び7番9号から7番28号まで）、市崎1～2丁目、大池1～2丁目、平和1～2丁目、平和4丁目、寺塚1～2丁目、柳河内1～2丁目、皿山1～4丁目、中尾1～3丁目、花畑1～4丁目、屋形原1～5丁目、鶴田4丁目（1番1号から1番8号まで、1番44号から1番47号まで、3番5号から3番24号まで及び3番38号から3番54号まで）、長丘1～5丁目、長住1～7丁目、西長住1～3丁目、大字桧原、桧原1～7丁目、大平寺1～2丁目、大字柏原、柏原1丁目（1番から25番まで及び27番から53番まで）、柏原3～7丁目）、**城南区**（鳥飼4～7丁目、別府団地、別府1～7丁目、城西団地、荒江団地、荒江1丁目、飯倉1丁目、田島1～6丁目、茶山1～6丁目、金山団地、七隈1～2丁目、七隈3丁目（1番から5番まで、8番24号、8番31号から8番44号まで、15番から19番まで、20番1号から20番4号まで及び20番25号から20番67号まで）、松山1～2丁目、友丘1～6丁目、友泉亭、長尾1～5丁目、樋井川1～7丁目、宝台団地、堤団地、堤1～2丁目、東油山1～6丁目、大字東油山、大字片江、片江1～5丁目、南片江1～6丁目、西片江1～2丁目、神松寺1～3丁目）

【福岡県3区の福岡市城南区（2区に属しない区域）】（P155参照）

七隈3丁目（6番、7番、8番1号から8番23号まで、8番25号から8番30号まで、8番45号、8番46号、9番から14番まで、20番5号から20番24号まで及び21番から23番まで）、七隈4～8丁目、干隈1～2丁目、梅林1～5丁目、大字梅林

【福岡県5区の福岡市南区（2区に属しない区域）】（P156参照）

曰佐3丁目、警弥郷1～3丁目、柳瀬1～2丁目、弥永1～5丁目、弥永団地、野多目4丁目（14番から17番まで、18番15号から18番60号まで、31番及び32番）、野多目6丁目、老司1丁目（1番18号から1番25号まで、5番1号から5番17号まで、5番37号から5番53号まで、7番1号から7番8号まで、7番29号から7番39号まで及び8番から35番まで）、老司2～5丁目、鶴田1～3丁目、鶴田4丁目（1番9号から1番43号まで、2番、3番1号から3番4号まで、3番25号から3番37号まで、3番55号から3番60号まで及び4番から54番まで）、柏原1丁目（26番）、柏原2丁目

【大分県1区の大分市の一部】（P160参照）

本庁管内、鶴崎・大南支所管内、稙田支所管内（大字廻栖野（618番地から747番地2まで、830番地から832番地1まで、833番地1、833番地3から836番地3まで、838番地1から838番地2まで、841番地、1587番地、1591番地から1618番地まで及び1620番地）に属する区域を除く。）、大在・坂ノ市・明野支所管内

衆議院常任・特別委員一覧（令和6年6月24日現在）

【常任委員会】

内閣委員（40）

（自22）（立7）（維教4）（公3）
（共1）（国1）（有1）（れ1）

長	**星野剛士**	自
理	上野賢一郎	自
理	髙木啓	自
理	冨樫博之	自
理	中山展宏	自
理	太栄志	立
理	森山浩行	立
理	堀場幸子	維教
理	庄子賢一	公
	青山周平	自
	井野俊郎	自
	泉田裕彦	自
	大西英男	自
	大野敬太郎	自
	神田潤一	自
	小森卓郎	自
	杉田水脈	自
	鈴木英敬	自
	土田慎	自
	鳩山二郎	自
	平井卓也	自
	平沼正二郎	自
	牧島かれん	自
	森由起子	自
	簗和生	自
	山本ともひろ	自
	逢坂誠二	立
	中谷一馬	立
	本庄知史	立
	山岸一生	立
	山崎誠	立
	阿部司	維教
	金村龍那	維教
	住吉寛紀	維教
	河西宏一	公
	吉田久美子	公
	塩川鉄也	共
	浅野哲	国
	緒方林太郎	有
	大石あきこ	れ

総務委員（40）

（自22）（立8）（維教4）（公3）
（共1）（国1）（無1）

長	**古屋範子**	公
理	斎藤洋明	自
理	田所嘉徳	自
理	田中良生	自
理	本田太郎	自
理	湯原俊二	立
理	吉川元	立
理	中司宏	維教
理	中川康洋	公
	井原巧	自
	石田真敏	自
	尾身朝子	自
	金子恭之	自
	川崎ひでと	自
	国光あやの	自
	坂井学	自
	田畑裕明	自
	寺田稔	自
	中川貴元	自
	西田昭二	自
	西野太亮	自
	根本幸典	自
	葉梨康弘	自
	長谷川淳二	自
	鳩山二郎	自
	古川直季	自
	保岡宏武	自
	おおつき紅葉	立
	岡本あき子	立
	奥野総一郎	立
	福田昭夫	立
	藤岡隆雄	立
	道下大樹	立
	阿部司	維教
	中嶋秀樹	維教
	吉田とも代	維教
	平林晃	公
	宮本岳志	共
	西岡秀子	国
	吉川赳	無

法務委員（35）

（自20）（立7）（維教4）
（公3）（共1）

長	**武部新**	自
理	熊田裕通	自
理	笹川博義	自
理	仁木博文	自
理	牧原秀樹	自
理	道下大樹	立
理	米山隆一	立
理	池下卓	維教
理	大口善徳	公
	東国幹	自
	五十嵐清	自
	井出庸生	自
	稲田朋美	自

（長）＝委員長・会長、（理）＝理事、（幹）＝幹事、議員氏名の右は会派名

英利　アルフィヤ　自
奥野　信亮　自
斎藤　洋明　自
高見　康裕　自
谷川　とむ　自
中曽根　康隆　自
中野　英幸　自
平口　洋　自
藤原　崇　自
三ッ林　裕巳　自
山田　美樹　自
おおつき　紅葉　立
鎌田　さゆり　立
鈴木　庸介　立
寺田　学　立
山田　勝彦　立
阿部　弘樹　維教
斎藤　アレックス　維教
美延　映夫　維教
日下　正喜　公
平林　晃　公
本村　伸子　共

外務委員(30)

(自17)(立5)(維教4)
(公2)(共1)(有1)

(長) **勝俣　孝明**　自
(理) 城内　実　自
(理) 鈴木　貴子　自
(理) 中川　郁子　自
(理) 藤井　比早之　自
(理) 源馬　謙太郎　立
(理) 鈴木　庸介　立
(理) 青柳　仁士　維教
(理) 竹内　譲　公
上杉　謙太郎　自
小田原　潔　自
黄川田　仁志　自
高村　正大　自
島尻　安伊子　自
武井　俊輔　自
西銘　恒三郎　自
平沢　勝栄　自
深澤　陽一　自
穂坂　泰　自
宮路　拓馬　自
小熊　慎司　立
佐藤　公治　立
松原　仁　立
鈴木　敦　維教
徳永　久志　維教
和田　有一朗　維教
金城　泰邦　公
穀田　恵二　共
吉良　州司　有
塩谷　立　無

財務金融委員(40)

(自22)(立9)(維教4)
(公3)(共1)(無1)

(長) **津島　淳**　自
(理) 井上　貴博　自
(理) 金子　俊平　自
(理) 鈴木　馨祐　自
(理) 塚田　一郎　自
(理) 稲富　修二　立
(理) 櫻井　周　立
(理) 伊東　信久　維教
(理) 稲津　久　公
石原　正敬　自
英利　アルフィヤ　自
小田原　潔　自
越智　隆雄　自
大塚　拓　自
大野　敬太郎　自
木原　誠二　自
岸　信千世　自
鈴木　隼人　自
瀬戸　隆一　自
中山　展宏　自
藤丸　敏　自
藤原　崇　自
古川　禎久　自
宮下　一郎　自
宗清　皇一　自
山田　美樹　自
江田　憲司　立
小山　展弘　立
階　猛　立
末松　義規　立
野田　佳彦　立
馬場　雄基　立
原口　一博　立
沢田　良　維教
藤巻　健太　維教
掘井　健智　維教
竹内　譲　公
中川　宏昌　公
田村　貴昭　共
吉田　豊史　無

文部科学委員(40)

(自23)(立8)(維教4)
(公3)(共1)(国1)

(長) **田野瀬　太道**　自
(理) 小寺　裕雄　自
(理) 中村　裕之　自
(理) 永岡　桂子　自
(理) 山田　賢司　自
(理) 坂本　祐之輔　立
(理) 牧　義夫　立
(理) 金村　龍那　維教

理 浮島智子 公
青山周平 自
井出庸生 自
上杉謙太郎 自
尾身朝子 自
勝目康 自
木村次郎 自
岸信千世 自
小林茂樹 自
柴山昌彦 自
鈴木貴子 自
根本幸典 自
船田元 自
古川直季 自
三谷英弘 自
宮内秀樹 自
山口晋 自
山本左近 自
義家弘介 自
青山大人 立
菊田真紀子 立
下条みつ 立
吉川元 立
吉田はるみ 立
笠浩史 立
早坂敦 維教
堀場幸子 維教
前原誠司 維教
平林晃 公
鰐淵洋子 公
宮本岳志 共
西岡秀子 国

厚生労働委員(45)

(自25)(立10)(維教4)
(公3)(共1)(国1)(有1)

長 **新谷正義** 自
理 大岡敏孝 自
理 大串正樹 自
理 橋本岳 自
理 三谷英弘 自
理 井坂信彦 立
理 中島克仁 立
理 遠藤良太 維教
理 伊佐進一 公
秋葉賢也 自
畦元将吾 自
上田英俊 自
勝目康 自
金子容三 自
川崎ひでと 自
塩崎彰久 自
鈴木英敬 自
田所嘉徳 自
田畑裕明 自
田村憲久 自
高階恵美子 自
中谷真一 自
仁木博文 自
堀内詔子 自
本田太郎 自
三ッ林裕巳 自
柳本顕 自
山本左近 自
吉田真次 自
阿部知子 立
大西健介 立
堤かなめ 立
西村智奈美 立
山井和則 立
柚木道義 立
吉田統彦 立
早稲田ゆき 立
足立康史 維教
一谷勇一郎 維教
岬麻紀 維教
福重隆浩 公
吉田久美子 公
宮本徹 共
田中健 国
福島伸享 有

農林水産委員(40)

(自22)(立9)(維教3)
(公3)(共1)(国1)(有1)

長 **野中厚** 自
理 伊東良孝 自
理 小島敏文 自
理 古川康 自
理 山口壮 自
理 近藤和也 立
理 野間健 立
理 池畑浩太朗 維教
理 角田秀穂 公
東国幹 自
五十嵐清 自
上田英俊 自
江藤拓 自
加藤竜祥 自
神田憲次 自
小寺裕雄 自
髙鳥修一 自
橋慶一郎 自
中川郁子 自
西野太亮 自
細田健一 自
堀井学 自
宮下一郎 自
保岡宏武 自
簗和生 自
山口晋 自
梅谷守 立

金子恵美　立
神谷裕　立
川内博史　立
緑川貴士　立
山田勝彦　立
渡辺創　立
一谷勇一郎　維教
掘井健智　維教
稲津久　公
山崎正恭　公
田村貴昭　共
長友慎治　国
北神圭朗　有

経済産業委員(40)

(自23)(立8)(維教4)(公3)(共1)(国1)

(長) **岡本三成**　公
(理) 小林鷹之　自
(理) 鈴木隼人　自
(理) 松本洋平　自
(理) 山下貴司　自
(理) 荒井優　立
(理) 山岡達丸　立
(理) 守島正　維教
(理) 中野洋昌　公
井原巧　自
石井拓　自
大岡敏孝　自
加藤竜祥　自
神田憲次　自
国光あやの　自
鈴木淳司　自
関芳弘　自
冨樫博之　自
中川貴元　自
福田達夫　自
細田健一　自
堀井学　自
宮内秀樹　自
宗清皇一　自
山際大志郎　自
吉田真次　自
和田義明　自
若林健太　自
大島敦　立
落合貴之　立
小山展弘　立
重徳和彦　立
田嶋要　立
山崎誠　立
市村浩一郎　維教
小野泰輔　維教
山本剛正　維教
吉田宣弘　公
笠井亮　共

鈴木義弘　国

国土交通委員(45)

(自25)(立9)(維教4)(公3)(共1)(国1)(有1)(れ1)

(長) **長坂康正**　自
(理) あかま二郎　自
(理) 泉田裕彦　自
(理) 小林茂樹　自
(理) 武井俊輔　自
(理) 城井崇　立
(理) 白石洋一　立
(理) 三木圭恵　維教
(理) 國重徹　公
石橋林太郎　自
尾崎正直　自
大西英男　自
金子俊平　自
菅家一郎　自
小島敏文　自
小林鷹之　自
小林史明　自
小森卓郎　自
佐々木紀　自
櫻田義孝　自
田中英之　自
高木啓　自
谷公一　自
谷川とむ　自
土井亨　自
中根一幸　自
中村裕之　自
古川康　自
武藤容治　自
石川香織　立
枝野幸男　立
小宮山泰子　立
神津たけし　立
伴野豊　立
馬淵澄夫　立
谷田川元　立
赤木正幸　維教
漆間譲司　維教
高橋英明　維教
伊藤渉　公
日下正喜　公
高橋千鶴子　共
古川元久　国
福島伸享　有
たがや亮　れ

環境委員(30)

(自17)(立7)(維教4)(公2)

(長) **務台俊介**　自
(理) 畦元将吾　自
(理) 伊藤忠彦　自

(理) 小倉將信 自
(理) 堀内詔子 自
(理) 馬場雄基 立
(理) 森田俊和 立
(理) 奥下剛光 維教
(理) 鰐淵洋子 公
井上信治 自
井上貴博 自
石原正敬 自
稲田朋美 自
金子容三 自
菅家一郎 自
国定勇人 自
熊田裕通 自
笹川博義 自
森由起子 自
柳本顕 自
鷲尾英一郎 自
大河原まさこ 立
近藤昭一 立
篠原孝 立
松木けんこう 立
屋良朝博 立
杉本和巳 維教
空本誠喜 維教
林佑美 維教
中川康洋 公

安全保障委員(30)

(自16)(立7)(維教4)(公2)(共1)

(長) **小泉進次郎** 自
(理) 黄川田仁志 自
(理) 中曽根康隆 自
(理) 藤丸敏 自
(理) 若宮健嗣 自
(理) 重徳和彦 立
(理) 渡辺周 立
(理) 斎藤アレックス 維教
(理) 中川宏昌 公
江渡聡徳 自
大塚拓 自
杉田水脈 自
高見康裕 自
武田良太 自
中谷元 自
長島昭久 自
細野豪志 自
松島みどり 自
松本尚 自
和田義明 自
新垣邦男 立
玄葉光一郎 立
酒井なつみ 立
篠原豪 立
屋良朝博 立
浅川義治 維教
岩谷良平 維教
住吉寛紀 維教
北側一雄 公
赤嶺政賢 共

国家基本政策委員(30)

(自18)(立6)(維教3)(公1)(共1)(国1)

(長) **根本匠** 自
(理) 金子恭之 自
(理) 佐藤勉 自
(理) 平井卓也 自
(理) 御法川信英 自
(理) 後藤祐一 立
(理) 笠浩史 立
(理) 藤田文武 維教
(理) 石井啓一 公
麻生太郎 自
小渕優子 自
梶山弘志 自
金田勝年 自
田村憲久 自
渡海紀三朗 自
丹羽秀樹 自
西村明宏 自
葉梨康弘 自
浜田靖一 自
茂木敏充 自
森山裕 自
鷲尾英一郎 自
泉健太 立
岡田克也 立
中村喜四郎 立
長妻昭 立
徳永久志 維教
馬場伸幸 維教
志位和夫 共
玉木雄一郎 国

予算委員(50)

(自28)(立11)(維教4)(公4)(共1)(国1)(有1)

(長) **小野寺五典** 自
(理) 上野賢一郎 自
(理) 加藤勝信 自
(理) 島尻安伊子 自
(理) 橋本岳 自
(理) 牧島かれん 自
(理) 奥野総一郎 立
(理) 山井和則 立
(理) 漆間譲司 維教
(理) 佐藤英道 公
井出庸生 自
伊東良孝 自
伊藤達也 自

石破茂 自
今村雅弘 自
岩屋毅 自
衛藤征士郎 自
越智隆雄 自
奥野信亮 自
金田勝年 自
亀岡偉民 自
後藤茂之 自
田中和徳 自
平将明 自
塚田一郎 自
平沢勝栄 自
古屋圭司 自
牧原秀樹 自
宮路拓馬 自
山本有二 自
若林健太 自
渡辺博道 自
井坂信彦 立
石川香織 立
大西健介 立
小山展弘 立
階猛 立
藤岡隆雄 立
山岸一生 立
米山隆一 立
早稲田ゆき 立
奥下剛光 維教
林佑美 維教
守島正 維教
赤羽一嘉 公
金城泰邦 公
角田秀穂 公
宮本徹 共
田中健 国
緒方林太郎 有

決算行政監視委員(40)

(自21)(立8)(維教3)
(公3)(れ2)(無2)(欠1)

(長) **小川淳也** 立
(理) 小林史明 自
(理) 田中英之 自
(理) 中西健治 自
(理) 山下貴司 自
(理) 井坂信彦 立
(理) 中谷一馬 立
(理) 杉本和巳 維教
(理) 福重隆浩 公
江﨑鐵磨 自
遠藤利明 自
小倉將信 自
下村博文 自
髙木毅 自
棚橋泰文 自
中谷真一 自
西村康稔 自
野田聖子 自
萩生田光一 自
福田達夫 自
松野博一 自
三反園訓 自
村上誠一郎 自
森英介 自
山本ともひろ 自
吉野正芳 自
青柳陽一郎 立
大河原まさこ 立
櫻井周 立
手塚仁雄 立
谷田川元 立
浦野靖人 維教
遠藤良太 維教
佐藤茂樹 公
庄子賢一 公
櫛渕万里 れ
たがや亮 れ
秋本真利 無
池田佳隆 無

議院運営委員(25)

(自14)(立6)(維教2)
(公1)(共1)(国1)

(長) **山口俊一** 自
(理) 橋慶一郎 自
(理) 中谷真一 自
(理) 丹羽秀樹 自
(理) 武藤容治 自
(理) 鷲尾英一郎 自
(理) 青柳陽一郎 立
(理) 後藤祐一 立
(理) 遠藤敬 維教
(理) 輿水恵一 公
井出庸生 自
井野俊郎 自
石原正敬 自
木村次郎 自
本田太郎 自
三ッ林裕巳 自
宮路拓馬 自
山田賢司 自
伊藤俊輔 立
源馬謙太郎 立
馬場雄基 立
吉田はるみ 立
中司宏 維教
塩川鉄也 共
浅野哲 国

懲罰委員(20)

(自10)(立7)(維教1)
(公1)(欠1)

(長) 中川正春 立
(理) 奥野信亮 自
(理) 林幹雄 自
(理) 武藤容治 自
(理) 吉田はるみ 立
(理) 井上英孝 維教
逢沢一郎 自
甘利明 自
菅義偉 自
二階俊博 自
丹羽秀樹 自
葉梨康弘 自
鷲尾英一郎 自
安住淳 立
小沢一郎 立
大串博志 立
亀井亜紀子 立
菅直人 立
高木陽介 公

【特別委員会】

災害対策特別委員(35)

(自20)(立7)(維教3)
(公3)(共1)(国1)

(長) 後藤茂之 自
(理) 金子俊平 自
(理) 坂井学 自
(理) 笹川博義 自
(理) 宮路拓馬 自
(理) 菊田真紀子 立
(理) 渡辺創 立
(理) 掘井健智 維教
(理) 日下正喜 公
東国幹 自
石原正敬 自
江藤拓 自
金子容三 自
金田勝年 自
国光あやの 自
杉田水脈 自
高鳥修一 自
根本幸典 自
藤丸敏 自
松本洋平 自
簗和生 自
山口晋 自
若林健太 自
渡辺博道 自
小山展弘 立
神津たけし 立
近藤和也 立
中島克仁 立
米山隆一 立
堀場幸子 維教
吉田とも代 維教
中川康洋 公
山崎正恭 公
田村貴昭 共
古川元久 国

政治改革に関する特別委員(40)

(自22)(立8)(維教4)
(公3)(共1)(国1)(有1)

(長) 石田真敏 自
(理) 大野敬太郎 自
(理) 鳩山二郎 自
(理) 平口洋 自
(理) 藤井比早之 自
(理) 落合貴之 立
(理) 笠浩史 立
(理) 浦野靖人 維教
(理) 中川康洋 公
石原正敬 自
小倉將信 自
大串正樹 自
奥野信亮 自
勝目康 自
川崎ひでと 自
木原誠二 自
岸信千世 自
斎藤洋明 自
鈴木馨祐 自
寺田稔 自
冨樫博之 自
中川郁子 自
中西健治 自
古川直季 自
本田太郎 自
山下貴司 自
野田佳彦 立
太栄志 立
本庄知史 立
山岸一生 立
柚木道義 立
吉田はるみ 立
青柳仁士 維教
金村龍那 維教
斎藤アレックス 維教
輿水恵一 公
中野洋昌 公
塩川鉄也 共
長友慎治 国
福島伸享 有

沖縄及び北方問題に関する特別委員(25)

(自14)(立5)(維教3)
(公2)(共1)

(長)	**佐藤公治**	立
(理)	伊東良孝	自
(理)	島尻安伊子	自
(理)	鈴木貴子	自
(理)	西銘恒三郎	自
(理)	神谷裕	立
(理)	屋良朝博	立
(理)	高橋英明	維教
(理)	金城泰邦	公
	東国幹	自
	井野俊郎	自
	上田英俊	自
	尾身朝子	自
	鈴木隼人	自
	武井俊輔	自
	中谷真一	自
	宮内秀樹	自
	山口晋	自
	和田義明	自
	新垣邦男	立
	松木けんこう	立
	奥下剛光	維教
	藤巻健太	維教
	佐藤英道	公
	赤嶺政賢	共

北朝鮮による拉致問題等に関する特別委員(25)

(自14)(立5)(維教3)
(公2)(共1)

(長)	**小熊慎司**	立
(理)	熊田裕通	自
(理)	斎藤洋明	自
(理)	髙木啓	自
(理)	塚田一郎	自
(理)	下条みつ	立
(理)	西村智奈美	立
(理)	和田有一朗	維教
(理)	山崎正恭	公
	井出庸生	自
	加藤勝信	自
	小森卓郎	自
	佐々木紀	自
	櫻田義孝	自
	杉田水脈	自
	髙鳥修一	自
	山田美樹	自
	山本左近	自
	義家弘介	自
	梅谷守	立
	渡辺周	立
	池下卓	維教
	鈴木敦	維教
	中川宏昌	公
	笠井亮	共

消費者問題に関する特別委員(35)

(自20)(立7)(維教3)
(公3)(共1)(国1)

(長)	**秋葉賢也**	自
(理)	小倉將信	自
(理)	武井俊輔	自
(理)	中山展宏	自
(理)	堀内詔子	自
(理)	青山大人	立
(理)	大西健介	立
(理)	林佑美	維教
(理)	吉田久美子	公
	井原巧	自
	英利アルフィヤ	自
	加藤竜祥	自
	勝目康	自
	金子容三	自
	岸信千世	自
	鈴木英敬	自
	高見康裕	自
	中川貴元	自
	永岡桂子	自
	仁木博文	自
	船田元	自
	松島みどり	自
	三ッ林裕巳	自
	保岡宏武	自
	井坂信彦	立
	石川香織	立
	おおつき紅葉	立
	大河原まさこ	立
	山田勝彦	立
	浅川義治	維教
	岬麻紀	維教
	日下正喜	公
	鰐淵洋子	公
	本村伸子	共
	鈴木義弘	国

東日本大震災復興特別委員(40)

(自22)(立8)(維教4)
(公3)(共1)(国1)(有1)

(長)	**髙階恵美子**	自
(理)	小寺裕雄	自
(理)	小林鷹之	自
(理)	坂井学	自
(理)	長島昭久	自

(理) 鎌田さゆり 立
(理) 馬場雄基 立
(理) 早坂敦 維教
(理) 庄子賢一 公
五十嵐清 自
上杉謙太郎 自
小田原潔 自
菅家一郎 自
小島敏文 自
小林茂樹 自
冨樫博之 自
中曽根康隆 自
西野太亮 自
平沢勝栄 自
平沼正二郎 自
藤原崇 自
細野豪志 自
三谷英弘 自
山本左近 自
吉田真次 自
鷲尾英一郎 自
荒井優 立
金子恵美 立
玄葉光一郎 立
小宮山泰子 立
鈴木庸介 立
堤かなめ 立
市村浩一郎 維教
沢田良 維教
美延映夫 維教
赤羽一嘉 公
福重隆浩 公
高橋千鶴子 共
鈴木義弘 国
福島伸享 有

原子力問題調査特別委員(35)

(自20)(立7)(維教3)(公3)(共1)(国1)

(長) 平将明 自
(理) 泉田裕彦 自
(理) 大西英男 自
(理) 中村裕之 自
(理) 武藤容治 自
(理) 伴野豊 立
(理) 山崎誠 立
(理) 小野泰輔 維教
(理) 平林晃 公
畦元将吾 自
今村雅弘 自
上田英俊 自
江渡聡徳 自
大岡敏孝 自
神田憲次 自
木村次郎 自
小森卓郎 自
佐々木紀 自
鈴木淳司 自
土井亨 自
中根一幸 自
古川康 自
細田健一 自
宗清皇一 自
阿部知子 立
逢坂誠二 立
菅直人 立
田嶋要 立
野間健 立
阿部弘樹 維教
空本誠喜 維教
竹内譲 公
中野洋昌 公
笠井亮 共
浅野哲 国

地域活性化・こども政策・デジタル社会形成に関する特別委員(35)

(自20)(立7)(維教3)(公3)(共1)(国1)

(長) 谷公一 自
(理) 井上信治 自
(理) 小林史明 自
(理) 田中英之 自
(理) 牧島かれん 自
(理) 岡本あき子 立
(理) 藤岡隆雄 立
(理) 一谷勇一郎 維教
(理) 河西宏一 公
今村雅弘 自
上杉謙太郎 自
黄川田仁志 自
小寺裕雄 自
橘慶一郎 自
谷川とむ 自
土田慎 自
土井亨 自
中川郁子 自
橋本岳 自
福田達夫 自
藤丸敏 自
堀井学 自
保岡宏武 自
柳本顕 自
城井崇 立
坂本祐之輔 立
中谷一馬 立
福田昭夫 立
早稲田ゆき 立

赤木正幸　維教
伊東信久　維教
伊佐進一　公
浮島智子　公
高橋千鶴子　共
田中健　国

【憲法審査会】

憲法審査会委員(50)
(自27)(立11)(維教5)
(公4)(共1)(国1)(有1)

(長) 森英介　自
(幹) 加藤勝信　自
(幹) 小林鷹之　自
(幹) 寺田稔　自
(幹) 中谷元　自
(幹) 船田元　自
(幹) 逢坂誠二　立
(幹) 本庄知史　立
(幹) 馬場伸幸　維教
(幹) 北側一雄　公
井出庸生　自
井野俊郎　自
井上貴博　自
伊藤達也　自
石破茂　自
稲田朋美　自
岩屋毅　自
越智隆雄　自
大串正樹　自
城内実　自
黄川田仁志　自
熊田裕通　自
中西健治　自
長島昭久　自
古川禎久　自
古屋圭司　自
細野豪志　自
三谷英弘　自
山下貴司　自
山田賢司　自
山本有二　自
大島敦　立
奥野総一郎　立
城井崇　立
近藤昭一　立
階猛　立
篠原孝　立
牧義夫　立
谷田川元　立
吉田はるみ　立
青柳仁士　維教
岩谷良平　維教
小野泰輔　維教
三木圭恵　維教
大口善徳　公
河西宏一　公

國重徹　公
赤嶺政賢　共
玉木雄一郎　国
北神圭朗　有

【情報監視審査会】

情報監視審査会委員(8)
(自4)(立2)(維教1)(公1)

(長) 岩屋毅　自
伊藤達也　自
田村憲久　自
葉梨康弘　自
伊藤俊輔　立
山岸一生　立
中司宏　維教
大口善徳　公

【政治倫理審査会】

政治倫理審査会委員(25)
(自14)(立6)(維教2)
(公2)(共1)

(長) 田中和徳　自
(幹) 橘慶一郎　自
(幹) 丹羽秀樹　自
(幹) 武藤容治　自
(幹) 鷲尾英一郎　自
(幹) 稲富修二　立
(幹) 寺田学　立
(幹) 浦野靖人　維教
(幹) 輿水恵一　公
井出庸生　自
井野俊郎　自
石原正敬　自
中谷真一　自
葉梨康弘　自
藤丸敏　自
本田太郎　自
宮路拓馬　自
山田賢司　自
枝野幸男　立
亀井亜紀子　立
牧義夫　立
笠浩史　立
岩谷良平　維教
河西宏一　公
穀田恵二　共

会派名の表記は下記の通り。
自 ＝自由民主党・無所属の会
立 ＝立憲民主党・無所属
維教 ＝日本維新の会・教育無償化を実現する会
公 ＝公明党
共 ＝日本共産党
国 ＝国民民主党・無所属クラブ
有 ＝有志の会
れ ＝れいわ新選組
無 ＝無所属
欠 ＝欠員

2005年以降の主な政党の変遷（数字は年月）

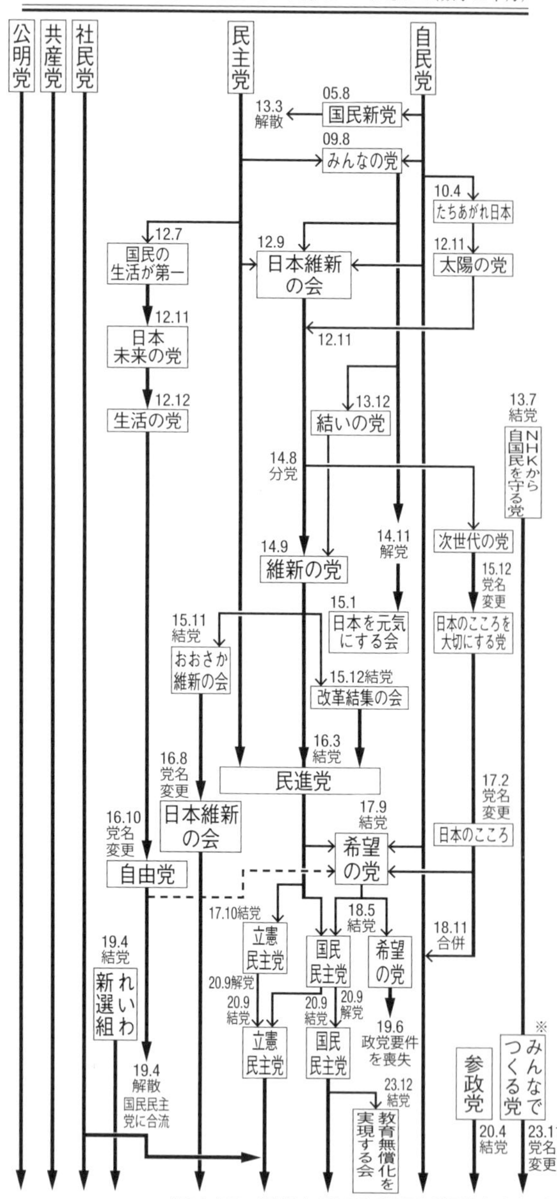

※みんなでつくる党は、1月19日、所属国会議員がゼロとなった。

参議院

●凡例　記載内容は原則として令和6年7月1日現在。

選挙区　　定　数

第25回選挙得票数・得票率（令和元年7月21日）　第26回選挙得票数・得票率（令和4年7月10日）

得票数の左の▽印は繰り上げ当選者の資格を持つ法定得票数獲得者。

党派*（会派）［選挙年］当選回数
出身地　生年月日
勤続年数（うち衆年数）（初当選年）

氏（ふり）　名（がな）

略　歴〔現職はゴシック。但し大臣・副大臣・政務官、委員会及び党役職のみ。〕

〒　地元　住所　☎
〒　東京　住所　☎

●編集要領

○住所に宿舎とあるのは議員宿舎、会館とあるのは議員会館。
○**党派名、自民党の派閥名（[　]で表示）を略称で表記した。**

自…自由民主党
立…立憲民主党
公…公明党
維…日本維新の会
共…日本共産党
国…国民民主党
れ…れいわ新選組
社…社会民主党
参…参政党
教…教育無償化を実現する会
無…無所属
[麻]…麻生派
[無]…無派閥
(　)内は会派名
• 立憲…立憲民主・社民
• 国民…国民民主党・新緑風会
• 沖縄…沖縄の風
• N党…NHKから国民を守る党

○常任委員会

内閣委員会……**内閣委**
総務委員会……**総務委**
法務委員会……**法務委**
外交防衛委員会……**外交防衛委**
財政金融委員会……**財金委**
文教科学委員会……**文科委**
厚生労働委員会……**厚労委**
農林水産委員会……**農水委**
経済産業委員会……**経産委**
国土交通委員会……**国交委**
環境委員会……**環境委**
国家基本政策委員会……**国家基本委**
予算委員会……**予算委**
決算委員会……**決算委**
行政監視委員会……**行政監視委**
議院運営委員会……**議運委**
懲罰委員会……**懲罰委**

○特別委員会

災害対策特別委員会……**災害特委**
政府開発援助等及び沖縄・北方問題に関する特別委員会……**ODA・沖北特委**
政治改革に関する特別委員会……**政治改革特委**
北朝鮮による拉致問題等に関する特別委員会……**拉致特委**
地方創生及びデジタル社会の形成等に関する特別委員会……**地方・デジ特委**
消費者問題に関する特別委員会……**消費者特委**
東日本大震災復興特別委員会……**復興特委**

○調査会・審査会

外交・安全保障に関する調査会……**外交・安保調委**
国民生活・経済及び地方に関する調査会……**国民生活調委**
資源エネルギー・持続可能社会に関する調査会……**資源エネ調委**
憲法審査会……**憲法審委**
情報監視審査会……**情報監視審委**
政治倫理審査会……**政倫審委**

※所属の委員会名は、6月24日現在の委員部資料及び議員への取材に基づいて掲載しています。
※勤続年数・年齢は令和6年8月末現在
＊新…当選1回の議員。前…当選2回以上で、選出される選挙時点で参議院議員であった議員。元…当選2回以上で、選出される選挙時点では、参議院議員でなかった議員、または当選2回以上で、繰上補充もしくは、補欠選挙により選出された議員。

参議院議員・秘書名一覧

	議員名	党派(会派)	選挙区 選挙年	政策秘書名 第1秘書名 第2秘書名	号室	直通 FAX	略歴頁
あ	あだちとしゆき 足立敏之	自[無]	比例④	竹島 睦 本田俊二 中山麻友	501	6550-0501 6551-0501	227
	あだちまさし 阿達雅志	自[無]	比例④	土屋達之介 長岐康平 安西直紀	309	6550-0309 6551-0309	228
	あおきあい 青木 愛	立	比例④	―― ―― ――	507	6550-0507 6551-0507	231
	あおきかずひこ 青木一彦	自[無]	鳥取・島根④	吉武 崇 青戸哲哉 佐々木弘行	814	6550-0814 3502-8825	261
	あおしまけんた 青島健太	維	比例④	有働 正 劔持益美 高橋叔之	405	6550-0405 6551-0405	230
	あおやましげはる 青山繁晴	自[無]	比例④	三浦麻未 川村香奈枝 入間川和美	1215	3581-3111(代)	226
	あかいけまさあき 赤池誠章	自[無]	比例(元)	中島朱美 ―― 松岡俊一	524	6550-0524 6551-0524	216
	あかまつけん 赤松 健	自[無]	比例④	広野文治 日髙 周 中野梨紗	423	6550-0423 6551-0423	226
	あきのこうぞう 秋野公造	公	福岡④	中條壽信 前田洋子 明石康子	711	6550-0711 6551-0711	265
	あさおけいいちろう 浅尾慶一郎	自[麻]	神奈川④	東海林 大 三谷智雄 長尾有祐	601	6550-0601 6551-0601	249
	あさだひとし 浅田 均	維	大阪④	熊谷 知 平岡紀志 坪内政史	621	6550-0621 6551-0621	258
	あさひけんたろう 朝日健太郎	自[無]	東京④	桑代真哉 門内 淳 宮部正紀	620	6550-0620 6551-0620	247
	あずまとおる 東 徹	維	大阪(元)	吉成正則 高野隆宏 柊谷龍哉	510	6550-0510 6551-0510	257
	ありむらはるこ 有村治子	自[麻]	比例(元)	髙橋弘光 渡部桃子 田中三恵	1015	6550-1015 6551-1015	215
い	いのうえさとし 井上哲士	共	比例(元)	児玉善彦 広井真光 藤浦修司	321	6550-0321 6551-0321	221
	いのうえよしゆき 井上義行	自[無]	比例④	佐藤貴洋 梅澤恭徳 帖地雅史	920	6550-0920 6551-0920	228
	いとうがく 伊藤 岳	共	埼玉(元)	石川健介 岡嵜拓也 磯ヶ谷理恵	609	6550-0609 6551-0609	243
	いとうたかえ 伊藤孝江	公	兵庫④	本孝 薫 園谷晃一 武田朋久	1014	6550-1014 6551-1014	259
	いとうたかえ 伊藤孝恵	国	愛知④	中島浩一 川井太司 永治陽平	1008	6550-1008 6551-1008	255

※内線電話番号は、5＋室番号（3～9階は5のあとに0を入れる）

議員名	党派(会派)	選挙区 選挙年	政策秘書名 第1秘書名 第2秘書名	号室	直通 FAX	略歴頁
いはよういち 伊波洋一	無(沖縄)	沖縄④	末廣哲 伊波俊介 高江洲満子	519	6550-0519 6551-0519	269
いくいなあきこ 生稲晃子	自[無]	東京④	伊藤慎一 永瀬祐見子 後藤大介	904	6550-0904 6551-0904	247
いしいあきら 石井章	維	比例④	―― ―― ――	1204	6550-1204 6551-1204	229
いしいじゅんいち 石井準一	自[無]	千葉㊁	森崎大輔 東野公俊 山田光男	506	6550-0506 5512-2606	244
いしいひろお 石井浩郎	自[無]	秋田④	黒川茂雄 畑澤敦子 千葉淳一	713	6550-0713 6551-0713	240
いしいまさひろ 石井正弘	自[無]	岡山㊁	近藤儀道 田淵善一 石田真佐代	1214	6550-1214 6551-1214	261
いしいみつこ 石井苗子	維	比例④	―― 橋本範子 森本卓矢	1115	6550-1115 6551-1115	229
いしがき 石垣のりこ	立	宮城㊁	―― 青木まり子 ――	813	6550-0813 6551-0813	239
いしかわたいが 石川大我	立	比例㊁	榎本順一 浜原健伍 飛鳥斗亜	1113	6550-1113 6551-1113	218
いしかわひろたか 石川博崇	公	大阪④	櫻井久美子 青木正伸 本浦正志	616	6550-0616 6551-0616	258
いしだまさひろ 石田昌宏	自[無]	比例㊁	五反分正彦 大田京子 橋本祥太朗	1101	6550-1101 6551-1101	215
いしばしみちひろ 石橋通宏	立	比例④	渡辺卓也 鈴木良知 伊藤淳子	523	6550-0523 6551-0523	231
いそざきよしひこ 磯﨑仁彦	自[無]	香川④	冨田久雄 後藤寿也 竹内康弘	624	6550-0624 6551-0624	264
いそざきてつじ 礒﨑哲史	国	比例㊁	長谷康人 ―― ――	1210	6550-1210 6551-1210	221
いのぐちくにこ 猪口邦子	自[麻]	千葉④	―― ―― ――	1105	6550-1105 6551-1105	245
いのせなおき 猪瀬直樹	維	比例④	椈澤悟 中嶋徳彦 龍田かおり	513	6550-0513 6551-0513	229
いまいえりこ 今井絵理子	自[麻]	比例④	柳澤浩美 吉川夏貴 川﨑多津也	315	6550-0315 6551-0315	228
いわぶちとも 岩渕友	共	比例④	安部由美子 阿部了 小島あずみ	1002	6550-1002 6551-1002	233
いわもとつよひと 岩本剛人	自[無]	北海道㊁	荒木真一 小林三奈子 原雅子	205	6550-0205 6551-0205	237
うえだいさむ 上田勇	公	比例④	嶋林秀一 時田能行 大井源也	1212	6550-1212 6551-1212	232

う

議員名	党派（会派）	選挙区 選挙年	政策秘書名 第１秘書名 第２秘書名	号室	直通 FAX	略歴頁
うえだ きよし 上田清司	無	埼玉④	――― 池田麻里 西澤理	618	6550-0618 6551-0618	244
うえの みちこ 上野通子	自 [無]	栃木④	齋藤淳 根本龍夫 横田地美佳	918	6550-0918 6551-0918	242
うすい しょういち 臼井正一	自 [無]	千葉④	江熊富美代 大森裕志 鹿嶋祐介	909	6550-0909 6551-0909	245
うちこし さくら 打越さく良	立	新潟(元)	山口希望 相墨武人 石田佳	901	6550-0901 6551-0901	249
うめむら さとし 梅村聡	維	比例(元)	北野大地 ――― ―――	326	6550-0326 6551-0326	220
うめむら 梅村みずほ	維	大阪(元)	浅田淳志 松村東 大嶋公一	1004	6550-1004 6551-1004	257
え　えじま きよし 江島潔	自 [無]	山口④	三浦善一郎 稲田亮 亀永誉晃	1103	6550-1103 6551-1103	263
えとう せいいち 衛藤晟一	自 [無]	比例(元)	北村賢一 柴原佳史 清水剛	1216	6550-1216 6551-1216	216
お　おざわ まさひと 小沢雅仁	立	比例(元)	加藤陽子 秋野健太郎 ―――	1119	6550-1119 6551-1119	217
おぬま たくみ 小沼巧	立	茨城(元)	西恵美子 ――― 四倉茂	1012	6550-1012 6551-1012	241
おのだ きみ 小野田紀美	自 [無]	岡山④	山口栄利香 石原千絵 ―――	318	6550-0318 6551-0318	261
おつじ ひでひさ 尾辻秀久	無	鹿児島(元)	松尾有嗣 ――― ―――	515	6550-0515 3595-1127	268
おち としゆき 越智俊之	自 [無]	比例④	皆川洋平 一瀬晃一朗 張富栄偉	821	6550-0821 5512-5121	229
おおいえ さとし 大家敏志	自 [麻]	福岡④	石田麻子 伊原隆敏 柴田泰夫	518	6550-0518 6551-0518	265
おおしま くすお 大島九州男	れ	比例④繰	――― ――― ―――	714	6550-0714 6551-0714	233
おおつか こうへい 大塚耕平	無 (国民)	愛知(元)	河本安子 岩崎孝史 川越崇史	1121	6550-1121 6551-1121	254
おおつばき 大椿ゆうこ	社	比例(元)繰	野崎哲 西尾慧吾 小野寺葉月	906	6550-0906 6551-0906	222
おおの やすただ 大野泰正	無	岐阜(元)	岩田佳子 髙井雅之 高木まゆみ	503	6550-0503 6551-0503	252
おおた ふさえ 太田房江	自 [無]	大阪(元)	郷千鶴子 川端威臣 片山哲生	308	6550-0308 6551-0308	257
おかだ なおき 岡田直樹	自 [無]	石川④	丹後智浩 下田学 大畠央三	807	6550-0807 6551-0807	250

※内線電話番号は、５＋室番号（３～９階は５のあとに０を入れる）

	議員名	党派(会派)	選挙区 選挙年	政策秘書名 第1秘書名 第2秘書名	号室	直通 FAX	略歴頁
	おくむらまさよし 奥村政佳	立	比例㊍繰	鈴木敬行 中田かすみ 小泉陽菜	914	6550-0914 6551-0914	218
	おときたしゅん 音喜多　駿	維	東京㊍	小林優輔 濵　あやこ 下山達人	612	6550-0612 6551-0612	246
	おにきまこと 鬼木　誠	立	比例④	鳥越保浩 三木みどり ――	511	6550-0511 6551-0511	230
か	かだひろゆき 加田裕之	自 [無]	兵庫㊍	福田聖也 藤本哲也 宇都宮祥一郎	819	6550-0819 6551-0819	259
	かとうあきよし 加藤明良	自 [無]	茨城④	大塚典子 前田拓哉 雨澤陸希	414	6550-0414 6551-0414	241
	かだゆきこ 嘉田由紀子	教	滋賀㊍	安部秀行 五月女彩子 田代　直	815	6550-0815 6551-0815	256
	かじはらだいすけ 梶原大介	自 [無]	比例④	吉澤昌樹 泉　栄恵 宍戸麻里子	201	6550-0201 6551-0201	226
	かたやま 片山さつき	自 [無]	比例④	源平尚人 山下英二 山崎規恵	420	6550-0420 6551-0420	227
	かたやまだいすけ 片山大介	維	兵庫④	―― 三井敏弘 近藤純子	721	6550-0721 6551-0721	259
	かつべけんじ 勝部賢志	立	北海道㊍	田中信彦 片桐　眞 花田雅昭	608	6550-0608 6551-0608	237
	かねこみちひと 金子道仁	維	比例④	宮田宗冬 米内宏明 ――	1013	6550-1013 6551-1013	230
	かみやそうへい 神谷宗幣	参	比例④	上原千可子 高岩勝人 和田武士	520	6550-0520 6551-0520	234
	かみやまさゆき 神谷政幸	自 [麻]	比例④	桒原　健 五十嵐哲也 内田美和	1218	6550-1218 6551-1218	228
	かみともこ 紙　智子	共	比例㊍	田井共生 小松正英 ――	710	6550-0710 6551-0710	221
	かわいたかのり 川合孝典	国	比例④	平澤幸子 海保順一 ――	1223	6550-1223 6551-1223	233
	かわだりゅうへい 川田龍平	立	比例㊍	稲葉治久 ―― 小室靖浩	508	6550-0508 6551-0508	218
	かわのよしひろ 河野義博	公	比例㊍	新保正則 矢野久枝 芝田博子	720	6550-0720 6551-0720	219
き	きむらえいこ 木村英子	れ	比例㊍	入野田智也 堤　昌也 ――	314	6550-0314 6551-0314	222
	きらこ 吉良よし子	共	東京㊍	加藤昭宏 菊田由佳 恒川京子	509	6550-0509 6551-0509	246
	きしまきこ 岸　真紀子	立	比例㊍	岸野ミチル 米田由美子 森木亮太	611	6550-0611 6551-0611	217

	議員名	党派 (会派)	選挙区 選挙年	政策秘書名 第1秘書名 第2秘書名	号室	直通 FAX	略歴頁
	きたむら つねお 北村経夫	自 [無]	山口(元)補	菅田　誠 渡部仁志 黒坂陽子	1109	6550-1109 6551-1109	262
く	くしだ せいいち 串田誠一	維	比例④	― 大塚莉沙 新山美香	1203	6550-1203 6551-1203	230
	くぼた てつや 窪田哲也	公	比例④	細田千鶴子 仮屋雄一 ―	202	6550-0202 6551-0202	232
	くまがい ひろと 熊谷裕人	立	埼玉(元)	上原　広 ― 野口　浩	1217	6550-1217 6551-1217	243
	くらばやし あきこ 倉林明子	共	京都(元)	増田優子 佐藤萌海 ―	1021	6550-1021 6551-1021	256
こ	たかし こやり隆史	自 [無]	滋賀④	増田綾子 田村敏一 田中里佳子	716	6550-0716 6551-0716	256
	こいけ あきら 小池　晃	共	比例(元)	丸井龍平 吉井芳子 槐島明香	1208	6550-1208 6551-1208	220
	こにし ひろゆき 小西洋之	立	千葉④	千葉　章 鈴木宏明 小野寺　章	915	6550-0915 6551-0915	245
	こばやし かずひろ 小林一大	自 [無]	新潟④	橋本美奈子 ― 向井崇浩	416	6550-0416 6551-0416	249
	こが ちかげ 古賀千景	立	比例④	前川浩司 坂上貴子 ―	409	6550-0409 6551-0409	230
	こが ゆういちろう 古賀友一郎	自 [無]	長崎(元)	高田久美子 葉山史織 坂爪ひとみ	1206	6550-1206 6551-1206	266
	こが ゆきひと 古賀之士	立	福岡④	川口良治 片山　浩 西田久美	1108	6550-1108 6551-1108	265
	こしょう はるとも 古庄玄知	自 [無]	大分④	原　敬一 川口純男 古庄はるか	907	6550-0907 6551-0907	267
	こうづき りょうすけ 上月良祐	自 [無]	茨城(元)	岸田礼子 平島　剛 瀧　幸彦	704	6550-0704 6551-0704	241
さ	ささき 佐々木さやか	公	神奈川(元)	長岡光明 古屋伸一 高木和明	514	6550-0514 6551-0514	248
	さとう けい 佐藤　啓	自 [無]	奈良④	榎本政子 寺内清智 岩本有子	708	6550-0708 6551-0708	260
	さとう のぶあき 佐藤信秋	自 [無]	比例(元)	玉村　貴 安　和博 富山明彦	722	6550-0722 6551-0722	215
	さとう まさひさ 佐藤正久	自 [無]	比例(元)	― 橋谷田洋介 野口マキ	705	6550-0705 6551-0705	215
	さいとうけんいちろう 齊藤健一郎	無 (N党)	比例④繰	渡辺文久 本間明子 丸山穂高	304	6550-0304 6551-0304	234
	さいとう よしたか 斎藤嘉隆	立	愛知④	石田敏高 市川　晶 若松善幸	707	6550-0707 6551-0707	255

※内線電話番号は、５＋室番号（３～９階は５のあとに０を入れる）

	議員名	党派 (会派)	選挙区 選挙年	政策秘書名 第1秘書名 第2秘書名	号室	直通 FAX	略歴頁
	さかい やすゆき 酒井庸行	自 [無]	愛知(元)	忽那　薫 鈴木秀二 歌川純子	723	6550-0723 6551-0723	254
	さくらい みつる 櫻井　充	自 [無]	宮城④	庄子真央 菅原正和 尾形幸子	512	6550-0512 6551-0512	239
	さとみ りゅうじ 里見隆治	公	愛知④	黒田泰広 山下高明 長尾　稔	301	6550-0301 6551-0301	254
	さんとう あきこ 山東昭子	自 [麻]	比例(元)	勝俣岳人 島田好隆 京谷政春	310	6550-0310 6551-0310	216
し	しみず たかゆき 清水貴之	維	兵庫(元)	上杉真子 小濱丈弥 福西こころ	404	6550-0404 6551-0404	258
	しみず まさと 清水真人	自 [無]	群馬(元)	三留哲郎 佐藤　始 神田　彩	923	6550-0923 6551-0923	242
	じみ 自見はなこ	自 [無]	比例④	讃岐浩士 佐藤裕之 大畑成美	504	6550-0504 6551-0504	227
	しおた ひろあき 塩田博昭	公	比例(元)	橋本正博 菊地淑子 尾形康彦	1117	6550-1117 6551-1117	219
	しおむら 塩村あやか	立	東京(元)	石井　茂 丸子知奈美 ――	706	6550-0706 6551-0706	246
	しば しんいち 柴　愼一	立	比例④	高木智章 加藤久美子 ――	1009	6550-1009 6551-1009	231
	しばた たくみ 柴田　巧	維	比例(元)	吉岡彩乃 富田道康 牧　毅	816	6550-0816 6551-0816	220
	しまむら だい 島村　大		神奈川(元)	（令和5年8月30日死去）			248
	しもの ろくた 下野六太	公	福岡(元)	奈須野文麿 成松　明 清川通貴	913	6550-0913 6551-0913	265
	しらさか あき 白坂亜紀	自 [無]	大分(元)補	神田信浩 大塚久美 園田綾乃	419	6550-0419 6551-0419	267
	しんどう かねひこ 進藤金日子	自 [無]	比例④	豊　輝久 知花正博 佐々木理恵	719	6550-0719 6551-0719	228
	しんば かづや 榛葉賀津也	国	静岡(元)	堀池厚志 日高由佳 林田　玲	1011	6550-1011 6551-0026	253
す	すえまつ しんすけ 末松信介	自 [無]	兵庫④	荒金美保 中根健治 末松真帆	905	6550-0905 5512-2616	259
	すぎ ひさたけ 杉　久武	公	大阪(元)	小神輝高 川久保一司 井崎光城	615	6550-0615 6551-0615	257
	すぎお ひでや 杉尾秀哉	立	長野④	山根睦弘 松原秀吉 小林直樹	724	6550-0724 6551-0724	252
	すずき むねお 鈴木宗男	無	比例(元)	赤松真次 飯島　翔 堀居和美	1219	6550-1219 6551-1219	220

議員名	党派（会派）	選挙区 選挙年	政策秘書名 第１秘書名 第２秘書名	号室	直通 FAX	略歴頁
せ　せこう ひろしげ 世耕弘成	無	和歌山(元)	佐藤拓治 福井康司 花田周基	1017	6550-1017 6551-1017	260
せきぐち まさかず 関口昌一	自 [無]	埼玉④	多田政弘 関口恵太 齋藤亮	1104	6550-1104 6551-1104	244
た　たじま まいこ 田島麻衣子	立	愛知(元)	藤田真信 河合利弘 廣田直美	410	6550-0410 6551-0410	254
たなか まさし 田中昌史	自 [無]	比例(元)繰	上野裕子 内藤貴司 ——	505	6550-0505 6551-0505	217
たなぶ まさよ 田名部匡代	立	青森④	大谷佳子 八木歳博 田中春希	1106	6550-1106 6551-1106	238
たむら ともこ 田村智子	共	比例④	岩藤智彦 寺下真 関恵美子	908	6550-0908 6551-0908	232
たむら 田村まみ	国	比例(元)	—— —— ——	910	6550-0910 6551-0910	221
たかぎ 高木かおり	維	大阪④	近藤晶久 石田航一 ——	306	6550-0306 6551-0306	258
たかぎ まり 高木真理	立	埼玉④	森千代子 細川千恵子 浅沼祐輝	317	6550-0317 6551-0317	244
たかはし かつのり 高橋克法	自 [麻]	栃木(元)	網野辰男 阿久津伸之 市村綾子	324	6550-0324 6551-0324	242
たかはし 高橋はるみ	自 [無]	北海道(元)	斎藤伸志 小西崇聖 三上静	303	6550-0303 6551-0303	237
たかはし みつお 高橋光男	公	兵庫(元)	深田知行 青木勇人 中間和住	614	6550-0614 6551-0614	259
たから てつみ 髙良鉄美	無 (沖縄)	沖縄(元)	—— 新澤有 知念祐紀	712	6550-0712 6551-0712	269
たきさわ もとめ 滝沢求	自 [麻]	青森(元)	平岡久宣 野月法文 細谷真理子	522	6550-0522 6551-0522	238
たきなみ ひろふみ 滝波宏文	自 [無]	福井(元)	磯村圭一 前川正治 橋本純子	307	6550-0307 6551-0307	251
たけうち しんじ 竹内真二	公	比例④	金田守正 半沢拓巳 中村純一	801	6550-0801 6551-0801	231
たけづめ ひとし 竹詰仁	国	比例④	小池ひろみ 井上徹 塚越深雪	406	6550-0406 6551-0406	233
たけや としこ 竹谷とし子	公	東京④	池田奈保美 松下秋子 萩野谷明子	517	6550-0517 6551-0517	247
たけみ けいぞう 武見敬三	自 [麻]	東京(元)	牧野能治 畠山恵美子 安藤拓海	413	6550-0413 6206-1502	246
たにあい まさあき 谷合正明	公	比例④	木倉谷靖 田村智 尾上健太	922	6550-0922 6551-0922	232

※内線電話番号は、５＋室番号（３～９階は５のあとに０を入れる）

	議員名	党派(会派)	選挙区選挙年	政策秘書名 第1秘書名 第2秘書名	号室	直通 FAX	略歴頁
つ	つげ よしふみ 柘植芳文	自 [無]	比例㊄	辰巳 知宏 依田 裕 水野 真梨	1114	6550-1114 6551-1114	214
	つじもと きよみ 辻元清美	立	比例④	長谷川哲也 辻元 一之 岩崎 雅子	613	6550-0613 6551-0613	230
	つるほ ようすけ 鶴保庸介	自 [無]	和歌山④	― 山本 明 小川 哲志	313	6550-0313 6551-0313	260
て	てらた しずか 寺田 静	無	秋田㊄	反田 麻理 桑原 愛 荒木裕美子	204	6550-0204 6551-0204	240
	てんばた だいすけ 天畠大輔	れ	比例④	中島 浩 黒田 宗矢 篠田 恵	316	6550-0316 6551-0316	233
と	どうこ しげる 堂故 茂	自 [無]	富山㊄	深津 登 亀谷 忠宏 関 由加	1003	6550-1003 6551-1003	250
	どうごみ まきこ 堂込麻紀子	無	茨城④	荒木 有子 岡 光隆 黒田 誠	607	6550-0607 6551-0607	242
	とくなが 徳永エリ	立	北海道④	岡内 隆博 矢野 信彦 水見 祥子	701	6550-0701 6551-0701	238
	とものう りお 友納理緒	自 [無]	比例④	池田 達郎 星井 孝之 セイク千亜紀	1116	6550-1116 6551-1116	227
	とよだ としろう 豊田俊郎	自 [麻]	千葉㊄	木村 慎一 松崎 和也 鶴岡 瑛右	1213	6550-1213 6551-1213	245
な	たかこ ながえ孝子	無	愛媛㊄	林 弘樹 福田 剛 藤田 一成	709	6550-0709 6551-0709	264
	なかじょう 中条きよし	維	比例④	進藤 慶子 園田 弘幸 畠中 和昭	805	6550-0805 6551-0805	229
	なかそね ひろふみ 中曽根弘文	自 [無]	群馬④	上屋 勝哉 望月 美樹 米岡 輝和	1224	6550-1224 3592-2424	243
	なかだ ひろし 中田 宏	自 [無]	比例㊄繰	― 中田 敬二 ―	1102	6550-1102 6551-1102	217
	なかにし ゆうすけ 中西祐介	自 [麻]	徳島・高知④	平岡 英士 喜多村 旬 ―	622	6550-0622 6551-0622	263
	ながい まなぶ 永井 学	自 [無]	山梨④	玉木 武彦 折山 俊樹 内藤裕太郎	516	6550-0516 6551-0516	251
	ながはま ひろゆき 長浜博行	無	千葉㊄	鈴木 浩暢 大滝 奈央 山田由美子	606	6550-0606 6551-0606	245
	ながみね まこと 長峯 誠	自 [無]	宮崎㊄	早川健一郎 持永 隆大 栗山 真也	802	6550-0802 6551-0802	268
に	にひ そうへい 仁比聡平	共	比例④	加藤 紀男 園山あゆみ 韮澤 彰	408	6550-0408 6551-0408	232
	にいづま ひでき 新妻秀規	公	比例㊄	萱原 信英 松浦美喜子 樋上 輝夫	1112	6550-1112 6551-1112	219

	議員名	党派(会派)	選挙区 選挙年	政策秘書名 第１秘書名 第２秘書名	号室	直通 FAX	略歴頁
	にしだ しょうじ 西田昌司	自 [無]	京都(元)	安藤髙士 柿本大輔 新村崇	1110	6550-1110 3502-8897	256
	にしだ まこと 西田実仁	公	埼玉④	吉田正 関谷富士男 大間博昭	1005	6550-1005 6551-1005	244
の	のがみこうたろう 野上浩太郎	自 [無]	富山④	野村隆宏 小林靖 白川智也	1010	6550-1010 6551-1010	250
	のだ くによし 野田国義	立	福岡(元)	大谷正人 林卓也 久利勝明	323	6550-0323 6551-0323	265
	のむら てつろう 野村哲郎	自 [無]	鹿児島④	留奥敦義 碇本博一 田畑雅代	1120	6550-1120 6551-1120	268
は	はた じろう 羽田次郎	立	長野(元)補	辻甲子郎 横山志保 朝倉秀夫	818	6550-0818 6551-0818	252
	はにゅうだ たかし 羽生田俊	自 [無]	比例(元)	安部和之 津坂光継 白鳥貴子	319	6550-0319 6551-0319	216
	はが みちや 芳賀道也	無 (国民)	山形(元)	戸次貴彦 菅賢洋 関井美喜男	917	6550-0917 6551-0917	240
	はせがわ がく 長谷川岳	自 [無]	北海道④	前島英希 牛間由美子 森越正也	619	6550-0619 6550-0055	237
	はせがわひではる 長谷川英晴	自 [無]	比例④	坪根輝彦 藤澤信行 渡辺明子	1020	6550-1020 6551-1020	226
	ばば せいし 馬場成志	自 [無]	熊本(元)	吉津暢章 登耕太 柴田啓介	1016	6550-1016 6551-1016	267
	はしもと せいこ 橋本聖子	自 [無]	比例(元)	宮内榮子 藤原清美 甲斐将裕	803	6550-0803 6551-0803	215
	はまぐち まこと 浜口誠	国	比例④	——— 石綿慶子 井上香織	1022	6550-1022 6551-1022	233
	はまだ さとし 浜田聡	無 (N党)	比例(元)繰	坂本雅彦 末永友香梨 重黒木優平	403	6550-0403 6551-0403	222
	はまの よしふみ 浜野喜史	国	比例(元)	下橋佑治 小林和未 居垣勇人	521	6550-0521 6551-0521	221
ひ	ひがなつみ 比嘉奈津美	自 [無]	比例(元)繰	岡田英 ——— 石川登夢	1221	6550-1221 6551-1221	217
	ひらき だいさく 平木大作	公	比例(元)	田中大作 麻生賢一 遠藤彰子	422	6550-0422 6551-0422	219
	ひらやま さちこ 平山佐知子	無	静岡④	細井貴光 宮﨑隆司 篠原倫太郎	822	6550-0822 6551-0822	253
	ひろせ 広瀬めぐみ	自 [麻]	岩手④	——— ——— ———	418	6550-0418 6551-0418	239
	ひろた はじめ 広田一	無	徳島・高知(元)補	二瓶真樹子 野村公紀 青木光男	421	6550-0421 6551-0421	263

※内線電話番号は、５＋室番号（３～９階は５のあとに０を入れる）

	議員名	党派(会派)	選挙区選挙年	政策秘書名 第1秘書名 第2秘書名	号室	直通 FAX	略歴頁
ふ	ふくおか たかまろ 福岡資麿	自 [無]	佐賀④	岩永幸雄 吉田勇一 相澤晃二	919	6550-0919 6551-0919	266
	ふくしま 福島みずほ	社	比例④	石川顕 櫛田佳代 鍋野哲	1111	6550-1111 6551-1111	234
	ふくやま てつろう 福山哲郎	立	京都④	—— 正木幸一 ——	808	6550-0808 6551-0808	257
	ふじい かずひろ 藤井一博	自 [無]	比例④	伊勢田暁子 浅井政厚 上杉和輝	605	6550-0605 6551-0605	226
	ふじかわ まさひと 藤川政人	自 [麻]	愛知④	松本由紀子 藤原勝彦 小林祐太	717	6550-0717 6550-0057	254
	ふじき しんや 藤木眞也	自 [無]	比例④	池上知子 富永健一 ——	1006	6550-1006 6551-1006	227
	ふじまき たけし 藤巻健史	維	比例(元)繰	藤生賢哉 川鍋修司 古川秀雄	1122	6550-1122 6551-1122	220
	ふなやま やすえ 舟山康江	国	山形④	中田兼司 伊藤一洋 齊藤秀昭	810	6550-0810 6551-0810	240
	ふなご やすひこ 舩後靖彦	れ	比例(元)	岡田哲扶 蒔田備憲 小林律子	302	6550-0302 6551-0302	222
	ふなはし としみつ 船橋利実	自 [麻]	北海道④	戸田玄 三浦祐子 船橋真典	424	6550-0424 6551-0424	238
	ふるかわ としはる 古川俊治	自 [無]	埼玉(元)	森本義久 池上聰 高橋利典	718	6550-0718 6551-0718	243
ほ	ほし ほくと 星北斗	自 [無]	福島④	—— 漆畑佑 星神裕希枝	322	6550-0322 6551-0322	241
	ほりい いわお 堀井巌	自 [無]	奈良(元)	平田勝紀 米田憲司 吉田悠亮	417	6550-0417 6551-0417	260
	ほんだ あきこ 本田顕子	自 [無]	比例(元)	関野秀人 我妻理子 ——	1001	6550-1001 6551-1001	216
ま	まいたち しょうじ 舞立昇治	自 [無]	鳥取・島根(元)	中園めぐみ 浅井威厚 中ノ森早苗	603	6550-0603 6551-0603	261
	まきの 牧野たかお	自 [無]	静岡(元)	渡辺恵美 鷲見正親 土屋行男	812	6550-0812 6551-0812	253
	まきやま 牧山ひろえ	立	神奈川(元)	平澤和也 柴田明良 渡辺真也	1007	6550-1007 6551-1007	248
	まつかわ 松川るい	自 [無]	大阪④	清水康弘 藤本美佳 秋山真美	407	6550-0407 6551-0407	258
	まつざわ しげふみ 松沢成文	維	神奈川④	千葉修平 神田友輔 杉山卓	903	6550-0903 6551-0903	248
	まつした しんぺい 松下新平	自 [無]	宮崎④	児玉勝 大出浩己 松浦克哉	824	6550-0824 6551-0824	268

	議員名	党派（会派）	選挙区 選挙年	政策秘書名 第１秘書名 第２秘書名	号室	直通 FAX	略歴頁
	まつのあけみ 松野明美	維	比例④	―――― 金光雅美 西村仁美	912	6550-0912 6551-0912	229
	まつむらよしふみ 松村祥史	自［無］	熊本④	古賀正秋 畑山登 小野晃嗣	1023	6550-1023 6551-1023	267
	まつやままさじ 松山政司	自［無］	福岡(元)	中島基彰 佐々木久之 松本麗	1124	6550-1124 6551-1124	264
	まるかわたまよ 丸川珠代	自［無］	東京(元)	三浦基広 山田孝次 美坂勇輝	902	6550-0902 6551-0902	246
み	みうらのぶひろ 三浦信祐	公	神奈川④	山本大三郎 浪川健太郎 薗部幸広	804	6550-0804 6551-0804	249
	みうらやすし 三浦靖	自［無］	比例(元)	小林一巳 長尾広志 森山真吉	811	6550-0811 6551-0811	214
	みかみ 三上えり	無（立憲）	広島④	石橋鉄也 槙埜秀樹 川田海栄	320	6550-0320 6551-0320	262
	みはらこ 三原じゅん子	自［無］	神奈川④	宮崎達也 関根千里 武原美佐	823	6550-0823 6551-0823	248
	みやけしんご 三宅伸吾	自［無］	香川(元)	須山義正 ―――― ――――	604	6550-0604 6551-0604	263
	みずおかしゅんいち 水岡俊一	立	比例(元)	平野和子 藤野花菜 濵田彦丸	305	6550-0305 6551-0305	217
	みずのもとこ 水野素子	立	神奈川④*	東使義浩 西塔謙志 岡野めぐみ	1209	6550-1209 6551-1209	249
	みやぐちはるこ 宮口治子	立	広島(元)再	江田洋一 山田洋満 井上信也	206	6550-0206 6551-0206	262
	みやざきまさお 宮崎雅夫	自［無］	比例(元)	木村充 坪田昇三 大竹晃子	610	6550-0610 6551-0610	216
	みやざきまさる 宮崎勝	公	比例④繰	廣野光夫 青木正美 坪井正一朗	1118	6550-1118 6551-1118	232
	みやざわよういち 宮沢洋一	自［無］	広島④	小川修一 髙島淳子 有本悦子	820	6550-0820 6551-0820	262
	みやもとしゅうじ 宮本周司	自［無］	石川(元)補	不破行大 中嶋友紀 南野祥恵	1018	6550-1018 6551-1018	250
む	むらたきょうこ 村田享子	立	比例④	井出智則 田中美佐江 田代宏大	1222	6550-1222 6551-1222	231
も	もり 森まさこ	自［無］	福島(元)	工藤誠一 吉田佳代 小池康之	924	6550-0924 6551-0924	241
	もりもとしんじ 森本真治	立	広島(元)	八木橋美千代 古賀寛三 百田正則	311	6550-0311 6551-0311	262
	もりやたかし 森屋隆	立	比例(元)	大澤祥文 瀬森理介 古城戸美奈	1211	6550-1211 6551-1211	218

※内線電話番号は、５＋室番号（３～９階は５のあとに０を入れる）

＊水野素子議員の任期は令和7年まで。

	議員名	党派(会派)	選挙区 選挙年	政策秘書名 第1秘書名 第2秘書名	号室	直通 FAX	略歴頁
	もりや　ひろし 森屋　宏	自 [無]	山梨(元)	漆原大介 小泉文彦 髙橋賢治	502	6550-0502 6551-0502	251
や	やくら　かつお 矢倉克夫	公	埼玉(元)	中居俊夫 久富礼子 ―	401	6550-0401 6551-0401	243
	やすえ　のぶお 安江伸夫	公	愛知(元)	大﨑順一 髙橋直樹 鐘ヶ江義之	312	6550-0312 6551-0312	254
	やながせ　ひろふみ 柳ヶ瀬裕文	維	比例(元)	姉石洋一 大岡貴志 吉岡美智子	703	6550-0703 6551-0703	220
	やまぐち　なつお 山口那津男	公	東京(元)	山下千秋 出口俊夫 大川満里子	806	6550-0806 6551-0806	246
	やまざき　まさあき 山崎正昭	自 [無]	福井④	石山秀樹 松山康代 岸本成美	1201	6550-1201 6551-1201	251
	やました　ゆうへい 山下雄平	自 [無]	佐賀(元)	永石浩視 水谷秀美 中原　茂	916	6550-0916 6551-0916	266
	やました　よしき 山下芳生	共	比例(元)	中村哲也 中島敬介 ―	1123	6550-1123 6551-1123	221
	やまぞえ　たく 山添　拓	共	東京④	阿戸知則 佐藤祐実 折原知子	817	6550-0817 6551-0817	247
	やまだ　たろう 山田太郎	自 [無]	比例(元)	小山紘一 荒井理沙 小寺直子	623	6550-0623 6551-0623	214
	やまだ　としお 山田俊男	自 [無]	比例(元)	村瀬弘美 西野　司 木下純宏	809	6550-0809 6551-0809	215
	やまだ　ひろし 山田　宏	自 [無]	比例④	新良　薫 大島康之 田中晴司	1205	6550-1205 6551-1205	227
	やまたに　えりこ 山谷えり子	自 [無]	比例④	速水美智子 福元亮次 渡辺智彦	1107	6550-1107 6551-1107	228
	やまもと　かなえ 山本香苗	公	比例(元)	小谷恵美子 吹田幸一 中村広美	1024	6550-1024 6551-1024	218
	やまもと　けいすけ 山本啓介	自 [無]	長崎④	太田久晴 前田浩章 吉田安秀	1202	6550-1202 6551-1202	266
	やまもと　さちこ 山本佐知子	自 [無]	三重④	― ― ―	203	6550-0203 6551-0203	255
	やまもと　じゅんぞう 山本順三	自 [無]	愛媛④	能登祐克 高岡直宏 近藤華菜子	1019	6550-1019 6551-1019	264
	やまもと　たろう 山本太郎	れ	東京④	― ― ―	602	6550-0602 6551-0602	247
	やまもと　ひろし 山本博司	公	比例(元)	梅津秀宣 鈴木孝久 髙井　彰	911	6550-0911 6551-0911	219
よ	よこさわ　たかのり 横沢高徳	立	岩手(元)	平野　優 居上顕一 丸山亜里	702	6550-0702 6551-0702	239

議員名	党派(会派)	選挙区 選挙年	政策秘書名 第1秘書名 第2秘書名	号室	直通 FAX	略歴頁
よこやましんいち 横山信一	公	比例④	八木橋広宣 小田秀路 吉井透	402	6550-0402 6551-0402	231
よしいあきら 吉井章	自 [無]	京都④	木本和宜 ―― 堀憲人	921	6550-0921 6551-0921	256
よしかわさおり 吉川沙織	立	比例㊀	浅野英之 ―― 狩野恵理	617	6550-0617 6551-0617	218
よしかわ 吉川ゆうみ	自 [無]	三重㊀	岸田直樹 菊池知子 水谷亜妃	412	6550-0412 6551-0412	255
れ れんほう 蓮舫		東京④	(令和6年6月20日失職)			247
わ わだまさむね 和田政宗	自 [無]	比例㊀	浜崎博 髙田彌 安藤純	1220	6550-1220 6551-1220	214
わかばやしようへい 若林洋平	自 [無]	静岡④	佐々木俊夫 勝亦好美 髙橋靖銘	715	6550-0715 6551-0715	253
わかまつかねしげ 若松謙維	公	比例㊀	恩田祐将 佐藤大作 柳沼明美	1207	6550-1207 6551-1207	219
わたなべたけゆき 渡辺猛之	自 [無]	岐阜④	長谷川英樹 大東由幸 榊原美穂	325	6550-0325 6551-0325	252

参議院議員会館案内図

参議院議員会館２階

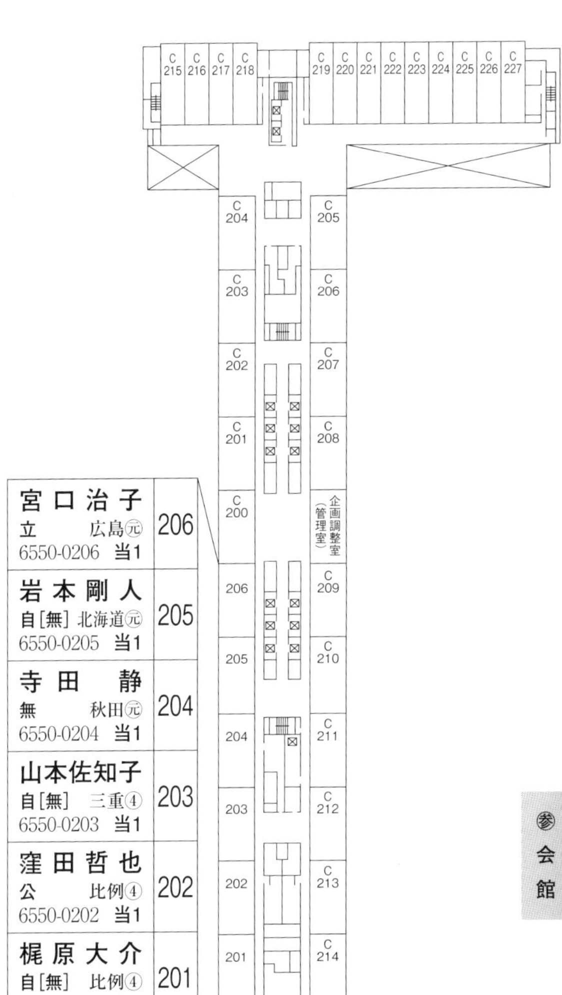

宮口治子 立　広島㊀ 6550-0206　当1	206
岩本剛人 自[無]　北海道㊀ 6550-0205　当1	205
寺田　静 無　秋田㊀ 6550-0204　当1	204
山本佐知子 自[無]　三重④ 6550-0203　当1	203
窪田哲也 公　比例④ 6550-0202　当1	202
梶原大介 自[無]　比例④ 6550-0201　当1	201

国会議事堂側

参議院議員会館３階

梅村　聡 維　比例(元) 6550-0326　当2	326			
渡辺猛之 自[無]　岐阜④ 6550-0325　当3	325			
安江伸夫 公　愛知(元) 6550-0312　当1	312	喫煙室	313	鶴保庸介 自[無]　和歌山④ 6550-0313　当5
森本真治 立　広島(元) 6550-0311　当2	311	WC(男) WC(女)	314	木村英子 れ　比例(元) 6550-0314　当1
山東昭子 自[麻]　比例(元) 6550-0310　当8	310		315	今井絵理子 自[麻]　比例④ 6550-0315　当2
阿達雅志 自[無]　比例④ 6550-0309　当3	309	EVホール	316	天畠大輔 れ　比例④ 6550-0316　当1
太田房江 自[無]　大阪(元) 6550-0308　当2	308		317	高木真理 立　埼玉④ 6550-0317　当1
滝波宏文 自[無]　福井(元) 6550-0307　当2	307		318	小野田紀美 自[無]　岡山④ 6550-0318　当2
高木かおり 維　大阪④ 6550-0306　当2	306		319	羽生田　俊 自[無]　比例(元) 6550-0319　当2
水岡俊一 立　比例(元) 6550-0305　当3	305	EVホール	320	三上えり 無(立憲)　広島④ 6550-0320　当1
齊藤健一郎 無(N党)　比例④ 6550-0304　繰当1	304	EV	321	井上哲士 共　比例(元) 6550-0321　当4
高橋はるみ 自[無]　北海道(元) 6550-0303　当1	303		322	星　北斗 自[無]　福島④ 6550-0322　当1
舩後靖彦 れ　比例(元) 6550-0302　当1	302	WC(男) WC(女)	323	野田国義 立　福岡(元) 6550-0323　当2
里見隆治 公　愛知④ 6550-0301　当2	301		324	高橋克法 自[麻]　栃木(元) 6550-0324　当2

国会議事堂側

参議院議員会館４階

議員	室	室	議員
吉川ゆうみ 自[無] 三重㊆ 6550-0412 当2	412	413	武見敬三 自[麻] 東京㊆ 6550-0413 当5
	411	414	加藤明良 自[無] 茨城④ 6550-0414 当1
田島麻衣子 立 愛知㊆ 6550-0410 当1	410	415	
古賀千景 立 比例④ 6550-0409 当1	409	416	小林一大 自[無] 新潟④ 6550-0416 当1
仁比聡平 共 比例④ 6550-0408 当3	408	417	堀井巌 自[無] 奈良㊆ 6550-0417 当2
松川るい 自[無] 大阪④ 6550-0407 当2	407	418	広瀬めぐみ 自[麻] 岩手④ 6550-0418 当1
竹詰仁 国 比例④ 6550-0406 当1	406	419	白坂亜紀 自[無] 大分㊆補 6550-0419 当1
青島健太 維 比例④ 6550-0405 当1	405	420	片山さつき 自[無] 比例④ 6550-0420 当3
清水貴之 維 兵庫㊆ 6550-0404 当2	404	421	広田一 無 徳島・高知㊆ 6550-0421 補当3
浜田聡 無(N党) 比例㊆ 6550-0403 当1	403	422	平木大作 公 比例㊆ 6550-0422 当2
横山信一 公 比例④ 6550-0402 当3	402	423	赤松健 自[無] 比例④ 6550-0423 当1
矢倉克夫 公 埼玉㊆ 6550-0401 当2	401	424	船橋利実 自[麻] 北海道④ 6550-0424 当1

中央: 喫煙室、WC(男)、WC(女)、EVホール、EV

国会議事堂側

参議院議員会館５階

議員	室		室	議員
櫻井　充 自[無]　宮城④ 6550-0512　当5	512	喫煙室	513	猪瀬直樹 維　比例④ 6550-0513　当1
鬼木　誠 立　比例④ 6550-0511　当1	511	WC(男) WC(女)	514	佐々木さやか 公　神奈川㊄ 6550-0514　当2
東　徹 維　大阪㊄ 6550-0510　当2	510		515	尾辻秀久 無　鹿児島㊄ 6550-0515　当6
吉良よし子 共　東京㊄ 6550-0509　当2	509	EVホール	516	永井　学 自[無]　山梨④ 6550-0516　当1
川田龍平 立　比例㊄ 6550-0508　当3	508		517	竹谷とし子 公　東京④ 6550-0517　当3
青木　愛 立　比例④ 6550-0507　当3	507		518	大家敏志 自[麻]　福岡④ 6550-0518　当3
石井準一 自[無]　千葉㊄ 6550-0506　当3	506		519	伊波洋一 無(沖縄)　沖縄④ 6550-0519　当2
田中昌史 自[無]　比例㊄ 6550-0505　繰当1	505	EVホール	520	神谷宗幣 参(無所属)比例④ 6550-0520　当1
自見はなこ 自[無]　比例④ 6550-0504　当2	504	EV	521	浜野喜史 国　比例㊄ 6550-0521　当2
大野泰正 無　岐阜㊄ 6550-0503　当2	503		522	滝沢　求 自[麻]　青森㊄ 6550-0522　当2
森屋　宏 自[無]　山梨㊄ 6550-0502　当2	502	WC(男) WC(女)	523	石橋通宏 立　比例④ 6550-0523　当3
足立敏之 自[無]　比例④ 6550-0501　当2	501		524	赤池誠章 自[無]　比例㊄ 6550-0524　当2

国会議事堂側

参議院議員会館6階

議員	室	中央	室	議員
音喜多　駿 維　東京㊅ 6550-0612 当1	612	喫煙室	613	辻元清美 立　比例④ 6550-0613 当1
岸　真紀子 立　比例㊅ 6550-0611 当1	611	WC(男) WC(女)	614	高橋光男 公　兵庫㊅ 6550-0614 当1
宮崎雅夫 自[無]　比例㊅ 6550-0610 当1	610		615	杉　久武 公　大阪㊅ 6550-0615 当2
伊藤　岳 共　埼玉㊅ 6550-0609 当1	609	EV ホール	616	石川博崇 公　大阪④ 6550-0616 当3
勝部賢志 立　北海道㊅ 6550-0608 当1	608		617	吉川沙織 立　比例㊅ 6550-0617 当3
堂込麻紀子 無　茨城④ 6550-0607 当1	607		618	上田清司 無　埼玉④ 6550-0618 当2
長浜博行 無　千葉㊅ 6550-0606 当3	606		619	長谷川　岳 自[無]　北海道④ 6550-0619 当3
藤井一博 自[無]　比例④ 6550-0605 当1	605	EV ホール	620	朝日健太郎 自[無]　東京④ 6550-0620 当2
三宅伸吾 自[無]　香川㊅ 6550-0604 当2	604	EV	621	浅田　均 維　大阪④ 6550-0621 当2
舞立昇治 自[無]　鳥取･島根㊅ 6550-0603 当2	603		622	中西祐介 自[麻]　徳島･高知④ 6550-0622 当3
山本太郎 れ　東京④ 6550-0602 当2	602	WC(男) WC(女)	623	山田太郎 自[無]　比例㊅ 6550-0623 当2
浅尾慶一郎 自[麻]　神奈川④ 6550-0601 当3	601		624	磯﨑仁彦 自[無]　香川④ 6550-0624 当3

国会議事堂側

参議院議員会館７階

氏名	室	中央	室	氏名
髙良鉄美 無(沖縄) 沖縄㊁ 6550-0712 当1	712	喫煙室	713	石井浩郎 自[無] 秋田④ 6550-0713 当3
秋野公造 公 福岡④ 6550-0711 当3	711	WC(男) WC(女)	714	大島九州男 れ 比例④ 6550-0714 繰当3
紙　智子 共 比例㊁ 6550-0710 当4	710		715	若林洋平 自[無] 静岡④ 6550-0715 当1
ながえ孝子 無 愛媛㊁ 6550-0709 当1	709	EVホール	716	こやり隆史 自[無] 滋賀④ 6550-0716 当2
佐藤　啓 自[無] 奈良④ 6550-0708 当2	708		717	藤川政人 自[麻] 愛知④ 6550-0717 当3
斎藤嘉隆 立 愛知④ 6550-0707 当3	707		718	古川俊治 自[無] 埼玉㊁ 6550-0718 当3
塩村あやか 立 東京㊁ 6550-0706 当1	706		719	進藤金日子 自[無] 比例④ 6550-0719 当2
佐藤正久 自[無] 比例㊁ 6550-0705 当3	705	EVホール	720	河野義博 公 比例㊁ 6550-0720 当2
上月良祐 自[無] 茨城㊁ 6550-0704 当2	704	EV	721	片山大介 維 兵庫④ 6550-0721 当2
柳ヶ瀬裕文 維 比例㊁ 6550-0703 当1	703		722	佐藤信秋 自[無] 比例㊁ 6550-0722 当3
横沢高徳 立 岩手㊁ 6550-0702 当1	702	WC(男) WC(女)	723	酒井庸行 自[無] 愛知㊁ 6550-0723 当2
徳永エリ 立 北海道④ 6550-0701 当3	701		724	杉尾秀哉 立 長野④ 6550-0724 当2

国会議事堂側

参議院議員会館８階

氏名・会派・選挙区・電話・当選回数	室	室	氏名・会派・選挙区・電話・当選回数
牧野たかお 自[無] 静岡㊉ 6550-0812 当3	812	813	石垣のりこ 立 宮城㊉ 6550-0813 当1
三浦 靖 自[無] 比例㊉ 6550-0811 当1	811	814	青木一彦 自[無] 鳥取・島根④ 6550-0814 当3
舟山康江 国 山形④ 6550-0810 当3	810	815	嘉田由紀子 教 滋賀㊉ 6550-0815 当1
山田俊男 自[無] 比例㊉ 6550-0809 当3	809	816	柴田 巧 維 比例㊉ 6550-0816 当2
福山哲郎 立 京都④ 6550-0808 当5	808	817	山添 拓 共 東京④ 6550-0817 当2
岡田直樹 自[無] 石川④ 6550-0807 当4	807	818	羽田次郎 立 長野㊉ 6550-0818 当1
山口那津男 公 東京㊉ 6550-0806 当4	806	819	加田裕之 自[無] 兵庫㊉ 6550-0819 当1
中条きよし 維 比例④ 6550-0805 当1	805	820	宮沢洋一 自[無] 広島④ 6550-0820 当3
三浦信祐 公 神奈川④ 6550-0804 当2	804	821	越智俊之 自[無] 比例④ 6550-0821 当1
橋本聖子 自[無] 比例㊉ 6550-0803 当5	803	822	平山佐知子 無 静岡④ 6550-0822 当2
長峯 誠 自[無] 宮崎㊉ 6550-0802 当2	802	823	三原じゅん子 自[無] 神奈川④ 6550-0823 当3
竹内真二 公 比例④ 6550-0801 当2	801	824	松下新平 自[無] 宮崎④ 6550-0824 当4

喫煙室 / WC(男) WC(女) / EVホール / EVホール / EV / WC(男) WC(女)

国会議事堂側

㊂会館

参議院議員会館9階

議員	室		室	議員
松野明美 維　比例④ 6550-0912　当1	912	喫煙室	913	下野六太 公　福岡(元) 6550-0913　当1
山本博司 公　比例(元) 6550-0911　当3	911	WC(男) WC(女)	914	奥村政佳 立　比例(元) 6550-0914　繰当1
田村まみ 国　比例(元) 6550-0910　当1	910		915	小西洋之 立　千葉④ 6550-0915　当3
臼井正一 自[無]　千葉④ 6550-0909　当1	909	EVホール	916	山下雄平 自[無]　佐賀(元) 6550-0916　当2
田村智子 共　比例④ 6550-0908　当3	908		917	芳賀道也 無(国民)　山形(元) 6550-0917　当1
古庄玄知 自[無]　大分④ 6550-0907　当1	907		918	上野通子 自[無]　栃木④ 6550-0918　当3
大椿ゆうこ 社　比例(元) 6550-0906　繰当1	906	EVホール	919	福岡資麿 自[無]　佐賀④ 6550-0919　当3
末松信介 自[無]　兵庫④ 6550-0905　当4	905		920	井上義行 自[無]　比例④ 6550-0920　当2
生稲晃子 自[無]　東京④ 6550-0904　当1	904	EV	921	吉井　章 自[無]　京都④ 6550-0921　当1
松沢成文 維　神奈川④ 6550-0903　当3	903		922	谷合正明 公　比例④ 6550-0922　当4
丸川珠代 自[無]　東京(元) 6550-0902　当3	902	WC(男) WC(女)	923	清水真人 自[無]　群馬(元) 6550-0923　当1
打越さく良 立　新潟(元) 6550-0901　当1	901		924	森　まさこ 自[無]　福島(元) 6550-0924　当3

国会議事堂側

参議院議員会館 10 階

議員	室		室	議員
小沼　巧 立　茨城㊄ 6550-1012　当1	1012	喫煙室	1013	金子道仁 維　比例④ 6550-1013　当1
榛葉賀津也 国　静岡㊄ 6550-1011　当4	1011	WC(男) WC(女)	1014	伊藤孝江 公　兵庫④ 6550-1014　当2
野上浩太郎 自[無]　富山④ 6550-1010　当4	1010		1015	有村治子 自[麻]　比例㊄ 6550-1015　当4
柴　愼一 立　比例④ 6550-1009　当1	1009	EVホール	1016	馬場成志 自[無]　熊本㊄ 6550-1016　当2
伊藤孝恵 国　愛知④ 6550-1008　当2	1008		1017	世耕弘成 無　和歌山㊄ 6550-1017　当5
牧山ひろえ 立　神奈川㊄ 6550-1007　当3	1007		1018	宮本周司 自[無]石川㊄補 6550-1018　当3
藤木眞也 自[無]　比例④ 6550-1006　当2	1006		1019	山本順三 自[無]　愛媛④ 6550-1019　当4
西田実仁 公　埼玉④ 6550-1005　当4	1005	EVホール	1020	長谷川英晴 自[無]　比例④ 6550-1020　当1
梅村みずほ 維　大阪㊄ 6550-1004　当1	1004		1021	倉林明子 共　京都㊄ 6550-1021　当2
堂故　茂 自[無]　富山㊄ 6550-1003　当2	1003	EV	1022	浜口　誠 国　比例④ 6550-1022　当2
岩渕　友 共　比例④ 6550-1002　当2	1002	WC(男) WC(女)	1023	松村祥史 自[無]　熊本④ 6550-1023　当4
本田顕子 自[無]　比例㊄ 6550-1001　当1	1001		1024	山本香苗 公　比例㊄ 6550-1024　当4

国会議事堂側

参議院議員会館 11 階

議員	室		室	議員
新妻秀規 公 比例㊜ 6550-1112 当2	1112	喫煙室	1113	石川大我 立 比例㊜ 6550-1113 当1
福島みずほ 社 比例④ 6550-1111 当5	1111	WC(男) WC(女)	1114	柘植芳文 自[無] 比例㊜ 6550-1114 当2
西田昌司 自[無] 京都㊜ 6550-1110 当3	1110		1115	石井苗子 維 比例④ 6550-1115 当2
北村経夫 自[無] 山口㊜補 6550-1109 当3	1109	EVホール	1116	友納理緒 自[無] 比例④ 6550-1116 当1
古賀之士 立 福岡④ 6550-1108 当2	1108		1117	塩田博昭 公 比例㊜ 6550-1117 当1
山谷えり子 自[無] 比例④ 6550-1107 当4	1107		1118	宮崎 勝 公 比例④繰 6550-1118 当2
田名部匡代 立 青森④ 6550-1106 当2	1106		1119	小沢雅仁 立 比例㊜ 6550-1119 当1
猪口邦子 自[麻] 千葉④ 6550-1105 当3	1105	EVホール	1120	野村哲郎 自[無] 鹿児島④ 6550-1120 当4
関口昌一 自[無] 埼玉④ 6550-1104 当5	1104	EV	1121	大塚耕平 無(国民) 愛知㊜ 6550-1121 当4
江島 潔 自[無] 山口④ 6550-1103 当3	1103		1122	藤巻健史 維 比例㊜繰 6550-1122 当2
中田 宏 自[無] 比例㊜ 6550-1102 繰当1	1102	WC(男) WC(女)	1123	山下芳生 共 比例㊜ 6550-1123 当4
石田昌宏 自[無] 比例㊜ 6550-1101 当2	1101		1124	松山政司 自[無] 福岡㊜ 6550-1124 当4

国会議事堂側

参議院議員会館 12 階

議員	室	共用部	室	議員
上田　勇 公　比例④ 6550-1212　当1	1212	喫煙室	1213	豊田俊郎 自[麻]　千葉(元) 6550-1213　当2
森屋　隆 立　比例(元) 6550-1211　当1	1211	WC(男) WC(女)	1214	石井正弘 自[無]　岡山(元) 6550-1214　当2
礒﨑哲史 国　比例(元) 6550-1210　当2	1210		1215	青山繁晴 自[無]　比例④ 3581-3111(代)　当2
水野素子 立　神奈川④ 6550-1209　当1	1209	EVホール	1216	衛藤晟一 自[無]　比例(元) 6550-1216　当3
小池　晃 共　比例(元) 6550-1208　当4	1208		1217	熊谷裕人 立　埼玉(元) 6550-1217　当1
若松謙維 公　比例(元) 6550-1207　当2	1207		1218	神谷政幸 自[麻]　比例④ 6550-1218　当1
古賀友一郎 自[無]　長崎(元) 6550-1206　当2	1206	EVホール	1219	鈴木宗男 無　比例(元) 6550-1219　当1
山田　宏 自[無]　比例④ 6550-1205　当2	1205		1220	和田政宗 自[無]　比例(元) 6550-1220　当2
石井　章 維　比例④ 6550-1204　当2	1204	EV	1221	比嘉奈津美 自[無]　比例(元) 6550-1221　当1
串田誠一 維　比例④ 6550-1203　当1	1203		1222	村田享子 立　比例④ 6550-1222　当1
山本啓介 自[無]　長崎④ 6550-1202　当1	1202	WC(男) WC(女)	1223	川合孝典 国　比例④ 6550-1223　当3
山崎正昭 自[無]　福井④ 6550-1201　当6	1201		1224	中曽根弘文 自[無]　群馬④ 6550-1224　当7

国会議事堂側

参議院議員写真・略歴・宿所一覧

議　長　尾辻秀久（おつじひでひさ）　秘書　末原　朋実　大澤　敦　☎3581-1481

副議長　長浜博行（ながはまひろゆき）　秘書　副島　浩　外川　裕之　☎3586-6741

勤続年数は**令和6年8月末現在**です。

参議院比例代表

第25回選挙
（令和元年7月21日施行／令和7年7月28日満了）

三浦　靖（みうら やすし）　**自** 新［無］R1 当1（初/令元）※
島根県大田市　S48・4・9
勤7年（衆1年10ヵ月）

厚生労働大臣政務官、総務大臣政務官、衆議院議員、大田市議、衆議院議員秘書、神奈川大／51歳

〒690-0873　島根県松江市内中原町140-2　☎0852(61)2828
〒100-8962　千代田区永田町2-1-1、会館　☎03(6550)0811

柘植芳文（つげ よしふみ）　**自** 前［無］R1 当2
岐阜県　S20・10・11
勤11年3ヵ月（初/平25）

外務副大臣、総務副大臣、党政務調査会副会長、総務委筆頭理事、内閣委員長、環境委員長、愛知大／78歳

〒100-8962　千代田区永田町2-1-1、会館　☎03(6550)1114

山田太郎（やまだ たろう）　**自** 元［無］R1 当2
東京都　S42・5・12
勤8年10ヵ月（初/平24）

財金委理、文科兼復興政務官、デジタル兼内閣府政務官、党デジ本事務局長代理、党こどもDX小委員長、党コンテンツ小委事務局長、上場企業社長、東工大特任教授、東大非常勤講師、慶大経、早大院／57歳

〒100-8962　千代田区永田町2-1-1、会館　☎03(6550)0623

和田政宗（わだ まさむね）　**自** 前［無］R1 当2
東京都　S49・10・14
勤11年3ヵ月（初/平25）

法務委筆頭理、決算委、復興特委理、党広報副本部長、党新聞局長、元国土交通大臣政務官兼内閣府大臣政務官、慶大／49歳

〒980-0011　仙台市青葉区上杉1-5-13 3-B　☎022(263)3005
〒102-0083　千代田区麹町4-7、宿舎

※平29衆院初当選

さとう まさひさ
佐藤正久 **自**前[無] R1 当3
福島県 S35・10・23
勤17年4ヵ月 (初/平19)

外防委理、参国対委員長代行、国防議連事務局長、元外務副大臣・防衛政務官、元自衛官・イラク先遣隊長、防衛大/63歳

〒162-0845 新宿区市谷本村町3-20新盛堂ビル4F ☎03(5206)7668
〒100-8962 千代田区永田町2-1-1、会館 ☎03(6550)0705

さとう のぶあき
佐藤信秋 **自**前[無] R1 当3
新潟県 S22・11・8
勤17年4ヵ月 (初/平19)

決算委員長、党地方行政調査会長、党国土強靭化推進本部本部長代行、元国交事務次官、技監、道路局長、京大院/76歳

〒951-8062 新潟市中央区西堀前通11番町1645-4 ☎025(226)7686
〒100-8962 千代田区永田町2-1-1、会館 ☎03(6550)0722

はしもと せいこ
橋本聖子 **自**前[無] R1 当5
北海道 S39・10・5
勤29年6ヵ月 (初/平7)

文科委、行監委、元東京オリンピック・パラリンピック担当大臣、自民党参院議員会長、外務副大臣、北開総括政務次官、駒苫高/59歳

〒060-0001 札幌市中央区北1条西5丁目2番 札幌興銀ビル6F ☎011(222)7275
〒100-8962 千代田区永田町2-1-1、会館 ☎03(6550)0803

やまだ としお
山田俊男 **自**前[無] R1 当3
富山県小矢部市 S21・11・29
勤17年4ヵ月 (初/平19)

農水委、予算委、党総務会副会長、都市農業対策委員長、党人事局長、ODA特委員長、農水委員長、全国農協中央会専務理事、早大政経/77歳

〒932-0836 富山県小矢部市埴生352-2 ☎0766(67)8882
〒100-8962 千代田区永田町2-1-1、会館 ☎03(6550)0809

ありむら はるこ
有村治子 **自**前[麻] R1 当4
滋賀県 S45・9・21
勤23年5ヵ月 (初/平13)

情報監視審査会会長、予算委、外防委、資源エネ調委、党両院議員総会長、裁判官弾劾裁判長、女性活躍担当大臣、米SIT大院修士/53歳

〒100-8962 千代田区永田町2-1-1、会館 ☎03(6550)1015

いしだ まさひろ
石田昌宏 **自**前[無] R1 当2
奈良県大和郡山市 S42・5・20
勤11年3ヵ月 (初/平25)

予算委、参党国対副委員長、女性局長代理、厚労委員長、党副幹事長、党財務金融副部会長、日本看護連盟幹事長、東大応援部/57歳

〒100-8962 千代田区永田町2-1-1、会館 ☎03(6550)1101

ほんだ あきこ
本田顕子
自新[無] R1 当1
熊本県熊本市 S46・9・29
勤5年2ヵ月 (初/令元)

文部科学大臣政務官兼復興大臣政務官、厚生労働大臣政務官兼内閣府大臣政務官、党副幹事長、日本薬剤師会・連盟顧問、星薬科大学/52歳

〒860-0072 熊本市西区花園7-12-16 ☎096(325)4470
〒100-8962 千代田区永田町2-1-1、会館 ☎03(6550)1001

えとう せいいち
衛藤晟一
自前[無] R1 当3(初/平19)※1
大分県大分市 S22・10・1
勤29年7ヵ月(衆12年3ヵ月)

党障害児者問題調査会長、一億総活躍・少子化対策担当大臣、元内閣総理大臣補佐官、厚労副大臣、大分大/76歳

〒870-0042 大分市豊町1-2-6 ☎097(534)2015
〒100-8962 千代田区永田町2-1-1、会館 ☎03(6550)1216

はにゅうだ たかし
羽生田 俊
自前[無] R1 当2
群馬県 S23・3・28
勤11年3ヵ月 (初/平25)

党厚労部会長代理、厚労委、復興特委理、党政策審議会副会長、労働関係団体委員長、前厚労副大臣、元厚労委員長、元日本医師会副会長、医師、東京医科大学/76歳

〒371-0022 前橋市千代田町2-10-13 ☎027(289)8680
〒100-8962 千代田区永田町2-1-1、会館 ☎03(6550)0319

みやざき まさお
宮崎雅夫
自新[無] R1 当1
兵庫県神戸市 S38・12・3
勤5年2ヵ月 (初/令元)

予算委理、農水委、災害特委、政治改革特委、参党政審副会長、党農林副部会長、党水産総合調査会副会長、元農水省地域整備課長、神戸大学農学部/60歳

〒100-8962 千代田区永田町2-1-1、会館 ☎03(6550)0610

さんとう あきこ
山東昭子
自前[麻] R1 当8
東京都 S17・5・11
勤42年11ヵ月 (初/昭49)

法務委、党食育調査会長、前参議院議長、前党党紀委員長、元参議院副議長・科技庁長官・環境政務次官、文化学院/82歳

〒100-8962 千代田区永田町2-1-1、会館 ☎03(6550)0310

あかいけ まさあき
赤池誠章
自前[無] R1 当2(初/平25)※2
山梨県甲府市 S36・7・19
勤15年2ヵ月(衆3年11ヵ月)

文科委、党政調副会長、内閣府副大臣、党文科部会長3期、文科委員長、文科大臣政務官、衆議院議員、明治大学/63歳

〒400-0032 山梨県甲府市中央1-1-11-2F ☎055(237)5523

※1 平2衆院初当選 ※2 平17衆院初当選

ひ が な つ み
比嘉奈津美

自新［無］ R1 繰当1
沖縄県沖縄市 S33・10・3
勤7年9ヵ月（衆4年10ヵ月）（初/令3）※1

厚労委員長、消費者特委、環境大臣政務官、衆議院議員2期、歯科医師、福岡歯科大／65歳

〒904-0004 沖縄市中央1-18-6-101 ☎098(938)0070
〒102-0094 千代田区紀尾井町1-15、宿舎

なか だ ひろし
中田 宏

自新［無］ R1 繰当1
神奈川県横浜市 S39・9・20
勤13年3ヵ月（衆10年10ヵ月）（初/令4）※2

党環境部会長、経産委理、衆議院議員4期、横浜市長2期、松下政経塾、青山学院大経済学部／59歳

〒222-0033 横浜市港北区新横浜2-14-14
新弘ビル7階 ☎045(548)4488

た なか まさ し
田中昌史

自新［無］ R1 繰当1
北海道札幌市 S40・10・11
勤1年8ヵ月 （初/令5）

予算委、法務委、憲法審委、消費者特委、国民生活調委、党厚生関係団体副委長、日本理学療法士協会政策参与、日本理学療法士連盟顧問、理学療法士、北翔大院修／58歳

〒100-8962 千代田区永田町2-1-1、会館 ☎03(6550)0505

きし ま き こ
岸 真紀子

立新 R1 当1
北海道岩見沢市 S51・3・24
勤5年2ヵ月 （初/令元）

総務委、決算委、地方・デジ特委理、党参幹事長代理、党参比例第13総支部長、自治労特別中央執行委員、岩見沢緑陵高／48歳

〒100-8962 千代田区永田町2-1-1、会館 ☎03(6550)0611

みず おか しゅん いち
水岡俊一

立元 R1 当3
兵庫県豊岡市 S31・6・13
勤17年4ヵ月 （初/平16）

環境委、懲罰委、党参院議員会長、内閣総理大臣補佐官、内閣委員長、兵庫県教組役員、中学校教員、奈良教育大／68歳

〒102-0083 千代田区麹町4-7、宿舎

お ざわ まさ ひと
小沢雅仁

立新 R1 当1
山梨県甲府市 S40・8・13
勤5年2ヵ月 （初/令元）

総務委理、議運委、消費者特委、憲法審委、日本郵政グループ労働組合中央副執行委員長、山梨県立甲府西高／59歳

〒102-0083 千代田区麹町4-7、宿舎

※1 平24衆院初当選 ※2 平5衆院初当選

よしかわ　さおり
吉川沙織
立前 R1 当3
徳島県 S51・10・9
勤17年4ヵ月 (初/平19)

議運委筆頭理事、総務委、経産委員長、NTT元社員、同志社大院(博士前期)修了、京大院(博士後期)在学／47歳

〒100-8962 千代田区永田町2-1-1、会館 ☎03(6550)0617

もりや　たかし
森屋　隆
立新 R1 当1
東京都 S42・6・28
勤5年2ヵ月 (初/令元)

国交委理、政治改革特委、国民生活調委、私鉄総連交通対策局長、西東京バス(株)、都立多摩工業高校／57歳

〒100-8962 千代田区永田町2-1-1、会館 ☎03(6550)1211

かわだ　りゅうへい
川田龍平
立前 R1 当3
東京都 S51・1・12
勤17年4ヵ月 (初/平19)

行政監視委員長、環境委、拉致特委、党両院議員総会長、薬害エイズ訴訟原告、岩手医科大学客員教授、東経大／48歳

〒100-8962 千代田区永田町2-1-1、会館 ☎03(6550)0508

いしかわ　たいが
石川大我
立新 R1 当1
東京都豊島区 S49・7・3
勤5年2ヵ月 (初/令元)

法務委、消費者特委理、憲法審委、NPO法人代表理事、早大大学院修了／50歳

〒100-8962 千代田区永田町2-1-1、会館 ☎03(6550)1113

おくむら　まさよし
奥村政佳
立新 R1 繰当1
大阪府大阪市 S53・3・30
勤4ヵ月 (初/令6)

文科委、党代表補佐、党青年局幹事、保育士、大学講師、気象予報士、防災士、歌手、筑波大、横浜国大院／46歳

〒100-8962 千代田区永田町2-1-1、会館 ☎03(6550)0914

やまもと　かなえ
山本香苗
公前 R1 当4
広島県 S46・5・14
勤23年5ヵ月 (初/平13)

厚労委、地方・デジ特委、党中央幹事、参議院副会長、関西方面副本部長、大阪府本部代表代行、元厚労副大臣、元総務委員長、外務省、京大／53歳

〒590-0957 堺市堺区中之町西1-1-10 堀ビル501号室 ☎072(225)0102
〒100-8962 千代田区永田町2-1-1、会館 ☎03(6550)1024

やま　もと　ひろ　し
山本博司　公前　R1 当3
愛媛県八幡浜市　S29・12・9
勤17年4ヵ月　(初/平19)

総務委理、党中央幹事、党中央規律副委員長、厚生労働副大臣兼内閣府副大臣、総務委員長、財務大臣政務官、日本IBM、慶大／69歳

〒760-0080　香川県高松市木太町607-1
クリエイト木太201　☎087(868)3607
〒152-0022　目黒区柿の木坂3-11-15　☎03(3418)9838

わか　まつ　かね　しげ
若松謙維　公前　R1 当2(初/平25)※
福島県石川町　S30・8・5
勤21年8ヵ月(衆10年5ヵ月)

党中央幹事・機関紙推進委員長、財金委理、決算委、資源エネ調委、復興特委、元復興副大臣、元総務副大臣、公認会計士、税理士、行政書士、防災士、中央大／69歳

〒960-8107　福島県福島市浜田町4-16
富士ビル1F2号　☎024(572)5567

かわ　の　よし　ひろ
河野義博　公前　R1 当2
福岡県　S52・12・1
勤11年3ヵ月　(初/平25)

予算委理、国交委、ODA・沖北特委、資源エネ調理、党中央幹事、農水大臣政務官、丸紅、東京三菱銀行、慶大経済／46歳

〒810-0045　福岡市中央区草香江1-4-34
エーデル大濠202　☎092(753)6491

にい　づま　ひで　き
新妻秀規　公前　R1 当2
埼玉県越谷市　S45・7・22
勤11年3ヵ月　(初/平25)

総務委員長、拉致特委、外交・安保調委、党国際局長、愛知県本部副代表、元復興副大臣、元文部科学・内閣府・復興政務官、東大院(工学系研究科)／54歳

〒460-0008　名古屋市中区栄1-14-15
RSビル203号室　☎052(253)5085
〒102-0094　千代田区紀尾井町1-15、宿舎　☎03(6550)1112

ひら　き　だい　さく
平木大作　公前　R1 当2
長野県　S49・10・16
勤11年3ヵ月　(初/平25)

復興副大臣、党千葉県本部代表、党広報委員長、経産・内閣府・復興大臣政務官、東大法、スペイン・イエセ・ビジネススクール経営学修士／49歳

〒273-0011　船橋市湊町1-7-4 B号室　☎047(404)3202
〒100-8962　千代田区永田町2-1-1、会館　☎03(6550)0422

しお　た　ひろ　あき
塩田博昭　公新　R1 当1
徳島県阿波市　S37・1・19
勤5年2ヵ月　(初/令元)

党中央幹事、東京都本部副代表、秋田・山梨県本部顧問、国交委理、議運委、消費者特委、憲法審委、元党政調事務局長、秋田大／62歳

〒154-0004　世田谷区太子堂2-14-20-205　☎03(6805)3946
〒100-8962　千代田区永田町2-1-1、会館　☎03(6550)1117

※平5衆院初当選

すずき むねお
鈴木宗男
無新 R1 当1(初/令元)※1
北海道足寄町 S23・1・31
勤30年2ヵ月(衆25年)

法務委、前懲罰委員長、元国務大臣、元外務委員長、元沖縄北方特別委員長、衆議院議員8期、拓殖大/76歳

〒060-0061 札幌市中央区南1条西5丁目17-2
プレジデント松井ビル1205 ☎011(251)5351

うめむら さとし
梅村 聡
維元 R1 当2
大阪府 S50・2・13
勤11年3ヵ月(初/平19)

厚労委、決算委理、政治改革特委、党政調副会長、党コロナ対策本部長、元厚労政務官、医師、大阪大学医学部/49歳

〒532-0011 大阪市淀川区西中島4-6-29
第3ユヤマビル3-B ☎06(6886)2000
〒100-8962 千代田区永田町2-1-1、会館 ☎03(6550)0326

しばた たくみ
柴田 巧
維元 R1 当2
富山県 S35・12・11
勤11年3ヵ月(初/平22)

内閣委、議運委理、憲法審委、党参院国対委員長、富山県議、衆議院議員秘書、早大院/63歳

〒932-0113 富山県小矢部市岩武1051 ☎0766(61)1315

やながせ ひろふみ
柳ヶ瀬裕文
維新 R1 当1
東京都大田区 S49・11・8
勤5年2ヵ月(初/令元)

財金委、行政監視委理、拉致特委、党総務会長、東京都議会議員(3期)、大田区議会議員、議員秘書・会社員、早大/49歳

〒146-0083 東京都大田区千鳥3-11-19
第2桜ビル3F ☎03(6459)8706
〒100-8962 千代田区永田町2-1-1、会館 ☎03(6550)0703

ふじまき たけし
藤巻健史
維元 R1 繰当2
東京都 S25・6・3
勤6年9ヵ月(初/平25)

元財政金融委、モルガン銀行日本における代表者兼東京支店長、一橋大講師(非常勤)、早大商学研究科講師(非常勤)、ノースウエスタン大院、一橋大/74歳

〒100-8962 千代田区永田町2-1-1、会館 ☎03(6550)1122

こいけ あきら
小池 晃
共前 R1 当4
東京都 S35・6・9
勤23年5ヵ月(初/平10)

党書記局長、財金委、国家基本委理、党政策委員長、東北大医/64歳

〒151-0053 渋谷区代々木1-44-11-1F ☎03(5304)5639

※1 昭58衆院初当選 ※2 平15衆院初当選

やま した よし き
山下芳生
共前 R1 当4
香川県 S35・2・27
勤23年5ヵ月 （初／平7）

党筆頭副委員長、環境委理、政治改革特委、政倫審委、党書記局長、鳥取大／64歳

〒537-0025 大阪市東成区中道1-10-10 102号 ☎06(6975)9111
〒100-8962 千代田区永田町2-1-1、会館 ☎03(6550)1123

いの うえ さと し
井上哲士
共前 R1 当4
京都府 S33・5・5
勤23年5ヵ月 （初／平13）

党参院幹事長・国対委長、党幹部会委員、内閣委、懲罰委、政治改革特委、拉致特委、「赤旗」記者、京大／66歳

〒604-0092 京都市中京区丸太町新町角大炊町186 ☎075(231)5198
〒102-0083 千代田区麴町4-7、宿舎

かみ とも こ
紙　智子
共前 R1 当4
北海道 S30・1・13
勤23年5ヵ月 （初／平13）

党常任幹部会委員、党農林・漁民局長、農水委、ODA・沖北特委、復興特委、民青同盟副委員長、国会議員団総会会長、北海道女短大／69歳

〒065-0012 札幌市東区北12条東2丁目3-2 ☎011(750)6677
〒102-0083 千代田区麴町4-7、宿舎 ☎03(3237)0804

た むら
田村まみ
国新 R1 当1
広島県広島市 S51・4・23
勤5年2ヵ月 （初／令元）

厚労委、予算委、消費者特委、UAゼンセン、イオン労働組合、イオンリテール(株)、同志社大／48歳

〒100-8962 千代田区永田町2-1-1、会館 ☎03(6550)0910

いそ ざき てつ じ
礒﨑哲史
国前 R1 当2(初/平25)
東京都世田谷区 S44・4・7
勤11年3ヵ月 （初／平25）

経産委、憲法審委、党副代表、参国対委員長、広報局長、東京都連会長、元日産自動車(株)、東京電機大工学部／55歳

〒100-8962 千代田区永田町2-1-1、会館 ☎03(6550)1210

はま の よし ふみ
浜野喜史
国前 R1 当2
兵庫県高砂市 S35・12・21
勤11年3ヵ月 （初／平25）

議運委理、環境委、党選挙対策委員長、労働組合役員、神戸大／63歳

〒102-0083 千代田区麴町4-7、宿舎

ふなご　やすひこ
舩後靖彦　**れ**新　R1 当1
岐阜県岐阜市加納御車町 S32・10・4
勤5年2ヵ月　（初/令元）

文科委、拉致特委、(株)アース顧問、酒田時計貿易(株)、拓殖大学政経学部卒業／66歳

〒102-0083　千代田区麹町4-7、宿舎

きむら　えいこ
木村英子　**れ**新　R1 当1
神奈川県横浜市 S40・5・11
勤5年2ヵ月　（初/令元）

国交委、国家基本委、国民生活調委、自立ステーションつばさ事務局長、神奈川県立平塚養護学校高等部／59歳

〒100-8962　千代田区永田町2-1-1、会館　☎03(6550)0314

おおつばき
大椿ゆうこ　**社**新　R1 繰当1
岡山県高梁市 S48・8・14
勤1年5ヵ月　（初/令5）

厚労委、党全国連合副党首、障害者支援コーディネーター、労組専従役員、社会福祉士、精神保健福祉士、保育士、四国学院大学社会学部／51歳

〒567-0816　茨木市永代町5-116 ソシオⅠ-1階　☎072(648)7846
〒100-8962　千代田区永田町2-1-1、会館　☎03(6550)0906

はまだ　さとし
浜田　聡　**無**新(N党)　R1 繰当1
京都府京都市 S52・5・11
勤4年11ヵ月（初/令元）

党幹事長兼政調会長、総務委、日本医学放射線学会放射線科専門医、東大教育学部、同大学院修士課程、京大医学部医学科／47歳

〒710-0056　倉敷市鶴形1-5-33-1001　☎03(6550)0403
〒102-0094　千代田区紀尾井町-15、宿舎　☎03(3264)1351

参議院比例代表（第25回選挙・令和元年7月21日施行）

全国有権者数	105,886,064人	全国投票者数	51,666,697人
男　〃	51,180,755人	男　〃	25,288,059人
女　〃	54,705,309人	女　〃	26,378,638人
		有効投票数	50,072,352票

党別当選者数・党別個人別得票数・党別得票率

（※小数点以下の得票数は按分票です）

自民党　19人　17,712,373.119票　35.37％

政党名得票　12,712,515.344　個人名得票　4,999,857.775

	氏名		得票数
当	三木　亨	現	特定枠
	（令5.1.13辞職）		
当	三浦　靖	新	特定枠
当	柘植　芳文	現	600,189.903
当	山田　太郎	元	540,077.960
当	和田　政宗	現	288,080
当	佐藤　正久	現	237,432.095
当	佐藤　信秋	現	232,548.956
当	橋本　聖子	現	225,617
当	山田　俊男	現	217,619.597
当	有村　治子	現	206,221
当	宮本　周司	現	202,122
	（令4.4.7失職）		
当	石田　昌宏	現	189,893
当	北村　経夫	現	178,210
	（令3.10.7失職）		
当	本田　顕子	新	159,596.151
当	衛藤　晟一	現	154,578
当	羽生田　俊	現	152,807.948
当	宮崎　雅夫	新	137,502
当	山東　昭子	現	133,645.785
当	赤池　誠章	現	131,727.208
繰	比嘉奈津美	新	114,596
	（令3.10.20繰上）		
繰	中田　宏	新	112,581.303
	（令4.4.14繰上）		
繰	田中　昌史	新	100,005.187
	（令5.1.17繰上）		
	尾立　源幸	元	92,882
	木村　義雄	現	92,419.856
	井上　義行	元	87,946.669
	（令4.7.10当選）		
	小川　眞史	新	85,266.022
	山本　左近	新	78,236.224
	（令3.10.31衆院議員当選）		
	角田　充由	新	75,241.505
	丸山　和也	現	58,587
	糸川　正晃	新	36,311.527
	熊田　篤嗣	新	29,961
	水口　尚人	新	24,504.222
	森本　勝也	新	23,450.657

立憲民主党　8人　7,917,720.945票　15.81％

政党名得票　6,697,707.000　個人名得票　1,220,013.945

	氏名		得票数
当	岸　真紀子	新	157,849
当	水岡　俊一	元	148,309
当	小沢　雅仁	新	144,751
当	吉川　沙織	現	143,472
当	森屋　隆	新	104,339.413
当	川田　龍平	現	94,702
当	石川　大我	新	73,799
当	須藤　元気	新	73,787
	（令6.4.16失職）		
繰	市井紗耶香	新	50,415.298
	（令6.4.25繰上、4.26辞職）		
繰	奥村　政佳	新	32,024
	（令6.5.10繰上）		
	若林　智子	新	31,683.757
	おしどりマコ	新	29,072
	藤田　幸久	現	28,919.215
	斉藤　里恵	新	23,002
	佐藤　香	新	20,200.177
	中村　起子	新	13,422.369
	今泉　真緒	新	11,991
	小俣　一平	新	10,140
	白沢　みき	新	9,483.260
	真野　哲	新	9,008.343
	塩見　俊次	新	5,115
	深貝　亨	新	4,529.113

公明党　7人　6,536,336.451票　13.05%

政党名得票　4,283,918.000　個人名得票　2,252,418.451

	氏名		得票
当	山本　香苗	現	594,288.947
当	山本　博司	現	471,759.555
当	若松　謙維	現	342,356
当	河野　義博	現	328,659
当	新妻　秀規	現	281,832
当	平木　大作	現	183,869
当	塩田　博昭	新	15,178
	高橋　次郎	新	7,577
	奈良　直記	新	5,413
	西田　義光	新	3,986
	藤井　伸城	新	3,249
	竹島　正人	新	3,106
	角田健一郎	新	2,924.278
	坂本　道応	新	2,438
	村中　克也	新	2,163.335
	塩崎　剛	新	1,996.336
	国分　隆作	新	1,623

日本維新の会　5人　4,907,844.388票　9.80%

政党名得票　4,218,454.000　個人名得票　689,390.388

	氏名		得票
当	鈴木　宗男	新	220,742.675
当	室井　邦彦（令6.1.3死去）	現	87,188
当	梅村　聡	元	58,269.522
当	柴田　巧	元	53,938
当	柳ヶ瀬裕文	新	53,086
繰	藤巻　健史（令6.1.18繰上）	現	51,619.511
	山口　和之	現	42,231.776
	串田　久子	新	32,296
	桑原久美子	新	20,721
	奥田　真理	新	20,478
	森口あゆみ	新	19,333.904
	空本　誠喜（令3.10.31衆院議員当選）	新	12,772
	荒木　大樹	新	8,577
	岩渕美智子	新	8,137

共産党　4人　4,483,411.183票　8.95%

政党名得票　4,051,700.000　個人名得票　431,711.183

	氏名		得票
当	小池　晃	現	158,621
当	山下　芳生	現	48,932.480
当	井上　哲士	現	42,982.440
当	紙　智子	現	34,696.013
	仁比　聡平（令4.7.10当選）	現	33,360
	山本　訓子	新	32,816.665
	椎葉　寿幸	新	16,728.218
	梅村早江子	新	15,357.129
	山本千代子	新	7,573.462
	船山　由美	新	5,364
	佐藤ちひろ	新	4,199.426
	原　純子	新	3,671
	藤本　友里	新	3,414
	伊藤理智子	新	3,079.612
	有坂ちひろ	新	2,787.721
	田辺　健一	新	2,677
	青山　了介	新	2,600.721
	松崎　真琴	新	2,581
	大野　聖美	新	2,170.469
	島袋　恵祐	新	2,162
	伊藤　達也	新	2,152.164
	小久保剛志	新	1,200.134
	下奥　奈歩	新	936
	沼上　徳光	新	647
	住寄　聡美	新	582.529
	鎌野　祥二	新	419

国民民主党　3人　3,481,078.400票　6.95%

政党名得票　2,174,706.000　個人名得票　1,306,372.400

	氏名		得票
当	田村　麻美	新	260,324
当	礒崎　哲史	現	258,507
当	浜野　喜史	現	256,928.785
	石上　俊雄	現	192,586.679
	田中　久弥	新	143,492.942
	大島九州男（令5.1.17れいわで繰上）	現	87,740
	山下　容子	新	35,938.867
	円　より子	元	24,709
	姫井由美子	元	21,006
	小山田経子	新	8,306
	鈴木　覚	新	5,923.855
	酒井　亮介	新	4,379.272
	中沢　健	新	4,058
	藤川　武人	新	2,472

れいわ新選組　2人　2,280,252.750票　4.55%

政党名得票　1,226,412.714　個人名得票　1,053,840.036

	氏名		得票
当	船後　靖彦	新	特定枠
当	木村　英子	新	特定枠
	山本　太郎（令4.7.10当選）	現	991,756.597
	蓮池　透	新	20,557.200
	大西　恒樹	新	19,842
	安冨　歩	新	8,632.076
	渡辺　照子	新	5,073.675
	辻村　千尋	新	4,070.549
	三井　義文	新	3,907.939

社 民 党　　1人　1,046,011.520票　2.09%

政党名得票　761,207.000　個人名得票　284,804.520

当	吉田　忠智 元 （令5.3.30辞職）	149,287		矢野　敦子 新 （離党）	21,391
	仲村　未央 新 （離党）	98,681.520	繰	大椿　裕子 新 （令5.4.6繰上）	15,445

NHKから国民を守る党　1人　987,885.326票　1.97%

政党名得票　841,224.000　個人名得票　146,661.326

当	立花　孝志 新 （令元.10.10退職）	130,233.367		岡本　介伸 新	4,269
				熊丸　英治 新	2,850
繰	浜田　　聡 新 （令元.10.21繰上）	9,308.959			

その他の政党の得票総数・得票率等は下記のとおりです。
（当選者はいません。個人名得票の内訳は省略しました）

安楽死制度を考える会　得票総数　269,052.000票（0.54%）
政党名得票　233,441.000　個人名得票　35,611.000

幸福実現党　得票総数　202,278.772票（0.40%）
政党名得票　158,954.000　個人名得票　43,324.772

オリーブの木　得票総数　167,897.997票（0.34%）
政党名得票　136,873.000　個人名得票　31,024.997

労働の解放をめざす労働者党　得票総数　80,054.927票（0.16%）
政党名得票　57,891.999　個人名得票　22,163.928

参議院比例代表

第26回選挙

（令和4年7月10日施行／令和10年7月25日満了）

藤井一博（ふじい かずひろ）　自 新［無］　R4 当1
鳥取県　S52・12・23
勤2年2ヵ月　（初／令4）

総務委理、行監委、政治改革特委理、資源エネ調理、党青年局長代理、女性局・新聞局次長、医師、鳥取県議会議員、鳥取大／46歳

〒682-0023　鳥取県倉吉市山根572-4
サンクピエスビル2F201号室　☎0858(26)6081
〒100-8982　千代田区永田町2-1-1、会館　☎03(6550)0605

梶原大介（かじはら だいすけ）　自 新［無］　R4 当1
高知県香南市　S48・10・29
勤2年2ヵ月　（初／令4）

環境委理、議運委、復興特委理、災害特委、憲法審委、党国土・建設関係団体副委長、高知県連幹事長、県議、参院秘書、高知高専／50歳

〒780-0861　高知市升形2-1 升形ビル2F　☎088(803)9600

赤松　健（あかまつ けん）　自 新［無］　R4 当1
愛知県名古屋市　S43・7・5
勤2年2ヵ月　（初／令4）

文科委理、決算委、消費者特委、外交・安保調委、漫画家、(公社)日本漫画家協会常務理事、(株)Jコミックテラス取締役、中央大／56歳

〒100-8962　千代田区永田町2-1-1、会館　☎03(6550)0423

長谷川英晴（はせがわ ひではる）　自 新［無］　R4 当1
千葉県いすみ市　S34・5・7
勤2年2ヵ月　（初／令4）

環境委理、予算委、地方・デジ特委、国民生活調委、全国郵便局長会顧問、千葉県山田郵便局長、全国郵便局長会副会長、東北大／65歳

〒100-8962　千代田区永田町2-1-1、会館　☎03(6550)1020

青山繁晴（あおやま しげはる）　自 前［無］　R4 当2
兵庫県神戸市　S27・7・25
勤8年3ヵ月　（初／平28）

経産委理事、ODA・沖北特委、憲法審委、党経産部会長代理、(株)独立総合研究所社長、共同通信社、早大／72歳

〒100-8962　千代田区永田町2-1-1、会館

かたやま
片山さつき
自前［無］R4 当3(初/平22)※1
埼玉県 S34・5・9
勤18年3ヵ月（衆3年11ヵ月）

厚労委、行監委理、憲法審幹事、政倫審、党金融調査会長、党政調会長代理、元国務大臣（地方創生・規制改革・女性活躍）、衆院議員、財務省主計官、東大法／65歳

〒432-8069 浜松市中央区志都呂1-32-15 ☎053(581)7151
〒100-8962 千代田区永田町2-1-1、会館 ☎03(6550)0420

あだちとしゆき
足立敏之
自前［無］R4 当2
京都府福知山市 S29・5・20
勤8年3ヵ月 （初/平28）

財政金融委員長、国土交通省元技監、元水管理・国土保全局長、京大大学院修了／70歳

〒100-8962 千代田区永田町2-1-1、会館 ☎03(6550)0501

じみ
自見はなこ
自前［無］R4 当2
福岡県北九州市 S51・2・15
勤8年3ヵ月 （初/平28）

内閣府特命担当大臣、前内閣府大臣政務官、元自民党女性局長、元厚生労働大臣政務官、筑波大・東海大医／48歳

〒802-0077 北九州市小倉北区馬借2-7-28-2F ☎093(513)0875
〒100-8962 千代田区永田町2-1-1、会館 ☎03(6550)0504

ふじきしんや
藤木眞也
自前［無］R4 当2
熊本県 S42・2・25
勤8年3ヵ月 （初/平28）

党農林部会長代理、議運委理、参党副幹事長、農水政務官、JAかみましき組合長、JA全青協会長、農業生産法人社長、熊本農高／57歳

〒861-3101 熊本県上益城郡嘉島町大字鯰2792 ☎096(282)8856
〒100-8962 千代田区永田町2-1-1、会館 ☎03(6550)1006

やまだひろし
山田宏
自前［無］R4 当2(初/平28)※2
東京都八王子市 S33・1・8
勤13年6ヵ月（衆5年3ヵ月）

厚労委、党副幹事長、防衛大臣政務官、衆院議員2期、杉並区長3期、東京都議2期、松下政経塾第2期生、京大／66歳

〒102-0093 千代田区平河町2-16-5-602
〒100-8962 千代田区永田町2-1-1、会館 ☎03(6550)1205

とものうりお
友納理緒
自新［無］R4 当1
東京都世田谷区 S55・11・18
勤2年2ヵ月 （初/令4）

厚労委、議運委、地方・デジ特委、国民生活調委、看護師、弁護士、元日本看護協会参与、早大院法務研究科、東京医科歯科大院修士／43歳

〒100-8962 千代田区永田町2-1-1、会館 ☎03(6550)1116

※1 平17衆院初当選 ※2 平5衆院初当選

やまたにえりこ
山谷えり子　自前［無］R4 当4(初/平16)※
福井県　S25・9・19
勤23年10ヵ月(衆3年5ヵ月)

内閣委、拉致特委長、倫選特委長、国家公安委員長・拉致問題担当大臣、参党政審会長、首相補佐官、サンケイリビング編集長、聖心女子大／73歳

〒100-8962　千代田区永田町2-1-1、会館　☎03(6550)1107

いのうえよしゆき
井上義行　自元［無］R4 当2
神奈川県小田原市　S38・3・12
勤8年2ヵ月　(初/平25)

総務委理、行監委、ODA・沖北特委、第一次安倍内閣総理大臣秘書官、日大経済学部(通信)／61歳

〒250-0011　小田原市栄町1-14-48
ジャンボーナックビル706　☎0465(20)8357

しんどうかねひこ
進藤金日子　自前［無］R4 当2
秋田県協和町(現大仙市)　S38・7・7
勤8年3ヵ月　(初/平28)

財務大臣政務官、党農林部会長代理、党水産調査会副会長、元農水省中山間地域振興課長、全国水土里ネット会長会議顧問、岩手大／61歳

〒100-8962　千代田区永田町2-1-1、会館　☎03(6550)0719

いまいえりこ
今井絵理子　自前［麻］R4 当2
沖縄県那覇市　S58・9・22
勤8年3ヵ月　(初/平28)

文科委理、ODA・沖北特委理、決算委、参党国対副委員長、元内閣府大臣政務官、歌手、八雲学園高校／40歳

〒900-0014　那覇市松尾1-21-59 1F　☎098(975)9216
〒100-8962　千代田区永田町2-1-1、会館　☎03(6550)0315

あだちまさし
阿達雅志　自前［無］R4 当3
京都府　S34・9・27
勤9年11ヵ月　(初/平26繰)

内閣委員長、災害特委、外交防衛委員長、総理補佐官、国交政務官、党外交部会長、NY州弁護士、住友商事、東大法／64歳

〒100-8962　千代田区永田町2-1-1、会館　☎03(6550)0309

かみやまさゆき
神谷政幸　自新［麻］R4 当1
愛知県豊橋市　S54・1・6
勤2年2ヵ月　(初/令4)

厚労委、議運委、消費者特委理、資源エネ調委、党青年局次長、党厚生関係団体委副委長、党広報戦略局次長、薬剤師、福山大薬学部／45歳

〒100-8962　千代田区永田町2-1-1、会館　☎03(6550)1218

※平12衆院初当選

おち としゆき
越智俊之　自新［無］　R4 当1
広島県江田島市　S53・3・9
勤2年2ヵ月　（初／令4）

経産委、決算委理、全国商工会連合会顧問、三興建設(株)専務取締役、全国商工会青年部連合会第22代会長、法政大／46歳

〒730-0051 広島市中区大手町3-3-27 1F ☎082(545)5500
〒100-8962 千代田区永田町2-1-1、会館 ☎03(6550)0821

いしい あきら
石井章　維前　R4 当2(初/平28)※
茨城県取手市　S32・5・6
勤11年7ヵ月(衆3年4ヵ月)

消費者特委長、経産委、元衆議院議員、社会福祉法人理事長、専修大法学部／67歳

〒300-1513 茨城県取手市片町296 ☎0297(83)8900
〒100-8962 千代田区永田町2-1-1、会館 ☎03(6550)1204

いしい みつこ
石井苗子　維前　R4 当2
東京都　S29・2・25
勤8年3ヵ月　（初／平28）

外交防衛委理、決算委、震災復興特委理、保健師、看護師、女優、民放キャスター、心療内科勤務、聖路加大・東大院／70歳

〒100-8962 千代田区永田町2-1-1、会館 ☎03(6550)1115
〒102-0083 千代田区麹町4-7、宿舎

まつの あけみ
松野明美　維新　R4 当1
熊本県　S43・4・27
勤2年2ヵ月　（初／令4）

農水委、予算委、災害特委、党代表付、党政調副会長、元オリンピック選手、元熊本市議、元熊本県議、県立鹿本高校／56歳

〒861-0113 熊本市北区植木町伊知坊410-3 ☎096(273)6377
〒100-8962 千代田区永田町2-1-1、会館 ☎03(6550)0912

なかじょう
中条きよし　維新　R4 当1
岐阜県岐阜市　S21・3・4
勤2年2ヵ月　（初／令4）

文科委、拉致特委、国民生活調理、党代表付、歌手、俳優、岐阜東高中退／78歳

〒100-8962 千代田区永田町2-1-1、会館 ☎03(6550)0805

いのせ なおき
猪瀬直樹　維新　R4 当1
長野県長野市　S21・11・20
勤2年2ヵ月　（初／令4）

厚労委、憲法審委、ODA・沖北特委、党参議院幹事長、作家、元東京都知事、副知事、道路公団民営化委、信州大、明大院／77歳

〒100-8962 千代田区永田町2-1-1、会館 ☎03(6550)0513

※平21衆院初当選

かねこ みちひと
金子道仁　**維**新　R4 当1
神奈川県横浜市　S45・2・20
勤2年2ヵ月　(初/令4)

予算委理、文科委、外交・安保調委、党代表付、党政調副会長、キリスト教会牧師、社会福祉法人理事長、外務省、東大法/54歳

〒666-0251　兵庫県川辺郡猪名川町若葉1-137-22　☎072(767)6004
〒102-0083　千代田区麹町4-7、宿舎

くしだ せいいち
串田誠一　**維**新　R4 当1
東京都大田区　S33・6・20
勤6年3ヵ月(衆4年1ヵ月)　(初/令4)※1

環境委理、決算委、外交・安保調理、情報監視審委、党政調副会長、前衆議院議員、弁護士、法政大学/66歳

〒231-0012　横浜市中区相生町2-27
宇田川ビル3F　☎045(212)3327
〒100-8962　千代田区永田町2-1-1、会館　☎03(6550)1203

あおしま けんた
青島健太　**維**新　R4 当1
新潟県新潟市　S33・4・7
勤2年2ヵ月　(初/令4)

国交委理、議運委、資源エネ調理、党代表付、党国対副委員長、元プロ野球選手、スポーツライター、慶大/66歳

〒340-0023　埼玉県草加市谷塚町952
関マンション104号　☎048(954)6641
〒100-8962　千代田区永田町2-1-1、会館　☎03(6550)0405

つじもと きよみ
辻元清美　**立**新　R4 当1
奈良県　S35・4・28
勤23年11ヵ月(衆21年9ヵ月)　(初/令4)※2

党代表代行、憲法審筆頭幹事、予算委、経産委、党副代表、衆予算委筆頭理事、党国対委員長、首相補佐官、国交副大臣、早大/64歳

〒100-8962　千代田区永田町2-1-1、会館　☎03(6550)0613

おにき まこと
鬼木誠　**立**新　R4 当1
福岡県筑紫野市　S38・12・7
勤2年2ヵ月　(初/令4)

内閣委、行監委理、復興特委、資源エネ調委、自治労本部書記長、福岡県職員労働組合委員長、福岡県職員、福岡県立筑紫高校/60歳

〒102-0083　千代田区麹町4-7、宿舎

こが ちかげ
古賀千景　**立**新　R4 当1
福岡県久留米市　S41・11・25
勤2年2ヵ月　(初/令4)

文科委、決算委、復興特委、憲法審委、党参議院比例第16総支部長、日教組特別中央執行委員、小学校教諭、熊本大/57歳

〒100-8962　千代田区永田町2-1-1、会館　☎03(6550)0409

※1 平29衆院初当選　※2 平8衆院初当選

しば　しんいち
柴　愼一　立新　神奈川県　勤2年2ヵ月　R4 当1　S39・9・14（初/令4）

財金委、行監委、震災復興特委、国民生活調委、元JP労組中央副執行委員長、柿生高校／59歳

〒100-8962 千代田区永田町2-1-1、会館　☎03(6550)1009

むらた きょうこ
村田享子　立新　鹿児島県鹿児島市　勤2年2ヵ月　R4 当1　S58・5・16（初/令4）

決算委、経産委、消費者特委、基幹労連職員、参院議員秘書、東大／41歳

〒100-8962 千代田区永田町2-1-1、会館　☎03(6550)1222

あおき　あい
青木　愛　立前　東京都　勤17年7ヵ月(衆7年2ヵ月)　R4 当3(初/平19)※　S40・8・18

国土交通委員長、元行政監視委員長、元復興特委員長、保育士、千葉大院修了、高野山大院修了／59歳

〒114-0021 北区岸町1-2-9　☎03(5948)5038
〒100-8962 千代田区永田町2-1-1、会館　☎03(6550)0507

いしばし みちひろ
石橋通宏　立前　島根県　勤14年4ヵ月　R4 当3　S40・7・1（初/平22）

党参院国会対策委員長代理、予算委筆頭理事、厚労委、厚労委、情報労連、元ILO専門官、米アラバマ大院、中大法／59歳

〒100-8962 千代田区永田町2-1-1、会館　☎03(6550)0523

たけうち しんじ
竹内真二　公前　東京都　勤7年　R4 当2　S39・3・19（初/平29繰）

災害特委長、財金委、行監委、国民生活調委、党遊説局長、団体局次長、公明新聞編集局次長、早大／60歳

〒102-0094 千代田区紀尾井町1-15、宿舎

よこやま しんいち
横山信一　公前　北海道　勤14年4ヵ月　R4 当3　S34・7・21（初/平22）

党北海道本部代表代行、党東北方面副本部長、党復興・防災部会長、農水大臣政務官、復興副大臣、法務委員長、北大院／65歳

〒060-0001 札幌市中央区北1条西19丁目 緒方ビル3F　☎011(688)6222
〒102-0083 千代田区麹町4-7、宿舎

※平15衆院初当選

たに あい まさ あき
谷合正明
公前 埼玉県 **勤20年5ヵ月**
R4 当4 S48・4・27 (初/平16)

党幹事長代理・参幹事長・広報委員長・中国方面本部長・岡山県本部代表、政治改革特委理、農水副大臣、NGO職員、京大院／51歳

〒702-8031 岡山市南区福富西1-20-48 クボタビル2F ☎086(262)3611
〒102-0094 千代田区紀尾井町1-15、宿舎

くぼ た てつ や
窪田哲也
公新 愛媛県 **勤2年2ヵ月**
R4 当1 S40・11・2 (初/令4)

党参国対副委員長、党団体局次長、党沖縄21世紀委員会事務局次長、内閣委、議運委、ODA・沖北特委理、元公明新聞九州支局長、明治大／58歳

〒890-0052 鹿児島市上之園町25-36 光健ボイスビル306号室 ☎099(296)8920
〒100-8962 千代田区永田町2-1-1、会館 ☎03(6550)0202

うえ だ いさむ
上田 勇
公新 神奈川県横浜市 **勤23年2ヵ月(衆21年)**
R4 当1 S33・8・5 (初/令4)※

党政調会長代理、外交防衛委理、衆院議員7期、財務副大臣、法務総括次官、農水省、東大、米コーネル大学大学院／66歳

〒430-0917 浜松市中央区常盤町139-18 ☎053(523)7977

みや ざき まさる
宮崎 勝
公元 埼玉県 **勤8年**
R4 繰当2 S33・3・18 (初/平28)

内閣委理、予算委、災害特委理、党埼玉県本部副代表、党税調事務局次長、元環境大臣政務官、元公明新聞編集局長、埼玉大／66歳

〒330-0063 さいたま市浦和区高砂3-7-4 2F
〒102-0083 千代田区麹町4-7、宿舎

た むら とも こ
田村智子
共前 長野県小諸市 **勤14年4ヵ月**
R4 当3 S40・7・4 (初/平22)

党委員長、国交委、国家基本委、元政策委員長、元党東京都副委員長、参議院議員秘書、早大第一文学部／59歳

〒151-0053 渋谷区代々木1-44-11 ☎03(5304)5639
〒100-8962 千代田区永田町2-1-1、会館 ☎03(6550)0908

に ひ そう へい
仁比聡平
共元 福岡県北九州市 **勤14年4ヵ月**
R4 当3 S38・10・16 (初/平16)

法務委、災害特委、憲法審委、党参院国対副委員長、党中央委員、弁護士、京大法／60歳

〒810-0022 福岡市中央区薬院3-13-12-3F ☎092(526)1933
〒102-0083 千代田区麹町4-7、宿舎

※平5衆院初当選

いわ　ぶち　　　とも
岩渕　友　**共**前　R4 当2
福島県喜多方市　S51・10・3
勤8年3ヵ月　(初/平28)

党幹部会委員、党国会対策副委員長、経産委、復興特委、外交・安保調理、議運委理、日本民主青年同盟福島県委員長、福島大／47歳

〒960-0112　福島市南矢野目字谷地65-3　☎024(555)0550
〒100-8962　千代田区永田町2-1-1、会館　☎03(6550)1002

たけ　づめ　　ひとし
竹詰　仁　**国**新　R4 当1
東京都　S44・2・6
勤2年2ヵ月　(初/令4)

内閣委、決算委、復興特委、東電労組中央執行委員長、全国電力総連副会長、在タイ日本大使館一等書記官、慶大経／55歳

〒100-8962　千代田区永田町2-1-1、会館　☎03(6550)0406

はま　ぐち　　まこと
浜口　誠　**国**前　R4 当2
三重県松阪市　S40・5・18
勤8年3ヵ月　(初/平28)

国交委、ODA・沖北特委、外交・安保調理、情監審委、党政調会長、役員室長、自動車総連顧問、トヨタ自動車、筑波大／59歳

〒100-8962　千代田区永田町2-1-1、会館　☎03(6550)1022

かわ　い　たか　のり
川合孝典　**国**前　R4 当3
京都府京都市　S39・1・29
勤14年4ヵ月　(初/平19)

法務委理、行政監視委、拉致特委、党幹事長代行、党拉致問題対策本部長、UAゼンセン政治顧問、立命館大法学部／60歳

〒152-0004　目黒区鷹番3-4-5(自宅)

てん　ばた　だい　すけ
天畠大輔　**れ**新　R4 当1
広島県呉市　S56・12・29
勤2年2ヵ月　(初/令4)

厚労委、重度障がい者支援団体代表理事、ルーテル大、立命館大院(博士)／42歳

〒100-8962　千代田区永田町2-1-1、会館　☎03(6550)0316

おお しま く　す　お
大島九州男　**れ**元　R4 繰当3
福岡県直方市　S36・6・11
勤13年10ヵ月　(初/平19)

内閣委、行監委、災害特委、内閣委員長、予算委理、民主党副幹事長、直方市議3期、全国学習塾協会常任理事、日大法学部／63歳

〒902-0062　沖縄県那覇市松川2-16-1
〒100-8962　千代田区永田町2-1-1、会館　☎03(6550)0714

かみ　や　そう　へい
神谷宗幣　参新　福井県　勤2年2ヵ月　R4 当1　S52・10・12　(初/令4)

財金委、参政党代表、会社役員、吹田市議、関西大法科大学院／46歳

〒920-0967　金沢市菊川2-24-3　☎076(255)0177
〒102-0083　千代田区麹町4-7、宿舎

ふくしま
福島みずほ　社前　宮崎県　勤26年6ヵ月　R4 当5　S30・12・24　(初/平10)

党首、法務委、予算委、憲法審委、地方・デジ特委、前副党首、消費者庁・男女共同参画・少子化・食品安全担当大臣、弁護士、東大／68歳

〒100-8962　千代田区永田町2-1-1、会館　☎03(6550)1111

さい とう けん いち ろう
齊藤健一郎　無新(N党)　兵庫県尼崎市　勤1年6ヵ月　R4 繰当1　S55・12・25　(初/令5)

総務委、震災復興特委、NHKから国民を守る党党首、(一社)EXPEDITION STYLE理事、奈良産業大学法学部／43歳

〒660-0892　尼崎市東難波町1-1-1-1412
〒102-0083　千代田区麹町4-7、宿舎

参議院比例代表(第26回選挙・令和4年7月10日施行)

全国有権者数	105,019,203人	全国投票者数	54,655,446人
男 〃	50,740,309人	男 〃	26,517,077人
女 〃	54,278,894人	女 〃	28,138,369人
		有効投票数	53,027,260票

党別当選者数・党別個人別得票数・党別得票率

(※小数点以下の得票数は按分票です)

自民党　18人　18,256,245.412票　34.43%

政党名得票 13,713,427.488　個人名得票 4,542,817.924

当	藤井　一博	新	特定枠
当	梶原　大介	新	特定枠
当	赤松　健	新	528,053
当	長谷川英晴	新	414,371.020
当	青山　繁晴	現	373,786
当	片山さつき	現	298,091.510
当	足立　敏之	現	247,755.055
当	自見　英子	現	213,369
当	藤木　真也	現	187,740.202
当	山田　宏	現	175,871.715
当	友納　理緒	新	174,335
当	山谷えり子	現	172,640.169
当	井上　義行	元	165,062.175
当	進藤金日子	現	150,759
当	今井絵理子	現	148,630.162
当	阿達　雅志	現	138,994.642
当	神谷　政幸	新	127,188.459
当	越智　俊之	新	118,710.034
	小川　克巳	現	118,222.945
	木村　義雄	元	113,873.825
	宇都　隆史	現	101,840.710
	園田　修光	現	93,380
	水落　敏栄	現	82,920
	藤末　健三	元	74,972
	岩城　光英	元	63,714
	河村　建一	新	59,007.679
	吉岡伸太郎	新	55,804
	英利アルフィヤ	新	54,646
	尾立　源幸	元	24,576
	向山　淳	新	20,638
	有里　真穂	新	18,561
	高原　朗子	新	17,542.622
	遠藤奈央子	新	7,762

日本維新の会　8人　7,845,995.352票　14.80%

政党名得票　7,086,854.000　個人名得票　759,141.352

当	石井　　章	現	123,279.274
当	石井　苗子	現	74,118.112
当	松野　明美	新	55,608
当	中条きよし	新	47,420
当	猪瀬　直樹	新	44,211.978
当	金子　道仁	新	36,944
当	串田　誠一	新	35,842
当	青島　健太	新	33,553
	上野　　蛍	新	29,095
	神谷　ゆり	新	27,215.249
	後藤　　斎	新	24,874.182
	森口あゆみ	新	23,664.322
	岸口　　実	新	22,399
	松浦　大悟	元	20,222
	飯田　哲史	新	19,522
	井上　一徳	新	18,370.158
	山口　和之	元	18,175.008
	石田　隆史	新	17,408.867
	西川　鎭央	新	16,722
	中川　健一	新	14,986.577
	水ノ上成彰	新	11,701
	木内　孝胤	新	11,313
	小林　　悟	新	9,370
	西郷隆太郎	新	8,637
	八田　盛茂	新	8,346
	中村　悠基	新	6,143.625

立憲民主党　7人　6,771,945.011票　12.77%

政党名得票　5,204,394.497　個人名得票　1,567,550.514

当	辻元　清美	新	428,859.769
当	鬼木　　誠	新	171,619.697
当	古賀　千景	新	144,344
当	柴　　慎一	新	127,382.292
当	村田　享子	新	125,340.850
当	青木　　愛	現	123,742
当	石橋　通宏	現	111,703
	白　　真勲	現	84,242
	石川　雅俊	新	48,702.805
	有田　芳生	現	46,715
	堀越　啓仁	新	39,631
	栗下　善行	新	39,555
	はたともこ	元	18,208.635
	要　友紀子	新	17,529
	森永　美樹	新	10,055
	河野　麻美	新	7,941
	沢邑　啓子	新	7,602
	木村　正弘	新	7,101.466
	田中　勝一	新	4,503
	菅原　美香	新	2,773

公明党　6人　6,181,431.937票　11.66%

政党名得票　4,048,585.000　個人名得票　2,132,846.937

当	竹内　真二	現	437,228
当	横山　信一	現	415,178.606
当	谷合　正明	現	351,413
当	窪田　哲也	新	349,359.320
当	熊野　正士（令4.9.30辞職）	現	269,048
当	上田　　勇	新	268,403
繰	宮崎　　勝（令4.10.6繰上）	現	9,695
	中北　京子	新	9,640.398
	水島　春香	新	9,058
	河合　　綾	新	5,417.599
	中嶋　健二	新	2,786
	塩野　正貴	新	1,717
	深沢　　淳	新	1,212
	伊大知孝一	新	797
	奈良　直記	新	738.014
	淀屋　伸雄	新	730
	光延　康治	新	426

共産党　3人　3,618,342.792票　6.82%

政党名得票　3,321,097.000　個人名得票　297,245.792

当	田村　智子	現	112,132.341
当	仁比　聡平	元	36,098.530
当	岩渕　　友	現	35,392
	大門実紀史	現	31,570
	武田　良介	現	23,370.641
	山本　訓子	新	11,736.820
	小山　早紀	新	6,618
	今村あゆみ	新	5,768.646
	片山　和子	新	4,646.951
	佐々木とし子	新	4,635
	吉田　恭子	新	4,174.277
	西田佐枝子	新	3,674
	丸本由美子	新	2,654
	渡辺喜代子	新	2,199
	上里　清美	新	2,141.184
	花木　則彰	新	1,488
	片岡　　朗	新	1,453
	高橋真生子	新	1,416.760
	赤田　勝紀	新	1,258
	冨田　直樹	新	1,164.007
	西沢　　博	新	968.268
	細野　真理	新	872
	堀川　朗子	新	736.367
	深田　秀美	新	583
	来田　時子	新	495

国民民主党　3人　3,159,625.890票　5.96％

政党名得票　2,234,837.672　個人名得票　924,788.218

	氏名		得票
当	竹詰　仁	新	238,956.023
当	浜口　誠	現	234,744.965
当	川合　孝典	現	211,783.997
	矢田　稚子	現	159,929.004
	山下　容子	新	22,311
	上松　正和	新	20,790
	樽井　良和	元	16,373.229
	城戸　佳織	新	16,078
	河辺　佳朗	新	3,822

れいわ新選組　2人　2,319,156.016票　4.37％

政党名得票　2,074,146.801　個人名得票　245,009.215

	氏名		得票
当	天畠　大輔	新	特定枠
当	水道橋博士（令5.1.16辞職）	新	117,794
繰	大島九州男（令5.1.17繰上）	元	28,123
	長谷川羽衣子	新	21,826.374
	辻　恵	新	18,393
	蓮池　透	新	17,684
	依田　花蓮	新	14,821
	高井　崇志	新	13,326.841
	金　泰泳	新	13,041

参政党　1人　1,768,385.409票　3.33％

政党名得票　1,370,215.000　個人名得票　398,170.409

	氏名		得票
当	神谷　宗幣	新	159,433.516
	武田　邦彦	新	128,257.022
	松田　学	新	73,672.871
	吉野　敏明	新	25,463
	赤尾　由美	新	11,344

社民党　1人　1,258,501.715票　2.37％

政党名得票　963,899.000　個人名得票　294,602.715

	氏名		得票
当	福島　瑞穂	現	216,984
	宮城　一郎	新	22,309
	岡崎　彩子	新	17,466
	山口わか子	新	13,793.548
	大椿　裕子	新	10,390
	秋葉　忠利	新	6,623
	久保　孝喜	新	4,518
	村田　峻一	新	2,519.167

ＮＨＫ党　1人　1,253,872.467票　2.36％

政党名得票　834,995.000　個人名得票　418,877.467

	氏名		得票
当	東谷　義和（令5.3.15除名）	新	287,714.767
	山本　太郎（離党）	新	53,351.732
	黒川　敦彦（離党）	新	22,595
繰	斉藤健一郎（令5.3.23繰上）	新	22,426.130
	久保田　学	新	17,947.257
	西村　斉	新	6,564.622
	添田　真也	新	4,555.701
	高橋　理洋	新	2,905.258
	上妻　敬二	新	817

その他の政党の得票総数・得票率等は下記のとおりです。（当選者はいません。個人名得票の内訳は省略しました）

ごぼうの党　得票総数　193,724.387票（0.37％）

政党名得票　184,285.075　個人名得票　9,439.312

幸福実現党　得票総数　148,020.000票（0.28％）

政党名得票　129,662.000　個人名得票　18,358.000

日本第一党　得票総数　109,045.614票（0.21％）

政党名得票　76,912.000　個人名得票　32,133.614

新党くにもり　得票総数　77,861.000票（0.15％）

政党名得票　61,907.000　個人名得票　15,954.000

維新政党・新風　得票総数　65,107.000票（0.12％）

政党名得票　56,949.000　個人名得票　8,158.000

参議院選挙区

第25回選挙
（令和元年7月21日施行／令和7年7月28日満了）

第26回選挙
（令和4年7月10日施行／令和10年7月25日満了）

北海道　6人

令和元年選挙得票数

当	828,220	高橋はるみ	自新	(34.4)
当	523,737	勝部　賢志	立新	(21.7)
当	454,285	岩本　剛人	自新	(18.8)
▽	265,862	畠山　和也	共新	(11.0)
▽	227,174	原谷　那美	国新	(9.4)
	63,308	山本　貴平	諸新	(2.6)

以下はP269に掲載

令和4年選挙得票数

当	595,033	長谷川　岳	自現	(25.5)
当	455,057	徳永　エリ	立現	(19.5)
当	447,232	船橋　利実	自新	(19.1)
▽	422,392	石川　知裕	立新	(18.1)
▽	163,252	畠山　和也	共新	(7.0)
	91,127	臼木　秀剛	国新	(3.9)
	75,299	大村小太郎	参新	(3.2)
	23,039	斉藤　忠行	N新	(1.0)
	18,831	石井　良恵	N新	(0.8)
	18,760	浜田　智	N新	(0.8)
	16,006	沢田　英一	諸新	(0.7)
	11,625	森山　佳則	諸新	(0.5)

高橋はるみ（たかはし）
自新［無］　R1　当1
富山県富山市　S29・1・6
勤5年2ヵ月　（初／令元）

党女性局長、決算委、ODA・沖北特委、内閣委、資源エネ調委、北海道知事(4期)、北海道経済産業局長、一橋大学経済学部／70歳

〒060-0042 札幌市中央区大通西10丁目 南大通ビル4F ☎011(200)8066

勝部賢志（かつべけんじ）
立新　R1　当1
北海道千歳市　S34・9・6
勤5年2ヵ月　（初／令元）

議運委理、財金委、ODA・沖北特委、党副幹事長、道議会副議長、道議会議員、小学校教員、北海道教育大札幌分校／64歳

〒060-0042 札幌市中央区大通西5丁目8番 昭和ビル5F ☎011(596)7339
〒100-8962 千代田区永田町2-1-1、会館 ☎03(6550)0608

岩本剛人（いわもとつよひと）
自新［無］　R1　当1
北海道札幌市　S39・10・19
勤5年2ヵ月　（初／令元）

参議院自民党副幹事長、総務委筆頭理事、災害特委筆頭理事、外交・安保調筆頭理事、道議(5期)、防衛政務官、淑徳大社会福祉学科／59歳

〒060-0041 札幌市中央区大通東2丁目3-1 第36桂和ビル7F ☎011(211)8185
〒100-8962 千代田区永田町2-1-1、会館 ☎03(6550)0205

長谷川　岳（はせがわがく）
自前［無］　R4　当3
愛知県　S46・2・16
勤14年4ヵ月　（初／平22）

国交委、総務副大臣、総務大臣政務官、財政金融委員長、農林水産委員長、法務部会長、水産部会長、北大／53歳

〒060-0004 札幌市中央区北4条西4丁目 ニュー札幌ビル7F ☎011(223)7708
〒100-8962 千代田区永田町2-1-1、会館 ☎03(6550)0619

※選挙区別の当日有権者数・投票者数・投票率は271頁

とく なが
徳永エリ 立前 R4 当3
北海道札幌市 S37・1・1
勤14年4ヵ月 （初／平22）

決算委理、農水委、ODA・沖北特委、参議院政審会長（党政調会長代理）、TVリポーター、法大中退／62歳

〒060-0042 札幌市中央区大通西5-8 昭和ビル9F ☎011(218)2133
〒100-8962 千代田区永田町2-1-1、会館 ☎03(6550)0701

ふな はし とし みつ
船橋利実 自新［麻］ R4 当1(初/令4)※1
北海道北見市 S35・11・20
勤8年3ヵ月（衆6年1ヵ月）

総務大臣政務官、総務委、国家基本委、資源エネ調委、衆議院2期、財務大臣政務官、北海道議、北見市議、北海商科大学大学院商学研究科修了／63歳

〒060-0042 札幌市中央区大通西8丁目2-32 ダイヤモンドビル ☎011(272)0171
〒100-8962 千代田区永田町2-1-1、会館 ☎03(6550)0424

青森県　2人

令和元年選挙得票数

当	239,757	滝沢　求	自現	(51.5)
▽	206,582	小田切　達	立新	(44.4)
	19,310	小山日奈子	諸新	(4.1)

令和4年選挙得票数

当	277,009	田名部匡代	立現	(53.5)
▽	216,265	斉藤直飛人	自新	(41.7)
	13,607	中条栄太郎	参新	(2.6)
	11,335	佐々木　晃	N新	(2.2)

たき さわ もとめ
滝沢　求 自前［麻］ R1 当2
青森県 S33・10・11
勤11年3ヵ月 （初／平25）

環境副大臣兼内閣府副大臣、復興特委、環境委員長、党環境部会長、副幹事長、国交・環境部会長代理、外務大臣政務官、中大法／65歳

〒031-0057 八戸市上徒士町15-1 ☎0178(45)5858
〒100-8962 千代田区永田町2-1-1、会館 ☎03(6550)0522

た な ぶ まさ よ
田名部匡代 立前 R4 当2(初/平28)※2
青森県八戸市 S44・7・10
勤15年10ヵ月（衆7年7ヵ月）

農水委、国家基本委、国民生活調理、党参院幹事長、党幹事長代理、元農水政務官、衆議員秘書、玉川学園女子短大／55歳

〒031-0088 八戸市岩泉町4-7 ☎0178(44)1414
〒100-8962 千代田区永田町2-1-1、会館

岩手県　2人

令和元年選挙得票数

当	288,239	横沢　高徳	無新	(49.0)
▽	272,733	平野　達男	自現	(46.3)
	27,658	梶谷　秀一	諸新	(4.7)

令和4年選挙得票数

当	264,422	広瀬めぐみ	自新	(47.2)
▽	242,174	木戸口英司	立現	(43.2)
	26,960	白鳥　顕志	参新	(4.8)
	13,637	大越　裕子	無新	(2.4)
	13,352	松田　隆嗣	N新	(2.4)

※1 平24衆院初当選　※2 平15衆院初当選

よこ さわ たか のり
横沢高徳
立 新　[R1] 当1
岩手県矢巾町　S47・3・6
勤5年2ヵ月　(初/令元)

震災復興特委理、農水委理、議運委、モトクロス選手、バンクーバー・パラリンピックアルペンスキー日本代表、盛岡工業高校/52歳

〒020-0022 盛岡市大通3-1-24
第三菱和ビル5F　☎019(625)6601

ひろ せ
広瀬めぐみ
自 新[麻]　[R4] 当1
岩手県　S41・6・27
勤2年2ヵ月　(初/令4)

内閣委理、予算委、震災復興特委理、弁護士、上智大学外国語学部英文科/58歳

〒020-0024 盛岡市薬園1-11-4
樋下建設ビル3F　☎019(681)6686

宮城県　2人

令和元年選挙得票数

当	474,692	石垣のり子	立新	(48.6)
▽	465,194	愛知　治郎	自現	(47.7)
	36,321	三宅　紀昭	諸新	(3.7)

令和4年選挙得票数

当	472,963	桜井　充	自現	(51.9)
▽	271,455	小畑　仁子	立新	(29.8)
	91,924	平井みどり	維新	(10.1)
	52,938	ローレンス綾子	参新	(5.8)
	21,286	中江　友哉	N新	(2.3)

いしがき
石垣のりこ
立 新　[R1] 当1
宮城県仙台市　S49・8・1
勤5年2ヵ月　(初/令元)

内閣委理、予算委、復興特委、ラジオ局アナウンサー、宮城県第二女子高等学校、宮城教育大学/50歳

〒980-0014 仙台市青葉区本町3丁目5-21
アーカス本町ビル1F　☎022(355)9737
〒102-0083 千代田区麹町4-7、宿舎

さくら い　みつる
櫻井　充
自 前[無]　[R4] 当5
宮城県仙台市　S31・5・12
勤26年6ヵ月　(初/平10)

予算委員長、復興特委、財金委、党財務金融部会長、厚労副大臣、財務副大臣、医学博士、東北大院/68歳

〒980-0811 仙台市青葉区一番町1-1-30
南町通有楽館ビル2F　☎022(723)4077
〒102-0083 千代田区麹町4-7、宿舎

秋田県　2人

令和元年選挙得票数

当	242,286	寺田　静	無新	(50.5)
▽	221,219	中泉　松司	自現	(46.1)
	16,683	石岡　隆治	諸新	(3.5)

令和4年選挙得票数

当	194,949	石井　浩郎	自現	(42.7)
▽	162,889	村岡　敏英	無新	(35.6)
	62,415	佐々百合子	無新	(13.7)
	19,983	藤本　友里	共新	(4.4)
	10,329	伊東万美子	参新	(2.3)
	6,368	本田　幸久	N新	(1.4)

※選挙区別の当日有権者数・投票者数・投票率は271頁

てらた　しずか
寺田　静
無新　R1 当1
秋田県横手市　S50・3・23
勤5年2ヵ月　(初/令元)

農水委、元議員秘書、早大／49歳

〒010-1424　秋田市御野場1-1-9　☎018(853)9226

いしい　ひろお
石井浩郎
自前[無]　R4 当3
秋田県八郎潟町　S39・6・21
勤14年4ヵ月　(初/平22)

決算委筆頭理、国交委、政治改革特委理、復興特委理、党国対筆頭副委員長、国交・内閣府・復興副大臣、党副幹事長、早大中退／60歳

〒010-0951　秋田市山王3-1-15　☎018(883)1711
〒100-8962　千代田区永田町2-1-1、会館　☎03(6550)0713

山形県　2人

令和元年選挙得票数

当	279,709	芳賀　道也	無新	(50.2)
▽	263,185	大沼　瑞穂	自現	(47.3)
	13,800	小野沢健至	諸新	(2.5)

令和4年選挙得票数

当	269,494	舟山　康江	国現	(49.0)
▽	242,433	大内　理加	自新	(44.0)
	19,767	石川　渉	共新	(3.6)
	11,481	黒木　明	参新	(2.1)
	7,217	小泉　明	N新	(1.3)

はがみちや
芳賀道也
無新(国民)　R1 当1
山形県　S33・3・2
勤5年2ヵ月　(初/令元)

総務委、決算委、災害特委、キャスター、アナウンサー、日本大学文理学部／66歳

〒990-0825　山形市城北町1-24-15 2A　☎023(676)5115
〒100-8962　千代田区永田町2-1-1、会館　☎03(6550)0917

ふなやまやすえ
舟山康江
国前　R4 当3
埼玉県　S41・5・26
勤14年4ヵ月　(初/平19)

党参議院議員会長、農水委理、消費者特委員長、元党政調会長、元農水大臣政務官、農水省職員、北海道大／58歳

〒990-0039　山形市香澄町3-2-1 山交ビル8F　☎023(627)2780
〒102-0083　千代田区麴町4-7、宿舎

福島県　2人

令和元年選挙得票数

当	445,547	森　雅子	自現	(54.1)
▽	345,001	水野さち子	無新	(41.9)
	33,326	田山　雅仁	諸新	(4.0)

令和4年選挙得票数

当	419,701	星　北斗	自新	(51.6)
▽	320,151	小野寺彰子	無新	(39.3)
	30,913	佐藤　早苗	無新	(3.8)
	23,027	窪山紗和子	参新	(2.8)
	19,829	皆川真紀子	N新	(2.4)

もり
森　まさこ

自 前［無］　R1 当3
福島県いわき市 S39・8・22
勤17年4ヵ月　（初/平19）

法務委、内閣総理大臣補佐官、法務大臣、国務大臣、環境・行政監視委員長、党法務部会長、弁護士、東北大／60歳

〒970-8026 いわき市平五色町1-103 ☎0246(21)3700
〒100-8962 千代田区永田町2-1-1、会館 ☎03(6550)0924

ほし　ほくと
星　北斗

自 新［無］　R4 当1
福島県郡山市 S39・3・18
勤2年2ヵ月　（初/令4）

厚労委理事、行監委、復興特委、国民生活調委、（公財）星総合病院理事長、福島県医師会参与、旧厚生省医系技官、東邦大学医学部／60歳

〒963-8071 郡山市富久山町久保田字久保田227-1 ☎024(953)4711
〒100-8962 千代田区永田町2-1-1、会館 ☎03(6550)0322

茨城県　4人

令和元年選挙得票数

当	507,260	上月　良祐	自現(47.9)
当	237,614	小沼　巧	立新(22.4)
▽	129,151	大内久美子	共新(12.2)
▽	125,542	海野　徹	維新(11.9)
	58,978	田中　健	諸新(5.6)

令和4年選挙得票数

当	544,187	加藤　明良	自新(49.9)
当	197,292	堂込麻紀子	無新(18.1)
▽	159,017	佐々木里加	維新(14.6)
▽	105,735	大内久美子	共新(9.7)
	48,582	菊池　政也	参新(4.5)
	16,966	村田　大地	N新(1.6)
	14,724	丹羽　茂之	N新(1.3)
	4,866	仲村渠哲勝	無新(0.4)

こうづき りょうすけ
上月良祐

自 前［無］　R1 当2
兵庫県神戸市 S37・12・26
勤11年3ヵ月（初/平25）

経産副大臣兼内閣府副大臣、党副幹事長、農水委員長、農林水産大臣政務官、元総務省、茨城県副知事、東大法／61歳

〒310-0063 水戸市五軒町1-3-4-301 ☎029(291)7231

おぬま　たくみ
小沼　巧

立 新　R1 当1
茨城県鉾田市 S60・12・21
勤5年2ヵ月　（初/令元）

政治改革特委筆頭理事、予算委、国交委、党政調副会長、ボストンコンサルティング、経産省、タフツ大院、早大／38歳

〒310-0851 水戸市千波町1150-1 石川ビル105 ☎029(350)1815
〒100-8962 千代田区永田町2-1-1、会館 ☎03(6550)1012

かとう あきよし
加藤明良

自 新［無］　R4 当1
茨城県水戸市 S43・2・7
勤2年2ヵ月　（初/令4）

内閣委、予算委理、災害特委理、憲法審委、党女性局次長、党農林水産関係団体委副委員長、茨城県議3期、専修大／56歳

〒310-0817 水戸市柳町2-7-10 ☎029(306)7778

※選挙区別の当日有権者数・投票者数・投票率は271頁

どうごみまきこ
堂込麻紀子
無新 R4 当1
茨城県阿見町 S50・9・16
勤2年2ヵ月 (初/令4)

財金委、連合茨城執行委員、UAゼンセン、イオンリテールワーカーズユニオン、流通経済大／48歳

〒310-0022 水戸市梅香2-1-39 茨城県労働福祉会館3階 ☎029(306)6444
〒100-8962 千代田区永田町2-1-1、会館 ☎03(6550)0607

栃木県　2人

令和元年選挙得票数

当	373,099	高橋　克法	自現	(53.5)
▽	285,681	加藤　千穂	立新	(41.0)
	38,508	町田　紀光	諸新	(5.5)

令和4年選挙得票数

当	414,456	上野　通子	自現	(56.2)
▽	127,628	板倉　京	立新	(17.3)
	100,529	大久保裕美	維新	(13.6)
	44,310	岡村　恵子	共新	(6.0)
	30,864	大隈　広郷	参新	(4.2)
	19,090	高橋真佐子	N新	(2.6)

たかはしかつのり
高橋克法
自前[麻] R1 当2
栃木県 S32・12・7
勤11年3ヵ月 (初/平25)

文教科学委員長、参党国対筆頭副委員長、議運委理事、国交政務官、予算委理事、高根沢町長、栃木県議、参院議員秘書、明大／66歳

〒329-1232 栃木県塩谷郡高根沢町光陽台1-1-2 ☎028(675)6500
〒100-8962 千代田区永田町2-1-1、会館 ☎03(6550)0324

うえのみちこ
上野通子
自前[無] R4 当3
栃木県宇都宮市 S33・4・21
勤14年4ヵ月 (初/平22)

文教科学委、党政調会長代理、内閣総理大臣補佐官、文科副大臣、文科委員長、党女性局長、栃木県議、共立女子大／66歳

〒320-0034 宇都宮市泉町6-22 ☎028(627)8801
〒100-8962 千代田区永田町2-1-1、会館 ☎03(6550)0918

群馬県　2人

令和元年選挙得票数

当	400,369	清水　真人	自新	(53.9)
▽	286,651	斎藤　敦子	立新	(38.6)
	55,209	前田みか子	諸新	(7.4)

令和4年選挙得票数

当	476,017	中曽根弘文	自現	(63.8)
▽	138,429	白井　桂子	無新	(18.6)
	69,490	高橋　保	共新	(9.3)
	39,523	新倉　哲郎	参新	(5.3)
	22,276	小島　糾史	N新	(3.0)

しみずまさと
清水真人
自新[無] R1 当1
群馬県高崎市 S50・2・26
勤5年2ヵ月 (初/令元)

参党国対副委員長、議運委理、国土交通政務官、参党副幹事長、群馬県議2期、高崎市議2期、明治学院大／49歳

〒371-0805 前橋市南町2-38-4 AMビル1F ☎027(212)9366
〒100-8962 千代田区永田町2-1-1、会館 ☎03(6550)0923

なかそねひろふみ
中曽根弘文

自前［無］　R4　当7
群馬県前橋市　S20・11・28
勤38年8ヵ月　（初／昭61）

憲法審査会長、外防委、党総務、予算委長、党参院議員会長、外務大臣、文相、科技長官、慶大／78歳

〒371-0801　前橋市文京町1-1-14　☎027(221)1133
〒100-8962　千代田区永田町2-1-1、会館　☎03(6550)1224

埼玉県　8人

（令和元、4年選挙で定数各1増）

令和元年選挙得票数

当	786,479	古川	俊治	自現	(28.2)
当	536,338	熊谷	裕人	立新	(19.3)
当	532,302	矢倉	克夫	公現	(19.1)
当	359,297	伊藤	岳	共新	(12.9)
▽	244,399	宍戸	千絵	国新	(8.8)
	204,075	沢田	良	維新	(7.3)

以下はP269に掲載

令和4年選挙得票数

当	727,232	関口	昌一	自現	(24.1)
当	501,820	上田	清司	無現	(16.6)
当	476,642	西田	実仁	公現	(15.8)
当	444,567	高木	真理	立新	(14.7)
▽	324,476	加来	武宜	維新	(10.7)
▽	236,899	梅村	早江子	共新	(7.8)
	121,769	西	美友加	れ新	(4.0)
	89,693	坂上	仁志	参新	(3.0)
	22,613	高橋	易資	無新	(0.7)

以下はP269に掲載

ふるかわとしはる
古川俊治

自前［無］　R1　当3
埼玉県　S38・1・14
勤17年4ヵ月　（初／平19）

地方・デジ特委員長、財金委、医師、弁護士、慶大教授、博士（医学）、慶大医・文・法卒、オックスフォード大院修／61歳

〒330-0063　さいたま市浦和区高砂3-12-24
小峰ビル3F　☎048(788)8887

くまがいひろと
熊谷裕人

立新　R1　当1
埼玉県さいたま市　S37・3・23
勤5年2ヵ月　（初／令元）

財金委理、政治改革特委、憲法審委、党参院国対委員長代理、党埼玉県連合代表代行、さいたま市議、国会議員政策担当秘書、中央大／62歳

〒330-0841　さいたま市大宮区東町2-289-2　☎048(640)5977

やくらかつお
矢倉克夫

公前　R1　当2
神奈川県横浜市　S50・1・11
勤11年3ヵ月　（初／平25）

財務副大臣、党青年委員会顧問、埼玉県本部副代表、財金委、政治改革特委、弁護士、元経済産業省参事官補佐、東大／49歳

〒330-0053　さいたま市浦和区前地1-9-15-202
〒100-8962　千代田区永田町2-1-1、会館　☎03(6550)0401

いとうがく
伊藤　岳

共新　R1　当1
埼玉県　S35・3・6
勤5年2ヵ月　（初／令元）

総務委、予算委、地方・デジ特委、党中央委員、文教大学人間科学部卒／64歳

〒330-0835　さいたま市大宮区北袋町1-171-1　☎048(658)5551
〒102-0083　千代田区麹町4-7、宿舎

※選挙区別の当日有権者数・投票者数・投票率は271頁

せきぐち まさかず
関口昌一
自前［無］ R4 当5
埼玉県 S28・6・4
勤21年3ヵ月（初/平15補）

党参院議員会長、環境委、懲罰委、党参国対委員長、地方創生特委員長、総務副大臣兼内閣府副大臣、外務政務官、城西歯大／71歳

〒369-1412 埼玉県秩父郡皆野町皆野2391-9 ☎0494(62)3535
〒102-0083 千代田区麹町4-7、宿舎 ☎03(3237)0341

うえだ きよし
上田清司
無前 R4 当2(初/令元)※
福岡県福岡市 S23・5・15
勤15年3ヵ月（衆10年3ヵ月）

厚労委、国家基本委員長、埼玉県知事4期、全国知事会会長、衆議院議員3期、建設省建設大学校非常勤講師、早大院／76歳

〒100-8962 千代田区永田町2-1-1、会館 ☎03(6550)0618

にしだ まこと
西田実仁
公前 R4 当4
東京都旧田無市 S37・8・27
勤20年5ヵ月（初/平16）

総務委、憲法審幹事、党参議院会長、税調会長、選対委員長、埼玉県本部代表、経済週刊誌副編集長、慶大経／62歳

〒330-0063 さいたま市浦和区高砂3-7-4 2F
〒102-0094 千代田区紀尾井町1-15、宿舎

たかぎ まり
高木真理
立新 R4 当1
栃木県 S42・8・12
勤2年2ヵ月（初/令4）

厚労委、地方・デジ特委、外交・安保調委、党県連副代表、さいたま市議、埼玉県議、衆院議員秘書、東大／57歳

〒331-0812 さいたま市北区宮原町3-364-1 ☎048(654)2559

千葉県 6人

令和元年選挙得票数

当	698,993	石井 準一	自現	(30.5)
当	661,224	長浜 博行	立現	(28.9)
当	436,182	豊田 俊郎	自現	(19.1)
▽	359,854	浅野 史子	共新	(15.7)
	89,941	平塚 正幸	諸新	(3.9)
	42,643	門田 正則	諸新	(1.9)

令和4年選挙得票数

当	656,952	臼井 正一	自新	(25.9)
当	587,809	猪口 邦子	自現	(23.1)
当	473,175	小西 洋之	立現	(18.6)
▽	251,416	佐野 正人	維新	(9.9)
▽	194,475	斉藤 和子	共新	(7.7)
▽	161,648	礒部 裕和	国新	(6.4)
	86,147	椎名 亮太	参新	(3.4)
	28,295	中村 典子	N新	(1.1)

以下はP269に掲載

いしい じゅんいち
石井準一
自前［無］ R1 当3
千葉県 S32・11・23
勤17年4ヵ月（初/平19）

参党国会対策委員長、議運委員長、憲法審会長、予算委員長、国交委員長、党幹事長代理、党選対委員長代理、党国対委員長代行、県議5期、長生高／66歳

〒297-0035 茂原市下永吉964-2 ☎0475(25)2311
〒100-8962 千代田区永田町2-1-1、会館 ☎03(6550)0506

※平5衆院初当選

ながはまひろゆき
長浜博行
無前　R1 当3(初/平19)※1
東京都　S33・10・20
勤27年9ヵ月（衆10年5ヵ月）

参議院副議長、元環境大臣、内閣官房副長官、厚労副大臣、環境委員長、国交委員長、衆院4期、松下政経塾、早大政経／65歳

〒277-0021 柏市中央町5-21-705 ☎04(7166)8333
〒100-8962 千代田区永田町2-1-1、会館 ☎03(6550)0606

とよだとしろう
豊田俊郎
自前［麻］　R1 当2
千葉県　S27・8・21
勤11年3ヵ月（初/平25）

政治改革特委員長、党副幹事長、国土交通副大臣、内閣府大臣政務官、千葉県議、八千代市長、中央工学校／72歳

〒276-0046 八千代市大和田新田310 ☎047(480)7777
〒100-8962 千代田区永田町2-1-1、会館 ☎03(6550)1213

うすいしょういち
臼井正一
自新［無］　R4 当1
千葉県習志野市　S50・1・8
勤2年2ヵ月（初/令4）

文科委、予算委理、ODA・沖北特委理、憲法審幹事、政治改革特委、千葉県議5期、(公財)千葉県肢体不自由児協会理事長、株式会社オリエンタルランド、日本大学／49歳

〒261-0004 千葉市美浜区高洲1-9-7-2 ☎043(244)0033

いのぐちくにこ
猪口邦子
自前［麻］　R4 当3(初/平22)※2
千葉県　S27・5・3
勤18年3ヵ月（衆3年11ヵ月）

外交・安保調査会長、予算委、外防委、党領土に関する特委長、上智大名誉教授、元少子化・男女共同参画大臣、ジュネーブ軍縮大使、エール大博士号(Ph.D.)／72歳

〒260-0027 千葉市中央区新田町14-5 大野ビル101 ☎043(307)9001
〒100-8962 千代田区永田町2-1-1、会館 ☎03(6550)1105

こにしひろゆき
小西洋之
立前　R4 当3
徳島県　S47・1・28
勤14年4ヵ月（初/平22）

外防委筆頭理、憲法審委、弾劾裁判所裁判員、党外務・安保副部会長、総務省・経産課長補佐、徳島大医、東大、コロンビア大院修、東大医療人材講座／52歳

〒260-0012 千葉市中央区本町2-2-6 パークサイド小柴102 ☎043(441)3011
〒100-8962 千代田区永田町2-1-1、会館 ☎03(6550)0915

東京都　12人

令和元年選挙得票数

当	1,143,458	丸川　珠代	自現	(19.9)
当	815,445	山口那津男	公現	(14.2)
当	706,532	吉良　佳子	共現	(12.3)
当	688,234	塩村　文夏	立新	(12.0)
当	526,575	音喜多　駿	維新	(9.2)
当	525,302	武見　敬三	自現	(9.1)
▽	496,347	山岸　一生	立新	(8.6)

以下は P269 に掲載

令和4年選挙得票数

当	922,793	朝日健太郎	自現	(14.7)
当	742,968	竹谷とし子	公現	(11.8)
当	685,224	山添　拓	共現	(10.9)
当	670,339	蓮　舫	立現	(10.6)
当	619,792	生稲　晃子	自新	(9.8)
当	565,925	山本　太郎	れ元	(9.0)
▽	530,361	海老沢由紀	維新	(8.4)
▽	372,064	松尾　明弘	立新	(5.9)
▽	322,904	乙武　洋匡	無新	(5.1)
▽	284,629	荒木　千陽	諸新	(4.5)

以下は P269 に掲載

※1 平5衆院初当選　※2 平17衆院初当選

丸川珠代（まるかわ たまよ）　**自**前［無］　R1 当3
兵庫県　S46・1・19
勤17年4ヵ月　（初／平19）

党都連会長代行、経産委、元東京オリパラ大臣、元広報本部長、前参拉致特委長、元環境大臣、厚労委員長、党厚労部会長、厚労政務官、元テレ朝アナ、東大／53歳

〒160-0004　新宿区四谷1-9-3
新盛ビル4F B室　☎03(3350)9504

山口那津男（やまぐち なつお）　**公**前　R1 当4（初／平13）※
茨城県　S27・7・12
勤30年1ヵ月（衆6年8ヵ月）

党代表、外防委、国家基本委、党政務調査会長、参行政監視委員長、予算委理事、防衛政務次官、弁護士、東大／72歳

〒100-8962　千代田区永田町2-1-1、会館　☎03(6550)0806

吉良よし子（きら よしこ）　**共**前　R1 当2
高知県高知市　S57・9・14
勤11年3ヵ月　（初／平25）

文教科学委、決算委、党常任幹部会委員、子どもの権利委員会責任者、早大第一文学部／41歳

〒151-0053　渋谷区代々木1-44-11　☎03(5302)6511

塩村あやか（しおむら）　**立**新　R1 当1
広島県　S53・7・6
勤5年2ヵ月　（初／令元）

内閣委、ODA・沖北特委、外交・安保調委野筆頭理、党青年局長代理、国際局副局長、東京都議、放送作家、共立女子短大／46歳

〒154-0017　世田谷区世田谷4-18-3-202
〒100-8962　千代田区永田町2-1-1、会館　☎03(6550)0706

音喜多　駿（おときた しゅん）　**維**新　R1 当1
東京都北区　S58・9・21
勤5年2ヵ月　（初／令元）

党政調会長、東京維新の会幹事長、総務委、行監委理事、ODA・沖北特委、元東京都議、早大／40歳

〒160-0022　新宿区新宿1-10-2 文芸社別館1階
☎03(6550)0612
〒100-8962　千代田区永田町2-1-1、会館 ☎03(6550)0612

武見敬三（たけみ けいぞう）　**自**前［麻］　R1 当5
東京都　S26・11・5
勤24年1ヵ月　（初／平7）

厚生労働大臣、参院党政審会長、厚労副大臣、外務政務次官、ハーバード公衆衛生大学院研究員、慶大院／72歳

〒100-8962　千代田区永田町2-1-1、会館　☎03(6550)0413

※平2衆院初当選

あさ ひ けん た ろう
朝日健太郎 **自**前［無］ R4 当2
熊本県 S50・9・19
勤8年3ヵ月 （初／平28）

環境大臣政務官、環境委、ODA・沖北特委、外交・安保調委、国土交通大臣政務官、法政大、早大院／48歳

〒100-8962 千代田区永田町2-1-1、会館 ☎03(6550)0620

たけ や こ
竹谷とし子 **公**前 R4 当3
北海道 S44・9・30
勤14年4ヵ月 （初／平22）

参公明国対委員長、党女性委員長、党都本部副代表、法務委長、総務委長、復興副大臣、財務政務官、公認会計士、創価大／54歳

〒100-8962 千代田区永田町2-1-1、会館 ☎03(6550)0517

やま ぞえ たく
山添 拓 **共**前 R4 当2
京都府京都市 S59・11・20
勤8年3ヵ月 （初／平28）

予算委、外交防衛委、憲法審幹事、党常任幹部会委員、党政策委員長、弁護士、東大法、早大院／39歳

〒151-0053 渋谷区代々木1-44-11 ☎03(5302)6511
〒102-0094 千代田区紀尾井町1-15、宿舎

れん ほう
蓮 舫 無所属

失 職（令和6年6月20日）

※公職選挙法の規定により次の参議院選挙まで補欠選挙は行われない

いく いな あき こ
生稲晃子 **自**新［無］ R4 当1
東京都小金井市 S43・4・28
勤2年2ヵ月 （初／令4）

厚労委、議運委、消費者特委、外交・安保調委、参党国対委、党女性局次長、党ネットメディア局次長、恵泉女学園短大／56歳

〒100-8962 千代田区永田町2-1-1、会館 ☎03(6550)0904

やま もと た ろう
山本太郎 **れ**元 R4 当2
兵庫県宝塚市 S49・11・24
勤8年10ヵ月(衆7ヵ月) （初／平25）※

れいわ新選組代表、環境委、予算委、震災復興特委、憲法審、箕面自由学園高等学校中退／49歳

〒100-8962 千代田区永田町2-1-1、会館 ☎03(6550)0602

※令3衆院初当選

神奈川県　8人

令和元年選挙得票数

当	917,058	島村　大	自現	(25.2)
当	742,658	牧山　弘恵	立現	(20.4)
当	615,417	佐々木さやか	公現	(16.9)
当	575,884	松沢　成文	維現	(15.8)
▽	422,603	浅賀　由香	共新	(11.6)
	126,672	乃木　涼介	国新	(3.5)

以下はP269に掲載

令和4年選挙得票数

当	807,300	三原じゅん子	自現	(19.7)
当	605,248	松沢　成文	維元	(14.8)
当	547,028	三浦　信祐	公現	(13.4)
当	544,597	浅尾慶一郎	自元	(13.3)
当	394,303	水野　素子	立新	(9.6)
▽	354,456	浅賀　由香	共新	(8.7)
▽	253,234	深作ヘスス	国新	(6.2)
▽	210,016	寺崎　雄介	立新	(5.1)

以下はP270に掲載

島村　大（しまむら　だい）　自民

死　去（令和5年8月30日）

※公職選挙法の規定により補選は行われない

牧山ひろえ（まきやま）

立前　R1　当3
東京都　S39・9・29
勤17年4ヵ月　（初/平19）

法務委理、党ネクスト法務大臣、党参議院議員会長代行、米国弁護士、TBSディレクター、ICU、トーマス・クーリー法科大学院／59歳

〒231-0012　横浜市中区相生町1-7
和同ビル403号　☎045(226)2393

佐々木さやか（ささき）

公前　R1　当2
青森県八戸市　S56・1・18
勤11年3ヵ月　（初/平25）

法務委長、資源エネ調委、党女性委女性局長、党青年委副委長、議運委理、党参国対筆頭副委長、災害特委長、文科政務官、弁護士、税理士、創価大、同法科大学院修了／43歳

〒231-0002　横浜市中区海岸通4-22
関内カサハラビル3F　☎045(319)4945
〒100-8962　千代田区永田町2-1-1、会館　☎03(6550)0514

三原じゅん子（みはら　こ）

自前［無］　R4　当3
東京都　S39・9・13
勤14年4ヵ月　（初/平22）

環境委員長、ODA・沖北特委、内閣府大臣補佐官、厚生労働副大臣、党女性局長、厚労委員長、女優／59歳

〒231-0013　横浜市中区住吉町5-64-1
VELUTINA馬車道704　☎045(228)9520
〒100-8962　千代田区永田町2-1-1、会館　☎03(6550)0823

松沢成文（まつざわ　しげふみ）

維元　R4　当3（初/平25）※
神奈川県川崎市　S33・4・2
勤20年3ヵ月（衆9年10ヵ月）

懲罰委員長、外防委、聖マリアンナ医科大客員教授、神奈川大法学部非常勤講師、松下政経塾、慶大／66歳

〒231-0048　横浜市中区蓬莱町2-4-5
関内DOMONビル6階　☎045(594)6991

※平5衆院初当選

みうら のぶひろ
三浦信祐
公前 R4 当2
宮城県仙台市 S50・3・5
勤8年3ヵ月 (初/平28)

議運理事、経産委、党青年局長、党安全保障部会長、党神奈川県本部代表、博士(工学)、千葉工大/49歳

〒231-0033 横浜市中区長者町5-48-2 トローヂャンビル303 ☎045(341)3751
〒100-8962 千代田区永田町2-1-1、会館 ☎03(6550)0804

あさお けいいちろう
浅尾慶一郎
自元[麻] R4 当3
東京都 S39・2・11
勤21年7ヵ月(衆8年2ヵ月) (初/平10)※1

議院運営委員長、経産委、参政策審議会長代理、政調会長代理、参財金委員長、銀行員、東大、スタンフォード院修了/60歳

〒247-0036 鎌倉市大船1-23-11 松岡ビル5F ☎0467(47)5682

みずの もとこ
水野素子
立新 R4※2 当1
埼玉県久喜市 S45・4・9
勤2年2ヵ月 (初/令4)

外交防衛委、予算委、ODA・沖北特委、外交・安保調委、JAXA、東大・慶大非常勤講師、中小企業診断士、東大法、蘭ライデン大国際法修士/54歳

〒231-0014 横浜市中区常盤町3-21-501 ☎050(8883)8488

新潟県 2人

令和元年選挙得票数

当	521,717	打越さく良	無新	(50.5)
▽	479,050	塚田 一郎	自現	(46.4)
	32,628	小島 糾史	諸新	(3.2)

令和4年選挙得票数

当	517,581	小林 一大	自新	(51.0)
▽	448,651	森 裕子	立現	(44.2)
	32,500	遠藤 弘樹	参新	(3.2)
	17,098	越智 寛之	N新	(1.7)

うちこし ら
打越さく良
立新 R1 当1
北海道旭川市 S43・1・6
勤5年2ヵ月 (初/令元)

厚労委理、拉致特委理、憲法審委、弁護士、東大大学院教育学研究科博士課程中途退学/56歳

〒950-0916 新潟市中央区米山2-5-8米山プラザビル201 ☎025(250)5915
〒100-8962 千代田区永田町2-1-1、会館 ☎03(6550)0901

こばやし かずひろ
小林一大
自新[無] R4 当1
新潟県新潟市 S48・6・12
勤2年2ヵ月 (初/令4)

経産委、予算委理、拉致特委、憲法審幹事、新潟県議、党新潟県連政調会長、普談寺副住職、東京海上日動火災保険(株)、東大/51歳

〒950-0941 新潟市中央区女池5-9-19 Charites1-2 ☎025(383)6696
〒100-8962 千代田区永田町2-1-1、会館 ☎03(6550)0416

※1 平21衆院初当選　※2 任期は令和7年まで

富山県　2人

令和元年選挙得票数

当	270,000	堂故　茂	自現	(66.7)
▽	134,625	西尾　政英	国新	(33.3)

令和4年選挙得票数

当	302,951	野上浩太郎	自現	(68.8)
	43,177	京谷　公友	維新	(9.8)
	40,735	山　登志浩	立新	(9.2)
	26,493	坂本　洋史	共新	(6.0)
	20,970	海老　克昌	参新	(4.8)
	6,209	小関　真二	N新	(1.4)

どうこ　しげる
堂故　茂
自　前［無］　R1　当2
富山県氷見市　S27・8・7
勤11年3ヵ月　（初／平25）

国土交通・内閣府・復興副大臣、国交委、復興特委、国民生活調委、文科政務官、農水委長、秘書、県議、市長、慶大／72歳

〒930-0095　富山市舟橋南町3-15
県自由民主会館4F　☎076(432)1217
〒100-8962　千代田区永田町2-1-1、会館　☎03(6550)1003

のがみこうたろう
野上浩太郎
自　前［無］　R4　当4
富山県富山市　S42・5・20
勤20年5ヵ月　（初／平13）

財金委、参党国会対策委員長、農林水産大臣、内閣官房副長官、国交副大臣、財務政務官、文教科学委長、三井不動産、県議、慶大／57歳

〒939-8272　富山市太郎丸本町3-1-12　☎076(491)7500

石川県　2人

令和元年選挙得票数

当	288,040	山田　修路	自現	(67.2)
▽	140,279	田辺　徹	国新	(32.8)

令和3年12月24日 山田修路議員 辞職 補選(令和4.4.24)

当	189,503	宮本　周司	自現	(68.4)
	59,906	小山田経子	立新	(21.6)
	18,158	西村　祐士	共新	(6.6)
	9,430	斉藤健一郎	N新	(3.4)

令和4年選挙得票数

当	274,253	岡田　直樹	自現	(64.5)
▽	83,766	小山田経子	立新	(19.7)
	23,119	西村　祐士	共新	(5.4)
	21,567	先沖　仁志	参新	(5.1)
	12,120	山田　信一	N新	(2.9)
	10,188	針原　崇志	諸新	(2.4)

みやもとしゅうじ
宮本周司
自　前［無］　R1　補当3
石川県能美市　S46・3・27
勤11年4ヵ月　（初／平25）

国交委、予算委、財金委員長、財務大臣政務官、参党国対副委員長、経済産業大臣政務官、全国商工会連合会顧問、東経大／53歳

〒920-8203　石川県金沢市鞍月3-127　☎076(256)5623
〒100-8962　千代田区永田町2-1-1、会館　☎03(6550)1018

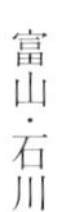

おかだなおき
岡田直樹
自　前［無］　R4　当4
石川県金沢市　S37・6・9
勤20年5ヵ月　（初／平16）

参党幹事長代行、内閣府特命担当大臣、参党国対委員長、内閣官房副長官、財務副大臣、国交委員長、国交大臣政務官、県議、北國新聞記者・論説委、東大／62歳

〒920-8203　金沢市鞍月4-115
金沢ジーサイドビル4F　☎076(255)1931
〒102-0094　千代田区紀尾井町1-15、宿舎

福井県　2人

令和元年選挙得票数

当	195,515	滝波　宏文	自現	(66.1)
▽	77,377	山田　和雄	共新	(26.2)
	22,719	嶋谷　昌美	諸新	(7.7)

令和4年選挙得票数

当	135,762	山崎　正昭	自現	(39.7)
▽	122,389	斉木　武志	無新	(35.8)
	31,228	笹岡　一彦	無新	(9.1)
	26,042	砂畑まみ恵	参新	(7.6)
	17,044	山田　和雄	共新	(5.0)
	9,203	ダニエル益資	N新	(2.7)

たき なみ ひろ ふみ
滝 波 宏 文
自 前［無］　R1 当2
福井県　S46・10・20
勤11年3ヵ月（初／平25）

農林水産委員長、党原子力規制特委幹事長、党科技イノベーション調査会事務局長、経産政務官、党水産部会長、財務省広報室長、早大院博士、シカゴ大院修士、東大法／52歳

〒910-0854　福井市御幸4-20-18
　オノダニビル御幸5F　☎0776(28)2815
〒100-8962　千代田区永田町2-1-1、会館 ☎03(6550)0307

やま ざき まさ あき
山 崎 正 昭
自 前［無］　R4 当6
福井県大野市　S17・5・24
勤32年7ヵ月（初／平4）

法務委、参院議長、参院副議長、党参院幹事長、ODA特委長、内閣官房副長官、議運委長、大蔵政務次官、県議長、日大／82歳

〒912-0043　大野市国時町1205(自宅)　☎0779(65)3000
〒102-0083　千代田区麹町4-7、宿舎　☎03(5211)0248

山梨県　2人

令和元年選挙得票数

当	184,383	森屋　宏	自現	(53.0)
▽	150,327	市来　伴子	無新	(43.2)
	13,344	猪野　恵司	諸新	(3.8)

令和4年選挙得票数

当	183,073	永井　学	自新	(48.9)
▽	163,740	宮沢　由佳	立現	(43.8)
	20,291	渡辺　知彦	参新	(5.4)
	7,006	黒木　一郎	N新	(1.9)

もり や ひろし
森 屋 宏
自 前［無］　R1 当2
山梨県　S32・7・21
勤11年3ヵ月（初／平25）

内閣官房副長官、内閣委、党県連会長、内閣委員長、総務大臣政務官、県議会議長、北海道教育大、山梨学院大院／67歳

〒400-0031　山梨県甲府市丸の内1-17-18
　東山ビル2F　☎055(298)6357
〒102-0083　千代田区麹町4-7、宿舎

なが い まなぶ
永 井 学
自 新［無］　R4 当1
山梨県甲府市　S49・5・7
勤2年2ヵ月（初／令4）

国土交通委、拉致特委、党運輸交通関係団体副委員長、FM富士記者、旅行会社役員、県議、議員秘書、国学院大学法学部／50歳

〒400-0034　甲府市宝2-27-5　☎055(267)6626
〒102-0083　千代田区麹町4-7、宿舎

※選挙区別の当日有権者数・投票者数・投票率は271頁

長野県　2人

令和元年選挙得票数

	得票数	氏名	党派	得票率
当	512,462	羽田雄一郎	国現	(55.1)
▽	366,810	小松　裕	自新	(39.5)
	31,137	古谷　孝	諸新	(3.3)
	19,211	斎藤　好明	諸新	(2.1)

令和2年12月27日羽田雄一郎議員死去 補選(令和3.4.25)

	得票数	氏名	党派	得票率
当	415,781	羽田　次郎	立新	(54.8)
	325,826	小松　裕	自元	(42.9)
	17,559	神谷幸太郎	N新	(2.3)

令和4年選挙得票数

	得票数	氏名	党派	得票率
当	433,154	杉尾　秀哉	立現	(44.6)
▽	376,028	松山三四六	自新	(38.7)
	102,223	手塚　大輔	維新	(10.5)
	31,644	秋山　良治	参新	(3.3)
	16,646	日高　千穂	N新	(1.7)
	10,978	サルサ岩渕	無新	(1.1)

はた　じろう
羽田次郎
立新　東京　勤3年5ヵ月　R1 補当1　S44・9・7　(初/令3)

農水委、決算委、災害特委理、党政調会長補佐、会社社長、衆議院議員秘書、米ウェイクフォレスト大学留学／54歳

〒386-0014　上田市材木町1-1-13　☎0268(22)0321
〒102-0094　千代田区紀尾井町1-15、宿舎

すぎお　ひでや
杉尾秀哉
立前　兵庫県明石市　勤8年3ヵ月　R4 当2　S32・9・30　(初/平28)

内閣委、予算委理、災害特委、党NC内閣府担当大臣、元TBSテレビキャスター、東大文／66歳

〒380-0936　長野市中御所岡田102-28　☎026(236)1517
〒100-8962　千代田区永田町2-1-1、会館　☎03(6550)0724

岐阜県　2人

令和元年選挙得票数

	得票数	氏名	党派	得票率
当	467,309	大野　泰正	自現	(56.4)
▽	299,463	梅村　慎一	立新	(36.1)
	61,975	坂本　雅彦	諸新	(7.5)

令和4年選挙得票数

	得票数	氏名	党派	得票率
当	452,085	渡辺　猛之	自現	(52.8)
▽	257,852	丹野みどり	国新	(30.1)
	74,072	三尾　圭司	共新	(8.7)
	49,350	広江めぐみ	参新	(5.8)
	22,648	坂本　雅彦	N新	(2.6)

おおの　やすただ
大野泰正
無前　岐阜県　勤11年3ヵ月　R1 当2　S34・5・31　(初/平25)

財金委、内閣委員長、予算委理、自民党副幹事長、国交委筆理、元国土交通大臣政務官、県議、全日空(株)、慶大法／65歳

〒501-6244　羽島市竹鼻町丸の内3-25-1　☎058(391)0273
〒100-8962　千代田区永田町2-1-1、会館　☎03(6550)0503

わたなべ　たけゆき
渡辺猛之
自前[無]　岐阜県　勤14年4ヵ月　R4 当3　S43・4・18　(初/平22)

議運委筆頭理事、経産委、国土交通副大臣兼内閣府副大臣兼復興副大臣、元県議、名古屋大経／56歳

〒505-0027　美濃加茂市本郷町6-11-12　☎0574(23)1511
〒100-8962　千代田区永田町2-1-1、会館　☎03(6550)0325

静岡県　4人

令和元年選挙得票数

	得票数	氏名	党派	得票率
当	585,271	牧野　京夫	自現	(38.5)
当	445,866	榛葉賀津也	国現	(29.4)
▽	301,895	徳川　家広	立新	(19.9)
▽	136,623	鈴木　千佳	共新	(9.0)
	48,739	畑山　浩一	諸新	(3.2)

令和4年選挙得票数

	得票数	氏名	党派	得票率
当	622,141	若林　洋平	自新	(39.5)
当	446,185	平山佐知子	無現	(28.4)
▽	250,391	山崎真之輔	無現	(15.9)
▽	137,835	鈴木　千佳	共新	(8.8)
	72,662	山本　貴史	参新	(4.6)
	19,023	堀川　圭輔	N新	(1.2)
	14,640	舟橋　夢人	N新	(0.9)
	10,666	船川　淳志	無新	(0.7)

牧野たかお（まきの）

自 前［無］　R1 当3
静岡県島田市　S34・1・1
勤17年4ヵ月　（初／平19）

総務委、党幹事長代理、国交副大臣、外務政務官、議運筆頭理事、県議3期、民放記者、早大／65歳

〒422-8056　静岡市駿河区津島町11-25
山形ビル1F　☎054(285)9777

榛葉賀津也（しんばかづや）

国 前　R1 当4
静岡県　S42・4・25
勤23年5ヵ月　（初／平13）

党幹事長、外交防衛委、外務副大臣、防衛副大臣、党参国対委長、内閣委長、外防委長、議運筆頭理事、予算委理、米オタバイン大／57歳

〒436-0022　掛川市上張862-1 FGKビル　☎0537(62)3355
〒100-8962　千代田区永田町2-1-1、会館　☎03(6550)1011

若林洋平（わかばやしようへい）

自 新［無］　R4 当1
茨城県　S46・12・24
勤2年2ヵ月　（初／令4）

予算委、外交防衛委理、ODA・沖北特委理、参党国対委員、御殿場市長、医療法人事務長、御殿場JC副理事長、埼玉大理学部／52歳

〒422-8065　静岡市駿河区宮本町1-9　☎054(272)1137

平山佐知子（ひらやまさちこ）

無 前　R4 当2
静岡県　S46・1・3
勤8年3ヵ月　（初／平28）

経産委、フリーアナウンサー、元NHK静岡放送局キャスター、日本福祉大学女子短大部／53歳

〒422-8061　静岡市駿河区森下町1-23　☎054(287)5511
〒100-8962　千代田区永田町2-1-1、会館　☎03(6550)0822

愛知県　8人

令和元年選挙得票数

	得票数	氏名	党派	得票率
当	737,317	酒井　庸行	自現	(25.7)
当	506,817	大塚　耕平	国現	(17.7)
当	461,531	田島麻衣子	立新	(16.1)
当	453,246	安江　伸夫	公新	(15.8)
▽	269,081	岬　麻紀	維新	(9.4)
▽	216,674	須山　初美	共新	(7.6)
	85,262	末永友香梨	諸新	(3.0)

以下はP269に掲載

令和4年選挙得票数

	得票数	氏名	党派	得票率
当	878,403	藤川　政人	自現	(28.4)
当	443,250	里見　隆治	公現	(14.3)
当	403,027	斎藤　嘉隆	立現	(13.0)
当	391,757	伊藤　孝恵	国現	(12.7)
▽	351,840	広沢　一郎	維新	(11.4)
▽	198,962	須山　初美	共新	(6.4)
	108,922	我喜屋宗司	れ新	(3.5)
	107,387	伊藤　正哉	参新	(3.5)
	40,868	石川　昭彦	諸新	(1.3)
	39,569	塚崎　海緒	社新	(1.3)

以下はP270に掲載

※選挙区別の当日有権者数・投票者数・投票率は271頁

さかい やすゆき
酒井庸行 **自**前［無］ R1 当2
愛知県刈谷市 S27・2・14
勤11年3ヵ月 （初／平25）

内閣委理事、経産副大臣兼内閣府副大臣、財金委員長、内閣委員長、党政調副会長、内閣府大臣政務官、愛知県議、刈谷市議、日大芸術学部／72歳

〒448-0003 刈谷市一ツ木町8-11-14 ☎0566(25)3071
〒102-0083 千代田区麹町4-7、宿舎

おおつか こうへい
大塚耕平 **無**前（国民） R1 当4
愛知県 S34・10・5
勤23年5ヵ月 （初／平13）

財政金融委、早大総合研究機構客員上席研究員、早大商議員、藤田医大客員教授、元厚労・内閣府副大臣、日銀、早大院／64歳

〒464-0841 名古屋市千種区覚王山通9-19
覚王山プラザ2F ☎052(757)1955
〒100-8962 千代田区永田町2-1-1、会館 ☎03(6550)1121

たじままいこ
田島麻衣子 **立**新 R1 当1
東京都大田区 S51・12・20
勤5年2ヵ月 （初／令元）

環境委理、ODA・沖北特委理、党副幹事長、党県連副代表、国連世界食糧計画(WFP)、英オックスフォード大院／47歳

〒461-0003 名古屋市東区筒井3-26-10
リムファースト5F ☎052(937)0151
〒100-8962 千代田区永田町2-1-1、会館 ☎03(6550)0410

やすえ のぶお
安江伸夫 **公**新 R1 当1
愛知県 S62・6・26
勤5年2ヵ月 （初／令元）

文部科学大臣政務官、党青年委員会副委員長、党県本部副代表、弁護士、防災士、創価大法科大学院／37歳

〒462-0044 名古屋市北区元志賀町1-68-1
ヴェルドミール志賀 ☎052(908)3955
〒100-8962 千代田区永田町2-1-1、会館 ☎03(6550)0312

ふじかわ まさひと
藤川政人 **自**前［麻］ R4 当3
愛知県丹羽郡 S35・7・8
勤14年4ヵ月 （初／平22）

ODA・沖北特委長、総務委、財務副大臣、総務政務官、財金委長、予算委筆頭理事、党愛知県連会長、県議、南山大／64歳

〒451-0042 名古屋市西区那古野2-23-21
デラ・ドーラ6C ☎052(485)8361
〒102-0094 千代田区紀尾井町1-15、宿舎

さとみ りゅうじ
里見隆治 **公**前 R4 当2
京都府 S42・10・17
勤8年3ヵ月 （初／平28）

経産委、決算委、政治改革特委、憲法審、党経産部会長代理、厚労副部会長、愛知県本部代表、経済産業大臣政務官、東大／56歳

〒451-0031 名古屋市西区城西1-9-5
寺島ビル1F ☎052(522)1666
〒100-8962 千代田区永田町2-1-1、会館 ☎03(6550)0301

さいとうよしたか
斎藤嘉隆
立前 R4 当3
愛知県 S38・2・18
勤14年4ヵ月 (初/平22)

文科委、国家基本委、党参院国対委員長、党県連代表代行、国土交通委員長、経産委員長、環境委員長、連合愛知副会長、愛教組委員長、愛知教育大／61歳

〒454-0976 名古屋市中川区服部3-507 ☎052(439)0550
〒100-8962 千代田区永田町2-1-1、会館 ☎03(6550)0707

いとうたかえ
伊藤孝恵
国前 R4 当2
愛知県犬山市 S50・6・30
勤8年3ヵ月 (初/平28)

文科委理、予算委、地方・デジ特委、党選対委員長代理、組織委員長、金城学院大非常勤講師、テレビ大阪、リクルート、金城学院大／49歳

〒456-0002 名古屋市熱田区金山町1-5-3
トーワ金山ビル7F ☎052(683)1101
〒100-8962 千代田区永田町2-1-1、会館 ☎03(6550)1008

三重県 2人

令和元年選挙得票数

当	379,339	吉川 有美	自現	(50.3)
▽	334,353	芳野 正英	無新	(44.3)
	40,906	門田 節代	諸新	(5.4)

令和4年選挙得票数

当	403,630	山本佐知子	自新	(53.4)
▽	278,508	芳野 正英	無新	(36.9)
	51,069	堀江 珠恵	参新	(6.8)
	22,128	門田 節代	N新	(2.9)

よしかわ
吉川ゆうみ
自前[無] R1 当2
三重県桑名市 S48・9・4
勤11年3ヵ月 (初/平25)

自民党副幹事長、外務大臣政務官、経産大臣政務官、文科委員長、党女性局長、三井住友銀行、東京農工大院／50歳

〒510-0821 四日市市久保田2-8-1-103 ☎059(356)8060
〒100-8962 千代田区永田町2-1-1、会館 ☎03(6550)0412

やまもとさちこ
山本佐知子
自新[無] R4 当1
三重県桑名市 S42・10・24
勤2年2ヵ月 (初/令4)

国交委、議運委、三重県議、旅行会社員、住友銀行、神戸大学法学部、米オハイオ大学院修士／56歳

〒511-0836 三重県桑名市江場554 ☎0594(86)7200
〒100-8962 千代田区永田町2-1-1、会館 ☎03(6550)0203

滋賀県 2人

令和元年選挙得票数

当	291,072	嘉田由紀子	無新	(49.4)
▽	277,165	二之湯武史	自現	(47.0)
	21,358	服部 修	諸新	(3.6)

令和4年選挙得票数

当	315,249	小鑓 隆史	自現	(51.6)
▽	190,700	田島 一成	無新	(31.2)
	51,742	石堂 淳士	共新	(8.5)
	35,839	片岡 真	参新	(5.9)
	16,980	田野上勇人	N新	(2.8)

※選挙区別の当日有権者数・投票者数・投票率は271頁

かだゆきこ
嘉田由紀子　**教**新　R1 当1
埼玉県本庄市　S25・5・18
勤5年2ヵ月　（初/令元）

国交委、災害特委、環境社会学者、滋賀県知事、びわこ成蹊スポーツ大学長、博士（農学）、京大／74歳

〒520-0044　滋賀県大津市京町2-4-23　☎077(509)7206
〒102-0083　千代田区麹町4-7、宿舎

たかし
こやり隆史　**自**前［無］　R4 当2
滋賀県大津市　S41・9・9
勤8年3ヵ月　（初/平28）

国交政務官、国交委、国家基本委、外交・安保調委、厚労政務官、経産省職員、京大院、インペリアルカレッジ大学院／57歳

〒520-0043　滋賀県大津市中央3-2-1
セザール大津森田ビル7F　☎077(523)5048
〒102-0094　千代田区紀尾井町1-15、宿舎

京都府　4人

令和元年選挙得票数

	得票数	氏名	党派
当	421,731	西田　昌司	自現(44.2)
当	246,436	倉林　明子	共現(25.8)
▽	232,354	増原　裕子	立新(24.4)
	37,353	山田　彰久	諸新(3.9)
	16,057	三上　隆	諸新(1.7)

令和4年選挙得票数

	得票数	氏名	党派
当	293,071	吉井　章	自新(28.2)
当	275,140	福山　哲郎	立現(26.5)
▽	257,852	楠井　祐子	維新(24.8)
▽	130,260	武山　彩子	共新(12.5)
	40,500	安達　悠司	参新(3.9)
	21,614	橋本　久美	諸新(2.1)
	8,946	星野　達也	N新(0.9)
	7,181	近江　政彦	N新(0.7)
	5,414	平井　基之	諸新(0.5)

にしだしょうじ
西田昌司　**自**前［無］　R1 当3
京都府　S33・9・19
勤17年4ヵ月　（初/平19）

党政調財政政策検討本部長、税調幹事、与党新幹線PT北陸新幹線整備検討委員長、京都府連会長、税理士、京都府議、滋賀大／65歳

〒601-8031　京都市南区烏丸通り十条上ル西側 ☎075(661)6100
〒102-0083　千代田区麹町4-7、宿舎

くらばやしあきこ
倉林明子　**共**前　R1 当2
福島県　S35・12・3
勤11年3ヵ月（初/平25）

厚労委、行監委理、消費者特委、党副委員長、ジェンダー平等委員会責任者、看護師、京都府議、京都市議、京都市立看護短大／63歳

〒604-0092　京都市中京区丸太町新町角大炊町186 ☎075(231)5198

よしいあきら
吉井　章　**自**新［無］　R4 当1
京都府京都市　S42・1・2
勤2年2ヵ月　（初/令4）

国交委理、議運委、拉致特委理、憲法審幹事、参党国対委、党女性局次長、京都市会議員(4期)、衆院議員秘書、京都産業大学中退／57歳

〒600-8177　京都市下京区大坂町391 第10長谷ビル6階
☎075(341)5800
〒100-8962　千代田区永田町2-1-1、会館☎03(6550)0921

ふく やま てつ ろう
福山哲郎

立前 R4 当5
東京都 S37・1・19
勤26年6ヵ月 (初/平10)

国民生活調査会長、外交防衛委、党幹事長、内閣官房副長官、外務副大臣、外防委長、環境委長、松下政経塾、大和証券、京大院／62歳

〒602-0873 京都市上京区河原町通丸太町下ル伊勢屋町406 マツヲビル1F ☎075(213)0988
〒100-8962 千代田区永田町2-1-1、会館 ☎03(6550)0808

大阪府 8人

令和元年選挙得票数

当	729,818	梅村みずほ	維新	(20.9)
当	660,128	東　　徹	維現	(18.9)
当	591,664	杉　久武	公現	(16.9)
当	559,709	太田　房江	自現	(16.0)
▽	381,854	辰巳孝太郎	共現	(10.9)
▽	356,177	亀石　倫子	立新	(10.2)

以下は P270 に掲載

令和4年選挙得票数

当	862,736	高木佳保里	維現	(23.1)
当	725,243	松川　るい	自現	(19.4)
当	598,021	浅田　均	維現	(16.0)
当	586,940	石川　博崇	公現	(15.7)
▽	337,467	辰巳孝太郎	共元	(9.0)
▽	197,975	石田　敏高	立新	(5.3)
	110,767	八幡　愛	れ新	(3.0)
	103,052	大谷由里子	国新	(2.8)
	97,426	油谷聖一郎	参新	(2.6)

以下は P270 に掲載

うめ むら
梅村みずほ

維新 R1 当1
愛知県名古屋市 S53・9・10
勤5年2ヵ月 (初/令元)

環境委、復興特委、資源エネ調委、フリーアナウンサー、立命館大／45歳

〒532-0011 大阪市淀川区西中島5-1-4 モジュール新大阪1002号室 ☎06(6379)3183
〒102-0094 千代田区紀尾井町1-15、宿舎

あずま とおる
東　　徹

維前 R1 当2
大阪府大阪市住之江区 S41・9・16
勤11年3ヵ月 (初/平25)

経産委理、維新拉致対策本部長、大阪府議3期、社会福祉士、福祉専門学校副学科長、東洋大院修士課程修了／57歳

〒559-0012 大阪市住之江区東加賀屋4-5-19 ☎06(6681)0350
〒100-8962 千代田区永田町2-1-1、会館 ☎03(6550)0510

すぎ ひさ たけ
杉　久武

公前 R1 当2
大阪府大阪市 S51・1・4
勤11年3ヵ月 (初/平25)

党税調事務局長、法務委長、予算委理、議運委理、財務大臣政務官、公認会計士、米国公認会計士、税理士、創価大／48歳

〒543-0033 大阪市天王寺区堂ヶ芝1-9-2-3B ☎06(6773)0234
〒102-0083 千代田区麹町4-7、宿舎

おお た ふさ え
太田房江

自前[無] R1 当2
広島県 S26・6・26
勤11年3ヵ月 (初/平25)

党内閣第一部会長、経産副大臣兼内閣府副大臣、参文科委長、党女性局長、厚労政務官、大阪府知事、通産省大臣官房審議官、岡山県副知事、通産省、東大／73歳

〒541-0046 大阪市中央区平野町2-5-14 FUKUビル三休橋502号室 ☎06(4862)4822
〒102-0094 千代田区紀尾井町1-15、宿舎 ☎03(3264)1351

※選挙区別の当日有権者数・投票者数・投票率は271頁

たかぎ 高木かおり
維前　R4 当2
大阪府堺市　S47・10・10
勤8年3ヵ月　（初/平28）

総務委、政治改革特委、国民生活調委、党代表補佐、党政調副会長、総務部会長、ダイバーシティ推進局長、元堺市議2期、京都女子大／51歳

〒593-8311　堺市西区上439-8　☎072(349)3295
〒100-8962　千代田区永田町2-1-1、会館　☎03(6550)0306

まつかわ 松川るい
自前［無］　R4 当2
奈良県　S46・2・26
勤8年3ヵ月　（初/平28）

外交防衛委、党副幹事長、党大阪関西万博推進本部事務局長、党国防部会長代理、防衛大臣政務官、外務省、東大法／53歳

〒571-0030　門真市末広町8-13-6階　☎06(6908)6677
〒100-8962　千代田区永田町2-1-1、会館　☎03(6550)0407

あさだ ひとし 浅田　均
維前　R4 当2
大阪府大阪市　S25・12・29
勤8年3ヵ月　（初/平28）

国家基本委員長、財金委、憲法審委、日本維新の会参議院会長、大阪府議、OECD日本政府代表、スタンフォード大院／73歳

〒536-0005　大阪市城東区中央1-13-13-218　☎06(6933)2300
〒102-0094　千代田区紀尾井町1-15、宿舎

いしかわ ひろたか 石川博崇
公前　R4 当3
大阪府　S48・9・12
勤14年4ヵ月　（初/平22）

拉致特委理、法務委、情報監視審委、党中央幹事、市民活動委員長、党参政審会長、法務委員長、外務省職員、創価大／50歳

〒534-0027　大阪市都島区中野町4-4-2　☎06(6357)1458
〒102-0083　千代田区麴町4-7、宿舎

兵庫県　6人

令和元年選挙得票数

	得票数	氏名	党派	(%)
当	573,427	清水　貴之	維現	(26.1)
当	503,790	高橋　光男	公新	(22.9)
当	466,161	加田　裕之	自新	(21.2)
▽	434,846	安田　真理	立新	(19.8)
▽	166,183	金田　峰生	共新	(7.6)
	54,152	原　博義	諸新	(2.5)

令和4年選挙得票数

	得票数	氏名	党派	(%)
当	652,384	片山　大介	維現	(28.3)
当	562,853	末松　信介	自現	(24.5)
当	454,962	伊藤　孝江	公現	(19.8)
▽	260,496	相崎佐和子	立新	(11.3)
▽	150,040	小村　潤	共新	(6.5)
	88,231	西村しのぶ	参新	(3.8)
	33,870	黒田　秀高	諸新	(1.5)
	27,057	山崎　藍子	N新	(1.2)

以下はP270に掲載

しみずたかゆき 清水貴之
維前　R1 当2
福岡県筑紫野市　S49・6・29
勤11年3ヵ月　（初/平25）

法務委、予算委、ODA・沖北特委理、朝日放送アナウンサー、早大、関西学院大学大学院修士／50歳

〒660-0892　尼崎市東難波町5-7-17　☎06(6482)7577
〒102-0094　千代田区紀尾井町1-15、宿舎

たかはしみつお
高橋光男　**公**新　R1 当1
兵庫県宝塚市　S52・2・15
勤5年2ヵ月　(初/令元)

農林水産大臣政務官、農水委、復興特委、党青年委副委員長、同学生局長代理、兵庫県本部副代表、元外務省職員、中央大学法／47歳

〒650-0015　神戸市中央区多聞通3-3-16-1102　☎078(367)6755
〒100-8962　千代田区永田町2-1-1、会館　☎03(6550)0614

かだひろゆき
加田裕之　**自**新[無]　R1 当1
兵庫県神戸市　S45・6・8
勤5年2ヵ月　(初/令元)

環境委、行監委、災害特委、参党国対副委員長、法務大臣政務官、兵庫県議会副議長、兵庫県議(4期)、甲南大／54歳

〒650-0001　神戸市中央区加納町2-4-10-603　☎078(262)1666
〒100-8962　千代田区永田町2-1-1、会館　☎03(6550)0819

かたやまだいすけ
片山大介　**維**前　R4 当2
岡山県　S41・10・6
勤8年3ヵ月　(初/平28)

内閣委、地方・デジ特委、憲法審幹事、党国会議員団政調会長代理、参議院政策審議会長、兵庫維新の会代表、NHK記者、慶大理工学部、早大院公共経営研究科修了／57歳

〒650-0022　神戸市中央区元町通3-17-8
TOWA神戸元町ビル202号室　☎078(332)4224

すえまつしんすけ
末松信介　**自**前[無]　R4 当4
兵庫県　S30・12・17
勤20年5ヵ月　(初/平16)

文科委、予算委員長、文部科学大臣、参党国対委員長、議運委員長、国土交通・内閣府・復興副大臣、財務政務官、県議、全日空(株)、関学大／68歳

〒655-0044　神戸市垂水区舞子坂3-15-9　☎078(783)8682
〒102-0094　千代田区紀尾井町1-15、宿舎

いとうたかえ
伊藤孝江　**公**前　R4 当2
兵庫県尼崎市　S43・1・13
勤8年3ヵ月　(初/平28)

党女性委員会副委員長、党兵庫県本部副代表、弁護士、税理士、関西大／56歳

〒650-0015　神戸市中央区多聞通3-3-16
甲南第1ビル812号室　☎078(599)6619
〒102-0083　千代田区麹町4-7、宿舎

奈良県　2人

令和元年選挙得票数

当	301,201	堀井　巌	自現	(55.3)
▽	219,244	西田　一美	無新	(40.2)
	24,660	田中　孝子	諸新	(4.5)

令和4年選挙得票数

当	256,139	佐藤　啓	自現	(41.7)
▽	180,124	中川　崇	維新	(29.3)
	98,757	猪奥　美里	立新	(16.1)
	42,609	北野伊津子	共新	(6.9)
	28,919	中村　麻美	参新	(4.7)
	8,161	冨田　哲之	N新	(1.3)

※選挙区別の当日有権者数・投票者数・投票率は271頁

ほりい いわお
堀井　巌

自前［無］ R1 当2
奈良県橿原市 S40・10・22
勤11年3ヵ月（初／平25）

参党副幹事長、予算委、総務委、外務副大臣、党外交部会長、外務政務官、総務省、SF領事、内閣官房副長官秘書官、岡山県総務部長、東大／58歳

〒630-8114 奈良市芝辻町1-2-27乾ビル2F ☎0742(30)3838
〒100-8962 千代田区永田町2-1-1、会館 ☎03(6550)0417

さとう けい
佐藤　啓

自前［無］ R4 当2
奈良県奈良市 S54・4・7
勤8年3ヵ月（初／平28）

予算委、農水委理、参党国対副委員長、財務大臣政務官、党税調幹事、経産兼内閣府兼復興大臣政務官、首相官邸、総務省、東大／45歳

〒630-8012 奈良市二条大路南1-2-7 松岡ビル301
〒100-8962 千代田区永田町2-1-1、会館 ☎03(6550)0708

和歌山県　2人

令和元年選挙得票数

当	295,608	世耕　弘成	自現	(73.8)
▽	105,081	藤井　幹雄	無新	(26.2)

令和4年選挙得票数

当	283,965	鶴保　庸介	自現	(72.1)
	57,522	前　久	共新	(14.6)
	22,967	加藤　充也	参新	(5.8)
	15,420	遠西　愛美	N新	(3.9)
	14,200	谷口　尚大	諸新	(3.6)

せこう ひろしげ
世耕弘成

無前 R1 当5
大阪府 S37・11・9
勤26年2ヵ月（初／平10補）

環境委、参自民党幹事長、経済産業大臣、官房副長官、参党政審会長、党政調会長代理、参党国対委長代理、総理補佐官、NTT、早大／61歳

〒640-8232 和歌山市南汀丁22 汀ビル2F ☎073(427)1515
〒100-8962 千代田区永田町2-1-1、会館 ☎03(6550)1017

つるほ ようすけ
鶴保庸介

自前［無］ R4 当5
大阪府大阪市 S42・2・5
勤26年6ヵ月（初／平10）

党観光立国調査会会長、二地域居住会長、国交委、国際経済調会長、沖北大臣、党参政審会長、議運・決算・厚労各委員長、東大法／57歳

〒640-8341 和歌山市黒田107-1-503 ☎073(472)3311
〒100-8962 千代田区永田町2-1-1、会館 ☎03(6550)0313

鳥取県・島根県　2人

令和元年選挙得票数

当	328,394	舞立　昇治	自現	(62.3)
▽	167,329	中林　佳子	無新	(31.7)
	31,770	黒瀬　信明	諸新	(6.0)

令和4年選挙得票数

当	326,750	青木　一彦	自現	(62.5)
▽	118,063	村上泰二朗	立新	(22.6)
	37,723	福住　英行	共新	(7.2)
	26,718	前田　敬孝	参新	(5.1)
	13,517	黒瀬　信明	N新	(2.6)

まい たち しょう じ
舞立昇治　自前［無］　R1 当2
鳥取県日吉津村 S50・8・13
勤11年3ヵ月（初／平25）

農林水産大臣政務官、農水委、党副幹事長、水産部会長、過疎対策特委幹事、内閣府政務官、総務省、東大／49歳

〒683-0067 米子市東町177 東町ビル1F ☎0859(37)5016
〒100-8962 千代田区永田町2-1-1、会館 ☎03(6550)0603

あお き かず ひこ
青木一彦　自前［無］　R4 当3
島根県 S36・3・25
勤14年4ヵ月（初／平22）

参党筆頭副幹事長・党副幹事長、国交委理事、ODA・沖北特委理事、議運委、予算委筆頭理事、国交副大臣、水産部会長代理、早大／63歳

〒690-0873 松江市内中原町140-2 ☎0852(22)0111
〒100-8962 千代田区永田町2-1-1、会館 ☎03(6550)0814

岡山県　2人

令和元年選挙得票数

当	415,968	石井　正弘	自現	(59.5)
▽	248,990	原田　謙介	立新	(35.6)
	33,872	越智　寛之	諸新	(4.8)

令和4年選挙得票数

当	392,553	小野田紀美	自現	(54.7)
▽	211,419	黒田　晋	無新	(29.5)
	59,481	住寄　聡美	共新	(8.3)
	37,281	高野由里子	参新	(5.2)
	16,441	山本　貴平	N新	(2.3)

いし い まさ ひろ
石井正弘　自前［無］　R1 当2
岡山県岡山市 S20・11・29
勤11年3ヵ月（初／平25）

文科委理、党政調副・参政審副・税調幹事、経産兼内閣府副大臣、党国交部会長代理、内閣委員長、岡山県知事4期、建設省大臣官房審議官、東大法／78歳

〒700-0824 岡山市北区内山下1-9-15 ☎086(233)6600
〒100-8962 千代田区永田町2-1-1、会館 ☎03(6550)1214

お の だ き み
小野田紀美　自前［無］　R4 当2
岡山県 S57・12・7
勤8年3ヵ月（初／平28）

外交防衛委員長、党副幹事長、参党副幹事長、法務部会長代理、防衛大臣政務官、法務大臣政務官、都北区議、CD・ゲーム制作会社、拓殖大／41歳

〒700-0927 岡山市北区西古松2-2-27 ☎086(243)8000
〒100-8962 千代田区永田町2-1-1、会館 ☎03(6550)0318

広島県　4人

令和元年選挙得票数

当	329,792	森本　真治	無現	(32.3)
当	295,871	河井　案里	自新	(29.0)
▽	270,183	溝手　顕正	自現	(26.5)

以下はP270に掲載

令和3年2月3日河井あんり議員辞職再選挙（令和3.4.25）

当	370,860	宮口　治子	諸新	(48.4)
	336,924	西田　英範	自新	(43.9)

以下はP270に掲載

令和4年選挙得票数

当	530,375	宮沢　洋一	自現	(50.3)
当	259,363	三上　絵里	無新	(24.6)
▽	114,442	森川　央	維新	(10.9)
	58,461	中村　孝江	共新	(5.5)
	52,969	浅井　千晴	参新	(5.0)
	11,087	渡辺　敏光	N新	(1.1)
	7,335	玉田　憲勲	無新	(0.7)
	7,149	野村　昌央	諸新	(0.7)
	6,717	産原　稔文	無新	(0.6)
	5,846	猪飼　規之	N新	(0.6)

※選挙区別の当日有権者数・投票者数・投票率は271頁

もり　もと　しん　じ
森本真治
立前　R1　当2
広島県広島市　S48・5・2
勤11年3ヵ月（初/平25）

経済産業委員長、国家基本委、災害特委、党組織委員長、党国民運動局長、広島市議3期、弁護士秘書、松下政経塾、同志社大学文/51歳

〒739-1732　広島市安佐北区落合南1-3-12　☎082(840)0801

みや　ぐち　はる　こ
宮口治子
立新　R1　再当1
広島県福山市　S51・3・5
勤3年5ヵ月（初/令3）

文科委理、政治改革特委、資源エネ調理、元TV局キャスター、フリーアナウンサー、声楽家、ヘルプマーク普及団体代表、大阪音大/48歳

〒720-0032　福山市三吉町南1-7-17　☎084(926)4878
〒100-8962　千代田区永田町2-1-1、会館　☎03(6550)0206

みや　ざわ　よう　いち
宮沢洋一
自前［無］R4　当3(初/平22)※
広島県福山市　S25・4・21
勤23年6ヵ月（衆9年2ヵ月）

資源エネ調査会長、財金委、党税調会長、党総務、経済産業大臣、党政調会長代理、元内閣府副大臣、元首相首席秘書官、大蔵省企画官、東大法/74歳

〒730-0017　広島市中区鉄砲町8-24
にしたやビル401号☎082(511)5541
〒100-8962　千代田区永田町2-1-1、会館☎03(6550)0820

み　かみ
三上えり
無新（立憲）R4　当1
広島県　S45・6・11
勤2年2ヵ月（初/令4）

国交委、行監委、拉致特委、外交・安保調委、TSSテレビ新広島アナウンサー、米サザンセミナリーカレッジ/54歳

〒732-0816　広島市南区比治山本町3-22 大保ビル201
☎082(250)8811
〒100-8962　千代田区永田町2-1-1、会館☎03(6550)0320

山口県　2人

令和元年選挙得票数

当	374,686	林　芳正	自現	(70.0)

以下はP270に掲載

令和3年8月16日 林芳正議員辞職
補選（令和3年10月24日）

当	307,894	北村　経夫	自現	(75.6)
	92,532	河合　喜代	共新	(22.7)
	6,809	へずまりゅう	N新	(1.7)

令和4年選挙得票数

当	327,153	江島　潔	自現	(63.0)
	61,853	秋山　賢治	立新	(11.9)
	53,990	大内　一也	国新	(10.4)
	32,390	吉田　達彦	共新	(6.2)
	20,441	大石　健一	参新	(3.9)
	15,410	佐々木信夫	諸新	(3.0)
	8,298	二矢川珠紀	N新	(1.6)

きた　むら　つね　お
北村経夫
自前［無］R1　補当3
山口県田布施町　S30・1・5
勤11年4ヵ月（初/平25）

党財務金融部会長、拉致議連事務局長、経産大臣政務官、参外防委員長、党副幹事長、中央大、ペンシルベニア大院/69歳

〒753-0064　山口市神田町5-11　☎083(928)8071
〒100-8962　千代田区永田町2-1-1、会館　☎03(6550)1109

※平12衆院初当選

えじま　きよし
江島　潔
自 前［無］ R4 当3
山口県下関市 S32・4・2
勤11年7ヵ月 （初/平25補）

党副幹事長、国交委、ODA・沖北特委、元経済産業(兼)内閣府副大臣、農水委員長、党水産部会長、国交政務官、下関市長、東大院／67歳

〒754-0002 山口市小郡下郷2912-3 ☎083(976)4318
〒102-0083 千代田区麹町4-7、宿舎

徳島県・高知県　2人

令和元年選挙得票数

	票数	氏名	党派	(%)
当	253,883	高野光二郎	自現	(50.3)
▽	201,820	松本　顕治	無新	(40.0)
	33,764	石川新一郎	諸新	(6.7)
	15,014	野村　秀邦	無新	(3.0)

令和5年6月22日 高野光二郎議員辞職
補選（令和5年10月22日）

	票数	氏名	党派	(%)
当	233,250	広田　一	無元	(62.2)
	142,036	西内　健	自新	(37.8)

令和4年選挙得票数

	票数	氏名	党派	(%)
当	287,609	中西　祐介	自現	(52.8)
▽	103,217	松本　顕治	共新	(19.0)
	62,001	藤本　健一	維新	(11.4)
	49,566	前田　強	国新	(9.1)
	28,195	荒牧　国晴	参新	(5.2)
	14,006	中島　康治	N新	(2.6)

ひろた　はじめ
広田　一
無 元 R1 補当3(初/平16)※
高知県土佐清水市 S43・10・10
勤17年2ヵ月（衆4年1ヵ月）

総務委、防衛大臣政務官、参議院国土交通委員長、衆議院議員1期、高知県議2期、(株)コクド、早大／55歳

〒770-8008 徳島市西新浜町1-1-19 ハミングVILLAGE 106号室 ☎088(624)8648
〒781-8001 高知市土居町9-8 ☎088(821)7411

なかにし　ゆうすけ
中西祐介
自 前［麻］ R4 当3
徳島県 S54・7・12
勤14年4ヵ月 （初/平22）

予算委筆頭理事、参党国対副委員長、総務副大臣、財政金融委員長、党水産部会長、党青年局長代理、財務大臣政務官、銀行員、松下政経塾、慶大法／45歳

〒770-8056 徳島市問屋町31 ☎088(655)8852
〒100-8962 千代田区永田町2-1-1、会館 ☎03(6550)0622

香川県　2人

令和元年選挙得票数

	票数	氏名	党派	(%)
当	196,126	三宅　伸吾	自現	(54.0)
▽	151,107	尾田美和子	無新	(41.6)
	15,970	田中　邦明	諸新	(4.4)

令和4年選挙得票数

	票数	氏名	党派	(%)
当	199,135	磯崎　仁彦	自現	(51.5)
	59,614	三谷　祥子	国新	(15.4)
	52,897	茂木　邦夫	立新	(13.7)
	33,399	町川　順子	維新	(8.6)
	18,070	石田　真優	共新	(4.7)
	13,528	小林　直美	参新	(3.5)
	7,116	池田　順一	N新	(1.8)
	2,890	鹿島日出喜	諸新	(0.7)

みやけ　しんご
三宅伸吾
自 前［無］ R1 当2
香川県さぬき市 S36・11・24
勤11年3ヵ月 （初/平25）

防衛大臣政務官兼内閣府大臣政務官、外防委、ODA・沖北特委、外務大臣政務官、党環境部会長、日本経済新聞社記者、編集委員、東大大学院／62歳

〒760-0080 高松市木太町2343-4 木下産業ビル2F ☎087(802)3845

※平29衆院初当選

いそ ざき よし ひこ
磯﨑仁彦
自前[無] R4 当3
香川県 S32・9・8
勤14年4ヵ月 (初/平22)

内閣委理、参党国対委員長代理、内閣官房副長官、党政調会長代理、経産副大臣兼内閣府副大臣、環境委員長、東大法／66歳

〒760-0068 高松市松島町1-13-14 九十九ビル4F ☎087(834)6301
〒102-0094 千代田区紀尾井町1-15、宿舎

愛媛県 2人

令和元年選挙得票数

当	335,425	永江 孝子	無新	(56.0)
▽	248,616	らくさぶろう	自新	(41.5)
	14,943	椋本 薫	諸新	(2.5)

令和4年選挙得票数

当	318,846	山本 順三	自現	(59.0)
▽	173,229	高見 知佳	無新	(32.1)
	27,912	八木 邦靖	参新	(5.2)
	12,724	吉原 弘訓	N新	(2.4)
	7,350	松木 崇	諸新	(1.4)

たか こ
ながえ孝子
無新 R1 当1(初/令元)※
愛媛県 S35・6・15
勤8年6ヵ月(衆3年4ヵ月)

環境委、衆議院議員1期、南海放送アナウンサー、神戸大学法学部／64歳

〒790-0802 松山市喜与町1-5-4 ☎089(941)8007

やま もと じゅん ぞう
山本順三
自前[無] R4 当4
愛媛県今治市 S29・10・27
勤20年5ヵ月 (初/平16)

参党議員副会長、予算委員長、国家公安委員長、内閣府特命担当大臣、議運委員長、党県連会長、国交・内閣府・復興副大臣、幹事長代理、決算委員長、国交政務官、県議、早大／69歳

〒794-0005 今治市大新田町2-2-50 ☎0898(31)7800
〒102-0094 千代田区紀尾井町1-15、宿舎

福岡県 6人

令和元年選挙得票数

当	583,351	松山 政司	自現	(33.2)
当	401,495	下野 六太	公新	(22.8)
当	365,634	野田 国義	立現	(20.8)
▽	171,436	河野 祥子	共新	(9.8)
▽	143,955	春田久美子	国新	(8.2)
	46,362	川口 尚宏	諸新	(2.6)

以下は P270 に掲載

令和4年選挙得票数

当	586,217	大家 敏志	自現	(29.2)
当	438,876	古賀 之士	立現	(21.9)
当	348,700	秋野 公造	公現	(17.4)
▽	158,772	龍野真由美	維新	(7.9)
▽	133,900	大田 京子	国新	(6.7)
	98,746	真島 省三	共新	(4.9)
	82,333	奥田芙美代	れ新	(4.1)
	72,263	野中しんすけ	参新	(3.6)

以下は P270 に掲載

まつ やま まさ じ
松山政司
自前[無] R1 当4
福岡県福岡市 S34・1・20
勤23年5ヵ月 (初/平13)

参党幹事長、財金委、国家基本委筆頭理、弾劾裁判長、党外国人特委長、国務大臣、議運委長、党政審会長、党国対委長、外務副大臣、経産政務官、日本JC会頭、明大商／65歳

〒810-0001 福岡市中央区天神3-8-20-1F ☎092(725)7739
〒100-8962 千代田区永田町2-1-1、会館 ☎03(6550)1124

※平21衆院初当選

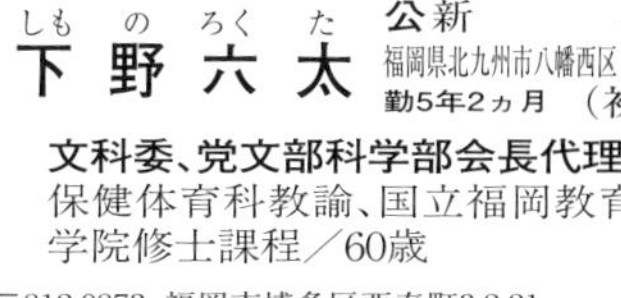

しもの ろくた
下野六太
公新 R1 当1
福岡県北九州市八幡西区 S39・5・1
勤5年2ヵ月 (初/令元)

文科委、党文部科学部会長代理、中学校保健体育科教諭、国立福岡教育大学大学院修士課程/60歳

〒812-0873 福岡市博多区西春町3-2-21 島田ビル2F ☎092(558)8910
〒100-8962 千代田区永田町2-1-1、会館 ☎03(6550)0913

のだ くによし
野田国義
立前 R1 当2(初/平25)※
福岡県 S33・6・3
勤14年7ヵ月(衆3年4ヵ月)

復興特委員長、総務委、行政監視委員長、衆院議員、八女市長(4期)、日大法/66歳

〒834-0031 福岡県八女市本町2-81 ☎0943(24)4630
〒102-0094 千代田区紀尾井町1-15、宿舎

おおいえ さとし
大家敏志
自前[麻] R4 当3
福岡県 S42・7・17
勤14年4ヵ月 (初/平22)

財金委、財務副大臣、議運筆頭理事、財金委員長、財務大臣政務官、予算理事、県議、北九州大/57歳

〒805-0019 北九州市八幡東区中央3-8-24 ☎093(681)5500
〒100-8962 千代田区永田町2-1-1、会館 ☎03(6550)0518

こが ゆきひと
古賀之士
立前 R4 当2
福岡県久留米市 S34・4・9
勤8年3ヵ月 (初/平28)

経産委筆頭理事、行政監視委、ODA・沖北特委、前震災復興特委長、国交委長、FBS福岡放送キャスター、明治大政経/65歳

〒814-0015 福岡市早良区室見5-13-21 アローズ室見駅前201号 ☎092(833)2288
〒102-0094 千代田区紀尾井町1-15、宿舎

あきの こうぞう
秋野公造
公前 R4 当3
兵庫県 S42・7・11
勤14年4ヵ月 (初/平22)

党中央幹事、党政調副会長、党九州方面本部長、財務副大臣、環境・内閣府大臣政務官、厚労省、医師、長崎大医/57歳

〒804-0066 北九州市戸畑区初音町6-7 中西ビル201 ☎093(873)7550
〒102-0083 千代田区麹町4-7、宿舎

佐賀県　2人

令和元年選挙得票数

	得票数	氏名	党派
当	186,209	山下　雄平	自現(61.6)
▽	115,843	犬塚　直史	国元(38.4)

令和4年選挙得票数

	得票数	氏名	党派
当	218,425	福岡　資麿	自現(65.2)
▽	78,802	小野　司	立新(23.5)
	18,008	稲葉　継男	参新(5.4)
	13,442	上村　泰稔	共新(4.0)
	6,383	真喜志雄一	N新(1.9)

※平21衆院初当選

やま した ゆう へい
山下雄平　**自**前［無］　R1 当2
佐賀県唐津市　S54・8・27
勤11年3ヵ月（初／平25）

党水産部会長、参党副幹事長、農林水産委員長、党新聞出版局長、内閣府大臣政務官、日本経済新聞社記者、時事通信社記者、慶大／45歳

〒840-0801 佐賀市駅前中央3-6-11　☎0952(37)8290
〒102-0083 千代田区麹町4-7、宿舎　☎03(3237)0341

ふく おか たか まろ
福岡資麿　**自**前［無］R4 当3(初/平22)※
佐賀県　S48・5・9
勤18年3ヵ月（衆3年11ヵ月）

党政審会長、厚労委理、懲罰委、議運委員長、党厚労部会長、内閣府副大臣、党政調・総務会長代理、衆院議員、慶大法／51歳

〒840-0826 佐賀市白山1-4-18　☎0952(20)0111
〒100-8962 千代田区永田町2-1-1、会館　☎03(6550)0919

長崎県　2人

令和元年選挙得票数

当	258,109	古賀友一郎	自現	(51.5)
▽	224,022	白川　鮎美	国新	(44.7)
	19,240	神谷幸太郎	諸新	(3.8)

令和4年選挙得票数

当	261,554	山本　啓介	自新	(50.1)
▽	152,473	白川　鮎美	立新	(29.2)
	53,715	山田　真美	維新	(10.3)
	26,281	安江　綾子	共新	(5.0)
	21,363	尾方　綾子	参新	(4.1)
	6,969	大熊　和人	N新	(1.3)

こ が ゆう いち ろう
古賀友一郎　**自**前［無］　R1 当2
長崎県諫早市　S42・11・2
勤11年3ヵ月（初／平25）

内閣府大臣政務官、内閣委、国家基本委、消費者特委、党政調副会長、総務大臣政務官兼内閣府大臣政務官、長崎市副市長、総務省室長、東大法／56歳

〒850-0033 長崎市万才町2-7松本ビル301 ☎095(832)6061
〒102-0083 千代田区麹町4-7、宿舎

やま もと けい すけ
山本啓介　**自**新［無］　R4 当1
長崎県壱岐市　S50・6・21
勤2年2ヵ月　（初／令4）

農林水産委理、議運委、党長崎県連幹事長、長崎県議会議員、衆議院議員秘書、皇學館大學文学部／49歳

〒850-0033 長崎市万才町7-1 TBM長崎ビル10階
☎095(818)6588

熊本県　2人

令和元年選挙得票数

当	379,223	馬場　成志	自現	(56.4)
▽	262,664	阿部　広美	無新	(39.1)
	30,539	最勝寺辰也	諸新	(4.5)

令和4年選挙得票数

当	426,623	松村　祥史	自現	(62.2)
▽	149,780	出口慎太郎	立新	(21.8)
	78,101	高井　千歳	参新	(11.4)
	31,734	本間　明子	N新	(4.6)

※平17衆院初当選

ば　ば　せい　し
馬場成志　自 前［無］　R1 当2
熊本県熊本市 S39・11・30
勤11年3ヵ月（初／平25）

総務副大臣、元外防委長、厚労大臣政務官、議運委理、予算委理、熊本県議会議長、市議、県立熊工／59歳

〒861-8045 熊本市東区小山6-2-20 ☎096(388)8855
〒102-0083 千代田区麹町4-7、宿舎

まつ　むら　よし　ふみ
松村祥史　自 前［無］　R4 当4
熊本県 S39・4・22
勤20年5ヵ月（初／平16）

国家公安委員長、内閣府防災担当大臣、経産委、議運委員長、経済産業副大臣、全国商工会顧問、専修大／60歳

〒862-0950 熊本市中央区水前寺6-41-5 千代田レジデンス県庁東101 ☎096(384)4423
〒100-8962 千代田区永田町2-1-1、会館 ☎03(6550)1023

大分県　2人

令和元年選挙得票数

当	236,153	安達　澄	無新	(49.6)
▽	219,498	礒崎　陽輔	自現	(46.1)
	20,909	牧原慶一郎	諸新	(4.4)

令和5年3月10日安達澄議員辞職
補選（令和5年4月23日）

当	196,122	白坂　亜紀	自新	(50.0)
▽	195,781	吉田　忠智	立前	(50.0)

令和4年選挙得票数

当	228,417	古庄　玄知	自新	(46.6)
▽	183,258	足立　信也	国現	(37.4)
	35,705	山下　魁	共新	(7.3)
	21,723	重松　雄子	参新	(4.4)
	10,770	二宮　大造	N新	(2.2)
	10,512	小手川裕市	無新	(2.1)

しら　さか　あ　き
白坂亜紀　自 新［無］　R1 補当1
大分県 S41・7・20
勤1年5ヵ月（初／令5）

財金委理、行政監視委、政治改革特委、復興特委、国民生活調委、会社役員、早大(一文)／58歳

〒870-0036 大分市寿町5-24 カーサP4 101
☎097(533)8585

こ　しょう　はる　とも
古庄玄知　自 新［無］　R4 当1
大分県国東市 S32・12・23
勤2年2ヵ月（初／令4）

法務委理、憲法審委、議運委、災害特委、元大分県弁護士会会長、元大分県暴力追放運動推進センター理事長、早大法／66歳

〒870-0047 大分市中島西3-2-26 大分弁護士ビル2F ☎097(540)6255
〒100-8962 千代田区永田町2-1-1、会館 ☎03(6550)0907

宮崎県　2人

令和元年選挙得票数

当	241,492	長峯　誠	自現	(64.4)
▽	110,782	園生　裕造	立新	(29.5)
	23,002	河野　一郎	諸新	(6.1)

令和4年選挙得票数

当	200,565	松下　新平	自現	(48.0)
▽	150,911	黒田　奈々	立新	(36.1)
	30,162	黒木　章光	国新	(7.2)
	15,670	今村　幸史	参新	(3.8)
	12,260	白江　好友	共新	(2.9)
	8,255	森　大地	N新	(2.0)

※選挙区別の当日有権者数・投票者数・投票率は271頁

ながみね まこと
長峯 誠
自前[無] R1 当2
宮崎県都城市 S44・8・2
勤11年3ヵ月 (初/平25)

経産委筆頭理、予算委、党参国対副委員長、経産政務官、党水産部会長、外防委員長、財務政務官、都城市長、県議、早大政経/55歳

〒880-0805 宮崎市橘通東1-8-11 3F ☎0985(27)7677
〒100-8962 千代田区永田町2-1-1、会館 ☎03(6550)0802

まつした しんぺい
松下新平
自前[無] R4 当4
宮崎県宮崎市(旧高岡町) S41・8・18
勤20年5ヵ月 (初/平16)

拉致特委員長、党総務会長代理、党スポーツ立国調会長、財金・外交・総務部会長、総務兼内閣府副大臣、国交政務官、政倫審会長、倫選特・ODA特・災害特委長、県議、法大/58歳

〒880-0813 宮崎市丸島町5-18
平和ビル丸島1F ☎0985(61)1501
〒102-0083 千代田区麴町4-7、宿舎

鹿児島県 2人

令和元年選挙得票数

	得票数	氏名		党派	(%)
当	290,844	尾辻	秀久	自現	(47.4)
▽	211,301	合原	千尋	無新	(34.4)
▽	112,063	前田	終止	無新	(18.2)

令和4年選挙得票数

	得票数	氏名		党派	(%)
当	291,169	野村	哲郎	自現	(46.0)
▽	185,055	柳	誠子	立新	(29.2)
	93,372	西郷	歩美	無新	(14.8)
	47,479	昇	拓真	参新	(7.5)
	15,770	草尾	敦	N新	(2.5)

お つじ ひで ひさ
尾辻秀久
無前 R1 当6
鹿児島県 S15・10・2
勤35年7ヵ月 (初/平1)

参議院議長、自民党両院議員総会長、元参議院副議長、党参院議員会長、予算委員長、厚労大臣、財務副大臣、県議、防大、東大中退/83歳

〒890-0064 鹿児島市鴨池新町6-5-603 ☎099(214)3754

の むら てつ ろう
野村哲郎
自前[無] R4 当4
鹿児島県霧島市 S18・11・20
勤20年5ヵ月 (初/平16)

参院政倫審会長、元農林水産大臣、前参党議員副会長、決算委員長、党農林部会長、党政調会長代理、農水委長、参議運庶務小委長、農水政務官、鹿児島県農協中央会常務、ラ・サール高/80歳

〒890-0064 鹿児島市鴨池新町6-5-404 ☎099(206)7557
〒100-8962 千代田区永田町2-1-1、会館 ☎03(6550)1120

沖縄県 2人

令和元年選挙得票数

	得票数	氏名		党派	(%)
当	298,831	高良	鉄美	無新	(53.6)
▽	234,928	安里	繁信	自新	(42.1)
	12,382	玉利	朝輝	無新	(2.2)
	11,662	磯山	秀夫	諸新	(2.1)

令和4年選挙得票数

	得票数	氏名		党派	(%)
当	274,235	伊波	洋一	無現	(46.9)
▽	271,347	古謝	玄太	自新	(46.4)
	22,585	河野	禎史	参新	(3.9)
	11,034	山本	圭	N新	(1.9)
	5,644	金城	竜郎	諸新	(1.0)

たから　てつ　み
髙良鉄美

無新（沖縄）　R1　当1
沖縄県那覇市　S29・1・15
勤5年2ヵ月　（初/令元）

外防委、ODA・沖北特委、琉球大学名誉教授、琉球大学法科大学院院長、琉球大法文学部教授、九州大大学院博士課程／70歳

〒903-0803　沖縄県那覇市首里平良町1-18-102☎098(885)7171
〒100-8962　千代田区永田町2-1-1、会館　☎03(6550)0712

い　は　よう　いち
伊波洋一

無前（沖縄）　R4　当2
沖縄県宜野湾市　S27・1・4
勤8年3ヵ月　（初/平28）

外交防衛委、行政監視委、外交・安保調委、政治改革特委、宜野湾市長、沖縄県議、宜野湾市職員、琉球大／72歳

〒901-2203　沖縄県宜野湾市野嵩2-1-8-101　☎098(892)7734
〒100-8962　千代田区永田町2-1-1、会館　☎03(6550)0519

参議院議員選挙得票数（続き）

第25回選挙（令和元年）

北海道(P237より)

	得票数	氏名	党派	得票率
	23,785	中村　治	諸新	(1.0)
	13,724	森山　佳則	諸新	(0.6)
	10,108	岩瀬　清次	無新	(0.4)

埼玉県(P243より)

	得票数	氏名	党派	得票率
	80,741	佐藤恵理子	諸新	(2.9)
	21,153	鮫島　良司	諸新	(0.8)
	19,515	小島　一郎	諸新	(0.7)

東京都(P245より)

	得票数	氏名	党派	得票率
▽	214,438	野原　善正	諸新	(3.7)
▽	186,667	水野　素子	国新	(3.2)
	129,628	大橋　昌信	諸新	(2.3)
	91,194	野末　陳平	無元	(1.6)
	86,355	朝倉　玲子	社新	(1.5)
	34,121	七海ひろこ	諸新	(0.6)
	26,958	佐藤　均	諸新	(0.5)
	23,582	横山　昌弘	諸新	(0.4)
	18,123	溝口　晃一	諸新	(0.3)
	15,475	森　純	無新	(0.3)
	9,686	関口　安弘	無新	(0.2)
	9,562	西野　貞吉	無新	(0.2)
	3,586	大塚紀久雄	諸新	(0.1)

神奈川県(P248より)

	得票数	氏名	党派	得票率
	79,208	林　大祐	諸新	(2.2)
	61,709	相原　倫子	社新	(1.7)
	22,057	森下　正勝	無新	(0.6)
	21,755	壹岐　愛子	諸新	(0.6)
	21,598	加藤　友行	諸新	(0.6)
	17,170	榎本　太志	諸新	(0.5)
	11,185	渋谷　貢	無新	(0.3)
	8,514	圷　孝行	諸新	(0.2)

愛知県(P253より)

	得票数	氏名	党派	得票率
	43,756	平山　良平	社新	(1.5)
	32,142	石井　均	無新	(1.1)
	25,219	牛田　宏幸	諸新	(0.9)
	17,905	古川　均	諸新	(0.6)
	16,425	橋本　勉	諸新	(0.6)

第26回選挙（令和4年）

埼玉県(P243より)

得票数	氏名	党派	得票率
18,194	河合　悠祐	N新	(0.6)
15,389	湊　侑子	諸新	(0.5)
13,966	小林　宏	N新	(0.5)
12,279	宮川　直輝	N新	(0.4)
8,588	堀切　笹美	諸新	(0.3)
7,178	池　高生	N新	(0.2)

千葉県(P244より)

得票数	氏名	党派	得票率
22,834	七海ひろこ	諸新	(0.9)
18,791	宇田　桜子	諸新	(0.7)
18,329	梓　まり	諸新	(0.7)
17,511	渡辺　晋宏	N新	(0.7)
13,016	須田　良	N新	(0.5)
10,922	記内　恵	諸新	(0.4)

東京都(P245より)

得票数	氏名	党派	得票率
137,692	河西　泉緒	参新	(2.2)
59,365	服部　良一	社新	(0.9)
53,032	松田　美樹	N新	(0.8)
50,661	斎木　陽平	諸新	(0.8)
46,641	沓沢　亮治	諸新	(0.7)
27,110	田村　真菜	諸新	(0.4)
25,209	及川　幸久	諸新	(0.4)
22,306	河野　憲二	諸新	(0.4)
20,758	安藤　裕	諸新	(0.3)
19,287	田中　健	N新	(0.3)
19,100	後藤　輝樹	諸新	(0.3)
17,020	菅原　深雪	諸新	(0.3)
14,845	青山　雅幸	諸新	(0.2)
13,431	長谷川洋平	N新	(0.2)
10,150	猪野　恵司	N新	(0.2)
9,658	セッタケンジ	N新	(0.2)
7,417	中村　高志	無新	(0.1)
7,203	中川　智晴	無新	(0.1)
5,408	込山　洋	諸新	(0.1)
3,559	内藤　久遠	諸新	(0.1)
3,370	油井　史正	無新	(0.1)
3,283	小畑　治彦	諸新	(0.1)
3,043	中村　之菊	諸新	(0.0)
1,913	桑島　康文	諸新	(0.0)

第25回選挙（令和元年）

大阪府（P257より）

	129,587	にしゃんた	国新	(3.7)
	43,667	尾崎　全紀	諸新	(1.2)
	14,732	浜田　　健	諸新	(0.4)
	11,203	数森　圭吾	諸新	(0.3)
	9,314	足立美生代	諸新	(0.3)
	7,252	佐々木一郎	諸新	(0.2)

広島県（P261より）

	70,886	高見　篤己	共新	(6.9)
	26,454	加陽　輝実	諸新	(2.6)
	15,253	玉田　憲勲	無新	(1.5)
	12,327	泉　　安政	諸新	(1.2)

広島県再選挙（P261より）

	20,848	佐藤　周一	無新	(2.7)
	16,114	山本　貴平	N新	(2.1)
	13,363	大山　　宏	無新	(1.7)
	8,806	玉田　憲勲	無新	(1.1)

山口県（P262より）

▽	118,491	大内　一也	国新	(22.1)
	24,131	河井美和子	諸新	(4.5)
	18,177	竹本　秀之	無新	(3.4)

福岡県（P264より）

	15,511	本藤　昭子	諸新	(0.9)
	15,380	江夏　正敏	諸新	(0.9)
	14,586	浜武　振一	諸新	(0.8)

第26回選挙（令和4年）

神奈川県（P248より）

120,471	藤村　晃子	参新	(2.9)
49,787	内海　洋一	社新	(1.2)
25,784	重黒木優平	N新	(0.6)
24,389	秋田　　恵	無新	(0.6)
22,043	グリスタン・エズズ	諸新	(0.5)
19,920	橋本　博幸	N新	(0.5)
19,867	針谷　大輔	諸新	(0.5)
19,155	藤沢あゆみ	無新	(0.5)
17,609	飯田富和子	N新	(0.4)
13,904	首藤　信彦	諸新	(0.3)
11,623	小野塚清仁	N新	(0.3)
11,073	壹岐　愛子	諸新	(0.3)
10,268	久保田　京	諸新	(0.3)
8,099	萩山あゆみ	諸新	(0.2)

愛知県（P253より）

36,370	山下　俊輔	無新	(1.2)
27,497	末永友香梨	N新	(0.9)
21,629	山下　健次	N新	(0.7)
16,359	平岡真奈美	N新	(0.5)
12,459	曽我　周作	諸新	(0.4)
9,841	斎藤　幸成	N新	(0.3)
8,071	伝　三樹雄	諸新	(0.3)

大阪府（P257より）

37,088	西谷　久美	諸新	(1.0)
21,663	吉田　宏之	N新	(0.6)
13,234	西脇　京子	N新	(0.4)
11,220	丸吉　孝文	N新	(0.3)
9,138	本多　香織	諸新	(0.2)
8,111	数森　圭吾	諸新	(0.2)
7,254	高山純三朗	N新	(0.2)
6,217	後藤　住弘	諸新	(0.2)
2,440	押越　清悦	諸新	(0.1)

兵庫県（P258より）

25,113	木原功仁哉	無新	(1.1)
16,324	中曽千鶴子	N新	(0.7)
14,323	速水　　肇	N新	(0.6)
8,989	稲垣　秀哉	諸新	(0.4)
7,263	里村　英一	諸新	(0.3)

福岡県（P264より）

30,190	福本　貴紀	社新	(1.5)
14,513	真島加央理	N新	(0.7)
9,309	熊丸　英治	N新	(0.5)
8,917	和田　昌子	N新	(0.4)
7,962	江夏　正敏	諸新	(0.4)
7,186	対馬　一誠	無新	(0.4)
4,908	先崎　　玲	諸新	(0.2)
3,868	組坂　善昭	諸新	(0.2)

参議院議員選挙 選挙区別当日有権者数・投票者数・投票率

選挙区	第25回選挙(令和元年7月21日) 当日有権者数	投票者数	投票率(%)	第26回選挙(令和4年7月10日) 当日有権者数	投票者数	投票率(%)
北海道	4,569,237	2,456,307	53.76	4,465,577	2,410,392	53.98
青森県	1,109,105	476,241	42.94	1,073,060	531,101	49.49
岩手県	1,066,495	603,115	56.55	1,034,059	572,696	55.38
宮城県	1,942,518	993,990	51.17	1,921,486	937,723	48.80
秋田県	864,562	486,653	56.29	833,368	463,040	55.56
山形県	925,158	561,961	60.74	899,997	556,859	61.87
福島県	1,600,928	839,115	52.41	1,564,668	835,510	53.40
茨城県	2,431,531	1,094,580	45.02	2,409,541	1,137,768	47.22
栃木県	1,634,678	721,568	44.14	1,620,720	761,353	46.98
群馬県	1,630,505	785,514	48.18	1,608,605	780,048	48.49
埼玉県	6,121,021	2,845,047	46.48	6,146,072	3,088,514	50.25
千葉県	5,244,929	2,374,964	45.28	5,261,370	2,631,296	50.01
東京都	11,396,789	5,900,049	51.77	11,454,822	6,477,709	56.55
神奈川県	7,651,249	3,728,103	48.73	7,696,783	4,195,301	54.51
新潟県	1,919,522	1,061,606	55.31	1,866,525	1,032,469	55.32
富山県	891,171	417,762	46.88	875,460	449,734	51.37
石川県	952,304	447,560	47.00	941,362	436,850	46.41
福井県	646,976	308,201	47.64	635,127	351,323	55.32
山梨県	693,775	357,741	51.56	684,292	384,777	56.23
長野県	1,744,373	947,069	54.29	1,721,369	993,314	57.70
岐阜県	1,673,778	853,555	51.00	1,646,587	882,366	53.59
静岡県	3,074,712	1,551,423	50.46	3,037,295	1,608,958	52.97
愛知県	6,119,143	2,948,450	48.18	6,113,878	3,189,927	52.18
三重県	1,496,659	773,570	51.69	1,473,183	777,571	52.78
滋賀県	1,154,433	599,882	51.96	1,154,141	629,993	54.59
京都府	2,126,435	987,180	46.42	2,094,931	1,066,437	50.91
大阪府	7,311,131	3,555,053	48.63	7,299,848	3,828,471	52.45
兵庫県	4,603,272	2,237,085	48.60	4,558,268	2,352,776	51.62
奈良県	1,149,183	569,173	49.53	1,129,608	631,480	55.90
和歌山県	816,550	411,689	50.42	796,272	417,419	52.42
鳥取県・島根県	1,048,600	547,406	52.20	1,019,771	540,376	52.99
鳥取	474,342	237,076	49.98	463,109	226,580	48.93
島根	574,258	310,330	54.04	556,662	313,796	56.37
岡山県	1,587,953	715,907	45.08	1,562,505	737,981	47.23
広島県	2,346,879	1,048,374	44.67	2,313,406	1,082,510	46.79
山口県	1,162,683	550,186	47.32	1,132,957	539,213	47.59
徳島県・高知県	1,247,237	528,657	42.39	1,213,323	564,520	46.53
徳島	636,739	245,745	38.59	619,194	283,122	45.72
高知	610,498	282,912	46.34	594,129	281,398	47.36
香川県	825,466	373,999	45.31	808,630	398,021	49.22
愛媛県	1,161,978	608,817	52.39	1,135,046	554,056	48.81
福岡県	4,225,217	1,810,510	42.85	4,221,251	2,058,417	48.76
佐賀県	683,956	309,459	45.25	672,782	343,894	51.12
長崎県	1,137,066	516,939	45.46	1,107,592	539,595	48.72
熊本県	1,471,767	695,050	47.23	1,450,229	712,381	49.12
大分県	969,453	489,974	50.54	950,511	503,627	52.98
宮崎県	920,474	384,656	41.79	898,598	427,017	47.52
鹿児島県	1,371,428	627,480	45.75	1,337,184	650,267	48.63
沖縄県	1,163,784	570,305	49.00	1,177,144	595,192	50.56
合計	105,886,063	51,671,922	48.80	105,019,203	54,660,242	52.05

参議院常任・特別委員一覧(令和6年6月24日現在)

【常任委員会】

内閣委員(22)

(自11)(立4)(公2)(維教2)(国1)(共1)(れ1)

(長)	**阿達　雅志**	自
(理)	磯﨑　仁彦	自
(理)	酒井　庸行	自
(理)	広瀬　めぐみ	自
(理)	石垣　のりこ	立
(理)	宮崎　勝	公
	衛藤　晟一	自
	太田　房江	自
	加藤　明良	自
	古賀　友一郎	自
	高橋　はるみ	自
	森屋　宏	自
	山谷　えり子	自
	鬼木　誠	立
	塩村　あやか	立
	杉尾　秀哉	立
	窪田　哲也	公
	片山　大介	維教
	柴田　巧	維教
	竹詰　仁	国
	井上　哲士	共
	大島　九州男	れ

総務委員(25)

(自11)(立4)(公3)(維教2)(国1)(共1)(N2)(無1)

(長)	**新妻　秀規**	公
(理)	井上　義行	自
(理)	岩本　剛人	自
(理)	藤井　一博	自
(理)	小沢　雅仁	立
(理)	山本　博司	公
	中西　祐介	自
	馬場　成志	自
	藤川　政人	自
	船橋　利実	自
	堀井　巌	自
	牧野　たかお	自
	松下　新平	自
	山本　順三	自
	岸　真紀子	立
	野田　国義	立
	吉川　沙織	立
	西田　実仁	公
	音喜多　駿	維教
	高木　かおり	維教
	芳賀　道也	国
	伊藤　岳	共
	齊藤　健一郎	N
	浜田　聡	N

	広田　一	無

法務委員(21)

(自9)(立3)(公3)(維教1)(国1)(共1)(無3)

(長)	**佐々木　さやか**	公
(理)	古庄　玄知	自
(理)	和田　政宗	自
(理)	牧山　ひろえ	立
(理)	伊藤　孝江	公
(理)	川合　孝典	国
	岡田　直樹	自
	北村　経夫	自
	山東　昭子	自
	自見　はなこ	自
	田中　昌史	自
	森　まさこ	自
	山崎　正昭	自
	石川　大我	立
	福島　みずほ	立
	石川　博崇	公
	清水　貴之	維教
	仁比　聡平	共
	尾辻　秀久	無
	鈴木　宗男	無
	長浜　博行	無

外交防衛委員(21)

(自10)(立3)(公2)(維教2)(国1)(共1)(沖2)

(長)	**小野田　紀美**	自
(理)	佐藤　正久	自
(理)	若林　洋平	自
(理)	小西　洋之	立
(理)	上田　勇	公
(理)	石井　苗子	維教
	有村　治子	自
	猪口　邦子	自
	柘植　芳文	自
	中曽根　弘文	自
	松川　るい	自
	三宅　伸吾	自
	吉川　ゆうみ	自
	福山　哲郎	立
	水野　素子	立
	山口　那津男	公
	松沢　成文	維教
	榛葉　賀津也	国
	山添　拓	共
	伊波　洋一	沖
	高良　鉄美	沖

(長)=委員長・会長、(理)=理事、(幹)=幹事、議員氏名の右は会派名

財政金融委員（25）

（自12）（立3）（公3）（維教2）（国1）（共1）（無3）

㊎長	**足立　敏之**	自
㊎理	白坂　亜紀	自
㊎理	西田　昌司	自
㊎理	山田　太郎	自
㊎理	熊谷　裕人	立
㊎理	若松　謙維	公
	大家　敏志	自
	櫻井　充	自
	進藤金日子	自
	武見　敬三	自
	野上浩太郎	自
	古川　俊治	自
	松山　政司	自
	宮沢　洋一	自
	勝部　賢志	立
	柴　愼一	立
	竹内　真二	公
	矢倉　克夫	公
	浅田　均	維教
	柳ヶ瀬裕文	維教
	大塚　耕平	国
	小池　晃	共
	大野　泰正	無
	神谷　宗幣	無
	堂込麻紀子	無

文教科学委員（21）

（自10）（立4）（公2）（維教2）（国1）（共1）（れ1）

㊎長	**高橋　克法**	自
㊎理	赤松　健	自
㊎理	石井　正弘	自
㊎理	今井絵理子	自
㊎理	宮口　治子	立
㊎理	伊藤　孝恵	国
	赤池　誠章	自
	上野　通子	自
	臼井　正一	自
	末松　信介	自
	橋本　聖子	自
	本田　顕子	自
	奥村　政佳	立
	古賀　千景	立
	斎藤　嘉隆	立
	下野　六太	公
	安江　伸夫	公
	金子　道仁	維教
	中条きよし	維教
	吉良よし子	共
	舩後　靖彦	れ

厚生労働委員（25）

（自11）（立4）（公3）（維教2）（国1）（共1）（れ1）（無1）（欠1）

㊎長	**比嘉奈津美**	自
㊎理	羽生田　俊	自
㊎理	福岡　資麿	自
㊎理	星　北斗	自
㊎理	打越さく良	立
㊎理	秋野　公造	公
	生稲　晃子	自
	石田　昌宏	自
	片山さつき	自
	神谷　政幸	自
	友納　理緒	自
	三浦　靖	自
	山田　宏	自
	石橋　通宏	立
	大椿ゆうこ	立
	高木　真理	立
	杉　久武	公
	山本　香苗	公
	猪瀬　直樹	維教
	梅村　聡	維教
	田村　まみ	国
	倉林　明子	共
	天畠　大輔	れ
	上田　清司	無

農林水産委員（21）

（自10）（立4）（公2）（維教1）（国1）（共1）（無1）（欠1）

㊎長	**滝波　宏文**	自
㊎理	佐藤　啓	自
㊎理	山下　雄平	自
㊎理	山本　啓介	自
㊎理	横沢　高徳	立
㊎理	舟山　康江	国
	清水　真人	自
	野村　哲郎	自
	藤木　眞也	自
	舞立　昇治	自
	宮崎　雅夫	自
	山田　俊男	自
	田名部匡代	立
	徳永　エリ	立
	羽田　次郎	立
	高橋　光男	公
	横山　信一	公
	松野　明美	維教
	紙　智子	共
	寺田　静	無

経済産業委員(21)
(自10)(立4)(公2)(維教2)
(国1)(共1)(無1)

㊎	**森本真治**	立
㊓	青山繁晴	自
㊓	中田宏	自
㊓	長峯誠	自
㊓	古賀之士	立
㊓	東徹	維教
	浅尾慶一郎	自
	越智俊之	自
	小林一大	自
	上月良祐	自
	松村祥史	自
	丸川珠代	自
	渡辺猛之	自
	辻元清美	立
	村田享子	立
	里見隆治	公
	三浦信祐	公
	石井章	維教
	礒﨑哲史	国
	岩渕友	共
	平山佐知子	無

国土交通委員(25)
(自12)(立4)(公3)(維教3)
(国1)(共1)(れ1)

㊎	**青木愛**	立
㊓	青木一彦	自
㊓	吉井章	自
㊓	森屋隆	立
㊓	塩田博昭	公
㊓	青島健太	維教
	石井浩郎	自
	江島潔	自
	こやり隆史	自
	鶴保庸介	自
	堂故茂	自
	豊田俊郎	自
	永井学	自
	長谷川岳	自
	宮本周司	自
	山本佐知子	自
	小沼巧	立
	三上えり	立
	河野義博	公
	平木大作	公
	嘉田由紀子	維教
	藤巻健史	維教
	浜口誠	国
	田村智子	共
	木村英子	れ

環境委員(21)
(自9)(立3)(公2)(維教2)
(国1)(共1)(れ1)(無2)

㊎	**三原じゅん子**	自
㊓	梶原大介	自
㊓	長谷川英晴	自
㊓	田島麻衣子	立
㊓	串田誠一	維教
㊓	山下芳生	共
	朝日健太郎	自
	石井準一	自
	加田裕之	自
	佐藤信秋	自
	関口昌一	自
	滝沢求	自
	川田龍平	立
	水岡俊一	立
	竹谷とし子	公
	谷合正明	公
	梅村みずほ	維教
	浜野喜史	国
	山本太郎	れ
	世耕弘成	無
	ながえ孝子	無

国家基本政策委員(20)
(自9)(立3)(公2)(維教2)
(国1(共2)(れ1)

㊎	**浅田均**	維教
㊓	牧野たかお	自
㊓	松山政司	自
㊓	榛葉賀津也	国
㊓	小池晃	共
	こやり隆史	自
	古賀友一郎	自
	上月良祐	自
	滝沢求	自
	柘植芳文	自
	馬場成志	自
	船橋利実	自
	斎藤嘉隆	立
	田名部匡代	立
	森本真治	立
	谷合正明	公
	山口那津男	公
	片山大介	維教
	田村智子	共
	木村英子	れ

予算委員(45)
(自23)(立8)(公5)(維教4)
(国2)(共2)(れ1)

㊎	**櫻井充**	自
㊓	臼井正一	自
㊓	加藤明良	自
㊓	小林一大	自
㊓	中西祐介	自

	西田昌司	自
	森まさこ	自
	和田政宗	自
	岸真紀子	立
	古賀千景	立
	羽田次郎	立
	村田享子	立
	里見隆治	公
	山本博司	公
	若松謙維	公
	石井苗子	維教
	串田誠一	維教
	竹詰仁	国
	芳賀道也	国
	吉良よし子	共

行政監視委員(35)

(自17)(立7)(公4)(維教2)
(国1)(共1)(れ1)(沖1)(N1)

(長)	**川田龍平**	立
(理)	片山さつき	自
(理)	鶴保庸介	自
(理)	鬼木誠	立
(理)	杉久武	公
(理)	音喜多駿	維教
(理)	柳ヶ瀬裕文	維教
(理)	倉林明子	共
	青山繁晴	自
	井上義行	自
	石井正弘	自
	磯﨑仁彦	自
	上野通子	自
	江島潔	自
	加田裕之	自
	白坂亜紀	自
	羽生田俊	自
	橋本聖子	自
	藤井一博	自
	古川俊治	自
	星北斗	自
	山下雄平	自
	山谷えり子	自
	大椿ゆうこ	立
	古賀之士	立
	柴愼一	立
	田島麻衣子	立
	三上えり	立
	上田勇	公
	竹内真二	公
	竹谷とし子	公
	川合孝典	国
	大島九州男	れ
	伊波洋一	沖
	浜田聡	N

(理)	宮﨑雅夫	自
(理)	石橋通宏	立
(理)	杉尾秀哉	立
(理)	河野義博	公
(理)	金子道仁	維教
	有村治子	自
	石田昌宏	自
	猪口邦子	自
	佐藤啓	自
	田中昌史	自
	中田宏	自
	長峯誠	自
	長谷川英晴	自
	広瀬めぐみ	自
	堀井巌	自
	松川るい	自
	宮本周司	自
	山田太郎	自
	山田俊男	自
	山田宏	自
	吉川ゆうみ	自
	若林洋平	自
	石垣のりこ	立
	小沼巧	立
	高木真理	立
	辻元清美	立
	福島みずほ	立
	水野素子	立
	秋野公造	公
	伊藤孝江	公
	宮崎勝	公
	横山信一	公
	東徹	維教
	清水貴之	維教
	松野明美	維教
	伊藤孝恵	国
	田村まみ	国
	伊藤岳	共
	山添拓	共
	山本太郎	れ

決算委員(30)

(自15)(立5)(公4)
(維教3)(国2)(共1)

(長)	**佐藤信秋**	自
(理)	石井浩郎	自
(理)	越智俊之	自
(理)	永井学	自
(理)	徳永エリ	立
(理)	下野六太	公
(理)	梅村聡	維教
	赤池誠章	自
	赤松健	自
	今井絵理子	自
	岩本剛人	自
	太田房江	自
	酒井庸行	自
	高橋はるみ	自
	豊田俊郎	自

議院運営委員(25)

(自13)(立5)(公3)
(維教2)(国1)(共1)

長	浅尾 慶一郎	自
理	清水 真人	自
理	藤木 眞也	自
理	渡辺 猛之	自
理	勝部 賢志	立
理	吉川 沙織	立
理	三浦 信祐	公
理	柴田 巧	維教
理	浜野 喜史	国
理	岩渕 友	共
	青木 一彦	自
	生稲 晃子	自
	梶原 大介	自
	神谷 政幸	自
	古庄 玄知	自
	友納 理緒	自
	山本 啓介	自
	山本 佐知子	自
	吉井 章	自
	小沢 雅仁	立
	牧山 ひろえ	立
	横沢 高徳	立
	窪田 哲也	公
	塩田 博昭	公
	青島 健太	維教

懲罰委員(10)

(自5)(立1)(公1)
(維教1)(国1)(共1)

長	松沢 成文	維教
	石井 準一	自
	岡田 直樹	自
	山東 昭子	自
	関口 昌一	自
	福岡 資麿	自
	水岡 俊一	立
	山本 香苗	公
	舟山 康江	国
	井上 哲士	共

【特別委員会】

災害対策特別委員(20)

(自10)(立3)(公2)
(維教2)(国1)(共1)(れ1)

長	竹内 真二	公
理	岩本 剛人	自
理	加藤 明良	自
理	羽田 次郎	立
理	宮崎 勝	公
	阿達 雅志	自
	加田 裕之	自
	梶原 大介	自
	古庄 玄知	自
	藤木 眞也	自
	堀井 巌	自
	宮崎 雅夫	自
	宮本 周司	自
	杉尾 秀哉	立
	森本 真治	立
	嘉田 由紀子	維教
	松野 明美	維教
	芳賀 道也	国
	仁比 聡平	共
	大島 九州男	れ

政府開発援助等及び沖縄・北方問題に関する特別委員(35)

(自17)(立6)(公4)(維教3)
(国2)(共1)(沖1)(N1)

長	藤川 政人	自
理	青木 一彦	自
理	今井 絵理子	自
理	臼井 正一	自
理	若林 洋平	自
理	田島 麻衣子	立
理	窪田 哲也	公
理	清水 貴之	維教
	青山 繁晴	自
	朝日 健太郎	自
	井上 義行	自
	江島 潔	自
	大家 敏志	自
	高橋 克法	自
	高橋 はるみ	自
	中西 祐介	自
	本田 顕子	自
	松山 政司	自
	三原 じゅん子	自
	三宅 伸吾	自
	勝部 賢志	立
	古賀 之士	立
	塩村 あやか	立
	徳永 エリ	立
	水野 素子	立
	秋野 公造	公
	河野 義博	公
	安江 伸夫	公
	猪瀬 直樹	維教
	音喜多 駿	維教
	浜口 誠	国
	舟山 康江	国
	紙 智子	共
	高良 鉄美	沖
	浜田 聡	N

政治改革に関する特別委員(35)

(自17)(立6)(公4)(維教3)(国1)(共2)(れ1)(N1)

㊮	**豊田俊郎**	自
㊯	石井浩郎	自
㊯	佐藤正久	自
㊯	藤井一博	自
㊯	牧野たかお	自
㊯	小沼巧	立
㊯	谷合正明	公
㊯	高木かおり	維教
	青木一彦	自
	赤松健	自
	岩本剛人	自
	臼井正一	自
	加藤明良	自
	神谷政幸	自
	清水真人	自
	白坂亜紀	自
	鶴保庸介	自
	友納理緒	自
	宮崎雅夫	自
	山下雄平	自
	青木愛	立
	熊谷裕人	立
	小西洋之	立
	宮口治子	立
	森屋隆	立
	里見隆治	公
	矢倉克夫	公
	山本博司	公
	梅村聡	維教
	藤巻健史	維教
	浜野喜史	国
	井上哲士	共
	山下芳生	共
	舩後靖彦	れ
	伊波洋一	沖

北朝鮮による拉致問題等に関する特別委員(20)

(自10)(立3)(公2)(維教2)(国1)(共1)(れ1)

㊮	**松下新平**	自
㊯	清水真人	自
㊯	吉井章	自
㊯	打越さく良	立
㊯	石川博崇	公
	赤池誠章	自
	衛藤晟一	自
	北村経夫	自
	小林一大	自
	永井学	自
	山田宏	自
	山谷えり子	自
	川田龍平	立
	三上えり	立
	新妻秀規	公
	中条きよし	維教
	柳ヶ瀬裕文	維教
	川合孝典	国
	井上哲士	共
	舩後靖彦	れ

地方創生及びデジタル社会の形成等に関する特別委員(20)

(自10)(立3)(公3)(維教2)(国1)(共1)

㊮	**古川俊治**	自
㊯	礒崎仁彦	自
㊯	山本佐知子	自
㊯	岸真紀子	立
㊯	杉久武	公
	越智俊之	自
	太田房江	自
	進藤金日子	自
	鶴保庸介	自
	友納理緒	自
	長谷川英晴	自
	山本啓介	自
	高木真理	立
	福島みずほ	立
	上田勇	公
	山本香苗	公
	東徹	維教
	片山大介	維教
	伊藤孝恵	国
	伊藤岳	共

消費者問題に関する特別委員(20)

(自10)(立4)(公2)(維教2)(国1)(共1)

㊮	**石井章**	維教
㊯	神谷政幸	自
㊯	中田宏	自
㊯	石川大我	立
㊯	伊藤孝江	公
	赤松健	自
	生稲晃子	自
	上野通子	自
	古賀友一郎	自
	田中昌史	自
	比嘉奈津美	自
	宮本周司	自
	山田太郎	自
	小沢雅仁	立
	大椿ゆうこ	立
	村田享子	立
	塩田博昭	公
	松沢成文	維教
	田村まみ	国
	倉林明子	共

東日本大震災復興特別委員(35)

(自17)(立6)(公4)(維教2)(国2)(共2)(れ1)(N1)

(長) 野田国義 立
(理) 石井浩郎 自
(理) 梶原大介 自
(理) 広瀬めぐみ 自
(理) 和田政宗 自
(理) 横沢高徳 立
(理) 横山信一 公
(理) 石井苗子 維教
江島潔 自
太田房江 自
櫻井充 自
白坂亜紀 自
滝沢求 自
堂故茂 自
羽生田俊 自
橋本聖子 自
星北斗 自
三浦靖 自
宮沢洋一 自
森まさこ 自
山田太郎 自
石垣のりこ 立
鬼木誠 立
古賀千景 立
柴愼一 立
高橋光男 公
平木大作 公
若松謙維 公
梅村みずほ 維教
榛葉賀津也 国
竹詰仁 国
岩渕友 共
紙智子 共
山本太郎 れ
齊藤健一郎 N

【調査会】

外交・安全保障に関する調査会委員(25)

(自12)(立5)(公2)(維教2)(国1)(共1)(沖1)(N1)

(長) 猪口邦子 自
(理) 岩本剛人 自
(理) 越智俊之 自
(理) 吉川ゆうみ 自
(理) 塩村あやか 立
(理) 宮崎勝 公
(理) 串田誠一 維教
(理) 浜口誠 国
(理) 岩渕友 共
赤松健 自
朝日健太郎 自
生稲晃子 自
上野通子 自
こやり隆史 自
永井学 自
松川るい 自
森まさこ 自
大椿ゆうこ 立
高木真理 立
三上えり 立
水野素子 立
新妻秀規 公
金子道仁 維教
伊波洋一 沖
齊藤健一郎 N

国民生活・経済及び地方に関する調査会委員(25)

(自13)(立4)(公3)(維教2)(国1)(共1)(れ1)

(長) 福山哲郎 立
(理) 今井絵理子 自
(理) 清水真人 自
(理) 長峯誠 自
(理) 田名部匡代 立
(理) 下野六太 公
(理) 中条きよし 維教
(理) 舟山康江 国
(理) 山添拓 共
白坂亜紀 自
田中昌史 自
堂故茂 自
友納理緒 自
長谷川英晴 自
星北斗 自
山本啓介 自
山本佐知子 自
和田政宗 自
若林洋平 自
柴愼一 立
森屋隆 立
竹内真二 公
三浦信祐 公
高木かおり 維教
木村英子 れ

資源エネルギー・持続可能社会に関する調査会委員(25)

(自12)(立4)(公4)(維教3)(国1)(共1)

(長) 宮沢洋一 自
(理) 北村経夫 自
(理) 広瀬めぐみ 自
(理) 藤井一博 自
(理) 宮口治子 立
(理) 河野義博 公
(理) 青島健太 維教
(理) 浜野喜史 国
(理) 吉良よし子 共

有村治子 自
井上義行 自
石田昌宏 自
神谷政幸 自
高橋はるみ 自
滝波宏文 自
船橋利実 自
本田顕子 自
青木愛 立
鬼木誠 立
村田享子 立
佐々木さやか 公
杉久武 公
若松謙維 公
梅村みずほ 維教
藤巻健史 維教
塩田博昭 公
浅田均 維教
猪瀬直樹 維教
柴田巧 維教
礒崎哲史 国
仁比聡平 共
山本太郎 れ
高良鉄美 沖

【憲法審査会】

憲法審査会委員(45)

(自22)(立8)(公5)(維教4)
(国2)(共2)(れ1)(沖1)

(長) **中曽根弘文** 自
(幹) 臼井正一 自
(幹) 片山さつき 自
(幹) 小林一大 自
(幹) 佐藤正久 自
(幹) 吉井章 自
(幹) 小西洋之 立
(幹) 辻元清美 立
(幹) 西田実仁 公
(幹) 片山大介 維教
(幹) 大塚耕平 国
(幹) 山添拓 共
青山繁晴 自
赤池誠章 自
衛藤晟一 自
加藤明良 自
梶原大介 自
古庄玄知 自
田中昌史 自
中田宏 自
中西祐介 自
藤木眞也 自
松川るい 自
松下新平 自
山本啓介 自
山本佐知子 自
和田政宗 自
若林洋平 自
石川大我 立
打越さく良 立
小沢雅仁 立
熊谷裕人 立
古賀千景 立
福島みずほ 立
伊藤孝江 公
窪田哲也 公
里見隆治 公

【情報監視審査会】

情報監視審査会委員(8)

(自4)(立1)(公1)
(維教1)(国1)

(長) **有村治子** 自
石田昌宏 自
羽生田俊 自
宮崎雅夫 自
牧山ひろえ 立
石川博崇 公
串田誠一 維教
浜口誠 国

【政治倫理審査会】

政治倫理審査会委員(15)

(自8)(立2)(公2)
(維教1)(国1)(共1)

(長) **野村哲郎** 自
(幹) 佐藤正久 自
(幹) 牧野たかお 自
(幹) 吉川沙織 立
青木一彦 自
石井準一 自
石井浩郎 自
片山さつき 自
福岡資麿 自
斎藤嘉隆 立
竹谷とし子 公
谷合正明 公
音喜多駿 維教
舟山康江 国
山下芳生 共

会派名の表記は下記の通り。

自 =自由民主党
立 =立憲民主・社民
公 =公明党
維教 =日本維新の会・教育無償化を実現する会
国 =国民民主党・新緑風会
共 =日本共産党
れ =れいわ新選組
沖 =沖縄の風
N = NHK から国民を守る党
無 =各派に属しない議員
欠 =欠員

各政党役員一覧

（令和6年7月1日現在）

自由民主党

（昭和30年11月15日結成）

〒100-8910 千代田区永田町1-11-23
☎03-3581-6211

総裁　岸田文雄
副総裁　麻生太郎
幹事長　茂木敏充
幹事長代行　梶山弘志
幹事長代理　井上信治
同　稲田朋美
同　西銘恒三郎
同　木原誠二
同　牧野たかお
副幹事長　福田達夫(筆頭)、城内実、井上貴博、関芳弘、大岡敏孝、小倉將信、新谷正義、鈴木貴子、田所嘉德、田中英之、堀内詔子、牧島かれん、山田美樹、島尻安伊子、畦元将吾、青木一彦、江島潔、吉川ゆうみ、山田宏、松川るい、岩本剛人
経理局長　山本有二
人事局長　山下雄平
情報調査局長　小林史明
国際局長　伊藤達也
財務委員長　渡辺博道
両院議員総会長　有村治子
衆議院議員総会長　船田元
党紀委員長　逢沢一郎
中央政治大学院長　遠藤利明
組織運動本部長　金子恭之
同本部長代理　古川禎久、山際大志郎、江島潔
団体総局長　古川禎久
法務・自治関係団体委員長　武井俊輔
財政・金融・証券関係団体委員長
教育・文化・スポーツ関係団体委員長　井原巧
社会教育・宗教関係団体委員長　山田宏
厚生関係団体委員長　大串正樹
環境関係団体委員長
労働関係団体委員長　羽生田俊
農林水産関係団体委員長　古川康
商工・中小企業関係団体委員長　中山展宏
運輸・交通関係団体委員長　江島潔
情報・通信関係団体委員長　斎藤洋明
国土・建設関係団体委員長　小林茂樹
安全保障関係団体委員長　黄川田仁志
生活安全関係団体委員長　中川郁子
NPO・NGO関係団体委員長　山田太郎
地方組織・議員総局長　上田英俊
女性局長　高橋はるみ
青年局長　鈴木貴子
労政局長　森英介
遊説局長　三谷英弘
広報本部長　平井卓也
同本部長代理　平将明
広報戦略局長　小林史明
ネットメディア局長　牧島かれん
新聞出版局長　和田政宗
報道局長　平口洋
国会対策委員長　浜田靖一
委員長代理　西村明宏（委員長代行）、御法川信英
副委員長　丹羽秀樹(筆頭)、葉梨康弘、鷲尾英一郎、武藤容治、橘慶一郎、藤丸敏、大野敬太郎、中谷真一、井出庸生、井野俊郎、若林健太、宮路拓馬、佐藤正久、磯﨑仁彦
総務会長　森山裕
会長代行　金田勝年
会長代理　寺田稔、松下新平
副会長　尾身朝子、大野敬太郎、古川俊治、山田俊男
総務　伊東良孝、石破茂、石原正敬、上田英俊、江渡聡徳、越智隆雄、大西英男、田中良生、中谷真一、平口洋、宮路拓馬、山口壯、石井浩郎、猪口邦子、中曽根弘文、宮沢洋一、山本順三
政務調査会長　渡海紀三朗

会長代行　田村憲久
会長代理　柴山昌彦、若宮健嗣、片山さつき、上野通子
副会長　長島昭久、義家弘介、城内実、坂井学、松本洋平、鈴木馨祐、山下貴司、赤池誠章、石井正弘

部会長

内閣第一部会長　太田房江
〃部会長代理　中川郁子、山田宏
内閣第二部会長　冨樫博之
〃部会長代理　鳩山二郎、酒井庸行
国防部会長　黄川田仁志
〃部会長代理　松川るい
総務部会長　根本幸典
〃部会長代理　斎藤洋明
法務部会長　笹川博義
〃部会長代理　武井俊輔
外交部会長　藤井比早之
〃部会長代理　鈴木隼人、吉川ゆうみ
財務金融部会長　北村経夫
文部科学部会長　山田賢司
〃部会長代理　井原巧、和田政宗
厚生労働部会長　大串正樹
〃部会長代理　羽生田俊
農林部会長　細田健一
〃部会長代理　古川康、藤木眞也
水産部会長　山下雄平
〃部会長代理　中村裕之
経済産業部会長　宮内秀樹
〃部会長代理　中山展宏、青山繁晴
国土交通部会長　佐々木紀
〃部会長代理　小林茂樹、江島潔
環境部会長　中田宏

調査会長

税制調査会長　宮沢洋一
選挙制度調査会長　逢沢一郎
科学技術・イノベーション戦略調査会長　大野敬太郎
ITS推進・道路調査会長　金子恭之
治安・テロ対策調査会長　岩屋毅
沖縄振興調査会長　岡田直樹
消費者問題調査会長　船田元
障害児者問題調査会長　衛藤晟一
雇用問題調査会長　田村憲久
総合農林政策調査会長　江藤拓
水産総合調査会長　石破茂
金融調査会長　片山さつき
知的財産戦略調査会長　小林鷹之
中小企業・小規模事業者政策調査会長　伊藤達也
国際協力調査会長　牧島かれん
司法制度調査会長　古川禎久
スポーツ立国調査会長　松下新平
環境・温暖化対策調査会長　井上信治
住宅土地・都市政策調査会長　松島みどり
文化立国調査会長　永岡桂子
食育調査会長　山東昭子
観光立国調査会長　鶴保庸介
青少年健全育成推進調査会長　山本順三
外交調査会長　中曽根弘文
安全保障調査会長　小野寺五典
社会保障制度調査会長　加藤勝信
総合エネルギー戦略調査会長　梶山弘志
情報通信戦略調査会長　野田聖子
整備新幹線等鉄道調査会長　稲田朋美
競争政策調査会長　山際大志郎
地方行政調査会長　佐藤信秋
教育・人材力強化調査会長　柴山昌彦
物流調査会長　今村雅弘
水政策・国土保全調査会長　山本有二

特別委員長

過疎対策特別委員長　谷公一
外国人労働者等特別委員長　松山政司
たばこ特別委員長　江渡聡徳
捕鯨対策特別委員長　鶴保庸介
災害対策特別委員長　佐藤信秋
再犯防止推進特別委員長　渡辺博道
国際保健戦略特別委員長　羽生田俊
宇宙・海洋開発特別委員長　若宮健嗣
超電導リニア鉄道に関する特別委員長　古屋圭司
航空政策特別委員長　西村明宏
海運・造船対策特別委員長　石田真敏

都市公園緑地対策特別委員長	江﨑鐵磨
山村振興特別委員長	奥野信亮
離島・半島振興特別委員長	石原宏高
インフラシステム輸出総合戦略特別委員長	二階俊博
原子力規制に関する特別委員長	細野豪志
鳥獣被害対策特別委員長	武藤容治
奄美振興特別委員長	森山裕
クールジャパン戦略推進特別委員長	松山政司
領土に関する特別委員長	猪口邦子
北海道総合開発特別委員長	伊東良孝
交通安全対策特別委員長	田中和徳
社会的事業推進特別委員長	橋慶一郎
所有者不明土地等に関する特別委員長	土井亨
女性活躍推進特別委員長	堀内詔子

特命委員長

郵政事業に関する特命委員長	森山裕
戦没者遺骨帰還に関する特命委員長	福岡資麿
日本の名誉と信頼を確立するための特命委員長	有村治子
性的マイノリティに関する特命委員長	髙階恵美子
安全保障と土地法制に関する特命委員長	北村経夫
医療情報政策・ゲノム医療推進特命委員長	古川俊治
日本Well-being計画推進特命委員長	上野通子
孤独・孤立対策特命委員長	小倉將信
2027横浜国際園芸博覧会(花博)推進特命委員長	坂井学
PFI推進特命委員長	上野賢一郎
令和の教育人材確保に関する特命委員長	渡海紀三朗
防衛関係費の財源検討に関する特命委員長	渡海紀三朗
差別問題に関する特命委員長	山口壯
「日本電信電話株式会社等に関する法律」の在り方に関する特命委員長	甘利明

本部長・ＰＴ座長

財政政策検討本部長	西田昌司
経済安全保障推進本部長	甘利明
デジタル社会推進本部長	平井卓也
自由で開かれたインド太平洋戦略本部長	麻生太郎
社会機能移転分散型国づくり推進本部長	古屋圭司
「子ども・若者」輝く未来創造本部長	後藤茂之
日・グローバルサウス連携本部長	小林鷹之
デジタル行財政改革推進本部長	渡海紀三朗
地方創生実行統合本部長	山口俊一
有明海・八代海再生ＰＴ座長	金子恭之
終末期医療に関する検討ＰＴ座長	
子どもの元気！農村漁村で育むＰＴ座長	橘慶一郎
二輪車問題対策ＰＴ座長	三原じゅん子
国民皆歯科健診実現ＰＴ座長	古屋圭司
女性の生涯の健康に関するＰＴ座長	髙階恵美子
佐渡島の金山世界遺産登録実現ＰＴ座長	橘慶一郎
選挙対策委員長	小渕優子

〔参議院自由民主党〕

参議院議員会長	関口昌一
副会長	山本順三
参議院幹事長	松山政司
幹事長代行	岡田直樹
幹事長代理	牧野たかお

副幹事長 青木一彦、江島潔、堀井巌、吉川ゆうみ、山下雄平、山田宏、藤木眞也、松川るい、岩本剛人

参議院政策審議会長 福岡資麿

会長代理 片山さつき、上野通子

副会長 赤池誠章、石井正弘、羽生田俊、山田太郎、宮崎雅夫

参議院国会対策委員長	石井準一
委員長代行	佐藤正久
委員長代理	磯﨑仁彦

副委員長 石井浩郎、中西祐介、石田昌宏、長峯誠、佐藤啓、今井絵理子、加田裕之、清水真人

会計 江島潔

特別機関

行政改革推進本部長	棚橋泰文
北朝鮮による拉致問題対策本部長	加藤勝信
党改革実行本部長	茂木敏充
憲法改正実現本部長	古屋圭司
東日本大震災復興加速化本部長	根本匠
北朝鮮核実験・ミサイル問題対策本部長	江渡聡徳
国土強靭化推進本部長	二階俊博
2025年大阪・関西万博推進本部長	二階俊博
TPP・日EU・日米TAG等経済協定対策本部長	森山裕
新しい資本主義実行本部長	岸田文雄
財政健全化推進本部長	古川禎久
ウクライナ・中東情勢に関する対策本部長	茂木敏充
ＧＸ実行本部長	茂木敏充
安定的な皇位継承の確保に関する懇談会会長	麻生太郎
令和６年能登半島地震対策本部長	茂木敏充
政治刷新本部長	岸田文雄

立憲民主党

（令和2年9月15日結成）

〒100-0014 千代田区永田町1-11-1
三宅坂ビル ☎03-3595-9988

最高顧問 菅　直人
同 野田佳彦
代表 泉　健太
代表代行 辻元清美
同 西村智奈美
同 逢坂誠二
幹事長 岡田克也
幹事長代理 手塚仁雄
同 田名部匡代
総務局長/副幹事長 山岡達丸
財務局長/副幹事長 稲富修二
青年局長/副幹事長 伊藤俊輔
災害・緊急事態局長/副幹事長 森山浩行
国際局長/副幹事長 源馬謙太郎
人材局長/副幹事長 荒井　優
副幹事長(政治改革担当) 落合貴之
副幹事長 石川香織、本庄知史、勝部賢志、田島麻衣子
国民運動局長 森本真治
常任幹事会議長 渡辺　周
参議院議員会長 水岡俊一
両院議員総会長 川田龍平
役員室長 奥野総一郎
選挙対策委員長 大串博志
政務調査会長 長妻　昭
政務調査会長代理 大西健介（筆頭代理）、城井崇、徳永エリ
政務調査会副会長 稲富修二、篠原豪、山崎誠、早稲田ゆき、岡本あき子、神谷裕、櫻井周、中谷一馬、小沼巧、岸真紀子、小沢雅仁
国会対策委員長 安住　淳
国会対策委員長代理 笠　浩史
同 斎藤嘉隆
国会対策副委員長 山井和則(筆頭)、後藤祐一、吉川　元、青柳陽一郎、道下大樹、湯原俊二
代議士会長 伴野　豊
組織委員長 森本真治
企業・団体交流委員長 大島　敦
参議院議員会長代行 牧山ひろえ
参議院幹事長 田名部匡代
参議院国会対策委員長 斎藤嘉隆
参議院政策審議会長 徳永エリ
総合選挙対策本部長 泉　健太
つながる本部本部長 泉　健太
ジェンダー平等推進本部長 西村智奈美
政治改革推進本部長 渡辺　周
政治改革実行本部長 岡田克也
広報本部長 逢坂誠二
拉致問題対策本部長 渡辺　周
東日本大震災復興対策本部長 玄葉光一郎
令和6年能登半島地震対策本部長 泉　健太
子ども・若者応援本部長 泉　健太
農林漁業再生本部長 田名部匡代
倫理委員長 菊田真紀子
代表選挙管理委員長 吉川沙織
ハラスメント対策委員長 金子恵美
旧統一教会被害対策本部長 西村智奈美
沖縄協議会座長 福山哲郎
女性議員ネットワーク代表 伊藤めぐみ
北海道ブロック常任幹事 岸　真紀子
東北ブロック常任幹事 横沢高徳
北関東ブロック常任幹事 坂本祐之輔
南関東ブロック常任幹事 小沢雅仁
東京ブロック常任幹事 手塚仁雄
北陸信越ブロック常任幹事 杉尾秀哉
東海ブロック常任幹事 吉田統彦
近畿ブロック常任幹事 櫻井　周
中国ブロック常任幹事 柚木道義
四国ブロック常任幹事 白石洋一
九州ブロック常任幹事 野間　健
自治体議員ネットワーク代表 遊佐美由紀

立憲民主党「次の内閣」

ネクスト総理大臣 泉　健太
ネクスト内閣官房長官 長妻　昭
ネクスト内閣府担当大臣 杉尾秀哉
ネクスト総務大臣 野田国義
ネクスト法務大臣 牧山ひろえ
ネクスト外務大臣 玄葉光一郎
ネクスト安全保障大臣 渡辺　周
ネクスト財務金融大臣 階　猛

ネクスト文部科学大臣・ネクスト子ども政策担当大臣 菊田真紀子
ネクスト厚生労働大臣 高木真理
ネクスト農林水産大臣 金子恵美
ネクスト経済産業大臣 田嶋要
ネクスト国土交通・復興大臣 小宮山泰子
ネクスト環境大臣 近藤昭一
ネクスト内閣官房副長官 大西健介、城井崇、徳永エリ
憲法調査会長 逢坂誠二
税制調査会長 小川淳也
SOGIに関するPT座長 大河原まさこ
障がい・難病PT座長 横沢高徳
外国人受け入れ制度及び多文化共生社会のあり方に関する検討PT座長 石橋通宏
デジタル政策PT座長 中谷一馬
生殖補助医療PT座長 西村智奈美
島政策PT座長 野間健
物流対策PT座長 大島敦
外交・安全保障戦略PT座長 玄葉光一郎
公務員制度改革PT座長 大島敦
公文書管理PT座長 逢坂誠二
雇用問題対策PT座長 西村智奈美
マイナンバー在り方検討PT座長 逢坂誠二
環境エネルギーPT座長 田嶋要
ビジネスと人権PT座長 西村智奈美
機能性表示食品の見直しに関するPT座長 大西健介

日本維新の会

（※1、P287参照）

〒542-0082 大阪市中央区島之内1-17-16
三栄長堀ビル ☎06-4963-8800

代表 馬場伸幸
共同代表 吉村洋文
副代表 辻淳子
幹事長・選挙対策本部長 藤田文武
選挙対策本部長代行 井上英孝
選挙対策本部長代理 浦野靖人
幹事長代行 河崎大樹
政務調査会長 音喜多駿
政務調査会長代行 藤田晓
総務会長 柳ヶ瀬裕文
総務会長代行 岡崎太
改革実行本部長 東徹
常任役員 森和臣、山下昌彦、横山英幸、黒田征樹、宮本一孝
非常任役員 松尾勇臣
同 三木圭恵
学生局長 松本常広
ダイバーシティ推進局長 高木かおり
国際局長 青柳仁士
広報局長 伊良原勉
財務局長 高見りょう
党紀委員長 横倉廉幸
維新政治塾名誉塾長 馬場伸幸
維新政治塾塾長 音喜多駿
会計監査人代表 井上英孝

〔国会議員団〕

代表 馬場伸幸
代表補佐 中司宏、高木かおり
代表付 阿部司、守島正、漆間譲司、赤木正幸、金子道仁、青島健太、松野明美、中条きよし
幹事長 藤田文武
幹事長代理 三木圭恵
広報局長 柳ヶ瀬裕文
学生局長 沢田良
ダイバーシティ推進局長 高木かおり
政務調査会長 音喜多駿
政務調査会長代行 青柳仁士
政務調査会長代理 片山大介
政務調査会副会長 高木かおり、池下卓、岩谷良平、伊東信久、金子道仁、梅村聡、松野明美、守島正、漆間譲司、串田誠一
国会対策委員長 遠藤敬
国会対策委員長代行 柴田巧
国会対策委員長代理 中司宏
国会対策副委員長 金村龍那、奥下剛光、池畑浩太朗、一谷勇一郎、浅川義治、堀場幸子、青島健太
両院議員総会長 石井章
代議士会長 市村浩一郎
参議院会長 浅田均
参議院幹事長 猪瀬直樹

参議院国会対策委員長　柴田　巧
参議院国会対策委員長代理　青島健太
参議院政策審議会長　片山大介
党紀委員長　中司　宏
党紀委員　浦野靖人、三木圭恵、柴田　巧、小野泰輔

公明党
（※2、P287参照）

〒160-0012 新宿区南元町17
☎03-3353-0111

代表　山口那津男
副代表　北側一雄、古屋範子、斉藤鉄夫
幹事長　石井啓一
中央幹事会会長　北側一雄
政務調査会長　高木陽介
中央幹事　竹内　譲（会長代理）、大口善徳、稲津　久、庄子賢一、塩田博昭、中川宏昌、中川康洋、山本香苗、山本博司、河野義博、中島義雄、松葉多美子、山口広治、若松謙維、伊藤渉、石川博崇、岡本三成、國重徹、秋野公造、土岐恭生、千葉宣男
中央規律委員長　浮島智子
中央会計監査委員　佐々木さやか
同　杉　久武
幹事長代行　赤羽一嘉
幹事長代理　稲津　久
同　谷合正明
政務調査会長代理　上田　勇、大口善徳、伊藤渉、山本香苗、稲津久
国会対策委員長　佐藤茂樹
国会対策委員長代理　輿水恵一
国対筆頭副委員長　中川康洋
選挙対策委員長　西田実仁
組織委員長　大口善徳
組織局長　稲津　久
地方議会局長　輿水恵一
遊説局長　竹内真二
広報委員長　谷合正明
広報局長　國重　徹
宣伝局長　佐々木さやか
総務委員長　高鍋博之
財務委員長　石井啓一
機関紙委員長　吉本正史
機関紙推進委員長　若松謙維
国際委員長　岡本三成
国際局長　新妻秀規
団体渉外委員長　伊藤　渉
団体局長　中野洋昌
労働局長　佐藤英道
市民活動委員長　石川博崇
市民活動局長　石川博崇
文化芸術局長　浮島智子
ＮＰＯ局長　鰐淵洋子
女性委員長　竹谷とし子
女性局長　佐々木さやか
青年委員長　國重　徹
青年局長　三浦信祐
学生局長　河西宏一
常任顧問　太田昭宏、井上義久
アドバイザー　石田祝稔、桝屋敬悟、高木美智代、浜田昌良
参議院会長　西田実仁
参議院副会長　山本香苗
参議院幹事長　谷合正明
参院国会対策委員長　竹谷とし子
参院国対筆頭副委員長　三浦信祐
参院政策審議会長　石川博崇
全国議員団会議議長　北側一雄
全国地方議員団会議議長　中島義雄

日本共産党
（大正11年7月15日結成）

〒151-8586 渋谷区千駄ヶ谷4-26-7
☎03-3403-6111

中央委員会議長　志位和夫
幹部会委員長　田村智子
書記局長　小池　晃
幹部会副委員長　山下芳生（筆頭）、田中　悠、市田忠義、緒方靖夫、倉林明子、浜野忠夫
政策委員長　山添　拓

常任幹部会委員　市田忠義、岩井鐵也、大幡基夫、岡嵜郁子、緒方靖夫、紙　智子、吉良よし子、倉林明子、小池　晃、小木曽陽司、穀田恵二、坂井　希、志位和夫、田中　悠、田村智子、堤　文俊、寺沢亜志也、中井作太郎、浜野忠夫、土方明果、広井暢子、藤田　文、山下芳生、山添　拓、若林義春

書記局長代行　田中　悠

書記局次長　中井作太郎、堤　文俊、土方明果、土井洋彦

政策委員会委員長	山添　拓
経済・社会保障政策委員会責任者	垣内　亮
政治・外交委員会責任者	小松公生
理論委員会責任者	田中　悠
人権委員会責任者	倉林明子
ジェンダー平等委員会責任者	倉林明子
子どもの権利委員会責任者	吉良よし子
障害者の権利委員会責任者	高橋千鶴子
先住民（アイヌ）の権利委員会責任者	紙　智子
在日外国人の権利委員会責任者	田川　実
宣伝局長	田村一志
広報部長	植木俊雄
国民の声室責任者	藤原忠雄
国民運動委員会責任者	堤　文俊
労働局長	堤　文俊
農林・漁民局長	紙　智子
市民・住民運動・中小企業局長	松原昭夫
平和運動局長	川田忠明
基地対策委員会責任者	小泉親司
災害問題対策委員会責任者	太田善作
学術・文化委員会責任者	土井洋彦
文教委員会責任者	藤森　毅
宗教委員会責任者	土井洋彦
スポーツ委員会責任者	畑野君枝
選挙・自治体委員会責任者	中井作太郎
選挙対策局長	中井作太郎
自治体局長	岡嵜郁子
選挙対策委員長	穀田恵二
国際委員会責任者	緒方靖夫
党建設委員会責任者	山下芳生
組織局長	土方明果
機関紙活動局長	大幡基夫
学習・教育局長	広井暢子
青年・学生委員会責任者	坂井　希
中央党学校運営委員会責任者	田中　悠
法規対策部長	柳沢明夫
人事局長	浜野忠夫
財務・業務委員会責任者	岩井鐵也
財政部長	藤本哲也
機関紙誌業務部長	大井伸行
管理部長	大久保健三
厚生部長	大久保健三
システム開発管理部長	葛西邦生
赤旗まつり実行委員長	小木曽陽司
社会科学研究所長	山口富男
出版企画委員会責任者	岩井鐵也
出版局長	田代忠利
雑誌刊行委員会責任者	田代忠利
資料室責任者	鈴木裕子
党史資料(研究)室責任者	岡　宏輔
中央委員会事務室責任者	工藤　充
第二事務室責任者	髙宮正芳
赤旗編集局長	小木曽陽司
原発・気候変動・エネルギー問題対策委員会責任者	笠井　亮
国会対策委員長	穀田恵二
国会議員団総会長	紙　智子
衆議院議員団長	高橋千鶴子
参議院議員団長	紙　智子
参議院幹事長	井上哲士
衆議院国会対策委員長	穀田恵二
参議院国会対策委員長	井上哲士
国会議員団事務局長	藤井正人

国民民主党

（令和2年9月15日結成）

〒100-0014 千代田区永田町2-17-17 JBS永田町 ☎03-3593-6229

代表	玉木雄一郎
幹事長	榛葉賀津也
幹事長代行	川合孝典
政務調査会長兼役員室長	浜口　誠
選挙対策委員長	浜野喜史
国会対策委員長兼企業団体委員長	古川元久

参議院議員会長兼両院議員総会長	舟山康江
副代表兼広報局長	礒﨑哲史
幹事長代理	鈴木義弘
副幹事長	西岡秀子
同	竹詰　仁
国会対策委員長代理	浅野　哲
組織委員長	伊藤孝恵
財務局長	浜口　誠
人事・総務局長	竹詰　仁
倫理委員長	竹詰　仁
国民運動局長	田村まみ
青年局長	浅野　哲
国際局長	古川元久
参議院議員会長	舟山康江
参議院幹事長	川合孝典
参議院国会対策委員長	礒﨑哲史
政治改革・行政改革推進本部長	古川元久
男女共同参画推進本部長	玉木雄一郎
男女共同参画推進本部長代理兼LGBT担当	西岡秀子
拉致問題対策本部長	川合孝典
災害対策本部長	榛葉賀津也
政務調査会長代理	西岡秀子

れいわ新選組

（平成31年4月1日結成）

〒102-0083 千代田区麹町2-5-20
押田ビル4F ☎03-6384-1974

代表	山本太郎
共同代表	櫛渕万里
同	大石あきこ
副代表兼参議院会長	舩後靖彦
副代表兼参議院国会対策副委員長	木村英子
国会対策委員長	たがや　亮
政策審議会長	大石あきこ
政策審議会長代理兼衆議院会長	櫛渕万里
参議院国会対策委員長	大島九州男
幹事長	高井たかし
幹事	天畠大輔
両院議員総会長	舩後靖彦
選挙対策委員長	山本太郎

教育無償化を実現する会

（令和5年12月13日結成）

〒100-0014 千代田区永田町2-17-17-272
☎03-6811-2100

代表	前原誠司
副代表	嘉田由紀子
幹事長	徳永久志
政務調査会長	斎藤アレックス
国会対策委員長	鈴木　敦

社会民主党

（※3、P287参照）

〒104-0043 中央区湊3-18-17
マルキ榎本ビル5F ☎03-3553-3731

党首	福島みずほ
副党首兼国会対策委員長兼政策審議会長	新垣邦男
副党首	大椿裕子
幹事長兼選挙対策委員長	服部良一
総務企画局長兼機関紙宣伝局長	中島　修
組織団体局長	渡辺英明
常任幹事	山城博治、伊地智恭子、伊是名夏子

参政党

（令和2年4月11日結成）

〒107-0052 港区赤坂3-4-3
赤坂マカベビル5F ☎03-6807-4228

代表	神谷宗幣
副代表	川　裕一郎

※1 平成27年10月31日、おおさか維新の会結党。平成28年8月23日、日本維新の会へ党名変更

※2 昭和39年11月17日旧公明党結党。平成10年11月7日、「公明」と「新党平和」が合流して、新しい現在の「公明党」結成

※3 昭和20年11月2日、日本社会党結成。昭和30年10月13日、左右再統一。平成8年1月19日、社会民主党へ党名変更

衆議院議員勤続年数・当選回数表

（令和6年8月末現在）

氏名の前の（　）内の数字は参議院の通算在職年数、端数は切り上げてあります。
○内の数字は衆議院議員としての当選回数。

55年（1人）
小沢一郎 ⑱

47年（1人）
(7)衛藤征士郎 ⑬

46年（1人）
中村喜四郎 ⑮

45年（1人）
菅直人 ⑭

43年（1人）
麻生太郎 ⑭

41年（3人）
甘利明 ⑬
二階俊博 ⑬
額賀福志郎 ⑬

39年（4人）
逢沢一郎 ⑫
石破茂 ⑫
船田元 ⑬
村上誠一郎 ⑫

35年（6人）
岡田克也 ⑪
中谷元 ⑪
古屋圭司 ⑪
森英介 ⑪
山口俊一 ⑪
山本有二 ⑪

32年（15人）
石井啓一 ⑩
枝野幸男 ⑩
岸田文雄 ⑩
北側一雄 ⑩
玄葉光一郎 ⑩
穀田恵二 ⑩
斉藤鉄夫 ⑩
志位和夫 ⑩
鈴木俊一 ⑩
渡海紀三朗 ⑩
野田聖子 ⑩
浜田靖一 ⑩
林幹雄 ⑩
前原誠司 ⑩
茂木敏充 ⑩

30年（2人）
高市早苗 ⑨
(27)林芳正 ①

29年（17人）
安住淳 ⑨
今村雅弘 ⑨
河野太郎 ⑨
近藤昭一 ⑨
佐藤茂樹 ⑩
佐藤勉 ⑨
塩谷立 ⑩
下村博文 ⑨
菅義偉 ⑨
田中和德 ⑨
田村憲久 ⑨
棚橋泰文 ⑨
中川正春 ⑨
原口一博 ⑨
平沢勝栄 ⑨
古川元久 ⑨
渡辺周 ⑨

28年（9人）
赤羽一嘉 ⑨
伊藤達也 ⑨
岩屋毅 ⑨
遠藤利明 ⑨
大口善德 ⑨
(13)金田勝年 ⑤
高木陽介 ⑨
根本匠 ⑨
野田佳彦 ⑨

27年（2人）
新藤義孝 ⑧
(6)森山裕 ⑦

26年（1人）
(7)笠井亮 ⑥

25年（21人）
阿部知子 ⑧
赤嶺政賢 ⑧
江﨑鐵磨 ⑧
江渡聡徳 ⑧
小渕優子 ⑧
大島敦 ⑧
梶山弘志 ⑧
金子恭之 ⑧
櫻田義孝 ⑧
塩川鉄也 ⑧
髙木毅 ⑧
土屋品子 ⑧
長妻昭 ⑧
平井卓也 ⑧
細野豪志 ⑧
松野博一 ⑧
松原仁 ⑧
松本剛明 ⑧
山井和則 ⑧
吉野正芳 ⑧
渡辺博道 ⑧

24年（1人）
末松義規 ⑦

23年（5人）
石田真敏 ⑧
小野寺五典 ⑧
海江田万里 ⑧
牧義夫 ⑦
山口壯 ⑦

21年（23人）
井上信治 ⑦
泉健太 ⑧
江田憲司 ⑦
江藤拓 ⑦
加藤勝信 ⑦
上川陽子 ⑦
川内博史 ⑦
菊田真紀子 ⑦
小泉龍司 ⑦
小宮山泰子 ⑦
後藤茂之 ⑦
篠原孝 ⑦
柴山昌彦 ⑦
田嶋要 ⑦
高橋千鶴子 ⑦
武田良太 ⑦
谷公一 ⑦
長島昭久 ⑦
西村康稔 ⑦
古川禎久 ⑦
古屋範子 ⑦

松島みどり⑦
笠浩史⑦

20年（15人）
あべ俊子⑥
赤澤亮正⑥
秋葉賢也⑦
伊藤信太郎⑦
稲田朋美⑥
小川淳也⑥
小里泰弘⑥
大串博志⑥
坂本哲志⑦
平将明⑥
永岡桂子⑥
福田昭夫⑥
馬淵澄夫⑦
柚木道義⑥
鷲尾英一郎⑥

19年（7人）
吉良州司⑥
(7)佐藤公治④
竹内譲⑥
寺田学⑥
西村智奈美⑥
伴野豊⑥
(7)宮本岳志⑤

18年（15人）
(7)浮島智子④
逢坂誠二⑤
奥野信亮⑥
階猛⑥
鈴木淳司⑥
寺田稔⑥
丹羽秀樹⑥
西村明宏⑥
西銘恒三郎⑥
葉梨康弘⑥
萩生田光一⑥
御法川信英⑥
宮下一郎⑥
山際大志郎⑥
(6)義家弘介④

17年（2人）
城内実⑥
下条みつ⑤

16年（38人）
あかま二郎⑤
伊東良孝⑤
伊藤忠彦⑤
伊藤渉⑤
石原宏高⑤
稲津久⑤
上野賢一郎⑤
越智隆雄⑤
大塚拓⑤
大西健介⑤
奥野総一郎⑤
(7)金子恵美③
亀岡偉民⑤
木原誠二⑤
木原稔⑤
小泉進次郎⑤
後藤祐一⑤
齋藤健⑤
坂井学⑤
鈴木馨祐⑤
関芳弘⑤
田中良生⑤
髙鳥修一⑤
橘慶一郎⑤
玉木雄一郎⑤
(13)塚田一郎①
手塚仁雄⑤
土井亨⑤
中根一幸⑤
橋本岳⑤
平口洋⑤
牧原秀樹⑤
松木けんこう⑥
松本洋平⑤
武藤容治⑤
盛山正仁⑤
山本ともひろ⑤
若宮健嗣⑤

15年（3人）
(3)小熊慎司④
(12)髙階恵美子①
(12)中西健治①

14年（2人）
(7)大河原まさこ②
(7)鰐淵洋子②

13年（3人）
城井崇④
(10)島尻安伊子①
杉本和巳④

12年（86人）
足立康史④
青柳陽一郎④
秋本真利④
井出庸生④
井野俊郎④
井上貴博④
井上英孝④
井林辰憲④
伊佐進一④
池田佳隆④
石川昭政④
市村浩一郎④
今枝宗一郎④
岩田和親④
浦野靖人④
遠藤敬④
小倉將信④
小田原潔④
大岡敏孝④
大串正樹④
大西英男④
大野敬太郎④
岡本三成④
鬼木誠④
勝俣孝明④
門山宏哲④
神田憲次④
菅家一郎④
黄川田仁志④
北神圭朗④
工藤彰三④
國重徹④
熊田裕通④
小島敏文④
小林鷹之④
小林史明④
古賀篤④
國場幸之助④
佐々木紀④
佐藤英道④
斎藤洋明④
笹川博義④
重徳和彦④
新谷正義④
鈴木貴子④
鈴木憲和④
田所嘉徳④
田中英之④
田野瀬太道④
田畑裕明④
武井俊輔④

武部 新 ④
武村 展英 ④
津島 淳 ④
辻 清人 ④
冨樫 博之 ④
中島 克仁 ④
中谷 真一 ④
中野 洋昌 ④
中村 裕之 ④
中山 展宏 ④
長坂 康正 ④
根本 幸典 ④
野中 厚 ④
馬場 伸幸 ④
濵地 雅一 ④
福田 達夫 ④
藤井 比早之 ④
藤丸 敏 ④
藤原 崇 ④
星野 剛士 ④
細田 健一 ④
堀井 学 ④
堀内 詔子 ④
牧島 かれん ④
三ッ林 裕巳 ④
宮内 秀樹 ④
務台 俊介 ④
村井 英樹 ④
八木 哲也 ④
簗 和生 ④
山下 貴司 ④
山田 賢司 ④
山田 美樹 ④
吉川 元 ④
渡辺 孝一 ④

11年（10人）

青山 周平 ④
稲富 修二 ③
(7)亀井 亜紀子 ②
近藤 和也 ③
白石 洋一 ③
宮﨑 政久 ④
森山 浩行 ③
山岡 達丸 ③
山崎 誠 ③
吉田 統彦 ③

10年（15人）

尾身 朝子 ③
緒方 林太郎 ③
落合 貴之 ③
加藤 鮎子 ③
小山 展弘 ③
篠原 豪 ③
鈴木 隼人 ③
田村 貴昭 ③
谷川 とむ ③
福島 伸享 ③
古川 康 ③
宮路 拓馬 ③
宮本 徹 ③
宗清 皇一 ③
本村 伸子 ③

9年（8人）

(7)井原 巧 ①
小林 茂樹 ③
杉田 水脈 ③
(7)徳永 久志 ①
三谷 英弘 ③
谷田川 元 ③
和田 義明 ③
(7)若林 健太 ①

8年（11人）

井坂 信彦 ③
伊東 信久 ③
鎌田 さゆり ③
輿水 恵一 ③
坂本 祐之輔 ③
鈴木 義弘 ③
高木 宏壽 ③
中川 郁子 ③
野間 健 ③
鳩山 二郎 ③
吉川 赳 ③

7年（32人）

青山 大人 ②
浅野 哲 ②
伊藤 俊輔 ②
石川 香織 ②
泉田 裕彦 ②
上杉 謙太郎 ②
岡本 あき子 ②
金子 俊平 ②
神谷 裕 ②
木村 次郎 ②
国光 あやの ②
源馬 謙太郎 ②
小寺 裕雄 ②
高村 正大 ②
櫻井 周 ②
瀬戸 隆一 ③
空本 誠喜 ②
髙木 啓 ②
中曽根 康隆 ②
中谷 一馬 ②
仁木 博文 ②
西岡 秀子 ②
西田 昭二 ②
穂坂 泰 ②
本田 太郎 ②
道下 大樹 ②
緑川 貴士 ②
森田 俊和 ②
山本 剛正 ②
湯原 俊二 ②
吉田 宣弘 ③
早稲田 ゆき ②

6年（6人）

畦元 将吾 ②
櫛渕 万里 ②
角田 秀穂 ②
中川 康洋 ②
藤田 文武 ②
吉田 豊史 ②

5年（3人）

深澤 陽一 ②
三木 圭恵 ②
美延 映夫 ②

4年（1人）

屋良 朝博 ②

3年（86人）

阿部 司 ①
阿部 弘樹 ①
青柳 仁士 ①
赤木 正幸 ①
浅川 義治 ①
東 国幹 ①
荒井 優 ①
新垣 邦男 ①
五十嵐 清 ①
池下 卓 ①
池畑 浩太朗 ①
石井 拓 ①
石橋 林太郎 ①
石原 正敬 ①
一谷 勇一郎 ①
岩谷 良平 ①
上田 英俊 ①

梅谷　守 ①
漆間譲司 ①
遠藤良太 ①
おおつき紅葉 ①
小野泰輔 ①
尾﨑正直 ①
大石あきこ ①
奥下剛光 ①
加藤竜祥 ①
河西宏一 ①
勝目　康 ①
金村龍那 ①
川﨑ひでと ①
神田潤一 ①
金城泰邦 ①
日下正喜 ①
国定勇人 ①
小森卓郎 ①
神津たけし ①
斎藤アレックス ①
沢田　良 ①
塩﨑彰久 ①
庄子賢一 ①
鈴木　敦 ①
鈴木英敬 ①
鈴木庸介 ①
住吉寛紀 ①
たがや　亮 ①
田中　健 ①
高橋英明 ①
高見康裕 ①
土田　慎 ①
堤　かなめ ①
中川貴元 ①
中川宏昌 ①
中司　宏 ①
中野英幸 ①
長友慎治 ①
西野太亮 ①
長谷川淳二 ①
馬場雄基 ①
早坂　敦 ①
平沼正二郎 ①
平林　晃 ①
福重隆浩 ①
藤岡隆雄 ①
藤巻健太 ①
太　栄志 ①
古川直季 ①
堀場幸子 ①
掘井健智 ①
本庄知史 ①
松本　尚 ①
三反園　訓 ①
岬　麻紀 ①
守島　正 ①
保岡宏武 ①
柳本　顕 ①
山岸一生 ①
山口　晋 ①
山﨑正恭 ①
山田勝彦 ②
山本左近 ①
吉田久美子 ①
吉田とも代 ①
吉田はるみ ①
米山隆一 ①
和田有一朗 ①
渡辺　創 ①

2年（4人）

英利アルフィヤ ①
岸　信千世 ①
林　佑美 ①
吉田真次 ①

1年（4人）

金子容三 ①
酒井なつみ ①
中嶋秀樹 ①
森　由起子 ①

㊥勤続年数

参議院議員勤続年数・当選回数表

（令和6年8月末現在）

氏名の前の（　）内の数字は衆議院の通算在職年数、端数は切り上げてあります。
○内の数字は参議院議員としての当選回数。

43年（1人）
山東昭子⑧

39年（1人）
中曽根弘文⑦

36年（1人）
尾辻秀久⑥

33年（1人）
山崎正昭⑥

31年（2人）
(25)鈴木宗男①
(7)山口那津男④

30年（2人）
(13)衛藤晟一③
橋本聖子⑤

28年（1人）
(11)長浜博行③

27年（5人）
櫻井充⑤
世耕弘成⑤
鶴保庸介⑤
福島みずほ⑤
福山哲郎⑤

25年（1人）
武見敬三⑤

24年（13人）
有村治子④
井上哲士④
(21)上田勇①
大塚耕平④
紙智子④
小池晃④
榛葉賀津也④
(22)辻元清美①
松山政司④
(10)宮沢洋一③
山下芳生④
(4)山谷えり子④
山本香苗④

22年（3人）
(9)浅尾慶一郎③
関口昌一⑤
(11)若松謙維②

20年（10人）
岡田直樹④
末松信介④
谷合正明④
西田実仁④
野上浩太郎④
野村哲郎④
(10)松沢成文③
松下新平④
松村祥史④
山本順三④

19年（3人）
(4)猪口邦子③
(4)片山さつき③
(4)福岡資麿③

18年（16人）
(8)青木愛③
石井準一③
川田龍平③
佐藤信秋③
佐藤正久③
西田昌司③
(5)広田一③
古川俊治③
牧野たかお③
牧山ひろえ③
丸川珠代③
水岡俊一③
森まさこ③
山田俊男③
山本博司③
吉川沙織③

16年（3人）
(4)赤池誠章②
(11)上田清司②
(8)田名部匡代②

15年（23人）
青木一彦③
秋野公造③
石井浩郎③
石川博崇③
石橋通宏③
磯﨑仁彦③
上野通子③
大家敏志③
川合孝典③
小西洋之③
斎藤嘉隆③
田村智子③
竹谷とし子③
徳永エリ③
中西祐介③
仁比聡平③
(4)野田国義②
長谷川岳③
藤川政人③
舟山康江③
三原じゅん子③
横山信一③
渡辺猛之③

14年（3人）
大島九州男③
(11)中田宏①
(6)山田宏②

12年（42人）
東徹②
(4)石井章②
石井正弘②
石田昌宏②
礒﨑哲史②
梅村聡②
江島潔③
大野泰正②
太田房江②
河野義博②
吉良よし子②
北村経夫③
倉林明子②
古賀友一郎②
上月良祐②
佐々木さやか②
酒井庸行②
清水貴之②
柴田巧②
杉久武②
高橋克法②
滝沢求②
滝波宏文②

柘植　芳文②
堂故　茂②
豊田　俊郎②
長峯　誠②
新妻　秀規②
羽生田　俊②
馬場　成志②
浜野　喜史②
平木　大作②
堀井　巌②
舞立　昇治②
三宅　伸吾②
宮本　周司③
森本　真治②
森屋　宏②
矢倉　克夫②
山下　雄平②
吉川　ゆうみ②
和田　政宗②

10年（1人）

阿達　雅志③

9年（31人）

足立　敏之②
青山　繁晴②
浅田　均②
朝日　健太郎②
井上　義行②
伊藤　孝江②
伊藤　孝恵②
伊波　洋一②
石井　苗子②
今井　絵理子②
岩渕　友②
小野田　紀美②
片山　大介②
こやり　隆史②
古賀　之士②
佐藤　啓②
里見　隆治②
自見　はなこ②
進藤　金日子②
杉尾　秀哉②
高木　かおり②
(4)ながえ　孝子①
浜口　誠②
平山　佐知子②
藤木　眞也②
(7)船橋　利実①
松川　るい②
三浦　信祐②
山添　拓②
山田　太郎②
(1)山本　太郎②

8年（2人）

(5)比嘉　奈津美①
宮崎　勝②

7年（4人）

(5)串田　誠一①
竹内　真二②
藤巻　健史②
(2)三浦　靖①

6年（33人）

伊藤　岳①
石垣　のりこ①
石川　大我①
岩本　剛人①
打越　さく良①
梅村　みずほ①
小沢　雅仁①
小沼　巧①
音喜多　駿①
加田　裕之①
嘉田　由紀子①
勝部　賢志①
木村　英子①
岸　真紀子①
熊谷　裕人①
清水　真人①
塩田　博昭①
塩村　あやか①
下野　六太①
田島　麻衣子①
田村　まみ①
高橋　はるみ①
高橋　光男①
髙良　鉄美①
寺田　静①
芳賀　道也①
船後　靖彦①
本田　顕子①
宮崎　雅夫①
森屋　隆①
安江　伸夫①
柳ヶ瀬　裕文①
横沢　高徳①

5年（1人）

浜田　聡①

4年（2人）

羽田　次郎①
宮口　治子①

3年（36人）

青島　健太①
赤松　健①
生稲　晃子①
猪瀬　直樹①
臼井　正一①
越智　俊之①
鬼木　誠①
加藤　明良①
梶原　大介①
金子　道仁①
神谷　宗幣①
神谷　政幸①
窪田　哲也①
小林　一大①
古賀　千景①
古庄　玄知①
柴　愼一①
高木　真理①
竹詰　仁①
天畠　大輔①
堂込　麻紀子①
友納　理緒①
中条　きよし①
永井　学①
長谷川　英晴①
広瀬　めぐみ①
藤井　一博①
星　北斗①
松野　明美①
三上　えり①
水野　素子①
村田　享子①
山本　啓介①
山本　佐知子①
吉井　章①
若林　洋平①

2年（4人）

大椿　ゆうこ①
齊藤　健一郎①
白坂　亜紀①
田中　昌史①

1年（1人）

奥村　政佳①

党派別国会議員一覧

（令和6年7月1日現在）

※衆参の正副議長は無所属に含む。〇内は当選回数・無所属には諸派を含む。衆議院議員の（ ）内は参議院の当選回数。参議院議員の（ ）内は衆議院の当選回数。

自民党　372人

（衆議院257人）

麻生 太郎 ⑭
甘利 明 ⑬
衛藤 征士郎 ⑬(1)
二階 俊博 ⑬
船田 元 ⑬
逢沢 一郎 ⑫
石破 茂 ⑫
村上 誠一郎 ⑫
中谷 元 ⑪
古屋 圭司 ⑪
森 英介 ⑪
山口 俊一 ⑪
山本 有二 ⑪
岸田 文雄 ⑩
鈴木 俊一 ⑩
渡海 紀三朗 ⑩
野田 聖子 ⑩
浜田 靖一 ⑩
林 幹雄 ⑩
茂木 敏充 ⑩
伊藤 達也 ⑨
今村 雅弘 ⑨
岩屋 毅 ⑨
遠藤 利明 ⑨
河野 太郎 ⑨
佐藤 勉 ⑨
下村 博文 ⑨
菅 義偉 ⑨
田中 和徳 ⑨
田村 憲久 ⑨
高市 早苗 ⑨
棚橋 泰文 ⑨
根本 匠 ⑨
平沢 勝栄 ⑨
石田 真敏 ⑧
江﨑 鐵磨 ⑧
江渡 聡徳 ⑧
小野寺 五典 ⑧
小渕 優子 ⑧
梶山 弘志 ⑧
金子 恭之 ⑧
櫻田 義孝 ⑧
新藤 義孝 ⑧
髙木 毅 ⑧
土屋 品子 ⑧
平井 卓也 ⑧
細野 豪志 ⑧
松野 博一 ⑧
松本 剛明 ⑧
吉野 正芳 ⑧
渡辺 博道 ⑧
秋葉 賢也 ⑦
井上 信治 ⑦
伊藤 信太郎 ⑦
江藤 拓 ⑦
加藤 勝信 ⑦
上川 陽子 ⑦
小泉 龍司 ⑦
後藤 茂之 ⑦
坂本 哲志 ⑦
柴山 昌彦 ⑦
武田 良太 ⑦
谷 公一 ⑦
長島 昭久 ⑦
西村 康稔 ⑦
古川 禎久 ⑦
松島 みどり ⑦
森山 裕 ⑦(1)
山口 壯 ⑦
あべ 俊子 ⑥
赤澤 亮正 ⑥
稲田 朋美 ⑥
小里 泰弘 ⑥
奥野 信亮 ⑥
城内 実 ⑥
鈴木 淳司 ⑥
平 将明 ⑥
寺田 稔 ⑥
永岡 桂子 ⑥
丹羽 秀樹 ⑥
西村 明宏 ⑥
西銘 恒三郎 ⑥
葉梨 康弘 ⑥
萩生田 光一 ⑥
御法川 信英 ⑥
宮下 一郎 ⑥
山際 大志郎 ⑥
鷲尾 英一郎 ⑥
あかま 二郎 ⑤
伊東 良孝 ⑤
伊藤 忠彦 ⑤
石原 宏高 ⑤
上野 賢一郎 ⑤
越智 隆雄 ⑤
大塚 拓 ⑤
金田 勝年 ⑤(2)
亀岡 偉民 ⑤
木原 誠二 ⑤
木原 稔 ⑤
小泉 進次郎 ⑤
齋藤 健 ⑤
坂井 学 ⑤
鈴木 馨祐 ⑤
関 芳弘 ⑤
田中 良生 ⑤
髙鳥 修一 ⑤
橘 慶一郎 ⑤
土井 亨 ⑤
中根 一幸 ⑤
橋本 岳 ⑤
平口 洋 ⑤
牧原 秀樹 ⑤
松本 洋平 ⑤
武藤 容治 ⑤
盛山 正仁 ⑤
山本 ともひろ ⑤
若宮 健嗣 ⑤
青山 周平 ④
井出 庸生 ④
井野 俊郎 ④
井上 貴博 ④
井林 辰憲 ④
石川 昭政 ④
今枝 宗一郎 ④
岩田 和親 ④
小倉 將信 ④

小田原　潔 ④
大岡　敏孝 ④
大串　正樹 ④
大西　英男 ④
大野　敬太郎 ④
鬼木　誠 ④
勝俣　孝明 ④
門山　宏哲 ④
神田　憲次 ④
菅家　一郎 ④
黄川田　仁志 ④
工藤　彰三 ④
熊田　裕通 ④
小島　敏文 ④
小林　鷹之 ④
小林　史明 ④
古賀　篤 ④
國場　幸之助 ④
佐々木　紀 ④
斎藤　洋明 ④
笹川　博義 ④
新谷　正義 ④
鈴木　貴子 ④
鈴木　憲和 ④
田所　嘉徳 ④
田中　英之 ④
田野瀬　太道 ④
田畑　裕明 ④
武井　俊輔 ④
武部　新 ④
武村　展英 ④
津島　淳 ④
辻　清人 ④
冨樫　博之 ④
中谷　真一 ④
中村　裕之 ④
中山　展宏 ④
長坂　康正 ④
根本　幸典 ④
野中　厚 ④
福田　達夫 ④
藤井　比早之 ④
藤丸　敏 ④
藤原　崇 ④
星野　剛士 ④
細田　健一 ④
堀井　学 ④
堀内　詔子 ④
牧島　かれん ④
三ッ林　裕巳 ④
宮内　秀樹 ④
宮﨑　政久 ④
務台　俊介 ④
村井　英樹 ④
八木　哲也 ④
簗　和生 ④
山下　貴司 ④
山田　賢司 ④
山田　美樹 ④
義家　弘介 ④(1)
渡辺　孝一 ④
尾身　朝子 ③
加藤　鮎子 ③
小林　茂樹 ③
杉田　水脈 ③
鈴木　隼人 ③
瀬戸　隆一 ③
高木　宏壽 ③
谷川　とむ ③
中川　郁子 ③
鳩山　二郎 ③
古川　康 ③
三谷　英弘 ③
宮路　拓馬 ③
宗清　皇一 ③
和田　義明 ③
畦元　将吾 ②
泉田　裕彦 ②
上杉　謙太郎 ②
金子　俊平 ②
木村　次郎 ②
国光　あやの ②
小寺　裕雄 ②
高村　正大 ②
髙木　啓 ②
中曽根　康隆 ②
仁木　博文 ②
西田　昭二 ②
深澤　陽一 ②
穂坂　泰 ②
本田　太郎 ②
東　国幹 ①
五十嵐　清 ①
井原　巧 ①(1)
石井　拓 ①
石橋　林太郎 ①
石原　正敬 ①
上田　英俊 ①
英利アルフィヤ ①
尾﨑　正直 ①
加藤　竜祥 ①
勝目　康 ①
金子　容三 ①
川崎　ひでと ①
神田　潤一 ①
岸　信千世 ①
国定　勇人 ①
小森　卓郎 ①
塩崎　彰久 ①
島尻　安伊子 ①(2)
鈴木　英敬 ①
髙階　恵美子 ①(2)
高見　康裕 ①
塚田　一郎 ①(2)
土田　慎 ①
中川　貴元 ①
中西　健治 ①(2)
中野　英幸 ①
西野　太亮 ①
長谷川　淳二 ①
林　芳正 ①(5)
平沼　正二郎 ①
古川　直季 ①
松本　尚 ①
森　由起子 ①
保岡　宏武 ①
柳本　顕 ①
山口　晋 ①
山本　左近 ①
吉田　真次 ①
若林　健太 ①(1)

（参議院115人）

（任期R7.7.28　52人）

山東　昭子 ⑧
武見　敬三 ⑤
橋本　聖子 ⑤
有村　治子 ④
松山　政司 ④
石井　準一 ③
衛藤　晟一 ③(4)
北村　経夫 ③
佐藤　信秋 ③
佐藤　正久 ③

西田昌司 ③
古川俊治 ③
牧野たかお ③
丸川珠代 ③
森まさこ ③
山田俊男 ③
赤池誠章 ②(1)
石井正弘 ②
石田昌宏 ②
太田房江 ②
古賀友一郎 ②
上月良祐 ②
酒井庸行 ②
高橋克法 ②
滝沢求 ②
滝波宏文 ②
柘植芳文 ②
堂故茂 ②
豊田俊郎 ②
長峯誠 ②
羽生田俊 ②
馬場成志 ②
堀井巌 ②
舞立昇治 ②
三宅伸吾 ②
宮本周司 ②
森屋宏 ②
山下雄平 ②
山田太郎 ②
吉川ゆうみ ②
和田政宗 ②
岩本剛人 ①
加田裕之 ①
清水真人 ①
白坂亜紀 ①
田中昌史 ①
高橋はるみ ①
中田宏 ①(4)
比嘉奈津美 ①(2)
本田顕子 ①
三浦靖 ①(1)
宮崎雅夫 ①

(任期R10.7.25　63人)

中曽根弘文 ⑦
山崎正昭 ⑥
櫻井充 ⑤
関口昌一 ⑤
鶴保庸介 ⑤
岡田直樹 ④
末松信介 ④
野上浩太郎 ④
野村哲郎 ④
松下新平 ④
松村祥史 ④
山谷えり子 ④(1)
山本順三 ④
阿達雅志 ③
青木一彦 ③
浅尾慶一郎 ③(3)
石井浩郎 ③
磯﨑仁彦 ③
猪口邦子 ③(1)
上野通子 ③
江島潔 ③
大家敏志 ③
片山さつき ③(1)
中西祐介 ③
長谷川岳 ③
福岡資麿 ③(1)
藤川政人 ③
三原じゅん子 ③
宮沢洋一 ③(3)
渡辺猛之 ③
足立敏之 ②
青山繁晴 ②
朝日健太郎 ②
井上義行 ②
今井絵理子 ②
小野田紀美 ②
こやり隆史 ②
佐藤啓 ②
自見はなこ ②
進藤金日子 ②
藤木眞也 ②
松川るい ②
山田宏 ②(2)
赤松健 ①
生稲晃子 ①
臼井正一 ①
越智俊之 ①
加藤明良 ①
梶原大介 ①
神谷政幸 ①
小林一大 ①
古庄玄知 ①
友納理緒 ①
永井学 ①
長谷川英晴 ①
広瀬めぐみ ①
藤井一博 ①
船橋利実 ①(2)
星北斗 ①
山本啓介 ①
山本佐知子 ①
吉井章 ①
若林洋平 ①

立憲民主党 134人

（衆議院97人）

小沢一郎 ⑱
中村喜四郎 ⑮
菅直人 ⑭
岡田克也 ⑪
枝野幸男 ⑩
玄葉光一郎 ⑩
安住淳 ⑨
近藤昭一 ⑨
中川正春 ⑨
野田佳彦 ⑨
原口一博 ⑨
渡辺周 ⑨
阿部知子 ⑧
泉健太 ⑧
大島敦 ⑧
長妻昭 ⑧
山井和則 ⑧
江田憲司 ⑦
川内博史 ⑦
菊田真紀子 ⑦
小宮山泰子 ⑦
篠原孝 ⑦
末松義規 ⑦
田嶋要 ⑦
馬淵澄夫 ⑦
牧義夫 ⑦
笠浩史 ⑦
小川淳也 ⑥
大串博志 ⑥
階猛 ⑥
寺田学 ⑥
西村智奈美 ⑥
伴野豊 ⑥
福田昭夫 ⑥
松木けんこう ⑥

柚木道義⑥
大西健介⑤
逢坂誠二⑤
奥野総一郎⑤
後藤祐一⑤
下条みつ⑤
手塚仁雄⑤
青柳陽一郎④
小熊慎司④(1)
城井崇④
佐藤公治④(1)
重徳和彦④
中島克仁④
吉川元④
井坂信彦③
稲富修二③
落合貴之③
金子恵美③(1)
鎌田さゆり③
小山展弘③
近藤和也③
坂本祐之輔③
篠原豪③
白石洋一③
野間健③
森山浩行③
谷田川元③
山岡達丸③
山崎誠③
吉田統彦③
青山大人②
伊藤俊輔②
石川香織②
大河原まさこ②(1)
岡本あき子②
神谷裕②
亀井亜紀子②(1)
源馬謙太郎②
櫻井周②
中谷一馬②
道下大樹②
緑川貴士②
森田俊和②
屋良朝博②
山田勝彦②
湯原俊二②
早稲田ゆき②
荒井優①
梅谷守①
おおつき紅葉①
神津たけし①
酒井なつみ①
鈴木庸介①
堤かなめ①
馬場雄基①
藤岡隆雄①
太栄志①
本庄知史①
山岸一生①
吉田はるみ①
米山隆一①
渡辺創①

（参議院37人）

（任期R7.7.28　22人）

川田龍平③
牧山ひろえ③
水岡俊一③
吉川沙織③
野田国義②(1)
森本真治②
石垣のりこ①
石川大我①
打越さく良①
小沢雅仁①
小沼巧①
奥村政佳①
勝部賢志①
岸真紀子①
熊谷裕人①
塩村あやか①
田島麻衣子①
羽田次郎①
水野素子①
宮口治子①
森屋隆①
横沢高徳①

（任期R10.7.25　15人）

福山哲郎⑤
青木愛③(3)
石橋通宏③
小西洋之③
斎藤嘉隆③
徳永エリ③
古賀之士②
杉尾秀哉②
田名部匡代②(3)
鬼木誠①
古賀千景①
柴愼一①
高木真理①
辻元清美①(7)
村田享子①

日本維新の会　61人

（衆議院41人）

足立康史④
井上英孝④
市村浩一郎④
浦野靖人④
遠藤敬④
杉本和巳④
馬場伸幸④
伊東信久③
空本誠喜②
藤田文武②
三木圭恵②
美延映夫②
山本剛正②
阿部司①
阿部弘樹①
青柳仁士①
赤木正幸①
浅川義治①
池下卓①
池畑浩太朗①
一谷勇一郎①
岩谷良平①
漆間譲司①
遠藤良太①
小野泰輔①
奥下剛光①
金村龍那①
沢田良①
住吉寛紀①
高橋英明①
中嶋秀樹①
中司宏①
早坂敦①
林佑美①
藤巻健太①
堀場幸子①
掘井健智①
岬麻紀①

守島 正 ①
吉田 とも代 ①
和田 有一朗 ①

（参議院20人）

（任期R7.7.28 8人）

東 徹 ②
梅村 聡 ②
清水 貴之 ②
柴田 巧 ②
藤巻 健史 ②
梅村 みずほ ①
音喜多 駿 ①
柳ヶ瀬 裕文 ①

（任期R10.7.25 12人）

松沢 成文 ③(3)
浅田 均 ②
石井 章 ②(1)
石井 苗子 ②
片山 大介 ②
高木 かおり ②
青島 健太 ①
猪瀬 直樹 ①
金子 道仁 ①
串田 誠一 ①(1)
中条 きよし ①
松野 明美 ①

公明党 59人

（衆議院32人）

石井 啓一 ⑩
北側 一雄 ⑩
佐藤 茂樹 ⑩
斉藤 鉄夫 ⑩
赤羽 一嘉 ⑨
大口 善徳 ⑨
高木 陽介 ⑨
古屋 範子 ⑦
竹内 譲 ⑥
伊藤 渉 ⑤
稲津 久 ⑤
伊佐 進一 ④
浮島 智子 ④(1)
岡本 三成 ④
國重 徹 ④
佐藤 英道 ④
中野 洋昌 ④
濵地 雅一 ④
輿水 恵一 ③
吉田 宣弘 ③
角田 秀穂 ②
中川 康洋 ②
鰐淵 洋子 ②(1)
河西 宏一 ①
金城 泰邦 ①
日下 正喜 ①
庄子 賢一 ①
中川 宏昌 ①
平林 晃 ①
福重 隆浩 ①
山崎 正恭 ①
吉田 久美子 ①

（参議院27人）

（任期R7.7.28 14人）

山口 那津男 ④(2)
山本 香苗 ④
山本 博司 ③
河野 義博 ②
佐々木 さやか ②
杉 久武 ②
新妻 秀規 ②
平木 大作 ②
矢倉 克夫 ②
若松 謙維 ②(3)
塩田 博昭 ①
下野 六太 ①
高橋 光男 ①
安江 伸夫 ①

（任期R10.7.25 13人）

谷合 正明 ④
西田 実仁 ④
秋野 公造 ③
石川 博崇 ③
竹谷 とし子 ③
横山 信一 ③
伊藤 孝江 ②
里見 隆治 ②
竹内 真二 ②
三浦 信祐 ②
宮崎 勝 ②
上田 勇 ①(7)
窪田 哲也 ①

共産党 21人

（衆議院10人）

穀田 恵二 ⑩
志位 和夫 ⑩
赤嶺 政賢 ⑧
塩川 鉄也 ⑧
高橋 千鶴子 ⑦
笠井 亮 ⑥(1)
宮本 岳志 ⑤(1)
田村 貴昭 ③
宮本 徹 ③
本村 伸子 ③

（参議院11人）

（任期R7.7.28 7人）

井上 哲士 ④
紙 智子 ④
小池 晃 ④
山下 芳生 ④
吉良 よし子 ②
倉林 明子 ②
伊藤 岳 ①

（任期R10.7.25 4人）

田村 智子 ③
仁比 聡平 ③
岩渕 友 ②
山添 拓 ②

国民民主党 16人

（衆議院7人）

古川 元久 ⑨
玉木 雄一郎 ⑤
鈴木 義弘 ③
浅野 哲 ②
西岡 秀子 ②
田中 健 ①
長友 慎治 ①

（参議院9人）

（任期R7.7.28 5人）

榛葉 賀津也 ④
礒﨑 哲史 ②
浜野 喜史 ②
田村 まみ ①

（任期R10.7.25 5人）

川合 孝典 ③
舟山 康江 ③
伊藤 孝恵 ②

浜口　　誠 ②
竹詰　　仁 ①

れいわ新選組　8人

（衆議院3人）

櫛渕万里 ②
大石あきこ ①
たがや　亮 ①

（参議院5人）

（任期R7.7.28　2人）

木村英子 ①
舩後靖彦 ①

（任期R10.7.25　3人）

大島九州男 ③
山本太郎 ②(1)
天畠大輔 ①

教育無償化を実現する会 5人

（衆議院4人）

前原誠司 ⑩
斎藤アレックス ①
鈴木　　敦 ①
徳永久志 ①(1)

（参議院1人）

（任期R7.7.28　1人）

嘉田由紀子 ①

社民党　3人

（衆議院1人）

新垣邦男 ①※2

（参議院2人）

（任期R7.7.28　1人）

大椿ゆうこ ①※4

（任期R10.7.28　1人）

福島みずほ ④※4

参政党　1人

（参議院1人）

（任期R10.7.25　1人）

神谷宗幣 ①
（会派は無所属）

無所属　31人

（衆議院13人）

額賀福志郎 ⑬
塩谷　　立 ⑩
海江田万里 ⑧
松原　　仁 ⑧※2
吉良州司 ⑥※3
秋本真利 ④
池田佳隆 ④
北神圭朗 ④※3
緒方林太郎 ③※3
福島伸享 ③※3
吉川　　赳 ③
吉田豊史 ②
三反園　訓 ①※1

（参議院18人）

（任期R7.7.28　12人）

尾辻秀久 ⑥
世耕弘成 ⑤
大塚耕平 ④※5
長浜博行 ③(4)
広田　　一 ③(1)
大野泰正 ②
鈴木宗男 ①(8)
高良鉄美 ①※6
寺田　　静 ①
ながえ孝子 ①
芳賀道也 ①※5
浜田　　聡 ①※7

（任期R10.7.25　6人）

伊波洋一 ②※6
上田清司 ②(3)
平山佐知子 ②
齊藤健一郎 ①※7
堂込麻紀子 ①
三上えり ①※4

※の議員の所属会派は以下の通り。

衆議院
※1 自由民主党・無所属の会
※2 立憲民主党・無所属
※3 有志の会

参議院
※4 立憲民主・社民
※5 国民民主党・新緑風会
※6 沖縄の風
※7 ＮＨＫから国民を守る党

自由民主党内派閥一覧

（令和6年7月1日現在）

○内は当選回数・他派との重複及び自民党系議員を含む。衆議院議員の（ ）内は参議院の当選回数。参議院議員の（ ）内は衆議院の当選回数。

麻生派　55人

（衆議院40人）

- 麻生 太郎⑭
- 甘利 明⑬
- 森 英介⑪
- 山口 俊一⑪
- 鈴木 俊一⑩
- 河野 太郎⑨
- 田中 和徳⑨
- 棚橋 泰文⑨
- 江渡 聡徳⑧
- 松本 剛明⑧
- 井上 信治⑦
- 伊藤 信太郎⑦
- 永岡 桂子⑥
- 山際 大志郎⑥
- あかま 二郎⑤
- 鈴木 馨祐⑤
- 武藤 容治⑤
- 塚田 一郎①(2)
- 中西 健治①(2)
- 井出 庸生④
- 井上 貴博④
- 井林 辰憲④
- 今枝 宗一郎④
- 工藤 彰三④
- 斎藤 洋明④
- 中村 裕之④
- 中山 展宏④
- 長坂 康正④
- 牧島 かれん④
- 務台 俊介④
- 山田 賢司④
- 瀬戸 隆一③
- 中川 郁子③
- 高村 正大②
- 仁木 博文②
- 英利アルフィヤ①
- 土田 慎①
- 中川 貴元①
- 柳本 顕①
- 山本 左近①

（参議院15人）

（任期R7.7.28　6人）

- 山東 昭子⑧
- 武見 敬三⑤
- 有村 治子④
- 高橋 克法②
- 滝沢 求②
- 豊田 俊郎②

（任期R10.7.25　9人）

- 浅尾 慶一郎③(3)
- 猪口 邦子③(1)
- 大家 敏志③
- 中西 祐介③
- 藤川 政人③
- 今井 絵理子②
- 船橋 利実①(2)
- 神谷 政幸①
- 広瀬 めぐみ①

無派閥　317人

（衆議院217人）

- 衛藤 征士郎⑬(1)
- 二階 俊博⑬
- 船田 元⑬
- 逢沢 一郎⑫
- 石破 茂⑫
- 村上 誠一郎⑫
- 中谷 元⑪
- 古屋 圭司⑪
- 山本 有二⑪
- 岸田 文雄⑩
- 渡海 紀三朗⑩
- 野田 聖子⑩
- 浜田 靖一⑩
- 林 幹雄⑩
- 茂木 敏充⑩
- 伊藤 達也⑨
- 今村 雅弘⑨
- 岩屋 毅⑨
- 遠藤 利明⑨
- 佐藤 勉⑨
- 下村 博文⑨
- 菅 義偉⑨
- 田村 憲久⑨
- 高市 早苗⑨
- 根本 匠⑨
- 平沢 勝栄⑨
- 石田 真敏⑧
- 江﨑 鐵磨⑧
- 小野寺 五典⑧
- 小渕 優子⑧
- 梶山 弘志⑧
- 金子 恭之⑧
- 櫻田 義孝⑧
- 新藤 義孝⑧
- 髙木 毅⑧
- 土屋 品子⑧
- 平井 卓也⑧
- 細野 豪志⑧
- 松野 博一⑧
- 吉野 正芳⑧
- 渡辺 博道⑧
- 秋葉 賢也⑦
- 江藤 拓⑦
- 加藤 勝信⑦
- 上川 陽子⑦
- 小泉 龍司⑦
- 後藤 茂之⑦
- 坂本 哲志⑦
- 柴山 昌彦⑦
- 武田 良太⑦
- 谷 公一⑦
- 長島 昭久⑦
- 西村 康稔⑦
- 古川 禎久⑦
- 松島 みどり⑦
- 森山 裕⑦(1)
- 山口 壯⑦
- あべ 俊子⑥
- 赤澤 亮正⑥
- 稲田 朋美⑥
- 小里 泰弘⑥
- 奥野 信亮⑥
- 城内 実⑥
- 鈴木 淳司⑥
- 平 将明⑥
- 寺田 稔⑥
- 丹羽 秀樹⑥
- 西村 明宏⑥
- 西銘 恒三郎⑥
- 葉梨 康弘⑥
- 萩生田 光一⑥
- 御法川 信英⑥
- 宮下 一郎⑥
- 鷲尾 英一郎⑥
- 伊東 良孝⑤
- 伊藤 忠彦⑤
- 石原 宏高⑤
- 上野 賢一郎⑤
- 越智 隆雄⑤

大塚 拓 ⑤
金田 勝年 ⑤(2)
亀岡 偉民 ⑤
木原 誠二 ⑤
木原 稔 ⑤
小泉 進次郎 ⑤
齋藤 健 ⑤
坂井 学 ⑤
関 芳弘 ⑤
田中 良生 ⑤
髙鳥 修一 ⑤
橘 慶一郎 ⑤
土井 亨 ⑤
中根 一幸 ⑤
橋本 岳 ⑤
平口 洋 ⑤
牧原 秀樹 ⑤
松本 洋平 ⑤
盛山 正仁 ⑤
山本 ともひろ ⑤
若宮 健嗣 ⑤
青山 周平 ④
井野 俊郎 ④
石川 昭政 ④
岩田 和親 ④
小倉 將信 ④
小田原 潔 ④
大岡 敏孝 ④
大串 正樹 ④
大西 英男 ④
大野 敬太郎 ④
鬼木 誠 ④
勝俣 孝明 ④
門山 宏哲 ④
神田 憲次 ④
菅家 一郎 ④
黄川田 仁志 ④
熊田 裕通 ④
小島 敏文 ④
小林 鷹之 ④
小林 史明 ④
古賀 篤 ④
國場 幸之助 ④
佐々木 紀 ④
笹川 博義 ④
新谷 正義 ④
鈴木 貴子 ④
鈴木 憲和 ④
田所 嘉德 ④
田中 英之 ④
田野瀬 太道 ④
田畑 裕明 ④
武井 俊輔 ④
武部 新 ④
武村 展英 ④
津島 淳 ④
辻 清人 ④
冨樫 博之 ④
中谷 真一 ④
根本 幸典 ④
野中 厚 ④
福田 達夫 ④
藤井 比早之 ④
藤丸 敏 ④
藤原 崇 ④
星野 剛士 ④
細田 健一 ④
堀井 学 ④
堀内 詔子 ④
三ッ林 裕巳 ④
宮内 秀樹 ④
宮﨑 政久 ④
村井 英樹 ④
八木 哲也 ④
簗 和生 ④
山下 貴司 ④
山田 美樹 ④
義家 弘介 ④(1)
渡辺 孝一 ④
尾身 朝子 ③
加藤 鮎子 ③
小林 茂樹 ③
杉田 水脈 ③
鈴木 隼人 ③
高木 宏壽 ③
谷川 とむ ③
鳩山 二郎 ③
古川 康 ③
三谷 英弘 ③
宮路 拓馬 ③
宗清 皇一 ③
和田 義明 ③
畦元 将吾 ②
泉田 裕彦 ②
上杉 謙太郎 ②
金子 俊平 ②
木村 次郎 ②
国光 あやの ②
小寺 裕雄 ②
高木 啓 ②
中曽根 康隆 ②
西田 昭二 ②
深澤 陽一 ②
穂坂 泰 ②
本田 太郎 ②
東 国幹 ①
五十嵐 清 ①
井原 巧 ①(1)
石井 拓 ①
石橋 林太郎 ①
石原 正敬 ①
上田 英俊 ①
尾﨑 正直 ①
加藤 竜祥 ①
勝目 康 ①
金子 容三 ①
川崎 ひでと ①
神田 潤一 ①
岸 信千世 ①
国定 勇人 ①
小森 卓郎 ①
塩崎 彰久 ①
島尻 安伊子 ①(2)
鈴木 英敬 ①
髙階 恵美子 ①(2)
高見 康裕 ①
中野 英幸 ①
西野 太亮 ①
長谷川 淳二 ①
林 芳正 ①(5)
平沼 正二郎 ①
古川 直季 ①
松本 尚 ①
森 由起子 ①
保岡 宏武 ①
山口 晋 ①
吉田 真次 ①
若林 健太 ①(1)

（参議院100人）
（任期R7.7.28　46人）

橋本 聖子 ⑤
松山 政司 ④
石井 準一 ③
衛藤 晟一 ③(4)
北村 経夫 ③
佐藤 信秋 ③
佐藤 正久 ③
西田 昌司 ③
古川 俊治 ③
牧野 たかお ③
丸川 珠代 ③
宮本 周司 ③
森 まさこ ③
山田 俊男 ③
赤池 誠章 ②(1)
石井 正弘 ②
石田 昌宏 ②
太田 房江 ②

古賀友一郎 ②
上月良祐 ②
酒井庸行 ②
滝波宏文 ②
柘植芳文 ②
堂故茂 ②
長峯誠 ②
羽生田俊 ②
馬場成志 ②
堀井巌 ②
舞立昇治 ②
三宅伸吾 ②
森屋宏 ②
山下雄平 ②
山田太郎 ②
吉川ゆうみ ②
和田政宗 ②
岩本剛人 ①
加田裕之 ①
清水真人 ①
白坂亜紀 ①
田中昌史 ①
高橋はるみ ①
中田宏 ①(4)
比嘉奈津美 ①(2)
本田顕子 ①
三浦靖 ①(1)
宮崎雅夫 ①

(任期R10.7.25　54人)
中曽根弘文 ⑦
山崎正昭 ⑥
櫻井充 ⑤
関口昌一 ⑤
鶴保庸介 ⑤
岡田直樹 ④
末松信介 ④
野上浩太郎 ④
野村哲郎 ④
松下新平 ④
松村祥史 ④
山谷えり子 ④(1)
山本順三 ④
阿達雅志 ③
青木一彦 ③
石井浩郎 ③
磯﨑仁彦 ③
上野通子 ③
江島潔 ③
片山さつき ③(1)
長谷川岳 ③
福岡資麿 ③(1)
三原じゅん子 ③
宮沢洋一 ③(3)
渡辺猛之 ③
足立敏之 ②
青山繁晴 ②
朝日健太郎 ②
井上義行 ②
小野田紀美 ②
こやり隆史 ②
佐藤啓 ②
自見はなこ ②
進藤金日子 ②
藤木眞也 ②
松川るい ②
山田宏 ②(2)
赤松健 ①
生稲晃子 ①
臼井正一 ①
越智俊之 ①
加藤明良 ①
梶原大介 ①
小林一大 ①
古庄玄知 ①
友納理緒 ①
永井学 ①
長谷川英晴 ①
藤井一博 ①
星北斗 ①
山本啓介 ①
山本佐知子 ①
吉井章 ①
若林洋平 ①

自由民主党各派閥役員一覧 （令和6年6月24日現在）

志公会（麻生派）

〒102-0093 千代田区平河町2-5-5
全国旅館会館3F ☎03-3237-1121

特別顧問 高村正彦
顧問 山東昭子
同 甘利明
会長 麻生太郎
会長代理 森英介、田中和德、江渡聡徳
副会長 山口俊一、鈴木俊一、武見敬三
事務総長(兼) 森英介
事務局長 井上信治
事務局次長 山際大志郎、鈴木馨祐、藤川政人

省庁幹部職員抄録

●編集要領

○ゴシック書体は、両院議長、同副議長、常任・特別委員長並びに大臣・副大臣・政務官及び各省庁の役職名称。
○明朝書体は上記以外の氏名及び住所・電話番号。
○各主要ポジションについては緊急電話連絡用として**夜間電話**を記載。
○記載内容は原則として令和6年7月5日現在。

●目　次

国会

〔衆議院〕

〒100-8960 千代田区永田町1-7-1
☎03(3581)5111

議長	額賀福志郎
秘書	平川大輔
同	田中翔太
副議長	海江田万里
秘書	清家弘司
同	落合友子

〔常任委員長〕

内閣	星野剛士
総務	古屋範子
法務	武部新
外務	勝俣孝明
財務金融	津島淳
文部科学	田野瀬太道
厚生労働	新谷正義
農林水産	野中厚
経済産業	岡本三成
国土交通	長坂康正
環境	務台俊介
安全保障	小泉進次郎
国家基本政策	根本匠
予算	小野寺五典
決算行政監視	小川淳也
議院運営	山口俊一
懲罰	中川正春

〔特別委員長〕

災害対策	後藤茂之
政治改革	石田真敏
沖縄・北方問題	佐藤公治
拉致問題	小熊慎司
消費者問題	秋葉賢也
東日本大震災復興	髙階恵美子
原子力問題調査	平将明
地域活性化・こども政策・デジタル社会形成	谷公一

〔憲法審査会〕

会長	森英介

〔情報監視審査会〕

会長	岩屋毅

〔政治倫理審査会〕

会長	田中和徳

〔衆議院事務局〕

事務総長	築山信彦
事務次長	小林英樹
秘書課長 事務取扱	中居健吾
議長公邸長	中川浩史
副議長公邸長	中村稔
秘書主幹	玉城雅邦
議事部長	石塚公彦
副部長	片岡義隆
中居健吾	日高孝一
議事課長 事務取扱	日高孝一
議案課長	内藤義人
請願課長	小関隆史
資料課長	田家裕一郎
委員部長	野口幸彦
副部長	飯嶋正雄
総務課長	高橋裕介
総務主幹	成瀬克実
議院運営課長 事務取扱	飯嶋正雄
第一課長	平井俊紀
第二課長	田中勇毅
第三課長(兼)	田中勇毅
調整主幹	石川真一
第四課長	大戸優子
第五課長(兼)	大戸優子
調整主幹	杉本守
第六課長	饗庭建司
第七課長(兼)	饗庭建司
調整主幹	佐々木伸之
調査課長	野一色裕二
記録部長	仲宗根一
副部長	志田和子
総務主幹	増田順子
第一課長 事務取扱	志田和子
会議録データ管理室長	飯塚博
第二課長	森川雅也
第三課長	稲吉明子
第四課長	中村有起子
警務部長	佐々木利明
副部長	我妻勝好
警備主幹	坏公司
警務課長	宮市和明
警備課長	臼井俊二
調整課長	宮内剛
防災課長	佐藤武

防災主幹(兼)	坏　公司
庶務部長	梶田　秀
副部長	瀬良田祥二
神谷　剛	元尾竜一
議員課長	竹内聡子
企画調整主幹	草野知洋
文書課長	濵島幸男
総務主幹	蓑輪　綾
広報課長	秋山幸司
人事課長	吉田一路
企画室長	荒金麻夕美
会計課長事務取扱	元尾竜一
監査主幹	井門麻子
営繕課長	才木　潤
契約監理主幹	山田弘明
PFI推進室長	山岸広史
電気施設課長	寺田　稔
契約監理主幹	神薗直子
情報管理監(兼)	瀬良田祥二
情報基盤整備室長	墨谷憲基
管理部長	吉田早樹人
副部長	松本邦義
牛丸禎之	原田健成
管理課長	近藤英之
議員会館課長	鴻巣正博
総務主幹	浦辺哲矢
自動車課長	長島義明
総務主幹	今井一晶
印刷課長	貞弘浩太郎
厚生課長事務取扱	牛丸禎之
厚生主幹	高野順二
業務課長	渡辺　豊
国際部長	山本浩慎
副部長	佐藤　浩
総務課長事務取扱	佐藤　浩
議員外交支援室長	三田大樹
渉外課長	照内朗人
渉外主幹	國廣恵理子
国際会議課長	藤田博光
国際会議主幹	二見　輝
憲政記念館長	青山卯女
副館長	東山哲道
資料管理課長事務取扱	東山哲道
調整主幹	押越嘉満
憲法審査会事務局長	吉澤紀子
事務局次長	白藤知木
総務課長	髙森雅樹
調査主幹	三上悠子
情報監視審査会事務局長	大場誉之
総務課長	本多基宏

〔調査局〕

調査局長	近藤博人
総括調整監	近藤弘康
総務課長	辻岡美夏
総務主幹	辻本考一
調査情報課長	本部実香
内閣調査室長	田中　仁
首席調査員	正木寛也
次席調査員	若林茂一
総務調査室長	阿部哲也
首席調査員	相原克哉
次席調査員	山口雅之
法務調査室長	三橋善一郎
首席調査員	勝部　雄
同	平子由美
外務調査室長	大野雄一郎
首席調査員	河上恵子
次席調査員	大内　亘
財務金融調査室長	二階堂　豊
首席調査員	相川雅樹
同	小室芳昭
文部科学調査室長	藤井　晃
首席調査員	奈良誠悦
次席調査員	髙橋　剛
厚生労働調査室長	森　恭子
首席調査員	須澤卓士
同	青木修二
次席調査員	田島　淳
農林水産調査室長	飯野伸夫
首席調査員	本山啓登
次席調査員	遠藤賢一
経済産業調査室長	藤田和光
首席調査員	深谷陵子
次席調査員	加藤　博
国土交通調査室長	國廣勇人
首席調査員	竹田優司
次席調査員	坂本峰利
環境調査室長	野﨑政栄
首席調査員	鈴木　努
同	荒井コスモ

安全保障調査室長　花島克臣
首席調査員　小池洋子
次席調査員　長田　健
国家基本政策調査室長　菅野　亨
首席調査員　江成友幸
次席調査員　安堂恭子
予算調査室長　中村　実
首席調査員　奥川陽一
同　森重達也
次席調査員　花田和命
決算行政監視調査室長　菊田幸夫
首席調査員　水谷一博
同　近藤真由美
次席調査員　内田和正
第一特別調査室長　千葉　諭
首席調査員（沖縄・北方、消費者）　周藤　英
次席調査員　志村慶太郎
第二特別調査室長　森　源二
首席調査員（政治改革）　花房久美
次席調査員　山岸雅広
第三特別調査室長　南　圭次
首席調査員（災害）　小林和彦
次席調査員　今井芳子
北朝鮮による拉致問題等に関する特別調査室長（兼）　菅野　亨
首席調査員（兼）　江成友幸
次席調査員（兼）　安堂恭子
東日本大震災復興特別調査室長（兼）　南　圭次
首席調査員（兼）　小林和彦
次席調査員（兼）　今井芳子
原子力問題調査特別調査室長（兼）　野﨑政栄
首席調査員（兼）　鈴木　努
同（兼）　荒井コスモ
地域活性化・こども政策・デジタル社会形成に関する特別調査室長（兼）　阿部哲也
首席調査員（兼）　正木寛也
同（兼）　相原克哉
次席調査員（兼）　山口雅之

〔常任委員会専門員〕

内閣委員会専門員　田中　仁
総務委員会専門員　阿部哲也
法務委員会専門員　三橋善一郎
外務委員会専門員　大野雄一郎
財務金融委員会専門員　二階堂　豊
文部科学委員会専門員　藤井　晃
厚生労働委員会専門員　森　恭子
農林水産委員会専門員　飯野伸夫
経済産業委員会専門員　藤田和光
国土交通委員会専門員　國廣勇人
環境委員会専門員　野﨑政栄
安全保障委員会専門員　花島克臣
国家基本政策委員会専門員　菅野　亨
予算委員会専門員　中村　実
決算行政監視委員会専門員　菊田幸夫

〔衆議院法制局〕

法制局長　橘　幸信
法制次長　笠井真一
法制企画調整部長　神﨑一郎
企画調整監　尾形孝史
副部長　吉田尚弘
企画調整課長事務取扱　吉田尚弘
基本法制課長　牛山　敦
総務課長　中谷幸司
調査課長事務取扱　神﨑一郎
第一部長　望月　譲
副部長　栗原理恵
第一課長事務取扱　栗原理恵
第二課長　笠松珠美
第二部長　藤井宏治
第一課長　窪島春樹
第二課長　氏家正喜
第三部長　中川博史
第一課長事務取扱　中川博史
調整主幹　石引康裕
第二課長　中司光紀
第四部長　片山敦嗣
副部長　津田樹見宗
第一課長事務取扱　片山敦嗣
調整主幹　小野寺容資
第二課長事務取扱　津田樹見宗
第五部長　白川弘基
副部長　仁田山義明
第一課長事務取扱　仁田山義明
第二課長　中島　陽
法案審査部長　奥　克彦
審査第一課長　梶山知唯
審査第二課長（兼）　梶山知唯
法制主幹　浅見剛成

〔参議院〕

〒100-8961 千代田区永田町1-7-1
☎03(3581)3111

議長 尾辻秀久
秘書 末原朋実
同 大澤敦
副議長 長浜博行
秘書 副島浩
同 外川裕之

〔常任委員長〕

内閣 阿達雅志
総務 新妻秀規
法務 佐々木さやか
外交防衛 小野田紀美
財政金融 足立敏之
文教科学 高橋克法
厚生労働 比嘉奈津美
農林水産 滝波宏文
経済産業 森本真治
国土交通 青木愛
環境 三原じゅん子
国家基本政策 浅田均
予算 櫻井充
決算 佐藤信秋
行政監視 川田龍平
議院運営 浅尾慶一郎
懲罰 松沢成文

〔特別委員長〕

災害対策 竹内真二
政府開発援助及び沖縄北方 藤川政人
政治改革 豊田俊郎
拉致問題 松下新平
地方創生及びデジタル社会の形成 古川俊治
消費者問題 石井章
東日本大震災復興 野田国義

〔調査会長〕

外交・安全保障 猪口邦子
国民生活・経済 福山哲郎
資源エネルギー・持続可能社会 宮沢洋一

〔憲法審査会〕

会長 中曽根弘文

〔情報監視審査会〕

会長 有村治子

〔政治倫理審査会〕

会長 野村哲郎

〔参議院事務局〕

事務総長 小林史武
事務次長 伊藤文靖
秘書課長 木暮雅和
秘書主幹 内藤一衛
議長公邸長 蜂谷勉
副議長公邸長 金子まゆみ
議事部長 八鍬敬嗣
副部長 正木裕二
議事課長事務取扱 正木裕二
議案課長 篠窪有恒
請願課長 橋本泰治
委員部長 黒川和良
副部長 鶴岡貴子
同 鎌野慎一
調整課長 森下伊三夫
議院運営課長事務取扱 鶴岡貴子
第一課長 柴崎敦史
第二課長 橋本貴義
第三課長 桐谷淳司
第四課長 小松由季
第五課長 松井新介
第六課長 鈴木克洋
第七課長 宇津木真也
第八課長 頓所要介
記録部長 森黒土
記録企画課長 大井田淳
記録企画主幹 大矢博昭
速記第一課長 鳥井晃子
速記第二課長 石井さと子
速記第三課長 芝幸
警務部長 相澤達也
警務課長 石塚雅人
警務主幹 丸健治
警備第一課長 石井剛
警備第二課長 高橋健
警備第三課長 佐藤宏
庶務部長 光地壱朗
副部長 加來賢一
同 藤原直幸
文書課長 大里慶子
調整主幹 松本良起
広報課長 渡邊啓輝

議員課長　加藤方五
人事課長　内田衡純
人事主幹　下田和明
会計課長　折茂建
会計主幹　小林孝明
厚生課長　野澤大介
厚生主幹　栗原理恵
情報システム安全管理室長　松尾理宣
管理部長　松下和史
副部長　高橋武男
管理課長　鎌田純一
麹町議員宿舎長　佐久間譲
清水谷議員宿舎長　戸部満
企画室長　東岳大
議員会館監理室長　宮澤幸正
業務室長　高橋修
営繕課長　山田剛
営繕主幹　新井浩一
電気施設課長　鈴木智道
自動車課長　高橋力
総務主幹　櫻井真司
国際部長　大村周太郎
国際交流課長　林和俊
国際企画室長　佐藤靖
国際会議課長　石原淳

〔企画調整室〕

企画調整室長　金子真実
企画調整室次長　三瓶朋秀
調査情報担当室長　福嶋博之
総合調査担当室長　坂本太郎

〔常任委員会調査室〕

常任委員会専門員 内閣委員会調査室長　岩波祐子
首席調査員　新井賢治
次席調査員　柿沼重志
常任委員会専門員 総務委員会調査室長　荒井透雅
首席調査員　皆川健一
同　三角政勝
次席調査員　牛上直行
同　鈴木友紀
常任委員会専門員 法務委員会調査室長　武蔵誠憲
首席調査員　光安陽子
次席調査員　鈴木達也
常任委員会専門員 外交防衛委員会調査室長　中内康夫
首席調査員　宮崎雅史
同　沓脱和人
次席調査員　天池恭子
常任委員会専門員 財政金融委員会調査室長　村田和彦
首席調査員　藤井一裁
次席調査員　伊田賢司
常任委員会専門員 文教科学委員会調査室長　北脇達也
首席調査員　林晋
次席調査員　山越伸浩
常任委員会専門員 厚生労働委員会調査室長　佐伯道子
首席調査員　寺澤泰大
同　長谷明弘
常任委員会専門員 農林水産委員会調査室長　西村尚敏
首席調査員　新妻健一
次席調査員　安藤利昭
常任委員会専門員 経済産業委員会調査室長　山田千秀
首席調査員　吉田博光
次席調査員　星友佳
常任委員会専門員 国土交通委員会調査室長　清野和彦
首席調査員　藤乘一道
同　薬師寺聖一
次席調査員　瀬戸山順一
常任委員会専門員 環境委員会調査室長　金子和裕
首席調査員　杉山綾子
常任委員会専門員 予算委員会調査室長　星正彦
首席調査員　崎山建樹
次席調査員　大石夏樹
常任委員会専門員 決算委員会調査室長　小松康志
首席調査員　澤井勇人
次席調査員　桑原誠
常任委員会専門員 行政監視委員会調査室長　有薗裕章
首席調査員　根岸隆史
次席調査員　森秀勲

〔特別調査室〕

第一特別調査室長　有安洋樹
首席調査員　和喜多裕一
第二特別調査室長　高嶋久志
首席調査員　廣松彰彦
第三特別調査室長　高野智子
首席調査員　松本英樹

〔憲法審査会事務局〕

事務局長　加賀谷ちひろ
事務局次長　本多恵美

総務課長　上村隆行

〔情報監視審査会事務局〕

事務局長　富士由將
総務課長事務取扱　鎌野慎一

〔参議院法制局〕

〒100-0014 千代田区永田町1-11-16
参議院第二別館内

法制局長　川崎政司
法制次長　村上たか
基本法制監理部長　宇田川令子
基本法制課長　下野久欣
法令監理課長　信谷彰
第一部長　小野寺理
第一課長　又木奈菜子
第二課長　伊庭みのり
第二部長　海野耕太郎
第一課長　齋藤陽夫
第二課長　尾崎陽一
第三部長　井上勉
第一課長　桑原明
第二課長　岩井美奈
第四部長　宮澤宏幸
第一課長　小沼敦
第二課長　坂本光
第五部長　滝川雄一
第一課長　高澤和也
第二課長　林佑
法制主幹(兼)　小野寺理
総務課長　伊藤正規
情報管理主幹　奈良優憲

裁判官弾劾裁判所

〒100-0014 千代田区永田町1-11-16
参議院第二別館内 ☎03(5521)7738

裁判長　松山政司
第一代理裁判長　船田元
第二代理裁判長　小西洋之
裁判員　山本有二
田中和徳　葉梨康弘
階猛　杉本和巳
北側一雄　福岡資麿
森まさこ　赤池誠章
伊藤孝江　片山大介

〔事務局〕

事務局長　神戸敬行
総務課長　縄田康光
訟務課長　山田政樹

裁判官訴追委員会

〒100-8982 千代田区永田町2-1-2
衆議院第二議員会館内 ☎03(3581)5111

委員長　田村憲久
第一代理委員長　牧野たかお
第二代理委員長　近藤昭一
委員　越智隆雄
奥野信亮　柴山昌彦
平口洋　松島みどり
吉川元　美延映夫
大口善徳　上野通子
片山さつき　古庄玄知
中西祐介　打越さく良
杉久武　青島健太
榛葉賀津也　浜野喜史

〔事務局〕

事務局長　山本麻美
事務局次長　樫野一穂
総務・事案課長事務取扱　樫野一穂
総務・事案主幹　伊藤隆

国立国会図書館

〒100-8924 千代田区永田町1-10-1
☎03(3581)2331(代)
(国会分館)
〒100-8961 千代田区永田町1-7-1
(国会議事堂内)☎03(3581)9123

館長　倉田敬子
副館長　山地康志

〔総務部〕

部長　木藤淳子
副部長　川西晶大
藤本和彦　兼松芳之
田中智子　立松真希子
司書監　大島康作
辰巳公一　渡邉斉志
主任参事　大橋邦生
奥田倫子　佐藤菜緒惠
白井京　関根美穂
樋口早苗
総務課長事務取扱　川西晶大
企画課長　小澤弘太
人事課長事務取扱　兼松芳之
人事課厚生室長(兼)　樋口早苗

会計課長事務取扱	田中智子
管理課長	阿部　泰
支部図書館・協力課長事務取扱	立松真希子

〔調査及び立法考査局〕

局長	松浦　茂
次長	本夛真紀子
専門調査員総合調査室主任	秋山　勉
専門調査員総合調査室付	塚田　洋
主幹	遠藤真弘
同	河合美穂
主任調査員	田中　敏
同	長谷川　卓
専門調査員議会官庁資料調査室主任	三浦良文
主任調査員	徳原直子
同	松本　保
専門調査員憲法調査室主任	小林公夫
主任調査員	越田崇夫
専門調査員政治議会調査室主任(兼)	小林公夫
専門調査員行政法務調査室主任	石原隆史
専門調査員外交防衛調査室主任	松山健二
主幹	樋山千冬
専門調査員財政金融調査室主任	樋口　修
専門調査員経済産業調査室主任	奥山裕之
専門調査員農林環境調査室主任	小澤　隆
専門調査員国土交通調査室主任	内田竜雄
専門調査員文教科学技術調査室主任	ローラーミカ
主任調査員	澤田大祐
専門調査員社会労働調査室主任	福井祥人
主幹	恩田裕之
主任調査員	鈴木智之
専門調査員海外立法情報調査室主任	南　亮一
専門調査員海外立法情報調査室付	内海和美
主任調査員	北村弥生
調査企画課長	鎌倉治子
調査企画課連携協力室長(兼)	田中　敏
国会レファレンス課長	小笠原美喜
議会官庁資料課長	石井俊行
憲法課長	鳥澤孝之
政治議会課長	佐藤　令
行政法務課長	苅込照彰
外交防衛課長事務取扱	樋山千冬
財政金融課長	廣瀬信己
経済産業課長	笹子正成
農林環境課長	福田　毅
国土交通課長	梶　善登
文教科学技術課長	東　弘子
文教科学技術課科学技術室長(兼)	澤田大祐
社会労働課長	近藤倫子
海外立法情報課長	芦田　淳
国会分館長	中川　透

〔収集書誌部〕

部長	竹内秀樹
司書監	倉橋哲朗
主任司書	大柴忠彦
大原裕子	中村淳一
収集・書誌調整課長	小柏良輔
国内資料課長	幡谷祐子
逐次刊行物・特別資料課長	水戸部由美
外国資料課長	伊藤りさ
資料保存課長	村本聡子

〔利用者サービス部〕

部長	大場利康
副部長	野口貴弘
司書監	小熊美幸
主任司書	胡　龍子
澤井優子	堀越敬祐
山﨑幹子	
サービス企画課長(兼)	小熊美幸
サービス運営課長	金井ゆき
図書館資料整備課長	髙品盛也
図書館資料整備課図書整備室長(兼)	山﨑幹子
複写課長	小坂　昌
人文課長	竹林晶子
科学技術・経済課長	福林靖博
政治史料課長	大沼宜規
音楽映像資料課長	小沼里子

〔電子情報部〕

部長	伊藤克尚
副部長	木目沢　司
主任司書	井上佐知子
小林芳幸	竹鼻和夫
田中　譲	中島正仁
電子情報企画課長	伊東敦子
電子情報企画課資料デジタル化推進室長(兼)	井上佐知子
電子情報企画課次世代システム開発研究室長(兼)	竹鼻和夫
電子情報流通課長	村上浩介
電子情報サービス課長	今野　篤

システム基盤課長　足立　潔

〔関西館〕

〒619-0287 京都府相楽郡精華町精華台8-1-3 ☎0774(98)1200(代)

館長　諏訪康子
次長　堀内夏紀
主任司書　津田深雪
総務課長(兼)　辰巳公一
文献提供課長　織本尚志
アジア情報課長　五十嵐麻理世
収集整理課長　前田直俊
図書館協力課長(兼)　渡邉斉志
電子図書館課長　上綱秀治

〔国際子ども図書館〕

〒110-0007 台東区上野公園12-49 ☎03(3827)2053(代)

館長　上保佳穂
主任司書　西中山　隆
企画協力課長　白石郁子
資料情報課長　清水悦子
児童サービス課長　山田　牧

内閣

〒100-0014 千代田区永田町2-3-1 総理官邸 ☎03(3581)0101

内閣総理大臣　岸田文雄
総務大臣　松本剛明
法務大臣　小泉龍司
外務大臣　上川陽子
財務大臣 内閣府特命担当大臣(金融) デフレ脱却担当　鈴木俊一
文部科学大臣　盛山正仁
厚生労働大臣　武見敬三
農林水産大臣　坂本哲志
経済産業大臣 原子力経済被害担当 GX実行推進担当 産業競争力担当 ロシア経済分野協力担当 内閣府特命担当大臣(原子力損害賠償・廃炉等支援機構)　齋藤　健
国土交通大臣 水循環政策担当 国際園芸博覧会担当　斉藤鉄夫
環境大臣 内閣府特命担当大臣(原子力防災)　伊藤信太郎
防衛大臣　木原　稔
内閣官房長官 沖縄基地負担軽減担当 拉致問題担当　林　芳正
デジタル大臣 デジタル行財政改革担当 デジタル田園都市国家構想担当 行政改革担当 国家公務員制度担当 内閣府特命担当大臣(規制改革)　河野太郎
復興大臣 福島原発事故再生総括担当　土屋品子
国家公安委員会委員長 国土強靭化担当 領土問題担当 内閣府特命担当大臣(防災 海洋政策)　松村祥史
内閣府特命担当大臣(こども政策 少子化対策 若者活躍 男女共同参画 孤独・孤立対策) 女性活躍担当 共生社会担当　加藤鮎子
経済再生担当 新しい資本主義担当 スタートアップ担当 感染症危機管理担当 全世代型社会保障改革担当 内閣府特命担当大臣(経済財政政策)　新藤義孝
経済安全保障担当 内閣府特命担当大臣(クールジャパン戦略 知的財産戦略 科学技術政策 宇宙政策 経済安全保障)　高市早苗
内閣府特命担当大臣(沖縄及び北方対策 消費者及び食品安全 地方創生 アイヌ施策) 国際博覧会担当　自見はなこ

〔内閣官房〕

〒100-8968 千代田区永田町1-6-1
〒100-8970 千代田区霞が関3-1-1 合同庁舎4号館 ☎03(5253)2111

内閣総理大臣　岸田文雄
内閣官房長官　林　芳正
内閣官房副長官　村井英樹
同　森屋　宏
同　栗生俊一
内閣危機管理監　小島裕史
国家安全保障局長　秋葉剛男
内閣官房副長官補　阪田　渉
同　市川恵一
同　鈴木敦夫
内閣広報官　小林麻紀
内閣情報官　原　和也
内閣総理大臣補佐官(国家安全保障に関する重要政策及び核軍縮・不拡散問題担当)　石原宏高
内閣総理大臣補佐官(農山漁村地域活性化担当)　小里泰弘
内閣総理大臣補佐官(国土強靭化及び復興等の社会資本整備並びに科学技術イノベーション政策その他特命事項担当)　森　昌文
内閣総理大臣補佐官(賃金・雇用担当)　矢田稚子
内閣総理大臣秘書官　嶋田　隆
山本高義　大鶴哲也
逢阪貴士　中山光輝
上田幸司　伊藤禎則
一松　旬

内閣

内閣官房長官秘書官 宮本賢一
同 事務取扱 川埜周
田中勇人　堺瑞崇
福冨茂　丸山浩二
中原廣道　濱和彦
吉田真晃

〔内閣総務官室〕

内閣総務官 松田浩樹
内閣審議官 溝口洋
須藤明夫　末永洋之
(併)伊藤誠一
内閣参事官 西澤能之
戸梶晃輔　小林伸行
(併)山口雄二　(併)三浦靖彦
(併)北村実　(併)中里正明
(併)古川淳永　(併)高橋敏明
(併)田中駒子　(併)三木忠一
(併)中尾学　(併)藤條聡
(併)玉城崇志　(併)山﨑洋平
(併)村山直和　(併)杉本留三
(併)泉吉顕　(併)德大寺祥宏
(併)海江田達也　(併)矢作将人
(併)吉田慎　(併)前川紘一郎
(併)菅潤一郎　(併)浅賀崇
企画官 日坂実
(併)藤沢恵　(併)春日英二
(併)井出英次　(併)田邉浩二
(併)冨岡勇哉　(併)福山仁
(併)萩原玲子　(併)中道紘一郎
(併)田中泰治
調査官 森幸秀

(皇室典範改正準備室)

室長 溝口洋
副室長 末永洋之
審議官 須藤明夫
参事官 西澤能之
戸梶晃輔　菅潤一郎
(併)三浦靖彦

(公文書監理官室)

室長 須藤明夫
参事官 西澤能之

(総理大臣官邸事務所)

所長 菅原強
副所長 髙野仁
企画官(併) 今井悠次郎

〔内閣感染症危機管理統括庁〕

内閣感染症危機管理監(内閣官房副長官) 栗生俊一
内閣感染症危機管理監補(内閣官房副長官補) 藤井健志
内閣感染症危機管理対策官 迫井正深
内閣審議官 中村博治
須藤明裕　八幡道典
鷲見学
内閣参事官 田中徹
三戸雅文　山口顕
小浦克之　奥田隆則
前田彰久　(併)桝野龍太
企画官 唐戸直樹
(併)江上智一　(併)足利貴聖

〔国家安全保障局〕

局長 秋葉剛男
次長(内閣官房副長官補) 鈴木敦夫
同(同) 市川恵一
内閣審議官 飯田陽一
彦谷直克　小杉裕一
西脇匡史　室田幸靖
(併)宮坂祐介　(併)小柳誠二
(併)萬浪学　(併)泉恒有
(併)伊藤哲也　(併)中溝和孝
(併)佐々木啓介　(併)品川高浩
(併)門松貴　(併)飯島秀俊
内閣参事官 谷井義正
髙橋文武　大塚航
髙井良浩　山本武臣
河野太　長谷部潤
川上直人　雲田陽一
早田豪　松尾智樹
(併)北廣雅之　(併)市山卓己
(併)神谷隆　(併)高村信
(併)田中伸彦　(併)小新井友厚
(併)山口勇　(併)垣見直彦
(併)小松克行　(併)稲盛久人
(併)田中博　(併)大平真嗣
(併)田村亮平　(併)有田純
(併)大塚慎太郎　(併)髙田裕介
(併)西前幸則　(併)中山卓映
(併)武尾伸隆　(併)荻野剛

(併)鵜鶘昌二　(併)積田北辰
企画官　阪口琢磨
中島　健　藤井太郎
亀井遵児　児玉啓佑
吉岡史織　武田　学
(併)小窪貴輝　(併)松本　崇
(併)坪郷　聡　(併)神田隆行
(併)古田純子　(併)望月千洋
(併)鎌田　寛　(併)伊藤　拓
(併)小嶋龍亮　(併)三宅隆悟
(併)髙木　亮　(併)宮田　均
(併)森田健司　(併)山田隆裕
(併)大磯　一　(併)山下浩司
(併)谷澤厚志　(併)髙田康弘
(併)西田真啓　(併)前田宗範
(併)佐々木将宣

〔内閣官房副長官補〕

内閣官房副長官補　阪田　渉
同　鈴木敦夫
同　市川恵一
内閣審議官　新原浩朗
滝崎成樹　福本茂伸
武藤功哉　松尾泰樹
吉川浩民　小林　靖
渡部良一　田島浩志
長橋和久　林　学
河西康之　岡村次郎
小柳誠二　小川康則
塩崎正晴　萬浪　学
泉　恒有　門前浩司
中島朗洋　熊木正人
佐々木啓介　長崎敏志
吉田宏平　福島秀生
西　経子　黒木理恵
丹羽克彦　倉野泰行
橋本泰宏　(併)田和　宏
(併)井上裕之　(併)瀧本　寛
(併)丸山秀治　(併)林　幸宏
(併)松浦克巳　(併)松尾剛彦
(併)飯田祐二　(併)髙橋一郎
(併)鯰　博行　(併)吾郷俊樹
(併)平井康夫　(併)豊岡宏規
(併)水野政義　(併)中石斉孝
(併)山下隆一　(併)吾郷進平

(併)市川篤志　(併)岡田恵子
(併)岩成博夫　(併)江島一彦
(併)馬場　健　(併)堀本善雄
(併)鹿沼　均　(併)秦　康之
(併)堀井奈津子　(併)柏原恭子
(併)竹谷　厚　(併)渡邊昇治
(併)村上敬亮　(併)木村　聡
(併)村瀬佳史　(併)加藤　進
(併)岡本直樹　(併)阿久澤孝
(併)坂本　基　(併)中村広樹
(併)寺門成真　(併)髙橋宏治
(併)内山博之　(併)宮崎敦文
(併)鳥井陽一　(併)宮本直樹
(併)須田俊孝　(併)原口　剛
(併)宮本悦子　(併)坂　勝浩
(併)岩間　浩　(併)中原裕彦
(併)井上　学　(併)小善真司
(併)佐久間正哉　(併)品川　武
(併)田辺康彦　(併)濱田厚史
(併)恩田　馨　(併)三橋一彦
(併)大村真一　(併)片平　聡
(併)内野洋次郎　(併)合田哲雄
(併)迫井正深　(併)竹林悟史
(併)榊原　毅　(併)野村知司
(併)竹林経治　(併)青山桂子
(併)飯田健太　(併)片岡宏一郎
(併)佐脇紀代志　(併)成田達治
(併)畠山陽二郎　(併)星野光明
(併)佐々木正士郎　(併)中込　淳
(併)笠尾卓朗　(併)橋本　幸
(併)小八木大成　(併)福田　毅
(併)大森一顕　(併)吉野維一郎
(併)田村公一　(併)小林万里子
(併)西條正明　(併)石垣健彦
(併)山口博之　(併)片貝敏雄
(併)山口潤一郎　(併)田中哲也
(併)桐山伸夫　(併)山本和徳
(併)龍崎孝嗣　(併)畠山貴晃
(併)向井康二　(併)石川泰三
(併)柴田智樹　(併)渡辺公徳
(併)髙谷浩樹　(併)藤吉尚之
(併)吉田健一郎　(併)門松　貴
(併)田中一成　(併)坂本里和
(併)飯島秀俊　(併)米山栄一
(併)福原道雄　(併)江浪武志

内閣参事官　古矢一郎
野口　久　綱川浩章
神谷　隆　小泉秀親
片桐義博　田中伸彦
松下美帆　大田泰介
齋藤　敦　今野　治
村尾　崇　三上卓矢
冨安健一郎　玉越崇志
山﨑洋平　青野正志
東　高士　藤原俊之
和田雅晴　宮腰奏子
井上圭介　上手研治
館　圭輔　岡野智晃
矢作将人　吉田　誠
仁井谷興史　渡　三佳
中井邦尚　胡　雅明
(併)福岡洋志　(併)稲川武宣
(併)松瀬貴裕　(併)梶本洋之
(併)金井　誠　(併)山田正人
(併)籠康太郎　(併)渡部保寿
(併)西尾利哉　(併)髙橋一成
(併)堂薗俊多　(併)深町正徳
(併)金澤正尚　(併)内田博文
(併)奥山　剛　(併)真田晃宏
(併)三浦良平　(併)藪中克一
(併)田中　登　(併)大畠　大
(併)髙橋秀幸　(併)新田正樹
(併)滝波　泰　(併)平嶋壮州
(併)吉田健一郎　(併)伊佐　寛
(併)山影雅良　(併)八木俊樹
(併)清水浩太郎　(併)川越久史
(併)三木清香　(併)太田哲生
(併)菱山　大　(併)河野琢次郎
(併)奥村　豪　(併)松下　徹
(併)野村政樹　(併)川野真稔
(併)黒田忠司　(併)本針和幸
(併)中原直人　(併)池田賢志
(併)吉田　修　(併)渡邉倫子
(併)西岡　隆　(併)眞鍋　馨
(併)猪上誠介　(併)尾室幸子
(併)川上敏寛　(併)飛田　章
(併)小笠原靖　(併)日置潤一
(併)中山裕司　(併)高村　信
(併)江碕智三郎　(併)井関至康
(併)山下智也　(併)奥村徳仁

(併)枝　慶　(併)塩田剛志
(併)安藤公一　(併)尾崎守正
(併)石川　悟　(併)小島裕章
(併)阿部一郎　(併)石川　靖
(併)石ケ休剛志　(併)宮原光穂
(併)塩手能景　(併)永澤　剛
(併)奈良裕信　(併)小林健典
(併)井上和也　(併)吉田充志
(併)北澤　剛　(併)小林知也
(併)井田俊輔　(併)飯嶋威夫
(併)多田昌弘　(併)近藤紀文
(併)齋藤憲一郎　(併)武田憲昌
(併)生田知子　(併)岩渕秀樹
(併)山本　要　(併)山下　護
(併)佐々木孝治　(併)篠崎拓也
(併)宮下雅行　(併)大熊規義
(併)坂内啓二　(併)吉村直泰
(併)奥田誠子　(併)磯野哲也
(併)稲盛久人　(併)村上浩世
(併)景山忠史　(併)池田　満
(併)菱田泰弘　(併)大平真嗣
(併)前田修司　(併)山﨑文夫
(併)松本圭介　(併)竹内尚也
(併)小西香奈江　(併)鈴木健二
(併)吉田暁郎　(併)立石祐子
(併)関口訓央　(併)大貫繁樹
(併)寺本恒昌　(併)河田敦弥
(併)久保麻紀子　(併)山﨑　潤
(併)宮本康宏　(併)浦上哲朗
(併)上島大輔　(併)平岡泰幸
(併)吉住秀夫　(併)春山浩康
(併)岡　貴子　(併)荒木裕人
(併)上田尚弘　(併)平岡宏一
(併)川口俊徳　(併)堀　泰雄
(併)日野　力　(併)奥田修司
(併)鮫島大幸　(併)松井拓郎
(併)清水　巌　(併)平尾禎秀
(併)山形成彦　(併)佐藤勇輔
(併)白水伸英　(併)髙田裕介
(併)見次正樹　(併)加藤　淳
(併)仲　信祐　(併)吉田武司
(併)原田朋弘　(併)菱谷文彦
(併)刀禰正樹　(併)若林伸佳
(併)清水　充　(併)村川奏支
(併)阿部雄介　(併)海江田達也

(併)西前幸則　(併)南部晋太郎
(併)稲垣吉博　(併)平野雄介
(併)髙橋文武　(併)阿部一貴
(併)北川伸太郎　(併)佐藤大輔
(併)形岡拓文　(併)高橋太朗
(併)池田一郎　(併)横山　玄
(併)黒須利彦　(併)松田洋平
(併)瀧島勇樹　(併)墳﨑正俊
(併)金籠史彦　(併)竹内大一郎
(併)齋藤　喬　(併)中山卓映
(併)小長谷章人　(併)坂本隆哉
(併)折田裕幸　(併)小岩徹郎
(併)武尾伸隆　(併)渡眞利諭
(併)北間美穂　(併)平林　剛
(併)山田雅彦　(併)荻野　剛
(併)琴　一也　(併)桝野龍太
(併)永島　拓　(併)鵜鶴昌二
(併)小林剛也　(併)藤野武広
(併)岡本祐典　(併)内野宏人
(併)島津裕紀　(併)田邊貴紀
(併)渡辺顕一郎　(併)田中彰子
(併)田中敬也　(併)二俣芳美
(併)八木貴弘

企画官　菅原　賢
渡辺善敬　(併)古郡　徹
(併)岩間良次　(併)中村充男
(併)上野裕大　(併)東泉慎治
(併)大山信幸　(併)石川征幸
(併)宇田川徹　(併)下川徹也
(併)太田成人　(併)小西慶典
(併)森　次郎　(併)古田暁人
(併)東岡礼治　(併)香川里子
(併)齋藤康平　(併)高木繁光
(併)中村　希　(併)里村真吾
(併)山内洋志　(併)川上悟史
(併)福井武夫　(併)野原哲也
(併)井出真司　(併)宮崎千晶
(併)鈴木健太郎　(併)吉田弘毅
(併)岡崎一人　(併)梶川文博
(併)藤田和英　(併)堤　啓
(併)鮫島和範　(併)永山玲奈
(併)青竹俊英　(併)伊藤　拓
(併)寺坂公佑　(併)三宅隆悟
(併)鈴木宏幸　(併)當間重光
(併)笠谷圭吾　(併)先﨑　誠
(併)角園太一　(併)竹内大輔
(併)西川昌登　(併)西田光宏
(併)宮元康一　(併)森田健司
(併)福田　光　(併)堀江典宏
(併)佐藤　司　(併)大磯　一
(併)山田隆裕　(併)西　久美子
(併)阿部幸子　(併)西川宜宏
(併)島田志帆　(併)山下浩司
(併)谷澤厚志　(併)迫田英晴
(併)納富史仁　(併)網野尚子
(併)豊重巨之　(併)西田真啓
(併)廣田大輔　(併)佐々木将宣
(併)中村真太郎　(併)添島里美
(併)富原早夏　(併)岡田　陽
(併)長宗豊和　(併)池田陽子
(併)岩谷　卓　(併)坂井志保

(空港・港湾水際危機管理チーム)

参事官　上手研治
矢作将人　(併)馬場義郎
(併)三盃　晃　(併)秋田未樹
(併)上原修二　(併)松尾真治
(併)中島　寛　(併)東郷康弘
(併)永瀬賢介　(併)内海雄介
(併)桝野龍太
空港危機管理官(併)　小林淳一
同　(併)　和田邦雄
港湾危機管理官(併)　千田　亨
三柳裕二　中田光昭
松川勝紀　宮本勝通
大河内克朗　宮﨑　勉

(アイヌ総合政策室)

室長(併)　松浦克巳
室長代理(併)　合田哲雄
同　(併)　橋本　幸
次長(併)　田村公一
同　(併)　佐々木啓介
参事官(併)　梶本洋之
金原辰夫　麓　裕樹
新田正樹　八木俊樹
齊藤雄一　寺本恒昌
髙澤令則
企画官(併)　中村　希
同　(併)　宮元康一
北海道分室長(併)　小林　力

(郵政民営化推進室)

〒100-0014 千代田区永田町1-11-39
永田町合同庁舎3F ☎03(5251)8748

室長 鈴木信也
副室長(併) 吾郷俊樹
同(併) 中山裕司
参事官(併) 三島由佳
小林知也 折笠史典
平岡泰幸
企画官(併) 納富史仁

(沖縄連絡室)

室長(内閣官房副長官) 栗生俊一
室長代理(内閣官房副長官補) 藤井健志
室員(併) 出口和宏
松下美帆 齋藤敦
村尾崇 三上卓矢
冨安健一郎 宮本康宏
和田雅晴 南部晋太郎
吉田誠

(沖縄連絡室沖縄分室)

分室長(併) 三浦健太郎
室員(併) 櫻井淳
同(併) 黒石亮

(原子力発電所事故による経済被害対応室)

室長(併) 片岡宏一郎
参事官(併) 梅北栄一
同(併) 上田光幸

(国土強靭化推進室)

室長(内閣官房副長官) 栗生俊一
次長 丹羽克彦
審議官(併) 田辺康彦
同(併) 笠尾卓朗
参事官(併) 堂薗俊多
奥田誠子 朝田将
村川奏支 山口博史
企画官(併) 髙木繁光
里村真吾 堤啓
鮫島和範

(拉致問題対策本部事務局)

☎03(3581)3885

事務局長 福本茂伸
審議官(併) 鯰博行
平井康夫 石川泰三
参事官(併) 前田修司
髙岩直樹 永島拓
情報室長(併) 松下徹
総務・拉致被害者等支援室長 大田泰介
政策企画室長(併) 井関至康
総務・拉致被害者等支援室企画官(併) 小西慶典
政策企画室企画官(併) 佐藤司
情報室企画官(併) 東泉慎治

(行政改革推進本部事務局)

事務局長 横田信孝
事務局次長 七條浩二
同(併) 柴田智樹
参事官(併) 金井誠
山田正人 髙橋秀幸
黒田忠司 奥村徳仁
関口訓央 見次正樹
山形成彦 山田雅彦
藤野武広
企画官(併) 和田光太郎

(領土・主権対策企画調整室)

室長 渡部良一
審議官(併) 矢作修己
参事官(併) 古矢一郎
同(併) 富永健嗣
企画官(併) 長田賢一
同(併) 齋藤康平

(健康・医療戦略室)

室長(内閣官房副長官補) 藤井健志
室長代理(併) 迫井正深
次長(併) 赤堀毅
城克文 中石斉孝
塩見みづ枝 間隆一郎
浅沼一成 内山博之
宮本直樹 森光敬子
竹林経治 針田哲
茂木正 森田健太郎
髙谷浩樹 井上肇
大坪寛子
参事官(併) 大畠大
三木清香 宮原光穂
渡辺顕一郎 日野力
和田幸典 江副聡
渡三佳

企画官(併)　尾﨑美弥子
笠谷圭吾　竹内大輔
網野尚子

(TPP(環太平洋パートナーシップ)等政府対策本部)
本部長(経済再生担当大臣)　新藤義孝
首席交渉官　滝崎成樹
国内調整統括官(併)　武藤功哉
企画・推進審議官　田島浩志
審議官(併)　山口博之
同(併)　桐山伸夫
交渉官(併)　古郡徹
上野裕大　山口潤一郎
小島裕章　古田暁人
近藤紀文　香川里子
仲信祐　藤田和英
岡﨑一人　永山玲奈
青竹俊英　先﨑誠
内野宏人　岡本祐典
部員(併)　松尾剛彦
水野政義　江島一彦
中村充男　竹谷厚
坂勝浩　片平聡
内野洋次郎　石川征幸
柏原恭子　吉田修
猪上誠介　小泉秀親
佐藤大輔

(水循環政策本部事務局)
事務局長(併)　中込淳
審議官(併)　片貝敏雄
参事官(併)　小山陽一郎
向野陽一郎　森本輝
貫名功二　筒井誠二
瀧川拓哉
企画官(併)　山内洋志

(産業遺産の世界遺産登録推進室)
室長(併)　市川篤志
次長(併)　小林万里子
金子万里子　西経子
参事官(併)　真田晃宏
山影雅良　田村顕洋
枝慶　大辻統
企画官(併)　森山昌人
福井武夫　青山紘悦

(観光立国推進室)
室長(内閣官房副長官)　栗生俊一
室長代理(内閣官房副長官補)　藤井健志
同(併)　髙橋一郎
室長代理補(併)　泉恒有
次長(併)　加藤進
同(併)　佐々木啓介
審議官(併)　星野芳隆
豊岡宏規　山越伸子
堀本善雄　中原裕彦
星野光明　佐々木正士郎
中村広樹　石塚智之
真鍋英樹　井上誠一郎
参事官　齋藤敦
村尾崇　冨安健一郎
(併)則久雅司　(併)西中隆
(併)安部勝也　(併)鈴木章一郎
(併)田部真史　(併)石川靖
(併)岩渕秀樹　(併)吉村直泰
(併)坂本弘毅　(併)八木貴弘
(併)齊藤敬一郎　(併)冨安健一郎
(併)諏訪克之　(併)河田敦弥
(併)久保麻紀子　(併)吉住秀夫
(併)高橋泰史　(併)庄司郁
(併)竹内大一郎　(併)本村龍平
(併)北間美穂　(併)濵本健司
企画官(併)　豊重巨之
同(併)　坂井志保

(特定複合観光施設区域整備推進室)
室長(併)　髙橋一郎
次長(併)　加藤進
参事官(併)　飛田章
山本要　上島大輔
阿部雄介　形岡拓文

(地理空間情報活用推進室)
室長(併)　小善真司
室長代理(併)　川野豊
佐々木啓介　渡邉淳
参事官(併)　橋本雅道
河瀬和重　髙嶺研一
三上建治　岩渕秀樹
嶋崎政一　矢吹周平
吉田誠
企画官(併)　井出真司

同　(併)　呉村益生

(ギャンブル等依存症対策推進本部事務局)

事務局長(内閣官房副長官)　栗生俊一
事務局長代行(内閣官房副長官補)　藤井健志
ギャンブル等依存症対策総括官(併)　吉岡秀弥
審議官(併)　出口和宏
中山隆介　江浪武志
参事官(併)　神門純一
水野秀信　谷川仁彦
松下美帆　山本要
小林秀幸　加藤卓生
小西香奈江　河村のり子
宮腰奏子　松下和彦
安里賀奈子　平野雄介
小林隼人
企画官(併)　須藤義治
羽野嘉朗　宮部大輝

(就職氷河期世代支援推進室)

室長(内閣官房副長官補)　藤井健志
室長代理(併)　鹿沼均
同　(併)　木村聡
次長(併)　青山桂子
中島朗洋　畠山貴晃
参事官(併)　近藤玲子
平嶋壮州　西中隆
小林太郎　長良健二
尾室幸子　宇野禎晃
阿部一郎　乗越徹哉
吉住秀夫　横山好古
石橋晶　岡野智晃
柴山豊樹　島津裕紀
企画官(併)　添島里美

(デジタル市場競争本部事務局)

局長(内閣官房副長官補)　藤井健志
局長代理(併)　岩成博夫
次長(併)　佐久間正哉
大村真一　坂本里和
参事官(併)　尾原知明
深町正徳　河野琢次郎
奥村豪　井田俊輔
吉屋拓之　山野哲也
刀禰正樹　須賀千鶴
企画官(併)　中西友昭

仙田正文　稲葉僚太
岩谷卓

(国際博覧会推進本部事務局)

局長(併)　新原浩朗
局長代理(併)　茂木正
次長(併)　竹谷厚
井上学　長﨑敏志
福島秀生
参事官(併)　内田博文
三浦良平　川上敏寛
江碕智三郎　吉住秀夫
奥田修司　稲垣吉博

(新しい資本主義実現本部事務局)

事務局長(内閣官房副長官)　村井英樹
事務局長代行(同)　森屋宏
同　(同)　栗生俊一
事務局長代理　藤井健志
(併)新原浩朗　(併)田和宏
(併)松尾泰樹
事務局長代理補(併)　河西康之
事務局長補佐(併)　泉恒有
事務局次長(併)　井上裕之
林幸宏　豊岡宏規
馬場健　堀本善雄
間隆一郎　木村聡
阿久澤孝　宮本悦子
中島朗洋　佐々木啓介
坂本里和
参事官(併)　松瀬貴裕
籠康太郎　深町正徳
滝波泰　山影雅良
菱山大　野村政樹
中原直人　奥家敏和
正田聡　佐藤鐘太
石ケ休剛志　篠崎拓也
宮下雅行　大熊規義
八木貴弘　吉田暁郎
立石祐子　淺井洋介
吉住秀夫　岡貴子
鮫島大幸　松井拓郎
石橋晶　菱谷文彦
佐藤大輔　高橋太朗
金籠史彦　島津裕紀
田邊貴紀

企画官(併) 川上悟史
吉田弘毅 福田　光
阿部幸子 迫田英晴
日高圭悟 岡田　陽
長宗豊和 池田陽子

(新しい資本主義実現本部事務局私的独占禁止法特例法担当室)
室長(併) 新原浩朗
次長(併) 堀本善雄
参事官(併) 深町正徳
同(併) 壙﨑正俊

(新しい資本主義実現本部事務局フリーランス取引適正化法制準備室)
室長(併) 品川　武
室長代理(併) 堀井奈津子
飯田健太 坂本里和
次長(併) 宮本悦子
山本和徳 向井康二
参事官(併) 鮫島大幸
宮下雅行 立石祐子
島津裕紀 田邉貴紀

(デジタル田園都市国家構想実現会議事務局)
事務局長 吉川浩民
事務局長代行(併) 松尾泰樹
次長(併) 小林　靖
秡川直也 村上敬亮
審議官 塩崎正晴
(併)豊岡宏規 (併)中村広樹
(併)阿久澤孝 (併)髙橋宏治
(併)岩間　浩 (併)佐脇紀代志
(併)佐々木正士郎 (併)大森一顕
(併)石垣健彦 (併)藤吉尚之
(併)西　経子 (併)吉田健一郎
参事官(併) 福岡洋志
西尾利哉 金澤正尚
伊佐　寛 吉田健一郎
川越久史 太田哲生
日置潤一 山下智也
塩田剛志 石川　悟
塩手能景 奈良裕信
吉田充志 齋藤憲一郎
景山忠史 鈴木健二
吉田暁郎 河田敦弥
平岡宏一 佐藤勇輔
白水伸英 壙﨑正俊
竹内大一郎 平林　剛
小林剛也
企画官(併) 野田直生
木村　剛 野原哲也
角田憲亮 坂井志保

(経済安全保障法制準備室)
室長(併) 飯田陽一
次長(併) 高村泰夫
泉　恒有 佐々木啓介
品川高浩
参事官(併) 北廣雅之
神谷　隆 田中伸彦
小新井友厚 早田　豪
田中　博 田村亮平
有田　純 髙井良浩
萩原貞洋 髙橋文武
大塚　航
企画官(併) 伊藤　拓
三宅隆悟 森田健司
山下浩司

(令和5年経済対策物価高対応支援、令和4年物価・賃金・生活総合対策世帯給付金及び令和3年経済対策世帯給付金等事業企画室)
室長(併) 井上裕之
次長(併) 木村　聡
同(併) 坂本　基
審議官(併) 岡本直樹
濱田厚史 野村知司
参事官(併) 菱山　大
村上浩世 和田雅晴
吉住秀夫 小長谷章人
小岩徹郎
企画官(併) 宮崎千晶
同(併) 西川昌登

(教育未来創造会議担当室)
室長(併) 瀧本　寛
次長(併) 寺門成真
参事官(併) 滝波　泰
川野真稔 尾室幸子
菱田泰弘 久保麻紀子
川口俊徳 島津裕紀
企画官(併) 岩間良次
東岡礼治 川上悟史

鈴木宏幸　西　久美子
中村真太郎

(全世代型社会保障構築本部事務局)

局長(併)　鹿沼　均
審議官　熊木正人
(併)髙橋宏治　(併)宮崎敦文
(併)濱田厚史　(併)竹林悟史
(併)野村知司　(併)青山桂子
(併)中島朗洋　(併)吉野維一郎
参事官(併)　稲川武宣
平嶋壮州　西岡　隆
中野孝浩　端本秀夫
安藤公一　田中良斉
梶　元伸　松本圭介
吉住秀夫　吉田武司
原田朋弘　横山　玄
永原伯武
企画官(併)　中村明恵
安田正人　角園太一

(GX実行推進室)

総括室長(併)　飯田祐二
室長(併)　畠山陽二郎
次長(併)　山下隆一
秦　康之　村瀬佳史
坂本　基　龍崎孝嗣
参事官(併)　平嶋壮州
清水浩太郎　冨安健一郎
髙田英樹　小笠原　靖
井上和也　吉村直泰
大貫繁樹　吉住秀夫
平尾禎秀　加藤　淳
若林伸佳　清水　充
高橋太朗
企画官(併)　梶川文博
西田光宏　廣田大輔

(海外ビジネス投資支援室)

室長(併)　泉　恒有
室長代行(併)　武藤功哉
次長(併)　田中一成
参事官(併)　渡部保寿
奥山　剛　山﨑文夫
中井邦尚　胡　雅明
企画官(併)　大山信幸
同(併)　下川徹也

(グローバル・スタートアップ・キャンパス構想推進室)

室長(併)　松尾泰樹
次長(併)　渡邊昇治
室長補佐(併)　泉　恒有
審議官(併)　吾郷進平
深井敦夫　塩崎正晴
西條正明　田中哲也
藤吉尚之
参事官　野口　久
(併)渡邉倫子　(併)有賀　理
(併)生田知子　(併)武田憲昌
(併)池田一郎
企画官(併)　宇田川　徹
森　次郎　川上悟史
寺坂公佑　當間重光
富原早夏

(技能実習制度及び特定技能制度の在り方に関する検討室)

室長(併)　丸山秀治
次長　中島朗洋
審議官(併)　原口　剛
同(併)　福原道雄
参事官(併)　本針和幸
菱田泰弘　川口俊徳
堀　泰雄　岡野智晃
南部晋太郎

(サイバー安全保障体制整備準備室)

室長(併)　小柳誠二
次長(併)　門松　貴
同(併)　飯島秀俊
参事官(併)　高村　信
垣見直彦　雲田陽一
稲盛久人　大平真嗣
横田一磨　村田健太郎
紺野博行　川上直人
髙田裕介　西前幸則
谷井義正　中山卓映
武尾伸隆　荻野　剛
鵜鶴昌二　積田北辰
企画官(併)　杉本貴之
鈴木健太郎　山田隆裕
大磯　一　谷澤厚志
西田真啓　佐々木将宣

内閣

（デジタル行財政改革会議事務局）

局長（併）　阪田　渉
局長補佐（併）　横田信孝
同（併）　村上敬亮
審議官（併）　小川康則
佐脇紀代志　吉田宏平
八幡道典　渡辺公徳
西　経子
参事官（併）　尾崎守正
飯嶋威夫　坂内啓二
浦上哲朗　松田洋平
瀧島勇樹　齋藤　喬
折田裕幸　小林剛也
企画官（併）　楠目　聖
中野芳崇　吉田泰己
局員（併）　林　幸宏
吉川浩民　小林　靖
秡川直也　河村直樹
金井　誠　阿久澤　孝
中村広樹　岩間　浩
山田正人　七條浩二
榊原　毅　後藤一也
大森一顕　蓮井智哉
麻山健太郎　稲熊克紀
柴田智樹　髙橋秀幸
黒田忠司　奥村徳仁
山下智也　塩田剛志
石川　悟　塩手能景
木尾修文　吉中　孝
景山忠史　関口訓央
麻山晃邦　上田尚弘
見次正樹　野原哲也
山田雅彦　宮本賢一
根本　深　松本博明
藤野武広　加藤博之
久芳全晴　和田光太郎

（船舶活用医療推進室）

室長　倉野泰行
次長（併）　宮本直樹
田辺康彦　米山栄一
参事官（併）　田中　登
小林健典　北澤　剛
佐々木孝治　藤原俊之
企画官（併）　島田志帆

〔内閣広報室〕

内閣広報官　小林麻紀
内閣審議官（併）　廣瀬健司
内閣副広報官（併）　足立秀彰
内閣参事官　小林明生
坂入倫之　難波康修
飯田修章　（併）鎌田修弘
（併）杉本昌英　（併）中島　薫
（併）永原伯武
企画官　桑畑朋子
（併）齋藤康平　（併）関日路美
（併）宮野光一郎　（併）日坂　実
調査官　大部　俊

（国際広報室）

室長（併）　足立秀彰
室員　桑畑朋子
同　飯田修章

（総理大臣官邸報道室）

室長　難波康修
調査官　大部　俊

〔内閣情報調査室〕

内閣情報官　原　和也
次長（内閣審議官）　七澤　淳
内閣審議官　河野　真
立﨑正夫　山田好孝
大槻耕太郎　（併）西永知史
（併）岡　素彦
内閣情報分析官（内閣審議官）　加藤達也
同（内閣参事官）　島倉善広
髙坂久夫　梅田直嗣
竹端昌宏　高瀬光将
（併）佐藤隆司　（併）水戸雄司

（総務部門）

内閣参事官　苧坂壮栄
野田哲之　岡本亜理博
保坂啓介　柳川浩介
（併）吉野成一朗　（併）山内恭子
（併）林裕二郎　（併）安田貴司
（併）中山卓映
調査官　鈴木智文
鈴木亮作　大野克巳
三野元靖　（併）津村優介

内閣

（併）横山弘泰　（併）原納　翔

（国内部門）

内閣参事官　野本祐二
（併）鶴代隆造　（併）知花宏樹
調査官（併）　花岡一央

（国際部門）

内閣参事官　遠藤幹夫
水廣佳典　（併）大山和伸
（併）松田光央　（併）蔵原智行
（併）寺口直樹　（併）吉田知明
（併）鈴木宏典
調査官　服部重夫
佐藤義実　田中啓介
（併）高橋真仁　（併）原　大輔
（併）斎藤智子

（経済部門）

内閣参事官　山田　修
海野敦史　寺内彩子
西野　健　（併）降井寮治

（内閣情報集約センター）

内閣参事官　門井　誠
（併）舟橋清次　（併）髙橋裕昌
（併）大嶋文彦

（カウンターインテリジェンス・センター）

センター長（内閣情報官）　原　和也
副センター長　山田好孝
同（併）　岡　素彦
参事官　水廣佳典
保坂啓介　柳川浩介
（併）吉野成一朗　（併）金柿正志
（併）間仁田裕美

（国際テロ情報集約室）

室長（内閣官房副長官）　栗生俊一
室長代理（内閣情報官）　原　和也
情報収集統括官　河野　真
次長　立﨑正夫
山田好孝　七澤　淳
大槻耕太郎　（併）丸山秀治
（併）渡邉保範　（併）油布志行
（併）加野幸司　（併）江島一彦
（併）迫田裕治　（併）岩本桂一
（併）福永哲郎　（併）藤原威一郎
（併）石瀬素行　（併）西永知史
（併）平光信隆
参事官　島倉善広
苧坂壮栄　野田哲之
保坂啓介　（併）榎下健司
（併）林裕二郎
調査官　鈴木亮作
荒木征司　（併）滝澤庸子
（併）原納　翔

〔国際テロ対策・経済安全保障等情報共有センター〕

センター長（併）　林　裕二郎
副センター長　原納　翔

〔内閣衛星情報センター〕

所長　納冨　中
次長　安田浩己
管理部長　市川道夫
調査官（併）　三野元靖
総務課長　坂田奈津子
会計課長　角田哲也
運用情報管理課長　安田貴司
調査官（併）　横山弘泰
分析部長　中村耕一郎
管理課長　西野　聰
主任分析官　佐藤卓也
見田達也　安藤暁史
小野理沙　波多野伸俊
宮田憲介
技術部長　木村賢二
企画課長　古賀康之
管制課長　大井勝義
主任開発官　齋藤康裕
多賀谷朋宏　野呂真悦
総括開発官　山城瑞樹
副センター所長　近藤　剛
北受信管制局長　梅津明志
南受信管制局長　岡田健次
内閣参事官（併）　吉野成一朗

（内閣サイバーセキュリティセンター）

センター長（内閣官房副長官補）　鈴木敦夫
センター長代理（内閣審議官）　飯田陽一
総括副センター長（同）　小柳誠二
副センター長（内閣審議官）　中溝和孝
門松　貴　佐野朋毅

飯島秀俊
内閣審議官(併)　豊嶋基暢
同　(併)　上村昌博
内閣参事官　垣見直彦
村田健太郎　(併)山口　勇
(併)雲田陽一　(併)横田一磨
(併)紺野博行　(併)水廣圭典
(併)金柿正志　(併)間仁田裕美
(併)積田北辰
企画官　中川和信
杉本貴之　(併)服部重夫
(併)松本　崇　(併)坪郷　聡
(併)鈴木健太郎　(併)佐々木淳一
(併)山田隆裕　(併)谷澤厚志
(併)谷口智哉

〔内閣人事局〕

〒100-8914 千代田区永田町1-6-1
中央合同庁舎8号館 ☎03(6257)3731

内閣人事局長(内閣官房副長官)　栗生俊一
人事政策統括官
阪本克彦　松田浩樹
内閣審議官　野村謙一郎
横田美香　(併)平池栄一
(併)須藤明夫
内閣参事官　山村和也
阿南哲也　臼井伸幸
後藤友宏　中里吉孝
越尾　淳　五百簱頭千奈美
宮﨑孝一　荒木太郎
谷中謙一　植松利紗
菅　潤一郎　浅賀　崇
佐藤隆夫　小島美涼
(併)西澤能之　(併)辻　恭介
(併)川口真友美
企画官　山本隆之
今井由紀子　田上陽也
木曽　希　市川のり恵
前原寛年　田中智史
山本裕一　内田陽介
玉井淳平　日坂　実
人事企画官　三輪田祐子
調査官　長野浩二
洲藤訓之　鈴井秀彦
祝　彰吾

(特定複合観光施設区域整備推進本部事務局)
局長(併)　髙橋一郎
次長(併)　加藤　進
参事官(併)　飛田　章
山本　要　上島大輔
阿部雄介　形岡拓文

(郵政民営化委員会事務局)
局長　鈴木信也
次長(併)　吾郷俊樹
同　(併)　中山裕司
参事官(併)　三島由佳
小林知也　平岡泰幸
企画官(併)　納富史仁

(船舶活用医療推進本部事務局)
局長(併)　倉野泰行
次長(併)　宮本直樹
田辺康彦　米山栄一
参事官(併)　田中　登
小林健典　北澤　剛
佐々木孝治　藤原俊之
企画官(併)　島田志帆

〔内閣法制局〕

〒100-0013 千代田区霞が関3-1-1
中央合同庁舎4号館 ☎03(3581)7271

内閣法制局長官　近藤正春
内閣法制次長　岩尾信行
長官秘書官　小泉雅洋
総務主幹　山影雅良
総務課長　久下富雄
会計課長　宇田川利夫
調査官　北村　茂
公文書監理官(兼)　北村　茂
第一部長　木村陽一
参事官　畑　佳秀
古渡善幸　中澤吉博
山田勝士　中井孝一
法令調査官　鴨居秀樹
憲法資料調査室長事務取扱　山影雅良
参事官(兼)　中井孝一
第二部長　栗原秀忠
参事官　長谷浩之
大野　敬　門元政治
家原尚秀　吉田　誠

廣畑健次
第三部長　佐藤則夫
参事官　中田　響
伊藤直人　野田恒平
髙橋慶太　永田将一
藤井延之
第四部長　嶋　一哉
参事官　髙鹿秀明
森　大輔　堀　和臣
久野克人　松本将明

〔国家安全保障会議〕

〒100-0014 千代田区永田町2-4-12
☎03(5253)2111

議長(内閣総理大臣)　岸田文雄
議員
総務大臣　松本剛明
外務大臣　上川陽子
財務大臣　鈴木俊一
経済産業大臣　齋藤　健
国土交通大臣　斉藤鉄夫
防衛大臣　木原　稔
内閣官房長官　林　芳正
国家公安委員長　松村祥史

人事院

〒100-8913 千代田区霞が関1-2-3
中央合同庁舎5号館別館
☎03(3581)5311

総裁　川本裕子
人事官　伊藤かつら
同　土生栄二
総裁秘書官　小川純子

〔事務総局〕

事務総長　柴﨑澄哉
総括審議官　役田　平
審議官　植村隆生
審議官(研修・国際担当)　鈴木秀雄
公文書監理官(併)　長谷川一也
サイバーセキュリティ・情報化審議官　長谷川一也
政策立案参事官　宮川豊治
事務総局付　琴　一也
総務課長　野口孝宏
企画法制課長　神宮司英弘
人事課長　森川　武
会計課長　奈良間貴洋
国際課長　矢島恵理子
国際人事行政専門官　徳山淳記
公文書監理室長事務取扱　長谷川一也
情報管理室長　伊藤壱訓

〔職員福祉局〕

局長　荻野　剛
次長　荒竹宏之
職員団体審議官　木村秀崇
職員福祉課長　西　桜子
審査課長　田中玄弥
補償課長　工藤哲郎
職員団体審議官付参事官　早乙女潤一

〔人材局〕

局長　荒井仁志
試験審議官　府川陽子
参事官　髙田悠二
企画課長　澤田晃一
試験課長　住吉威彦
研修推進課長　藤原知朗
首席試験専門官　秋庭能久
井上　勉　池田藺樹
川村竜児

〔給与局〕

局長　佐々木雅之
次長　箕浦正人
参事官　本間あゆみ
給与局付(併)　木村秀崇
同　(併)　早乙女潤一
同　(併)　東　寛朗
給与第一課長　森谷明浩
給与第二課長　中西佳子
給与第三課長　井手　亮
生涯設計課長　上月拓也

〔公平審査局〕

局長　練合　聡
審議官　髙尾憲司
調整課長　前田聡子
職員相談課長　山本　朗
首席審理官　村山大介
酒井元康　山田将武

〔公務員研修所〕

〒358-0014 入間市宮寺3131
☎04(2934)1291

所長　岩崎　敏
副所長　岸本康雄

人事院

主任教授　柳田健一
教授　小山茂樹
（併）石水修　（併）矢島恵理子
（併）藤原知朗
教務部長　石水修
教務部政策研修分析官　岩崎克則
西山理行　萩本猛

〔国家公務員倫理審査会〕

会長　秋吉淳一郎
委員　あおい有紀
山下良則　山田久
伊藤かつら
事務局長　米村猛
首席参事官　浅尾久美子
参事官　原田佳澄

内閣府

〒100-8914 千代田区永田町1-6-1
〒100-8914 千代田区永田町1-6-1
中央合同庁舎8号館
〒100-8970 千代田区霞が関3-1-1
中央合同庁舎4号館（分館）
☎03(5253)2111

内閣総理大臣　岸田文雄
内閣官房長官　林芳正
内閣府特命担当大臣（金融）　鈴木俊一
内閣府特命担当大臣（原子力損害賠償・廃炉等支援機構）　齋藤健
内閣府特命担当大臣（原子力防災）　伊藤信太郎
内閣府特命担当大臣（規制改革）　河野太郎
内閣府特命担当大臣（防災　海洋政策）　松村祥史
内閣府特命担当大臣（こども政策　少子化対策　若者活躍　男女共同参画　孤独・孤立対策）　加藤鮎子
内閣府特命担当大臣（経済財政政策）　新藤義孝
内閣府特命担当大臣（クールジャパン戦略　知的財産戦略　科学技術政策　宇宙政策　経済安全保障）　高市早苗
内閣府特命担当大臣（沖縄及び北方対策　消費者及び食品安全戦略　地方創生　アイヌ施策）　自見はなこ
副大臣　井林辰憲
同　工藤彰三
同　古賀篤
同（兼）　石川昭政
同（兼）　岩田和親
同（兼）　上月良祐
同（兼）　堂故茂
同（兼）　滝沢求
同（兼）　鬼木誠
大臣政務官　神田潤一
同　古賀友一郎
同　平沼正二郎
同（兼）　土田慎
同（兼）　石井拓
同（兼）　吉田宣弘
同（兼）　尾﨑正直
同（兼）　国定勇人
同（兼）　三宅伸吾
事務次官　井上裕之
内閣府審議官　原宏彰
同　林幸宏

〔大臣官房〕

大臣官房長　松田浩樹
官房政策立案総括審議官　岡本直樹
官房公文書監理官（併）　原典久
官房サイバーセキュリティ・情報化審議官　伊藤誠一
官房審議官（官房担当）　矢作修己
（併）笹川武　（併）岡本直樹
（併）坂本里和　（併）小八木大成
（併）松多秀一　（併）原典久
（併）堤雅彦
官房審議官（公文書監察担当）　矢作修己
官房審議官（拉致被害者等支援担当）（併）　平井康夫
官房審議官（遺棄化学兵器処理担当）（併）　伊藤茂樹
官房審議官（原子力損害賠償・廃炉等支援機構担当）（併）　徳増伸二
総務課長　南順子
参事官（総務課）（併）　冨岡勇哉
真弓智也　菱山大
富永健嗣　村山直和
前川紘一郎　泉吉顕
小川敦之　古川淳永
管理室長（併）　前川紘一郎
齋藤国務大臣秘書官事務取扱　能村幸輝
伊藤国務大臣秘書官事務取扱　清水延彦
同　事務取扱　松井一記
林国務大臣秘書官事務取扱　吉田真晃
河野国務大臣秘書官事務取扱　岩谷邦明
柳生正毅　梅城崇師
松村国務大臣秘書官事務取扱　本間優子
加藤国務大臣秘書官　両角真之介
同　事務取扱　田中麻理

小澤幸生　萩原　啓
新藤国務大臣秘書官　小仁熊　旬
同　事務取扱　中尻恒光
内藤景一朗　髙島章好
小柳聡志
高市国務大臣秘書官　髙市知嗣
同　事務取扱　有田　純
山下浩司　梅田裕介
自見国務大臣秘書官　江頭清輝
同　事務取扱　中野浩二
松本欣也　谷口雄介
爲藤里英子
人事課長　水田　豊
参事官（人事課）　杉田和暁
会計課長　田中駒子
参事官（会計課）　北村　実
企画調整課長　小川敦之
参事官（企画調整課）　酒巻　浩
（併）佐々木　明　（併）山岸圭輔
（併）古矢一郎　（併）阿部一郎
（併）高橋敏明　（併）武藤寿彦
（併）山田哲也　（併）乃田昌幸
同（拉致被害者等支援担当）（併）　奥田隆則
同（遺棄化学兵器処理担当）　園田　庸
同　（同）　大塚孝道
合理的根拠政策立案推進室長（併）　小川敦之
政策評価広報課長　永山寛理
参事官（政策評価広報課担当）（併）　菱山　大
同　（同）（併）　古川淳永
公文書管理課長　坂本眞一
参事官（公文書管理課担当）（併）　泉　聡子
政府広報室長　畠山貴晃
参事官（政府広報室担当）　中島　薫
鎌田修弘　（併）杉本昌英
（併）永原伯武　（併）小林明生
（併）上村秀紀　（併）足立秀彰
（併）栗原弥生
厚生管理官　中里正明
拉致被害者等支援担当室長（併）　奥田隆則
サイバーセキュリティ・情報化推進室長（併）　高橋敏明
遺棄化学兵器処理担当室長（併）　伊藤茂樹
同参事官（併）　園田　庸
同　（併）　山嵜泰徳
同参事官事務代理（命）　沼舘　建
原子力損害賠償・廃炉等支援機構担当室長（併）　渡邊昇治
同次長（併）　徳増伸二
清浦　隆　畠山陽二郎
辻本圭助
同参事官（併）　武藤寿彦
山田哲也　乃田昌幸

〔政策統括官〕

〔政策統括官（経済財政運営担当）〕

政策統括官（経済財政運営担当）　木村　聡
官房審議官（経済財政運営担当）　廣瀬健司
江浪武志　茂呂賢吾
（併）新田一郎　（併）福田　毅
（併）明珍　充　（併）坂越健一
参事官（総括担当）　菱山　大
（併）髙橋洋明　（併）遠藤幹夫
（併）小岩徹郎　（併）小長谷章人
（併）和田雅晴　（併）吉住秀夫
（併）田代　毅
同（経済対策・金融担当）　加藤卓生
同　（同）（併）　菱山　大
同（企画担当）（併）　吉中　孝
同（経済見通し担当）　岡野武司
同（産業・雇用担当）　遠藤幹夫
（併）淺井洋介　（併）髙橋洋明
（併）原田朋弘　（併）酒巻　浩
同（予算編成基本方針担当）　髙橋洋明
同（国際経済担当）　木村順治
同（地域経済活性化支援機構担当）（併）　髙橋洋明
同　（同）（併）　加藤光伸
政府調達苦情処理対策室長（併）　茂呂賢吾
同次長（併）　髙橋洋明
対日直接投資推進室長（併）　明珍　充
同次長（併）　遠藤幹夫
経済財政国際室長（併）　明珍　充
同参事官（併）　石橋英宣
同　（併）　木村順治
道州制特区担当室長（併）　坂越健一
同参事官（併）　髙橋洋明
地域経済活性化支援機構担当室室長（併）　岡田　大
同次長（併）　田部真史
同参事官（併）　加藤光伸
同　（併）　髙橋洋明
地域就職氷河期世代支援加速化事業推進室長（併）　木村　聡

同　次　長(併)　廣瀬健司

中井雅之　福田　毅

同参事官(併)　遠藤幹夫

原田朋弘　髙橋洋明

酒巻　浩

令和4年物価・賃金・生活総合対策世帯給付金及び令和3年経済対策世帯給付金等事業担当室長(併)　木村　聡

審議官(併)　野村知司

岡本直樹　濱田厚史

参事官(併)　小岩徹郎

吉住秀夫　小長谷章人

和田雅晴　菱山　大

〔政策統括官(経済社会システム担当)〕

政策統括官（経済社会システム担当）　野村　裕

官房審議官（経済社会システム担当）　笠尾卓朗

福田　毅　江浪武志

阿久澤　孝　(併)後藤一也

(併)中澤信吾　(併)渡辺公徳

(併)坂越健一　(併)新田一郎

参事官(総括担当)　佐藤鐘太

同　(同)(併)　大塚久司

同　(企画担当)　前田佐恵子

同　(社会システム担当)　森田博通

同　(同)(併)　新木　聡

同　(社会基盤担当)　山田正人

同　(同)(併)　小松雅人

同　(市場システム担当)　木尾修文

(併)大平利幸　(併)神田哲也

(併)新木　聡　(併)宮本賢一

(併)山田正人　(併)坂内俊洋

同(財政運営基本担当)　高橋太朗

参事官(併)　寺本久幸

越尾　淳　平沢克俊

平賀　剛　佐伯美穂

田中昇治　坂本隆哉

辻　恭介　大西一禎

平林　剛

民間資金等活用事業推進室長（併）　笠尾卓朗

同参事官(併)　大塚久司

規制改革推進室長(併)　野村　裕

同　次　長(併)　稲熊克紀

渡辺公徳　河村直樹

後藤一也　阿久澤　孝

同参事官(併)　大平利幸

木尾修文　神田哲也

宮本賢一　山田正人

坂内俊洋

成果連動型事業推進室長(併)　笠尾卓朗

大臣官房審議官（地方分権改革担当）地方分権改革推進室長（併）　坂越健一

大臣官房審議官（地方分権改革担当）地方分権改革推進室次長（併）　新田一郎

大臣官房審議官（地方分権改革担当）地方分権改革推進室次長（併）　福田　毅

同参事官(併)　寺本久幸

越尾　淳　平沢克俊

辻　恭介　大西一禎

佐伯美穂　田中昇治

平賀　剛　坂本隆哉

平林　剛

同参事官事務代理(命)　齋藤　修

同　(命)　多田　聡

〔政策統括官(経済財政分析担当)〕

政策統括官（経済財政分析担当）　林　伴子

官房審議官（経済財政分析担当）　上野有子

堤　雅彦　(併)河村直樹

(併)中澤信吾

参事官(総括担当)　多田洋介

同　(企画担当)　吉中　孝

同　(同)(併)　多田洋介

同　(地域担当)　吉田充志

同　(海外担当)　石橋英宣

同　(同)(併)　篠崎敏明

計量分析室長(併)　中澤信吾

同参事官(併)　前田佐恵子

(地方創生推進室)

〒100-0014 千代田区永田町1-11-39 永田町合同庁舎 ☎03(5510)2151

地方創生推進室長(併)　石坂　聡

同室長代理(併)　河村直樹

同　次　長(併)　石原　大

安良岡　武　岩間　浩

井上博雄　松家新治

渡辺公徳　堀上　勝

大森一顕　山澄　克

小林　靖　西垣淳子

北尾昌也　羽白　淳

岸田里佳子　豊岡宏規

今村　敬

同参事官(併)　竹永祥久

川越久史　山下智也
松平健輔　谷　浩
八木貴弘　須藤明彦
鈴木健二　今野　治
北村洋二　伊佐　寛
正田　聡　水野正人
大塚久司　大瀧　洋
枝　慶　坂井元興
塩田剛志　齋藤憲一郎
西尾利哉　真田晃宏
墳﨑正俊　河田敦弥
赤羽　元　福岡洋志
藤井信英　平林　剛
小林剛也

〔政策統括官(防災担当)〕

政策統括官(防災担当)　高橋謙司
官房審議官(防災担当)　田辺康彦
貫名功二　(併)瀧澤　謙
参事官(総括担当)　鈴木　毅
同(災害緊急事態対処担当)　小林弘史
同(調査・企画担当)　森久保　司
同(防災計画担当)　吉田和史
同(普及啓発・連携担当)(併)　喜多功彦
同(防災デジタル・物資支援担当)　松本真太郎
同(避難生活担当)　水野忠幸
同(復旧・復興担当)　土屋恒久
同　飯沼宏規
同　(併)　末満章悟
後藤隆昭　藤原俊之
立岩里生太　鎌田一郎
広域避難・計画推進室長(併)　倉野泰行
同参事官(併)　飯沼宏規
水野忠幸　後藤隆昭
立岩里生太　藤原俊之
吉田和史

〔政策統括官(原子力防災担当)〕

政策統括官(原子力防災担当)　松下　整
官房審議官(原子力防災担当)(併)　福島健彦
伯野春彦　佐野究一郎
西垣淳子　新居泰人
川合　現　鈴木啓之
参事官(総括担当)(併)　木野修宏
同　(同)　児玉　智

同(企画・国際担当)　吉田　大
同(地域防災担当)(併)　長谷弘道
同(総合調整・訓練担当)(併)　児玉　智

〔政策統括官(沖縄政策担当)〕

政策統括官(沖縄政策担当)　水野　敦
官房審議官(沖縄政策担当)　中嶋　護
参事官(総括担当)　真弓智也
同(政策調整担当)(併)　國武正大
同　(企画担当)　田村一郎
同(産業振興担当)(併)　中島義人

〔政策統括官(共生・共助担当)〕

政策統括官(共生・共助担当)　黒瀬敏文
官房審議官(共生・共助担当)　滝澤幹滋
(併)石田晋也　由布和嘉子
江浪武志　福田　毅
参事官(総括担当)　久保大輔
同(総合調整担当)(併)　魚井宏泰
同(青年国際交流担当)(併)　藤森俊輔
同(共助社会づくり推進担当)(併)　田中茂樹
同(高齢社会対策担当)(併)　魚井宏泰
同(障害者施策担当)(併)　古屋勝史
同(交通安全対策担当)　児玉克敏
同(性的指向・ジェンダーアイデンティティ理解増進担当)　魚井宏泰
同(金融担当)(併)　池田賢志
参事官(併)　松木秀彰
同　(併)　藤森俊輔
孤独・孤立対策推進室長(併)　江浪武志
同室長代理(併)　滝澤幹滋
同参事官(併)　松木秀彰
同参事官事務代理　堀江典宏
休眠預金等活用担当室室長(併)　福田　毅
同参事官(併)　田中茂樹
青年国際交流担当室室長(併)　由布和嘉子
同参事官(併)　藤森俊輔

〔政策統括官(重要土地担当)〕

政策統括官(重要土地担当)　上野　徹
官房審議官(重要土地担当)　岸川仁和
参事官(総括担当)(併)　小松克行
同(防衛施設担当)(併)　小松克行
同(生活関連施設等担当)　市山卓己
同(国境離島等担当)(併)　鈴木俊朗
同(調査分析担当)(併)　市山卓己

参事官(併) 伊藤 大
同 (併) 槙島爲朗

〔政策統括官(経済安全保障担当)〕

政策統括官(経済安全保障担当)(併) 飯田陽一
官房審議官(経済安全保障担当) (併)彦谷直克
品川高浩 (併)股野元貞
(併)佐々木啓介 (併)泉 恒有
(併)西山英将
参事官(総括・企画担当) (併)後藤武志
(併)小新井友厚 (併)早田 豪
(併)髙井良浩 有田 純
(併)大塚 航 (併)髙橋文武
同(特定重要物資担当)(併) 三宅保次郎
同(特定社会基盤役務担当) 佐々木明彦
同(特定重要技術担当)(併) 田中伸彦
垣見直彦 萩原貞洋
河野 太
同(特許出願非公開担当)(併) 井上哲郎
同(重要経済安保情報保護活用担当)(併) 髙井良浩
小新井友厚 大塚 航
独立公文書管理監(併) 森本加奈
独立公文書管理監付(併) 矢作修己
同参事官 阿部正興
髙橋徳嗣 (併)坂本眞一
公文書監察室長(併) 森本加奈
同次長(併) 矢作修己
同参事官(併) 坂本眞一
情報保全監察室長(併) 森本加奈
同参事官(併) 阿部正興
同 (併) 髙橋徳嗣

〔賞勲局〕

局長 笹川 武
官房審査官(賞勲局担当) 原 典久
総務課長 馬場純郎
審査官(賞勲局) 千葉 均
本田啓一郎 菅 豪

〔男女共同参画局〕

局長 岡田恵子
官房審議官(男女共同参画局担当) 小八木大成
同 (同) 滝澤幹滋
総務課長 大森崇利
推進課長 上田真由美
男女間暴力対策課長 田中宏和
仕事と生活の調和推進室長(併) 岡田恵子
同参事官(併) 上田真由美

〔沖縄振興局〕

局長 齊藤 馨
官房審議官(沖縄科学技術大学院大学担当) 中嶋 護
同 (同)(併) 藤吉尚之
総務課長 西尾尚記
参事官(振興第一担当) 野本英伸
同(振興第二担当) 小林清史
同(振興第三担当) 山本大志
同(調査金融担当) 鈴木啓嗣

〔食品安全委員会〕

〒107-6122 港区赤坂5-2-20
赤坂パークビル22F
☎03(6234)1166

委員長 山本茂貴
事務局長 中 裕伸
事務局次長 及川 仁
総務課長 藤田一郎
評価第一課長 井本昌克
評価第二課長 古田暁人
情報・勧告広報課長 浜谷直史

〔国会等移転審議会〕

〒100-8926 千代田区霞が関2-1-2
中央合同庁舎2号館
(国土交通省国土政策局総合計画課内)
☎03(3501)5480

事務局次長(併) 黒田昌義
参事官(併) 天野正治

〔公益認定等委員会〕

〒105-0001 港区虎ノ門3-5-1
虎ノ門37森ビル12F
☎03(5403)9555

委員長 佐久間総一郎
事務局長兼大臣官房公益法人行政担当室長 髙角健志
事務局次長兼大臣官房公益法人行政担当室次長 大野 卓
総務課長兼大臣官房公益法人行政担当室参事官 魚井宏泰
審査監督官兼大臣官房公益法人行政担当室参事官(併) 花島康夫

〔再就職等監視委員会〕

〒100-0004 千代田区大手町1-3-3
大手町合同庁舎3号館9F
☎03(6268)7657

委員長 若園敦雄
事務局長 吉田德幸

参事官　佐藤昌博
再就職等監察官　瀧聞香織
同（併）　植月良典

〔消費者委員会〕

〒100-8970 千代田区霞が関3-1-1
中央合同庁舎4号館
☎03(3581)9176

委員長　鹿野菜穂子
事務局長(併)　小林真一郎
官房審議官(消費者委員会担当)(併)　岡本直樹
同(同)(併)　後藤一也
参事官　友行啓子

〔経済社会総合研究所〕

〒100-8914 千代田区永田町1-6-1
中央合同庁舎8号館
☎03(5253)2111

所長　村山裕
次長　松多秀一
総括政策研究官　河村直樹
後藤一也　菱山大
明珍充　中澤信吾
林田雅秀　稲熊克紀
総務部長(併)　林田雅秀
上席主任研究官　出口恭子
山岸圭輔　谷本信賢
小島宗一郎　篠﨑敏明
藤森俊輔
情報研究交流部長　田村裕昭
景気統計部長　石井達也
国民経済計算部長　尾﨑真美子
経済研修所総務部長　小林真一郎

〔迎賓館〕

〒107-0051 港区元赤坂2-1-1
☎03(3478)1111

館長　伊藤信
次長　古矢一郎
総務課長　佐々木明
接遇課長　本田誠
運営課長　髙妻博之
京都事務所長　押切哲夫

〔地方創生推進事務局〕

〒100-0014 千代田区永田町1-11-39
永田町合同庁舎6F・7F・8F
☎03(5510)2151

事務局長　石坂聡
事務局次長(併)　河村直樹
審議官(併)　松家新治
岩間浩　井上博雄
渡辺公徳　堀上勝
大森一顕　山澄克
西垣淳子　安良岡武
北尾昌也　岸田里佳子
豊岡宏規
参事官(併)　羽白淳
同(総括担当)(併)　正田聡
水野正人　八木貴弘
北村洋二　大塚久司
塩田剛志
同（中心市街地活性化担当）（併）　谷浩
同(同)(併)　北村洋二
同(都市再生担当)(併)　須藤明彦
同(同)(併)　真田晃宏
同（構造改革特別区域担当）（併）　佐藤弘毅
鷹合一真　松平健輔
坂本弘毅　正田聡
水野正人　元木要
同(地域再生担当)(併)　竹永祥久
西垣淳子　下世古光可
山下智也　須藤明彦
廣川正英　今野治
北村洋二　伊佐寛
大瀧洋　坂井元興
赤羽元　寺田雅一
山本恵太　片山壮二
柳瀬孝幸　則久雅司
齋藤憲一郎　西尾利哉
川越久史　田中禎彦
藤井信英　平林剛
小林剛也　吉田暁郎
安藤公一
同(総合特別区域担当)(併)　佐藤弘毅
鷹合一真　松平健輔
坂本弘毅　正田聡
水野正人　元木要
同（国家戦略特別区域担当）（併）　佐藤弘毅
鷹合一真　松平健輔

坂本弘毅　正田　聡
水野正人　元木　要
同(産業遺産担当)(併)　吉田正則
八木貴弘　佐伯徳彦
枝　慶　真田晃宏
同(地方大学・産業創生担当)(併)　塩田剛志

〔知的財産戦略推進事務局〕

〒100-0014 千代田区永田町1-6-1
内閣府本府庁舎3F
☎03(3581)0324

事務局長　奈須野　太
事務局次長(併)　小林万里子
守山宏道　斎須朋之
参事官(総括担当)(併)　渡邊佳奈子
同(産業競争力強化担当)(併)　山本英一
同(コンテンツ振興担当)(併)　白鳥綱重
同(クールジャパン戦略推進担当)(併)　白鳥綱重
同(国際標準化戦略推進担当)(併)　小川祥直
山本英一　中里　学
平尾禎秀　奥田晃久
福井俊英　井上　剛
有馬伸明　斉藤　永

〔科学技術・イノベーション推進事務局〕

事務局長　濱野幸一
統括官　渡邊昇治
審議官　徳増伸二
川上大輔　藤吉尚之
(併)畠山陽二郎　(併)塩崎正晴
(併)守山宏道　(併)渡邉　淳
(併)清浦　隆　(併)西條正明
(併)木原晋一　(併)菊川人吾
(併)泉　恒有
参事官(総括担当)　武田憲昌
同(統合戦略担当)　(併)永澤　剛
(併)菅田洋一　(併)山下恭徳
(併)神﨑忠彦　(併)白鳥綱重
(併)猪俣明彦　(併)松井正幸
(併)眞鍋　馨　(併)今野　聡
(併)奥田晃久　(併)森　幸子
(併)松田和久　(併)倉田佳奈江
(併)宅間裕子　(併)下田裕和
(併)国分政秀　(併)馬場大輔
(併)林　誠　(併)中野剛志
梅原徹也

同(イノベーション推進担当)(併)　池田一郎
有賀　理　後藤　勝
同(研究環境担当)(併)　白井　俊
井上睦子　髙橋憲一郎
同(教育・人材担当)(併)　有賀　理
同(大学改革・ファンド担当)(併)　渡邉倫子
西平賢哉　有賀　理
白井　俊
同(重要課題担当)(併)　菅田洋一
中越一彰　眞鍋　馨
髙嶺研一　森　幸子
松田和久　黒羽真吾
梅原徹也　森久保　司
大土井　智　宅間裕子
西川和見　河野　太
垣見直彦　笠間太介
萩原貞洋
同(事業推進総括担当)(併)　菅田洋一
梅原徹也　萩原貞洋
同(未来革新研究推進担当)　熊田純子
同　(同)(併)　中川尚志
同(原子力担当)　山田哲也
(併)武藤寿彦
参事官(併)　北神　裕
三木清香　宮原光穂
水野良彦　渡邊佳奈子
松本英登　谷口礼史
原子力政策担当室長(併)　渡邊昇治
次長(併)　徳増伸二
同(併)　清浦　隆
参事官(併)　山田哲也
同(併)　武藤寿彦
大学改革・ファンド担当室長(併)　渡邊昇治
次長(併)　塩崎正晴
同(併)　藤吉尚之
参事官(併)　渡邉倫子
西平賢哉　有賀　理
白井　俊
日本医療研究開発機構担当室室長(併)　中石斉孝
次長(併)　髙谷浩樹
竹林経治　内山博之
森田健太郎
参事官(併)　三木清香
宮原光穂　水野良彦

臼井暁子　渡辺顕一郎
標準活用推進室長(併)　奈須野太
次長(併)　守山宏道
参事官(併)　渡邊佳奈子
山本英一　小川祥直

〔健康・医療戦略推進事務局〕

事務局長　中石斉孝
事務局次長(併)　髙谷浩樹
竹林経治　内山博之
森田健太郎
参事官(併)　三木清香
宮原光穂　水野良彦
渡辺顕一郎　日野力
臼井暁子

〔宇宙開発戦略推進事務局〕

〒100-0013 千代田区霞が関3-7-1
霞が関東急ビル16F
☎03(6205)7036

事務局長　風木淳
審議官(併)　渡邉淳
参事官　松本英登
(併)猪俣明彦　(併)加藤勝俊
(併)三上建治　(併)山口真吾
(併)荒心平　(併)長谷日出海
(併)嶋崎政一　(併)村山綾介
(併)吉田邦伸
準天頂衛星システム戦略室長(併)　三上建治
同室長代理(併)　長谷日出海

〔北方対策本部〕

〒100-8914 千代田区永田町1-6-1
中央合同庁舎8号館
☎03(5253)2111

本部長(特命担当大臣)　自見はなこ
審議官　原典久
参事官　富永健嗣

〔総合海洋政策推進事務局〕

〒100-0013 千代田区霞が関3-7-1
霞が関東急ビル16F
☎03(6257)1767

事務局長　髙杉典弘
事務局次長(併)　木原晋一
同(併)　藤田昌邦
参事官(総括担当)(併)　谷口礼史
同(安全保障・国際担当)(併)　本城浩
同(資源・エネルギー担当)(併)　小林和昭
同(研究開発・人材育成担当)(併)　川口悦生
同(大陸棚・海洋調査担当)(併)　山尾理
同(水産・環境保全担当)(併)　横山純
同(離島(保全・管理)・沿岸域管理担当)(併)　鈴木俊朗
同(離島(地域社会維持)担当)(併)　鮎澤良史
同(併)　中林茂
水谷好洋　白井正興
靍田将範　日暮正毅
粕谷直樹　符川公平
有人国境離島政策推進室長(併)　藤田昌邦
同参事官(併)　鮎澤良史
鈴木俊朗　符川公平

〔国際平和協力本部〕

〒100-8970 千代田区霞が関3-1-1
中央合同庁舎4号館8F
☎03(3581)2550

事務局長　齋田伸一
事務局次長　池松英浩
参事官　植草泰彦
同　日高麻里絵

〔日本学術会議〕

〒106-8555 港区六本木7-22-34
☎03(3403)3793

会長　光石衛
副会長　三枝信子
磯博康　日比谷潤子
事務局長　相川哲也
事務局次長　熊谷勝美
企画課長　水本圭祐
管理課長　大久保敦
参事官(審議第一担当)　根来恭子
同(審議第二担当)　佐々木亨
同(国際業務担当)　大沼和善

〔官民人材交流センター〕

〒100-0004 千代田区大手町1-3-3
大手町合同庁舎3号館9F
☎03(6268)7675

副センター長　砂山裕
審議官　坂本雅彦
総務課長　野竹司郎

〔沖縄総合事務局〕

〒900-0006 那覇市おもろまち2-1-1
那覇第2地方合同庁舎2号館 ☎098(866)0031

事務局長 三浦健太郎
事務局次長事務代理（総務等担当） 中村敏昭
事務局次長 山田哲也
総務部長 中村敏昭
財務部長 村上勝彦
農林水産部長 渡辺泰輔
経済産業部長 長嶺さおり
開発建設部長 中原正顕
運輸部長 星　明彦

〔経済財政諮問会議〕

議長 岸田文雄
議員 林　芳正
新藤義孝 松本剛明
鈴木俊一 齋藤　健
植田和男 十倉雅和
中空麻奈 新浪剛史
柳川範之

〔総合科学技術・イノベーション会議〕

議長 岸田文雄
議員 林　芳正
高市早苗 松本剛明
鈴木俊一 盛山正仁
齋藤　健 上山隆大
梶原ゆみ子 佐藤康博
篠原弘道 菅　裕明
波多野睦子 伊藤公平
光石　衛

〔国家戦略特別区域諮問会議〕

議長 岸田文雄
議員 自見はなこ
林　芳正 鈴木俊一
河野太郎 新藤義孝
大槻奈那 垣内俊哉
越塚　登 菅原晶子
中川雅之

〔中央防災会議〕

会長 岸田文雄
委員 松村祥史
松本剛明 小泉龍司
上川陽子 鈴木俊一
盛山正仁 武見敬三
坂本哲志 齋藤　健
斉藤鉄夫 伊藤信太郎
木原　稔 林　芳正
河野太郎 土屋品子
加藤鮎子 新藤義孝
高市早苗 自見はなこ
小島裕史 植田和男
清家　篤 稲葉延雄
大西佐知子 大原美保
小室広佐子 黒岩祐治
延近敬弘 松本吉郎

〔男女共同参画会議〕

議長 林　芳正
議員 松本剛明
小泉龍司 上川陽子
鈴木俊一 盛山正仁
武見敬三 坂本哲志
齋藤　健 斉藤鉄夫
伊藤信太郎 松村祥史
加藤鮎子 桑原　悠
小西聖子 佐々木かをり
清水　博 白波瀬佐和子
鈴木　準 納米惠美子
細川珠生 山口慎太郎
山田昌弘 山本隆司
芳野友子

〔規制改革推進会議〕

議長 冨田哲郎
議長代理 冨山和彦
同 林　いづみ
委員 芦澤美智子
落合孝文 川邊健太郎
佐藤主光 杉本純子
津川友介 中室牧子
堀　天子 間下直晃
御手洗瑞子 山田義仁

宮内庁

〒100-8111 千代田区千代田1-1
☎03(3213)1111

長官 西村泰彦
次長 黒田武一郎
長官秘書官 下遠武宏

〔長官官房〕

審議官　五嶋青也
宮務主管　諸橋省明
皇室経済主管　古賀浩史
皇室医務主管　永井良三
参事官　金子雄樹彦
同　西野博之
秘書課長　藤田雅史
調査企画室長　川路利治
総務課長　鈴木敏夫
広報室長　藤原麻衣子
報道室長　中村克祥
宮務課長　荻野修司
主計課長　木村藍子
用度課長　小林勝也

〔侍従職〕

侍従長　別所浩郎
侍従次長　坂根工博
侍従(事務主管)　松永賢誕
侍医長　井上暁
女官長　西宮幸子

〔上皇職〕

上皇侍従長　河相周夫
上皇侍従次長　髙橋美佐男
上皇侍従(事務主管)　岩井一郎
上皇侍医長　市倉隆
上皇女官長　伊東典子

〔皇嗣職〕

皇嗣職大夫　吉田尚正
皇嗣職宮務官長　小山永樹
皇嗣職宮務官(事務主管)　河野太郎
皇嗣職侍医長　山本晃太

〔式部職〕

式部官長　伊原純一
式部副長(儀式)　櫛田泰宏
同(外事)　飯島俊郎
式部官(儀式)　武田誠司
同(外事)　宮澤保貴
同(同)　犬飼明美

〔書陵部〕

部長　藤田穣
図書課長　梶ケ谷洋一
編修課長　髙田義人
陵墓課長　小野美佐子

〔管理部〕

部長　野村護
管理課長　久我直樹
工務課長　西澤一憲
庭園課長　関根達郎
大膳課長　伊藤良治
車馬課長　西尾招久
宮殿管理官　野村元一

公正取引委員会

〒100-8987 千代田区霞が関1-1-1
中央合同庁舎6号館B棟 ☎03(3581)5471

委員長　古谷一之
委員　三村晶子
青木玲子　吉田安志
泉水文雄

〔事務総局〕

事務総長　藤本哲也
審判官　西川康一
同　荻原惇
同　黒木美帆
官房総括審議官　藤井宣明
官房政策立案総括審議官　品川武
官房審議官(国際)　深町正徳
官房審議官(企業結合)　佐久間正哉
官房審議官(取引適正化)　向井康二
官房サイバーセキュリティ・情報化参事官　西川康一
官房参事官　田邊貴紀
総務課長　南雅晴
会計室長　福田秀一郎
企画官　島袋功一
同　口ノ町達朗
訟務研究官　石谷直久
経済研究官　菱沼功
人事課長　天田弘人
企画官　菅野善文
同　萩原泰斗
国際課長　河野琢次郎
企画官　朝倉真一
同　原山康彦
経済取引局長　岩成博夫
総務課長　小室尚彦
企画室長　寺西直子
デジタル市場企画調査室長　稲葉僚太
調整課長　福田誠
企画官　久保田卓哉

企業結合課長	五十嵐俊子
上席企業結合調査官	栗谷康正
	相澤央枝
取引部長	真渕　博
取引企画課長	松本博明
取引調査室長	片岡克俊
相談指導室長	鈴木健太
フリーランス取引適正化室長	武田雅弘
企業取引課長	亀井明紀
企画官	大泉智彦
下請取引調査室長	藤谷義秀
上席下請取引検査官	大澤一之
同	小菅　敦
審査局長	大胡　勝
審査管理官	原　一弘
同	塚田益徳
管理企画課長	堀内　悟
企画室長	十川雅彦
情報管理室長	松風宏幸
公正競争監視室長	山本　慎
課徴金減免管理官	高山英樹
上席審査専門官	藤岡賢史
審査研究官	宮本信彦
第一審査長	遠藤　光
上席審査専門官	大泉玄之助
第二審査長	奥村　豪
上席審査専門官	吉兼彰彦
第三審査長	横手哲二
上席審査専門官	垣端　潜
第四審査長	岡田博己
上席審査専門官	岩渕　権
同(デジタルプラットフォーマー担当)	中島菜子
第五審査長	池田卓郎
訟務官	岩下生知
犯則審査部長	大元慎二
第一特別審査長	山口正行
第二特別審査長	垣内晋治

国家公安委員会

〒100-8974 千代田区霞が関2-1-2
中央合同庁舎2号館 ☎03(3581)0141

国家公安委員会委員長	**松村祥史**
秘書官	下四日市郁夫
同 事務取扱	大門雅弘
委員	横畠裕介
	宮崎　緑
	竹部幸夫
	野村裕知
	櫻井敬子

警察庁

〒100-8974 千代田区霞が関2-1-2
中央合同庁舎2号館 ☎03(3581)0141

長官	露木康浩
次長	楠　芳伸

〔長官官房〕

官房長	太刀川浩一
総括審議官	谷　滋行
技術総括審議官	堀内雄人
政策立案総括審議官兼公文書監理官	飯利雄彦
審議官(国際担当)(兼)	青山彩子
同(犯罪被害者等施策担当)	江口有隣
同(生活安全局担当)(兼)	和田　薫
同(刑事局・犯罪収益対策担当)	親家和仁
同(交通局担当)	阿部竜矢
同(警備局・調整担当)	千代延晃平
同(サイバー警察局担当)	阿部文彦
参事官(総合調整・刑事手続のIT化・統計総括担当)	岩田康弘
同(情報化及び技術革新に関する総合調整担当)	小鷲達也
同(犯罪被害者等施策担当)(兼)	関口真美
同(特殊詐欺対策及び匿名・流動型犯罪グループ対策担当)	石井啓介
同(高度道路交通政策担当)	池内久晃
同(拉致問題対策担当)	髙岩直樹
同(サイバー情報担当)	飯崎　準
同(教養・厚生・国際担当)	櫻井美香
首席監察官	片倉秀樹
総務課長	早川剛史
広報室長	重成浩司
情報公開・個人情報保護室長	有馬健二
留置管理室長	畠山雅英
企画課長	小堀龍一郎
国際協力室長	山田道昭
技術企画課長	森田正敏
先端技術導入企画室長	尾崎浩一
情報処理センター所長	沖田　誠
情報セキュリティ対策室長	根木農史
情報セキュリティ監査官	飯田晋一
人事課長	遠藤　剛
人事総括企画官	森国浩輔
人材戦略企画室長	
厚生管理室長	高野裕之

教養企画室長
監察官　渡辺幸次
同　伊藤健一
会計課長　吉越清人
会計企画官　重成麻利
監査室長　遠藤健二
装備室長　土橋喜巳治
犯罪被害者等施策推進課長　藤田有祐
通信基盤課長　高尾健一
通信運用室長　古川英晴
国家公安委員会会務官　玉川達也

〔生活安全局〕

局長　檜垣重臣
生活安全企画課長　阿波拓洋
生活安全企画官　関口澄夫
犯罪抑止対策室長　前田浩一郎
地域警察指導室長　宮関真由美
人身安全・少年課長事務取扱　和田薫
人身安全対策室長　壱岐恭秀
少年保護対策室長　前澤綾子
保安課長　永山貴大
風俗環境対策室長
生活経済対策管理官　前田勇太

〔刑事局〕

局長　渡邊国佳
刑事企画課長　松田哲也
刑事指導室長　児玉誠司
捜査第一課長　佐藤昭一
検視指導室長　引地信郎
特殊事件捜査室長　新倉秀也
捜査第二課長　宮島広成
捜査支援分析管理官事務取扱　親家和仁
犯罪鑑識官　小栗宏之
指紋鑑定指導官　佐藤勝彦
DNA型鑑定指導官(兼)　水野なつ子
資料鑑定指導官　薗田治永

〔組織犯罪対策部〕

部長　猪原誠司
組織犯罪対策第一課長　宇田川佳宏
犯罪組織情報官　高塚洋志
暴力団排除対策官(兼)　澁谷正樹
国際連携対策官　小野田博通
組織犯罪対策第二課長　森下元雄
国際捜査管理官　安枝亮

〔交通局〕

局長　早川智之
交通企画課長　日下真一
交通安全企画官　牧丈二
自動運転企画室長　成冨則宏
交通指導課長　磯丈男
交通規制課長　岩瀬聡
交通管制技術室長　渋谷秀悦
特別交通対策室長　野﨑美仁
運転免許課長　今井宗雄
高齢運転者等支援室長

〔警備局〕

局長　迫田裕治
警備企画課長　工藤陽代
公安課長　小林稔
公安対策企画官

〔外事情報部〕

部長　筒井洋樹
外事課長　秋本泰志
外事情報調整室長　高山祐輔
経済安全保障室長　山田雅史
国際テロリズム対策課長　貝沼諭
国際テロリズム情報官　永井幹久

〔警備運用部〕

部長　今村剛
警備第一課長　中島寛
警備第二課長　増田美希子
警衛指導室長　田﨑仁史
警護指導室長　宮川恵三
警備第三課長　山本将之
事態対処調整官
災害対策室長　黒川清彦

〔サイバー警察局〕

局長　大橋一夫
サイバー企画課長　阿久津正好
重大サイバー事案対策企画官　坂本俊介
サイバー事案防止対策室長　根木まろか
サイバー捜査課長　棚瀬誠
国際サイバー捜査調整官(兼)　坂本俊介
情報技術解析課長　塚本雅人
高度情報技術解析センター所長　髙橋正樹

個人情報保護委員会

〒100-0013 千代田区霞が関3-2-1
霞が関コモンゲート西館32F
☎03(6457)9680

委員長	藤原静雄
委員(常勤)	小川克彦
大島周平	浅井祐二
清水涼子	
同(非常勤)	加藤久和
梶田恵美子	髙村浩
小笠原奈菜	
専門委員(非常勤)	麻田尚人
山地昇	中湊晃
石井夏生利	神田雅透
事務局長	佐脇紀代志
事務局次長	西中隆
審議官	小川久仁子
同	大槻大輔
総務課長	佐々木克之
参事官	香月健太郎
吉屋拓之	澤田源司
山口隆久	
政策立案参事官	片岡秀実

カジノ管理委員会

〒105-6090 港区虎ノ門4-3-1
城山トラストタワー12F、13F ☎03(6453)0201

委員長	北村道夫
委員	氏兼裕之
同	渡路子
同	北村博文
同(非常勤)	石川恵子
事務局長	坂口拓也
事務局次長	嶋田俊之
監察官	上島大輔
総務企画部長	中山隆介
公文書監理官(併)	形岡拓文
総務課長	形岡拓文
企画官	河村健太郎
企画課長	坂井志保
国際室長(併)	河村健太郎
企画官	谷村千栄子
依存対策課長	山本要
監督調査部長	原田義久
監督総括課長	河村憲明
企画官	神林悠介
規制監督課長	谷直哉
機器技術監督室長	今村真教
犯罪収益移転防止対策室長事務取扱	谷直哉
企画官	田村卓也
調査課長	鈴木直人
企画官	辻貴則
調査官	石崎靖浩
同	友永光則
財務監督課長	出口岳人

金融庁

〒100-8967 千代田区霞が関3-2-1
中央合同庁舎7号館 ☎03(3506)6000

大臣	鈴木俊一
副大臣	井林辰憲
大臣政務官	神田潤一
秘書官	鈴木俊太郎
同 事務取扱	玉川英資
長官	井藤英樹
金融国際審議官	有泉秀

〔総合政策局〕

局長	屋敷利紀
(官房部門)	
総括審議官	石田晋也
審議官(兼)公文書監理官(兼)	川﨑暁
秘書課長	島崎征夫
人事企画室長 開発研修室長(兼)	反町泰貴
人事調査官 職員相談サポート室長(兼)	柳原栄市
管理室長	西山香織
情報化統括室長 組織戦略監理官(兼)	鳩間正也
総務課長	田部真史
総括企画官 広報室長(兼)	矢野翔平
総括管理官	本田幸一
法令審査室長	太田昌男
国会連絡官	大澤清司
審判手続室長 法務支援室長(兼)	宇根靖子
審判官	日浅さやか
横井真由美	城處琢也
美濃口真琴	
政策立案総括審議官	堀本善雄
総合政策課長 チーフ・サステナブルファイナンス・オフィサー(兼)	池田賢志
総合政策監理官	松田泰幸
総合政策企画室長 研究開発室長(兼)	犬塚誠也

サステナブルファイナンス推進室長　西田 勇樹

（国際部門）

国際総括官 審議官（兼）　三好 敏之
審議官　長岡 隆
審議官　川﨑 暁
参事官　飯塚 正明
国際政策管理官　金子 寿太郎
国際室長　永山 玲奈
国際資金洗浄対策室長　羽渕 貴秀

（モニタリング部門）

審議官　柳瀬 護
リスク分析総括課長　大城 健司
マネーローンダリング・テロ資金供与対策企画室長　齋藤 豊
健全性基準室長　青崎 稔
フィンテック参事官　清水 茂
イノベーション推進室長 チーフフィンテックオフィサー（兼）　牛田 遼介
暗号資産モニタリング室長　前田 茂輝
資金決済モニタリング室長 金融サービス仲介業室長（兼） 電子決済等代行業室長（兼）　松島 義光
コンダクト監理官 金融トラブル解決制度推進室長（併）　伊藤 公祐
金融サービス利用者相談室長　青木 利和
貸金業室長　小畠 貴志
ITサイバー・経済安全保障監理官 サイバーセキュリティ対策企画調整室長（兼） 経済安全保障室長（兼）　齊藤 剛
検査監理官　野村 俊之
リスク管理検査室長　山崎 勝行
大手銀行モニタリング室長　佐藤 雅之
主任統括検査官　小笠原 規人
田邊 亮二
向山 央
山田 靖昭
統括検査官　坂井 平典
マクロデータ分析監理官 データ分析室長（兼）チーフ・データ・オフィサー（兼）　宮本 孝男
情報・分析室長　宇根 賢治

〔企画市場局〕

局長　油布 志行
審議官　新発田 龍史
参事官　八幡 道典
参事官　若原 幸雄
総務課長　繁本 賢也
調査室長 保険企画室長（兼）　赤井 啓人
信用法制企画調整官　宮部 大輝
信用制度企画室長　和田 良隆
信用機構企画室長　本間 晶
デジタル・分散型金融企画室長　久永 拓馬
市場課長　齊藤 将彦
市場機能強化室長　古角 壽雄
市場企画室長 資産運用改革室長（兼）　今泉 宣親
市場業務監理官　和瀬 幸太郎
企業開示課長　野崎 彰
国際会計調整室長　倉持 亘一郎
開示業務室長　齊藤 貴文
企業財務調査官　大谷 潤
企業統治改革推進管理官　谷口 達哉

〔監督局〕

局長　伊藤 豊
審議官　尾崎 有
参事官　岡田 大
参事官　山下 正通
総務課長　木村 隆
監督調査室長　石山 裕二
地域金融支援室長（兼）　村木 圭
信用機構対応室長 企画調整室長（兼） RRP室長（兼）　岸本 学
監督管理官　山崎 彩
郵便貯金・保険監督総括参事官　澤飯 敦
郵便保険監督参事官　松島 研
監督企画官　佐藤 栄一
銀行第一課長　下井 善博
銀行第二課長（併）　田部 真史
地域金融生産性向上支援室長 地域金融企画室長（兼）　村木 圭
協同組織金融室長　金ケ﨑 郁弘
地域金融監理官 主任統括検査官（兼）　加藤 光伸
主任統括検査官　曽根 康司
同　橋本 康司
統括検査官　中島 偉全
同　黒沼 進
保険課長 保険モニタリング室長（兼）　三浦 知宏
損害保険・少額短期保険監督室長　政平 英雄
保険商品室長　佐藤 欣也
主任統括検査官　清水 洋一
証券課長（兼）　木村 隆
大手証券等モニタリング室長　藤岡 由佳子
参事官　中川 彩子
監督企画官 市場仲介モニタリング室長（兼）資産運用モニタリング室長（兼）　東原 都男

〔証券取引等監視委員会〕

委員長　中原亮一
委員　加藤さゆり
同　橋本尚
事務局長　井上俊剛
次長　野崎英司
同　小川理津子
市場監視総括官　原田尚之
総務課長　細田均
情報解析室長 IT戦略室長(兼)　稲田拓司
市場監視管理官　村山貴将
市場分析審査課長 市場モニタリング室長(兼)　横尾則幸
証券検査課長　国際証券検査室長(兼)　萩藤博之
統括検査官　坂部一夫
同　西澤伸彦
取引調査課長　竹内肇
統括調査官　小椋良紀
統括調査官 国際取引等調査室長(兼)　田中賢次
開示検査課長　森島英之
特別調査課長　水谷剛
特別調査管理官　村本亘
統括特別調査官　渡辺朋彦
同　澤田幸利

〔公認会計士・監査審査会〕

会長　松井隆幸
委員　青木雅明
浅見裕子　上田亮子
古布薫　玉井裕子
千葉通子　德賀芳弘
皆川邦仁　吉田慶太
事務局長(兼)　長岡隆
総務試験課長　中島康夫
審査検査課長　芳賀裕司
公認会計士監査検査室長　八木寛志
IFIAR戦略企画本部長(兼)　長岡隆
IFIAR戦略企画室長　園田周
金融研究センター長　柳川範之
同　顧問　大庫直樹
同　顧問　吉野直行
副センター長　池田賢志

消費者庁

〒100-8958 千代田区霞が関3-1-1
中央合同庁舎4号館 ☎03(3507)8800

大臣　自見はなこ
副大臣　工藤彰三
大臣政務官　古賀友一郎
長官　新井ゆたか
次長　吉岡秀弥
政策立案総括審議官　藤本武士
食品衛生・技術審議官　中山智紀
審議官　植田広信
尾原知明　田中久美子
井上計
消費者法制総括官(内閣官房内閣審議官(内閣官房副長官補付))　黒木理恵
法務監理官　久保浩
参事官(人事・会計等担当)　小堀厚司
参事官事務代理(デジタル・業務改革等担当)　大友伸幸
総務課長　安東高德
消費者政策課長　鮎澤良史
消費者制度課長　古川剛
消費者教育推進課長　山地あつ子
地方協力課長　赤井久宣
消費者安全課長　阪口理司
食品衛生基準審査課長　紀平哲也
取引対策課長　伊藤正雄
表示対策課長　高居良平
食品表示課長　清水正雄
参事官(調査研究・国際担当)　柳沢信高
参事官(公益通報・協働担当)　浪越祐介

〔消費者安全調査委員会〕

委員長　中川丈久
委員長代理　持丸正明
委員　小川武史
河村真紀子　小塚荘一郎
宗林さおり　東畠弘子

こども家庭庁

〒100-6090 千代田区霞が関3-2-5
霞が関ビルディング14F、20F、21F、22F
☎03(6771)8030

内閣府特命担当大臣(こども政策　少子化対策　若者活躍　男女共同参画　孤独・孤立対策)　加藤鮎子
内閣府副大臣　工藤彰三
内閣府大臣政務官　古賀友一郎
長官　渡辺由美子

〔長官官房〕

官房長　中村英正
審議官(成育局担当)　竹林悟史
審議官(支援局担当)　源河真規子

審議官(総合政策等担当)　髙橋宏治
支援金制度等準備室長　伊澤知法
総務課長　林　俊宏
企画官(広報・文書担当)　中村明恵
企画官(地方自治体連携等担当)　岩﨑林太郎
企画官(長官官房総務課大臣秘書官事務取扱併任)　小澤幸生
人事調査官　川岸直樹
経理室長　吉行　崇
参事官(会計担当)
参事官(総合政策担当)　佐藤勇輔
少子化対策企画官　中原茂仁
参事官　羽柴愛砂
参事官(支援金制度等担当)　田中義高
参事官(支援金制度等(数理)担当)　西岡　隆

〔成育局〕

局長　藤原朋子
総務課長　髙田行紀
保育政策課長　栗原正明
認可外保育施設担当室長　伊藤涼子
成育基盤企画課長　齋藤　潔
成育環境課長　安里賀奈子
児童手当管理室長　西川昌登
母子保健課長　木庭　愛
安全対策課長　近藤裕行
企画官(こども性暴力防止法施行準備担当)　久米隼人
参事官(事業調整担当)　久保倉　修

〔支援局〕

局長　吉住啓作
総務課長　山下　護
企画官(いじめ・不登校防止担当)　菊地史晃
虐待防止対策課長　野中祥子
企画官(こども若者支援担当)　上野友靖
家庭福祉課長　小松秀夫
企画官(ひとり親家庭等支援担当)　宮崎千晶
障害児支援課長　小野雄大

デジタル庁

〒102-0094 千代田区紀尾井町1-3
東京ガーデンテラス紀尾井町19F・20F
☎03(4477)6775

大臣　河野太郎
副大臣　石川昭政
大臣政務官　土田　慎
秘書官　盛　純二
デジタル監　浅沼　尚
デジタル審議官　二宮清治
顧問　村井　純
参与　遠藤紘一
同　向井治紀
同　伊藤　伸
同　其田真理
同　上野山勝也

〔CxO〕

Chief Architect　本丸達也
Chief Cloud Officer　山本教仁
Chief Information Security Officer　坂　明
Chief Product Officer　水島壮太
Chief Public Relations Officer　林　史子
Chief Technology Officer　藤本真樹

〔シニアエキスパート〕

シニアエキスパート(カスタマーサクセス戦略)　住田智子
同(シビックテック)　関　治之
同(戦略)　徳生裕人
同(デジタルエデュケーション)　中室牧子
同(防災 DX)　櫻井美穂子
戦略・組織グループ長　冨安泰一郎
次長　奥田直彦
同　蓮井智哉
同　早瀬千善
デジタル社会共通機能グループ長　楠　正憲
次長　三橋一彦
国民向けサービスグループ長　村上敬亮
次長　座間敏如
同　三浦　明
省庁業務サービスグループ長　布施田英生
次長　井幡晃三
統括官付　上村昌博
中島朗洋　渡辺公徳
統括官付参事官　淺岡孝充
麻山健太郎　上仮屋　尚
上田尚弘　内海隆明
大塚祥央　片桐義博
亀山慎之介　川野真稔
北神　裕　北間俊秀
澁谷弘一　白井宏幸
須賀千鶴　須﨑和馬
枚浦維勝　杉本敬次
武馬　慎　古川易史
帆足雅史　松田昇剛

松田洋平　水口幸司
簑原哲弘　森　寛敬
吉川泰宇　吉田恭子
吉中　孝　吉浜隆雄
吉村直泰　若月一泰
渡辺琢也　渡邊英夫
統括官付参事官付企画官　安藤功一
五十棲浩二　岡部　弘
小川力也　小田裕也
梶山百合枝　香月真治
加藤博之　城戸　格
楠目　聖　久芳全晴
黒籔　誠　陶山昇平
鈴木智晴　鈴木康郎
鈴木勝義　関　直樹
田邉栄一　谷渕見介
戸田匡紀　外山雅暁
中塚秀則　中山雄介
根本　深　根本　学
羽田　翔　福永　宏
松下和正　三好哲也
向井ちほみ　目黒麻生子
吉田泰己

復興庁

〒100-0013 千代田区霞が関3-1-1
中央合同庁舎4号館 ☎03(6328)1111

大臣　土屋品子
副大臣　高木宏壽
副大臣　平木大作
副大臣(兼)　堂故　茂
大臣政務官(兼)　平沼正二郎
大臣政務官(兼)　本田顕子
大臣政務官(兼)　吉田宣弘
大臣政務官(兼)　尾崎正直
秘書官　佐々木太郎
同 事務取扱　若林智大
同 事務取扱(併)　辻畑圭亮
事務次官　宇野善昌
統括官　山野　謙
同　桜町道雄
統括官付審議官　大沢元一
同　瀧澤　謙
同　牛尾則文
同 (併)　山下正通
統括官付参事官　大場寛之
鹿嶋弘律　鎌田一郎
児玉泰明　中田和幸
山崎光輝　山田哲也
渡邊貴和　(併)市川康雄
(併)井上圭介　(併)江原一太朗
(併)大木雅文　(併)金谷雅也
(併)木村公一　(併)河野通治
(併)後藤隆昭　(併)佐藤将年
(併)末満章悟　(併)館　圭輔
(併)中西賢也　(併)増田久和
(併)光安達也　(併)宮原光穂
(併)矢澤祐一　(併)山上俊行
(併)芳田直樹　(併)渡辺裕子

総務省

〒100-8926 千代田区霞が関2-1-2
中央合同庁舎2号館 ☎03(5253)5111

大臣　**松本剛明**
副大臣　**渡辺孝一**
副大臣　**馬場成志**
大臣政務官　**船橋利実**
大臣政務官　**西田昭二**
大臣政務官　**長谷川淳二**
事務次官　竹内芳明
総務審議官　横田信孝
同　原　邦彰
同　今川拓郎
秘書官　中村達矢
同 事務取扱　鈴木優一
山口研悟　西村邦太

〔大臣官房〕

夜間(5253)5085(総務課)

官房長　出口和宏
官房総括審議官(地方DX推進、政策企画(副)担当)　恩田　馨
官房総括審議官(広報、政策企画(主)担当)　山碕良志
官房総括審議官(情報通信担当)　玉田康人
官房政策立案総括審議官 併:大臣官房公文書監理官　北川　修
官房地域力創造審議官　望月明雄
官房サイバーセキュリティ・情報化審議官　七條浩二
官房審議官(大臣官房調整部門、行政管理局担当)(併:行政不服審査会事務局長)　佐藤紀明
秘書課長　山村和也
官房参事官　原　昌史
同　柴山佳徳

総務課長	稲原　浩
官房参事官　併:大臣官房総務課公文書監理室長	山田　協
官房参事官　併:大臣官房総務課管理室長	黛　孝次
官房参事官　併:大臣官房企画課政策室長	田中良斉
官房参事官　併:行政管理局管理官	伊藤　勲
会計課長　併:大臣官房会計課予算執行調査室長	阿南哲也
企画課長	金澤直樹
政策評価広報課長　併:大臣官房政策立案支援室長	渡邉浩之
広報室長	村上仰志
官房審議官(行政評価局担当)(併:情報公開・個人情報保護審査会事務局長)	河合　暁
官房付(併:内閣官房内閣審議官(内閣官房副長官補付)　併:内閣府本府地方創生推進室次長　併:地方創生推進事務局審議官　命　内閣官房デジタル田園都市国家構想実現会議事務局審議官　命　内閣官房デジタル行財政改革会議事務局局員)	大森一顕
官房付(併:内閣府本府地方分権改革推進室長)	坂越健一
官房付(併:デジタル庁統括官付審議官)	井幡晃三
官房付(併:内閣官房内閣参事官(内閣官房副長官補付))	西潟暢央
官房付(併:内閣官房内閣参事官(内閣総務官室))	徳大寺祥宏
官房付(併:デジタル庁統括官付参事官)	北神　裕
官房付(併:デジタル庁統括官付参事官)	枚浦維勝
官房付(併:デジタル庁統括官付参事官)	内海隆明
官房付(併:デジタル庁統括官付参事官)	古川易史
官房付(併:内閣官房内閣参事官(内閣官房副長官補付)　命　内閣官房郵政民営化推進室副室長　併:郵政民営化委員会事務局次長)	岡本成男
官房付(併:内閣官房内閣参事官(内閣官房副長官補付)　命　内閣官房郵政民営化推進室参事官　併:郵政民営化委員会事務局参事官)	小林知也
官房付(併:内閣官房内閣参事官(内閣官房副長官補付)　命　内閣官房新しい資本主義実現本部事務局参事官)	野村政樹
官房付(併:内閣官房内閣参事官(内閣官房副長官補付)　命　内閣官房行政改革推進本部事務局参事官　命　内閣官房デジタル行財政改革会議事務局参事官)	中里吉孝
官房付(併:内閣官房内閣参事官(内閣官房副長官補付)　命　内閣官房行政改革推進本部事務局参事官　命　内閣官房デジタル行財政改革会議事務局参事官)	金井　誠
官房付(併:内閣官房内閣参事官(内閣官房副長官補付)　命　内閣官房デジタル田園都市国家構想実現会議事務局参事官)	大瀧　洋
官房付(併:内閣官房内閣参事官(内閣官房副長官補付)　併:内閣府地方創生推進事務局参事官(地域再生担当)　併:内閣府本府地方創生推進室参事官　命　内閣官房デジタル田園都市国家構想実現会議事務局参事官)	藤井信英
官房付　(併:内閣官房内閣参事官(内閣官房副長官補付)　命　内閣官房行政改革推進本部事務局参事官　命　内閣官房デジタル行財政改革会議事務局参事官)	黒田忠司
官房付(併:内閣官房内閣参事官(内閣官房副長官補付)　命:内閣官房サイバー安全保障体制整備準備室参事官　併:内閣官房国家安全保障局)	高村　信
官房付(併:内閣官房内閣参事官(内閣官房副長官補付)　命:内閣官房サイバー安全保障体制整備準備室参事官　併:内閣官房国家安全保障局)	髙田裕介
官房付(併:内閣官房内閣参事官(内閣官房副長官補付)　命:内閣官房デジタル行財政改革準備室参事官)	折田裕幸
官房付(併:内閣官房内閣参事官(内閣官房副長官補付)　命:内閣官房デジタル行財政改革会議事務局参事官)	浦上哲朗
官房付(併:内閣官房内閣参事官(内閣官房副長官補付)　命:内閣官房デジタル行財政改革会議事務局参事官)	飯嶋威夫
官房付(併:内閣府本府規制改革推進室参事官)	大平利幸
官房付(併:内閣府科学技術・イノベーション推進事務局参事官(事業推進総括担当、統合戦略担当、重要課題担当))	菅田洋一
官房付(併:内閣府地方創生推進事務局参事官　併:内閣府本府地方創生推進室次長	羽白　淳
官房付(併:内閣府本府地方分権改革推進室参事官)	田中昇治
官房付(併:内閣府本府地方分権改革推進室参事官)	平沢克俊
官房付(併:内閣府本府地方分権改革推進室参事官)	坂本隆哉
官房付(併:内閣府本府地方分権改革推進室参事官)	佐伯美穂
官房付(併:内閣府科学技術・イノベーション推進事務局参事官(重要課題担当))	中越一彰
官房付(併:内閣府本府宇宙開発戦略推進事務局参事官)	山口真吾
官房付(併:復興庁統括官付参事官)	館　圭輔
官房付(併:復興庁統括官付参事官)	市川康雄

〔行政管理局〕

夜間(5253)5308(企画調整課)

局長	平池栄一
業務改革特別研究官	大西一禎
企画調整課長	西澤能之

調査法制課長　津村　晃
管理官(行政運営イノベーション)(併)　伊藤　勲
管理官(独法制度総括・特殊法人総括、デジタル庁)(併)　佐藤隆夫
管理官(独法評価総括)　谷口謙治
管理官(内閣(デジタル及び復興庁を除く)・内閣府本府・金融・総務・公調委・財務)(併)　宮﨑孝一
管理官(消費者・経済産業・環境・国公委・法務)(併)　渡邉顕太郎
管理官(文部科学・農水・防衛・公取委・個人情報保護委員会)　川口真友美
管理官(国土交通・復興・カジノ管理委員会)(併)　荒木太郎
管理官(外務・厚生労働・宮内・こども家庭)　松隈健一

〔行政評価局〕

夜間(5253)5411(総務課)

局長　菅原　希
官房審議官(行政評価局担当)　阿向泰二郎
官房審議官(行政評価局担当)　中井　亨
総務課長　荒井陽一
企画課長　尾原淳之
政策評価課長(併)　渡邉洋平
行政相談企画課長　徳満純一
評価監視官(内閣、総務等担当)　平野欧里絵
同(法務、外務、経済産業等担当)　山口正行
同(財務、文部科学等担当)　山本宏樹
同(厚生労働等担当)　樋渡克久
同(農水、防衛担当)　水間　玲
同(復興、国土交通担当)(併)　尾原淳之
同(連携調査、環境等担当)　山形成彦
行政相談管理官　中山　徹

〔自治行政局〕

夜間(5253)5508(行政課)

局長　阿部知明
地方連携総括官(併)　望月明雄
官房審議官(地方行政・個人番号制度、地方公務員制度、選挙担当)　新田一郎
行政課長　植田昌也
住民制度課長　犬丸　淳
市町村課長　大田泰介
地域政策課長事務取扱　望月明雄
地域自立応援課長　寺田雅一
参事官
公務員部長　小池信之
公務員課長　越尾　淳
福利課長　宮本貴章
選挙部長　笠置隆範
選挙課長　長谷川　孝
管理課長　川島正治
政治資金課長　島田勝則

〔自治財政局〕

夜間(5253)5611(総務室)

局長　大沢　博
官房審議官(財政制度・財務担当)　須藤明裕
官房審議官(公営企業担当)　清田浩史
財政課長　神門純一
調整課長　梶　元伸
交付税課長　村上浩世
地方債課長　森川世紀
公営企業課長　赤岩弘智
財務調査課長　野村祐二

〔自治税務局〕

夜間(5253)5658(企画課)

局長　寺﨑秀俊
官房審議官(税務担当)　伊藤正志
企画課長　菊地健太郎
都道府県税課長　市川靖之
市町村税課長　水野敦志
固定資産税課長　池田敬之

〔国際戦略局〕

夜間(5253)5718(情報通信政策課)

局長　竹村晃一
次長　野村栄悟
官房審議官(国際技術、サイバーセキュリティ担当)　近藤玲子
国際戦略課長　森下　信
技術政策課長　松井正幸
通信規格課長　斉藤　永
宇宙通信政策課長　扇　慎太郎
国際経済課長　池田　満
国際展開課長　嶋田信哉
国際協力課長　寺村行生
参事官　岡本剛和

〔情報流通行政局〕

夜間(5253)5709(総務課)

局長　豊嶋基暢
官房審議官(情報流通行政局担当)　赤阪晋介
官房審議官(情報流通行政局担当)　下仲宏卓
総務課長　飯倉主税
情報通信政策課長　田邊光男
情報流通振興課長　大澤　健
情報通信作品振興課長　飯村由香理
地域通信振興課長　内藤新一

放送政策課長	佐伯宜昭
放送技術課長	村上　聡
地上放送課長	抜入倫之
衛星・地域放送課長	岡井隼人
参事官	山野哲也
郵政行政部長	牛山智弘
企画課長	三島由佳
郵便課長	折笠史典
信書便事業課長	柳迫泰宏

〔総合通信基盤局〕

夜間(5253)5825(総務課)

局長	湯本博信
総務課長	吉田恭子
電気通信事業部長	大村真一
事業政策課長	飯村博之
料金サービス課長	井上　淳
データ通信課長	恩賀　一
電気通信技術システム課長	五十嵐大和
安全・信頼性対策課長	大塚康裕
基盤整備推進課長	堀内隆広
利用環境課長	中村朋浩
電波部長	荻原直彦
電波政策課長	中村裕治
基幹・衛星移動通信課長	廣瀬照隆
移動通信課長	小川裕之
電波環境課長	武藤　聖

〔統計局〕

夜間(5273)1117(総務課)

局長	岩佐哲也
総務課長	上田　聖
事業所情報管理課長	東田晃拓
統計情報利用推進課長	栗原　淳
統計情報システム管理官	麻山晃邦
統計調査部長	永島勝利
調査企画課長	小松　聖
国勢統計課長	中村英昭
経済統計課長(併)	小松　聖
消費統計課長	谷道正太郎

〔政策統括官〕

政策統括官(統計制度担当)(恩給担当)命 統計品質管理推進室長	北原　久
官房審議官(統計局、統計制度、統計情報戦略推進、恩給担当)命 統計品質管理推進室次長	山田幸夫
統計企画管理官　併:統計品質管理推進室参事官(政策統括官付)	重里佳宏
統計審査官	森　省吾
統計審査官	熊谷友成
統計審査官　併:統計品質管理推進室参事官(政策統括官付)(併:内閣官房内閣参事官(内閣官房副長官補付)命 内閣官房行政改革推進本部事務局参事官)	植松良和
統計調整官　併:統計委員会担当室次長(政策統括官付)	田村彰浩
国際統計管理官(併)	田村彰浩
恩給管理官　併:統計品質管理推進室参事官(政策統括官付)	柿原謙一郎

〔サイバーセキュリティ統括官〕

サイバーセキュリティ統括官	山内智生
参事官(総括担当)	井田俊輔

〔審議会等〕

行政不服審査会事務局長(併)	佐藤紀明
行政不服審査会事務局総務課長	柴沼雄一朗
情報公開・個人情報保護審査会事務局長(併)	河合　暁
情報公開・個人情報保護審査会事務局総務課長	添田徹郎
官民競争入札等監理委員会事務局長	後藤一也
官民競争入札等監理委員会事務局参事官	大上明子
電気通信紛争処理委員会事務局長(併)	山碕良志
電気通信紛争処理委員会事務局参事官	小津　敦
審理官(電波監理審議会)	古賀康之

〔自治大学校〕

〒190-8581 立川市緑町10-1

☎042(540)4500

校長	菊池善信

〔情報通信政策研究所〕

〒185-8795 国分寺市泉町2-11-16

☎042(320)5800

所長	安藤高明

〔統計研究研修所〕

〒185-0024 国分寺市泉町2-11-16

☎042(320)5870

所長	栗田奈央子

〔政治資金適正化委員会〕

委員長	伊藤鉄男
委員	小見山　満
日出雄平	大竹邦実
田中秀明	
事務局長	北村朋生
同参事官事務取扱	北村朋生

総務省

公害等調整委員会

〒100-0013 千代田区霞が関3-1-1
中央合同庁舎4号館 ☎03(3581)9601

委員長	永野厚郎
委員	北窓隆子
都築政則	若生俊彦
委員(非常勤)	野中智子
加藤一実	大橋洋一
事務局長	小原邦彦
事務局次長	岡田輝彦
総務課長	福田勲
公害紛争処理制度研究官	山内達矢
審査官	長澤真吾
佐藤宏昭	池田英貴
吉川和身	生田直樹
(併)鈴木雅久	(併)松川春佳
(併)髙橋静子	
調査官	髙橋直也
同	大塚周平

消防庁

〒100-8927 千代田区霞が関2-1-2
中央合同庁舎2号館 ☎03(5253)5111

長官	池田達雄
次長	五味裕一
審議官	鳥井陽一
総務課長	河合宏一
総務課政策評価広報官	山澤謙一
消防・救急課長	畑山栄介
救急企画室長	髙野一樹
予防課長	渡辺剛英
危険物保安室長	加藤晃一
特殊災害室長	中越康友
国民保護・防災部長	小谷敦
防災課長	笹野健
国民保護室長	三浦宏
国民保護運用室長	荒関大輔
地域防災室長	福西竜也
広域応援室長	土屋直毅
防災情報室長事務取扱	笹野健
応急対策室長	石塚雅啓
参事官	田村一郎
東高士	(併)廣瀬照隆

〔消防大学校〕

〒182-8508 調布市深大寺東町4-35-3
☎0422(46)1711

校長	羽生雄一郎
副校長	日高真実
消防研究センター所長	白石暢彦

法務省

〒100-8977 千代田区霞が関1-1-1
中央合同庁舎6号館 ☎03(3580)4111

大臣	小泉龍司
副大臣	門山宏哲
大臣政務官	中野英幸
事務次官	川原隆司
秘書官	原田祐一郎
同 事務取扱	松枝正宣

〔大臣官房〕

夜間(3592)7002(秘書課)

官房長	佐藤淳
政策立案総括審議官	上原龍
公文書監理官	田中秀樹
サイバーセキュリティ・情報化審議官	中村功一
官房審議官(国際・人権担当)	柴田紀子
同 (民事局)	松井信憲
同 (刑事局)	吉田雅之
同 (矯正局)	大竹宏明
同 (訟務局)	松本真
同 (訟務局)	古宮久枝
官房参事官	小林隼人
白鳥智彦	笹井朋昭
仲戸川武人	今井康彰
大原高夫	小西英恵
水倉義貴	
秘書課長	内野宗揮
人事課長	佐藤剛
会計課長	村松秀樹
国際課長	松本剛
施設課長	隄良行
厚生管理官	岡本憲一
司法法制部長	坂本三郎
司法法制課長	加藤経将
審査監督課長	沖田正人
参事官	石田佳世子
同	本田恭子

〔民事局〕

夜間(3581)1713(総務課)

局長 竹内 努
総務課長 藤田正人
民事第一課長 櫻庭 倫
民事第二課長 大谷 太
商事課長 田中 普
民事法制管理官 竹林俊憲
参事官 北村治樹
国分貴之 渡辺 諭
福田 敦 望月千広
齊藤恒久 波多野紀夫

〔刑事局〕

夜間(3581)1048(総務課)

局長 森本 宏
総務課長 是木 誠
刑事課長 関 善貴
公安課長 白井美果
刑事法制管理官 玉本将之
国際刑事管理官 渡部直希
参事官 鶴鶉昌二
渡邉一郎 小倉健太郎
中野浩一 加藤和輝

〔矯正局〕

夜間(3592)7365(総務課)

局長 小山定明
総務課長 細川隆夫
成人矯正課長 森田裕一郎
少年矯正課長 山本宏一
更生支援管理官 吉野 智
矯正医療管理官 諸冨伸夫
参事官 西岡慎介
同 煙山 明

〔保護局〕

夜間(3581)1895(総務課)

局長 押切久遠
総務課長 滝田裕士
更生保護振興課長 南元英夫
観察課長 勝田 聡
参事官 石川祐介

〔人権擁護局〕

夜間(3581)1558(総務課)

局長 杉浦直紀
総務課長 江口幹太
調査救済課長 齊藤雄一
人権啓発課長 井川 良

参事官 川副万代

〔訟務局〕

局長 春名 茂
訟務企画課長 藤澤裕介
民事訟務課長 田辺暁志
行政訟務課長 鈴木和孝
租税訟務課長 吉田俊介
訟務支援課長 田原浩子
参事官 山本 剛
同 福田 敦

〔法務総合研究所〕

法務省内 ☎03(3580)4111

所長 瀬戸 毅
総務企画部長 河原誉子
研究部長 熊澤貴士
研修第一部長 渡邊ゆり
研修第二部長 鵜野澤 亮
研修第三部長 鳥丸忠彦
国際連合研修協力部長 山内由光
国際協力部長 建元亮太

〔矯正研修所〕

〒196-8580 昭島市もくせいの杜2-1-20

☎042(500)5261

所長 小林祐一

〔検察官適格審査会〕

法務省大臣官房人事課内 ☎03(3580)4111

会長 井上正仁
委員 金田勝年
牧原秀樹 稲富修二
遠藤 敬 石井浩郎
牧山ひろえ 安浪亮介
渕上玲子 川出敏裕
大野恒太郎

〔中央更生保護審査会〕

法務省保護局総務課内 ☎03(3580)4111

委員長 小川秀樹
委員 小野正弘
山脇晴子 伊藤冨士江
岡田幸之

〔公安審査委員会〕

法務省内 ☎03(3580)4111

委員長 貝阿彌 誠
委員 外井浩志
鵜瀞恵子 遠藤みどり
小松夏樹 秋山信将
西村篤子
事務局長 山田 純

出入国在留管理庁

〒100-8973 千代田区霞が関1-1-1
☎03(3580)4111

長官	丸山秀治
次長	杉山徳明
審議官 公文書監理官	福原道雄
審議官	清水洋樹
総務課長	大原義宏
出入国在留監査指導室長	山澤義周
情報システム管理室長	柴田芳博
政策課長	本針和幸
外国人施策推進室長	佐藤浩朗
出入国管理部長	君塚宏
出入国管理課長	東郷康弘
難民認定室長	竹内悠介
審判課長	堀越健二
警備課長	簾内友之
在留管理支援部長	福原申子
在留管理課長	菱田泰弘
在留管理業務室長	安東健太郎
在留支援課長	平岡宏一
情報分析官	松野弘明
参事官	伊藤純史
参事官	中西恭祐
参事官	稲垣貴裕

公安調査庁

〒100-0013 千代田区霞が関1-1-1
中央合同庁舎6号館 ☎03(3592)5711

長官	浦田啓一
次長	平光信隆
総務部長	霜田仁
総務課長	森田秀人
人事課長	武田雅之
参事官 公文書監理官	菊地真二
調査第一部長	友井昌宏
第一課長	小野寺聡
第二課長	北村裕介
公安調査管理官	吉倉粒太
同	工藤寛顕
調査第二部長	平石積明
第一課長	神保玲子
第二課長	今井正
公安調査管理官	近智徳
	原塚勝洋
	小川哲兵
研修所長	宍倉崇夫

最高検察庁

〒100-0013 千代田区霞が関1-1-1
中央合同庁舎6号館 ☎03(3592)5611

検事総長	畝本直美
次長検事	山元裕史
総務部長	西山卓爾
監察指導部長	飯島泰
刑事部長	松下裕子
公安部長	田野尻猛
公判部長	鈴木眞理子
検事	工藤恭裕
	安藤浄人
	鎌田隆志
	作原大成
	松井洋
	石原香代
	岸毅
	佐久間佳枝
	内藤晋太郎
	菱沼洋
	保坂和人
	宮地佐都季
	山下裕之
	横井朗
	井上一朗
	白井智之
	鈴木慎二郎
	民野健治
	伊吹栄治
検事総長秘書官	中嶋靖夫
事務局長	江平博
総務課長	山谷淳
会計課長	杉山悟史
企画調査課長	山科勝幸
検務課長	金原淳
情報システム管理室長	濵﨑満
監察指導課長	木下弘康
刑事事務課長	佐藤之彦
公安事務課長	山田美子
公判事務課長	安藤康

外務省

〒100-8919 千代田区霞が関2-2-1
☎03(3580)3311

大臣	上川陽子
副大臣	辻清人
副大臣	柘植芳文
大臣政務官	高村正大
大臣政務官	穂坂泰
大臣政務官	深澤陽一
事務次官	岡野正敬
大臣秘書官	西谷康祐

外務審議官（政務）　船越健裕
外務審議官（経済）　小野啓一
2025年日本国際博覧会政府代表〔大使〕　羽田浩二
特命全権大使（沖縄担当）　宮川学
特命全権大使（関西担当）　姫野勉
特命全権大使（アフリカ開発会議（TICAD）担当兼アフリカの角地域関連担当、国連安保理改革担当、安保理非常任理事国選挙担当、国際貿易・経済担当）　清水信介
特命全権大使（広報外交担当兼国際保健担当、メコン協力担当）　鈴木秀生
特命全権大使（国際テロ対策・組織犯罪対策協力担当）　南博之
特命全権大使（北極担当兼国際貿易・経済担当）　竹若敬三
特命全権大使（人権担当兼国際平和貢献担当）　堤尚広
特命全権大使（国際貿易・経済担当）　小林賢一

〔大臣官房〕

官房長　志水史雄
公文書監理官（兼）　宮下匡之
監察査察官　東山太郎
官房審議官（総括担当）　宮下匡之
官房審議官（危機管理担当）（兼）　池上正喜
官房審議官　今福孝男
官房政策立案参事官（兼）　金子万里子
サイバーセキュリティ・情報化参事官（兼）　松尾裕敬
官房参事官（危機管理担当）（兼）　高橋美佐子
同　（同）（兼）　長徳英晶
同　（同）（兼）　濱本幸也
大臣秘書官事務取扱　古平充
「改革推進本部」事務局長（兼）　高羽陽
考査・政策評価室長　木村泰次郎
国際機関評価室長（兼）　木村泰次郎
ODA評価室長（兼）　新井和久
総務課長　高羽陽
危機管理調整室長（兼）　玉浦周
地方連携推進室長　菱山聡
情報防護対策室長　角田崇成
新型インフルエンザ対策調整室長（兼）　池上正喜
業務合理化推進室長（兼）　高羽陽
監察査察室長　中島英登
国会業務支援室長　小野龍生
国会連絡調整室長　田栗英之
公文書監理室長　田口一穂
外交史料館長　山本英昭
図書館長　今野敏康
人事課長　深堀亮
調査官　横田賢司
人事企画室長　渋谷尚久
情報通信課長　森田光枝
デジタル化推進室長（兼）　森田光枝
会計課長　大西一義
福利厚生室長　上田晋
在外公館課長　吉田昌弘
在外勤務支援室長　小畑政孝
警備対策室長　角田剛隆
儀典長〔大使〕　島田丈裕
儀典総括官　石川勇
儀典調整官兼儀典外国公館室長　山地秀樹
儀典官兼儀典賓客室長　鍛治宗能恵
儀典官兼儀典外国訪問室長　土生川正篤
外務報道官　北村俊博
国際文化交流審議官〔大使〕　金井正彰
政策立案参事官／外務副報道官（報道・広報・文化交流担当）　金子万里子
広報文化外交戦略課長　石井秀明
国内広報室長　越智友佳子
IT広報室長　中筋寿樹
広聴室長　川本幸徳
戦略的対外発信拠点室長　江草恵子
報道課長　安部憲明
文化交流・海外広報課長　鈴木律子
対日理解促進交流室長（兼）　高水英郎
国際文化協力室長　畠山健太郎
人物交流室長　岩間良次
国際報道官　溝渕将史

〔総合外交政策局〕

局長　河邉賢裕
審議官〔大使〕　熊谷直樹
参事官〔大使〕　松尾裕敬
参事官〔大使〕　藤本健太郎
総務課長　柏原裕
主任外交政策調整官　村上学
政策企画室長　権田藍
新興国外交推進室長（兼）　権田藍
安全保障政策課長　長野将光
国際安全・治安対策協力室長　割澤広一
国際平和・安全保障協力室長　石塚恵
宇宙・海洋安全保障政策室長　塚田淳
経済安全保障政策室長　望月千洋
円滑化協定担保法整備室長（兼）　割澤広一
安全保障協力室長（兼）　長野将光

外務省

国連企画調整課長　梶田拓磨
国際機関人事センター室長　相馬安行
国連政策課長　安藤重実
国連制裁室長　徳　聡子
人権人道課長　髙澤令則
人権条約履行室長(兼)　松井宏樹
女性参画推進室長(兼)　古本建彦
軍縮不拡散・科学部長〔大使〕　北川克郎
審議官〔大使〕　林　美都子
審議官(兼)　中村仁威
軍備管理軍縮課長　清水知足
生物・化学兵器禁止条約室長　清水翔太
通常兵器室長(兼)　清水知足
不拡散・科学原子力課長　横田直文
国際科学協力室長　石川勝利
国際原子力協力室長　南　健太郎

〔アジア大洋州局〕

局長　鯰　博行
参事官〔大使〕　林　誠
政策立案参事官(兼)　金子万里子
参事官〔大使〕　濱本幸也
参事官　門脇仁一
参事官　田口精一郎
地域政策参事官　富山未来仁
地域協力室長　髙水英郎
北東アジア第一課長　吉廣朋子
日韓請求権関連問題対策室長
日韓交流室長(兼)　鈴木正人
北東アジア第二課長　前田修司
中国・モンゴル第一課長　太田　学
中国・モンゴル第二課長　石飛　節
大洋州課長　神保　諭
南部アジア部長　中村　亮
審議官(兼)　岡野結城子
審議官(兼)　小林　出
参事官(兼)　林　誠
参事官(兼)　濱本幸也
参事官(兼)　門脇仁一
南東アジア第一課長　久賀百合子
南東アジア第二課長　中井裕一
南西アジア課長　堤　太郎

〔北米局〕

局長〔大使〕　有馬　裕
参事官　宮本新吾
参事官(兼)　藤本健太郎
北米第一課長　貝原健太郎
北米交流室長(兼)　播本幸子
北米第二課長　森　尊俊
北米経済調整室長　栗山　淳
日米安全保障条約課長　網谷耕介
日米地位協定室長　杉浦雅俊

〔中南米局〕

局長〔大使〕　野口　泰
参事官　山田欣幸
参事官(兼)　長徳英晶
中米カリブ課長　佐藤慎市
カリブ室長(兼)　佐藤慎市
南米課長　塚本康弘
中南米日系社会連携推進室長(兼)　塚本康弘

〔欧州局〕

局長　中込正志
審議官〔大使〕　池上正喜
審議官〔大使〕　中村仁威
政策課長　秋山麻里
アジア欧州協力室長　山田和美
西欧課長　柿原基男
中・東欧課長　石川　亘
ウクライナ経済復興推進室長(兼)　北川剛史
ロシア課長　小野　健
中央アジア・コーカサス室長　市場裕昭
日露経済室長(兼)　北川剛史
ロシア交流室長(兼)　北川剛史
日露共同経済活動推進室長(兼)　北川剛史

〔中東アフリカ局〕

局長〔大使〕　安藤俊英
参事官　高橋美佐子
参事官(兼)　今西靖治
中東第一課長　小長谷英揚
中東第二課長　舟津龍一
アフリカ部長〔大使〕　堀内俊彦
参事官(兼)　高橋美佐子
参事官(兼)　今西靖治
参事官　斉田幸雄
アフリカ第一課長　西野修一
アフリカ第二課長　林　達郎

〔経済局〕

局長　片平　聡
審議官(兼)　日下部英紀
審議官　小林　出

外務省

審議官〔大使〕	大河内昭博
参事官〔大使〕(兼)	山田欣幸
政策課長	江碕智三郎
官民連携推進室長	大山信幸
資源安全保障室長	西村泰子
漁業室長	中村安志
2025年日本国際博覧会室長(兼)	大山信幸
国際デジタル経済室長(兼)	青竹俊英
国際経済課長	尾﨑壮太郎
欧州連合経済室長	小山武
経済協力開発機構室長	石川真由美
国際貿易課長	豊田尚吾
サービス貿易室長	青竹俊英
知的財産室長	桝田祥子
経済連携課長	近藤紀文
南東アジア経済連携協定交渉室長	上野裕大
アジア太平洋経済協力室長	永吉昭一
投資政策室長(兼)	古郡徹

〔国際協力局〕

局長	石月英雄
審議官	日下部英紀
審議官〔大使〕	岡野結城子
参事官(兼)	斉田幸雄
参事官	今西靖治
政策課長	菅原清行
国際協力事業安全対策室長(兼)	北川裕久
民間援助連携室長	岩上憲三
開発協力総括課長	原田貴
開発協力企画室長	横林直樹
事業管理室長	北川裕久
緊急・人道支援課長	松原一樹
国別開発協力第一課長	鴨志田尚昭
国別開発協力第二課長	時田裕士
国別開発協力第三課長	井土和志
地球規模課題審議官〔大使〕	赤堀毅
地球規模課題総括課長	有馬孝典
専門機関室長	佐藤仁美
国際保健戦略官	江副聡
地球環境課長	布施吉章
気候変動課長	加藤淳

〔国際法局〕

局長	御巫智洋
審議官	中村和彦
国際法課長	大平真嗣
海洋法室長	篠原亮子
国際裁判対策室長	水野光明
条約課長	馬場隆治
経済条約課長	間瀬博幸
経済紛争処理課長	神田鉄平
経済紛争対策官	渡邊真知子
社会条約官	細野淳一

〔領事局〕

局長	岩本桂一
審議官(兼)	熊谷直樹
参事官	長徳英晶
政策課長	長尾成敏
領事サービス室長	小林秀彦
ハーグ条約室長	谷垣博保
領事デジタル化推進室長(兼)	廣渡活幸
領事体制強化室長(兼)	野依幸広
在外選挙室長	大山茂之
海外邦人マイナンバーカード支援室長(兼)	野依幸広
領事サービスセンター室長(兼)	小林秀彦
海外邦人安全課長	三角崇人
邦人テロ対策室長	鴨下誠
旅券課長	廣瀬愛子
外国人課長	池田真亮

〔国際情報統括官組織〕

国際情報統括官	石瀬素行

〔外務省研修所〕

〒252-0303 相模原市南区相模大野4-2-1
☎042(766)8101

所長〔大使〕	田村政美
総括指導官	折原茂晴

財務省

〒100-8940 千代田区霞が関3-1-1
☎03(3581)4111

大臣	鈴木俊一
副大臣	赤澤亮正
同	矢倉克夫
大臣政務官	瀬戸隆一
同	進藤金日子
事務次官	新川浩嗣
財務官	神田眞人
秘書官	鈴木俊太郎
同 事務取扱	菅野裕人
同 事務取扱	佐藤栄一郎

〔大臣官房〕
夜間(3581)2836(文書課)

官房長	坂本基
政策立案総括審議官兼企画調整総括官	渡邊輝
公文書監理官兼企画調整総括官	奈良井功
サイバーセキュリティ・情報化審議官	深澤良光
審議官(大臣官房担当)	藤﨑雄二郎
同(同)	弓信幸
同(同)	阿向泰二郎
同(同)	上田淳二
副財務官	藤井大輔
同	渡邉和紀
秘書課長	佐藤大
人事調整室長	木原健史
人事企画室長兼首席監察官	下村卓矢
人事調査官	岡田芳明
財務官室長	池田洋一郎
文書課長	端本秀夫
調査室長	渡辺政顕
法令審査室長	濵田秀明
企画調整室長兼業務企画室長	恵﨑恵
情報公開・個人情報保護室長兼公文書監理室長	岩﨑浩太郎
広報室長(兼)	岩﨑浩太郎
政策評価室長兼政策分析調整室長	佐藤浩一
情報管理室長	鈴木準一
国会連絡調整官	中村錠治
国会連絡室長(兼)	鈴木準一
会計課長事務取扱(兼)	奈良井功
調整室長	石黒将之
監査室長	征録宏司
管理室長	阿部正
厚生管理官	藤田誠司
地方課長事務取扱(兼)	渡邊輝
総務調整企画室長	石谷良男
人事調整企画室長	北村明仁
業務調整室長	三ツ本晃代
地方連携推進官	村上浩三
総括審議官	寺岡光博
総合政策課長事務取扱	藤﨑雄二郎
経済財政政策調整官事務取扱	藤﨑雄二郎
企画室長	石田良
政策調整室長兼国際経済室長	山﨑丈史
安全保障政策室長(兼)	下村卓矢
政策推進室長	坂東慶隆
政策金融課長事務取扱	藤﨑雄二郎
信用機構課長	田中耕太郎
機構業務室長(兼)	田中耕太郎

〔主計局〕
夜間(3581)4466(総務課)

局長	宇波弘貴
次長	前田努
次長兼企画調整総括官	吉野維一郎
次長	中島朗洋
総務課長	有利浩一郎
予算企画室長	山下直樹
主計事務管理室長	大野隆幸
主計企画官(調整担当)	木村公一
司計課長	山岸徹
主計企画官兼予算執行企画室長	山本信幸
会計監査調整室長(兼)	副島茂
法規課長(兼)	有利浩一郎
主計企画官	黒坂仁
企画官兼公会計室長	小田切慎一
給与共済課長	山本庸介
給与調査官	寺本康司
調査課長	横山好古
主計企画官(財政分析担当)	藤中康生
参事官	八木瑞枝
主計官(総務課)	松本圭介
同(同)	石田茂
同(内閣、デジタル、復興、外務、経済協力係担当)	小野浩司
同(司法・警察、経済産業、環境係担当)	佐久間寛道
同(総務、地方財政、財務係担当)	小澤研也
同(文部科学係担当)	寺﨑寛之
同(厚生労働、こども家庭係、社会保障総括担当)	大来志郎
社会保障企画室長	神野貴史
主計官(厚生労働係担当)(兼)	大来志郎
同(農林水産係担当)(兼)	有利浩一郎
同(国土交通、公共事業総括係担当)	尾﨑輝宏
公共事業企画調整室長	山下直樹
主計官(防衛係担当)(兼)	有利浩一郎
主計監査官	副島茂

〔主税局〕
夜間(3581)3036(総務課)

局長	青木孝德
審議官	田原芳幸
同	植松利夫

財務省

総務課長　坂本成範
税制企画室長(兼)　島谷和孝
主税企画官　境　吉隆
調査課長　末光大毅
税制調査室長　長谷川実
税制第一課長(兼)　坂本成範
法令企画室長　島谷和孝
主税企画官　小岩徹郎
企画官　竹内啓
税制第二課長　藤山智博
企画調整室長　鳥崎容平
主税企画官　宮下賢章
税制第三課長　河本光博
審査室長　染谷浩史
企画官　吉田拓野
国際租税総括官　細田修一
主税局参事官(国際租税総合調整官)　西方建一
国際租税企画室長　野路允
主税企画官　原田浩気

〔関税局〕

夜間(3581)3038(総務課)

局長　高村泰夫
審議官　内野洋次郎
同　中澤正彦
総務課長　吉田英一郎
政策推進室長　北條敬貴
事務管理室長　坂本賢一
管理課長　西川健士
税関考査管理室長　飯野真五
関税課長(兼)　吉田英一郎
関税企画調整室長　田中林太郎
特殊関税調査室長　藤岡達也
税関調査室長　近田春実
原産地規則室長　平田哲也
参事官　仲　信祐
関税地域協力室長　冨田まゆみ
経済連携室長　香川里子
参事官　志賀佐保子
監視課長(兼)　吉田英一郎
業務課長　箭野拓士
知的財産調査室長　金山茂明
調査課長　大関由美子
企画官　岡崎洋太郎

〔理財局〕

夜間(3581)1552(総務課)

局長　窪田修
次長　辻貴博
同　石田清
審議官　森田稔
総務課長　坂口和家男
政策調整室長　原田佳典
調査室長　荒瀬塁
たばこ塩事業室長　菊地要
国庫課長　山川清徳
通貨企画調整室長　梅村知巳
国庫企画官　原田秀樹
デジタル通貨企画官　谷　雅彰
国債企画課長　佐藤伸樹
国債政策情報室長(兼)　荒瀬塁
国債企画官　駒木誠司
国債業務課長　佐野美波
財政投融資総括課長　大江亨
企画調整室長　水野浩太
資金企画室長　村松功一
財政投融資企画官兼産業投資室長　天井健太郎
国有財産企画課長(兼)　坂口和家男
企画推進室長　佐藤寿彦
国有財産企画官(兼)　鈴木賢太郎
政府出資室長　中島隆行
国有財産調整課長　梅野雄一朗
国有財産有効活用室長　髙木悠子
国有財産監査室長(兼)　上乗弘樹
国有財産業務課長　川路智
国有財産審理室長　中野利隆
管理課長　原井英一
国有財産情報室長　上乗弘樹
電算システム室長　河邊健司
計画官(内閣・財務、農林水産・環境、経済産業、海外投資係担当)　小多章裕
計画官(厚生労働・文部科学、国土交通、地方企画、地方財務審査、地方運用係担当)　大江賢造

〔国際局〕

夜間(3580)2688(総務課)

局長　三村淳
次長　土谷晃浩
審議官　緒方健太郎
同　梶川光俊
総務課長　陣田直也

財務省

国際企画調整室長(兼) 乾 慶一郎
調査課長 野村宗成
国際調査室長 北野賢治
外国為替室長 土生健一
対外取引管理室長 山下弘史
投資企画審査室長 大野由希
国際投資企画官 高橋大介
為替実査室長 舟橋 聡
国際機構課長 木原大策
資金移転対策室長 奥 愛
企画官 山﨑貴弘
同 村口和人
地域協力課長 德岡喜一
地域協力企画官 竹中俊一
国際調整室長 齊藤郁夫
為替市場課長 松本千城
資金管理室長 鶴野浩之
開発政策課長(兼) 陣田直也
開発政策調整室長 宮地和明
参事官 城田郁子
開発機関課長 津田尊弘
開発企画官 氷海 剛

〔財務総合政策研究所〕

財務省内 ☎03(3581)4111

所長(兼) 小宮義之
副所長(兼) 渡邊 輝
同 松岡裕之
同 鈴木孝介
総務研究部長(兼) 上田淳二
総務課長 川本 敦
資料情報部長 米倉洋成
調査統計部長 山川潤一
研修部長 増尾秀樹

〔会計センター〕

〒102-8486 千代田区九段南1-2-1
九段第三合同庁舎21F ☎03(3265)9141

所長 小宮義之
次長 横矢寿彦
同(兼) 山岸 徹
管理運用部長 辻 雅彦
会計管理部長 小野寺史典
研修部長 三谷孝治

〔関税中央分析所〕

〒277-0882 柏市柏の葉6-3-5
☎04(7135)0160

所長 山岡時生

〔税関研修所〕

〒277-0882 柏市柏の葉6-4-2
☎04(7133)9611

所長(兼) 高村泰夫
副所長 井尻哲也
研修・研究部長 川中祥徳

国税庁

〒100-8978 千代田区霞が関3-1-1
☎03(3581)4161

長官 奥 達雄
次長 小宮敦史

〔長官官房〕

審議官(国際担当) 中村 稔
同(酒税等担当) 斎須朋之
参事官 櫻井 淳
同 陰山英隆
総務課長 原田一寿
情報公開・個人情報保護室長・税理士監理室長・公文書監理室長 首藤好明
広報広聴室長 佐藤哲也
調整室長(兼) 首藤好明
監督評価官室長 松代孝廣
人事課長 漆畑有浩
会計課長 小平武史
企画課長 山下和博
国税企画官 後藤善行
同 津田啓二
デジタル化・業務改革室長 菅沼哲矢
データ活用推進室長 松井めぐみ
国際業務課長 磯見竜太
国際企画官 萩原 成
廣瀬 大 細田千草
鴇 彰博 佐藤一輝
国際課税分析官 関上一郎
相互協議室長 比田勝隆博
相互協議支援官 水野雅史
厚生管理官(兼) 松代孝廣
主任税務相談官(兼) 菅沼哲矢
首席国税庁監察官 齋地義孝

〔課税部〕

課税部長 高橋俊一
課税総括課長 菅 哲人
課税企画官 山崎大介
国際課税企画官 船木英人
消費税室長 渡辺 隆

軽減税率・インボイス制度対応室長	濱田正義
審理室長	渡邊秀雄
主任訟務専門官	川端裕子
個人課税課長	大柳久幸
資産課税課長	細野道誉
法人課税課長	秦　幹雄
酒税課長	三浦　隆
酒類業振興・輸出促進室長	遠山秀治
資産評価企画官	門脇瞬有
財産評価手法研究官	藤田英理子
鑑定企画官	岩田知子
酒類国際技術情報分析官	江村隆幸
分析鑑定技術支援官	倉光潤一

〔徴収部〕

徴収部長	田島伸二
管理運営課長	本多康昭
徴収課長	山本　学

〔調査査察部〕

調査査察部長	武田一彦
調査課長	劒持敏幸
国際調査管理官	戸谷淳哉
査察課長	高松忠介

〔国税不服審判所〕

☎03(3581)4101

所長	清野正彦
次長	髙野寿也
部長審判官	森下幹夫
管理室長	山本　学

文部科学省

〒100-8959 千代田区霞が関3-2-2
☎03(5253)4111

大臣	盛山正仁
副大臣	あべ俊子
副大臣	今枝宗一郎
大臣政務官	本田顕子
大臣政務官	安江伸夫
事務次官	藤原章夫
文部科学審議官	増子　宏
同	矢野和彦
秘書官	西口卓司
同　事務取扱	鈴木宏幸
同　事務取扱	阿部陽一

〔大臣官房〕

夜間(6734)2150(総務課)

官房長	西條正明
総括審議官	淵上　孝
サイバーセキュリティ・政策立案総括審議官	坂本修一
学習基盤審議官	森　孝之
審議官(総合教育政策局担当)	江﨑典宏
同(初等中等教育局担当)	日向信和
同(高等教育局担当)	森友浩史
同(高等教育局及び科学技術政策連携担当)	奥野　真
同(科学技術・学術政策局担当)	髙谷浩樹
同(研究振興局及び高等教育政策連携担当)	松浦重和
同(研究開発局担当)	清浦　隆
同　(同)	橋爪　淳
文部科学戦略官(文化戦略官)	中原裕彦
文部科学戦略官	豊岡宏規
同	松坂浩史
参事官	大土井　智
人事課長	伊藤史恵
総務課長	坂下鈴鹿
会計課長	堀野晶三
政策課長	福井俊英
国際課長	北山浩士
広報室長(文部科学広報官)	小野賢志
総務調整官(国会担当)	草野純一
同　(同)	中村真太郎
文教施設企画・防災部長	笠原　隆
技術参事官	金光謙一郎
施設企画課長	金光謙一郎
施設助成課長	福島　崇
計画課長	瀬戸信太郎
参事官(施設防災担当)	後藤　勝

〔総合教育政策局〕

夜間(6734)2640(政策課)

局長	茂里　毅
社会教育振興総括官	平野　誠
政策課長	滝波　泰
教育人材政策課長	後藤教至
国際教育課長	中野理美
生涯学習推進課長	中安史朗
地域学習推進課長	高木秀人
男女共同参画共生社会学習・安全課長	中園和貴
日本語教育課長	今村聡子
参事官(調査企画担当)	木村敬子

〔初等中等教育局〕
夜間(6734)2341(初等中等教育企画課)

局　長　望月　禎
教育課程総括官　平野　誠
初等中等教育企画課長　常盤木祐一
財務課長　安井順一郎
教育課程課長　武藤久慶
児童生徒課長　千々岩良英
幼児教育課長　前田幸宣
特別支援教育課長　生方　裕
学校情報基盤・教材課長　寺島史朗
教科書課長　黄地吉隆
健康教育・食育課長　南野圭史
参事官(高等学校担当)　田中義恭

〔高等教育局〕
夜間(3593)7192(高等教育企画課)

局　長　伊藤学司
高等教育企画課長　吉田光成
大学教育・入試課長　石橋　晶
専門教育課長　梅原弘史
医学教育課長　俵　幸嗣
学生支援課長　桐生　崇
国立大学法人支援課長　井上睦子
参事官(国際担当)　佐藤邦明
私学部長　浅野敦行
私学行政課長　神山　弘
私学助成課長　板倉　寛
参事官(学校法人担当)　錦　泰司

〔科学技術・学術政策局〕
夜間(6734)4004(政策課)

局　長　井上諭一
科学技術・学術総括官　先﨑卓歩
政策課長　先﨑卓歩
研究開発戦略課長　藤原志保
人材政策課長　奥　篤史
研究環境課長　野田浩絵
産業連携・地域振興課長　池田一郎
参事官(国際戦略担当)　倉田佳奈江
科学技術・学術戦略官(制度改革・調査担当)　髙橋憲一郎

〔研究振興局〕
夜間(6734)4066(振興企画課)

局　長　塩見みづ枝
振興企画課長　生田知子
基礎・基盤研究課長　中澤恵太
大学研究基盤整備課長　柳澤好治
学術研究推進課長　田畑　磨
ライフサイエンス課長　釜井宏行
参事官(情報担当)　国分政秀
同(ナノテクノロジー・物質・材料担当)　宅間裕子
研究振興戦略官　大月光康

〔研究開発局〕
夜間(6734)4128(開発企画課)

局　長　堀内義規
もんじゅ・ふげん廃止措置対策監　二村英介
開発企画課長　上田光幸
地震火山防災研究課長　郷家康徳
海洋地球課長　山之内裕哉
環境エネルギー課長　山口　顕
宇宙開発利用課長　嶋崎政一
原子力課長　有林浩二
参事官(原子力損害賠償担当)　堀　清一郎
研究開発戦略官(核融合・原子力国際協力担当)　馬場大輔
同(核燃料サイクル・廃止措置担当)　井出太郎

〔国際統括官〕

国際統括官　渡辺その子

〔国立教育政策研究所〕
〒100-8951 千代田区霞が関3-2-2
中央合同庁舎第7号館東館5～6F
☎03(6733)6833

所　長　池田貴城
所長代理　梅澤　敦
総務部長　武井久幸
研究企画開発部長　田村寿浩
教育政策・評価研究部長　藤原文雄
生涯学習政策研究部長　銀島　文
初等中等教育研究部長　藤原文雄
国際研究・協力部長　大野彰子

〔科学技術・学術政策研究所〕
〒100-0013 千代田区霞が関3-2-2
中央合同庁舎第7号館東館16F
☎03(3581)2391

所　長　千原由幸
総務研究官　中津健之
総務課長　若旅寿夫

スポーツ庁

文部科学省内 ☎03(5253)4111

長　官　室伏広治
次　長　寺門成真
審議官　橋場　健

スポーツ総括官	寺門成真
政策課長	寺門成真
健康スポーツ課長	中村宇一
地域スポーツ課長	橋田　裕
競技スポーツ課長	日比謙一郎
参事官(国際担当)	柿澤雄二
参事官(地域振興担当)	廣田美香
参事官(民間スポーツ担当)	桃井謙祐

文化庁

(京都庁舎)〒602-8959 京都市上京区下長者町通新町西入藪之内町85-4 ☎075(451)4111
(東京庁舎)〒100-8959 千代田区霞が関3-2-2 ☎03(5253)4111

長官	都倉俊一
次長	森田正信
同	合田哲雄
審議官	小林万里子
同	今泉柔剛
文化財鑑査官	山下信一郎
文化戦略官(総合調整担当)	今井裕一
政策課長	横井理夫
企画調整課長	寺本恒昌
文化経済・国際課長	春山浩康
国語課長	村瀬剛太
著作権課長	籾井圭子
文化資源活用課長	齋藤憲一郎
文化財第一課長	三輪善英
文化財第二課長	田中禎彦
宗務課長	山田泰造
参事官(芸術文化担当)	圓入由美
同(生活文化創造担当)	児玉大輔
同(文化拠点担当)	磯野哲也
同(生活文化連携担当)	髙橋一成

厚生労働省

〒100-8916 千代田区霞が関1-2-2
中央合同庁舎5号館本館 ☎03(5253)1111

大臣	武見敬三
副大臣	濵地雅一
副大臣	宮﨑政久
大臣政務官	三浦　靖
大臣政務官	塩崎彰久
事務次官	伊原和人
厚生労働審議官	田中誠二
医務技監	迫井正深
秘書官	田中真一
同　事務取扱	草野哲也
同　事務取扱	南　孝徳

〔大臣官房〕

夜間(3595)3036(総務課)

官房長	村山　誠
総括審議官	宮崎敦文
同(国際担当)事務代理	井上　肇
危機管理・医務技術総括審議官	佐々木昌弘
公文書監理官	中井雅之
審議官(医政、口腔健康管理、精神保健医療、災害対策担当)(老健局、保険局併任)	森　真弘
同(健康、生活衛生、アルコール健康障害対策、業務移管、社会、援護、地域共生・自殺対策、人道調査、福祉連携担当)	岡本利久
同(医薬担当)	佐藤大作
同(労働条件政策、賃金担当)	尾田　進
同(労災、賃金担当)	田中仁志
同(職業安定、労働市場整備担当)	青山桂子
同(雇用環境、均等担当)	大隈俊弥
同(老健、障害保健福祉担当)(社会・援護局併任)	吉田　修
同(医療保険担当)	榊原　毅
同(医療介護連携、データヘルス改革担当)(医政局、老健局併任)	神ノ田昌博
同(年金担当)	武藤憲真
同(人材開発、外国人雇用、都道府県労働局担当)	高橋秀誠
同(総合政策担当)(政策統括室長代理)	熊木正人
地域保健福祉施策特別分析官	駒木賢司
国際保健福祉交渉官	井上　肇
国際労働交渉官	秋山伸一
人事課長	矢田貝泰之
参事官(人事担当)	長良健二
人事調査官	鈴木高太郎
調査官	楊井千晶
人事企画官	松本直樹
総務課長	成松英範
参事官(法務担当)(法務室長併任)	福島悠子
公文書監理・情報公開室長(審理室長併任)	松﨑俊久
広報室長	綾　賢治
国会連絡室長(併)	米丸　聡
会計課長	尾崎守正
会計管理官	河村のり子
監査指導室長	小山英夫
経理室長	藤原　毅
管理室長	櫻井　淳

厚生管理企画官（厚生管理室長併任、ヘルスケア推進室長併任）　筧田和三
地方課長（労働局業務改革推進室長併任）　石津克己
参事官（地方担当）（地方厚生局管理室長併任）　菊池育也
地方企画官（地方支分部局法令遵守室長、労働局業務改革推進室長代理、労働行政デジタル化企画室長併任）　西川誠明
業務改善分析官　野田幸裕
国際課長　平嶋壮州
国際企画・戦略官　乃村久代
国際保健・協力室長　井谷哲也
国際労働・協力室長　先﨑誠
厚生科学課長　眞鍋馨
災害等危機管理対策室長　水野嘉郎
参事官（総括調整、障害者雇用担当）　松下和生
参事官（自殺対策担当）　前田奈歩子
参事官（感染症対策、医政、総括調整、行政改革担当）　古川弘剛
参事官（救急・周産期・災害医療等、医療提供体制改革担当）　高宮裕介
参事官（雇用環境政策担当）　立石祐子
参事官（情報化担当）（情報化担当参事官室長併任）　岡部史哉
政策推進官　岡部史哉

〔医政局〕

夜間（3595）2189（総務課）

局長　森光敬子
総務課長（医政局医療経理室長併任）　姫野泰啓
医療政策企画官　坪口創太
地域医療計画課長　佐々木孝治
医療安全推進・医務指導室長　松本晴樹
医師確保等地域医療対策室長（併）　有賀玲子
医療経営支援課長　和田昌弘
国立ハンセン病療養所対策室長　北礼仁
医療独立行政法人支援室長　長島清
政策医療推進官（併）　高山研
医事課長　西嶋康浩
試験免許室長　廣井勝之
医師臨床研修推進室長　野口宏志
死因究明等企画調査室長（併）　渡邉一真
医療基盤情報分析官　山田英樹
歯科保健課長　小嶺祐子
歯科口腔保健推進室長　高田淳子
看護課長　習田由美子
看護サービス推進室長（併）　習田由美子
看護職員確保対策官　櫻井公彦
医薬産業振興・医療情報審議官　内山博之
医薬産業振興・医療情報企画課長　水谷忠由
セルフケア・セルフメディケーション推進室長（併）　水谷忠由
医療機器政策室長事務取扱　水谷忠由
首席流通指導官（流通指導室長併任）　藤沼義和
医療用物資等確保対策推進室長（併）　坂本和也
研究開発政策課長　中田勝己
治験推進室長　飯村康夫
参事官（特定医薬品開発支援・医療情報担当参事官室長併任）　田中彰子

〔健康・生活衛生局〕

夜間（3595）2207（総務課）

局長　大坪寛子
総務課長　吉田一生
指導調査室長　阿部友喜
原子爆弾被爆者援護対策室長（併）　岡野和薫
健康課長　山本英紀
地域保健企画官　田邉錬太郎
保健指導官（保健指導室長併任）　後藤友美
がん・疾病対策課長　鶴田真也
肝炎対策推進室長（B型肝炎訴訟対策室長併任）　安田正人
難病対策課長　山本博之
移植医療対策推進室長　野田博之
生活衛生課長　諏訪克之
生活衛生対策企画官（併）　九十九悠太
食品監視安全課長　森田剛史
食品監視分析官　三木朗
輸入食品安全対策室長　福島和子
感染症対策部長　鷲見学
企画・検疫課長　笹子宗一郎
検疫所業務企画調整官（検疫所管理室長併任）　吉岡明男
感染症対策課長　荒木裕人
感染症情報管理室長　横田栄一
国立健康危機管理研究機構設立準備室長（併）　渡邊由美子
予防接種課長　堀裕行

〔医薬局〕

夜間（3595）2377（総務課）

局長　城克文
総務課長　重元博道
国際薬事規制室長（併）　古賀大輔
医薬品副作用被害対策室長（併）　谷俊輔
薬事企画官　大原拓
薬局地域機能推進企画官　坂西義史
医薬品審査管理課長　中井清人

医療機器審査管理課長 高江慎一
医薬安全対策課長 野村由美子
監視指導・麻薬対策課長 小園英俊
麻薬対策企画官(監視指導室長併任) 山本剛
薬物取締調整官 深田真功
血液対策課長 岩﨑容子

〔労働基準局〕

夜間(3595)3201(総務課)

局長 岸本武史
総務課長 佐々木菜々子
石綿対策室長 喜名明子
主任労働保険専門調査官(労働保険審査会事務室長併任) 木村聡
労働保険業務分析官 穴井元尚
労働条件政策課長 澁谷秀行
労働条件確保改善対策室長 田上喜之
医療労働企画官 加藤正嗣
過労死等防止対策企画官 野田直生
労働時間特別対策室長(併) 加藤正嗣
監督課長 村野伸介
過重労働特別対策室長 加藤圭吾
調査官 大野希望
主任中央労働基準監察監督官(労働基準監察室長併任) 黒部恭志
労働関係法課長 五百簱頭千奈美
賃金課長 篠崎拓也
主任中央賃金指導官 伊勢久忠
賃金支払制度業務室長(併) 大野希望
最低賃金制度研究官 松淵厚樹
労災管理課長 松永久
労災保険財政数理室長 由井亨
主任中央労災補償監察官(労災補償監察室長併任) 池田邦彦
建設石綿給付金認定等業務室長 佐藤健吾
労働保険徴収課長 宿里明弘
労働保険徴収業務室長 中村昭彦
補償課長 児屋野文男
労災補償訟務分析官 黒田修
職業病認定対策室長 水島康雄
労災保険審理室長 大屋勝紀
調査官 八藤後紀明
労災保険業務課長 田中勝之
安全衛生部長 井内努
計画課長 佐藤俊
調査官 上村有輝
機構・団体管理室長(併) 三浦栄一郎
安全課長 安井省侍郎
建設安全対策室長 中野響
主任中央産業安全専門官 中野響
安全対策指導業務分析官 久野聡
労働衛生課長 松岡輝昌
産業保健支援室長 大村倫久
メンタルヘルス対策・治療と仕事の両立支援室長 富賀見英城
電離放射線労働者健康対策室長 宇野浩一
主任中央労働衛生専門官 船井雄一郎
主任中央じん肺診査医 井口豪
職業性疾病分析官 佐々木邦臣
化学物質対策課長 土井智史
化学物質評価室長 藤田佳代
環境改善・ばく露対策室長 長山隆志

〔職業安定局〕

夜間(3502)6768(総務課)

局長 山田雅彦
総務課長 黒澤朗
訓練受講支援室長 岡田幸大
公共職業安定所運営企画室長 西海国浩
人材確保支援総合企画室長 井上英明
首席職業指導官 國分一行
主任中央職業安定監察官 宮本淳子
人道調査室長(ハローワークサービス推進室長併任) 鈴木良尚
職業指導技法研究官 渡邉浩司
職業情報研究官 竹内聡
雇用政策課長 吉田暁郎
労働移動支援室長 秋山雅紀
民間人材サービス推進室長 吉村賢敏
雇用復興企画官(労働市場情報整備推進企画室長併任) 髙田崇司
労働市場分析官 新田峰雄
雇用保険課長 岡英範
主任中央雇用保険監察官 焼山正信
調査官 鈴木義和
需給調整事業課長 中嶋章浩
労働市場基盤整備室長 千原啓
主任中央需給調整事業指導官 渡部幸一郎
外国人雇用対策課長 川口俊徳
海外人材受入就労対策室長 南摩一隆
国際労働力対策企画官(経済連携協定受入対策室長併任) 前村充

労働市場センター業務室長	伊藤浩之
主任システム計画官	木原憲一
高齢・障害者雇用開発審議官	藤川眞行
雇用開発企画課長	渡辺正道
就労支援室長	逸見志朗
建設・港湾対策室長	島田博和
高齢者雇用対策課長	武田康祐
障害者雇用対策課長	西澤栄晃
地域就労支援室長	安蒜孝至
調査官	桃井竜介
主任障害者雇用専門官	藤井剛
地域雇用対策課長	福岡洋志

〔雇用環境・均等局〕

局長	田中佐智子
総務課長	山田敏充
雇用環境政策室長(兼)	立石祐子
労働紛争処理業務室長	佐野耕作
雇用機会均等課長	岡野智晃
ハラスメント防止対策室長	木村剛一郎
有期・短時間労働課長	竹野佑喜
職業生活両立課長	菱谷文彦
在宅労働課長	千葉裕子
フリーランス就業環境整備室長(併)	佐野耕作
勤労者生活課長	小林淳
労働者協同組合業務室長	米岡良晃
労働金庫業務室長	福井尚

〔社会・援護局〕

夜間(3595)2612(総務課)

局長	日原知己
総務課長	山口高志
女性支援室長	中村彩子
自殺対策推進室長(併)	前田奈歩子
保護課長	竹内尚也
自立推進・指導監査室長	片桐昌二
保護事業室長	小川善之
地域福祉課長	金原辰夫
成年後見制度利用促進室長	火宮麻衣子
消費生活協同組合業務室長	小野博史
生活困窮者自立支援室長(地域共生社会推進室長併任)	玉田耕大
福祉基盤課長	田中規倫
福祉人材確保対策官(福祉人材確保対策室長併任)	吉田昌司
援護企画課長	石塚哲朗
中国残留邦人等支援室長	宇口良子
援護・業務課長	阿部一貴
事業課長	浅見高嗣
事業推進室長	星野正司
戦没者遺骨鑑定推進室長	小泉貴人
障害保健福祉部長	野村知司
企画課長(アルコール健康障害対策推進室長併任)	本後健
自立支援振興室長	川部勝一
施設管理室長	川島英紀
障害福祉課長	伊藤洋平
地域生活・発達障害者支援室長(併)	羽野嘉朗
精神・障害保健課長	小林秀幸
心の健康支援室長(公認心理師制度推進室長併任)	竹之内秀吉
依存症対策推進室長(企画課障害福祉サービス等データ企画室長併任)	羽野嘉朗

〔老健局〕

夜間(3591)0954(総務課)

局長	黒田秀郎
総務課長	江口満
介護保険指導室長	奥出吉規
介護保険計画課長	大竹雄二
高齢者支援課長	峰村浩司
介護業務効率化・生産性向上推進室長(併)	村中秀行
認知症施策・地域介護推進課長	吉田慎
認知症総合戦略企画官(地域づくり推進室長併任)	遠坂佳将
老人保健課長	古元重和

〔保険局〕

夜間(3595)2550(総務課)

局長	鹿沼均
総務課長	姫野泰啓
保険課長	佐藤康弘
全国健康保険協会管理室長	高橋賢治
国民健康保険課長	唐木啓介
高齢者医療課長	安中健
医療介護連携政策課長	山田章平
保険データ企画室長	河合篤史
医療課長	林修一郎
歯科医療管理官	和田康志
保険医療企画調査室長	米田隆史
医療技術評価推進室長	木下栄作
医療保険制度改革推進官(命)	土岐太郎
医療指導監査室長	町田宗仁
薬剤管理官	清原宏眞
調査課長	鈴木健二

数理企画官	江郷和彦

〔年金局〕

夜間(3595)2862(総務課)

局長	間隆一郎
総務課長	小野俊樹
首席年金数理官	村田祐美子
年金数理官(企業年金・個人年金課基金数理室長併任)	榎広之
年金課長	若林健吾
年金制度改革推進官	芦田雅嗣
国際年金課長	花咲恵乃
資金運用課長	西平賢哉
企業年金・個人年金課長	海老敬子
数理課長	佐藤裕亮
数理調整管理官(数理調整管理室長併任)	木村剛
年金管理審議官	巽慎一
事業企画課長	樋口俊宏
年金記録回復室長 年金事業運営推進室長	石川義浩
システム室長	保坂拓夫
調査室長	楠田裕子
監査室長	設楽保広
会計室長	加藤英明
事業管理課長	重永将志
給付事業室長(併)	石毛雅之

〔人材開発統括官〕

人材開発統括官	堀井奈津子
参事官(人材開発総務担当参事官室長併任)	溝口進
参事官(人材開発政策担当参事官室長併任)	松瀬貴裕
訓練企画官(訓練企画室長併任)	大塚陽太郎
特別支援企画官(特別支援室長併任)	稲田剛
就労支援訓練企画官(政策企画室長併任)	横田和也
主任職業能力開発指導官	佐藤純
参事官(若年者・キャリア形成支援担当参事官室長併任)	今野憲太郎
キャリア形成支援企画官(キャリア形成支援室長併任)	佐藤悦子
企業内人材開発支援企画官(企業内人材開発支援室長併任)	永島宏泰
参事官(能力評価担当参事官室長併任)	安達佳弘
主任職業能力検定官	増岡宗一郎
参事官(海外人材育成担当参事官室長併任)	堀泰雄
海外協力企画官(海外協力室長併任)	高村亜紀子

〔政策統括官〕

政策統括官(総合政策担当)(政策統括室長併任)	朝川知昭
審議官(総合政策担当)(政策統括室長代理併任)	熊木正人
政策立案総括審議官(統計、総合政策、政策評価担当)(政策統括室長代理併任)	河野恭子
参事官(総合政策統括担当)(政策統括室副室長併任)	安藤公一
参事官(総合政策統括担当)(政策統括室副室長併任)	宇野禎晃
政策企画官	尾﨑美弥子
同	角園太一
社会保障財政企画官	荻原和宏
労働経済調査官	藤木雄太
社会保障調査官	増井英紀
参事官(調査分析・評価担当)(政策立案・評価担当参事官室長併任)	三村国雄
政策立案・評価推進官	菊池清隆
政策統括官(統計・情報システム管理、労使関係担当)	森川善樹
政策立案総括審議官(統計、総合政策、政策評価担当)(政策統括室長代理併任)	河野恭子
参事官(企画調整担当)(統計・情報総務室長併任)	古瀬陽子
政策企画官	白木紀行
統計企画調整官(統計企画調整室長併任)	飯島俊哉
審査解析官(審査解析室長併任)	長山直樹
統計管理官(人口動態・保健社会統計室長併任)	鎌田真隆
保健統計官(保健統計室長併任)(併)	清水貴也
社会統計室長(併)	大村達哉
世帯統計官(世帯統計室長併任)	藤井義弘
統計管理官(雇用・賃金福祉統計室長併任)	角井伸一
統計技法研究官	野口智明
賃金福祉統計官(賃金福祉統計室長併任)	田中伸彦
調査官	外山恵美子
参事官(労使関係担当参事官室長併任)	大塚弘満
調査官	石崎琢也
サイバーセキュリティ・情報化審議官	林弘郷
参事官(サイバーセキュリティ・情報システム管理担当)(サイバーセキュリティ担当参事官室長併任)	和田訓
情報システム管理官(情報システム管理室長併任)	笹木義勝

〔国立医薬品食品衛生研究所〕

〒210-9501 川崎市川崎区殿町3-25-26

☎044(270)6600

所長	本間正充

〔国立保健医療科学院〕

〒351-0197 和光市南2-3-6

☎048(458)6111

院長	曽根智史

〔国立社会保障・人口問題研究所〕

〒100-0011 千代田区内幸町2-2-3
日比谷国際ビル6F ☎03(3595)2984

所長 林 玲子

〔国立感染症研究所〕

〒162-8640 新宿区戸山1-23-1
☎03(5285)1111

所長 脇田隆字

〔中央労働委員会〕

〒105-0011 港区芝公園1-5-32
労働委員会会館内 ☎(5403)2111

会長 岩村正彦
会長代理 山川隆一
石井浩 鹿野菜穂子
公益委員 鹿士眞由美
小西康之 松下淳一
守島基博 磯部哲
小圷淳子 深道祐子
小畑史子 久保田安彦
原恵美 安西明子
労働者委員 小俣利通
竹井京二 宮本礼一
山本和代 髙橋洋子
北口明代 六本木清子
中島徹 冨永雄一
池之谷潤 岡本吉洋
新井行夫 桂惠子
野中孝泰 井上久美枝
使用者委員 田中恭代
柳井秀朗 坂田甲一
長野正史 小野寺敦子
宮近清文 井上龍子
小倉基弘 小林洋子
小山茂 高山靖子
布山祐子 池上僚一
久能木慶治 萩原靖
事務局長 奈尾基弘
審議官(審査担当) 宮本悦子
審議官(調整、企画広報担当) 原口剛
総務課長 田村雅
審査課長 田尻智幸
審査情報分析官 大隈由加里
和解手法分析官 藤澤美穂
審査総括官(第一部会担当審査総括室長併任) 六本佳代
同(第二部会担当審査総括室長併任) 奈須川伸一
同(第三部会担当審査総括室長併任) 川又修司
調整第一課長 境伸栄
調整第二課長 渡辺聡

農林水産省

〒100-8950 千代田区霞が関1-2-1
中央合同庁舎1号館 ☎03(3502)8111

大臣 坂本哲志
副大臣 武村展英
副大臣 鈴木憲和
大臣政務官 舞立昇治
大臣政務官 高橋光男
事務次官 渡邊毅
農林水産審議官 渡邉洋一
秘書官 山室絢
同 事務取扱 三上善之

〔大臣官房〕

夜間(6744)2428(文書課)

官房長 長井俊彦
総括審議官 山口靖
総括審議官(新事業・食品産業) 宮浦浩司
技術総括審議官 堺田輝也
危機管理・政策立案総括審議官 谷村栄二
公文書監理官 三野敏克
サイバーセキュリティ・情報化審議官 三野敏克
輸出促進審議官(兼輸出・国際局) 髙山成年
生産振興審議官(兼農産局) 佐藤紳
審議官(技術・環境) 西経子
同(兼消費・安全局) 坂田進
同(兼消費・安全局兼輸出・国際局) 郷達也
同(兼輸出・国際局・交渉総括) 坂勝浩
同(兼輸出・国際局・新事業・食品産業) 笹路健
同(兼畜産局) 関村静雄
同(兼経営局) 勝野美江
同(兼経営局) 押切光弘
同(兼農村振興局) 山本泰司
参事官(環境・兼輸出・国際局) 萩原英樹
同(兼消費・安全局兼輸出・国際局) 平中隆司
国際食料情報特別分析官(兼輸出・国際局)
報道官 小峰賢哉
秘書課長 川本登
文書課長 望月健司
予算課長 高橋一郎
政策課長 河村仁

農林水産省

技術政策室長　齊賀大昌
食料安全保障室長　武部真也
国民運動グループ長　小宮恵理子
広報評価課長　八百屋市男
広報室長　澤田昌利
報道室長　濵中康人
情報管理室長　白江啓治
情報分析室長　植杉紀子
地方課長　福島一
災害総合対策室長　川島秀樹
環境バイオマス政策課長　佐藤夏人
再生可能エネルギー室長　栗田徹
みどりの食料システム戦略グループ長　久保牧衣子
地球環境対策室長　坂下誠
参事官　大坂浩之
同　牛田正克
同　梅下幸弘
デジタル戦略グループ長　澤瀬正明
参事官　澤瀬正明
新事業・国際グループ長　飯田明子
参事官（兼大臣官房新事業・食品産業部）　飯田明子
参事官（兼消費・安全局付）　横山博一
規制対策グループ長　蟹江誠
参事官（兼輸出・国際局）　蟹江誠
新興地域グループ長　諸永裕一
参事官（兼輸出・国際局）　諸永裕一
検査・監察部長　大島英彦
調整・監察課長　上口直紀
審査室長　曽田明
行政監察室長　塩原裕之
会計監査室長　奥村賢一
検査課長　谷口和彦
農林水産政策研究所長　内田幸雄
農林水産政策研究所次長　植村悌明
農林水産研修所長　山下雅幸

〔統計部〕

夜間（3502）5609（管理課）

部長　深水秀介
管理課長　玉置賢
統計品質向上室長　三橋良至
経営・構造統計課長　道菅稔
センサス統計室長　坂井一夫
生産流通消費統計課長　橋本陽子
消費統計室長　都田幸伸
統計企画管理官　藤井将邦

〔新事業・食品産業部〕

夜間（3502）7568（新事業・食品産業政策課）

部長　小林大樹
新事業・食品産業政策課長　石田大喜
ファイナンス室長　溝口武志
企画グループ長　木村崇之
商品取引グループ長　宮長郁夫
商品取引室長　宮長郁夫
食品流通課長　藏谷恵大
物流生産性向上推進室長　丸田聡
卸売市場室長　戎井靖貴
食品製造課長　野添剛司
原材料調達・品質管理改善室長　阿辺一郎
基準認証室長　進藤友寛
外食・食文化課長　五十嵐麻衣子
食品ロス・リサイクル対策室長　鈴木学
食文化室長　牧之瀬泰志

〔消費・安全局〕

夜間（3502）8512（総務課）

局長　安岡澄人
総務課長　尾﨑道
消費者行政・食育課長　小坂伸行
米穀流通・食品表示監視室長　綾戸隆英
食品安全政策課長　新川俊一
リスク分析・管理グループ長　浮穴学宗
食品安全科学室長　浮穴学宗
国際基準室長　小坪清子
農産安全管理課長　石岡知洋
農薬対策室長　楠川雅史
畜水産安全管理課長　星野和久
飼料安全・薬事室長　古川明
水産安全室長　芳之内一美
植物防疫課長　小宮英稔
防疫対策室長　春日井健司
国際室長　海老原康仁
動物衛生課長　沖田賢治
家畜防疫対策室長　大倉達洋
国際衛生対策室長　松尾和俊

〔輸出・国際局〕

夜間（3502）5851（総務課）

局長　森重樹
輸出・国際局付（兼内閣審議官）　常葉光郎
総務課長　三嶋英一
国際政策室長　仁科春香
輸出企画課長　吉松亨

輸出支援課長　望月光顕
輸出産地形成室長　大橋　聡
輸出環境整備室長　春名竜也
国際地域課長　国枝　玄
海外連携グループ長　西浦博之
参事官　西浦博之
海外連携推進室長　大川幸樹
国際経済課長　近藤　信
国際戦略グループ長　米田立子
知的財産課長　松本修一
地理的表示保護推進室長　神谷幸男
種苗室長　田中弘幸

〔農産局〕

夜間(3502)5937(総務課)

局長　松尾浩則
総務課長　三上卓矢
生産推進室長　坂田尚史
国際室長　清水美佳子
会計室長　酒井利成
穀物課長　尾室義典
米麦流通加工対策室長　葛原祐介
経営安定対策室長　渡邉浩史
園芸作物課長　長峰徹昭
園芸流通加工対策室長　宇井伸一
花き産業・施設園芸振興室長　大塚裕一
地域作物課長　参鍋健一
果樹・茶グループ長　羽石洋平
農産政策部長　山口潤一郎
企画課長　武田裕紀
米穀貿易企画室長　石丸浩太郎
水田農業対策室長　笠原　健
貿易業務課長　平野賢一
米麦品質保証室長　奥平謙二
技術普及課長　吉田　剛
生産資材対策室長　土佐竜一
農業環境対策課長　松本賢英

〔畜産局〕

夜間(6744)0564(総務課)

局長　松本　平
総務課長　木下雅由
畜産総合推進室長　新井健一
企画課長　廣岡亮介
畜産経営安定対策室長　丹菊直子
畜産振興課長　冨澤宗高
畜産技術室長　和田　剛
家畜遺伝資源管理保護室長　飯野昌朗
飼料課長　金澤正尚
流通飼料対策室長　蓼沼宏晃
牛乳乳製品課長　須永新平
食肉鶏卵課長　伊藤大介
食肉需給対策室長　上田泰史
競馬監督課長　姫野崇範

〔経営局〕

夜間(3502)6432(総務課)

局長　杉中　淳
総務課長　日向　彰
調整室長　浅野勝正
経営政策課長　上野昌文
担い手総合対策室長　藤田裕一
農地政策課長　峯村英児
農地集積・集約化促進室長　前川光春
就農・女性課長　尾室幸子
女性活躍推進室長　伊藤里香子
協同組織課長　新川元康
経営・組織対策室長　菊地　護
金融調整課長　宮田龍栄
保険課長　白石知隆
農業経営収入保険室長　御村吉伸
保険監理官　宮本　亮

〔農村振興局〕

夜間(3502)5997(総務課)

局長　前島明成
次長　青山健治
総務課長　山里直志
農村政策部長　神田宜宏
農村計画課長　藤田晋吾
農村活性化推進室長　朝日健介
都市農業室長　高橋正智
地域振興課長　山本恵太
中山間地域・日本型直接支払室長　藤田　覚
都市農村交流課長　廣川正英
農泊推進室長　東　崇史
農福連携推進室長　渡邉桃代
鳥獣対策・農村環境課長　仙波　徹
鳥獣対策室長　阿部尚人
農村環境対策室長　佐藤　誠
整備部長　緒方和之
設計課長　石川英一
計画調整室長　中西滋樹
施工企画調整室長　鈴木光明

海外土地改良技術室長　鷲野健二
土地改良企画課長　福島　央
水資源課長　瀧川拓哉
農業用水対策室長　鈴木豊志
施設保全管理室長　志村和信
農地資源課長　登り俊也
経営体育成基盤整備推進室長　渡辺一行
多面的機能支払推進室長　村瀬勝洋
地域整備課長　武井一郎
防災課長　石井克欣
防災・減災対策室長　志田麻由子
災害対策室長　能見智人

〔農林水産技術会議〕

夜間(3502)7399(研究調整課)

会長　本川一善
事務局長　堺田輝也
研究総務官　信夫隆生
同　東野昭浩
研究調整課長　今野　聡
研究企画課長　羽子田知子
イノベーション戦略室長　下岡　豊
研究推進課長　小林保幸
産学連携室長　大熊　武
国際研究官　渡辺裕子
研究統括官　草塲新之助
研究開発官　森　幸子
研究調整官　(兼)大潟直樹
(兼)今西俊介　(兼)福本泰之
(兼)北川　巌　中井康裕
(兼)内田真司

林野庁

〒100-8952 千代田区霞が関1-2-1
中央合同庁舎1号館 ☎03(3502)8111
夜間(3502)7968(林政課)

長官　青山豊久
次長　小坂善太郎
林政部長　清水浩太郎
林政課長　小島裕章
監査室長　河野裕之
企画課長　上杉和貴
経営課長　谷口正範
林業労働・経営対策室長　岡村篤憲
特用林産対策室長　竹内　学
木材産業課長　福田　淳
木材製品技術室長　武藤信之
木材利用課長　難波良多
木材貿易対策室長　髙畑啓一
森林整備部長　長﨑屋圭太
計画課長　齋藤健一
施工企画調整室長　有山隆史
海外林業協力室長　谷本哲朗
森林利用課長　石井　洋
森林集積推進室長　城　風人
山村振興・緑化推進室長　諏訪幹夫
整備課長　土居隆行
造林間伐対策室長　天田慎一
治山課長　河合正宏
山地災害対策室長　德留善幸
保安林・盛土対策室長　谷　秀治
研究指導課長　安髙志穂
技術開発推進室長　塚田直子
森林保護対策室長　門脇裕樹
国有林野部長　眞城英一
管理課長　山田裕典
福利厚生室長　石塚洋介
経営企画課長　石田良行
国有林野総合利用推進室長　尾前幸太郎
国有林野生態系保全室長　森山昌人
業務課長　宇山雄一
国有林野管理室長　善行　宏

水産庁

〒100-8907 千代田区霞が関1-2-1
中央合同庁舎1号館 ☎03(3502)8111
夜間(3502)8397(漁政課)

長官　森　健
次長　藤田仁司
漁政部長　河南　健
漁政課長　水野秀信
船舶管理室長　塩手宏一
企画課長　河嶋正敏
水産業体質強化推進室長　山下　信
水産経営課長　永田祥久
指導室長　澤田龍治
加工流通課長　中平英典
水産流通適正化推進室長　古川智香子
水産物貿易対策室長　三輪剛志
漁業保険管理官　原口大志
資源管理部長　魚谷敏紀

審議官　福田　工
管理調整課長　水川明大
資源管理推進室長　赤塚祐史朗
沿岸・遊漁室長　城崎和義
国際課長　松尾龍志
捕鯨室長　坂本孝明
かつお・まぐろ漁業室長　鈴木信一
海外漁業協力室長　竹田紗也子
漁業取締課長　南　克洋
外国漁船対策室長　槇　隆人
漁獲監理官　福井真吾
参事官　川島哲哉
増殖推進部長　髙橋広道
研究指導課長　長谷川裕康
海洋技術室長　武田行生
漁場資源課長　新村耕太
生態系保全室長　大森　亮
栽培養殖課長　柿沼忠秋
内水面漁業振興室長　生駒　潔
参事官　釜石　隆
漁港漁場整備部長　田中郁也
計画課長　中村　隆
整備課長　渡邉浩二
防災漁村課長　櫻井政和
水産施設災害対策室長　高原裕一
(漁業取締本部)
本部長　森　健
副本部長　藤田仁司

経済産業省

〒100-8901 千代田区霞が関1-3-1
(調査統計グループは〒100-8902)
☎03(3501)1511

大臣　齋藤　健
副大臣　岩田和親
同　上月良祐
大臣政務官　吉田宣弘
同　石井　拓
事務次官　飯田祐二
経済産業審議官　松尾剛彦
秘書官　清水道郎
同 事務取扱　能村幸輝

〔大臣官房〕
夜間(3501)1609(総務課)

官房長(併)公文書監理官　片岡宏一郎
総括審議官(併)経済安全保障政策統括調整官　成田達治
政策立案総括審議官　首席国際博覧会統括調整官　茂木　正
技術総括・保安審議官　湯本啓市
審議官(政策総合調整担当)　服部桂治
政策統括調整官(経済産業局担当)　西垣淳子
政策統括調整官(重点政策高度化担当)(併)　香山弘文
秘書課長　小林大和
人事企画官　宮下誠一
人事審査官　中嶋重光
企画調査官(労務担当)(併)　中嶋重光
企画官　上田圭一郎
企画調査官　廣瀬浩三
参事官(技術・高度人材戦略担当)(併)危機管理・災害対策室長　畑田浩之
総務課長　山崎琢矢
国会業務室長　阿部康幸
国会連絡室長(併)国会事務連絡調整官　山本　剛
業務管理官　天野博之
文書室長　迫田章平
公文書監理室長　田守光洋
文書管理官　高橋　徹
広報室長　折居　直
地方調整室長　桑原靖雄
政策審議室長　片山弘士
会計課長(併)監査室長　大貫繁樹
経理審査官　細谷賢二
企画官(会計担当)　島田　肇
監査官　伊藤栄二
監査室長　浦上健一朗
厚生企画室長　北村敦司
厚生審査官　加部寿之
業務改革課長(併)政策立案推進室長(併)組織経営改革統括調整官　清水淳太郎
情報システム室長(併)デジタル・トランスフォーメーション室長　酒井崇行
統括情報セキュリティ対策官　中山和泉
情報公開推進室長(併)個人情報保護室長(併)　迫田章平
EBPM推進総括企画調整官　橋本淳二郎

〔大臣官房調査統計グループ〕

調査統計グループ長(併)　殿木文明
参事官(調査統計グループ・総合調整担当)　竹田　憲
統計利活用推進研究官　中村浩一郎
統計企画室長　渡邉幹夫
統計情報システム室長　飯島　勇
データマネジメント推進室長　杵渕敦子

業務管理室長　皆川幸夫
経済解析室長　相田政志
統括統計官　鈴木　実
同　菅原浩志
構造・企業統計室長　田邉敬一
鉱工業動態統計室長　田村秀一
サービス動態統計室長　馬場　勝

〔大臣官房福島復興推進グループ〕

福島原子力事故処理調整総括官(併) 廃炉・汚染水・処理水特別対策監　新居泰人
福島復興推進グループ長(併)廃炉・汚染水・処理水特別対策監(併)処理水損害対応支援室長　辻本圭助
原子力事故災害対処審議官　宮﨑貴哉
廃炉・汚染水・処理水対策現地事務所長　鈴木啓之
審議官(原子力防災担当)(併)福島復興推進政策統括調整官　川合　現
原子力被災者生活支援チーム審議官(併)福島復興推進グループ付　佐野究一郎
資源エネルギー庁長官官房国際原子力技術特別研究官(併)資源エネルギー庁長官官房国際資源エネルギー技術戦略調整官(併)廃炉・汚染水・処理水特別対策監　八木雅浩
政策調整官(併)総合調整室長　松井拓郎
政策調整官(地域振興担当)(併)福島新エネ社会構想推進室長　遠藤量太
企画調査官(福島復興推進担当)　小町僚明
業務管理室長　小倉聡美
福島広報戦略・風評被害対応室長(併)　三牧純一郎
福島新産業・雇用創出推進室長　今泉　亮
企画官　平塚智章
福島事業・なりわい再建支援室長　大星光弘
原子力被災者生活支援チーム参事官(併)福島芸術文化推進室長　三牧純一郎
原子力損害対応総合調整官(併)原子力損害対応室長　乃田昌幸
原子力損害対応企画調整官　山本　茂
原子力発電所事故収束対応室長　加賀義弘
東京電力福島第一原子力発電所事故廃炉・汚染水・処理水対策官　宮嶋秀一
参事官　筋野晃司
企画官　堤　理仁
原子力発電所事故収束対応調整官　植松　健

〔産業保安・安全グループ〕

産業保安・安全グループ長(併)　湯本啓市
審議官(産業保安担当)　殿木文明
業務管理室長　大野亜希子
保安政策課長　細川成己
業務改革推進室長(併)　細川成己
高圧ガス保安室長　牟田　徹
ガス安全室長　山下宜範
産業保安企画室長(併)制度審議室長　岡田直也
電力安全課長　前田　了
電気保安室長　樫福錠治
鉱山・火薬類監理官　大川龍郎
火薬専門職　小池勝則
石炭保安室長(併)　大川龍郎
製品安全課長　佐藤猛行
製品事故対策室長　望月知子
化学物質管理課長(併)化学物質リスク評価室長　大本治康
化学物質安全室長　内野絵里香
化学兵器・麻薬原料等規制対策室長　宮地佳子
オゾン層保護等推進室長　畑下　潔
化学物質管理企画官　石津さおり
化学物質リスク評価企画官(併)　内野絵里香

〔経済産業政策局〕

夜間(3501)1674(総務課)

局長　藤木俊光
審議官(経済産業政策局担当)　井上誠一郎
同(同)　河野太志
地域経済産業政策統括調整官(併)　宮本岩男
業務管理官室長　平松克啓
総務課長　松野大輔
政策企画官　日髙圭悟
調査課長(併)企業財務室長　田代　毅
産業構造課長　梶　直弘
経済社会政策室長　相馬知子
産業組織課長　中西友昭
競争環境整備室長　池田陽子
知的財産政策室長　中山英子
産業創造課長　日野由香里
産業資金課長(併)投資機構室長　河原　圭
産業人材課長　今里和之
未来人材戦略室長　高木悠一
企業行動課長　添田隆秀
企業会計室長(併)　日野由香里
投資促進課長(併)対日投資総合相談室長　淺井洋介
投資交流調整官　天野富士子
地域経済産業政策課長(併)地域経済活性化戦略室長　下世古光可
統括地域活性化企画官地域未来投資促進室長(併)　岩崎純一
地域産業基盤整備課長(併)沖縄振興室長　市川紀幸
工業用水道計画官　湯村宏祐

〔通商政策局〕

夜間(3501)1654(通商政策課)

局長　荒井勝喜

大臣官房審議官（通商政策局担当）	小見山 康 二
大臣官房審議官（通商政策局担当）（併）	田 中 一 成
大臣官房審議官（通商戦略担当）	杉 浦 正 俊
大臣官房審議官（通商政策局・農林水産品輸出担当）	常 葉 光 郎
審議官（通商政策局・農林水産品輸出担当）	依 田 学
特別通商交渉官（併）	田 中 一 成
田 村 英 康	寺 西 規 子
通商交渉官	八 山 幸 司
戦略輸出交渉官（併）通商交渉官	奥 山 剛
業務管理官室長	井 澤 俊 和
総務課長（併）	服 部 桂 治
通商渉外調整官	小 林 健 一
デジタル通商ルール室長（併）	寺 西 規 子
ビジネス・人権政策調整室長	小 川 幹 子
国際知財制度調整官	藤 田 和 英
通商金融国際交渉官	中 村 正 大
経済協力研究官	折 山 光 俊
通商戦略課長	東 哲 也
企画官	桑波田 啓 之
企画調査室長	森 井 一 成
貿易振興課長	吉 川 尚 文
参事官（海外展開支援担当）	久 染 徹
貿易振興企画調整官	今 泉 博 史
技術・人材協力室長	下 川 徹 也
通商金融課長（併）国際金融交渉室長	加 来 芳 郎
資金協力室長	山 田 聡
貿易保険監理官	鈴 木 愛
米州課長	藤 井 亮 輔
中南米室長	中 山 保 宏
欧州課長	藤 田 健
ロシア・中央アジア・コーカサス室長	石 井 秀 彦
中東アフリカ課長	渡 邉 雅 士
アフリカ室長	名 倉 和 子
アジア大洋州課長	羽 田 由美子
通商企画調整官	続 橋 亮
同	朝 倉 大 輔
東アジア経済統合推進室長	谷 査恵子
南西アジア室長	島 野 敏 行
北東アジア課長	福 永 佳 史
韓国室長	蓮 沼 佳 和
国際経済部長	柏 原 恭 子
参事官（総括）	田 村 英 康
企画官	岡 本 祐 典
国際経済紛争対策室長	寺 西 規 子
国際法務室長	清 水 茉 莉
通商交渉調整官	西 村 祥 平
高 嵜 直 子	（併）谷 査恵子
経済連携課長	内 野 宏 人
経済連携交渉官	長 田 稔 秋
同（併）	岡 本 祐 典
アジア太平洋地域協力推進室長	宮 崎 拓 夫

〔貿易経済安全保障局〕

夜間（3501）1664（総務課）

局長	福 永 哲 郎
大臣官房総括審議官（経済安全保障政策統括調整官）	成 田 達 治
大臣官房審議官（経済安全保障政策統括調整官）	香 山 弘 文
大臣官房審議官（貿易経済安全保障局・国際技術戦略担当）	鋤 先 幸 浩
業務管理官室長	星 幸 彦
総務課長	西 川 和 見
経済安全保障政策調整官（技術担当）	田 中 伸 彦
参事官（国際担当）	田 邊 英 介
経済安全保障政策課長	杉 江 一 浩
情報調査室長	相 川 祐 太
企画官（経済安全保障戦略情報分析担当）	椛 島 伸 也
技術調査室長	笠 間 太 介
貿易管理部長	猪 狩 克 朗
貿易管理課長（併）電子化・効率化推進室長	横 田 純 一
原産地証明室長	白 川 遼
貿易審査課長（併）野生動植物貿審査室長	中 尾 圭 介
農水産室長（併）野生動植物貿易審査企画調整官	相 原 史 典
特殊関税等調査室長	信 田 哲 宏
安全保障貿易管理課長	末 森 洋 紀
国際投資管理室長	門 野 勉
安全保障貿易国際室長	荒 木 英 輔
安全保障貿易検査官室長	溝 田 健 志
安全保障貿易審査課長	安 倍 暢 宏
統括安全保障貿易審査官	臺 則 彦

〔イノベーション・環境局〕

夜間（3501）1857（業務管理官室）

局長	菊 川 人 吾
審議官（イノベーション・環境局担当）	今 村 亘
イノベーション政策統括調整官	福 本 拓 也
業務管理官室長	藤 山 優 子
総務課長	安 田 篤
イノベーション調査官	濱 口 千 絵
イノベーション推進政策企画室長	上 原 健 一
成果普及・連携推進室長（併）	上 原 健 一
産業技術法人室長	大 出 真理子

経済産業省

国際室長	上嶋裕樹
イノベーション政策課長	武田伸二郎
フロンティア推進室長	吉田修一郎
大学連携推進室長	川上悟史
イノベーション創出新事業推進課長	桑原智隆
スタートアップ推進室長	富原早夏
スタートアップ国際連携企画調整官	澤田佳世子
スタートアップ推進室総括企画調整官	南　知果
研究開発課長	大隅一聡
研究開発調整官	田中真人
重要技術研究統括戦略官	磯福朋之
研究開発企画調査官(併)知的基盤整備推進官	大出真理子
基準認証政策課長(併)知的基盤整備推進官	有馬伸明
産業分析研究官(併)基準認証専門官	竹之内　修
基準認証調査広報室長	小嶋　誠
国際連携担当調整官(併)	上嶋裕樹
計量行政室長	仁科孝幸
国際標準課長	西川奈緒
国際標準化交渉官	猿橋淳子
国際電気標準課長	小太刀慶明

〔ＧＸグループ〕

脱酸素成長型経済構造移行推進審議官	龍崎孝嗣
ＧＸグループ長(併)	龍崎孝嗣
審議官(脱酸素成長型経済構造移行推進担当)	田尻貴裕
業務管理官室長	竹内祐二
環境政策課長	中原廣道
ＧＸ推進企画室長	荻野洋平
地球環境対策室長	前田洋志
参事官(併)環境経済室長	若林伸佳
環境金融室長	鬼塚貴子
環境金融企画調整官	小沼健一
脱酸素成長型経済構造移行投資促進課長	西田光宏
エネルギー・環境イノベーション戦略室長	金井隆幸
資源循環経済課長	田中将吾
環境管理推進室長	濱坂　隆

〔製造産業局〕

夜間(3501)1689(総務課)

局長	伊吹英明
大臣官房審議官(製造産業局担当)	田中一成
大臣官房審議官(製造産業局担当)(併)大臣官房首席通商政策統括調整官	浦田秀行
大臣官房審議官(製造産業局担当)	香山弘文
総務課長(併)通商室長	稲邑拓馬
製造産業戦略企画室長	川村美穂
製造産業ＧＸ政策室長(併)	鍋島　学
企画官(サプライチェーン強靭化担当)サプライチェーン強靭化政策室長	眞柳秀人
政策企画委員	河野孝史
業務管理官	西沢正剛
鉱物課長	山口雄三
金属課長	鍋島　学
金属技術室長	川村伸弥
企画官(国際担当)	高橋幸二
素材産業課長	土屋博史
企画調査官	菊池孝憲
革新素材室長	山田純市
アルコール室長(併)	土屋博史
生活製品課長	高木重孝
住宅産業室長、企画官(技術・国際担当)	潮崎雄治
産業機械課長	須賀千鶴
国際プラント・インフラシステム・水ビジネス推進室長	粂田　香
ロボット政策室長	石曽根智昭
素形材産業室長	星野昌志
自動車課長	伊藤政道
モビリティDX室長	伊藤　建
企画官(自動車担当)(併)自動車戦略企画室長	田邉国治
企画官(自動車リサイクル担当)	原　充
企画調査官(自動車通商政策担当)	細沼慶介
車両室長	須藤義治
航空機武器産業課長	呉村益生
総務課企画調査官	生田目尚美
企画官(防衛担当)	古市　茂
企画官(防衛産業担当)(併)	滝澤慶典
航空機部品・素材産業室長	西山　正
次世代空モビリティ政策室長	滝澤慶典
宇宙産業課長	髙濵　航

〔商務情報政策局〕

夜間(3501)2964(総務課)

局長	野原　諭
審議官(商務情報政策局担当)	奥家敏和
審議官(IT戦略担当)	渋谷闘志彦
サイバーセキュリティ・情報化審議官(併)サイバー国際経済政策統括調整官	西村秀隆
業務管理官室長	吉田悦子
総務課長	神﨑忠彦
国際戦略企画調整官	津田麻紀子
国際室長	立石裕則
デジタル戦略室長(併)	立石裕則
情報経済課長	守谷　学

デジタル取引環境整備室長	岩谷　卓
情報政策企画調整官	船越　亮
アーキテクチャ戦略企画室長	緒方　淳
サイバーセキュリティ課長	武尾伸隆
参事官（サイバーセキュリティ制度担当）(併)サイバーセキュリティ制度企画室長	見次正樹
国際サイバーセキュリティ企画官	金田祐加子
サイバーセキュリティ戦略専門官	山田剛人
情報技術利用促進課長	内田了司
デジタル高度化推進室長	河﨑幸徳
デジタル経済安全保障企画調整官(併)	内田了司
地域情報化人材育成推進室長(併)	河﨑幸徳
情報産業課長	金指　壽
情報処理基盤産業室長	渡辺琢也
デバイス・半導体戦略室長	清水英路
高度情報通信技術産業戦略室長(併)	金指　壽
電池産業課長(併)	金指　壽

〔商務・サービスグループ〕

商務・サービス審議官(併)商務・サービスグループ長	南　亮
政策立案総括審議官(併)首席国際博覧会統括調整官	茂木　正
審議官(商務・サービス担当)	真鍋英樹
審議官(国際博覧会担当)	浦上健一朗
商務・サービス政策統括調整官	森田健太郎
同	江澤正名
大阪・関西万博統括調整官(併)	田中一成
同　(併)	森田健太郎
参事官（商務・サービスグループ担当）	中野剛志
商務・サービス政策調整官	池谷　巌
業務管理官室長	中尾直子
消費・流通政策課長(併)大規模小売店舗立地法相談室長(併)消費経済企画室長(併)物流企画室長(併)キャッシュレス推進室長	平林孝之
消費者政策研究官	境　真良
消費者相談室長(併)	豊田　原
商品市場整備室長(併)商品先物市場整備監視室長	笛木知之
商取引監督課長(併)商取引監督官	豊田　原
商取引検査室長	福岡浩二
サービス政策課長	太田三音子
サービス産業室長	関　日路美
教育産業室長	五十棲浩二
スポーツ産業室長(併)	太田三音子
文化創造産業課長	佐伯徳彦
海外需要開拓室長	野田直史
アート・ファッション室長(併)	佐伯徳彦
デザイン政策室長(併)	佐伯徳彦
伝統工芸品産業室	山口徳彦
参事官(併)博覧会推進室長	奥田修司
大阪・関西万博国際室長	菅野将史
大阪・関西万博企画室長	伊万里全生
ヘルスケア産業課長(併)国際展開推進室長	橋本泰輔
医療・福祉機器産業室長	渡辺信彦
生物化学産業課長	下田裕和
生物多様性・生物兵器対策室長	小林正寿

〔電力・ガス取引監視等委員会事務局〕

事務局長	新川達也
業務管理室長	福田純子
総務課長	田上博道
総括企画調整官	伊藤春樹
総合監査室長	高橋　章
取引監視課長	下津秀幸
取引制度企画室長	石井孝裕
ネットワーク事業監視課長	黒田嘉彰
ネットワーク事業制度企画室長(併)総括企画調整官	黒田嘉彰
統括ネットワーク事業管理官	中橋広至
電力・ガス取引監視等分析官	伊藤春樹

〔経済産業研修所〕

〒100-8901 千代田区霞が関1-3-1
☎03(3501)1511
〒189-0024 東村山市富士見町5-4-36
☎042(393)2521

所長(併)	高橋泰三
次長(併)	山本哲也

資源エネルギー庁

〒100-8931 千代田区霞が関1-3-1
☎03(3501)1511
夜間(3501)2669(総合政策課)

長官	村瀬佳史
次長	畠山陽二郎
首席最終処分政策統括調整官(併)	畠山陽二郎
首席ＧＸ推進戦略統括調整官(併)	畠山陽二郎
首席エネルギー・地域政策統括調整官(併)	畠山陽二郎
資源エネルギー政策統括調整官	山田　仁
同　(併)	木原晋一
エネルギー・地域政策統括調整官	佐々木雅人
同	吉村一元
国際資源エネルギー戦略統括調整官	鶴田将範

〔長官官房〕

総務課長	曳野　潔

エネルギー制度改革推進総合調整官(併)　小川　要
村上貴将　佐久秀弥
会計室長　滝沢正直
予算管理官　濵崎　勝
戦略企画室長　小髙篤志
需給政策室長(併)調査広報室長　植田一全
業務管理官　木根昌広
国際資源エネルギー戦略調整官　粕谷直樹
国際課長　白井俊行
海外エネルギーインフラ室長(併)企画官(国際カーボンニュートラル政策担当)　吉野欣臣

〔省エネルギー・新エネルギー部〕

部長　井上博雄
政策課長(併)熱電併給推進室長　村上貴将
再生可能エネルギー主力電源化戦略調整官(併)　筑紫正宏
系統整備・利用推進室長(併)　古川雄一
新エネルギーシステム課長　山田　努
省エネルギー課長　木村拓也
新エネルギー課長　日暮正毅
再生可能エネルギー推進室長　菊島淳治
風力政策室長　古川雄一
風力事業推進室長　福岡功慶
水素・アンモニア課長　廣田大輔
水素・燃料電池戦略室長　宇田川法也

〔資源・燃料部〕

部長　和久田　肇
政策課長(併)海洋政策企画室長　那須　良
国際資源戦略室長(併)企画官(石油政策担当)　矢口麻衣
地熱資源開発室長　小林貴成
国際資源戦略交渉官　猪口　相
鉱業管理官　松田達哉
資源開発課長　長谷川裕也
石炭政策室長　斎藤秀幸
燃料供給基盤整備課長　永井岳彦
燃料流通政策室長　日置純子
企画官(石油・液化石油ガス備蓄政策担当)　乾　隆一
燃料環境適合利用推進課長　刀禰正樹
CCS政策室長(併)企画官(CCS政策担当)　慶野吉則

〔電力・ガス事業部〕

部長　久米　孝
政策課長　小川　要
制度企画調整官　長窪芳史
(併)佐久秀弥　荒川　洋
政策企画官(立地総合エネ調整担当)(併)電源地域整備室長　森本　要
電力産業・市場室長(併)　筑紫正宏
ガス市場整備室長　福田光紀
電力基盤整備課長　筑紫正宏
電力供給室長　中富大輔
電力流通室長　佐久秀弥
原子力政策課長(併)革新炉推進室長(併)原子力技術室長　吉瀬周作
原子力国際協力推進室長(併)　鶴田将範
原子力基盤室長　多田克行
廃炉産業室長(併)　横手広樹
原子力立地・核燃料サイクル産業課長　皆川重治
核燃料サイクル産業立地対策室長　勝見　哲
原子力立地政策室長(併)原子力広報室長　前田博貴
原子力政策企画調査官　和田啓之
放射性廃棄物対策課長(併)放射性廃棄物対策技術室長(併)放射性廃棄物対策広報室長　横手広樹

特許庁

〒100-8915 千代田区霞が関3-4-3
☎03(3581)1101
夜間(3593)0436(総務課)

長官　小野洋太
特許技監　安田　太
総務部長　滝澤　豪
秘書課長　西森雅樹
総務課長　田岡卓晃
会計課長　北廣雅之
企画調査課長　柳澤智也
普及支援課長　加藤和昭
国際政策課長　松下公一
国際協力課長　吉野幸代
審査業務部長　師田晃彦
審査業務課長　高橋憲夫
出願課長　諏訪　修
商標課長　根岸克弘
商標審査長(化学)　小林正和
同　(機械)　山田和彦
同　(雑貨繊維)　瀬戸俊晶
商標上席審査長(産業役務)　髙橋幸志
審査第一部長　野仲松男
調整課長　中野宏和
物理首席審査長(計測)　福田　聡
物理上席審査長(分析診断)　小林英司

光学上席審査長（応用光学） 笹野秀生
光学審査長（光デバイス） 小林英司
光学審査長（事務機器） 横井巨人
社会基盤上席審査長（自然資源） 池谷香次郎
意匠課長 久保田大輔
意匠上席審査長（情報・交通意匠） 下村圭子
意匠審査長（生活・流通意匠） 綿貫浩一
審査第二部長 諸岡健一
交通輸送首席審査長（自動制御） 内山隆史
交通輸送上席審査長（運輸） 岡崎克彦
生産基盤上席審査長（生産機械） 小野孝則
生産基盤審査長（搬送） 一ノ瀬薫
同（繊維包装機械） 永石哲也
生活福祉上席審査長（生活機器） 原泰造
生活福祉審査長（医療機器） 佐々木訓
審査第三部長 北村弘樹
素材首席審査長（無機化学） 松田成正
素材上席審査長（環境化学） 田名部拓也
生命・環境上席審査長（医療） 本間友孝
生命・環境審査長（生命工学） 植原克典
応用化学上席審査長（有機化学） 平井裕彰
応用化学審査長（高分子） 田中則充
同（樹脂） 岩田行剛
審査第四部長 油科壮一
情報首席審査長（電子商取引） 仁科雅弘
情報上席審査長（情報処理） 宮田繁仁
通信上席審査長（伝送システム） 梅本達雄
通信審査長（電力システム） 遠山敬彦
同（デジタル通信） 浜岸広明
画像上席審査長（映像システム） 津幡貴生
画像審査長（電子デバイス） 木村貴俊
審判部長 田村聖子
首席審判長 森藤淳志
審判課長 小松竜一

第1部門（計測）
部門長 岡田吉美
審判長 中塚直樹
同 濵野隆

第2部門（材料分析）
上席部門長 榎本吉孝
審判長 加々美一恵
同 三崎仁

第3部門（アミューズメントマシン）
部門長 渋谷知子
審判長 濱本禎広
櫃本英吾 吉川康史

第4部門（アミューズメント一般）
部門長 長井真一
審判長 小林俊久
藤田年彦 樋口宗彦

第5部門（自然資源、住環境）
部門長 居島一仁
審判長 有家秀郎
同 古屋野浩志

第6部門（応用光学）
部門長 里村利光
審判長 神谷健一

第7部門（事務機器）
部門長 川俣洋史
審判長 道祖土新吾
同 殿川雅也

第8部門（応用物理、光デバイス）
部門長 山村浩
審判長 波多江進
同 秋田将行

第9部門（自動制御、生活機器）
部門長 柿崎拓
審判長 窪田治彦
同 北村英隆

第10部門（動力機械）
上席部門長 山本信平
審判長 八木誠
同 河端賢

第11部門（運輸、照明）
部門長 草野顕子
審判長 一ノ瀬覚
同 筑波茂樹

第12部門（一般機械、搬送）
部門長 平城俊雅
審判長 小川恭司
同 中屋裕一郎

第13部門（生産機械）
上席部門長 本庄亮太郎
審判長 刈間宏信
同 鈴木貴雄

第14部門（繊維包装機械）
部門長 岩谷一臣

審　判　長　金丸治之
田口　傑　神山茂樹
第15部門(医療機器)
部　門　長　佐々木正章
審　判　長　井上哲男
　　同　　　平瀬知明
第16部門(熱機器)
部　門　長　間中耕治
審　判　長　鈴木　充
　　同　　　水野治彦
第17部門(無機化学、環境化学)
部　門　長　深草祐一
審　判　長　宮澤尚之
　　同　　　原　賢一
第18部門(素材加工、金属電気化学)
部　門　長　粟野正明
審　判　長　井上　猛
第19部門(高分子)
上席部門長　近野光知
審　判　長　吉澤英一
　　同　　　細井龍史
第20部門(プラスチック工学)
部　門　長　淺野美奈
審　判　長　磯貝香苗
　　同　　　加藤友也
第21部門(化学応用)
部　門　長　光本美奈子
審　判　長　村守宏文
　　同　　　門前浩一
第22部門(有機化学)
部　門　長　阪野誠司
審　判　長　瀬良聡機
木村敏康　井上典之
第23部門(医薬)
上席部門長　原田隆興
審　判　長　藤原浩子
前田佳与子　磯貝香苗
第24部門(バイオ医薬)
部　門　長　松波由美子
審　判　長　冨永みどり
　　同　　　吉田佳代子
第25部門(生命工学)
部　門　長　福井　悟
審　判　長　長井啓子
光本美奈子　上條　肇

第26部門(電子商取引)
上席部門長　伏本正典
審　判　長　佐藤智康
松田直也　相崎裕恒
第27部門(インターフェイス)
部　門　長　山澤　宏
審　判　長　篠塚　隆
第28部門(情報処理)
部　門　長　吉田美彦
審　判　長　林　毅
　　同　　　須田勝巳
第29部門(電子デバイス)
部　門　長　小宮慎司
審　判　長　恩田春香
河本充雄　関根　裕
第30部門(映像システム)
部　門　長　髙橋宣博
審　判　長　伊藤隆夫
千葉輝久　畑中高行
第31部門(伝送システム)
部　門　長　河合弘明
審　判　長　中木　努
　　同　　　廣川　浩
第32部門(電気機器、電力システム)
上席部門長　篠原功一
審　判　長　井上信一
植前充司　岩間直純
第33部門(デジタル通信)
部　門　長　土居仁士
審　判　長　馬場　慎
　　同　　　高野　洋
第34部門(意匠)
上席部門長　前畑さおり
審　判　長　富永　亘
内藤弘樹　北代真一
第35部門(商標(化学・食品))
上席部門長　高野和行
審　判　長　大森友子
　　同　　　豊瀬京太郎
第36部門(商標(機械・電気))
部門長(併)訟務室長　冨澤武志
審　判　長　大橋良成
　　同　　　山田啓之
第37部門(商標(雑貨繊維))
部　門　長　鈴木雅也

審判長　板谷玲子
第38部門(商標(産業役務・一般役務))
部門長　旦　克昌
審判長　大島康浩
同　大島　勉

中小企業庁

〒100-8912 千代田区霞が関1-3-1
☎03(3501)1511

長官　山下隆一
次長　飯田健太

〔長官官房〕

首席能登復興担当政策統括調整官(併)　新居泰人
中小企業政策統括調整官(DX・EBPM)(併)　西垣淳子
中小企業政策調整官　宮本岩男
総務課長　貴田仁郎
企画調整室長　赤松寛明
企画官(給付金制度管理担当)(併)訴訟・債権管理室長　杉山春男
中小企業政策企画調整官(給付金関連債権回収担当)　小野田　寛
企画官(給付金不正対応等担当)　太田成人
企画官(中小企業基盤整備機構担当)　芦立勝博
中小企業金融検査室長　岡田実成
業務管理官　高橋　隆
広報相談室長　山崎孝志
デジタル・トランスフォーメーション企画調整官　小松俊吾

〔事業環境部〕

部長　山本和徳
企画課長　宮部勝弘
調査室長　岡田　陽
事業環境地域分析室長(併)　岡田　陽
金融課長　野澤泰志
企画官(資金供給・企業法制担当)　三谷景一
財務課長　笠井康広
取引課長　鮫島大幸
統括官公需対策官　原　健太郎
取引調査室長　福田一博
統括下請代金検査官　安田正一
中小企業取引研究官　山下善太郎

〔経営支援部〕

部長　岡田智裕
経営支援課長　柴山豊樹
経営力再構築伴走支援推進室長　二宮健晴
海外展開支援室長　梅田英幸
参事官(技術・経営革新担当)(併)技術・経営革新室長　森　喜彦
生産性向上支援室長　山本慎一郎
小規模企業振興課長　黒田浩司
創業・新事業促進室長　掛川昌子
経営安定対策室長　太刀川　徹
商業課長　伊奈友子
中心市街地活性化室長(併)　伊奈友子

国土交通省

〒100-8918 千代田区霞が関2-1-3
中央合同庁舎3号館
千代田区霞が関2-1-2
中央合同庁舎2号館(分館)
☎03(5253)8111

大臣　斉藤鉄夫
副大臣　國場幸之助
副大臣　堂故　茂
大臣政務官　こやり隆史
大臣政務官　石橋林太郎
大臣政務官　尾﨑正直
事務次官　吉岡幹夫
技監　廣瀬昌由
国土交通審議官　水嶋　智
同　天河宏文
同　寺田吉道
秘書官　城戸一興
同　事務取扱　小林基樹
同　事務取扱　皆川武士

〔大臣官房〕

夜間(5253)8181(総務課)

官房長　村田茂樹
総括審議官(兼)　佐々木正士郎
総括審議官　坂巻健太
技術総括審議官　中﨑　剛
政策立案総括審議官　岡本裕豪
公共交通政策審議官　池光　崇
土地政策審議官　中田裕人
危機管理・運輸安全政策審議官　加藤　進
海外プロジェクト審議官　小笠原憲一
上下水道審議官　松原　誠
公文書監理官　多田治樹
政策評価審議官(兼)　英　浩道
サイバーセキュリティ・情報化審議官　飛田　章
官房審議官(技術)(併)　橋本雅道
官房審議官(危機管理)(併)　堀　真之助
技術審議官　沓掛敏夫

秘書室長(兼)　英　浩道
人事課長　田口芳郎
総務課長　中尾晃史
広報課長　菅昌徹治
会計課長　千葉信義
地方室長(兼)　佐々木正士郎
福利厚生課長　押田悟
技術調査課長　奥田晃久
参事官(人事)　鈴木章一郎
同　(会計)　黒須卓
同　(労務管理)　醍醐琢也
同(イノベーション)　森下博之
同(運輸安全防災)　小幡章博
調査官　森川泰敬
総括監察官　内田浩平
危機管理官　江原千晶
運輸安全監理官　山﨑孝章
官庁営繕部長　佐藤由美
官房審議官(官庁営繕)　増田昌樹
管理課長　長町大輔
計画課長　松尾徹
整備課長　末兼徹也
設備・環境課長　村上幸司

〔総合政策局〕

夜間(5253)8252(総務課)

局長　塩見英之
次長　大野達
官房審議官(総政)　井上伸夫
官房審議官(公共交通政策)(兼)　小林太郎
官房参事官(交通プロジェクト)　佐瀬浩市
同(地域戦略)　大田奈緒美
同　(税制)　森哲也
同(グローバル戦略)　石川亨
同　(交通産業)　山﨑雅生
総務課長　田中賢二
政策課長　高藤喜史
社会資本整備政策課長　西山茂樹
バリアフリー政策課長　瀬井威公
環境政策課長　清水充
海洋政策課長　竹内智仁
交通政策課長　小熊弘明
地域交通課長　墳﨑正俊
モビリティサービス推進課長　土田宏道
公共事業企画調整課長　池口正晃
技術政策課長　井上剛
国際政策課長　岩川勝
海外プロジェクト推進課長　八尾光洋
国際建設管理官　舘健一郎
情報政策課長　中山泰宏
行政情報化推進課長　伊藤昌弘
統計政策特別研究官　長嶺行信
社会資本経済分析特別研究官　小林正典

〔国土政策局〕

夜間(5253)8350(総務課)

局長　黒田昌義
官房審議官(国政)　藤田昌邦
同　(国政)　天野正治
同　(国政)(兼)　鈴木貴典
総務課長　渡邉勝大
総合計画課長　倉石誠司
地方政策課長　日下雄介
地方振興課長　谷山拓也
離島振興課長　駒田義誌
計画官　平井滋
特別地域振興官　遠山英子

〔不動産・建設経済局〕

夜間(5253)8373(総務課)

局長　平田研
次長　玉原雅史
官房審議官(不動産・建設経済)　堤洋介
同(不動産・建設経済)　蒔苗浩司
同(不動産・建設経済)(兼)　田村公一
官房参事官(土地利用)　中西貴子
同(建設人材・資材)　宮沢正知
総務課長　宮木一寛
国際市場課長　山岸浩一
地理空間情報課長　矢吹周平
土地政策課長　髙山泰
地価調査課長　村上威夫
不動産業課長　川合紀子
不動産市場整備課長　二井俊充
建設業課長　渡邊哲至
建設振興課長　城麻実
参事官(不動産管理等)　中野晶子

〔都市局〕

夜間(5253)8393(総務課)

局長　内田欽也
官房審議官(都市)　鎌原宜文
官房審議官(都市生活環境・国際園芸博覧会)　勝又正秀
官房審議官(都市)(兼)　三浦逸広

官房技術審議官(都市)	服部卓也
官房参事官(宅地・盛土防災)	吉田信博
総務課長	井浦義典
都市環境課長	江口大暁
国際・デジタル政策課長	武藤祥郎
都市安全課長	小川博之
まちづくり推進課長	須藤明彦
都市計画課長	齋藤良太
市街地整備課長	筒井祐治
街路交通施設課長	青柳太
公園緑地・景観課長	片山壮二
参事官	湯澤将憲

〔水管理・国土保全局〕

夜間(5253)8434(総務課)

局長	藤巻浩之
次長(兼)	井﨑信也
官房審議官(上下水道)	松原英憲
官房審議官(水・国)	片貝敏雄
官房審議官(水・国)(兼)	石川伸
官房参事官(上下水道技術)	石井宏幸
総務課長	中井淳一
水政課長	磯貝敬智
河川計画課長	森本輝
河川環境課長	小島優
治水課長	笠井雅広
上下水道企画課長	岡良介
水道事業課長	筒井誠二
下水道事業課長	吉澤正宏
防災課長	西澤賢太郎
水資源部長	齋藤博之
水資源政策課長	二俣芳美
水資源計画課長	田中敬也
砂防部長	草野愼一
砂防計画課長	國友優
保全課長	蒲原潤一

〔道路局〕

夜間(5253)8473(総務課)

局長	山本巧
次長	佐々木俊一
官房審議官(道路)(兼)	橋本雅道
総務課長	石和田二郎
路政課長	菅原晋也
道路交通管理課長	大井裕子
企画課長	小林賢太郎
国道・技術課長	西川昌宏
環境安全・防災課長	水野宏治
高速道路課長	松本健
参事官(有料道路管理・活用)	手塚寛之
参事官(自転車活用推進)	直原史明

〔住宅局〕

夜間(5253)8501(総務課)

局長	楠田幹人
官房審議官(住宅)	横山征成
官房審議官(住宅)	宿本尚吾
官房審議官(住宅)(兼)	三浦逸広
総務課長	福永真一
住宅経済・法制課長	神谷将広
住宅総合整備課長	浦口恭直
安心居住推進課長	津曲共和
住宅生産課長	松野秀生
建築指導課長	豊嶋太朗
市街地建築課長	下村哲也
参事官(マンション・賃貸住宅)	杉田雅嗣
参事官(建築企画)	前田亮
参事官(住宅瑕疵担保対策)	横田僚子
住宅企画官	家田健一郎

〔鉄道局〕

夜間(5253)8521(総務課)

局長	五十嵐徹人
次長	岡野まさ子
官房審議官(鉄道)	足立基成
官房技術審議官(鉄道)	岸谷克己
官房参事官(新幹線建設)	東平伸
官房参事官(海外高速鉄道プロジェクト)	石原洋
官房参事官(地域調整)	宇佐美智康
総務課長	早船文久
幹線鉄道課長	北村朝一
都市鉄道政策課長	児玉和久
鉄道事業課長	輕部努
国際課長	小林伸行
技術企画課長	中野智行
施設課長	北出徹也
安全監理官	竹島晃

〔物流・自動車局〕

夜間(5253)8559(総務課)

局長	鶴田浩久
次長	久保田秀暢
官房審議官(物流・自動車)	住友一仁
官房審議官(物流・自動車)	木村大
官房審議官(物流・自動車)(兼)	小林太郎

官房参事官（企画・電動化・自動運転） 髙本仁
官房参事官（自動車（保障）） 忍海邊智子
総務課長 大辻統
物流政策課長 紺野博行
貨物流通事業課長 三輪田優子
安全政策課長 永井啓文
技術・環境政策課長 猪股博之
自動車情報課長 谷合隆
旅客課長 重田裕彦
車両基準・国際課長 杉﨑友信
審査・リコール課長 小磯和子
自動車整備課長 多田善隆

〔海事局〕
夜間（5253）8608（総務課）

局長 宮武宜史
次長 舟本浩
官房審議官（海事）（兼） 堀真之助
官房技術審議官（海事） 今井新
総務課長 髙田公生
安全政策課長 鈴木長之
海洋・環境政策課長 河合崇
船員政策課長 角野浩之
外航課長 指田徹
内航課長 伊勢尚史
船舶産業課長 吉田正則
検査測度課長 池田隆之
海技課長 後藤章文
安全技術調査官 桶谷光洋

〔港湾局〕
夜間（5253）8665（管理課）

局長 稲田雅裕
官房審議官（港湾）（兼） 堀真之助
官房技術参事官（港湾） 安部賢
官房参事官（港湾情報化） 原田卓三
総務課長 奈良和美
港湾経済課長 澤田孝秋
計画課長 森橋真
産業港湾課長 中川研造
技術企画課長 久田成昭
海洋・環境課長 白井正興
海岸・防災課長 上原修二

〔航空局〕
夜間（5253）8692（総務課）

局長 平岡成哲
次長 蔵持京治
官房審議官（航空） 中山理映子
官房技術審議官（航空） 田中知足
官房参事官（航空予算） 折原英人
同（航空戦略） 大田圭
同（安全企画） 古屋孝祥
同（航空安全推進） 木内宏一
総務課長 田島聖一
航空ネットワーク部長 秋田未樹
航空ネットワーク企画課長 廣田健久
国際航空課長 髙橋泰史
航空事業課長 庄司郁
空港計画課長 楠山哲弘
空港技術課長 木本仁
首都圏空港課長 川島雄一郎
近畿圏・中部圏空港課長 太田大吾
安全部長 北澤歩
安全政策課長 梅澤大輔
無人航空機安全課長 齋藤賢一
航空機安全課長 千葉英樹
交通管制部長 石崎憲寛
交通管制企画課長 大坪弘敏
管制課長 石川誠
運用課長 柳澤裕司
管制技術課長 今村純

〔北海道局〕
夜間（5253）8761（総務課）

局長 柿崎恒美
官房審議官（北海道）（兼） 石川伸
官房審議官（北海道）（兼） 田村公一
総務課長 麓裕樹
予算課長 後沢彰宏
地政課長 富山英範
水政課長 井田泰蔵
港政課長 正岡孝
農林水産課長 影山義人
参事官 遠藤達哉

〔政策統括官〕
夜間（5253）8105～7

政策統括官 松浦克巳
政策統括官 小善真司
政策評価官 波々伯部信彦

〔国際統括官〕

国際統括官 田中由紀
国際交通特別交渉官 髙橋徹

国土交通省

〔国土審議会〕

会長 永野毅
会長代理 増田寛也
委員 遠藤敬
梶山弘志 小宮山泰子
佐藤勉 高木陽介
林幹雄 石井準一
谷合正明 辻元清美
福岡資麿 青木真理子
浅野耕太 池邊このみ
石田東生 垣内恵美子
木場弘子 河野俊嗣
末松則子 高村ゆかり
田澤由利 柘植康英
津谷典子 中村太士
沼尾波子 福和伸夫
村尾和俊 山﨑幸治
山野目章夫 渡邉紹裕

〔運輸審議会〕

〒100-0013 千代田区霞が関3-1-1
中央合同庁舎4号館3F
☎03(5253)8141

会長 堀川義弘
会長代理 和田貴志
委員(非常勤) 二村真理子
三浦大介 大石美奈子
吉田可保里

〔国土開発幹線自動車道建設会議〕

国土交通省道路局総務課内
☎03(5253)8111

委員 泉健太
亀井亜紀子 岸田文雄
鈴木俊一 二階俊博
岡田広 郡司彰
武見敬三 西田実仁

〔国土交通政策研究所〕

〒160-0004 新宿区四谷1-6-1
四谷タワー15F ☎03(5369)6002

所長 吉田幸三
副所長 内山正人

〔国土技術政策総合研究所〕

〒305-0804 つくば市旭1
☎029(864)2211

所長 福田敬大
副所長 山下英和
同 永井一浩

〔国土交通大学校〕

〒187-8520 小平市喜平町2-2-1
☎042(321)1541

校長 山田哲也
副校長 角湯克典
同 堀江信幸

〔航空保安大学校〕

〒598-0047 泉佐野市りんくう往来南3-11
☎072(458)3010

校長 島津達行

〔国土地理院〕

〒305-0811 つくば市北郷1
☎029(864)1111

院長 山本悟司
参事官 東出成記

〔小笠原総合事務所〕

〒100-2101 東京都小笠原村父島字東町152
☎04998(2)2245

所長 木本光彌

〔海難審判所〕

〒102-0083 千代田区麹町2-1
☎03(6893)2400

所長 廣畠貫治
首席審判官 横井幸治
首席理事官 杉谷昭

観光庁

国土交通省内 ☎03(5253)8111
夜間(5253)8321

長官 秡川直也
次長 平嶋隆司
観光政策統括調整官(兼) 平嶋隆司
審議官(兼) 鈴木貴典
国際観光部長 中野岳史
観光地域振興部長 長﨑敏志
観光政策調整官(兼) 柳瀬孝幸
総務課長 多田浩人
総務課企画官 新田翔
調整室長 中島浩信
観光戦略課長 河田敦弥
観光統計調査室長(兼) 小林美雪
観光産業課長 羽矢憲史
旅行業務適正化指導室長 貴田晋
参事官 本村龍平
同 渡邉敬
同(兼) 石川靖
国際観光課長 飯田修章

総合計画室長(兼)　水野真司
アジア市場推進室長(兼)　水野真司
欧米豪市場推進室長(兼)　古井拓郎
新市場開発室長(兼)　古井拓郎
外客安全対策室長(兼)　茂木勇
参事官　濵本健司
同　阿部雄介
観光地域振興課長　安部勝也
観光地域づくり法人支援室長(兼)　堀貞治
観光地域政策企画室長(兼)　堀貞治
広域連携推進室長(兼)
持続可能な観光推進室長(兼)　濵本健司
観光資源課長　柳瀬孝幸
自然資源活用推進室長(兼)　谷垣佐智子
文化・歴史資源活用推進室長(兼)　遠藤翼
新コンテンツ開発推進室長(兼)　豊重巨之
観光政策特別研究交渉官　村上強志

気象庁

〒105-8431 港区虎ノ門3-6-9
☎03(6758)3900

長官　森隆志
次長　吉永隆博
気象防災監　野村竜一
総務部長　小林豊
参事官　石田純一
参事官(気象・地震火山防災)　鎌谷紀子
総務課長　樋口浩
人事課長　米滿義弘
企画課長　酒井喜敏
経理管理官　中井智洋
国際・航空気象管理官　山腰裕一
情報基盤部長　横田寛伸
情報政策課長　水野孝則
情報利用推進課長　西潟政宣
数値予報課長　佐藤芳昭
情報通信基盤課長　栗原茂久
気象衛星課長　別所康太郎
大気海洋部長　室井ちあし
業務課長　濱田修
気象リスク対策課長　佐藤豊
予報課長　杉本悟史
観測整備計画課長　入船修一
気候情報課長　吉松和義
環境・海洋気象課長　平石直孝
地震火山部長　青木元
管理課長　中辻剛
地震津波監視課長　原田智史
火山監視課長　菅野智之
地震火山技術・調査課長　東田進也

運輸安全委員会

〒160-0004 新宿区四谷1-6-1
四谷タワー15F ☎03(5367)5025

委員長　武田展雄
委員　早田久子
島村淳　丸井祐一
奥村文直　石田弘明
伊藤裕康　上野道雄
同(非常勤)　中西美和
津田宏果　鈴木美緒
新妻実保子　岡本満喜子
事務局長　藤原威一郎
審議官　飯塚秋成
総務課長　渋武容
参事官　佐野裕一
首席航空事故調査官　湊孝一
首席鉄道事故調査官　平石正嗣
首席船舶事故調査官　水間貴勝

海上保安庁

国土交通省内 ☎03(3591)6361

長官　瀬口良夫
次長　宮澤康一
海上保安監　彼末浩明
総務部長　服部真樹
参事官　白﨑俊介
増田直樹　川越功一
政務課長　浅井俊隆
政策評価広報室長　岡光豊
予算執行管理室長　清水智司
秘書課長　安達貴弘
夜間(3591)7944(秘書課)
人事課長　古川大輔
人事企画官　木原洋
情報通信課長　荒川直秀
システム整備室長　鮫島耕治
システム管理室長　齊藤憲邦
サイバー対策室長　潮平篤
教育訓練管理官　倉本明
主計管理官　内海雄介

国際戦略官　中川哲宏
危機管理官　石井龍
海上保安試験研究センター所長　久木正則
危機管理調整官　小山勇治
職員相談室長　時森康雄
装備技術部長　矢頭康彦
管理課長　下矢浩介
夜間(3591)6367(管理課)
技術開発官　中川誠
施設補給課長　小堀靖弘
施設調整官　菊池正幸
船舶課長　梶田智弘
首席船舶工務官　松居伸明
船舶整備企画室長　向原千文
航空機課長　久保田昌行
航空機整備管理室長　河野稔
警備救難部長　山戸義勝
管理課長　佐々木渉
航空業務管理室長　深瀬真司
運用司令センター所長　小林正佳
夜間(3591)9809(管理課)
刑事課長　春藤光
外国人漁業対策室長　児玉徹
国際刑事課長　髙木正人
海賊対策室長　長崎克明
警備課長　三盃晃
領海警備対策室長　田中航二郎
警備企画官　三嶋舟司
警備情報課長　丹野博信
警備情報調整官　松吉慎一郎
救難課長　上野春一郎
環境防災課長　平井洋次

〔海洋情報部〕

〒135-0064 江東区青海2-5-18
青海総合庁舎
☎03(5500)7120

部長　藤田雅之
企画課長　川村朋哉
夜間(3541)3810(企画課)
海洋調査運用室長　山本享
技術・国際課長　冨山新一
海洋研究室長　小原泰彦
国際業務室長　金田謙太郎
海洋情報技術調整室長　鈴木英一
沿岸調査課長　森下泰成
海洋防災調査室長　佐藤まりこ
大洋調査課長　吉田剛
海洋汚染調査室長　岡野博文
情報管理課長　中林茂
情報利用推進課長　小森達雄
水路通報室長　畑生昭郎
海洋空間情報室長　勢田明大
図誌審査室長　増田貴仁
交通部長　石塚智之
企画課長　森高龍平
夜間(3591)9807(企画課)
海上交通企画室長　花野一誠
国際・技術開発室長　田中一幸
航行安全課長　本位田拓
航行指導室長　福木俊朗
交通管理室長　西雄二
安全対策課長　大井良司
安全情報提供センター所長　久保剛
整備課長　冨田英利
首席監察官　天辰弘二
監察官　長谷川真琴

〔海上保安大学校〕

〒737-8512 呉市若葉町5-1
☎0823(21)4961

校長　筒井直樹
副校長　福本拓也

環境省

〒100-8975 千代田区霞が関1-2-2
中央合同庁舎5号館本館 ☎03(3581)3351

大臣　伊藤信太郎
副大臣　八木哲也
同　滝沢求
大臣政務官　朝日健太郎
同　国定勇人
事務次官　鑓水洋
地球環境審議官　松澤裕
秘書官　熊谷守広
同　事務取扱　清水延彦
同　事務取扱　松井一記

〔大臣官房〕

夜間(5521)8210(総務課)

官房長　上田康治
政策立案総括審議官　中尾豊
公文書監理官(充)　熊谷和哉
サイバーセキュリティ・情報化審議官　熊谷和哉
大臣官房審議官　飯田博文

堀上　勝　伯野春彦
小田原雄一
秘書課長　西村治彦
調査官　中野剛
企画官　増田直文
地方環境室長　小口馨
人材育成・業務改革推進室長　一井里映
総務課長　小笠原靖
広報室長　小沼信之
企画官　岡﨑雄太
公文書監理室長　清武正孝
国会連絡室長(併)　増田直文
環境情報室長　明石健吾
危機管理・災害対策室長(併)　岡﨑雄太
会計課長　成田浩司
監査指導室長　金子浩二
庁舎管理室長　藤田佳久

〔総合環境政策統括官グループ〕

夜間(5521)8224(総合政策課)

総合環境政策統括官　秦康之
大臣官房審議官　飯田博文
総合政策課長　井上和也
調査官　井樋世一郎
企画評価・政策プロモーション室長　平塚二朗
環境研究技術室長　奥村暢夫
環境教育推進室長(併)　井上和也
環境計画室長(併)　井上和也
民間活動支援室長(併)　石川拓哉
環境統計分析官
原子力規制組織等改革担当室長　木野修宏
環境経済課長　平尾禎秀
市場メカニズム室長　山本泰生
環境影響評価課長　川越久史
環境影響審査室長　加藤聖

〔地球環境局〕

夜間(5521)8241(総務課)

局長　土居健太郎
大臣官房審議官　堀上勝
特別国際交渉官　小川眞佐子
総務課長　大井通博
脱炭素社会移行推進室長　伊藤史雄
気候変動科学・適応室長　羽井佐幸宏
地球温暖化対策事業監理室長(併)　種瀬治良
気候変動観測研究戦略室長　岡野祥平
国際会議等業務室長　大竹敦
地球温暖化対策課長　吉野議章
地球温暖化対策事業室長　塚田源一郎
脱炭素ビジネス推進室長　杉井威夫
フロン対策室長　香具輝男
事業監理官　種瀬治良
脱炭素ライフスタイル推進室長　島田智寛
住宅・建築物脱炭素化事業推進室長　寺井徹
国際連携課長(併)　大井通博
気候変動国際交渉室長　青竹寛子
地球環境情報分析官　中野正博
中国環境情報分析官
国際脱炭素移行推進・環境インフラ担当参事官　行木美弥
JCM推進室長(併)　行木美弥

〔水・大気環境局〕

夜間(5521)8289(総務課)

局長　松本啓朗
大臣官房審議官　伯野春彦
総務課長　名倉良雄
環境管理課長　吉川圭子
環境管理情報分析官　辻原浩
環境汚染対策室長　鈴木清彦
水道水質・衛生管理室長　柳田貴広
農薬環境管理室長　吉尾綾子
有機フッ素化合物対策室長　吉﨑仁志
モビリティ環境対策課長　平澤崇裕
脱炭素モビリティ事業室長　中村真紀
海洋環境課長　水谷好洋
企画官　谷口和之
海域環境管理室長(併)　水谷好洋
海洋プラスチック汚染対策室長　中山直樹

〔自然環境局〕

夜間(5521)8269(総務課)

局長　植田明浩
大臣官房審議官　飯田博文
総務課長　松下雄介
調査官　東岡礼治
国民公園室長　田中英二
動物愛護管理室長　立田理一郎
自然環境計画課長　番匠克二
自然環境情報分析官
生態系情報分析官
生物多様性センター長　高橋啓介
生物多様性戦略推進室長　鈴木渉
生物多様性主流化室長　浜島直子
国立公園課長　西村学

国立公園利用推進室長 佐々木真二郎
自然環境整備課長 中原敏正
温泉地保護利用推進室長 坂口隆
野生生物課長 中澤圭一
鳥獣保護管理室長 宇賀神知則
希少種保全推進室長 荒牧まりさ
外来生物対策室長 松本英昭

〔環境再生・資源循環局〕

夜間(5521)3152(総務課)

局長 白石隆夫
次長 角倉一郎
大臣官房審議官 小田原雄一
総務課長 波戸本尚
企画官 長谷部智久
循環指標情報分析官 外山洋一
循環型社会推進室長(充) 近藤亮太
循環型社会推進企画官(併) 岡野隆宏
リサイクル推進室長 近藤亮太
制度企画室長(併) 岡﨑雄太
容器包装・プラスチック資源循環室長 井上雄祐
資源循環ビジネス推進室長 河田陽平
廃棄物適正処理推進課長 松﨑裕司
浄化槽推進室長 沼田正樹
放射性物質汚染廃棄物対策室長 鈴木克彦
廃棄物規制課長 松田尚之
越境移動情報分析官
参事官(総括) 原田昌直
同(特定廃棄物) 長田啓
同(除染) 中野哲哉
同(中間貯蔵) 内藤冬美
企画官 戸ヶ崎康
調査官 井樋世一郎
不法投棄原状回復事業対策室長(併) 松田尚之
災害廃棄物対策室長(併) 松﨑裕司
福島再生・未来志向プロジェクト推進室長(併) 長田啓
ポリ塩化ビフェニル廃棄物処理推進室長(併) 松田尚之

〔環境保健部〕

夜間(5521)8250(環境保健企画管理課)

環境保健部長 前田光哉
政策立案総括審議官 中尾豊
企画課長 鮎川智一
保健業務室長 堀内直哉
特殊疾病対策室長 森桂
石綿健康被害対策室長 辰巳秀爾
熱中症対策室長 永田翔
公害補償審査室長 宇田川弘康
化学物質安全課長(併) 鮎川智一
化学物質安全企画官(併) 清丸勝正
化学物質審査室長 清丸勝正
環境リスク評価室長 市村崇
水銀・化学物質国際室長 高木恒輝
環境リスク情報分析官
放射線健康管理担当参事官 海老名英治

〔地域脱炭素推進審議官グループ〕

地域脱炭素推進審議官 大森恵子
大臣官房審議官 堀上勝
地域政策課長 近藤貴幸
地域循環共生圏推進室長 石川拓哉
地域脱炭素事業監理室長(併) 種瀬治良
地域脱炭素事業推進課長 冨安健一郎
地域脱炭素政策調整担当参事官 大倉紀彰

〔環境調査研修所〕

〒359-0042 所沢市並木3-3
☎04(2994)9303

所長(充) 秦康之
次長 堀内洋

〔国立水俣病総合研究センター〕

〒867-0008 水俣市浜4058-18
☎0966(63)3111

所長 伯野春彦
次長 齋藤真知

原子力規制委員会

〒106-8450 港区六本木1-9-9
☎03(3581)3352

委員長 山中伸介
委員 田中知
杉山智之 伴信彦
石渡明

原子力規制庁

〒106-8450 港区六本木1-9-9
☎03(3581)3352

長官 片山啓
次長 金子修一
原子力規制技監 市村知也
緊急事態対策監 古金谷敏之
核物質・放射線総括審議官 児嶋洋平
審議官 福島健彦
内閣府大臣官房審議官(原子力防災担当)(併) 福島健彦

審議官　森下　泰
審議官　金城慎司
総務課長　吉野亜文
公文書監理官(併)　足立敏通
政策立案参事官　新田　晃
サイバーセキュリティ・情報化参事官　足立敏通
監査・業務改善推進室長　成田達治
広報室長　中桐裕子
国際室長　船田晃代
事故対処室長　山口道夫
法令審査室長　九反田悠妃
情報システム室長(併)　足立敏通
人事課長　田口達也
参事官(会計担当)　小林雅彦
参事官(法務担当)　新井吐夢
緊急事案対策室長(併)　杉本孝信
委員会運営支援室長　関口直人
技術基盤課長　遠山　眞
安全技術管理官(システム安全担当)　北野剛司
同(シビアアクシデント担当)　青野健二郎
同(放射線・廃棄物担当)　萩沼真之
同(地震・津波担当)　杉野英治
放射線防護企画課長　黒川陽一郎
保障措置室長　寺﨑智宏
監視情報課長(併)　児島洋平
放射線環境対策室長　久保善哉
安全規制管理官(核セキュリティ担当)　敦澤洋司
同(放射線規制担当)　吉川元浩
原子力規制部長　大島俊之
原子力規制企画課長　竹内　淳
火災対策室長　齋藤健一
東京電力福島第一原子力発電所事故対策室長　岩永宏平
安全規制管理官(実用炉審査担当)　渡邉桂一
同(高経年化審査担当)　西崎崇徳
同(研究炉等審査担当)　小山田　巧
同(核燃料施設審査担当)　長谷川清光
同(地震・津波審査担当)　内藤浩行
検査監督総括課長　杉本孝信
検査評価室長　村上　玄
安全規制管理官(実用炉監視担当)　志間正和
同(核燃料施設等監視担当)　村田真一
同(専門検査担当)　髙須洋司
原子力安全人材育成センター所長(兼)　金子修一
副所長　竹本　亮

防衛省

〒162-8801 新宿区市谷本村町5-1
☎03(3268)3111

大臣　木原　稔
副大臣　鬼木　誠
大臣政務官　松本　尚
大臣政務官　三宅伸吾
大臣補佐官　高見康裕
事務次官　増田和夫
防衛審議官　芹澤　清
秘書官　篠田　了
同　事務取扱　黒木康介

〔大臣官房〕

官房長　中嶋浩一郎
政策立案総括審議官　青木健至
衛生監　針田　哲
施設監　扇谷　治
報道官　茂木　陽
公文書監理官
サイバーセキュリティ・情報化審議官　中西礎之
審議官　今給黎　学
小野功雄　中村晃之
井上主勇　弓削州司
寺田広紀　(併)米山栄一
参事官　掛水雅俊
奥田　健　日下良太
花井　剛　松浦紀光
吉田楼蘭
秘書課長　中間秀彦
文書課長　中野滋明
企画評価課長　山口　剛
広報課長　安居院公仁
会計課長　河口健児
監査課長　杉山　浩
訟務管理官　鶴岡俊樹

〔防衛政策局〕

局長　加野幸司
次長　安藤敦史
同　三浦　潤
防衛政策課長　吉野幸治
日米防衛協力課長　松尾友彦
国際政策課長　西野洋志
運用政策課長　鈴木雄智
調査課長　安藤　誠

運用基盤課長　勝谷大輔
戦略企画参事官　荒　心平
運用調整参事官　菊池哲史
インド太平洋地域参事官　芦塚　修

〔整備計画局〕

局長　青柳　肇
防衛計画課長　中野憲幸
サイバー整備課長　瀬川篤史
施設計画課長　北岡　亮
建設制度官　上谷康晴
施設整備官　丸山幹夫
提供施設計画官　福島邦彦

〔人事教育局〕

局長　三貝　哲
人事計画・補任課長　家護谷昌徳
給与課長　齋藤敏幸
人材育成課長　松山理然
厚生課長　錦織　誠
服務管理官　五木田利一
衛生官　高城　亮

〔地方協力局〕

局長　大和太郎
次長　森田治男
総務課長　村井　勝
地域社会協力総括課長　信太正志
東日本協力課長　深和岳人
西日本協力課長　原田道明
沖縄協力課長　折戸栄介
環境政策課長　田實博幸
在日米軍協力課長　今田克彦
労務管理課長　本多浩三

〔統合幕僚監部〕

統合幕僚長　吉田圭秀
統合幕僚副長　南雲憲一郎
総括官　田中利則
総務部長　青木　誠
総務課長　小野一也
人事教育課長　中谷大輔
運用部長　八木浩二
副部長　浅賀政宏
運用第１課長　渡邉正人
運用第２課長　根本　勉
運用第３課長　尺田隆一
防衛計画部長　南川信隆
副部長　羽渕博行
防衛課長　角　亜希仁
計画課長　武者利勝
指揮通信システム部長　加藤康博
指揮通信システム企画課長　江畑泰孝
指揮通信システム運用課長　谷川　修
首席参事官　井草真言
参事官　田中　登
報道官　坂田裕樹
首席法務官　品川淳二
首席後方補給官　今井俊夫

〔陸上幕僚監部〕

陸上幕僚長　森下泰臣
陸上幕僚副長　上田和幹
監理部長　岸良知樹
総務課長　遠藤智明
会計課長　木屋正博
人事教育部長　柳　裕樹
人事教育計画課長　天内明弘
補任課長　三浦英彦
募集・援護課長　巻口公輔
厚生課長　大﨑香織
運用支援・訓練部長　垂水達雄
運用支援課長　富永將文
訓練課長　佐藤　徹
防衛部長　白川訓通
防衛課長　伊達俊之
施設課長　建部広喜
装備計画部長　池田孝一
装備計画課長　今井健太
武器・化学課長　古賀信之
通信電子課長　弥頭陽子
航空機課長　深水秀任
開発課長　横山信太郎
指揮通信システム・情報部長　濵﨑芳夫
指揮通信システム課長　黒木孝太郎
情報課長　東峰昌生
衛生部長　菊池勇一
監察官　田中仁朗
法務官　恵谷昇平
警務管理官　河野保之

〔海上幕僚監部〕

海上幕僚長　酒井　良
海上幕僚副長　真殿知彦
総務部長　小杉正博

防衛省

副部長　櫻井真啓
総務課長　藤井健一
経理課長　齋藤淳師
人事教育部長　金嶋浩司
人事計画課長　佐瀬智之
補任課長　桐生宏幸
厚生課長　小関昌彦
援護業務課長　安藤明宏
教育課長　赤岩英明
防衛部長　竹中信行
防衛課長　小林卓雄
装備体系課長　竹嶋広明
運用支援課長　安永崇
施設課長　垣内勉
指揮通信情報部長　吉岡猛
指揮通信課長　澁谷芳洋
情報課長　小河邦生
装備計画部長　星直也
装備需品課長　門野政明
艦船・武器課長　浅見智宏
航空機課長　兼本貢祐
監察官　貴田幸典
首席法務官　加治勇
首席会計監査官　宮﨑孝彦
首席衛生官　澤村岳人

〔航空幕僚監部〕

航空幕僚長　内倉浩昭
航空幕僚副長　小笠原卓人
総務部長　田崎剛広
総務課長　栗田智哉
会計課長　澤田裕之
人事教育部長　白井亮次
人事教育計画課長　唯野昌孝
補任課長　鈴木大
厚生課長　聖徳麻未
募集・援護課長　杉谷康征
防衛部長　坂梨弘明
防衛課長　富岡慶充
事業計画第1課長　小黒正隆
事業計画第2課長　南賢司
施設課長　松井俊暁
運用支援・情報部長　高石景太郎
運用支援課長　野村信一
情報課長　斎藤和典
装備計画部長　藤永国博
装備課長　稲村健吾
整備・補給課長　日髙ふみ
科学技術官　政金浩治
監理監察官　徳重広為智
首席法務官　右田竜治
首席衛生官　辻本哲也

〔防衛研究所〕

〒162-8808 新宿区市谷本村町5-1
☎03(3260)3019

所長　石川武
副所長　足立吉樹

〔情報本部〕

本部長　尾崎義典
副本部長(併)　今給黎学

〔防衛監察本部〕

防衛監察監　小川新二
副監察監　田部井貞明
総務課長　藤重敦彦
統括監察官　多田拓一郎
監察官　仲西勝典
大塚裕孝　熊谷三郎

防衛装備庁

防衛省内 ☎03(3268)3111

長官　深澤雅貴
防衛技監　堀江和宏

〔長官官房〕

審議官　西脇修
装備官(統合装備担当)　海老根巧
同(陸上担当)　叶謙二
同(海上担当)　今吉真一
同(航空担当)　後藤雅人
参事官　府川秀樹
総務官　藤重敦彦
人事官　井ノ口哲也
会計官　大塚英司
監察監査・評価官　伊輪徹哉
装備開発官(統合装備担当)　二宮勉
同(陸上装備担当)　佐々木秀明
同(艦船装備担当)　松本慎也
同(航空装備担当)　及部朋紀
艦船設計官　山野太資

〔装備政策部〕

部長　坂本大祐
装備政策課長　伊藤和己

国際装備課長　洲桃紗矢子
装備保全管理課長　熊野有文

〔プロジェクト管理部〕

部長　片山泰介
プロジェクト管理総括官(陸上担当)　藤田達也
同(海上担当)　佐々木透吏
同(航空担当)　松﨑勇樹
事業計画官　五味賢至
事業監理官(誘導武器・統合装備担当)　米倉和也
同(宇宙・地上装備担当)　菊田逸平
同(艦船担当)　西村浩二
同(航空機担当)　射場隆昌
同(次期戦闘機担当)　川﨑泰
装備技術官(陸上担当)　土肥直人
同(海上担当)　田中佳行
同(航空担当)　木下拓也

〔技術戦略部〕

部長　松本恭典
革新技術戦略官　木村和仙
技術戦略課長　藤井圭介
技術計画官　萩原祐史
技術振興官　手島哲郎
技術連携推進官　南亜樹

〔調達管理部〕

部長　森卓生
調達企画課長　鈴木信丈
原価管理官　飯島延高

〔調達事業部〕

部長　久澤洋
調達総括官　河合寿士
総括装備調達官(電子音響・艦船担当)　山口宜久
同(航空機・輸入担当)　小川貴也
需品調達官　前田肇
武器調達官　久保晃一
電子音響調達官　鍋田竜光
艦船調達官　穂垣元孝
航空機調達官　河野学
輸入調達官　島晴子
航空装備研究所長　森重樹
陸上装備研究所長　森下政浩
艦艇装備研究所長　有澤治幸
次世代装備研究所長　鈴木茂

会計検査院

〒100-8941 千代田区霞が関3-2-2
中央合同庁舎第7号館 ☎03(3581)3251

〔検査官会議〕

院長　田中弥生
検査官　原田祐平
同　挽文子
院長秘書官　室井崇

〔事務総局〕

事務総長　篠原栄作
事務総局次長　宮川尚博

〔事務総長官房〕

総括審議官　岩城利明
サイバーセキュリティ・情報化審議官併任公文書監理官　栗島正彦
審議官(事務総長官房担当)　山崎淳也
同(同)　山本敏生
同(第一局担当)　山崎健
同(同)　長森浩一郎
同(第二局担当)　鷹箸博史
同(同)　中尾英樹
同(第三局担当)　星野博
同(同)　佐藤稔久
同(第四局担当)　白川哲也
同(同)　柳瀬太郎
同(第五局担当)　山岸和永
同(同)　豊岡利昌
同(同)　風間義久
総務課長　富澤秀充
人事課長　篠﨑智宏
調査課長　楢崎義憲
会計課長　坂本周大
法規課長　池谷哲
上席検定調査官　伊東雅子
上席企画調査官　安部公崇
厚生管理官　鈴木賢志
上席情報システム調査官　依田英之
能力開発官　梶田憲一
技術参事官　伊藤誠恭
同　服部司
同　稲垣克芳

〔第一局〕

局長　佐々木規人
監理官　植田恵史
財務検査第一課長　奈良岡憲治

会計検査院

財務検査第二課長	野村秀実
司法検査課長	加藤秀一
総務検査課長	小島敏之
外務検査課長	石井雅人
租税検査第一課長	滝口修央
租税検査第二課長	花立　敦

〔第二局〕

局長	長岡尚志
監理官	小林誠樹
厚生労働検査第一課長	西村孝子
厚生労働検査第二課長	石川　彰
厚生労働検査第三課長	倉島義孝
厚生労働検査第四課長	上野謙二
上席調査官(医療機関担当)	桜井　順
防衛検査第一課長	藤井秀樹
防衛検査第二課長	袴田秀人
防衛検査第三課長	酒井健芳

〔第三局〕

局長	中川　浩
監理官	山下　健
国土交通検査第一課長	小池昌明
国土交通検査第二課長	日野成人
国土交通検査第三課長	山野隆司
国土交通検査第四課長	伊東　誠
国土交通検査第五課長	池田康孝
環境検査課長	川邉桂太
上席調査官(道路担当)	倉澤正和

〔第四局〕

局長	遠藤厚志
監理官	坂口　登
文部科学検査第一課長	島﨑栄治
文部科学検査第二課長	鹿野智洋
上席調査官(文部科学担当)	青柳　太
農林水産検査第一課長	長井剛彦
農林水産検査第二課長	本多正勝
農林水産検査第三課長	髙野雅司
農林水産検査第四課長	見砂哲弥

〔第五局〕

局長	片桐　聡
監理官	佐々木　修
デジタル検査課長	牛木克也
上席調査官(情報通信・郵政担当)	金津成彦
経済産業検査第一課長	坂本斉子
経済産業検査第二課長	木村正人
上席調査官(融資機関担当)	佐々木壮勇
特別検査課長	鈴木慶太
上席調査官(特別検査担当)	前川　猛

最高裁判所

〒102-8651 千代田区隼町4-2
☎03(3264)8111

長官	戸倉三郎
判事	深山卓也
三浦　守	草野耕一
宇賀克也	林　道晴
岡村和美	安浪亮介
渡邉惠理子	岡　正晶
堺　徹	今崎幸彦
尾島　明	宮川美津子
石兼公博	
長官秘書官	冨澤めぐみ
深山判事秘書官	早川大介
三浦判事秘書官	沼田昌男
草野判事秘書官	山中美和
宇賀判事秘書官	山科政則
林判事秘書官	中原弘貴
岡村判事秘書官	福島法昭
安浪判事秘書官	本田裕紀
渡邉判事秘書官	土橋康世
岡判事秘書官	柏木扶美
堺判事秘書官	沼澤秀年
今崎判事秘書官	堀崎真二
尾島判事秘書官	石川正史
宮川判事秘書官	本瀬淳子
石兼判事秘書官	飯塚　誠
首席調査官	小林宏司
上席調査官	川田宏一
岡崎克彦	中丸　隆

〔事務総局〕

事務総長	堀田眞哉
デジタル審議官	清藤健一
参事官	榎本光宏
内田　曉	(兼)世森亮次
内田哲也	草野克也
塚田智大	野澤秀和
田川　実	
審議官	後藤尚樹
家庭審議官	西川裕巳

最高裁判所

参事官　馬場俊宏
サイバーセキュリティ管理官　世森亮次
デジタル基盤管理官(兼)　世森亮次
秘書課長　福島直之
参事官　佐藤彩香
高櫻慎平　佐藤奈緒美
広報課長(兼)　福島直之

〔総務局〕
局長　小野寺真也
第一課長　長田雅之
第二課長　遠藤謙太郎
第三課長　永井英雄
参事官　(兼)榎本光宏
南　宏幸　木村匡彦

〔人事局〕
局長　徳岡　治
総務課長　富澤賢一郎
任用課長　高田公輝
能率課長　荒川和良
調査課長(兼)　高田公輝
公平課長(兼)　荒川和良
職員管理官　平泉信次
参事官　中村修輔
松本茂一　立花将寛

〔経理局〕
局長　染谷武宣
総務課長　松川充康
主計課長　西岡慶記
営繕課長　伊藤　肇
用度課長　光田和秀
監査課長　田嶋直哉
管理課長　市川陽一
厚生課長　吉岡幸治
参事官　増子政惠

〔民事局〕
局長　福田千恵子
第一課長　椿松晴子
第二課長　松原経正
第三課長(兼)　椿松晴子
参事官　橋爪　信
(兼)内田哲也　(兼)不破大輔
大武　浩

〔刑事局〕
局長　吉崎佳弥
第一課長　横山浩典
第二課長　近藤和久
第三課長(兼)　横山浩典
参事官(兼)　内田　暁

〔行政局〕
局長(兼)　福田千恵子
第一課長　渡邉達之輔
第二課長　不破大輔
参事官(兼)　内田哲也

〔家庭局〕
局長　馬渡直史
第一課長　宇田川公輔
第二課長　向井宣人
第三課長　石倉慎太郎
参事官(兼)　内田　暁
同　(兼)　内田哲也

〔司法研修所〕
〒351-0194 和光市南2-3-8 ☎048(460)2000
所長　矢尾和子
事務局長　石井芳明
事務局次長　小池美智子

〔裁判所職員総合研修所〕
〒351-0196 和光市南2-3-5 ☎048(452)5000
所長　江原健志
事務局長　青柳年泰
事務局次長　須栗克史

事業団・公庫等

(令和6年7月5日現在)
※7月6日以降の取材もあります。

日本私立学校振興・共済事業団

〒102-8145 千代田区富士見1-10-12
☎03(3230)1321
(共済事業本部)
〒113-8441 文京区湯島1-7-5
☎03(3813)5321

理事長 福原紀彦
理事 串田俊巳
吉田博之 菊池裕明
松尾勝 白井秀樹
同(非常勤) 小野祥子
川並弘純 近藤彰郎
坂本篤裕
監事 永和田隆一
同(非常勤) 廣岡康久
企画室長 廣田聖志
総務部長 吉田秀樹
審議役 田代雅之
監査室長 荒谷泉
財務部長 酒井浩二
システム管理室長 浅野佳朗
私学経営情報センター長 小林一之
融資部長 岡田綾子
助成部長 野田文克
数理統計室長 佐藤武彦
資産運用部長 廣田浩一
業務部長 臼井麻理子
年金部長 小川泰正
福祉部長 大須賀哲也
施設部長 陣場章
広報相談センター長 波形寿英

沖縄振興開発金融公庫

〒900-8520 那覇市おもろまち1-2-26
☎098(941)1700
[東京本部] 〒105-0003 港区西新橋2-1-1
興和西新橋ビル10F ☎03(3581)3241

理事長 新垣尚之
副理事長 井口裕之
理事 西崎寿美
同 外間聡
監事 酒巻弘
総務部長
経理部長 星野弘幸
検査役 大城盛直
秘書役 外間守起
審査役 西平純子
庶務部長 崎山美香
業務統括部長 慶田康成
調査部長 大西公一郎
融資第一部長 前村司
融資第二部長 中村あやの
融資第三部長 渡真利克久
事業管理部長 當間直治
情報システム統括室長 久場兼修
信用リスク管理統括室長(兼) 西平純子
産業振興出資室長 前泊辰哉

日本銀行

〒103-8660 中央区日本橋本石町2-1-1
☎03(3279)1111

総裁 植田和男
副総裁 内田眞一
同 氷見野良三
審議委員 安達誠司
中村豊明 野口旭
中川順子 高田創
田村直樹
監事 坂本哲也
谷口文一 市川健太
理事 貝塚正彰
高口博英 加藤毅
清水誠一 中島健至
神山一成
政策委員会室長 播本慶子
秘書役 峯岸誠
審議役(国会・経済団体渉外) 植田リサ

同(組織運営調整) 上條俊昭
同 (広報関係) 鹿島みかり
検査室長 中村毅史
企画局長 正木一博
審議役(局内組織運営) 服部良太
金融機構局長 鈴木公一郎
審議役(局内組織運営および信用政策企画) 楠松裕司
審議役兼上席考査役(考査統括) 齋藤克仁
審議役(国際関係統括) 田村健太郎
決済機構局長 武田直己
審議役(デジタル通貨総括) 臼井智博
金融市場局長 藤田研二
審議役(局内組織運営および国際関係) 川本卓司
調査統計局長 中村康治
国際局長 近田健
審議役(局内組織運営) 中山智裕
同 (国際関係) 東善明
発券局長 金沢敏郎
審議役(局内組織運営およびシステム・設備関係) 村國聡
業務局長 上口洋司
審議役(局内組織運営) 森毅
システム情報局長 福田英司
審議役(局内組織運営) 三木徹
情報サービス局長 小牧義弘
審議役(金融広報統括) 野見山浩平
総務人事局長 奥野聡雄
審議役(人事運用担当) 飯島浩太
文書局長 花尻哲郎
金融研究所長 渡辺真吾

日本下水道事業団

〒113-0034 文京区湯島2-31-27
湯島台ビル ☎03(6361)7800

理事長 黒田憲司
副理事長 白崎亮
理事 原敬一
中平善伸 橋本敏一
渡辺志津男 花角英世(非常勤)
本村賢太郎(非常勤) 加藤龍幸(非常勤)
監事 水津英則
監事(非常勤) 柳亜紀
上席審議役 内笹井徹

事業管理審議役 倉本喜文
事業管理審議役 金子昭人
事業管理審議役 春木俊人
技術開発審議役 丸山徳義
審議役 大沼幸喜
遠田和行 関良雄
高村和典
経営企画部長 笠谷雅也
事業統括部長 石﨑隆弘
ソリューション推進部長 細川恒
DX戦略部長 富樫俊文
技術開発室長 三宅晴男
国際戦略室長 猪木博雅
監査室長 二橋宏樹
研修センター所長 豆谷竜太郎

日本年金機構

〒168-8505 杉並区高井戸西3-5-24
☎03(5344)1100

理事長 大竹和彦
副理事長 樽見英樹
理事(人事・会計部門担当) 立田英人
理事(事業企画部門担当) 和田康紀
理事(事業管理部門担当) 岩井勝弘
理事(事業推進部門担当) 草刈俊彦
理事(年金給付事業部門担当) 渡辺理恵
理事(システム部門担当) 嶌内博美
理事(特命担当) 安藤誠
理事(非常勤) 大島眞彦
辻廣雅文 山宮慎一郎
吉永みち子
監事 工藤政和
監事(非常勤) 矢崎ふみ子

独立行政法人

(令和6年7月5日現在)
※7月6日以降の取材もあります。

内閣府所管

(独)国立公文書館
〒102-0091 千代田区北の丸公園3-2
☎03(3214)0621
館長 鎌田 薫

〔アジア歴史資料センター〕
〒113-0033 文京区本郷3-22-5
住友不動産本郷ビル10F
☎03(5805)8801

(独)北方領土問題対策協会
〒110-0014 台東区北上野1-9-12
住友不動産上野ビル9F ☎03(3843)3630
理事長 山本茂樹

国立研究開発法人 日本医療研究開発機構
〒100-0004 千代田区大手町1-7-1
読売新聞ビル ☎03(6870)2200
理事長 三島良直

消費者庁所管

(独)国民生活センター
相模原事務所
〒252-0229 相模原市中央区弥栄3-1-1
☎042(758)3161
東京事務所
〒108-8602 港区高輪3-13-22
☎03(3443)6211
理事長 山田昭典

総務省所管

国立研究開発法人 情報通信研究機構
(本部)〒184-8795 小金井市貫井北町4-2-1
☎042(327)7429
理事長 徳田英幸

(独)統計センター
〒162-8668 新宿区若松町19-1
☎03(5273)1200
理事長 佐伯修司

(独)郵便貯金簡易生命保険管理・郵便局ネットワーク支援機構
〒105-0001 港区虎ノ門5-13-1
虎ノ門40MTビル3F ☎03(5472)7101
理事長 白山昭彦

外務省所管

(独)国際協力機構
〒102-8012 千代田区二番町5-25
二番町センタービル ☎03(5226)6660
理事長 田中明彦

(独)国際交流基金
〒160-0004 新宿区四谷1-6-4
コモレ四谷 ☎03(5369)6075
理事長 黒澤信也

財務省所管

(独)酒類総合研究所
〒739-0046 東広島市鏡山3-7-1
☎082(420)0800
理事長 福田 央

(独)造幣局
〒530-0043 大阪市北区天満1-1-79
☎06(6351)5361
理事長 後藤健二

(独)国立印刷局
〒105-8445 港区虎ノ門2-2-5
共同通信会館ビル ☎03(3582)4411
理事長 大津俊哉

文部科学省所管

(独)国立特別支援教育総合研究所
〒239-8585 横須賀市野比5-1-1
☎046(839)6803
理事長 中村信一

※(独)は独立行政法人を略したものです。

(独)大学入試センター

〒153-8501 目黒区駒場2-19-23
☎03(3468)3311

理事長 山口宏樹

(独)国立青少年教育振興機構

〒151-0052 渋谷区代々木神園町3-1
☎03(3467)7201

理事長 古川和

(独)国立女性教育会館

〒355-0292 埼玉県比企郡嵐山町菅谷728
☎0493(62)6719(総務課)

理事長 萩原なつ子

(独)国立科学博物館

〒110-8718 台東区上野公園7-20
☎03(3822)0111

館長 篠田謙一

国立研究開発法人 物質・材料研究機構

〒305-0047 つくば市千現1-2-1
☎029(859)2000

理事長 宝野和博

国立研究開発法人 防災科学技術研究所

〒305-0006 つくば市天王台3-1
☎029(851)1611

理事長 寶馨

国立研究開発法人 量子科学技術研究開発機構

〒263-8555 千葉市稲毛区穴川4-9-1
☎043(382)8001

理事長 小安重夫

(独)国立美術館

〒102-8322 千代田区北の丸公園3-1
☎03(3214)2561

理事長 逢坂恵理子

〔東京国立近代美術館〕

〒102-8322 千代田区北の丸公園3-1
☎03(3214)2561

〔京都国立近代美術館〕

〒606-8344 京都市左京区岡崎円勝寺町26-1
☎075(761)4111

〔国立映画アーカイブ〕

〒104-0031 中央区京橋3-7-6
☎03(3561)0823

〔国立西洋美術館〕

〒110-0007 台東区上野公園7-7
☎03(3828)5131

〔国立国際美術館〕

〒530-0005 大阪市北区中之島4-2-55
☎06(6447)4680

〔国立新美術館〕

〒106-8558 港区六本木7-22-2
☎03(6812)9900

(独)国立文化財機構

〒110-8712 台東区上野公園13-9
☎03(3822)1196

理事長 島谷弘幸

〔東京国立博物館〕

〒110-8712 台東区上野公園13-9
☎03(3822)1111

〔京都国立博物館〕

〒605-0931 京都市東山区茶屋町527
☎075(541)1151

〔奈良国立博物館〕

〒630-8213 奈良市登大路町50
☎0742(22)7771

〔九州国立博物館〕

〒818-0118 太宰府市石坂4-7-2
☎092(918)2807

〔皇居三の丸尚蔵館〕

〒100-0001 千代田区千代田1-8
☎03(6268)0306

〔東京文化財研究所〕

〒110-8713 台東区上野公園13-43
☎03(3823)2241

〔奈良文化財研究所〕

〒630-8577 奈良市二条町2-9-1
☎0742(30)6733

〔アジア太平洋無形文化遺産研究センター〕

〒590-0802 堺市堺区百舌鳥夕雲町2丁
(堺市博物館内) ☎072(275)8050

(独)教職員支援機構

〒305-0802 つくば市立原3
☎029(879)6613

理事長 荒瀬克己

国立研究開発法人
科学技術振興機構

〒332-0012 川口市本町4-1-8
川口センタービル ☎048(226)5601
理　事　長　橋本和仁

(独)日本学術振興会

〒102-0083 千代田区麹町5-3-1
麹町ビジネスセンター ☎03(3263)1722
理　事　長　杉野　剛

国立研究開発法人
理化学研究所

〒351-0198 和光市広沢2-1
☎048(462)1111
理　事　長　五神　真

国立研究開発法人
宇宙航空研究開発機構

〒182-8522 調布市深大寺東町7-44-1
☎0422(40)3000
(東京事務所)
〒101-8008 千代田区神田駿河台4-6
御茶ノ水ソラシティ ☎03(5289)3600
理　事　長　山川　宏

(独)日本スポーツ振興センター

〒160-0013 新宿区霞ヶ丘町4-1
☎03(5410)9124
理　事　長　芦立　訓

(独)日本芸術文化振興会

〒102-8656 千代田区隼町4-1
☎03(3265)7411
理　事　長　長谷川眞理子

(独)日本学生支援機構

〒226-8503 横浜市緑区長津田町4259 S-3
☎045(924)0812
理　事　長　吉岡知哉

国立研究開発法人
海洋研究開発機構

〒237-0061 横須賀市夏島町2-15
☎046(866)3811
理　事　長　大和裕幸

(独)国立高等専門学校機構

〒193-0834 八王子市東浅川町701-2
☎042(662)3120
理　事　長　谷口　功

(独)大学改革支援・学位授与機構

〒187-8587 小平市学園西町1-29-1
☎042(307)1500
機　構　長　服部泰直

国立研究開発法人
日本原子力研究開発機構

〒319-1184 茨城県那珂郡東海村
大字舟石川765番地1
☎029(282)1122
理　事　長　小口正範

厚生労働省所管

(独)勤労者退職金共済機構

〒170-8055 豊島区東池袋1-24-1
ニッセイ池袋ビル
☎03(6907)1275(総務部)
理　事　長　梅森　徹

(独)高齢・障害・求職者雇用支援機構

〒261-8558 千葉市美浜区若葉3-1-2
☎043(213)6000
理　事　長　輪島　忍

(独)福祉医療機構

〒105-8486 港区虎ノ門4-3-13
ヒューリック神谷町ビル ☎03(3438)0211
理　事　長　松縄　正

(独)国立重度知的障害者総合施設のぞみの園

〒370-0865 高崎市寺尾町2120-2
☎027(325)1501
理　事　長　田中正博

(独)労働政策研究・研修機構

〒177-8502 練馬区上石神井4-8-23
☎03(5903)6111
理　事　長　藤村博之

(独)労働者健康安全機構
〒211-0021 川崎市中原区木月住吉町1-1
☎044(431)8600(総務部)
理　事　長　大西洋英

(独)国立病院機構
〒152-8621 目黒区東が丘2-5-21
☎03(5712)5050
理　事　長　新木一弘

(独)医薬品医療機器総合機構
〒100-0013 千代田区霞が関3-3-2
新霞が関ビル ☎03(3506)9541
理　事　長　藤原康弘

国立研究開発法人
医薬基盤・健康・栄養研究所
〒567-0085 茨木市彩都あさぎ7-6-8
☎072(641)9811
理　事　長　中村祐輔

(独)地域医療機能推進機構
〒108-8583 港区高輪3-22-12
☎03(5791)8220
理　事　長　山本修一

年金積立金管理運用(独)
〒105-6377 港区虎ノ門1-23-1
虎ノ門ヒルズ森タワー7F ☎03(3502)2480
理　事　長　宮園雅敬

国立研究開発法人
国立がん研究センター
〒104-0045 中央区築地5-1-1
☎03(3542)2511
理　事　長　中釜　斉

国立研究開発法人
国立循環器病研究センター
〒564-8565 吹田市岸部新町6-1
☎0570(012)545
理　事　長　大津欣也

国立研究開発法人
国立精神・神経医療研究センター
〒187-8551 小平市小川東町4-1-1
☎042(341)2711
理　事　長　中込和幸

国立研究開発法人
国立国際医療研究センター
〒162-8655 新宿区戸山1-21-1
☎03(3202)7181
理　事　長　國土典宏

国立研究開発法人
国立成育医療研究センター
〒157-8535 世田谷区大蔵2-10-1
☎03(3416)0181
理　事　長　五十嵐　隆

国立研究開発法人
国立長寿医療研究センター
〒474-8511 大府市森岡町7-430
☎0562(46)2311
理　事　長　荒井秀典

農林水産省所管

(独)農林水産消費安全技術センター
〒330-9731 さいたま市中央区新都心2-1
さいたま新都心合同庁舎検査棟
☎050(3797)1830
理　事　長　木内岳志

(独)家畜改良センター
〒961-8511 福島県西白河郡西郷村
大字小田倉字小田倉原1
☎0248(25)2231
理　事　長　入江正和

国立研究開発法人
農業・食品産業技術総合研究機構
〒305-8517 つくば市観音台3-1-1
☎029(838)8998
理　事　長　久間和生

国立研究開発法人
国際農林水産業研究センター
〒305-8686 つくば市大わし1-1
☎029(838)6313
理　事　長　小山　修

国立研究開発法人
森林研究・整備機構
〒305-8687 つくば市松の里1
☎029(873)3211
理　事　長　浅野　透

国立研究開発法人
水産研究・教育機構
〒221-8529 横浜市神奈川区新浦島町1-1-25
テクノウェイブ100 6F ☎045(277)0120
理　事　長　中山一郎

(独)農畜産業振興機構
〒106-8635 港区麻布台2-2-1
麻布台ビル ☎03(3583)8196(広報消費者課)
理　事　長　天羽　隆

(独)農業者年金基金
〒105-8010 港区西新橋1-6-21
NBF虎ノ門ビル5F ☎03(3502)3942
理　事　長　黒田夏樹

(独)農林漁業信用基金
〒105-6228 港区愛宕2-5-1 愛宕グリーンヒルズ
MORIタワー28F ☎03(3434)7813
理　事　長　牧元幸司

経済産業省所管

(独)経済産業研究所
〒100-8901 千代田区霞が関1-3-1
経済産業省別館11F ☎03(3501)1363
理　事　長　深尾京司

(独)工業所有権情報・研修館
〒105-6008 港区虎ノ門4-3-1
城山トラストタワー8F ☎03(3501)5765
理　事　長　渡辺　治

国立研究開発法人
産業技術総合研究所
〒100-8921 千代田区霞が関1-3-1
☎03(5501)0900
理　事　長　石村和彦

(独)製品評価技術基盤機構
〒151-0066 渋谷区西原2-49-10
☎03(3481)1921
理　事　長　長谷川史彦

国立研究開発法人新エネルギー・産業技術総合開発機構
〒212-8554 川崎市幸区大宮町1310
ミューザ川崎セントラルタワー16F～20F
☎044(520)5100(総務部)
理　事　長　斎藤　保

(独)日本貿易振興機構
〒107-6006 港区赤坂1-12-32
アーク森ビル ☎03(3582)5511
理　事　長　石黒憲彦

(独)情報処理推進機構
〒113-6591 文京区本駒込2-28-8
文京グリーンコートセンターオフィス16F
☎03(5978)7620
理　事　長　齊藤　裕

(独)エネルギー・金属鉱物資源機構
〒105-0001 港区虎ノ門2-10-1
虎ノ門ツインビルディング西棟
☎03(6758)8000
理　事　長　髙原一郎

(独)中小企業基盤整備機構
〒105-8453 港区虎ノ門3-5-1
虎ノ門37森ビル ☎03(3433)8811
理　事　長　宮川　正

国土交通省所管

国立研究開発法人
土木研究所
〒305-8516 つくば市南原1-6
☎029(879)6700(総務課)
理　事　長　藤田光一

国立研究開発法人
建築研究所
〒305-0802 つくば市立原1
☎029(864)2151
理　事　長　澤地孝男

国立研究開発法人
海上・港湾・航空技術研究所
〒181-0004 三鷹市新川6-38-1
☎0422(41)3013
理　事　長　庄司るり

(独)海技教育機構
〒231-0003 横浜市中区北仲通5-57
横浜第2合同庁舎20F ☎045(211)7303
理　事　長　田島哲明

(独)航空大学校
〒880-8580 宮崎市大字赤江字飛江田652-2
☎0985(51)1211
理　事　長　井戸川　眞

(独)自動車技術総合機構
〒160-0003 新宿区四谷本塩町4-41
住友生命四谷ビル4F
☎03(5363)3441
理　事　長　木村隆秀

(独)鉄道建設・運輸施設整備支援機構
〒231-8315 横浜市中区本町6-50-1
横浜アイランドタワー
☎045(222)9100(総務課)
理　事　長　藤田耕三

(独)国際観光振興機構
通称：日本政府観光局(JNTO)
〒160-0004 新宿区四谷1-6-4
☎03(5369)3342
理　事　長　蒲生篤実

(独)水資源機構
〒330-6008 さいたま市中央区新都心11-2
ランド・アクシス・タワー内
☎048(600)6500
理　事　長　金尾健司

(独)自動車事故対策機構
〒130-0013 墨田区錦糸3-2-1
アルカイースト19F ☎03(5608)7560
理　事　長　中村晃一郎

(独)空港周辺整備機構
〒812-0013 福岡市博多区博多駅東2-17-5
ARKビル9F ☎092(472)4591
理　事　長　今吉伸一

(独)都市再生機構
〒231-8315 横浜市中区本町6-50-1
横浜アイランドタワー ☎045(650)0111
理　事　長　石田　優

(独)奄美群島振興開発基金
〒894-0026 奄美市名瀬港町1-5
☎0997(52)4511
理　事　長　藤井　隆

(独)日本高速道路保有・債務返済機構
〒220-0011 横浜市西区高島1-1-2
横浜三井ビルディング5F
☎045(228)5977
理　事　長　高松　勝

(独)住宅金融支援機構
〒112-8570 文京区後楽1-4-10
☎03(3812)1111
理　事　長　毛利信二

環境省所管

国立研究開発法人
国立環境研究所
〒305-8506 つくば市小野川16-2
☎029(850)2314
理　事　長　木本昌秀

(独)環境再生保全機構
〒212-8554 川崎市幸区大宮町1310
ミューザ川崎セントラルタワー
☎044(520)9501
理　事　長　飯塚　智

防衛省所管

(独)駐留軍等労働者労務管理機構
〒108-0073 港区三田3-13-12
三田MTビル ☎03(5730)2163
理　事　長　廣瀬行成

地　方　庁

(令和6年7月5日現在)
※7月6日以降の取材もあります。

北　海　道

〒060-8588 札幌市中央区北3条西6丁目
☎011(231)4111
〒100-0014 千代田区永田町2-17-17
永田町ほっかいどうスクエア1F
☎(3581)3411

議　長　冨原　亮
副議長　稲村久男
知　事　鈴木直道
副知事　浦本元人
副知事　濱坂真一
副知事　三橋　剛
東京事務所長　上田晃弘

青　森　県

〒030-8570 青森市長島1-1-1
☎017(722)1111
〒102-0093 千代田区平河町2-6-3
都道府県会館7F ☎(5212)9113

議　長　丸井　裕
副議長　寺田達也
知　事　宮下宗一郎
副知事　小谷知也
副知事　奥田忠雄
東京事務所長　簗田　潮

岩　手　県

〒020-8570 盛岡市内丸10-1
☎019(651)3111
〒104-0061 中央区銀座5-15-1
南海東京ビル2F ☎(3524)8316

議　長　工藤大輔
副議長　飯澤　匡
知　事　達増拓也
副知事　八重樫幸治
副知事　佐々木　淳
東京事務所長　高橋孝政

宮　城　県

〒980-8570 仙台市青葉区本町3-8-1
☎022(211)2111
〒102-0093 千代田区平河町2-6-3
都道府県会館12F ☎(5212)9045

議　長　髙橋伸二
副議長　本木忠一
知　事　村井嘉浩
副知事　伊藤哲也
副知事　小林徳光
東京事務所長　末永仁一

秋　田　県

〒010-8570 秋田市山王4-1-1
☎018(860)1032(秘書課)
〒102-0093 千代田区平河町2-6-3
都道府県会館7F ☎(5212)9115

議　長　北林丈正
副議長　鈴木健太
知　事　佐竹敬久
副知事　神部秀行
副知事　猿田和三
東京事務所長　坂本雅和

山　形　県

〒990-8570 山形市松波2-8-1
☎023(630)2211
〒102-0093 千代田区平河町2-6-3
都道府県会館13F ☎(5212)9026

議　長　森田　廣
副議長　矢吹栄修
知　事　吉村美栄子
副知事　平山雅之
東京事務所長　黒田あゆ美

福　島　県

〒960-8670 福島市杉妻町2-16
☎024(521)1111
〒102-0093 千代田区平河町2-6-3
都道府県会館12F ☎(5212)9050

議　長　西山尚利
副議長　山田平四郎

知事　内堀雅雄
副知事　鈴木正晃
副知事　佐藤宏隆
東京事務所長　鈴木晶

茨城県

〒310-8555 水戸市笠原町978-6
☎029(301)1111
〒102-0093 千代田区平河町2-6-3
都道府県会館9F ☎(5212)9088

議長　半村登
副議長　西野一
知事　大井川和彦
副知事　飯塚博之
副知事　岩下泰善
理事兼東京渉外局長　澤幡博子

栃木県

〒320-8501 宇都宮市塙田1-1-20
☎028(623)2323
〒102-0093 千代田区平河町2-6-3
都道府県会館11F ☎(5212)9064

議長　日向野義幸
副議長　中島宏
知事　福田富一
副知事　北村一郎
副知事　天利和紀
東京事務所長　岡本栄二

群馬県

〒371-8570 前橋市大手町1-1-1
☎027(223)1111
〒102-0093 千代田区平河町2-6-3
都道府県会館8F ☎(5212)9102

議長　須藤和臣
副議長　金井康夫
知事　山本一太
副知事　津久井治男
副知事　宇留賀敬一
東京事務所長　富澤孝史

埼玉県

〒330-9301 さいたま市浦和区高砂3-15-1
☎048(824)2111
〒102-0093 千代田区平河町2-6-3
都道府県会館8F ☎(5212)9104

議長　齊藤邦明
副議長　松澤正
知事　大野元裕
副知事　堀光敦史
副知事　山﨑達也
副知事　伊藤高
東京事務所長　野尻一敏

千葉県

〒260-8667 千葉市中央区市場町1-1
☎043(223)2110
〒102-0093 千代田区平河町2-6-3
都道府県会館14F ☎(5212)9013

議長　伊藤昌弘
副議長　山本義一
知事　熊谷俊人
副知事　穴澤幸男
副知事　黒野嘉之
東京事務所長　飯塚光昭

東京都

〒163-8001 新宿区西新宿2-8-1
☎(5321)1111

議長　宇田川聡史
副議長　増子ひろき
知事　小池百合子
副知事　潮田勉
副知事　宮坂学
副知事　中村倫治
副知事　栗岡祥一

神奈川県

〒231-8588 横浜市中区日本大通1
☎045(210)1111
〒102-0093 千代田区平河町2-6-3
都道府県会館9F ☎(5212)9090

議長　柳下剛
副議長　近藤大輔

知事 黒岩祐治
副知事 平田良徳
副知事 橋本和也
副知事 首藤健治
東京事務所長 水町友治

新潟県

〒950-8570 新潟市中央区新光町4-1
☎025(285)5511
〒102-0093 千代田区平河町2-6-3
都道府県会館15F ☎(5212)9002

議長 楡井辰雄
副議長 青柳正司
知事 花角英世
副知事 笠鳥公一
副知事 橋本憲次郎
東京事務所長 渡辺慎一

富山県

〒930-8501 富山市新総曲輪1-7
☎076(431)4111
〒102-0093 千代田区平河町2-6-3
都道府県会館13F ☎(5212)9030

議長 山本徹
副議長 井上学
知事 新田八朗
副知事 蔵堀祐一
副知事 佐藤一絵
首都圏本部長 飯田裕

石川県

〒920-8580 金沢市鞍月1-1
☎076(225)1111
〒102-0093 千代田区平河町2-6-3
都道府県会館14F ☎(5212)9016

議長 善田善彦
副議長 室谷弘幸
知事 馳浩
副知事 徳田博
副知事 浅野大介
東京事務所長 中谷安孝

福井県

〒910-8580 福井市大手3-17-1
☎0776(21)1111
〒102-0093 千代田区平河町2-6-3
都道府県会館10F ☎(5212)9074

議長 宮本俊
副議長 清水智信
知事 杉本達治
副知事 中村保博
副知事 鷲頭美央
東京事務所長 萩原雅広

山梨県

〒400-8501 甲府市丸の内1-6-1
☎055(237)1111
〒102-0093 千代田区平河町2-6-3
都道府県会館13F ☎(5212)9033

議長 卯月政人
副議長 清水喜美男
知事 長崎幸太郎
副知事 長田公
副知事 大久保雅直
東京事務所長 小泉嘉透

長野県

〒380-8570 長野市大字南長野字幅下692-2 ☎026(232)0111
〒102-0093 千代田区平河町2-6-3
都道府県会館12F ☎(5212)9055

議長 山岸喜昭
副議長 続木幹夫
知事 阿部守一
副知事 関昇一郎
東京事務所長 出川広昭

岐阜県

〒500-8570 岐阜市薮田南2-1-1
☎058(272)1111
〒102-0093 千代田区平河町2-6-3
都道府県会館14F ☎(5212)9020

議長 水野正敏
副議長 伊藤秀光
知事 古田肇
副知事 大森康宏

副知事　河合孝憲
東京事務所長　山田育康

静岡県

〒420-8601 静岡市葵区追手町9-6
☎054(221)2455(総合案内)
〒102-0093 千代田区平河町2-6-3
都道府県会館13F ☎(5212)9035

議長　落合慎悟
副議長　鳥澤由克
知事　鈴木康友
副知事　森　貴志
副知事　増井浩二
ふじのくに大使館公使(東京事務所長)　内藤信一

愛知県

〒460-8501 名古屋市中区三の丸3-1-2
☎052(961)2111
〒102-0093 千代田区平河町2-6-3
都道府県会館9F ☎(5212)9092

議長　直江弘文
副議長　新海正春
知事　大村秀章
副知事　古本伸一郎
副知事　林　全宏
副知事　牧野利香
副知事　江口幸雄
東京事務所長　片桐靖幸

三重県

〒514-8570 津市広明町13
☎059(224)3070
〒102-0093 千代田区平河町2-6-3
都道府県会館11F ☎(5212)9065

議長　稲垣昭義
副議長　小林正人
知事　一見勝之
副知事　服部　浩
副知事　野呂幸利
東京事務所長　山本秀典

滋賀県

〒520-8577 大津市京町4-1-1
☎077(528)3993
〒102-0093 千代田区平河町2-6-3
都道府県会館8F ☎(5212)9107

議長　有村國俊
副議長　目片信悟
知事　三日月大造
副知事　江島宏治
副知事　岸本織江
東京本部長　中村　守

京都府

〒602-8570 京都市上京区下立売通新町西入薮ノ内町 ☎075(451)8111
〒102-0093 千代田区平河町2-6-3
都道府県会館8F ☎(5212)9109

議長　石田宗久
副議長　林　正樹
知事　西脇隆俊
副知事　古川博規
副知事　鈴木一弥
副知事　武田一寧
東京事務所長　嶋津誉子

大阪府

〒540-8570 大阪市中央区大手前2-1-22
☎06(6941)0351
〒102-0093 千代田区平河町2-6-3
都道府県会館7F ☎(5212)9118

議長　中谷恭典
副議長　中井もとき
知事　吉村洋文
副知事　山口信彦
副知事　森岡武一
副知事　渡邉繁樹
東京事務所長　黒田一人

兵庫県

〒650-8567 神戸市中央区下山手通5-10-1
☎078(341)7711
〒102-0093 千代田区平河町2-6-3
都道府県会館13F ☎(5212)9040

議長　浜田知昭

地方庁

副議長　谷井いさお
知事　齋藤元彦
副知事　片山安孝
副知事　服部洋平
東京事務所長　今後元彦

奈良県

〒630-8501 奈良市登大路町30
☎0742(22)1101
〒102-0093 千代田区平河町2-6-3
都道府県会館9F ☎(5212)9096

議長　中野雅史
副議長　川口延良
知事　山下真
副知事　福谷健夫
副知事　西村高則
副知事　清水将之
東京事務所長　箕輪成記

和歌山県

〒640-8585 和歌山市小松原通1-1
☎073(432)4111
〒102-0093 千代田区平河町2-6-3
都道府県会館12F ☎(5212)9057

議長　鈴木太雄
副議長　堀龍雄
知事　岸本周平
副知事　下宏
東京事務所長　湯川学

鳥取県

〒680-8570 鳥取市東町1-220
☎0857(26)7111
〒102-0093 千代田区平河町2-6-3
都道府県会館10F ☎(5212)9077

議長　浜崎晋一
副議長　野坂道明
知事　平井伸治
副知事　亀井一賀
東京本部長　堀田晶子

島根県

〒690-8501 松江市殿町1
☎0852(22)5111
〒102-0093 千代田区平河町2-6-3
都道府県会館11F ☎(5212)9070

議長　中島謙二
副議長　生越俊一
知事　丸山達也
副知事　石原恵利子
東京事務所長　大谷幸生

岡山県

〒700-8570 岡山市北区内山下2-4-6
☎086(224)2111
〒102-0093 千代田区平河町2-6-3
都道府県会館10F ☎(5212)9080

議長　久徳大輔
副議長　中塚周一
知事　伊原木隆太
副知事　笠原和男
副知事　上坊勝則
東京事務所長　浜原敬

広島県

〒730-8511 広島市中区基町10-52
☎082(228)2111
〒105-0001 港区虎ノ門1-2-8
虎ノ門琴平タワー22F ☎(3580)0851

議長　中本隆志
副議長　沖井純
知事　湯﨑英彦
副知事　玉井優子
副知事　山根健嗣
東京事務所長　弓場久司

山口県

〒753-8501 山口市滝町1-1
☎083(922)3111
〒100-0013 千代田区霞が関3-3-1
尚友会館4F ☎(3502)3355

議長　柳居俊学
副議長　島田教明
知事　村岡嗣政
副知事　平屋隆之

東京事務所長　清水久洋

徳島県

〒770-8570 徳島市万代町1-1
☎088(621)2500(案内係)
〒102-0093 千代田区平河町2-6-3
都道府県会館14F ☎(5212)9022

議長　元木章生
副議長　山西国朗
知事　後藤田正純
副知事　志田敏郎
副知事　村上耕司
東京本部長　森吉雅史

香川県

〒760-8570 高松市番町4-1-10
☎087(831)1111
〒102-0093 千代田区平河町2-6-3
都道府県会館9F ☎(5212)9100

議長　松原哲也
副議長　谷久浩一
知事　池田豊人
副知事　大山智
東京事務所長　森岡英司

愛媛県

〒790-8570 松山市一番町4-4-2
☎089(941)2111
〒102-0093 千代田区平河町2-6-3
都道府県会館11F ☎(5212)9071

議長　三宅浩正
副議長　松尾和久
知事　中村時広
副知事　田中英樹
副知事　濱里要
東京事務所長　河上芳一

高知県

〒780-8570 高知市丸ノ内1-2-20
☎088(823)1111
〒100-0011 千代田区内幸町1-3-3
内幸町ダイビル7F ☎(3501)5541

議長　加藤漠
副議長　金岡佳時
知事　濵田省司
副知事　井上浩之
理事・東京事務所長　前田和彦

福岡県

〒812-8577 福岡市博多区東公園7-7
☎092(651)1111
〒102-0083 千代田区麹町1-12-1
住友不動産ふくおか半蔵門ビル2F ☎(3261)9861

議長　香原勝司
副議長　江口善明
知事　服部誠太郎
副知事　江口勝
副知事　大曲昭恵
副知事　生嶋亮介
東京事務所長　光永雅哉

佐賀県

〒840-8570 佐賀市城内1-1-59
☎0952(24)2111
〒102-0093 千代田区平河町2-6-3
都道府県会館11F ☎(5212)9073

議長　大場芳博
副議長　西久保弘克
知事　山口祥義
副知事　落合裕二
副知事　南里隆
首都圏事務所長　井崎和也

長崎県

〒850-8570 長崎市尾上町3-1
☎095(824)1111
〒102-0093 千代田区平河町2-6-3
都道府県会館14F ☎(5212)9025

議長　徳永達也
副議長　吉村洋
知事　大石賢吾
副知事　浦真樹
副知事　馬場裕子
東京事務所長　永峯裕一

熊本県

〒862-8570 熊本市中央区水前寺6-18-1
☎096(383)1111
〒102-0093 千代田区平河町2-6-3
都道府県会館10F ☎(5212)9084

議長	山口　裕
副議長	髙木健次
知事	木村　敬
副知事	竹内信義
副知事	亀崎直隆
東京事務所長	内藤美恵

大分県

〒870-8501 大分市大手町3-1-1
☎097(536)1111
〒102-0093 千代田区平河町2-6-3
都道府県会館4F
☎(6771)7011

議長	元吉俊博
副議長	井上明夫
知事	佐藤樹一郎
副知事	尾野賢治
副知事	桑田龍太郎
東京事務所長	平川暢教

宮崎県

〒880-8501 宮崎市橘通東2-10-1
☎0985(26)7111
〒102-0093 千代田区平河町2-6-3
都道府県会館15F ☎(5212)9007

議長	濵砂　守
副議長	野﨑幸士
知事	河野俊嗣
副知事	日隈俊郎
副知事	佐藤弘之
東京事務所長	長谷川　武

鹿児島県

〒890-8577 鹿児島市鴨池新町10-1
☎099(286)2111
〒102-0093 千代田区平河町2-6-3
都道府県会館12F ☎(5212)9060

議長	松里保廣
副議長	永井章義
知事	塩田康一
副知事	藤本徳昭
副知事	大塚大輔
東京事務所長	伊地知芳浩

沖縄県

〒900-8570 那覇市泉崎1-2-2
☎098(866)2074(総務私学課)
〒102-0093 千代田区平河町2-6-3
都道府県会館10F ☎(5212)9087

議長	中川京貴
副議長	上原　章
知事	玉城デニー
副知事	照屋義実
副知事	池田竹州
東京事務所長	新城和久

札幌市

〒060-8611 札幌市中央区北1条西2
☎011(211)2111
〒100-0006 千代田区有楽町2-10-1
東京交通会館3F ☎(3216)5090

議長	飯島弘之
副議長	しのだ江里子
市長	秋元克広
副市長	町田隆敏
副市長	石川敏也
副市長	天野周治
東京事務所長	佐藤美賀

仙台市

〒980-8671 仙台市青葉区国分町3-7-1
☎022(261)1111
〒102-0093 千代田区平河町2-4-1
日本都市センター会館9F
☎(3262)5765

議長	橋本啓一
副議長	鈴木広康
市長	郡　和子
副市長	藤本　章
副市長	髙橋新悦
東京事務所長	大上喜裕

さいたま市

〒330-9588 さいたま市浦和区常盤6-4-4
☎048(829)1111
〒102-0093 千代田区平河町2-4-1
日本都市センター会館11F
☎(5215)7561

議長	帆足和之
副議長	西山幸代
市長	清水勇人
副市長	日野　徹
副市長	髙橋　篤
副市長	新屋千樹
東京事務所長	柳田　香

千葉市

〒260-8722 千葉市中央区千葉港1-1
☎043(245)5111
〒102-0093 千代田区平河町2-4-1
日本都市センター会館9F
☎(3261)6411

議長	石川　弘
副議長	麻生紀雄
市長	神谷俊一
副市長	大木正人
副市長	橋本直明
東京事務所長	青木　茂

横浜市

〒231-0005 横浜市中区本町6-50-10
☎045(671)2121
〒102-0093 千代田区平河町2-4-1
日本都市センター会館11F
☎(3264)4800

議長	鈴木太郎
副議長	福島直子
市長	山中竹春
副市長	平原敏英
副市長	伊地知英弘
副市長	大久保智子
副市長	佐藤広毅
東京事務所長	伊倉久美子

川崎市

〒210-8577 川崎市川崎区宮本町1
☎044(200)2111

議長	青木功雄
副議長	岩隈千尋
市長	福田紀彦
副市長	加藤順一
副市長	藤倉茂起
副市長	三田村有也
東京事務所長	中岡祐一

相模原市

〒252-5277 相模原市中央区中央2-11-15
☎042(754)1111
〒102-0093 千代田区平河町2-4-1
日本都市センター会館12F
☎(3222)1653

議長	古内　明
副議長	大崎秀治
市長	本村賢太郎
副市長	石井賢之
副市長	奈良浩之
副市長	大川亜沙奈
東京事務所長	小林　誠

新潟市

〒951-8550 新潟市中央区学校町通1-602-1
☎025(228)1000
〒102-0093 千代田区平河町2-4-1
日本都市センター会館9F
☎(5216)5133

議長	皆川英二
副議長	小山　進
市長	中原八一
副市長	野島晶子
副市長	井崎規之
東京事務所長	坂井秋樹

静岡市

〒420-8602 静岡市葵区追手町5-1
☎054(254)2111
〒102-0093 千代田区平河町2-4-1
日本都市センター会館9F
☎(3556)0865

議長	大村一雄
副議長	井上智仁
市長	難波喬司
副市長	大長義之
副市長	吉田信博
東京事務所長	久野井　篤

浜松市

〒430-8652 浜松市中央区元城町103-2
☎053(457)2111
〒102-0093 千代田区平河町2-4-1
日本都市センター会館12F
☎(3556)2691

議長	鳥井徳孝
副議長	加茂俊武
市長	中野祐介
副市長	長田繁喜
副市長	山名　裕
副市長	朝月雅則
東京事務所長	松野吉司人

名古屋市

〒460-8508 名古屋市中区三の丸3-1-1
☎052(961)1111
〒100-0013 千代田区霞が関3-3-2
新霞が関ビルディング1F ☎(3504)1738

議長	田中里佳
副議長	田邊雄一
市長	河村たかし
副市長	中田英雄
副市長	杉野みどり
副市長	松雄俊憲
東京事務所長	南出清志

京都市

〒604-8571 京都市中京区寺町通
御池上る上本能寺前町488
☎075(222)3111
〒100-0005 千代田区丸の内1-6-5
丸の内北口ビル14F
☎(6551)2671

議長	西村義直
副議長	平山よしかず
市長	松井孝治
副市長	岡田憲和
副市長	吉田良比呂
副市長	竹内重貴
東京事務所長	竹内　清

大阪市

〒530-8201 大阪市北区中之島1-3-20
☎06(6208)8181
〒102-0093 千代田区平河町2-6-3
都道府県会館7F(大阪府東京事務所内)
☎(5212)9067

議長	竹下　隆
副議長	西　徳人
市長	横山英幸
副市長	高橋　徹
副市長	山本剛史
副市長	西山忠邦
東京事務所長	髙村和則

堺市

〒590-0078 堺市堺区南瓦町3-1
☎072(233)1101
〒102-0093 千代田区平河町2-6-3
都道府県会館7F(大阪府東京事務所内)
☎(5276)2183

議長	田渕和夫
副議長	札場泰司
市長	永藤英機
副市長	佐小元士
副市長	田雑隆昌
副市長	本屋和宏
東京事務所長	羽田貴史

神戸市

〒650-8570 神戸市中央区加納町6-5-1
☎078(331)8181
〒102-0093 千代田区平河町2-6-3
都道府県会館13F ☎(3263)3071

議長 坊 恭寿
副議長 堂下豊史
市長 久元喜造
副市長 今西正男
副市長 小原一徳
副市長 黒田慶子
東京事務所長 武田 卓

岡山市

〒700-8544 岡山市北区大供1-1-1
☎086(803)1000
〒100-0005 千代田区丸の内2-5-2
三菱ビル9F973区 ☎(3201)3807

議長 田口裕士
副議長 森田卓司
市長 大森雅夫
副市長 林 恭生
副市長 中原健一
東京事務所長 河内紀美子

広島市

〒730-8586 広島市中区国泰寺町1-6-34
☎082(245)2111
〒100-0012 千代田区日比谷公園1-3
市政会館内 ☎(3591)1292

議長 母谷龍典
副議長 宮崎誠克
市長 松井一實
副市長 中井幹晴
副市長 荒神原政司
東京事務所長 山本雅英

北九州市

〒803-8501 北九州市小倉北区城内1-1
☎093(582)2102
〒100-0006 千代田区有楽町2-10-1
東京交通会館ビル6F ☎(6213)0093

議長 田仲常郎
副議長 本田忠弘
市長 武内和久
副市長 江口哲郎
副市長 片山憲一
副市長 大庭千賀子
東京事務所長 太田知宏

福岡市

〒810-8620 福岡市中央区天神1-8-1
☎092(711)4111
〒102-0093 千代田区平河町2-4-1
日本都市センター会館12F
☎(3261)9712

議長 打越基安
副議長 松野 隆
市長 高島宗一郎
副市長 光山裕朗
副市長 中村英一
副市長 荒瀬泰子
東京事務所長 古島英治

熊本市

〒860-8601 熊本市中央区手取本町1-1
☎096(328)2111
〒102-0093 千代田区平河町2-4-1
日本都市センター会館9F
☎(3262)3840

議長 寺本義勝
副議長 大嶌澄雄
市長 大西一史
副市長 深水政彦
副市長 中垣内隆久
東京事務所長 西山茂宏

全国都道府県議会議長会

〒102-0093 千代田区平河町2-6-3
都道府県会館5F ☎(5212)9155

会長 山本 徹
副会長 冨原 亮
丸井 裕　楡井辰雄
稲垣昭義　有村國俊
久徳大輔　元木章生
大場芳博
理事 西山尚利

卯月政人　直江弘文
中谷恭典　浜崎晋一
松原哲也　松里保廣
監　　事　齊藤邦明
中野雅史　三宅浩正
事務総長　髙原　剛
次　　長　飯山尚人
議事調査部長　下田正幸
調査部長心得　今関安弘
共済会業務部長心得　吉原　淳

全国知事会

〒102-0093 千代田区平河町2-6-3
都道府県会館内 ☎(5212)9127

会　　長　村井嘉浩
副 会 長　達増拓也
阿部守一　古田　肇
三日月大造　平井伸治
伊原木隆太　山口祥義
理　　事　吉村美栄子
小池百合子　大村秀章
西脇隆俊　丸山達也
後藤田正純　河野俊嗣
監　　事　黒岩祐治
新田八朗　池田豊人
事務総長　中島正信
事務局次長　多田健一郎
総務部長　多田健一郎
調査第一部長　鈴木健一
調査第二部長　仙田康博
調査第三部長　大野貴史
事務局部長　神林真美香
同　坂　隆次郎

全国市議会議長会

〒102-0093 千代田区平河町2-4-2
全国都市会館 ☎(3262)5234

会　　長　坊　恭寿
副 会 長　畑中優周
松野久郎　小島正泰
竹山　聡　垣内廣明
平田文彦
事務総長　宮地　毅
次　　長　小谷克志
総務部長事務取扱　小谷克志
総務部特命担当部長　福田将己
政務第一部長　本橋謙治
政務第二部長　見原　出
企画議事部長　目黒宏康
共済会事務局長　宮地　毅

全国市長会

〒102-8635 千代田区平河町2-4-2
全国都市会館 ☎(3262)2310～9

会　　長　松井一實
副 会 長　加藤剛士
木幡　浩　花岡利夫
吉田信解　井崎義治
染谷絹代　中野弘道
東川　裕　神出政巳
伊東香織　桑名龍吾
赤間幸弘
事務総長　稲山博司
事務局次長　横山忠弘
企画調整室長（事務取扱）　事務局次長
総務部長　木村成仁
行政部長　向山秀昭
財政部長　伊藤章司
社会文教部長　山本宏明
経済部長　植竹　徹
調査広報部長　髙橋英俊
共済保険部長　井村真弓

全国町村議会議長会

〒102-0082 千代田区一番町25番地
全国町村議員会館 ☎(3264)8181
令和5年8月1日現在

会　　長　渡部孝樹

副会長　寺本清春
副会長　畠田勝廣
事務総長　赤松俊彦
総務部長　松浦貞治
企画調整部長　鈴木　毅
議事調査部長　飯田　厚
共済会業務部長　堀内　恵
総務部長　澤端義之
行政部長　河野　功
財政部長　小野寺則博
経済農林部長　小野文明
広報部長　田名網眞基
事業部長　後藤広美
災害共済部長　佐川浩幸
保険部長(兼)　坂中理人
生協事務局長　飯田光彦

全国町村会

〒100-0014 千代田区永田町1-11-35
全国町村会館 ☎(3581)0482

会長　吉田隆行
副会長　棚野孝夫
鈴木重男　松田知己
古口達也　岩田利雄
矢田富郎　金子政則
岡本　章　山崎親男
玉井孝治　田島健一
高岡秀規
事務総長　横田真二
事務局次長(総務・事業・災害共済・生協担当)　坂中理人
事務局次長(政務担当)　角田秀夫

指定都市市長会

〒100-0012 千代田区日比谷公園1-3
市政会館6F ☎(3591)4772

会長　久元喜造
副会長　清水勇人
髙島宗一郎　大森雅夫
福田紀彦　大西一史
秋元克広
事務局長　習田嘉章
次長　稲山　輝
同　辻下光晴
同　渡邊好隆

全国都市東京事務所 (○は指定都市)

北海道市長会	〒100-0014	千,永田町2-17-17永田町ほっかいどうスクエア1F	☎(3500)3917
熊本県市長会	〒102-0093	千,平河町2-4-1日本都市センター11F	☎(3288)5235
○札幌市	〒100-0006	千,有楽町2-10-1東京交通会館3F	☎(3216)5090
○仙台市	〒102-0093	千,平河町2-4-1日本都市センター9F	☎(3262)5765
○さいたま市	〒102-0093	千,平河町2-4-1日本都市センター11F	☎(5215)7561
○千葉市	〒102-0093	千,平河町2-4-1日本都市センター9F	☎(3261)6411
○横浜市	〒102-0093	千,平河町2-4-1日本都市センター11F	☎(3264)4800
○川崎市	〒210-8577	川崎市川崎区宮本町1	☎044(200)0053
○相模原市	〒102-0093	千,平河町2-4-1日本都市センター12F	☎(3222)1653
○新潟市	〒102-0093	千,平河町2-4-1日本都市センター9F	☎(5216)5133
○静岡市	〒102-0093	千,平河町2-4-1日本都市センター9F	☎(3556)0865
○浜松市	〒102-0093	千,平河町2-4-1日本都市センター12F	☎(3556)2691
○名古屋市	〒100-0013	千,霞が関3-3-2新霞が関ビルディング1F	☎(3504)1738
○京都市	〒100-0005	千,丸の内1-6-5丸の内北口ビル14F	☎(6551)2671
○大阪市	〒102-0093	千,平河町2-6-3都道府県会館7F(大阪府東京事務所内)	☎(5212)9067
○堺市	〒102-0093	千,平河町2-6-3都道府県会館7F(大阪府東京事務所内)	☎(5276)2183
○神戸市	〒102-0093	千,平河町2-6-3都道府県会館13F	☎(3263)3071

○岡　山　市	〒100-0005	千,丸の内2-5-2三菱ビル9F973区	☎(3201)3807
○広　島　市	〒100-0012	千,日比谷公園1-3市政会館4F	☎(3591)1292
○北九州市	〒100-0006	千,有楽町2-10-1東京交通会館ビル6F	☎(6213)0093
○福　岡　市	〒102-0093	千,平河町2-4-1日本都市センター12F	☎(3261)9712
○熊　本　市	〒102-0093	千,平河町2-4-1日本都市センター9F	☎(3262)3840
小　樽　市	〒100-0014	千,永田町2-17-17永田町ほっかいどうスクエア614	☎(6205)7760
釧　路　市	〒102-0093	千,平河町2-4-1日本都市センター9F	☎(3263)1992
帯　広　市	〒105-0003	港,西新橋1-16-4ノアックスビル6F	☎(3581)2415
苫小牧市	〒102-0093	千,平河町2-4-2全国都市会館5F	☎(3265)8078
青　森　市	〒107-0052	港,赤坂3-13-7サクセス赤坂ビル	☎(5545)5652
八　戸　市	〒102-0093	千,平河町2-4-2全国都市会館5F	☎(3261)8973
盛　岡　市	〒100-0012	千,日比谷公園1-3市政会館5F	☎(3595)7101
秋　田　市	〒102-0093	千,平河町2-4-1日本都市センター11F	☎(3234)6871
鶴　岡　市	〒134-0088	江戸川区西葛西7-28-7	☎(5696)6821
いわき市	〒105-0004	港,新橋2-16-1ニュー新橋ビル7F	☎(5251)5181
金　沢　市	〒102-0093	千,平河町2-4-2全国都市会館5F	☎(3262)0444
福　井　市	〒100-0012	千,日比谷公園1-3市政会館5F	☎(6457)9181
長　野　市	〒100-0014	千,永田町2-17-17アイオス永田町509	☎(5501)0461
岐　阜　市	〒102-0093	千,平河町2-6-3都道府県会館14F県事務所内	☎(5210)2061
豊　橋　市	〒102-0093	千,平河町2-4-1日本都市センター9F	☎(5210)1484
豊　田　市	〒102-0093	千,平河町2-4-1日本都市センター11F	☎(3556)3861
四日市市	〒102-0093	千,平河町2-4-1日本都市センター11F	☎(3263)3038
津　　　市	〒102-0093	千,平河町2-4-1日本都市センター11F	☎(6672)6868
姫　路　市	〒102-0093	千,平河町2-4-1日本都市センター12F	☎(6272)5690
和歌山市	〒102-0093	千,平河町2-6-3都道府県会館12F県事務所内	☎(5212)9193
倉　敷　市	〒102-0093	千,平河町2-4-2全国都市会館5F	☎(3263)2686
呉　　　市	〒102-0093	千,平河町2-4-1日本都市センター11F	☎(6261)3746
福　山　市	〒102-0093	千,平河町2-4-1日本都市センター11F	☎(3263)0966
下　関　市	〒102-0093	千,平河町2-4-1日本都市センター12F	☎(3261)4098
松　山　市	〒102-0093	千,平河町2-4-1日本都市センター11F	☎(3262)0974
久留米市	〒102-0093	千,平河町2-4-1日本都市センター11F	☎(3556)6900
長　崎　市	〒100-0012	千,日比谷公園1-3市政会館7F	☎(3591)7600
佐世保市	〒102-0093	千,平河町2-4-1日本都市センター11F	☎(5213)9060
諫　早　市	〒112-0015	文,目白台1-4-15	☎(3947)3296
大　分　市	〒102-0093	千,平河町2-4-1日本都市センター12F	☎(3221)5951
別　府　市	〒100-0014	千,永田町2-17-17アイオス永田町606号室	☎(6457)9971
宮　崎　市	〒102-0093	千,平河町2-4-1日本都市センター12F	☎(3234)9777
鹿児島市	〒102-0093	千,平河町2-4-1日本都市センター12F	☎(3262)6684

（人口10万人以上の都市についての東京事務所を掲載。）

特殊法人・主要団体等一覧

（令和6年7月5日現在）

【特　殊　法　人】

名称	郵便番号	所在地	電話
		〔事業団〕	
日本私立学校振興・共済事業団	102-8145	千，富士見1-10-12	3230-1321
		〔公　　庫〕	
沖縄振興開発金融公庫	900-8520	那覇市おもろまち1-2-26	098-941-1700
		〔特殊会社〕	
日本電信電話㈱（NTT）	100-8116	千，大手町1-5-1 大手町ファーストスクエア イーストタワー	6838-5111
東日本電信電話㈱（NTT東日本）	163-8019	新，西新宿3-19-2 NTT東日本本社ビル	5359-5111
西日本電信電話㈱（NTT西日本）	534-0024	大阪市都島区東野田町4-15-82	06-4793-9111
日本郵政㈱	100-8791	千，大手町2-3-1	3477-0111
日本郵便㈱		同	
日本たばこ産業㈱	105-6927	港，虎ノ門4-1-1	6636-2914
新関西国際空港㈱	549-0011	大阪府泉南郡田尻町泉州空港中1番地 関西国際空港航空会社南ビル4F	072-455-4030
北海道旅客鉄道㈱	060-8644	札幌市中央区北11条西15丁目1-1	011-222-7111 （電話案内センター）
四国旅客鉄道㈱	760-8580	高松市浜ノ町8-33	087-825-1600
日本貨物鉄道㈱	151-0051	渋，千駄ヶ谷5-33-8 サウスゲート新宿	5367-7370 （総務部）
東京地下鉄㈱（東京メトロ）	110-8614	台，東上野3-19-6	3837-7041 （総務部）
成田国際空港㈱	282-8601	成田市 成田国際空港内	0476-34-5400 （総務人事部）
東日本高速道路㈱	100-8979	千，霞が関3-3-2 新霞が関ビルディング	3506-0111
中日本高速道路㈱	460-0003	名古屋市中区錦2-18-19 三井住友銀行名古屋ビル	052-222-1620
西日本高速道路㈱	530-0003	大阪市北区堂島1-6-20 堂島アバンザ18F	06-6344-4000
首都高速道路㈱	100-8930	千，霞が関1-4-1 日土地ビル	3502-7311
阪神高速道路㈱	530-0005	大阪市北区中之島3-2-4 中之島フェスティバルタワー・ウエスト	06-6203-8888
本州四国連絡高速道路㈱	651-0088	神戸市中央区小野柄通4-1-22 アーバンエース三宮ビル	078-291-1000
日本アルコール産業㈱	103-0024	中，日本橋小舟町6-6 小倉ビル6F	5641-5255
中間貯蔵・環境安全事業㈱	105-0014	港，芝1-7-17 住友不動産芝ビル3号館4F	5765-1911
㈱日本政策金融公庫	100-0004	千，大手町1-9-4 大手町フィナンシャルシティ ノースタワー	3270-0636 （総務部）
㈱商工組合中央金庫（商工中金）	104-0028	中，八重洲2-10-17	3272-6111
㈱日本政策投資銀行	100-8178	千，大手町1-9-6 大手町フィナンシャルシティ サウスタワー	3270-3211
輸出入・港湾関連情報処理センター㈱	150-0013	港，浜松町1-3-1 浜離宮ザ タワー事務所棟6F	6732-6119 （総務部）
㈱国際協力銀行	100-8144	千，大手町1-4-1	5218-3100
		〔その他〕	
日本放送協会	150-8001	渋，神南2-2-1	3465-1111
放送大学学園	261-8586	千葉市美浜区若葉2-11	043-276-5111
日本中央競馬会	105-0003	港，西新橋1-1-1	3591-5251
日本年金機構	168-8505	杉，高井戸西3-5-24	5344-1100
沖縄科学技術大学院大学	904-0495	沖縄県国頭郡恩納村字谷茶1919-1	098-966-8711

【認可法人・地方共同法人・共済組合等】（50音順）

名称	郵便番号	所在地	電話
銀行等保有株式取得機構	104-0033	中，新川2-28-1 ザ・パークレックス新川4F	3553-1761 （運営企画室）
警察共済組合	102-8588	千，三番町6-8 警察共済ビル	5213-8300

名称	郵便番号	所在地	電話
原子力損害賠償・廃炉等支援機構	107-0052	港，赤坂1-11-44 赤坂インターシティ11F	0120-013-814（総務グループ）
公立学校共済組合	101-0062	千，神田駿河台2-9-5	5259-0011
国家公務員共済組合連合会	102-0074	千，九段南1-1-10 九段合同庁舎	3222-1841
使用済燃料再処理機構	030-0812	青森市堤町2-1-7 堤町ファーストスクエアビル4F	017-763-5910
損害保険契約者保護機構	101-8335	千，神田淡路町2-9 損保会館2F	3255-1635
地方公務員共済組合連合会	100-0011	千，内幸町2-1-1 飯野ビルディング11F	6807-3677
地方公務員災害補償基金	102-0093	千，平河町2-16-1 平河町森タワー8F	5210-1341（総務課）
地方職員共済組合	102-8601	千，平河町2-4-9 地共済センタービル	3261-9821
貯金保険機構（農水産業協同組合貯金保険機構）	100-0005	千，丸の内3-3-1 新東京ビル9F	3285-1270
電力広域的運営推進機関	135-0061	江東，豊洲6-2-15	0570-044-777
日本貸金業協会	108-0074	港，高輪3-19-15 二葉高輪ビル2F・3F	5739-3011
日本銀行	103-0021	中，日本橋本石町2-1-1	3279-1111
日本下水道事業団	113-0034	文，湯島2-31-27 湯島台ビル	6361-7800（総務企画課）
日本赤十字社	105-8521	港，芝大門1-1-3	3438-1311
預金保険機構	100-0004	千，大手町1-9-2 大手町フィナンシャルシティグランキューブ13F	6262-7370

【主要団体】(50音順)

(公社)＝公益社団法人、(一社)＝一般社団法人、(特社)＝特例社団法人、(公財)＝公益財団法人、(一財)＝一般財団法人、(特財)＝特例財団法人、(社福)＝社会福祉法人、(社医)＝社会医療法人財団

〔地方自治〕

名称	郵便番号	所在地	電話
(一財)尾崎行雄記念財団	100-0014	千，永田町1-8-1 憲政記念館内（代替施設）	3581-1778
(公財)後藤・安田記念東京都市研究所	100-0012	千，日比谷公園1-3 市政会館	3591-1201
指定都市市長会	100-0012	千，日比谷公園1-3 市政会館6F	3591-4772
(一社)全国過疎地域連盟	101-0047	千，内神田1-5-4 加藤ビル3F	5244-5827
全国市議会議長会	102-0093	千，平河町2-4-2 全国都市会館6F	3262-5234
全国市長会	102-8635	千，平河町2-4-2 全国都市会館4F	3262-2313
(一財)全国自治協会	100-0014	千，永田町1-11-35 全国町村会館	3581-0472（災害共済部庶務係）
全国知事会	102-0093	千，平河町2-6-3 都道府県会館6F	5212-9127
全国町村会	100-0014	千，永田町1-11-35 全国町村会館	3581-0482
全国町村議会議長会	102-0082	千，一番町25 全国町村議員会館4F	3264-8181
全国都道府県議会議長会	102-0093	千，平河町2-6-3 都道府県会館5F	5212-9155
(一財)地方財務協会	102-0093	千，平河町2-4-9 地共済センタービル6F	3261-8547
(一財)地方自治研究機構	104-0061	中，銀座7-14-16 太陽銀座ビル2F	5148-0661（総務部）
都道府県選挙管理委員会連合会	160-0022	新，新宿1-12-15 東洋新宿ビル3F	6273-0548
日本行政書士会連合会	105-0001	港，虎ノ門4-1-28 虎ノ門タワーズオフィス10F	6435-7330

〔財務省関係〕

名称	郵便番号	所在地	電話
(一財)産業経理協会	101-8333	千，神田淡路町1-15-6	3253-0361
信金中央金庫	103-0028	中，八重洲1-3-7	5202-7711
(一社)信託協会	100-0005	千，丸の内2-2-1 岸本ビル1F	6206-3981
(一社)生命保険協会	100-0005	千，丸の内3-4-1 新国際ビル3F	3286-2624
(一社)全国銀行協会	100-8216	千，丸の内1-3-1	3216-3761
全信組連(全国信用協同組合連合会)	104-8310	中，京橋1-9-5	3562-5111
(一社)全国信用金庫協会	103-0028	中，八重洲1-3-7	3517-5711

団体名	郵便番号	所在地	電話
(一社)全国信用組合中央協会	104-0031	中，京橋1-9-5	3567-2451
(一社)全国信用保証協会連合会	101-0048	千，神田司町2-1 オーク神田ビル8F・9F	6823-1200
(一社)全国地方銀行協会	101-8509	千，内神田3-1-2 地方銀行会館	3252-5171
(一社)全国労働金庫協会	101-0047	千，内神田1-13-4	3295-6721
損害保険料率算出機構	163-1029	新，西新宿3-7-1 新宿パークタワー28F・29F	6758-1300
(一社)第二地方銀行協会	102-8356	千，三番町5	3262-2181
㈱東京商品取引所	103-0026	中，日本橋兜町2-1	3666-1361
㈱東京証券取引所	103-8224	中，日本橋兜町2-1	3666-0141
(一社)投資信託協会	103-0026	中，日本橋兜町2-1 東京証券取引所ビル6F	5614-8400
日本公認会計士協会	102-8264	千，九段南4-4-1 公認会計士会館	3515-1120
日本証券業協会	103-0027	中，日本橋2-11-2 太陽生命日本橋ビル(8F～11F)	6665-6800
日本税理士会連合会	141-0032	品，大崎1-11-8 日本税理士会館8F	5435-0931
(一社)日本損害保険協会	101-8335	千，神田淡路町2-9 損保会館内	3255-1844
〔経済産業省関係〕			
板硝子協会	108-0074	港，高輪1-3-13 NBF高輪ビル4F	6450-3926
(一社)海洋水産システム協会	103-0027	中，日本橋3-15-8 アミノ酸会館ビル2F	6411-0021
(一財)カーボンフロンティア機構	105-0003	港，西新橋3-2-1 Daiwa西新橋ビル3F	6402-6100
(公社)関西経済連合会(関経連)	530-6691	大阪市北区中之島6-2-27 中之島センタービル30F	06-6441-0101
(一財)機械振興協会	105-0011	港，芝公園3-5-8 機械振興会館	3434-8224
(公社)経済同友会	100-0005	千，丸の内1-4-6 日本工業倶楽部別館5F	3211-1271 (総務部)
軽自動車検査協会	160-0023	新，西新宿3-2-11 新宿三井ビル2号館15F	5324-6611
高圧ガス保安協会	105-8447	港，虎ノ門4-3-13 ヒューリック神谷町ビル	3436-6100
(一社)自転車協会	107-0052	港，赤坂1-8-1 赤坂インターシティーAIR9F	6230-9896
(一財)製品安全協会	110-0012	台，竜泉2-20-2 ミサワホームズ三ノ輪2F	5808-3300
石油化学工業協会	104-0033	中，新川1-4-1 住友不動産六甲ビル8F	3297-2011 (総務部)
石油鉱業連盟	100-0004	千，大手町1-3-2 経団連会館17F	3214-1701
石油連盟	100-0004	千，大手町1-3-2 経団連会館17F	5218-2305 (広報室)
石灰石鉱業協会	101-0032	千，岩本町1-7-1 瀬木ビル4F	5687-7650
(一社)セメント協会	104-0041	中，新富2-15-5 RBM築地ビル2F	5540-6171
全国商工会連合会	100-0006	千，有楽町1-7-1 有楽町電気ビル北館19F	6268-0088
全国商工団体連合会(全商連)	171-8575	豊，目白2-36-13	3987-4391
全国石油業共済協同組合連合会	100-0014	千，永田町2-17-14 石油会館	3593-5811
全国石油商業組合連合会	100-0014	千，永田町2-17-14 石油会館	3593-5811
(公財)全国中小企業振興機関協会	104-0033	中，新川2-1-9 石川ビル	5541-6688
全国中小企業団体中央会	104-0033	中，新川1-26-19 全中・全味ビル	3523-4901 (総務企画部)
全国鍍金工業組合連合会	105-0011	港，芝公園3-5-8 機械振興会館206	3433-3855
全日本印刷工業組合連合会(全印工連)	104-0041	中，新富1-16-8 日本印刷会館4F	3552-4571
電気事業連合会	100-8118	千，大手町1-3-2 経団連会館	5221-1440 (広報部)
(一社)電子情報技術産業協会	100-0004	千，大手町1-1-3 大手センタービル	5218-1050 (総務部)
(一財)伝統的工芸品産業振興協会	107-0052	港，赤坂8-1-22 2F	5785-1001
(一社)日本アルミニウム協会	104-0061	中，銀座4-2-15 塚本素山ビル7F	3538-0221
(一社)日本ガス協会	105-0001	港，虎ノ門1-15-12 日本ガス協会ビル9F	3502-0111

団体名	〒	所在地	電話
(一社)日本化学工業協会	104-0033	中, 新川1-4-1 住友不動産六甲ビル7F	3297-2550 (総務部)
(公社)日本観光振興協会	105-0001	港, 虎ノ門3-1-1 虎ノ門3丁目ビルディング6F	6435-8331
(一社)日本機械工業連合会	105-0011	港, 芝公園3-5-8 機械振興会館5F	3434-5381
(一社)日本経済団体連合会(経団連)	100-8188	千, 大手町1-3-2 経団連会館	6741-0111
(一社)日本原子力産業協会	102-0084	千, 二番町11-19 興和二番町ビル5F	6256-9311 (総務部)
日本鉱業協会(JMIA)	101-0054	千, 神田錦町3-17-11 榮葉ビル8F	5280-2322
(一社)日本工業倶楽部	100-0005	千, 丸の内1-4-6 日本工業倶楽部会館	3281-1711
(一社)日本航空宇宙工業会	107-0052	港, 赤坂2-5-8 ヒューリックJP赤坂ビル10F	3585-0511
(一社)日本自動車会議所	105-0012	港, 芝大門1-1-30 日本自動車会館15F	3578-3880
(一社)日本自動車工業会	105-0012	港, 芝大門1-1-30 日本自動車会館16F	5405-6118 (総務統括部)
(一社)日本自動車販売協会連合会(自販連)	105-8530	港, 芝大門1-1-30 日本自動車会館15F	5733-3100
日本商工会議所	100-0005	千, 丸の内3-2-2 丸の内二重橋ビル6F	3283-7823
日本商品先物振興協会(JCFIA)	103-0013	中, 日本橋人形町1-1-11 日庄ビル6F	3664-5731
日本商品先物取引協会	103-0013	中, 日本橋人形町1-1-11 日庄ビル6F	3664-4732 (総務部)
日本消防検定協会	182-0012	調布市深大寺東町4-35-16	0422-44-7471
(公社)日本水道協会	102-0074	千, 九段南4-8-9	3264-2281 (総務部総務課)
(公財)日本生産性本部	102-8643	千, 平河町2-13-12	3511-4001
日本製紙連合会	104-8139	中, 銀座3-9-11 紙パルプ会館	3248-4801
(公社)日本青年会議所	102-0093	千, 平河町2-14-3	3234-5601
日本製薬団体連合会(日薬連)	103-0023	中, 日本橋本町3-7-2 MFPR日本橋本町ビル3F	3527-3154
(一社)日本造船工業会	105-0001	港, 虎ノ門1-15-12 日本ガス協会ビル3F	3580-1561
日本チェーンストア協会	105-0001	港, 虎ノ門1-21-17 虎ノ門NNビル11F	5251-4600
(一社)日本中小企業団体連盟(中団連)	103-0025	中, 日本橋茅場町2-8-4 全国会館4F	3668-2481
(一社)日本鉄鋼連盟	103-0025	中, 日本橋茅場町3-2-10 鉄鋼会館	3669-4811 (総務部)
(一社)日本電気協会	100-0006	千, 有楽町1-7-1 有楽町電気ビル北館4F	3216-0551 (総務部)
日本電気計器検定所(日電検)	108-0023	港, 芝浦4-15-7	3451-1181
(一社)日本電機工業会(JEMA)	102-0082	千, 一番町17-4	3556-5881
(一社)日本動力協会	105-0003	港, 西新橋1-5-8 川手ビル7F	3502-1261
(一社)日本百貨店協会	103-0027	中, 日本橋2-1-10 柳屋ビル2F	3272-1666
日本プラスチック工業連盟(プラ工連)	103-0025	中, 日本橋茅場町3-5-2 アロマビル5F	6661-6811
(一社)日本貿易会	100-0013	千, 霞ヶ関3-2-1 霞ヶ関コモンゲート西館20F	5860-9350
日本紡績協会	103-0023	中, 日本橋本町3-1-11 繊維会館	6265-1501 (東京事務局)

〔国土交通省関係〕

団体名	〒	所在地	電話
自動車安全運転センター	102-0094	千, 紀尾井町3-6 紀尾井町パークビル2F	3264-8600
(一社)全国建設業協会	104-0032	中, 八丁堀2-5-1 東京建設会館5F	3551-9396
(公社)全国宅地建物取引業協会連合会	101-0032	千, 岩本町2-6-3 全宅連会館	5821-8111
(一社)全国治水砂防協会	102-0093	千, 平河町2-7-4 砂防会館別館	3261-8386
(公社)全国通運連盟	101-0063	千, 神田淡路町2-21 淡路町MHビル5F	5296-1670
(一社)全日本航空事業連合会	105-0014	港, 芝3-1-15 芝ボートビル8F	5445-1353
(公社)全日本トラック協会	160-0004	新, 四谷3-2-5	3354-1009
(公社)鉄道貨物協会(RFA)	101-0048	千, 神田司町2-8-4 吹田屋ビル4F	5256-0577

団体名	〒	所在地	電話
(一社) 日本海運集会所	112-0002	文, 小石川2-22-2 和順ビル3F	5802-8361 (総務グループ)
(一財) 日本海事協会	102-8567	千, 紀尾井町4-7	3230-1201
(一財) 日本気象協会(JWA)	170-6055	豊, 東池袋3-1-1 サンシャイン60 55F	5958-8111
(一社) 日本建設業連合会(日建連)	104-0032	中, 八丁堀2-5-1 東京建設会館8F	3553-0701
(一社) 日本港運協会	105-8666	港, 新橋6-11-10 港運会館内	3432-1050
(一社) 日本交通協会	100-0005	千, 丸の内3-4-1 新国際ビル9F916号	3216-2200
(公社) 日本港湾協会	107-0052	港, 赤坂3-3-5 住友生命山王ビル8F	5549-9575
日本小型船舶検査機構(JCI)	102-0073	千, 九段北4-1-3 飛栄九段北ビル5F	3239-0821
(公財) 日本財団	107-8404	港, 赤坂1-2-2 日本財団ビル	6229-5111
(一社) 日本船主協会	102-8603	千, 平河町2-6-4 海運ビル	3264-7171
(一社) 日本倉庫協会	135-8443	江東, 永代1-13-3 倉庫会館5F	3643-1221
(一財) 日本ダム協会	104-0061	中, 銀座2-14-2 銀座GTビル7F	3545-8361
(一社) 日本治山治水協会	100-0014	千, 永田町2-4-3 永田町ビル4F	3581-2288
(公社) 日本道路協会	100-8955	千, 霞が関3-3-1 尚友会館	3581-2211
日本土地家屋調査士会連合会	101-0061	千, 神田三崎町1-2-10 土地家屋調査士会館	3292-0050
日本内航海運組合総連合会	102-0093	千, 平河町2-6-4 海運ビル	3263-4741
(一社) 日本民営鉄道協会	102-0094	千, 紀尾井町3-6 紀尾井町パークビル6F	6371-1401
(一社) 日本旅客船協会	102-0093	千, 平河町2-6-4 海運ビル9F	3265-9681
(一社) 不動産協会	100-6017	千, 霞が関3-2-5 霞が関ビル17F	3581-9421

〔農林水産省関係〕

団体名	〒	所在地	電話
JF全漁連(全国漁業協同組合連合会)	104-0033	中, 新川1-28-44 新川K・Tビル	6222-1301 (総合管理部)
製粉協会	103-0026	中, 日本橋兜町15-6 製粉会館ビル	3667-1011
(一財) 製粉振興会	103-0026	中, 日本橋兜町15-6 製粉会館2F	3666-2712
全国共済農業協同組合連合会(JA共済連)	102-8630	千, 平河町2-7-9 JA共済ビル	5215-9100
(公社) 全国漁港漁場協会	101-0045	千, 神田鍛冶町3-6-7 ウンピン神田ビル2F	6206-0066
全国厚生農業協同組合連合会(JA全厚連)	100-6827	千, 大手町1-3-1 JAビル27F	3212-8000
(一社) 全国清涼飲料連合会	101-0041	千, 神田須田町2-9-2 PMO神田岩本町2F	6260-9260
全国たばこ耕作組合中央会	105-0013	港, 浜松町2-7-17 イーグル浜松町ビル9F	3432-4401
全国たばこ販売協同組合連合会	105-0014	港, 芝1-6-10 芝SIAビル7F	5476-7551
(一社) 全国農業会議所	102-0084	千, 二番町9-8 中央労働基準協会ビル2F	6910-1121
(公社) 全国農業共済協会	102-8411	千, 一番町19 全国農業共済会館	3263-6411
全国農業協同組合中央会(JA全中)	100-6837	千, 大手町1-3-1 JAビル	6665-6000
全国農業協同組合連合会(全農)	100-6832	千, 大手町1-3-1 JAビル	6271-8111
全国米穀販売事業共済協同組合(全米販)	103-0001	中, 日本橋小伝馬町15-15 食糧会館	4334-2100
全麦連(全国精麦工業協同組合連合会)	135-0031	江東, 佐賀1-9-13 精麦会館	3641-1101
(一財) 大日本蚕糸会	100-0006	千, 有楽町1-9-4 蚕糸会館6F	3214-3411 (役員室・総務部)
(一社) 大日本水産会	100-0011	千, 内幸町1-2-1 日土地内幸町ビル3F	3528-8511
地方競馬全国協会	106-8639	港, 六本木1-9-10	3583-6841
(公社) 中央畜産会(JLIA)	101-0021	千, 外神田2-16-2 第2ディーアイシービル9F	6206-0840
日本酒造組合中央会	105-0003	港, 西新橋1-6-15 日本酒造虎ノ門ビル	3501-0101
(公財) 日本醸造協会	114-0023	北, 滝野川2-6-30	3910-3853
日本醤油協会	103-0016	中, 日本橋小網町3-11 日本橋SOYICビル	3666-3286

団体名	郵便番号	住所	電話
日本蒸留酒酒造組合	103-0025	中，日本橋茅場町2-3-6 宗和ビル5Ｆ	3527-3707
(公社)日本茶業中央会	105-0021	港，東新橋2-8-5 東京茶業会館5Ｆ	3434-2001
農林漁業団体職員共済組合（農林年金）	110-8580	台，秋葉原2-3 日本農業新聞本社ビル	6260-7800
ビール酒造組合	104-0061	中，銀座1-16-7 銀座大栄ビル10F	3561-8386

〔厚生労働省関係〕

団体名	郵便番号	住所	電話
(公財)エイズ予防財団	101-0064	千，神田猿楽町2-7-1 TOHYUビル3Ｆ	5259-1811
(公財)沖縄協会	103-0001	中，日本橋小伝馬町17-6 Siesta日本橋201	6231-1433
(社福)恩賜財団 済生会	108-0073	港，三田1-4-28 三田国際ビルヂング21Ｆ	3454-3311
(公財)がん研究会	135-8550	江東，有明3-8-31	3520-0111
企業年金連合会	105-0011	港，芝公園2-4-1 芝パークビルB館10Ｆ・11Ｆ	5401-8711
健保連(健康保険組合連合会)	107-0052	港，赤坂8-5-26 住友不動産青山ビル西館	3403-0915
(公社)国民健康保険中央会	100-0014	千，永田町1-11-35 全国町村会館	3581-6821
国民年金基金連合会	106-0032	港，六本木6-1-21 三井住友銀行六本木ビル	5411-0211
国立障害者リハビリテーションセンター	359-8555	所沢市並木4-1	04-2995-3100
(一社)産業環境管理協会	100-0011	千，内幸町1-3-1 幸ビルディング3F	3528-8150（総務室）
社会保険診療報酬支払基金	105-0004	港，新橋2-1-3	3591-7441
主婦連合会	102-0085	千，六番町15 主婦会館プラザエフ3Ｆ	3265-8121
消防基金（消防団員等公務災害補償等共済基金）	105-0003	港，西新橋3-7-1 ランディック第2新橋ビル4F	5422-1710
(公社)全国自治体病院協議会	102-8556	千，平河町2-7-5 砂防会館7Ｆ	3261-8555
(社福)全国社会福祉協議会	100-8980	千，霞が関3-3-2 新霞が関ビル	3581-7820
(一社)全国社会保険協会連合会(全社連)	141-0031	品，西五反田8-2-8 五反田佑気ビル4F	5434-8577
全国社会保険労務士会連合会	103-8346	中，日本橋本石町3-2-12 社会保険労務士会館	6225-4864
(一社)全国消費者団体連絡会	102-0085	千，六番町15 プラザエフ6Ｆ	5216-6024
(公社)全国私立保育連盟	111-0051	台，蔵前4-11-10 全国保育会館	3865-3880
(一社)全国年金受給者団体連合会(全年連)	160-0022	新，新宿2-17-10 黒岩ビル3Ｆ	6709-8762
(一財)全国母子寡婦福祉団体協議会	140-0011	品，東大井5-23-13	6718-4088
全国理容生活衛生同業組合連合会	151-0053	渋，代々木1-36-4 全理連ビル	3379-4111
全地婦連（全国地域婦人団体連絡協議会）	150-0002	渋，渋谷1-17-14 全国婦人会館3F	3407-4303
(公社)全日本医薬品登録販売者協会	112-0002	文，小石川5-20-17 研修センター2Ｆ	3813-5353
全旅連（全国旅館ホテル生活衛生同業組合連合会）	102-0093	千，平河町2-5-5 全国旅館会館4Ｆ	3263-4428
(社福)中央共同募金会	100-0013	千，霞が関3-3-2 新霞が関ビル5Ｆ	3581-3846
中央職業能力開発協会(JAVADA)	160-8327	新，西新宿7-5-25 西新宿プライムスクエア11F	6758-2880（総務部）
中央労働災害防止協会	108-0014	港，芝5-35-2 安全衛生総合会館	3452-6841
(公社)日本医師会	113-8621	文，本駒込2-28-16	3946-2121
(一財)日本遺族会	102-0074	千，九段南1-6-17 千代田会館3Ｆ	3261-5521
(一社)日本医療法人協会	102-0071	千，富士見2-6-12 AMビル3Ｆ	3234-2438
(公社)日本栄養士会	105-0004	港，新橋5-13-5 新橋MCVビル6F	5425-6555
(一社)日本環境保全協会	102-0073	千，九段北1-10-9 九段VIGASビル	3264-7935
(公社)日本看護協会	150-0001	渋，神宮前5-8-2	5778-8831
(一社)日本救急救命士協会	102-0084	千，二番町5-2 麹町駅プラザ901	6403-3892
(更生保護法人)日本更生保護協会	151-0051	渋，千駄ケ谷5-10-9 更生保護会館内	3356-5721

団体名	〒	所在地	電話
(一社) 日本郷友連盟	160-0001	新, 片町3-3 マンション壁装館4F402号	3353-2342
(公社) 日本歯科医師会	102-0073	千, 九段北4-1-20 歯科医師会館	3262-9321
(公社) 日本歯科衛生士会	169-0072	新, 大久保2-11-19	3209-8020
(公社) 日本歯科技工士会	162-0846	新, 市谷左内町21-5 歯科技工士会館	3267-8681
(社福) 日本肢体不自由児協会	173-0037	板, 小茂根1-1-7	5995-4511
(公社) 日本柔道整復師会	110-0007	台, 上野公園16-9 日本柔整会館	3821-3511
(公社) 日本食品衛生協会	111-0042	台, 寿4-15-7	5830-8801
(公社) 日本助産師会	111-0054	台, 鳥越2-12-2	3866-3054
日本生協連(日本生活協同組合連合会)	150-8913	渋, 渋谷3-29-8 コーププラザ	5778-8111
(公財) 日本対がん協会	104-0045	中, 築地5-3-3 築地浜離宮ビル7階	3541-4771
日本母親大会連絡会	102-0084	千, 二番町12-1 全国教育文化会館B1F	3230-1836
(一社) 日本病院会	102-8414	千, 三番町9-15 ホスピタルプラザビル	3265-0077
日本婦人団体連合会(婦団連)	151-0051	渋, 千駄ケ谷4-11-9-303	3401-6147
(社福) 日本保育協会	102-0083	千, 麹町1-6-2 麹町一丁目ビル6F	3222-2111
(公社) 日本薬剤師会	160-8389	新, 四谷3-3-1 四谷安田ビル7F	3353-1170
(公財) 日本レクリエーション協会	110-0016	台, 台東1-1-14 D's VARIE秋葉原ビル7F	3834-1091 (総務部)
(社福) 白十字会	110-0016	台, 台東4-20-6 T&Kビル301	3831-8075
(公財) 放射線影響研究所(広島研究所)	732-0815	広島市南区比治山公園5-2	082-261-3131
(公財) 放射線影響研究所(長崎研究所)	850-0013	長崎市中川1-8-6	095-823-1121

〔文部科学省関係〕

団体名	〒	所在地	電話
(一社) 教科書協会	135-0015	江東, 千石1-9-28	5606-9781
(一社) 公立大学協会	100-0013	千, 霞が関3-8-1 虎の門ダイビルイーストB106	3501-3336
(一社) 国立大学協会	101-0003	千, 一ツ橋2-1-2 学術総合センター4F	4212-3506
全国高等学校長協会	105-0003	港, 西新橋2-5-10 NBC西新橋ビル4F	3580-0570
(公社) 全国公民館連合会	105-0001	港, 虎ノ門1-16-8 飯島ビル3F	3501-9666
全国公立学校事務長会	170-0013	豊, 東池袋1-36-3 池袋陽光ハイツ203号	5960-5666
全国専修学校各種学校総連合会	102-0073	千, 九段北4-2-25 私学会館別館11F	3230-4814
全国都道府県教育委員会連合会	100-0013	千, 霞が関3-3-1 尚友会館	3501-0575
全国連合小学校長会	105-0003	港, 西新橋1-22-14	3501-9288
全日本私立幼稚園連合会	102-0073	千, 九段北4-2-25 私学会館別館4F	3237-1080
全日本中学校長会	105-0003	港, 西新橋1-22-13 全日本中学校長会館	3580-0604
(一社) 日本音楽著作権協会(JASRAC)	151-8540	渋, 上原3-6-12	3481-2121
日本私立小学校連合会	102-0073	千, 九段北4-2-25 私学会館別館6F	3261-2934
日本私立大学協会		同 9F	3261-7048
(一社) 日本私立大学連盟(JAPUC)		同 7F	3262-2420
日本私立短期大学協会		同 6F	3261-9055
日本私立中学高等学校連合会		同 5F	3262-2828
(公財) 日本相撲協会	130-0015	墨, 横網1-3-28	3623-5111
(公社) 日本PTA全国協議会(日P)	107-0052	港, 赤坂7-5-38	5545-7151

〔その他〕

団体名	〒	所在地	電話
原水禁(原水爆禁止日本国民会議)	101-0062	千, 神田駿河台3-2-11 連合会館1F	5289-8224
全国麻雀業組合総連合会(全雀連)	101-0025	千, 神田佐久間町2-14-7-3F	050-8881-5762

(公財)NIRA総合研究開発機構	150-6034	渋, 恵比寿4-20-3 恵比寿ガーデンプレイスタワー34F	5448-1700 (総括管理部)
(公財)日本環境協会(JEA)	101-0032	千, 岩本町1-10-5 TMMビル5F	5829-6524 (総務部)
日本原水協(原水爆禁止日本協議会)	113-8464	文, 湯島2-4-4 平和と労働センター6F	5842-6031
日本司法書士会連合会	160-0003	新, 四谷本塩町4-37 司法書士会館	3359-4171
日本弁護士連合会(日弁連)	100-0013	千, 霞が関1-1-3 弁護士会館15F	3580-9841
(一財)ゆうちょ財団	101-0061	千, 神田三崎町3-7-4 ゆうビル	5275-1810

【労働組合】(50音順)

印刷労連(印刷情報メディア産業労働組合連合会)	105-0014	港, 芝2-20-12 友愛会館16F	5442-0191
運輸労連(全日本運輸産業労働組合連合会)	100-0013	千, 霞が関3-3-3 全日通霞ヶ関ビル5F	3503-2171
NTT労組(旧全電通)	101-8320	千, 神田駿河台3-6 全電通労働会館内	3219-2111
紙パ連合(日本紙パルプ紙加工産業労働組合連合会)	110-0008	台, 池之端2-7-17 井門池之端ビル2F	5809-0482
基幹労連(日本基幹産業労働組合連合会)	104-0033	中, 新川1-23-4 I・Sリバーサイドビル4F	3555-0401
金融労連(全国金融労働組合連合会)	102-0093	千, 平河町1-9-9 レフラスック平河町ビル4F	3230-8415
建交労(全日本建設交運一般労働組合)	169-0073	新, 百人町4-7-2 全日自労会館	3360-8021
航空連合	144-0041	大, 羽田空港1-6-5 第5綜合ビル5F	5708-7161
交通労連(全国交通運輸労働組合総連合)	105-0014	港, 芝2-20-12 友愛会館15F	3451-7243
国労(国鉄労働組合)	105-0004	港, 新橋5-15-5 交通ビル7F	5403-1640
国公連合(国公関連労働組合連合会)	101-0062	千, 神田駿河台3-2-11 連合会館5F 公務労協内	5209-6205
ゴム連合(日本ゴム産業労働組合連合)	171-0031	豊, 目白2-3-3 ゴム産業会館2F	3984-5656
サービス連合(サービス・ツーリズム産業労働組合連合会)	160-0002	新, 四谷坂町9-6 坂町Mビル2F	5919-3261
JR総連(全日本鉄道労働組合総連合会)	141-0031	品, 西五反田3-2-13 目黒さつき会館	3491-7191
JR連合(日本鉄道労働組合連合会)	103-0022	中, 日本橋室町1-8-10 東興ビル9F	3270-4590
JAM(ものづくり産業労働組合)	105-0014	港, 芝2-20-12 友愛会館10F・11F	3451-2141
JEC連合(日本化学エネルギー産業労働組合連合会)	110-0008	台, 池之端2-7-17 井門池之端ビル2F	5832-9612
JP労組(日本郵政グループ労働組合)	110-0015	台, 東上野5-2-2	5830-2655
自治労(全日本自治団体労働組合)	102-8464	千, 六番町1 自治労会館	3263-0262
私鉄総連(日本私鉄労働組合総連合会)	108-0074	港, 高輪4-3-5 私鉄会館内	3473-0166
自動車総連(全日本自動車産業労働組合総連合会)	108-0074	港, 高輪4-18-21 ビューウェルスクエア	5447-5811
情報労連(情報産業労働組合連合会)	101-0062	千, 神田駿河台3-6 全電通労働会館5F	3219-2231
新聞労連(日本新聞労働組合連合)	113-0033	文, 本郷2-17-17 井門本郷ビル6F	5842-2201
生保労連(全国生命保険労働組合連合会)	113-0034	文, 湯島3-19-5 湯島三組坂ビル3F	3837-2031
セラミックス連合(セラミックス産業労働組合連合会)	467-0879	名古屋市瑞穂区平郷町3-11	052-882-4562
全教(全日本教職員組合)	102-0084	千, 二番町12-1 全国教育文化会館3F	5211-0123
全銀連合(全国銀行員組合連合会議)	103-0027	中, 日本橋2-1-3 アーバンネット日本橋二丁目ビル10F	4446-5204
全建総連(全国建設労働組合総連合)	169-8650	新, 高田馬場2-7-15 全建総連会館3F	3200-6221
全港湾(全日本港湾労働組合)	144-0052	大, 蒲田5-10-2 日港福会館4F	3733-8821
全国一般(じちろう・全国一般評議会)	102-8464	千, 六番町1 自治労会館5F	3263-0441
全国ガス(全国ガス労働組合連合会)	143-0015	大, 大森西5-11-1	5493-8381
全国農団労(全国農林漁業団体職員労働組合連合)	105-0013	港, 浜松町1-19-4 佐藤ビル4F	3437-0931
全国林野関連労働組合	100-8952	千, 霞が関1-2-1 農林水産省内	3519-5981
全自交労連(全国自動車交通労働組合連合会)	151-0051	渋, 千駄ケ谷3-7-9	3408-0875

名称	郵便番号	所在地	電話
全水道(全日本水道労働組合)	113-0033	文，本郷1-4-1 全水道会館2F	3816-4132
全電線(全日本電線関連産業労働組合連合会)	142-0064	品，旗の台1-11-6	3785-2991
全日教連(全日本教職員連盟)	102-0083	千，麹町3-7 半蔵門村山ビル東館	3264-3861
全日本海員組合	106-0032	港，六本木7-15-26 海員ビル	5410-8329
全労金(全国労働金庫労働組合連合会)	101-0063	千，神田淡路町1-11 淡路町MHアネックス3F	3256-1015
損保労連(損害保険労働組合連合会)	102-0083	千，麹町5-3 麹町中田ビル3F	5276-0071
電機連合(全日本電機・電子・情報関連産業労働組合連合会)	100-0011	千，内幸町1-3-1 幸ビルディング7F	4330-0731
電力総連(全国電力関連産業労働組合総連合)	108-0073	港，三田2-7-13 TDS三田	3454-0231
都労連(東京都労働組合連合会)	163-8001	新，西新宿2-8-1 都庁第2本庁舎	3343-1301
日教組(日本教職員組合)	101-0003	千，一ツ橋2-6-2 日本教育会館内	3265-2171
日建協(日本建設産業職員労働組合協議会)	169-0075	新，高田馬場1-31-16 ワイム高田馬場ビル3F	5285-3870
日高教(日本高等学校教職員組合)	101-0046	千，神田多町2-11 青木ビル4F	5297-8371
日産労連(全日産・一般業種労働組合連合会)	105-0011	港，芝公園2-4-1 芝パークビルB13F	3434-4721
日本医労連(日本医療労働組合連合会)	110-0013	台，入谷1-9-5 日本医療労働会館3F	3875-5871
フード連合(日本食品関連産業労働組合総連合会)	108-0014	港，芝5-26-30 専売ビル4F	6435-2882
ヘルスケア労協(保健医療福祉労働組合協議会)	105-0014	港，芝2-17-20 日本赤十字労働組合会館内	3451-6025
民放労連	160-0008	新，四谷三栄町6-5 木原ビル	3355-0461
UAゼンセン(全国繊維化学食品流通サービス一般労働組合同盟)	102-8273	千，九段南4-8-16	3288-3737
連合(日本労働組合総連合会)	101-0062	千，神田駿河台3-2-11 連合会館	5295-0550(総務局)

【報道関係】

名称	郵便番号	所在地	電話
(一社)共同通信社	105-7201	港，東新橋1-7-1 汐留メディアタワー	6252-8000
㈱時事通信社	104-8178	中，銀座5-15-8	6800-1111
(公社)日本外国特派員協会	100-0005	千，丸の内3-2-3 丸の内二重橋ビル5F	3211-3161
(公社)日本記者クラブ	100-0011	千，内幸町2-2-1 日本プレスセンタービル9F	3503-2722
(一社)日本雑誌協会	101-0051	千，神田神保町1-32 出版クラブビル5F	3291-0775
(一社)日本新聞協会	100-8543	千，内幸町2-2-1 日本プレスセンタービル7F	3591-4401
(公社)日本専門新聞協会	105-0001	港，虎ノ門1-2-12 第二興業ビル	3597-8881
(一社)日本地方新聞協会	160-0008	新，四谷三栄町2-14 四谷ビジネスガーデン224号	6856-6997
(一社)日本民間放送連盟(民放連)	102-8577	千，紀尾井町3-23	5213-7711
民間放送報道協議会	100-0014	千，永田町1-6-2 国会記者会館	3581-3875
(一財)ラヂオプレス	162-0056	新，若松町33-8 アール・ビル新宿	5273-2171

【新聞社】

名称	郵便番号	所在地	電話
㈱朝日新聞社	104-8011	中，築地5-3-2	3545-0131
㈱産業経済新聞社	100-8077	千，大手町1-7-2	3231-7111
㈱ジャパンタイムズ	102-0082	千，一番町2-2 一番町第二TGビル2F	050-3646-0123
㈱中日新聞東京本社	100-0011	千，内幸町2-1-4	6910-2211
㈱日刊工業新聞社	103-8548	中，日本橋小網町14-1	5644-7000
㈱日本経済新聞社	100-8066	千，大手町1-3-7	3270-0251
㈱毎日新聞社	100-8051	千，一ツ橋1-1-1	3212-0321
㈱読売新聞社	100-8055	千，大手町1-7-1	3242-1111

〔北海道・東北〕

名称	郵便番号	所在地	電話
秋田魁新報社	100-0011	千，内幸町2-2-1 日本プレスセンタービル6F	5511-8261

岩手日報社	104-0061	中，銀座7-12-14 大栄会館	3541-4346
河北新報社	105-0004	港，新橋5-13-1 新橋菊栄ビル7F	6435-9059
デーリー東北新聞社	104-0061	中，銀座7-13-21 銀座新六洲ビル7F	3543-0248
東奥日報社	104-0061	中，銀座8-11-5 正金ビル5F	3573-0701
福島民報社	104-0061	中，銀座5-15-8 時事通信ビル13F	6226-1001
北海道新聞社	105-8435	港，虎ノ門1-7-12 虎ノ門ファーストガーデン12F	6811-1830
陸奥新報社	104-0061	中，銀座5-15-8 時事通信ビル13F	6228-4751
山形新聞社	104-0061	中，銀座6-13-16 ヒューリック銀座ウォールビル	3543-0821

〔関東〕

茨城新聞社	104-0032	中，八丁堀3-25-10 JR八丁堀ビル2F	3552-0505
神奈川新聞社	104-0061	中，銀座7-15-11 日宝銀座Kビル8F	3544-2507
埼玉新聞社	104-0045	中，築地2-10-4 エミタ銀座イーストビル5F	3543-3371
下野新聞社	100-0011	千，内幸町2-2-1 日本プレスセンタービル8F	5501-0520
上毛新聞社	104-0031	中，京橋2-12-9 ACN京橋ビル5F	6228-7654
千葉日報社	104-0061	中，銀座4-10-12 銀座サマリヤビル4F	3545-1261

〔甲信・北陸〕

北日本新聞社	104-0061	中，銀座7-16-14 銀座イーストビル8F	6264-7381
信濃毎日新聞社	100-0011	千，内幸町2-2-1 日本プレスセンタービル6F	5521-3100
富山新聞社	104-0045	中，築地6-4-8 北國新聞東京会館	3541-7221
新潟日報社	100-0011	千，内幸町2-2-1 日本プレスセンタービル2F	5510-5511
福井新聞社	105-0004	港，新橋2-19-4 SNTビル5F	3571-2918
北國新聞社	104-0045	中，築地6-4-8 北國新聞東京会館	3541-7221
山梨日日新聞社	104-0061	中，銀座8-3-7 静新ビル	3572-6031

〔中部・近畿〕

伊勢新聞社	104-0045	中，築地2-11-11 諸井ビル3F	5550-7911
岐阜新聞社	104-0061	中，銀座8-16-6 銀座ストラパックビル2F	6278-8130
京都新聞社	104-0061	中，銀座8-2-8 京都新聞銀座ビル	3572-5411
神戸新聞社	135-0042	江東，木場2-14-8 神戸デイリー東京ビル4F	6457-9650
静岡新聞社	104-0061	中，銀座8-3-7 静岡新聞静岡放送ビル	3571-7231
中日新聞東京本社	100-0011	千，内幸町2-1-4	6910-2211
中部経済新聞社	104-0061	中，銀座5-9-13 銀座菊正ビル8F	3572-3601
奈良新聞社	105-0003	港，西新橋1-17-4 猪爪ビル3F	6811-2860

〔中国・四国〕

愛媛新聞社	100-0011	千，内幸町2-1-4 日比谷中日ビル3F	6435-7432
高知新聞社	100-0011	千，内幸町2-2-1 日本プレスセンタービル3F	3506-7281
山陰中央新報社	104-0045	中，築地4-1-1 東劇ビル17F	3248-1980
山陽新聞社	100-0011	千，内幸町2-2-1 日本プレスセンタービル4F	5521-6861
四国新聞社	104-0061	中，銀座7-14-13 日土地銀座ビル5F	6738-1377
新日本海新聞社	107-0051	港，元赤坂1-1-7 モートサイドビル3F	5410-1871
中国新聞社	100-0011	千，内幸町2-2-1 日本プレスセンタービル2F	3597-1611
徳島新聞社	104-0061	中，銀座7-11-6 徳島新聞ビル4F	3573-2616
山口新聞社	104-0045	中，築地2-10-6 Daiwa築地駅前ビル8F	6226-3720

〔九州・沖縄〕

大分合同新聞社	100-0011	千，内幸町2-2-1 日本プレスセンタービル4F	6205-7881
沖縄タイムス社	104-0061	中，銀座8-18-1 銀座木挽町ビル6F	6264-7878
熊本日日新聞社	100-0005	千，丸の内3-4-1 新国際ビル805	3212-2941
佐賀新聞社	104-0061	中，銀座8-18-11 銀座エスシービル9F	3545-1831
長崎新聞社	104-0061	中，銀座8-9-16 長崎センタービル7F	3571-4727
南海日日新聞社	104-0061	中，銀座5-15-8 時事通信ビル1305室	5565-3631
西日本新聞社	100-0011	千，内幸町2-1-4 日比谷中日ビル3F	6457-9422
南日本新聞社	104-0061	中，銀座4-10-3 セントラルビル7F	6260-6131
宮崎日日新聞社	104-0061	中，銀座3-11-11 銀座参番館IIビル6F	3543-3825
琉球新報社	104-0031	中，京橋1-17-2 昭美京橋第1ビル3F	6264-0981

【放送局】

㈱アール・エフ・ラジオ日本	106-8039	港，麻布台2-2-1 麻布台ビル	3582-2351
㈱エフエム東京	102-8080	千，麹町1-7	3221-0080
㈱J－WAVE	106-6188	港，六本木6-10-1 六本木ヒルズ森タワー33F	6832-1111
㈱TBSテレビ	107-8006	港，赤坂5-3-6	3746-1111
㈱テレビ朝日	106-8001	港，六本木6-9-1	6406-1111
㈱テレビ東京	106-8007	港，六本木3-2-1 六本木グランドタワー	6632-7777
㈱日経ラジオ社(ラジオNIKKEI)	105-8565	港，虎ノ門1-2-8 虎ノ門琴平タワー	6205-7810
㈱ニッポン放送	100-8439	千，有楽町1-9-3	3287-1111
日本テレビ放送網㈱	105-7444	港，東新橋1-6-1	6215-4111
日本放送協会(NHK)	150-8001	渋，神南2-2-1	3465-1111
㈱フジテレビジョン	137-8088	港，台場2-4-8	5500-8888
㈱文化放送	105-8002	港，浜松町1-31	5403-1111
毎日放送	107-6328	港，赤坂5-3-1 赤坂Bizタワー28F	5561-1200
ラジオ日本	106-8039	港，麻布台2-2-1 麻布台ビル	3582-2351

【タクシー・ハイヤー】

国際興業㈱	103-0028	中，八重洲2-10-3	3273-1112
国際自動車㈱	107-0052	港，赤坂2-8-6 km赤坂ビル	3586-3611
大和自動車交通㈱	135-0003	江東，猿江2-16-31	6757-7161
帝都自動車交通㈱	103-0027	中，日本橋1-21-5 木村實業ビル	6262-3311
日本交通㈱	102-0094	千，紀尾井町3-12 紀尾井町ビル	6265-6210
日の丸リムジン	112-0004	文，後楽1-1-8 水道橋外堀通ビル7F	5689-0423
㈱はとバス	143-0006	大，平和島5-4-1	3761-8111

【航空会社】

日本航空(国内線)	0570-025-071	(国際線)	0570-025-031
全日空 (国内線)	0570-029-222	(国際線)	0570-029-333

東京シティ・エアターミナル㈱	103-0015	中,日本橋箱崎町42-1	3655-7111

アエロメヒコ航空	0570-783-057	スカンジナビア	050-6864-8086
アシアナ航空	0120-503-712	スリランカ航空	03-3431-6600
アメリカン航空	03-4333-7675	大韓航空	0570-05-2001
イベリア航空	03-3298-5238	タイ国際航空	0570-064-015

エア・インディア	03-3508-0261	チャイナエアライン	03-6378-8855
エア・カナダ	010-800-6699-2222	中国国際航空	0570-095-583
エアカラン	03-6205-7063	ターキッシュ エアラインズ航空	03-3435 0421
LOTポーランド航空	03-6277-6516	デルタ航空	0570-077-733
エールフランス	03-6634-4983	ニュージーランド航空	0570-015-424
エジプト航空	03-6869-5881	フィリピン航空	03-5157-4362
エミレーツ航空	03-6743-4567	フィンエアー	050-5050-8437
オーストリア航空	03-5402-5218	ブリティッシュエアウェイズ	03-3298-5238
カタール航空	03-5402-5282	ベトナム航空	03-3508-1481
ガルーダ・インドネシア航空	03-5521-1111	マカオ航空	06-6263-5383
カンタス航空	03-6833-0700	マレーシア航空	03-4477-4938
キャセイパシフィック航空	03-4578-4132	モンゴル航空	03-5615-4653
KLMオランダ航空	03-6634-4984	ユナイテッド航空	03-6732-5011
シンガポール航空	03-4578-4088	ルフトハンザ・ドイツ航空	0570-089-000
スイスエアラインズ	03-5156-8252		

【鉄道会社】

JR東日本お問い合わせセンター	050-2016-1600	相鉄お客様センター	045-319-2111
JR東海テレフォンセンター	050-3772-3910	東京メトロお客様センター	0120-104-106
小田急お客さまセンター	044-299-8200	都営交通お客様センター	3816-5700
京王お客さまセンター	042-357-6161	東急お客さまセンター	3477-0109
京急ご案内センター	5789-8686	東武鉄道お客さまセンター	5962-0102
京成お客様ダイヤル	0570-081-160	東京モノレールお客さまセンター	050-2016-1640
西武鉄道お客さまセンター	04-2996-2888	ゆりかもめお客さまセンター	3529-7221

【ホテル】

アマン東京	100-0004	千，大手町1-5-6 大手町タワー	5224 3333
ザ・キャピトルホテル東急	100-0014	千，永田町2-10-3	3503-0109
ザ・プリンスギャラリー 東京紀尾井町	102-8585	千，紀尾井町1-2	3234-1111
ザ・ペニンシュラ東京	100-0006	千，有楽町1-8-1	6270-2888
シャングリ・ラ東京	100-8283	千，丸の内1-8-3 丸の内トラストタワー本館	6739-7888
ダイヤモンドホテル	102-0083	千，麹町1-10-3	3263-2211
帝国ホテル	100-8558	千，内幸町1-1-1	3504-1111
東京ステーションホテル	100-0005	千，丸の内1-9-1	5220-1111
都市センターホテル	102-0093	千，平河町2-4-1	3265-8211
パレスホテル東京	100-0005	千，丸の内1-1-1	3211-5211
フォーシーズンズホテル丸の内 東京	100-6277	千，丸の内1-11-1 パシフィックセンチュリープレイス丸の内	5222-7222
ホテルニューオータニ	102-8578	千，紀尾井町4-1	3265-1111
ホテルルポール麹町	102-0093	千，平河町2-4-3	3265-5361
丸ノ内ホテル	100-0005	千，丸の内1-6-3	3217-1111
マンダリンオリエンタル東京	103-8328	中，日本橋室町2-1-1	3270-8800
ANAインターコンチネンタルホテル東京	107-0052	港，赤坂1-12-33	3505-1111
アンダーズ東京	105-0001	港，虎ノ門1-23-4	6830-1234
グランドニッコー東京 台場	135-8701	港，台場2-6-1	5500-6711

名称	郵便番号	所在地	電話
グランド ハイアット 東京	106-0032	港，六本木6-10-3	4333-1234
グランドプリンスホテル高輪	108-8612	港，高輪3-13-1	3447-1111
京急ＥＸホテル高輪	108-0074	港，高輪4-10-8	5423-3910
コンラッド東京	105-7337	港，東新橋1-9-1	6388-8000
ザ・プリンス さくらタワー東京	108-8612	港，高輪3-13-1	5798-1111
ザ・プリンス パークタワー東京	105-8563	港，芝公園4-8-1	5400-1111
ザ・リッツ・カールトン東京	107-6245	港，赤坂9-7-1東京ミッドタウン	3423-8000
ザロイヤルパークホテルアイコニック東京汐留	105-8333	港，東新橋1-6-3	6253-1111
シェラトン都ホテル東京	108-8640	港，白金台1-1-50	3447-3111
芝パークホテル	105-0011	港，芝公園1-5-10	3433-4141
第一ホテル東京	105-8621	港，新橋1-2-6	3501-4411
東京グランドホテル	105-0014	港，芝2-5-2	3456-2222
東京プリンスホテル	105-8560	港，芝公園3-3-1	3432-1111
ヒルトン東京お台場	135-8625	港，台場1-9-1	5500-5500
ホテルオークラ東京	105-0001	港，虎ノ門2-10-4	3582-0111
ホテル ザ セレスティン東京芝	105-0014	港，芝3-23-1	5441-4111
京王プラザホテル	160-8330	新，西新宿2-2-1	3344-0111
新宿プリンスホテル	160-8487	新，歌舞伎町1-30-1	3205-1111
パークハイアット東京	163-1055	新，西新宿3-7-1-2	5322-1234
ハイアットリージェンシー東京	160-0023	新，西新宿2-7-2	3348-1234
ヒルトン東京	160-0023	新，西新宿6-6-2	3344-5111
東京ドームホテル	112-8562	文，後楽1-3-61	5805-2111
ホテル椿山荘東京	112-8680	文，関口 2-10-8	3943-1111
渋谷エクセルホテル東急	150-0043	渋，道玄坂1-12-2	5457-0109
羽田エクセルホテル東急	144-0041	大，羽田空港3-4-2	5756-6000
ホテルメトロポリタン	171-8505	豊，西池袋1-6-1	3980-1111
【その他】			
政府刊行物センター(霞が関)	100-0013	千，霞が関1-4-1 日土地ビル1F	3504-3885
㈱ジェイティービー	140-0002	品，東品川2-3-11 JTBビル	5479-2211
㈱ＪＴＢ国会内店	100-0014	千，永田町2-2-1 衆議院第1議員会館B4F	3591-0044
東京中央郵便局(郵便)	100-8994	千，丸の内2-7-2 JPタワー内	0570-001-736
りそな銀行参議院支店	100-8962	千，永田町2-1-1参院議員会館内	3581-0251
りそな銀行衆議院支店	100-8981	千，永田町2-2-1 衆院第1議員会館内	3581-3754

衆議院・参議院案内図

本館1階

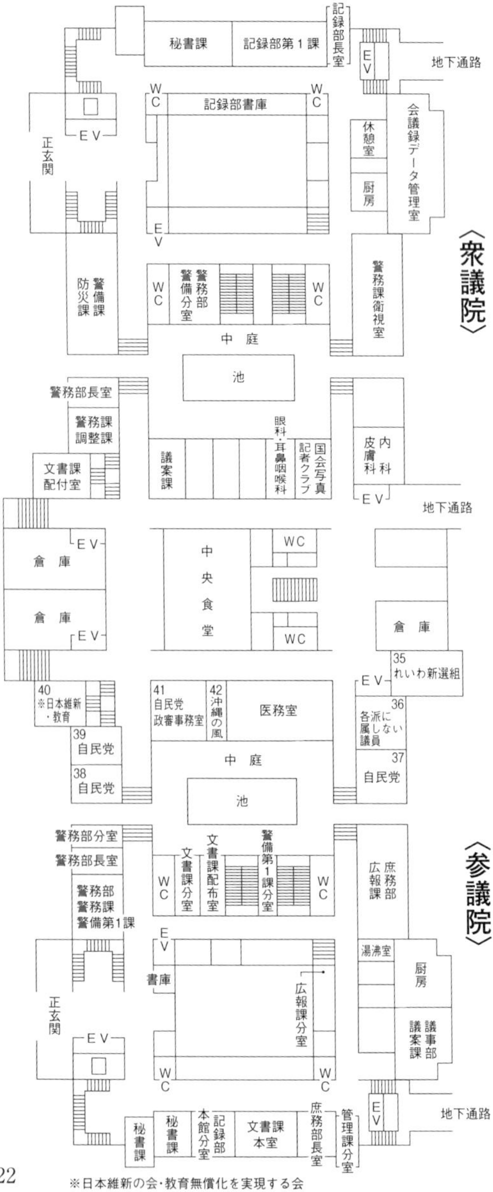

〈衆議院〉

〈参議院〉

※日本維新の会・教育無償化を実現する会

院内案内図

衆議院・参議院案内図

本館2階

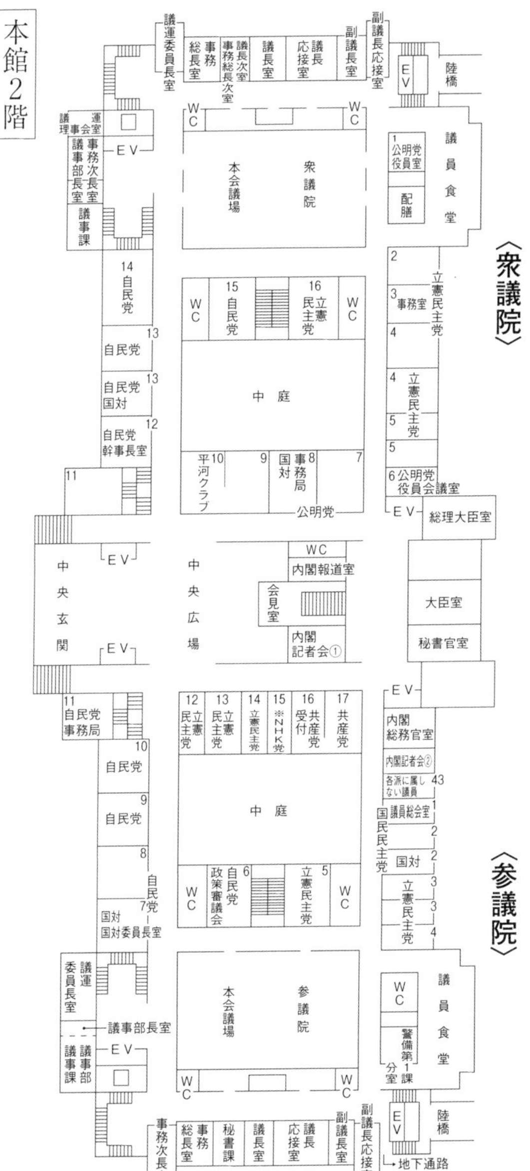

※NHKから国民を守る党

衆議院・参議院案内図

本館3階

〈衆議院〉

委員部長室
委員部 議院運営課
記者クラブ
国対
32 国民民主党
26 立憲民主党
27 日本維新の会
28 共産党
EV
WC
公務員傍聴席
本会議場
衆議院
WC
第5委員室
EV
25 日本維新の会
24 日本維新の会
17 共産党
31 共産党
第1委員室
24 自民党
22 自民党
国対委員長室
22 自民党
21 自民党
21 自民党
WC
映放クラブ
映放民放会見室
国会放送記者会
WC
中庭
33 ※日本維新・教育
30 無所属 れいわ新選組
30 有志の会
29 政調会長室
20
20 政調審議室
19
19 総務会長室
自民党
第2委員室
第3委員室
第1理事会室
第2理事会室
第4委員室
23 自民党幹事長会議室
EV
18 自民党総裁室
常任委員長控室
常任委員長室
EV
皇族室
御休所
化粧室
EV
28 自民党
内閣記者会③
EV

〈参議院〉

27 自民党議員会長室
29 公明党
30 公明党 国対 事務局
31 公明党 新聞連絡室
32
33 役員室
公明党
18 自民党
19
26 自民党幹事長室
25 自民党
24 自民党
20 立憲民主党
20
中庭
第5委員会室
参議院記者会
WC
警務部第1部室
記者会分室
警備1課分室
警務部第6部室
WC
第8委員会室
第8理事会室
23 日本維新の会
公務員傍聴席他
本会議場
参議院
21 日本維新の会
34 ※日本維新・教育
第1委員会室
委員部議運課 第1課
EV
WC
WC
EV
22 自民党政審会長室
第3委員会室
第2委員会室
第1理事会室
議員共用会議室

※日本維新の会・教育無償化を実現する会

衆議院別館・分館案内図

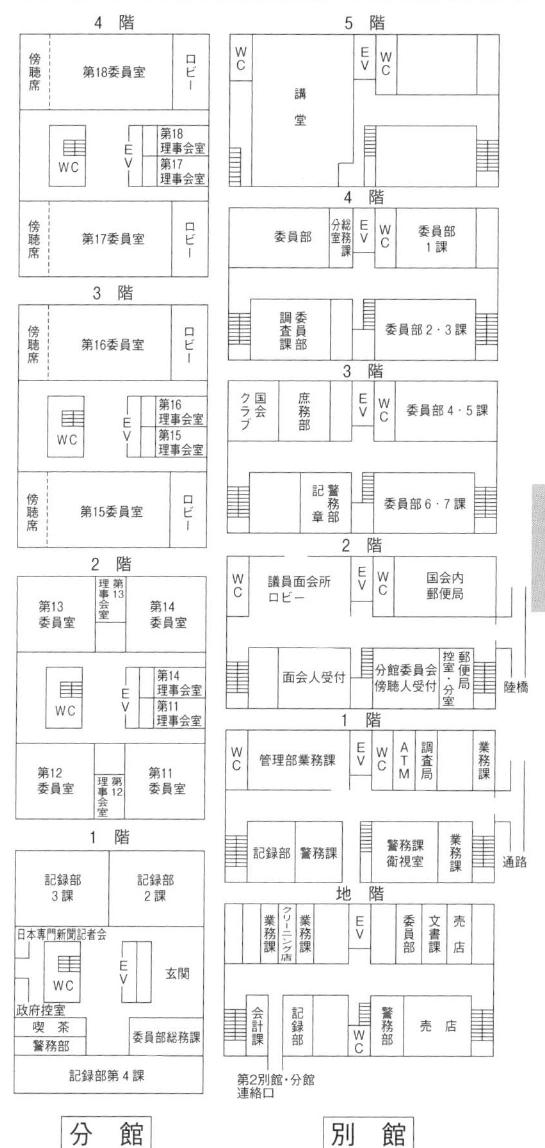

4階
傍聴席
第18委員室
ロビー
WC
EV
第18理事会室
第17理事会室
傍聴席
第17委員室
ロビー
3階
傍聴席
第16委員室
ロビー
WC
EV
第16理事会室
第15理事会室
傍聴席
第15委員室
ロビー
2階
第13委員室
第13理事会室
第14委員室
WC
EV
第14理事会室
第11理事会室
第12委員室
第12理事会室
第11委員室
1階
記録部3課
記録部2課
日本専門新聞記者会
WC
EV
玄関
政府控室
喫茶
警務部
委員部総務課
記録部第4課
分館
5階
WC
講堂
EV
WC
4階
委員部
総務課分室
EV
WC
委員部1課
調査課
委員部
委員部2・3課
3階
国会クラブ
庶務部
EV
WC
委員部4・5課
記章
警務部
委員部6・7課
2階
WC
議員面会所ロビー
EV
WC
国会内郵便局
面会人受付
分館委員会傍聴人受付
郵便局控室・分室
陸橋
1階
WC
管理部業務課
EV
WC
ATM
調査局
業務課
記録部
警務課
警務課衛視室
業務課
通路
地階
業務課
クリーニング店
業務課
EV
委員部
文書課
売店
会計課
記録部
WC
警務部
売店
第2別館・分館連絡口
別館

参議院別館・分館案内図

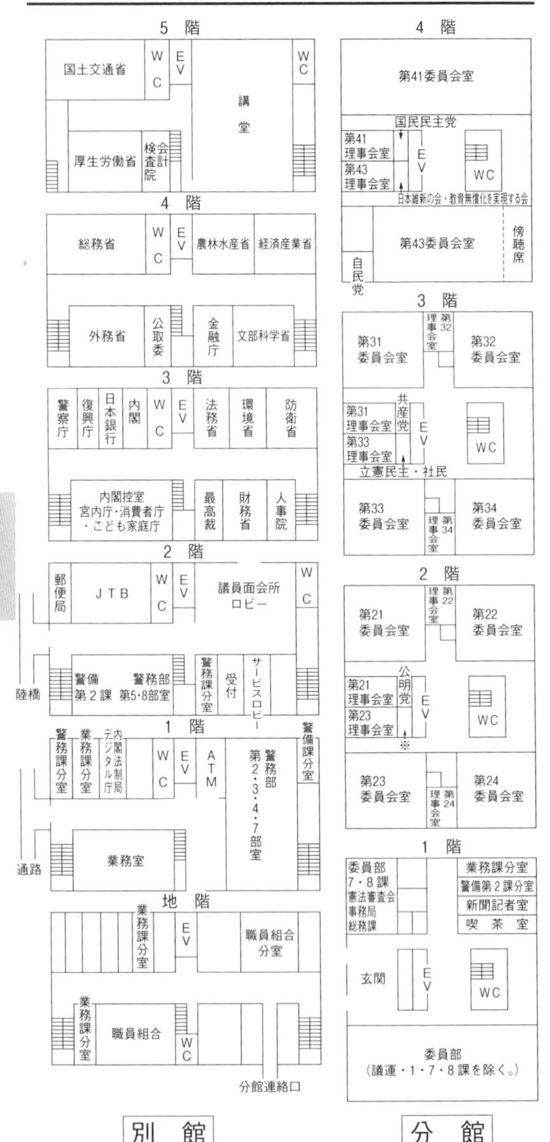

※れいわ新選組、沖縄の風、NHKから国民を守る党、各派に属しない議員

衆議院第１議員会館２階案内図

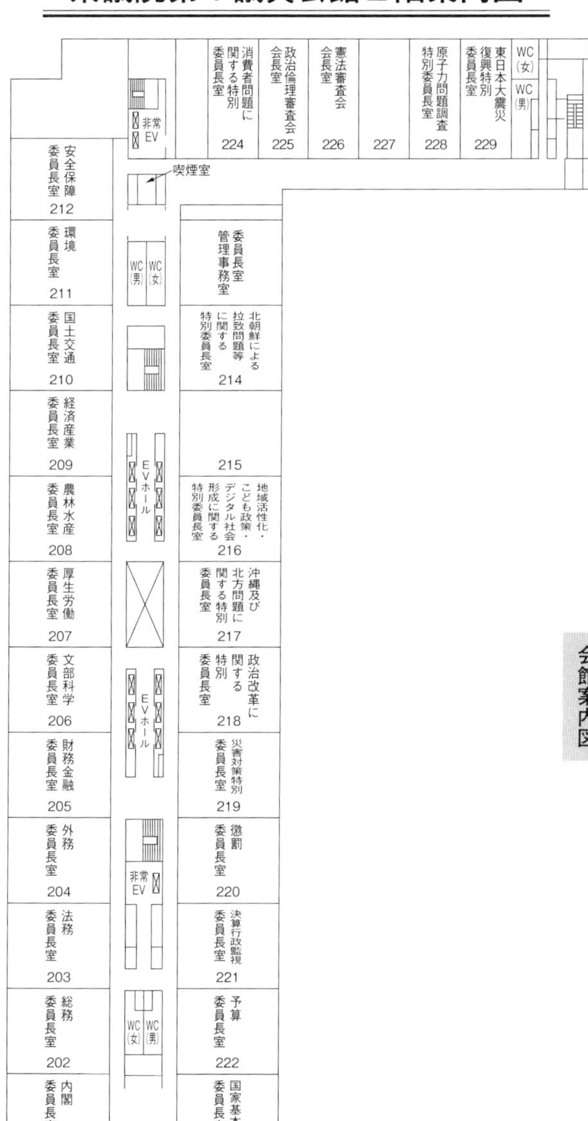

会館案内図

衆議院第１議員会館１階案内図

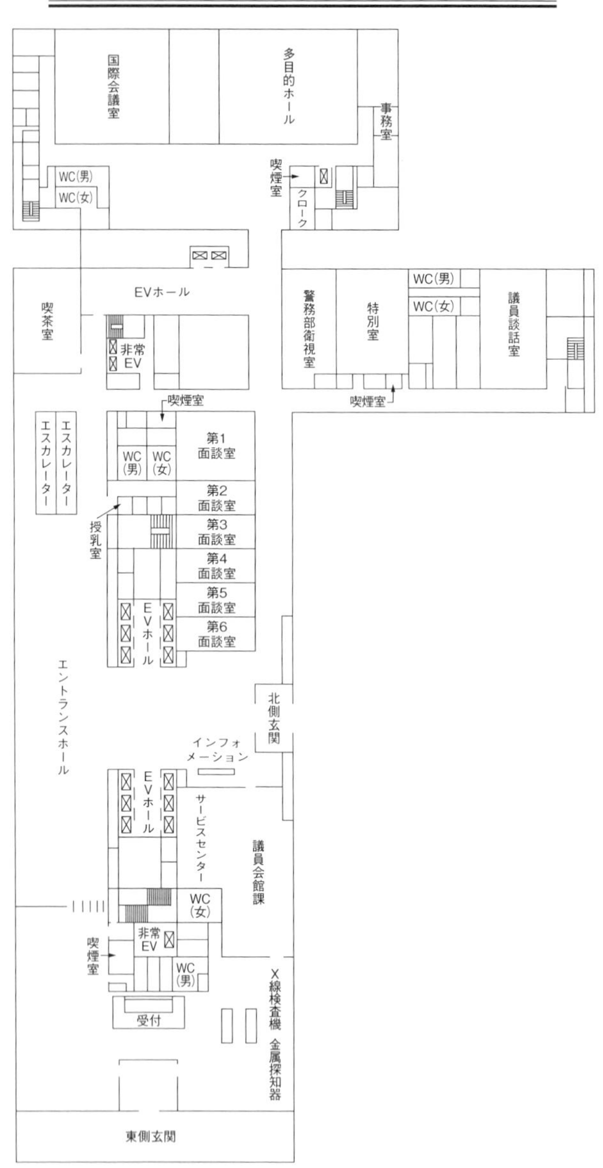

国会議事堂側

衆議院第１議員会館地下１階案内図

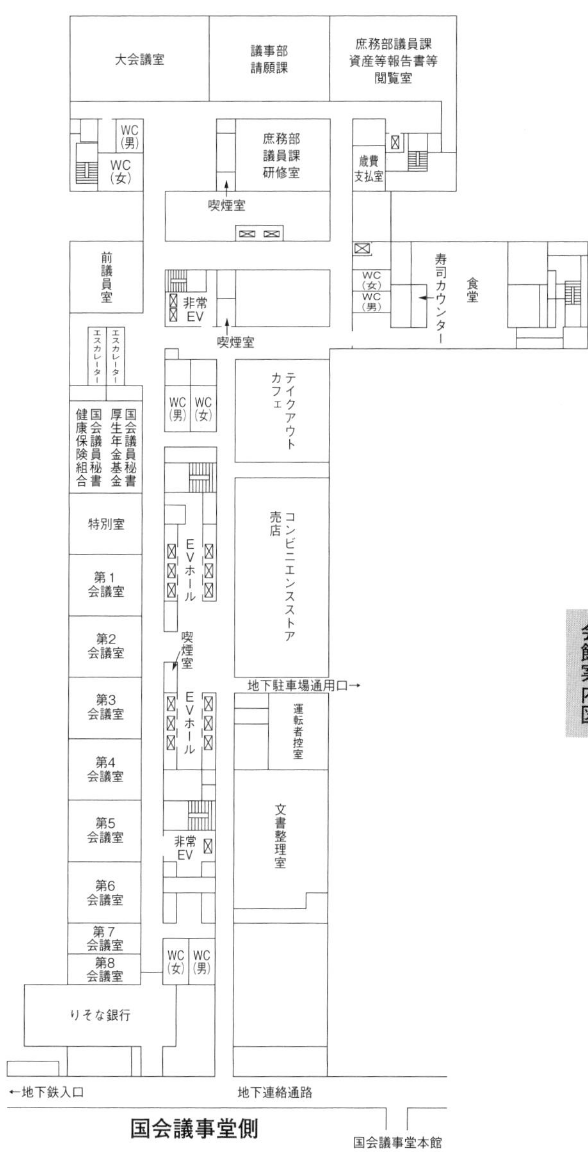

会館案内図

衆議院第１議員会館地下２階案内図

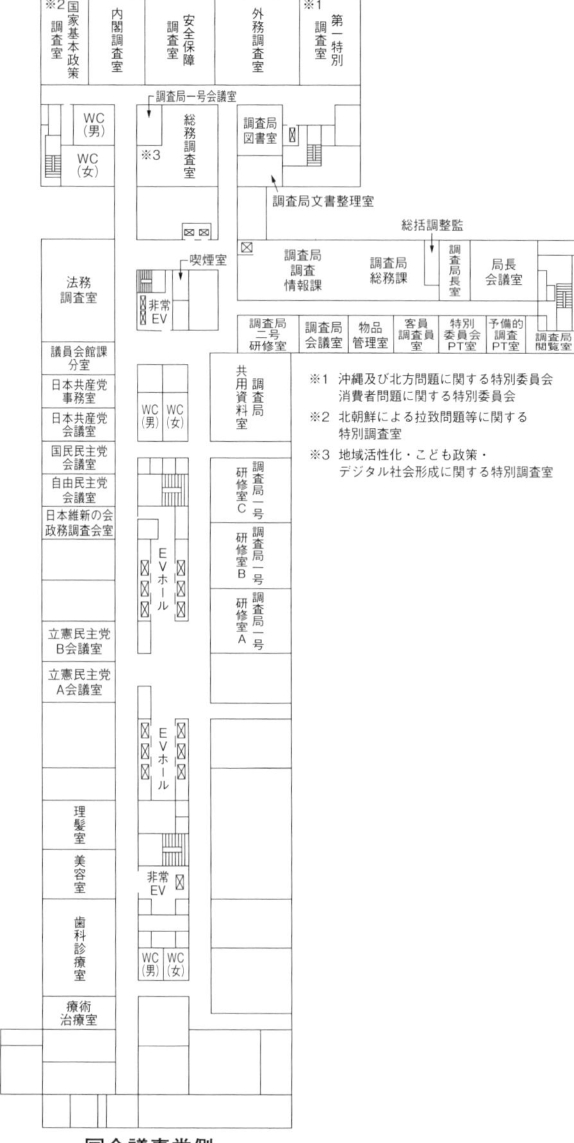

※1 沖縄及び北方問題に関する特別委員会
消費者問題に関する特別委員会

※2 北朝鮮による拉致問題等に関する特別調査室

※3 地域活性化・こども政策・デジタル社会形成に関する特別調査室

衆議院第１議員会館地下３階案内図

衆議院第２議員会館１階案内図

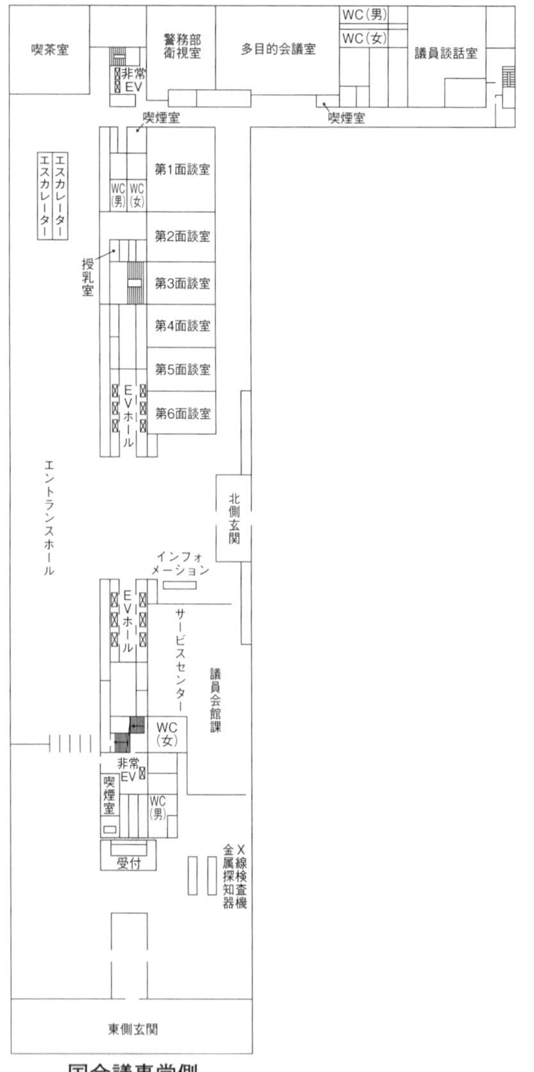

衆議院第２議員会館地下１階案内図

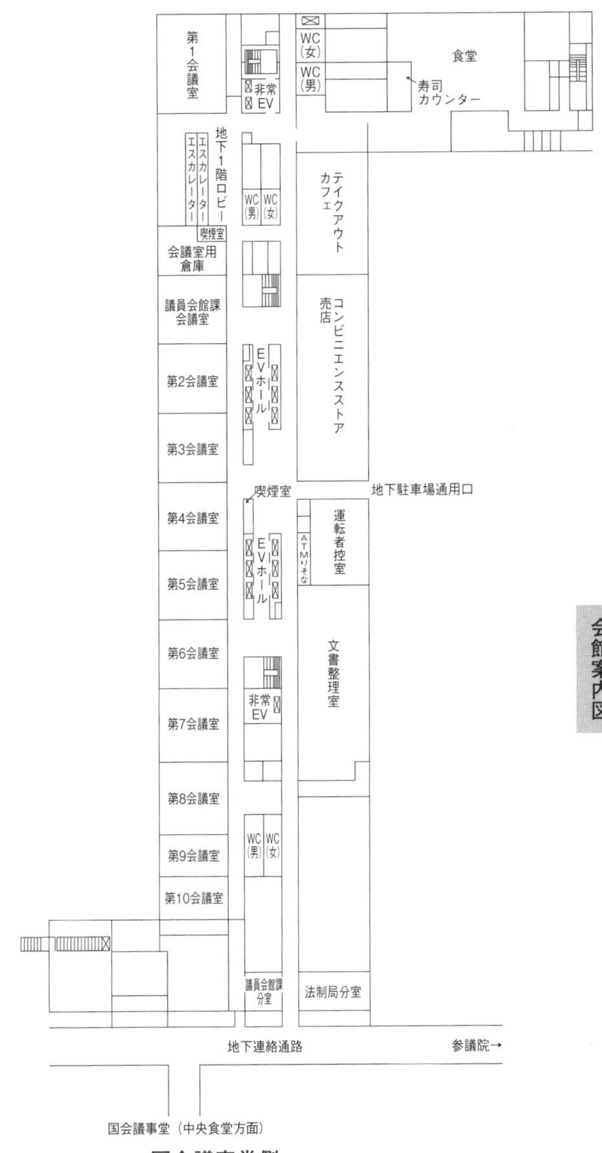

国会議事堂側

衆議院第２議員会館地下２階案内図

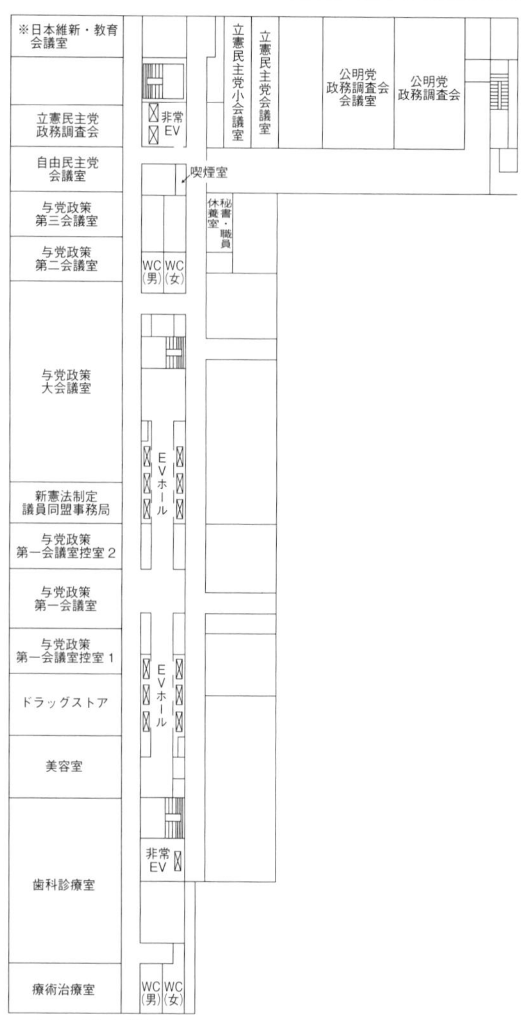

※日本維新の会・教育無償化を実現する会

参議院議員会館２階案内図

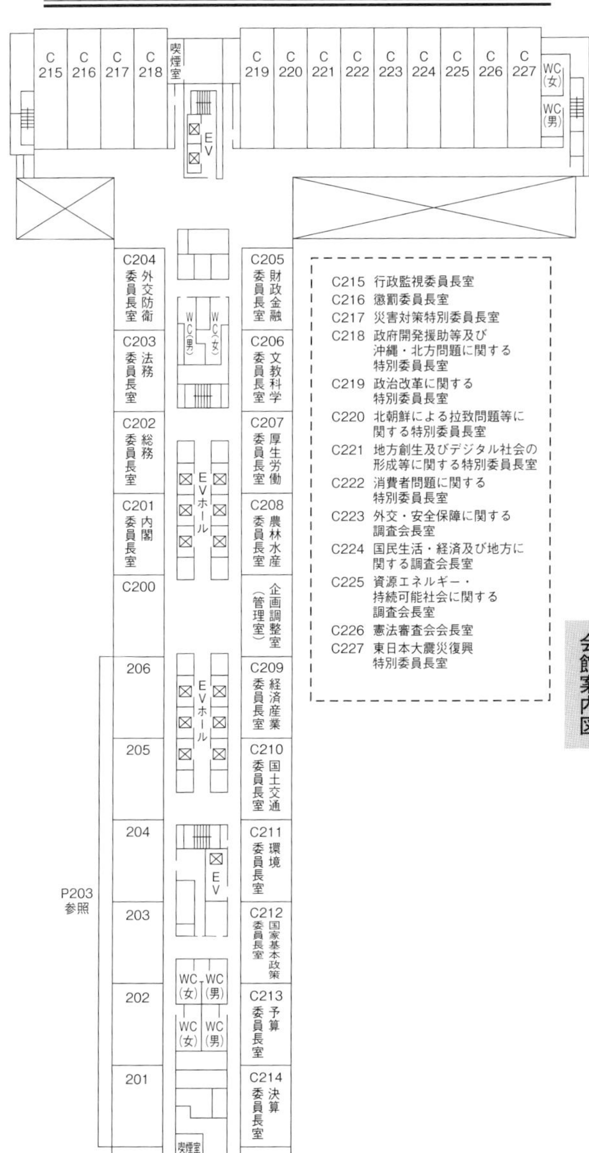

参議院議員会館１階案内図

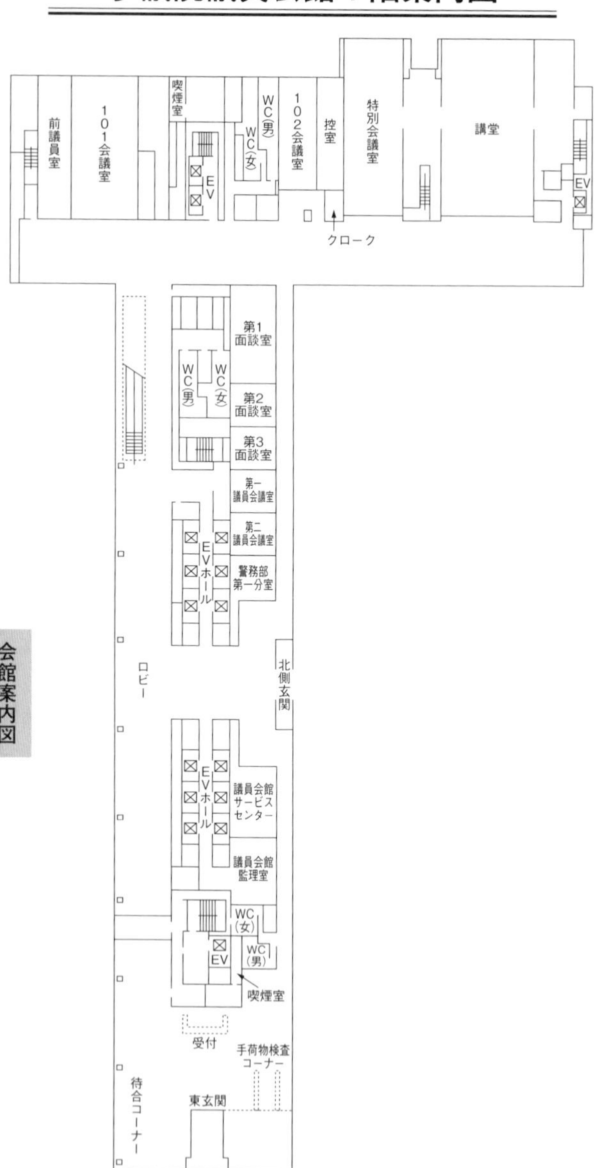

参議院議員会館地下１階案内図

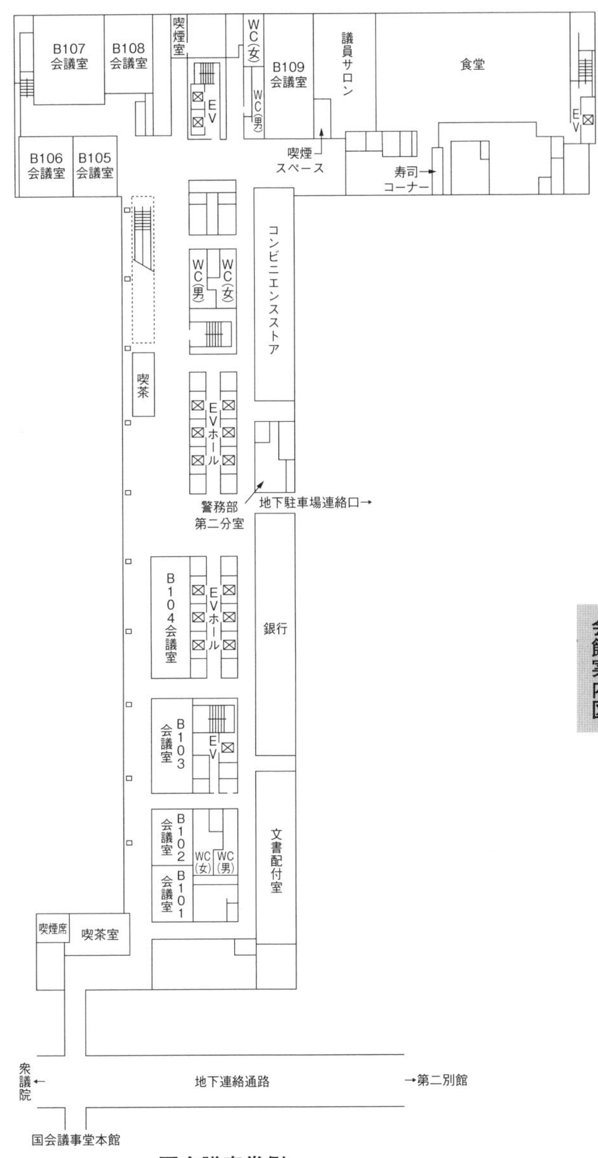

国会議事堂側

参議院議員会館地下２階案内図

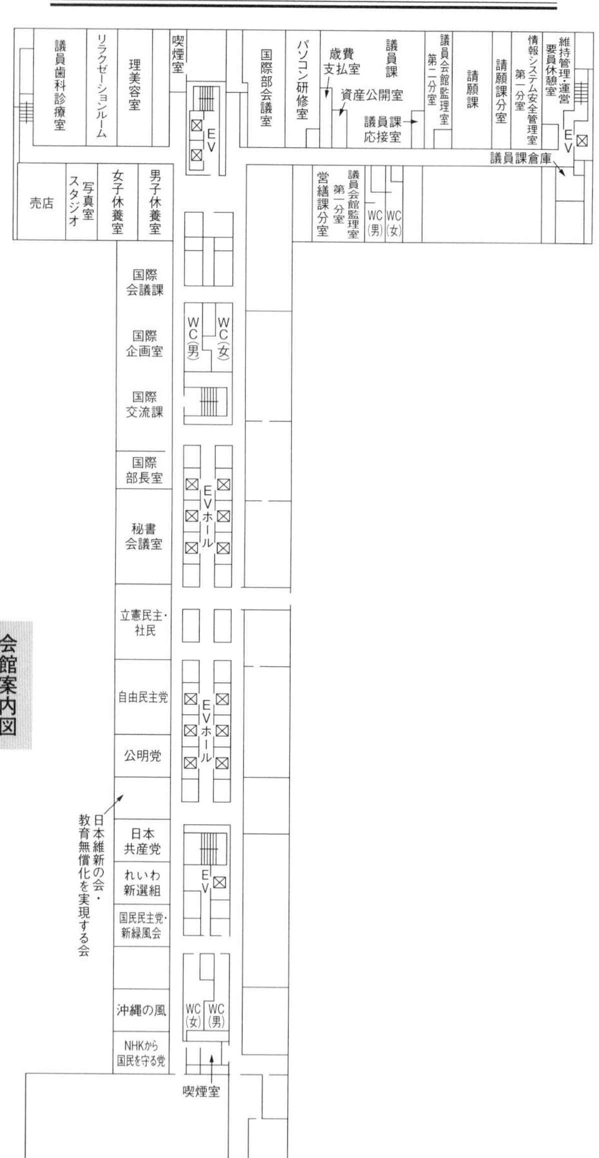

ドント方式による比例代表選挙当選順位

	A党	B党	C党
	1500票	900票	720票
1で割る	1500①	900②	720④
2で割る	750③	450⑥	360
3で割る	500⑤	300	240
4で割る	375⑦	225	180
5で割る	300	180	144

（日本経済新聞より）

各党の得票数を1、2、3……と整数（各党に割り振る議席）で割っていき、商の大きい順に当選を決めていく。左の図は7議席を配分した例。当選順位を決定していく作業はどの政党の何人目の候補に議席を与えれば有権者の投票を最も反映するかを判断するとともに、各党の1議席当たりの得票数をなるべく公平にする意味がある。

第49回衆議院選挙（令和3年10月31日施行）

【北海道】(8人)
(P57参照)

自民党　4人
÷1　①　863,300
÷2　③　431,650
÷3　⑥　287,766
÷4　⑧　215,825

立憲民主党　3人
÷1　②　682,912
÷2　④　341,456
÷3　⑦　227,637

公明党　1人
÷1　⑤　294,371

【東北】(13人)
(P66参照)

自民党　6人
÷1　①　1,628,233
÷2　③　814,116
÷3　④　542,744
÷4　⑦　407,058
÷5　⑨　325,646
÷6　⑪　271,372

立憲民主党　4人
÷1　②　991,504
÷2　⑤　495,752
÷3　⑧　330,501
÷4　⑬　247,876

公明党　1人
÷1　⑥　456,287

共産党　1人
÷1　⑩　292,830

日本維新の会　1人
÷1　⑫　258,690

【北関東】(19人)
(P78参照)

自民党　7人
÷1　①　2,172,065
÷2　③　1,086,032
÷3　⑤　724,021
÷4　⑧　543,016
÷5　⑪　434,413
÷6　⑬　362,010
÷7　⑮　310,295

立憲民主党　5人
÷1　②　1,391,148
÷2　⑥　695,574
÷3　⑨　463,716
÷4　⑭　347,787
÷5　⑱　278,229

公明党　3人
÷1　④　823,930
÷2　⑫　411,965
÷3　⑲　274,643

日本維新の会　2人
÷1　⑦　617,531
÷2　⑯　308,765

共産党　1人
÷1　⑩　444,115

国民民主党　1人
÷1　⑰　298,056

【南関東】(22人)
(P92参照)

自民党　9人
÷1　①　2,590,787
÷2　③　1,295,393
÷3　⑤　863,595
÷4　⑧　647,696
÷5　⑪　518,157
÷6　⑬　431,797
÷7　⑰　370,112
÷8　⑲　323,848
÷9　㉒　287,865

立憲民主党　5人
÷1　②　1,651,562
÷2　⑦　825,781
÷3　⑨　550,520
÷4　⑮　412,890
÷5　⑱　330,312

日本維新の会　3人
÷1　④　863,897
÷2　⑫　431,948
÷3　㉑　287,965

公明党　2人
÷1　⑥　850,667
÷2　⑭　425,333

共産党　1人
÷1　⑩　534,493

国民民主党　1人
÷1　⑯　384,481

れいわ新選組　1人
÷1　⑳　302,675

【東京都】(17人)
(P102参照)

自民党　6人
÷1　①　2,000,084
÷2　③　1,000,042
÷3　⑦　666,694
÷4　⑨　500,021
÷5　⑫　400,016
÷6　⑯　333,347

立憲民主党　4人
÷1　②　1,293,281
÷2　⑧　646,640
÷3　⑩　431,093
÷4　⑰　323,320

日本維新の会　2人
÷1　④　858,577
÷2　⑪　429,288

公明党　2人
÷1　⑤　715,450
÷2　⑭　357,725

共産党　2人
÷1　⑥　670,340

÷２　⑮　335,170
れいわ新選組　１人
÷１　⑬　360,387

【北陸信越】(11人)
(P110参照)
自民党　６人
÷１　①　1,468,380
÷２　③　734,190
÷３　④　489,460
÷４　⑥　367,095
÷５　⑨　293,676
÷６　⑪　244,730
立憲民主党　３人
÷１　②　773,076
÷２　⑤　386,538
÷３　⑩　257,692
日本維新の会　１人
÷１　⑦　361,476
公明党　１人
÷１　⑧　322,535

【東海】(21人)
(P123参照)
自民党　９人
÷１　①　2,515,841
÷２　③　1,257,920
÷３　④　838,613
÷４　⑧　628,960
÷５　⑨　503,168
÷６　⑪　419,306
÷７　⑯　359,405
÷８　⑱　314,480
÷９　⑳　279,537
立憲民主党　５人
÷１　②　1,485,947
÷２　⑥　742,973
÷３　⑩　495,315
÷４　⑮　371,486
÷５　⑲　297,189
公明党　３人
÷１　⑤　784,976
÷２　⑬　392,488
÷３　㉑　261,658
日本維新の会　２人
÷１　⑦　694,630
÷２　⑰　347,315
共産党　１人
÷１　⑫　408,606
国民民主党　１人
÷１　⑭　382,733
れいわ新選組　１人
÷１　－　273,208
※れいわ新選組は１議席分の票を獲得したが、名簿登載者２人(重複立候補)がいずれも小選挙区で復活当選に必要な得票数(有効投票総数の10%)に満たなかった。このため、次点だった公明党に１議席が割り振られた。

【近畿】(28人)
(P141参照)
日本維新の会　10人
÷１　①　3,180,219
÷２　③　1,590,109
÷３　⑦　1,060,073
÷４　⑨　795,054
÷５　⑪　636,043
÷６　⑮　530,036
÷７　⑰　454,317
÷８　⑲　397,527
÷９　㉓　353,357
÷10　㉕　318,021
自民党　８人
÷１　②　2,407,699
÷２　④　1,203,849
÷３　⑧　802,566
÷４　⑫　601,924
÷５　⑯　481,539
÷６　⑱　401,283
÷７　㉔　343,957
÷８　㉗　300,962
公明党　３人
÷１　⑤　1,155,683
÷２　⑬　577,841
÷３　⑳　385,227
立憲民主党　３人
÷１　⑥　1,090,665
÷２　⑭　545,332
÷３　㉒　363,555
共産党　２人
÷１　⑩　736,156
÷２　㉑　368,078
国民民主党　１人
÷１　㉖　303,480
れいわ新選組　１人
÷１　㉘　292,483

【中国】(11人)
(P149参照)
自民党　６人
÷１　①　1,352,723
÷２　②　676,361
÷３　④　450,907
÷４　⑥　338,180
÷５　⑨　270,544
÷６　⑩　225,453
立憲民主党　２人
÷１　③　573,324
÷２　⑦　286,662
公明党　２人
÷１　⑤　436,220
÷２　⑪　218,110
日本維新の会　１人
÷１　⑧　286,302

【四国】(６人)
(P154参照)
自民党　３人
÷１　①　664,805
÷２　②　332,402
÷３　⑤　221,601
立憲民主党　１人
÷１　③　291,870
公明党　１人
÷１　④　233,407
日本維新の会　１人
÷１　⑥　173,826

【九州】(20人)
(P167参照)
自民党　８人
÷１　①　2,250,966
÷２　③　1,125,483
÷３　⑤　750,322
÷４　⑦　562,741
÷５　⑩　450,193
÷６　⑫　375,161
÷７　⑮　321,566
÷８　⑰　281,370
立憲民主党　４人
÷１　②　1,266,801
÷２　⑥　633,400
÷３　⑪　422,267
÷４　⑯　316,700
公明党　４人
÷１　④　1,040,756
÷２　⑨　520,378
÷３　⑭　346,918
÷４　⑳　260,189
日本維新の会　２人
÷１　⑧　540,338
÷２　⑲　270,169
共産党　１人
÷１　⑬　365,658
国民民主党　１人
÷１　⑱　279,509

(小数点以下は切り捨て)

第25回参議院選挙（令和元年7月21日施行）

（P223参照）

自民党 19人		
÷1	①	17,712,373
÷2	②	8,856,186
÷3	⑤	5,904,124
÷4	⑧	4,428,093
÷5	⑩	3,542,474
÷6	⑬	2,952,062
÷7	⑮	2,530,339
÷8	⑲	2,214,046
÷9	㉒	1,968,041
÷10	㉓	1,771,237
÷11	㉗	1,610,215
÷12	㉚	1,476,031
÷13	㉛	1,362,490
÷14	㉞	1,265,169
÷15	㊱	1,180,824
÷16	㊶	1,107,023
÷17	㊹	1,041,904
÷18	㊼	984,020
÷19	㊿	932,230

立憲民主党 8人		
÷1	③	7,917,720
÷2	⑨	3,958,860
÷3	⑭	2,639,240
÷4	㉑	1,979,430
÷5	㉘	1,583,544
÷6	㉜	1,319,620
÷7	㊴	1,131,102
÷8	㊺	989,715

公明党 7人		
÷1	④	6,536,336
÷2	⑫	3,268,168
÷3	⑳	2,178,778
÷4	㉖	1,634,084
÷5	㉝	1,307,267
÷6	㊷	1,089,389
÷7	㊾	933,762

日本維新の会 5人		
÷1	⑥	4,907,844
÷2	⑯	2,453,922
÷3	㉕	1,635,948
÷4	㉟	1,226,961
÷5	㊽	981,568

共産党 4人		
÷1	⑦	4,483,411
÷2	⑱	2,241,705
÷3	㉙	1,494,470
÷4	㊵	1,120,852

国民民主党 3人		
÷1	⑪	3,481,078
÷2	㉔	1,740,539
÷3	㊲	1,160,359

れいわ新選組 2人		
÷1	⑰	2,280,252
÷2	㊳	1,140,126

社民党 1人		
÷1	㊸	1,046,011

NHKから国民を守る党 1人		
÷1	㊻	987,885

（小数点以下は切り捨て）

第26回参議院選挙（令和4年7月10日施行）

（P234参照）

自民党 18人		
÷1	①	18,256,245
÷2	②	9,128,122
÷3	⑥	6,085,415
÷4	⑦	4,564,061
÷5	⑨	3,651,249
÷6	⑭	3,042,707
÷7	⑯	2,608,035
÷8	⑱	2,282,030
÷9	㉑	2,028,471
÷10	㉓	1,825,624
÷11	㉗	1,659,658
÷12	㉛	1,521,353
÷13	㉜	1,404,326
÷14	㉟	1,304,017
÷15	㊴	1,217,083
÷16	㊷	1,141,015
÷17	㊺	1,073,896
÷18	㊽	1,014,235

日本維新の会 8人		
÷1	③	7,845,995
÷2	⑧	3,922,997
÷3	⑮	2,615,331
÷4	㉒	1,961,498
÷5	㉙	1,569,199
÷6	㉞	1,307,665
÷7	㊹	1,120,856
÷8	㊾	980,749

立憲民主党 7人		
÷1	④	6,771,945
÷2	⑪	3,385,972
÷3	⑲	2,257,315
÷4	㉖	1,692,986
÷5	㉝	1,354,389
÷6	㊸	1,128,657
÷7	㊿	967,420

公明党 6人		
÷1	⑤	6,181,431
÷2	⑬	3,090,715
÷3	⑳	2,060,477
÷4	㉚	1,545,357
÷5	㊳	1,236,286
÷6	㊼	1,030,238

共産党 3人		
÷1	⑩	3,618,342
÷2	㉔	1,809,171
÷3	㊵	1,206,114

国民民主党 3人		
÷1	⑫	3,159,625
÷2	㉘	1,579,812
÷3	㊻	1,053,203

れいわ新選組 2人		
÷1	⑰	2,319,156
÷2	㊶	1,159,578

参政党 1人		
÷1	㉕	1,768,385

社民党 1人		
÷1	㊱	1,258,501

ＮＨＫ党 1人		
÷1	㊲	1,253,872

（小数点以下は切り捨て）

※ 各党の得票数を1、2、3…の整数で割り、その「商」の大きい順に議席が配分されます。各党の得票数を1、2、3…の整数で割った「商」を掲載しています。丸なか数字はドント式当選順位です。

年齢早見表

（令和6年・西暦2024年・紀元2684年）

生まれ年	年齢	西暦	十干	十二支
昭和 9	90	1934	甲	戌
10	89	1935	乙	亥
11	88	1936	丙	子
12	87	1937	丁	丑
13	86	1938	戊	寅
14	85	1939	己	卯
15	84	1940	庚	辰
16	83	1941	辛	巳
17	82	1942	壬	午
18	81	1943	癸	未
19	80	1944	甲	申
20	79	1945	乙	酉
21	78	1946	丙	戌
22	77	1947	丁	亥
23	76	1948	戊	子
24	75	1949	己	丑
25	74	1950	庚	寅
26	73	1951	辛	卯
27	72	1952	壬	辰
28	71	1953	癸	巳
29	70	1954	甲	午
30	69	1955	乙	未
31	68	1956	丙	申
32	67	1957	丁	酉
33	66	1958	戊	戌
34	65	1959	己	亥
35	64	1960	庚	子
36	63	1961	辛	丑
37	62	1962	壬	寅
38	61	1963	癸	卯
39	60	1964	甲	辰
40	59	1965	乙	巳
41	58	1966	丙	午
42	57	1967	丁	未
43	56	1968	戊	申
44	55	1969	己	酉
45	54	1970	庚	戌
46	53	1971	辛	亥
47	52	1972	壬	子
48	51	1973	癸	丑
49	50	1974	甲	寅
50	49	1975	乙	卯
51	48	1976	丙	辰
52	47	1977	丁	巳

生まれ年	年齢	西暦	十干	十二支
昭和53	46	1978	戊	午
54	45	1979	己	未
55	44	1980	庚	申
56	43	1981	辛	酉
57	42	1982	壬	戌
58	41	1983	癸	亥
59	40	1984	甲	子
60	39	1985	乙	丑
61	38	1986	丙	寅
62	37	1987	丁	卯
63	36	1988	戊	辰
(昭64) 平成元	35	1989	己	巳
2	34	1990	庚	午
3	33	1991	辛	未
4	32	1992	壬	申
5	31	1993	癸	酉
6	30	1994	甲	戌
7	29	1995	乙	亥
8	28	1996	丙	子
9	27	1997	丁	丑
10	26	1998	戊	寅
11	25	1999	己	卯
12	24	2000	庚	辰
13	23	2001	辛	巳
14	22	2002	壬	午
15	21	2003	癸	未
16	20	2004	甲	申
17	19	2005	乙	酉
18	18	2006	丙	戌
19	17	2007	丁	亥
20	16	2008	戊	子
21	15	2009	己	丑
22	14	2010	庚	寅
23	13	2011	辛	卯
24	12	2012	壬	辰
25	11	2013	癸	巳
26	10	2014	甲	午
27	9	2015	乙	未
28	8	2016	丙	申
29	7	2017	丁	酉
30	6	2018	戊	戌
(平31) 令和元	5	2019	己	亥
2	4	2020	庚	子
3	3	2021	辛	丑
4	2	2022	壬	寅
5	1	2023	癸	卯
6	0	2024	甲	辰

國會議員要覧Ⓡ 令和六年八月版

商標登録番号　第4797602号

令和6年8月8日発行（第101版）

定価：3,322円
（本体＋税10%）
送料別

※定期購読の場合は当社負担と致します。

編集·発行人　中　島　孝　司

発行所　**国政情報センター**

〒150-0044　東京都渋谷区円山町5-4　道玄坂ビル
電　話 03（3476）4111（大代）
FAX 03（3476）4842
郵便振替　00150−1−24932

ISBN978-4-87760-351-9 C2531 ¥3020E

政党／省庁 住所・電話番号一覧

自由民主党	〒100-8910	千代田区永田町1-11-23	☎03(3581)6211
立憲民主党	〒100-0014	千代田永田町1-11-1	☎03(3595)9988
日本維新の会	〒542-0082	大阪市中央区島之内1-17-16 三栄長堀ビル	☎06(4963)8800
公明党	〒160-0012	新宿区南元町17	☎03(3353)0111
日本共産党	〒151-8586	渋谷区千駄ヶ谷4-26-7	☎03(3403)6111
国民民主党	〒100-0014	千代田区永田町2-17-17 JBS永田町	☎03(3593)6229
れいわ新選組	〒102-0083	千代田区麹町2-5-20 押田ビル4F	☎03(6384)1974
教育無償化を実現する会	〒100-0014	千代田区永田町2-17-17-272	☎03(6811)2100
社会民主党	〒104-0043	中央区湊3-18-17 マルキ榎本ビル5F	☎03(3553)3731
参政党	〒107-0052	港区赤坂3-4-3 赤坂マカベビル5F	☎03(6807)4228
衆議院	〒100-8960	千代田区永田町1-7-1	☎03(3581)5111
参議院	〒100-8961	千代田区永田町1-7-1	☎03(3581)3111
国立国会図書館	〒100-8924	千代田区永田町1-10-1	☎03(3581)2331
内閣	〒100-0014	千代田区永田町2-3-1 総理官邸	☎03(3581)0101
内閣官房	〒100-8968	千代田区永田町1-6-1	☎03(5253)2111
内閣法制局	〒100-0013	千代田区霞が関3-1-1 ㊎4号館	☎03(3581)7271
人事院	〒100-8913	千代田区霞が関1-2-3 ㊎5号館別館	☎03(3581)5311
内閣府	〒100-8914	千代田区永田町1-6-1	☎03(5253)2111
宮内庁	〒100-8111	千代田区千代田1-1	☎03(3213)1111
公正取引委員会	〒100-8987	千代田区霞が関1-1-1 ㊎6号館B棟	☎03(3581)5471
警察庁	〒100-8974	千代田区霞が関2-1-2 ㊎2号館	☎03(3581)0141
個人情報保護委員会	〒100-0013	千代田区霞が関3-2-1 霞が関コモンゲート西館32F	☎03(6457)9680
カジノ管理委員会	〒105-6090	港区虎ノ門4-3-1 城山トラストタワー12F・13F	☎03(6453)0201
金融庁	〒100-8967	千代田区霞が関3-2-1 ㊎7号館	☎03(3506)6000
消費者庁	〒100-8958	千代田区霞が関3-1-1 ㊎4号館	☎03(3507)8800
こども家庭庁	〒100-6090	千代田区霞が関3-2-5 霞が関ビル	☎03(6771)8030
デジタル庁	〒102-0094	千代田区紀尾井町1-3 東京ガーデンテラス紀尾井町19F・20F	☎03(4477)6775
復興庁	〒100-0013	千代田区霞が関3-1-1 ㊎4号館	☎03(6328)1111
総務省	〒100-8926	千代田区霞が関2-1-2 ㊎2号館	☎03(5253)5111
消防庁	〒100-8927	〃	〃
法務省	〒100-8977	千代田区霞が関1-1-1 ㊎6号館	☎03(3580)4111
出入国在留管理庁	〃	〃	〃
公安調査庁	〒100-0013	〃	☎03(3592)5711
最高検察庁	〒100-0013	〃	☎03(3592)5611
外務省	〒100-8919	千代田区霞が関2-2-1	☎03(3580)3311
財務省	〒100-8940	千代田区霞が関3-1-1	☎03(3581)4111
国税庁	〒100-8978	〃	☎03(3581)4161
文部科学省	〒100-8959	千代田区霞が関3-2-2	☎03(5253)4111
スポーツ庁	〃	〃	〃
文化庁	〃	〃	〃
厚生労働省	〒100-8916	千代田区霞が関1-2-2 ㊎5号館本館	☎03(5253)1111
農林水産省	〒100-8950	千代田区霞が関1-2-1 ㊎1号館	☎03(3502)8111
林野庁	〒100-8952	〃	〃
水産庁	〒100-8907	〃	〃
経済産業省	〒100-8901	千代田区霞が関1-3-1	☎03(3501)1511
資源エネルギー庁	〒100-8901	〃	〃
特許庁	〒100-8915	千代田区霞が関3-4-3	☎03(3581)1101
中小企業庁	〒100-8912	千代田区霞が関1-3-1	☎03(3501)1511
国土交通省	〒100-8918	千代田区霞が関2-1-3 ㊎3号館	☎03(5253)8111
観光庁	〃	〃	〃
気象庁	〒105-8431	港区虎ノ門3-6-9	☎03(6758)3900
海上保安庁		国土交通省内	☎03(3591)6361
環境省	〒100-8975	千代田区霞が関1-2-2 ㊎5号館本館	☎03(3581)3351
原子力規制庁	〒106-8450	港区六本木1-9-9	☎03(3581)3352
防衛省	〒162-8801	新宿区市谷本村町5-1	☎03(3268)3111
防衛装備庁	〃	〃	〃
会計検査院	〒100-8941	千代田区霞が関3-2-2 ㊎7号館	☎03(3581)3251
最高裁判所	〒102-8651	千代田区隼町4-2	☎03(3264)8111

※㊎＝中央合同庁舎

●主要駅から国会議事堂周

出発駅	経路	乗換駅	経路	到着駅
東京駅	地下鉄丸ノ内線約 5 分			霞ヶ関駅
東京駅	地下鉄丸ノ内線約 7 分			国会議事堂前駅
東京駅	JR 山手線約 2 分	有楽町駅	地下鉄有楽町線約 2 分	桜田門駅
東京駅	JR 山手線約 2 分	有楽町駅	地下鉄有楽町線約 4 分	永田町駅
東京駅	地下鉄丸ノ内線約 3 分	銀座駅	地下鉄銀座線約 4 分	虎ノ門駅
上野駅	地下鉄銀座線約 15 分			虎ノ門駅
上野駅	地下鉄日比谷線約 20 分			霞ヶ関駅